一個人
和他的時代
Du Sha　imes
and His T
杜廈自傳

中和出版
OPEN PAGE
中

今天，已經年屆七十的杜廈，作為太平
洋聯盟的主席，仍然充滿雄心地奮鬥在
他全新的創業道路上。

目　錄

序

狼的傳記

王志明

　　《一個人和他的時代》究竟是一部什麼樣的自傳？居然用了這樣一個狂妄而又令人琢磨不透的書名。是想說一個人影響了這個時代，還是時代造就了一個偉人？其實都不是。杜廈的自傳寫下了近 70 年的個人經歷，他的命運像在浪中搏擊，每一次浮沉都出現在風口浪尖上。他以自己傳奇般的經歷反映著那個時代的波折，敘述著個人的心路歷程。於是，當我們讀到這部自傳的時候，似乎也聽到漸遠漸去的濤聲，感受到那個年代的辛酸、疑惑和歡樂。

　　一個身影從時代的煙塵中走來，他瞪著雙眼，袒露著胸膛，滔滔不絕地講述著那些近乎離奇的故事。這些故事中似乎包含著正與邪、善與惡、是與非、功與過，那些絲毫不加掩飾的敘述，甚至讓人感到疑惑。我作為杜廈的同學和好友，在他寫作伊始就接觸到這部自傳。我們常常在一起交流，我曾經對他如此直白的描述和寫法持不同意見。但是，他堅持說：「不」。他似乎要拚命用雙手撕開自己的胸膛，把自己的內心袒露在世人面前，無論是自私、缺陷、智慧、高尚，只求真實和坦蕩。似乎只有這樣，才能讓人真正了解杜廈，並且了解那個時代。

　　書中，從時代的帷幕中首先亮相的是杜廈的父母。上個世紀四十年代，這一對有著靚麗外貌的年輕人，堪稱一代精英。他們有著自己的理想和激情。1941 年，杜廈的父親從日本留學回國，為了實現抗日救

亡的理想去了重慶，母親是當時北平中國大學的進步學生。1948 年，他父親隨同傅作義的部隊參加了北平的和平解放，曾經和地下黨有過接觸，經地下黨勸說，他懷著對今後生活和前途的美好憧憬留在了北平。但是，解放以後他父親被定為歷史反革命投入監獄。父母被迫離異、家庭破碎。在那個改朝換代的歷史洪流中，有多少人無法躲避時代的漩渦，成為歷史的冤魂。八十年代，當組織上正式為杜廈的父親平反道歉的時候，除了痛惜，還有多少實際意義呢？

　　父親這個歷史反革命的「階級烙印」在杜廈出生之初就深深烙在他的人生歷程上。幼年時，他就品嘗到缺乏親人呵護的孤獨和冷落；小學時，母親最終離開北京財政部的工作去了東北，杜廈和姐姐被迫各自住校留在了北京。在他作為一名懵懂少年成長的過程中，卑微和歧視就如影隨形。他曾經無數次的想：「我要找到一個國家權威部門，說明我的特殊情況：雖然我父親是『歷史反革命』，但是我從來沒有見過他，更談不上有任何影響。母親一直是國家機關幹部，我從小姓母親的姓。」但是，在那個人人都背負著階級印記的時代裡，他的願望和申訴是無濟於事的。在經歷了文革中「血統論」的衝擊和心靈上的屢次挫折以後，命運終於把他造就成了一個叛逆者──他開始抗爭，開始不顧一切地去爭取自己的人格平等和尊嚴。文革中，他在「血統論」形成的紅色恐怖的包圍中，大膽貼出了一份「狗崽子」的宣言《這堵牆必須推倒》，批判荒謬的唯成分論。他在遭遇幾十人的群毆中突出重圍求得自己的生路。他參與過武鬥，成為文革中荒唐內戰的參與者和受害者。他在文革中偷過槍，坐過牢……種種行為匪夷所思，卻使我們看到了一個倔強個性的形成。我心中突然響起那曲高亢渾厚卻又無比蒼涼的歌聲：「我是一隻雪域蒼狼，孤獨地走在草原山崗。我，也是母親的兒子，和世間的萬千生命一樣，有愛有恨凝結的淚水，有生命輪迴，輪迴的滄桑……」這歌詞似乎是為他而寫的。他，就是一匹狼，一匹在高壓下為

了生存和尊嚴而覺醒的狼，一匹在抗爭中尋求生命輪迴的狼。帶著野性和狡黠，帶著生命燃燒的火焰和淌血的夢想，在撕咬中尋求自己的出路。

我們許多人的人生，往往都屈從於命運的安排，無論是出人頭地、是平凡還是低微，都是在等待機遇和幸運的過程中，規劃著自己的人生。唯有他，幾乎在人生所有的關鍵環節上，都是靠自己的努力和抗爭，改變著命運的軌跡：

1968年，當學校將按照家庭出身分配這一批學生的上山下鄉或進入工礦企業的去向時，他夥同幾位同學，帶著用塑料鞋底私刻的公章，偽造學校介紹信私自去了內蒙的錫林郭勒，成為那裡第一批北京知青。1975年，他在不符合返城條件的情況下，竟然闖進佳木斯市市長的家門，說服市長，從內蒙返城回到佳木斯母親的身邊。他隨身攜帶著厚厚一摞自知有著「纍纍劣跡」的檔案去報到，竟然膽大妄為地私自開拆，把那些不利於自己的材料和記錄付之一炬。1977年，因為政審不合格，他被拒絕報名參加高考。他直接給鄧小平寫信申訴理由，居然收到了鄧小平辦公室的來信，重新獲得了高考資格。1981年，在大多數人都覺得不可能的情況下，他以南京大學研究生考試總分第一的成績，成為中國恢復高考以後的第一批數量經濟學的研究生。在後來的商場博弈中，他屢次奇蹟般地登上創業的頂峰，又數次跌落谷底幾乎陷入絕境，最後依靠自己的堅持和創意涅槃重生。

凡此種種，不勝枚舉。他的人生充滿了傳奇色彩卻無人可以模仿和複製。這使我想起杜廈與我交流時說過的話，他的自傳就要像《紅與黑》中的于連那樣寫出自己。其實于連和杜廈是完全不一樣的人。但是確實都是那種在時代的潮流中折射著異樣光彩的人。

「有愛有恨凝結的淚水」，「我想要攤開縱橫雪域的手掌，輕輕地撫摸愛我所愛的胸膛。」這幾句出自《雪域蒼狼》的歌詞，似乎也是杜廈

的內心獨白。在自傳中，杜廈以詳實的資料，強烈譴責那些藉著文革血腥迫害教師和同學的罪行，譴責那些藉機迫害自己的卑鄙行為。他對內蒙古兵團中那些猥褻強姦女知青和肆無忌憚迫害知青的軍人，表現出毫不掩飾的憤慨和憎惡。同時，又以最真誠的愛，奉獻給曾經給予他恩情和友愛的過去：

1997 年 2 月 24 日，是改革總設計師鄧小平去世後出殯的日子，他特意從外地趕回北京，24 日凌晨四點就冒著寒風在長安街等待，默默為這位有恩於他的偉人送行。在他經商獲得成功以後，他捐資數百萬元，為曾經下鄉工作過的高力罕牧場打了 130 多口深水井，平均每二至三戶牧民一口井，從根本上幫助牧民解決了因地下水資源日益枯竭而造成的吃水難的問題。當他獲悉當年一心為公清正廉潔的農場連隊指導員生活困難時，不僅把他接到天津，找最好的醫院最好的醫生為他治病，還把他的三個孩子安排到天津工作、定居。2006 年，他捐資數千萬元為母校南京大學新建了一座圖書館——「杜廈圖書館」。愛恨情仇交織在一個鮮明的形象上，不能不使人感慨萬分。

一匹來自草原的狼，似乎在任何環境下都不願放棄他的野性。雖然他不是林中的獅或虎，但是，他總願意站立在高高的山崗之上，揚起自己的頭顱把目光望向遠方。翻開杜廈的自傳，大多數人會有這樣的疑問：他為什麼在能安心做學問的時候要踏上仕途，最終卻又跨入商界？為什麼在經商之路上他要不斷地大幅度改變經營方向和策略，並且幾乎每次都能創造出意想不到的業績？也許，每個人都有可能在書中找到不同的答案。但是，我總覺得這和他的本性相關。他永遠都保持著自己敏銳的嗅覺，似乎放棄了這種本性他就無法在這個世界上生存。他始終保持著那種不屈不撓的意志，否則，他也不可能在商場上多次絕路逢生。

上世紀八十年代中期，他研究生畢業以後，由於在學識和實踐中

表現出來的傑出才能，他迅速成為文革以後中國第一批知名青年經濟學家。當時在他面前有許多路可以選擇，每一條路都前程似錦，而每一條路也都荊棘叢生，危機四伏。他可以走仕途，而且完全可以從一個高起點上走向政界，但是他放棄了，他是聰明的也是現實的。在中國的政壇上，個人的人格、主見與仕途的前程往往很難兩全。在本書的敘述中，他當年許多才華橫溢的朋友，在政治的大風浪中，紛紛從顯赫的位置上跌落下來，落一個令人歎息的淒慘下場。杜廈在有機會輕鬆跨入政界的時候選擇了迴避，不僅維護了自己的人格和個性，更有機會開創了今後的發展之路。

　　跨入商界同樣也面臨著不同的選擇。是不擇手段惟利是圖，還是堅持人格，文明經商？杜廈是改革開放以後和政界接觸最早的人。八十年代，他在天津的時候就得到李瑞環、李嵐清等領導的欣賞，並且建立起很好的互信關係。即使他當初不願為官，也能輕而易舉地走上一條官商聯手的致富之路。我們也以為他一定走了，或者至少走過。《自傳》告訴我們，儘管政界的影響曾幫助他開路，卻絕無諂媚勾結之道。他是當年國內起步最早規模最大的房地產商之一，按當時的規模和實力，他應是「錢」途無量，然而在事業最興旺發達的時候，為了躲開無可迴避的官員尋租的錢權交易，他寧可急流勇退，毅然決然退出了房地產業，另覓他路。這就不能僅用聰明兩個字來概括杜廈，那是睿智也是他正直性格的體現。

　　2004 年，杜廈在福布斯中國富豪榜排行榜上名列第八。而那個時候福布斯排行榜已被人稱為「殺人榜」，因為上榜的中國富豪絕大多數都「進去」了。當時沒有哪個富豪敢在發佈會上講話，福布斯的中國區總裁邀請杜廈去演講，杜廈宣稱：「我的每一分錢都是在陽光下掙來的。」只有他敢這樣去公開演講，也只有他真的沒有事。杜廈走的是經商之路，不是官商之路。在那個年代能從商場中衝殺出來並且獨善其

身的能有幾人？從自傳中不能不讀出杜廈的一個「牛」字。

有人說：狼的態度實際上很單純，那就是對成功具有堅定不移地嚮往、堅韌不拔的意志。杜廈自己說，他是一個理想主義者，想做什麼就要做得最好。他不是單純為了掙錢，所以，有許多事情他是不屑去做的。這裡似乎存在著一個矛盾，不是為了掙錢又為什麼要去經商，為什麼要掙成百億富翁。這可能是教授商人的哲學思路。他曾經在 80 年代末把蘇聯大馬戲團引進中國舉行巡迴演出並取得巨大成功，開創了中國民營企業家和國外文藝團體合作的範例；90 年代初，他是第一個把麥當勞引進中國的人；90 年代末，他又成為把美國倉儲式大型超市引進中國的第一人。如今，在臨近古稀之年的歲月中，他懷著理想和他的夢，正在創建遍佈全球的世界高爾夫太平洋聯盟的經營模式。當我們在高爾夫俱樂部裡看到他意氣風發的身影時，不能不感歎他龍章鳳姿、氣度出眾。怪不得會有那麼多年輕的粉絲，這一匹狼還沒有老。

如今，我們這一代人已經開始走向老年。對於發生在這個時代的一切波濤和曲折，也許，我們還沒有能力去全面準確地認識、評價，但是我們有權利去反思自己所親歷和見證的歷史，尤其有權利去反思自己在時代大潮中的選擇和作為。

我們這一代人，正如杜廈所說，身上有兩個胎記，一是「共產主義」，二是「階級鬥爭」。出生於新舊中國政權交替之際的我們，在成長的過程中，只接受了系統的「共產主義」理想的教育，但是，在經歷了種種政治風浪的折騰以後，我們精神世界裡這個所謂理想教育的框架開始模糊和崩潰。由於既缺乏傳統倫理道德的培養和教育，也沒有所謂普世價值觀和宗教信仰的薰陶，導致一代人的精神世界一片空白。同樣的，階級本來應該是社會經濟地位的標誌。但對我們這一代人來說，階級不是原始的、真實的，而是來自於政治的、強加於人的。許多人在出生之初就被打上階級的烙印，在這一生中從來就沒有體會過所

謂「階級」帶來的經濟地位和享受，卻從來到這個世界上起就背負起階級的罪責。最終就像文革中「血統論」的倡導者和反對者一樣，階級對立的任何一方都沒有得到任何益處。但是，這一塊胎記卻撕裂了社會，摧毀了意志，毀掉了多少人的人生。

這兩個胎記不僅左右著我們這一代人一生的思想和命運，自傳中每一個人的故事幾乎都與之相關。杜廈認為，若干年以後，雖然許多歷史的創傷可以被遺忘，但是，任何遺忘都不可能撫平由這些創傷所造成的精神空白和文明的缺失。杜廈的自傳是投向奔流而去的歷史長河的一塊石子，那漣漪也許是微弱的，但是他是一抹亮光、一種反思、一聲理性的呼喚。所以有一位朋友對杜廈說：「你這本書寫成了，就是你一生中最大的成就。」

承蒙杜廈的錯愛，希望我為這本書寫下幾句話。拙筆愚見，不勝惶恐。杜廈的自傳發乎心聲，動之以情，文風質樸、坦坦蕩蕩。我很擔心我的文章很難把自傳的浩蕩之氣淋漓盡致地表達出來。所以，只能在此先向大家表示歉意，還是請大家自己去品味杜廈的真意吧。

序

成王敗寇企業家

張維迎

在我上世紀八十年代結交的朋友中，杜廈是一位天生具有領袖氣質的人。從小到大，無論做什麼，他身邊總是有一批追隨者。他是「文革」後中國第一個計量經濟學專業研究生，是參加 1984 年「莫干山會議」的 125 位代表之一，本有希望成為一位傑出的經濟學家，也有潛力在仕途上飛黃騰達，但他最終選擇棄學去政，經商辦企業。事實證明，他確實是一個天生的企業家！他的選擇不僅適應了時代，而且改變了時代！如果沒有眾多像杜廈這樣的企業家，我們生活的環境會與現在完全不同。

什麼是企業家？依我的理解，企業家就是那種靠自己豐富的想像力和堅定的信念，傑出的組織才能和鋼鐵般的意志，以及大膽的冒險精神，把假設的事情變成現實的人。對生活中的絕大多數人來說，假設是假設，現實是現實，但對真正的企業家而言，假設就是他們想像的現實，把假設變成現實，就是他們的使命。

在標準的經濟學理論中，所謂「決策」，就是給定約束條件下最大化目標。這樣的決策模式或許符合大部分人的行為方式，但與真正的企業家決策相距甚遠。對企業家來說，約束條件不是給定的，而是可以改變的。他們不僅試圖改變資源和技術約束，甚至試圖改變人們的偏好。正因為如此，他們才成為經濟增長的真正推動力。

　　或許，我們可以用「巧婦難為無米之炊」這句古語詮釋企業家與常人的不同。對常人而言，米是做飯的先決條件，沒有米，確實做不出飯來。由此，「巧婦難為無米之炊」也為常人的不作為提供了正當性理由。但對企業家來說，無米不是做不成飯的藉口；只要想做飯，就一定能夠找到米——即使找不到現成的米，也可以說服人們種穀子，只要後者相信他能支付足夠高價錢。事實上，正因為大部分人認為沒有米就做不成飯，因而放棄了做飯的念頭，企業家做的飯才能賣出個好價錢，賺上一大筆錢。

　　當然，假設能否變成現實受到許多因素的影響，再偉大的企業家也不可能控制所有這些因素。這就是生意上的不確定性。不確定性意味著企業家的計劃可能成功，也可能失敗。所以在常人看來，當企業家的計劃還沒有付諸實施的時候，他們是「空想家」，甚至是「瘋子」；當企業家的設想變成現實的時候，他們就成為萬眾敬仰的「英雄」；但如果企業家的計劃失敗了，他們就是地地道道的「騙子」。套用炊米的比喻，如果他們確實找到了米，也做出了顧客可口的飯，借給他們米的人（或在他們的誘惑下才播種穀子的人）得到了自己的收入，酒足飯飽的顧客們心滿意足，拿到工資的僱員笑逐顏開。但如果他們找米失敗了，想來吃飯的顧客會說他們是「牛皮大王」。或者，即使找到了米，但由於斷水斷電或別的什麼原因，沒有按計劃做出可口的飯，因而沒有收入支付當初許諾的米錢，借給他們米的人會指控他們欺詐，他們就成為眾矢之的。因而，企業家就是「成者為王敗者為寇」之類的人。與騙子不同的是，騙子從始至終就是想方設法把別人的財富據為己有，而企業家想的是如何利用自己的智慧創造出新的財富來。

　　作為企業家，杜廈是成功的，是「王者」。但從這本書講的故事中，他也多次差點落為「寇」。讓我用其中的一個故事說明這一點。

　　杜廈是 1987 年「下海」的。到 1989 年初，他的「克瑞思公司」靠

諮詢和組織「李寧告別體壇晚會」，已積累了 300 萬元人民幣的資金。此時，他決定投入 200 萬元在香港市場做外匯交易，成為一位金融家。開始的時候，一帆風順，不到三個月的時間，就淨賺 200 萬，這在當時是一筆大錢。這讓他變得過於自信（這是人類的通病），野心越來越大，開始託朋友擔保從銀行借錢炒外匯。他賭的是日元升值，但他沒有預料到的是，由於日本政局動盪，在不到三個月的時間裡換了三位首相，加上其他因素，日元對美元的比價一路下跌，到 6 月份，他不得不「斬倉」時，總共虧損 1800 萬港幣，把自己原來賺的錢都搭進去，還留下 1400 萬港幣的債務。

如果就此躺倒，他就會成為一個十足的「騙子」，不僅會連累朋友，失去友誼，變成孤家寡人，甚至可能遭受牢獄之災。他也確實曾有過從辦公樓所在地深圳國貿大廈 50 層的天台上跳下去，一了百了的念頭。但杜廈就是杜廈，像許多優秀的企業家一樣，他不是一個容易被失敗擊垮的人。他想的是，如何在 10 個月的時間內賺到足夠的錢，把所欠的 1400 萬債務還清。

這不是一件容易的事！但他很快有了一個奇思妙想。

當時，在蘇聯領導人戈爾巴喬夫於 1989 年 5 月訪華後，中蘇關係實現了正常化。他斷定，隨著兩國關係的正常化，兩國間各種交流活動即將全面開始，而首先解凍的，一定是文化交流活動。他對 1957 年在北京看過的蘇聯國家大馬戲團的精彩演出，仍然記憶猶新。如果趁著中蘇解凍的機會，把精彩紛呈的蘇聯大馬戲團，請到中國來做商業巡演，一定會獲得成功。如果這個「奇思妙想」能夠實現，說不定可以一舉還掉所有欠債。

為了把這個夢想變成現實，他首先得說服文化部。當時中外文化交流活動都是由政府出錢、官方操辦。要說服文化部同意把中蘇文化交流這樣的大事交給他這個個體戶操辦，不啻是個近乎天方夜譚的瘋

狂想法。何況，他和文化部八竿子也搭不上任何關係。但他還是做到了。

他找到了讓文化部主管官員心動的道理。他說，由他來操辦商業化演出，既給文化部提供了一個拔得頭籌的表現機會，又開創了對外文化交流活動的嶄新形式，還能給文化部節約大量的預算經費。對於文化部來說，這是一舉三得的好事情。

他的提議確實讓文化部的主管官員動心，但後者還是擔心，如果商業巡演賠錢，半途幹不下去了，你杜廈可以撂挑子走人，文化部就要被迫再重新把項目接過來，加倍地花錢，繼續完成巡演任務。這樣的事情一旦發生，不僅比文化部自己從頭幹要艱難很多倍，還要讓主管官員們在部裡丟人現眼。「你有什麼可以讓我們放心的保障措施嗎？」

為了打消文化部主管官員的擔憂，杜廈承諾給文化部一份 50 萬美金的不可撤銷擔保函，該擔保函由國家官方金融機構提供。有了這一擔保，主管官員和文化部便不會有任何財務風險。文化部的事情就這樣搞掂了！

這是真真切切的空手套白狼。如果文化部的主管官員知道杜廈當時不僅身無分文，而且負債纍纍，他們絕不可能把這個中蘇文化交流項目授權給他。但如果真能讓金融機構開出 50 萬美元的擔保函，文化部又何必在乎他現在是否有錢呢！

他去哪裡找 50 萬美元呢？其實，在大年初二去北京的火車上，他就盤算好了這步棋。他深圳居所隔壁住的是「中國租賃總公司」總經理李西元，他決定說服這位鄰居與自己合作。回到深圳後，他向李西元建議：在這場勢必轟動全國的商業巡演中，我在全程近百場的體育館大型演出中，給你一塊重要的廣告位置，置放中國租賃總公司的橫幅場地廣告。李問需要支付多少廣告費？杜廈回答：一分也不要。如果中國租賃總公司願意出具 50 萬美金的擔保函，廣告全程免費。李覺得撿到一個大便宜。50 萬美元的擔保函就這樣搞到了。

　　接下來的問題是如何邀請到蘇聯馬戲團，那才是真正的「米」，沒有這「米」，「飯」是做不成的。但直到此時，杜廈本人還沒有去過蘇聯，與蘇聯馬戲團沒有任何聯繫。要邀請到馬戲團，必須親自去蘇聯談判，而且必須由文化部官方出面，因為當時的蘇聯還是計劃體制，對外演出都是政府主管部門統一安排，蘇聯文化部不可能接待一個中國個體戶。

　　組團去蘇聯談判需要經費，杜廈沒有錢，中國文化部也不可能出錢。他再次說服了李西元提供經費，並隨團去蘇聯參加談判，畢竟那只是一筆小錢。

　　到了莫斯科後，杜廈才知道，蘇聯有 80 多個馬戲團，個個有精彩的節目，但由於演出場次少，連工資也發不出來，所以組建馬戲團不是問題，問題是演出費用。談判對手是蘇聯文化部對外演出總公司總經理馬克西莫夫，他擁有決定蘇聯對外演出一切事宜的權力。馬克西莫夫傲慢、蠻橫且絕不妥協。他開出的價是每場演出五千美金，並說，這是充分考慮了中國市場的實際情況後，給出的最優惠報價。杜廈自己判斷，五千美元一場確實不貴，但還是立即回絕了，給出的還價是一萬人民幣。對方回覆「這是不可能的。」

　　五天之後，中國代表團從列寧格勒回到莫斯科，談判繼續進行，但雙方堅持各自提出的價格，毫不妥協，談判陷入僵局。在中國代表團離開莫斯科的當天上午，馬克西莫夫把每場演出的報酬降到 3500 美金，杜廈還是拒絕了，仍然堅持一萬人民幣，一分也不能多。

　　就這樣，在沒有達成協議的情況下，中國代表團離開莫斯科回國。代表團的其他成員個個情緒低落，為這次出訪沒有達成最終成果而感到遺憾。他們都認為，3500 美元，甚至 5000 美元的價格也是可以接受的。他們不明白杜廈為什麼要把這件事搞砸。

　　但杜廈本人並沒有像其他成員那樣沮喪。他有自己的判斷。根據他對蘇聯演出市場的分析，他堅信對方最後會接受自己的報價。所以

告別時，他給對方留下話：如果一週內改變了主意，同意一萬人民幣的報價，可以用傳真告訴中國文化部。

商業談判確實是一場心理戰。回國後，是坐立不安的等待，但杜廈贏了！在約定期限的最後一天，離莫斯科下班時間不到 15 分鐘的時候，馬克西莫夫發來了傳真，接受了一萬元人民幣的報價。

幾個月之後，由 83 位蘇聯演員和一群老虎、獅子、駱駝、大象組成的「蘇聯國家大馬戲團」浩浩蕩蕩從滿洲里進入中國，轉戰七個城市，為期三個月，演出上百場，場場爆滿。最後一場在北京工人體育場的演出，中共中央政治局全體常委出席觀看。

蘇聯馬戲團在中國的巡迴演出也創造了商業奇跡。扣除所有成本和費用，杜廈淨賺 1500 萬元人民幣。這樣，在到期之前，他還上了欠銀行的 1400 萬債務。他兌現了自己做出的每一個承諾。他成了英雄！

這個故事說明，企業家要把想像的事情變成現實，需要許多條件，這些條件並不是現成存在的，而是需要他們自己創造。而且，這些條件是相互依賴的：條件 A 依賴於條件 B，條件 B 依賴於條件 C，條件 C 又依賴於條件 A。它們中任何一個如果不能實現，都會使得整個計劃流產。正因為如此，失敗的企業家很容易落個「騙子」的名聲。可以設想，如果杜廈不能成功說服中國租賃總公司總經理開具 50 萬美元的信用擔保，在文化部主管官員的心目中，他就是一位騙子；如果蘇聯演出公司總經理在最後一刻堅持不妥協，甚至中國租賃總公司總經理也會把他當作騙子；如果演出沒有賺到足夠的錢，原來借錢給他炒外匯的銀行也會認為他是騙子。幸運的是，他把每一個條件都做成了。當然，他的成功靠的主要不是運氣，而是他的企業家精神。

杜廈在這個故事表現出的企業家精神具有普遍性。

美國企業家塞勒斯·韋斯特·菲爾德 (Cyrus West Field) 因鋪設第一條跨大西洋的海底電纜而名垂青史。但他也曾因為最初的失敗被認

為是個大騙子。當他於 1854 年提出鋪設大西洋海底電纜的設想時，學者們都激烈反對，認為這不可能，甚至連電報發明家莫爾斯都覺得這是不可思議的風險。儘管跨英吉利海峽的海底電纜早已於 1850 年成功鋪設，但連接美洲和歐洲的跨大西洋海底電纜則是完全不同的事情，各種因素尚不為人知。海洋的深度還沒有測出，海底的地質結構也只有大概的了解，電纜能否承受住海水的壓力還沒有進行過試驗。還有：從哪裡弄到巨船來運載兩千海里長的電纜？又從哪裡弄到大功率的發動機來這麼長距離地不間斷傳送電流？絕緣材料是否可靠？大洋深處的磁場是否會導致電流疏散？如此等等，人們有無數個理由懷疑他的想法。儘管如此，憑著他過去積累的良好信譽和堅定的信念，菲爾德還是說服了大西洋兩岸的一些有錢人投資他的事業，他的股東名單上有英國著名小說家薩克雷和拜倫夫人的名字。

1857 年 8 月的第一次鋪設從愛爾蘭開始，到第六天，共鋪設了 335 海里，但第六天晚上，電纜從放纜車上斷裂了。要找到那扯斷的一頭是不可能的。1858 年 6 月的第二次鋪設也因為天氣原因失敗了。兩次失敗已消耗掉資本金的一半，可是什麼結果都沒有。股東不幹了，董事長主張把剩下的資產賣掉，副董事長附和，並且辭職，以此表示他不願再同這件荒唐的事有任何瓜葛。

但菲爾德堅定的信念並沒有因此動搖。他解釋說，什麼也沒有損失，經過這樣的考驗，證明電纜本身的性能非常好。在他的堅持下，第三次鋪設啟動了。1858 年 7 月 28 日，兩艘鋪設船在大西洋中間預定的地點會合，然後同時向兩個不同的方向出發。到 8 月 5 日，向西的「尼亞加拉」號報告說，它在鋪完 1030 海里後，現在已到了紐芬蘭的特里尼蒂海灣，並已看到美洲的海岸；向東行使的「阿伽門農」號也報告說，在鋪設完一千多海里之後，它看到了愛爾蘭海岸。

成功了！8 月 16 日，維多利亞女王的賀電傳到了紐約，美國總統

布坎南（James Buchanan）也向維多利亞女王回了電報。人類有史以來，第一次能把一個想法瞬時飛越大西洋！全球轟動了！8 月 17 日，報紙用特大號的醒目標題歡呼這次勝利。8 月 31 日，紐約全城進行了盛大的慶祝活動，菲爾德成為大英雄，坐在遊行隊伍的第一輛馬車上，美國總統坐著第三輛馬車參加了慶典。但就在此時，電纜突然不工作了。9 月 1 日之後，不再有電報信號傳來！這個壞消息不脛而走，菲爾德成了罪人，人們說他是個大騙子，欺騙了一個城市、一個國家、整個世界。有謠傳說，越過大西洋的電報從來就沒有傳來過，那份英國女王的電報完全是菲爾德自己捏造的。還有人說他早就知道電報失靈，但為了自己的私利而隱瞞事實，並利用這段時間把自己的股票高價脫手。這個昨天還被當作民族英雄的人，現在卻不得不像一個罪犯一樣躲避自己昔日的朋友和崇拜者。

在背著沉重的十字架沉寂了六年之後，菲爾德又重新站起來了。當時美國處於內戰期，他從英國曼徹斯特、倫敦、利物浦籌集到了 60 萬英鎊，獲得原來的經營權，兩天之內就買下了當時最大的船——「偉大的東方人」號，並且為遠航進行了必要的準備。

「偉大的東方人」號吃水兩萬兩千噸，能負載全部電纜，1865 年 7 月 23 日，這艘船裝載著重達九千多噸新的電纜，離開泰晤士河。沒想到，第一次試驗又失敗了——在鋪到目的地之前兩天，電纜斷裂，損失 60 萬英鎊。菲爾德重整旗鼓，1866 年 7 月 13 日，「偉大的東方人」號第二次出航，終獲成功！從大西洋彼岸傳來的電報信號十分清晰。1866 年 7 月 29 日，維多利亞女王和約翰遜總統（Andrew Johnson）交換了正式的電報信息。更巧的是，數天後，原先那條失蹤的舊電纜也被找到了。這樣，兩條電纜終於把舊大陸和新大陸連成一個世界！電纜運營服務的第一天就賺了 1000 英鎊。菲爾德也洗刷了自己背負的「騙子」名聲，再一次成為大英雄！

　　埃隆・馬斯克（Elon Musk）也是一個活生生的例子。

　　這位從南非移民到美國的企業家，最近因為 SPACE-X（太空探索公司）成功發射獵鷹號重型火箭而名聲大振，有人甚至認為他是比斯蒂芬・喬布斯（Steve Jobs）還要偉大的當代企業家。但埃隆・馬斯克的特斯拉電動汽車公司和 SPACE-X 公司都曾多次處於破產的邊緣。

　　SPACE-X 的「獵鷹 9 號」火箭發射曾連續三次失敗，到第四次發射成功的時候，公司已不得不為支付員工的工資苦苦掙扎。特斯拉公司曾有超過 1200 份訂單，從顧客手裡拿到幾千萬美元的資金，錢很快花完了，但只能交出不到 50 輛車。馬斯克曾不得不冒著坐牢的風險挪用他人的財產。2008 年 5 月，「汽車真相」網站開設了一個「特斯拉之死倒計時」的專欄，有一天甚至同時出現了 50 篇談論特斯拉會如何滅亡的文章。2008 年 10 月，公司一位員工甚至寫公開信，譴責公司對顧客的欺騙行為。看了公司的財務狀況，馬斯克自己也懷疑汽車做不下去了，他的夫人也開始把他的人生看成一齣莎士比亞悲劇。原來的投資人也失去了信心，不願再把錢投進這個無底洞，有的投資者甚至想把馬斯克驅逐出特斯拉公司。為了說服投資人改變主意，馬斯克不得不虛張聲勢，謊稱他可以再從 SPACE-X 借 4000 萬美元完成這輪融資，而事實上，當時 SPACE-X 的財務狀況也岌岌可危。當經過一波三折，SPACE-X 公司終於在 2008 年 12 月 23 日收到 NASA（美國宇航局）的 16 億美元款項時，馬斯克激動地留下了眼淚。這筆錢是 SPACE-X 為國際空間站提供 12 次運輸的預付費，沒有這筆錢，公司在幾個小時內就要宣佈破產，馬斯克必將會以騙子的名聲載入史冊，而不是以傑出企業家的形象受人崇拜。

　　企業家要把想像的事情變成現實，需要一種改變他人信念、說服他人做自己所希望的事情的能力。在斯蒂芬・喬布斯身上，這種能力被概括為「現實扭曲場」（Reality Distortion Field）。事實上，就我的觀察，

所有優秀的企業家都必須具有這樣的現實扭曲場，儘管程度有差別。
在我與杜廈的交往中，我就切實感受到了他的「現實扭曲場」。

　　記得 2004 年的時候，我曾給自己立下規矩，不擔任任何公司的獨
立董事，我也確實曾拒絕了幾家大公司和金融機構的邀請。但有一天，
已有幾年不見面的杜廈突然闖入我的辦公室，他一坐下，就說要我加入
他的董事會，我說這不可能，我不能破自己立的規矩。他要我先不急於
拒絕，然後就打開筆記本電腦給我談他的公司，沒談多久，我就鬼使神
差地破了戒，接受了他的邀請。我一直覺得自己是一位敢說 NO 的人，
但他的現實扭曲場實在是太強大了。

　　當然，騙子也有一種「現實扭曲場」。不同的是，騙子讓你相信的是
他自己都不相信的東西，企業家讓你相信的是他自己堅信不疑的東西。

　　《一個人和他的時代》是杜廈用十年時間寫成的自傳，如書名所示，
這是他一個人的故事，也是一個時代的故事。他要我為他的書作序，儘
管我是一個不願意給別人的書寫序的人，但這一次，我還是沒有辦法拒
絕他。

　　好在這本《自傳》確實精彩，能給此書作序，也是我的榮幸！

前　言

今年我將要 70 歲，這可是個不太小的年紀了。

這七十年過得真快，昨天還好像青春似火，豪情萬丈；今日竟已是年逾古稀，垂垂老矣。儘管不情願，我還是變成了年輕人眼中的老爺爺，說是夕陽西下，已經是大大的褒獎了。

還沒來得及仔細品味，人生竟已奏響了最後一個樂章。

到了這個年齡，驀然回首，才突然發現，我們這一代人的人生，竟然是如此地跌宕起伏。在共和國歷史上，這一代人生活經歷之豐富，命運變遷之劇烈，既前無古人，也後無來者。

人的一生，都會經歷許許多多的幸運與不幸，相信每個人都是如此，我也一樣，這無從選擇。

我是共和國的同齡人，又恰好出生在北京，這本應該是件挺幸運的事。但正因如此，發生在我們身邊的無數次劇烈政治動盪，我都成了那個最接近現場的目擊者。建國早期的政治運動，我還是個孩子，儘管大人們個個噤若寒蟬，我們卻基本沒有什麼感覺。例如土改、鎮反、三反五反、反右等等，我們並沒有感覺到那些運動的血腥與恐怖。

稍大一點以後，我們就漸漸成了各種運動的親歷者。例如大躍進，我們也曾興高采烈地砸爛自家的鐵鍋，投進胡同裡的小「高爐」。也曾爬上四層樓的樓頂，瘋狂敲著臉盆，把成群的死麻雀串成一串，交到老師那裡去領取獎勵。最噁心的是，由於打不到足夠數量的蒼蠅，我步行

兩個小時，去農村的糞坑裡，撈出上百條拚命扭動著的活蛆，裝到瓶子裡，拿到班裡交給老師，竟獲得了在全班面前的表揚。

那時參與的運動，儘管今天看來荒誕不經，而我們卻十分開心。

不幸的是，我出生在一個「歷史反革命」家庭。不僅爺爺是大地主，姥爺是大資本家，一個舅舅是被判過死刑的反革命，另一個舅舅是逃往台灣的國民黨軍官。最要命的，父親不僅是國民黨高官，還是一名被新政府無比痛恨的國民黨中統特務。

父親和我們全家的政治處境，決定了我一生在很長一段時間之內，一直生活在無比的屈辱之中。六十年代以後，家庭的悲劇命運，險惡的生存環境，無處不在的歧視與壓迫，將我的人生緊緊裹住，令我窒息。

從那時開始，痛徹心扉的恥辱感，使我第一次明白了，人必須活得有尊嚴，否則還不如死去。於是，我不屈的性格和無畏的意志，推動著我的靈魂與軀體，和這與生俱來的悲慘命運，進行了殊死的抗爭。這些抗爭，奏響了我生命中一首雄渾激越的交響曲。每每回憶起來，那段深沉的交響，始終使我驕傲。正是由於在我的人生中，有了這些用鮮血寫成的抗爭故事，使我的生命變得色彩斑斕。

1989 年之後，我毅然投入商海。沒想到，在這段時間裡，我始終處在洶湧大潮的風口浪尖之上。應該肯定，我的下海經商是成功的。但又有多少人知道，在那些令人炫目的成功背後，創業者本人，又承受著多少不可言喻的苦難和多少死去活來的掙扎！

本書和讀者們分享的這些故事，比起我的大多數同齡人來，似乎要奇特得多，悲愴得多，激烈得多，也要典型得多。好多熟悉我的朋友說，把杜廈這些故事攢在一起，就成了共和國的一部微縮歷史。

其實，豈止是我一個人，全中國絕大多數家庭，都不可能在無數的政治運動中獨善其身。我的人生遭遇，是所有中國人，在那個時代的一個縮影。

　　這就使得我的這些故事，有了一些代表性。

　　我們這一代的主體，是所謂的「老三屆」。「老三屆」身上所突出體現的時代印記：共產主義情懷、愛國主義激情、理想主義情操、對領袖的瘋狂崇拜等等，都曾深深地鐫刻在我們的靈魂深處。

　　注意到這些，也許就能夠解釋，我們這一代所經歷的故事，為什麼那麼千奇百怪，那麼觸目驚心，那麼不可思議。

　　甜蜜也好，苦澀也罷，不管你同意不同意，我們都將帶著自己人生的這些千滋百味，離開這個世界。於是，我們留給了這個世界，太多的人生謎團。

　　也許，直到離開這個世界，我們仍然不知道，我們這一代人，為什麼會經歷如此曲折的人生？我們也無從知曉，那些精彩的故事，會給我們的第二代、第三代帶來什麼樣的啟迪？但是，我們確實有必要，把這些真實的故事寫出來，留給歷史，留給後人。

　　我覺得，這是我們這一代人的責任。

　　於是，就有了我們眼前的這本《一個人和他的時代》。

第一章
1st Chapter
父母和我的童年

一　童年

我生於 1948 年 11 月 19 日的北平，我是在家裡出生的。

我們家住在北平西城，在白塔寺南面一條叫牛八寶的胡同裡，聽媽媽說，那是一條幽靜而狹窄的胡同，長了很多垂柳和國槐。

雖然我生在北京，但從一歲多開始，就去了天津姥爺家，直到 7 歲，我都住在姥爺家，並在那裡長大。

天津姥爺家有姥爺、姥姥、三個姨姨和一個大舅。雖然我也和其他孩子一樣，對自己的童年有過一些美好的回憶，但是，我始終不知道自己的父親是誰。即使是母親，似乎也生活在離我很遠的地方，使我對她感到陌生。

大約 5 歲左右，母親從北京來天津看我。從那時開始，我漸漸明白，母親和姐姐生活在北京。從那以後，她大約每年來天津看我兩到三次。雖然母親每次來，都給我帶來一些禮物和好吃的，但我對她，還是有很強的陌生感。一見到母親，我就會緊緊地摟著姥姥的大腿，藏在她的身後。不過，我印象最深的是，母親非常漂亮，比我的三個姨姨都漂亮多了。她的髮型和穿著，比天津的四姨五姨和老姨更優雅，也更富有文化氣息。因此，每次母親來，我的內心都感覺挺驕傲。

記憶中母親每次來都很匆忙，很少超過兩天。有時候，她會帶著姐姐一起來。母親返回北京後，姐姐仍然留在天津過暑假或寒假，陪著我一起玩，這是我最高興的時候。

最讓我驚訝的是，姐姐說的不是天津話，而是和媽媽一樣，說的一口

北京話。聽她們說話，總使我感到好奇和新鮮。我覺得，把「嘛」說成「什麼」，要好聽很多。因為收音機裡的人，也是說「什麼」，不說「嘛」，這讓我很佩服姐姐。於是，姐姐一回來，我就經常學著姐姐說話的腔調，我也驕傲地感覺自己就像個北京人一樣。

姐姐比我大三歲，最小的姨姨也只比我大六歲，因此我們三個可以玩在一起。不過，她們倆比我大，我們玩的所有遊戲，都是她們倆喜歡的，我大多沒有太大興趣。

印象最深的一次，是我和街上的小孩兒打架，被人家揍了一頓以後，哭著鼻子回家了。母親只是勸我不哭，姐姐卻不一樣，她拉著我的手，出去幫我打架。找到那兩個欺負我的小孩兒以後，姐姐問也不問，上去就打了那個大一點兒的男孩兒一拳，正打在眼睛上。那孩子比姐姐還高，頓時嚎啕大哭。另一個稍小一點兒的男孩兒，撒腿就跑，姐姐獲得全勝。那天姐姐穿著一件海藍色的背帶裙，繫著紅領巾，威風凜凜。從小我就覺得，姐姐身上有種「女俠」風範，這一直讓我對她崇拜不已。

1955 年夏天，我快七周歲了，到了該上小學的年齡。五姨和姥姥帶著我去報考天津著名的鞍山道小學。

記得考場是在一個大房子裡，一長串桌子擺成一個「L」型。家長們帶著孩子，一個桌子一個桌子地，逐一面見不同的老師，接受不同的問詢。

第一個桌子前的老師，問我的第一個問題是：

「你爸爸叫什麼名字呀？」

「不知道」。

考試老師態度很溫和，我卻低著頭，滿臉通紅。我真的不知道父親叫什麼名字，因為從來沒有人告訴過我。

這個回答令面試老師臉上的和藹頓時消失。估計她認為我智商低下，「一個孩子，怎麼連自己父親叫什麼都不知道呢？」這完全不符合鞍山道小學的入學標準，於是我沒有被安排接下來的考試，被淘汰出局。那一年沒

能考上鞍山道小學，是我一生無法忘懷的幾項恥辱之一。

直到第二年，我才考上了小學，但不是鞍山道小學。

1957 年，已經在財政部工作了六年多的母親，終於分到了一套住房，她總算可以把我接到北京來了。記得，那次見到我，她蹲下來，拉住我的雙手，告訴我：「我把你接回北京，以後你、我和姐姐，咱們全家就可以住在一起了。」她眼睛裡全是淚水，聲音裡充滿從未有過的溫柔，我羞怯地不敢靠前。那次，作為禮物，她送給我一雙分別刻著「愛學習」、「有進步」兩行字的筷子。那雙筷子我一直珍藏到文化大革命。

小學一年級下半學期，我轉學到北京。北京給我的最初印象不怎麼樣。那時天安門前是一大片貧民窟，東西長安街還是石子路，一點也不寬闊。許多公共汽車屁股後面，還背著個鍋爐，它們是靠燒劈柴開動的。這種汽車一開過，揚起一片黃土，遮天蔽日，灌得鼻子眼睛裡都是土。

我的新小學是琉璃寺小學，後來轉到東皇城根小學。學校不大，我大約是學校裡唯一一個說天津話的學生。天津話的奇怪腔調，引起所有北京同學的譏笑，這摧毀了我的自信。我幾次和媽媽哭鬧，要轉學回天津去。其實語言這東西，對於小孩兒根本不是問題，一兩個月以後，我已經可以操一口標準的北京腔了，這使我迅速重拾自信，漸漸喜歡上了北京。

1958 年，我們家從鼓樓後面的趙府街搬到了北池子。那是一個有兩個大套院，兩出兩進的四合院。一個姓段的大官，住在西側的四合院裡。據說他是「《財政》編輯部」的主任，是媽媽單位裡最大的官。他家有一個很帥氣的小夥子，記得叫段勝利。很多人說，他一直在「追」我姐姐，但後來的發展證明，好像根本沒有這麼回事兒。

我們家住在東面那個四合院的西廂房。我、姐姐、媽媽住在這個有三間屋的房子裡。門前有棵紫藤蘿，枝繁葉茂地遮蓋著我們三間屋的屋簷，即使在盛夏，我們家也涼爽無比。

在北池子最「牛逼」的有兩件事。

五十年代，母親在《財政》編
輯部任編輯。這是她在北池子
33 號院裡讀書的照片。

　　一件是小學三年級的時候，我死乞白咧地纏著媽媽，從東安市場給我
買來一把小「木工鋸」，我居然用這把鋸幫助媽媽做了一個櫥櫃。媽媽驚訝
不已。這個櫥櫃裡面放著醬油、醋、調料等許多做飯用的東西。那是我給
這個家庭的第一個貢獻。用現在的話說，叫很有成就感。媽媽搬去東北大
慶時，肯定沒有帶走它。這個櫥櫃後來被丟到哪裡去了，我就不知道了。

　　另一件印象深刻的事，是我在門前的故宮護城河裡，學會了滑冰。開
始的原因，是因為媽媽有一雙冰鞋，那雙冰鞋是爸爸在他們熱戀時送給媽
媽的，她一直保留在身邊。那是一雙乳白色的女式花樣刀冰鞋。一冬天下
來，我居然滑得有模有樣，還可以做旋轉、跳躍等有點兒難度的動作。第
二年，那雙冰鞋已經太小，我的腳實在穿不下了，也不敢叫媽媽再去買一
雙，我的滑冰運動就此結束。媽媽仍舊把那雙沒人用的冰鞋，清洗乾淨，
藏在了箱底。

　　我們姐弟和媽媽在一起的家庭生活，給我留下了太多的美好回憶。那

時，每週從學校回家，都可以吃到媽媽做的飯菜。媽媽做過的很多菜，都是我最喜歡的，特別是一道叫「肉末蛋羹」的菜，我百吃不厭。那是把雞蛋和肉末攪勻，再上鍋蒸的一種雞蛋羹。蒸熟後，再撒上一點香油，拌著米飯吃，真是美味異常。

夏天晚上，媽媽和姐姐常坐在家門前的藤蘿架下聊天，我很少插得上話。但聽她們聊天，知道了許許多多有趣的事情，也是我的一大享受。

我的學習成績始終在班上名列前茅，從小學到高中一直如此。因此，每週拿著很漂亮的成績單回家，換取媽媽的表揚，也是一種驕傲和歡喜的機會。當然，我在學校也是個極調皮的孩子，經常被老師向媽媽告狀，每到這時，捱媽媽一頓臭罵是跑不了的，但這也常常給我留下許多有趣的回憶。

媽媽曾帶我們去先農壇體育館看蘇聯大馬戲團的演出，那是 1957 年。有老虎跳火圈、空中飛人，還有兩層樓高的小丑，咿咿呀呀地說著什麼。當時我非常奇怪，這個蘇聯人怎麼會長這麼高？原來在他的褲子裡面，藏著一對很高的高蹺。

記得那次退場時，擠得太厲害，我的紅領巾被擠丟了。回家後媽媽把我狠狠地訓了一頓，甚至打了我幾巴掌。雖然打得不怎麼疼，還是讓我很委屈。因為，媽媽說紅領巾是五星紅旗的一角，丟了紅領巾，就是丟掉了為共產主義奮鬥的理想。但我覺得她的批評一點兒也不靠譜。現在想起來，媽媽這次發火確實有些小題大做，但是，這些回憶我一輩子也忘不了，儘管捱了打，還是覺得挺溫暖。

那時的許多回憶是溫馨和甜蜜的，它們大多五彩繽紛，讓人難以忘懷。儘管在我這一輩子裡，享受這樣幸福而充滿親情的生活，充其量，只有這短短三年時間，但還是給我留下了永生難忘的記憶。

1960 年初，媽媽響應國家號召去支援大慶以後，浸潤著我少年時代的那些幸福與甜蜜便瞬間消失了。我們一家人，從此天南地北，各在一方。

小學三年級，已經開始一個人
生活在北京。這個 10 歲孩子
的眼神裡，藏著孤獨和恐懼。

週末回家的期待、媽媽的「肉末蛋羹」、藤蘿架下的絮語、馬戲團裡的小丑、輪番出現的批評與表揚等等，都從我的生活裡永遠地消失了。

媽媽被調到東北以後，再也沒調回北京。此時，姐姐在西郊妙峰山腳下的四十七中住校，我也一個人在西城的成方街小學住校，那年我才 11 周歲。

成方街小學是財政部辦的子弟小學。五年級時，財政部給我們小學蓋了新大樓，學校就從成方街搬到了廣電部大樓（那時叫電視大樓）後面，改名叫育民小學。直到現在，育民小學還是全北京最好的小學之一。

我是育民小學的「創始」學生。我們剛搬進去的時候，新建的四層大樓很有氣勢，一、二層是教室，三層是男女生宿舍，四層是校長、主任、各科老師的辦公室。四層中間是一個放著乒乓球台的寬廣大廳。大樓外面，還有一個獨立的大餐廳和一個很大的禮堂。

在育民小學，我終生難忘、也是最難過的日子，是每一個週末。

一到週末，所有學生的家長都來學校接自己的孩子回家。每到這個時候，在我內心，便有一種被遺棄的痛苦感。我往往趴在教室的窗台上，目送著同學們一個一個地被家長接走。同學們蹦蹦跳跳、吵吵鬧鬧地都回家

了。最後，偌大的學校，只剩下孤苦伶仃的我。我知道，是沒有任何家長會來接我的。

那時，我還不懂「孤獨」這個詞兒，但是我很小很小的內心，已經充分體驗了「孤獨」的滋味。

全校的同學都回家了，整個育民小學的四層大樓，就剩下我一個人。晚上睡覺前，我會一直在大街上遊蕩，在燈火通明中，看看這兒，看看那兒。我真不敢回到那個黑暗、陰森和空蕩蕩的大樓裡去，內心充滿恐懼。

看門的老大爺對我很友善，他會一直等到我回來再下班。每次他要回家時，我都要站在大樓巨大的玻璃門裡面，隔著玻璃，看著他嘩啦嘩啦地用鎖鏈鎖上大門，從而鎖上整座大樓。我雙手扶著大門，臉貼在玻璃上，看著他一步一步地遠去。之後，我就被禁錮在這座空蕩蕩的大樓裡，孤身一人，形影相弔。

走廊很黑，我每次都要拿著手電筒，照亮樓道裡的每一個角落，生怕哪裡藏著壞人。有時，走在樓道裡，總覺得後面有人跟著我。於是，我會突然閃進另外一個班級的宿舍，藏在裡面，觀察後面的動靜。等到確定後面沒有人時，我再悄然離開，溜進我們班的宿舍。我認為，這樣可以甩掉跟著我的「尾巴」。

晚上真正睡覺之前，我會再拿起手電筒，把床底下的每個角落，最少照兩遍。等確認沒有人藏在下面，我才敢爬上床。不管我的床在哪裡，我都要爬到離門最遠的上鋪去睡覺。往往蓋上四、五床被子，把頭藏在被子裡面，關上燈，一聲也不敢吭。

星期天沒有什麼地方可去，早晨起床後，往往閒極無聊。夏天，我常常會步行去什剎海游泳。邊走邊看路邊的各類櫥窗，一路踢著小石子，溜溜達達。到什剎海游泳，是消磨星期天的最好方式。我游泳游得不錯。但在什剎海，我更多是獨自趴在被太陽曬得滾燙的水磨石池邊上，看著泳池裡，無數的父母和孩子，在池水裡嬉笑打鬧。我也會隨之興奮。我喜歡這

溫馨場面，羨慕他們的其樂融融。

　　星期天晚上，是家長送孩子返校的時候。每逢此時，我一般都藏在學校傳達室的玻璃窗後面，看著同學們一個一個地進入校門。待我們班的最後一個同學進校以後，我才會回到熱熱鬧鬧的宿舍去。那時，許多同學都會大聲地聊天，交流自己在家裡的所聞所見。宿舍裡剛剛重聚的同學們，往往爭著搶著說話，聲震屋頂，笑聲一片。此時，我只會靜靜地聽著，心裡既好奇，又沮喪。因為我沒有任何可以大聲講給同學們聽的新聞和趣事。

　　有時，有的同學會偷偷拿出家長特意準備的小食品，分享給自己關係較好的同學。當然，如果我能得到一點兒同學的禮物，會很高興。但是，由於我始終沒有什麼可以回贈給同學們的，每到這時，我往往就會變得特別想家，特別想遠在黑龍江的媽媽。

　　記得有幾個同學曾經請我到他們家裡作客，我一直心存感激，到現在也不能忘。

　　一位叫任冉齊，是班上功課最好的同學之一，也是我在學校乒乓球隊的隊友。他是五年級時，從瀋陽轉學過來的，家住在中央高級黨校。他們家對我這個小客人十分重視，他媽媽親自下廚。他爸爸是黨校的大官，也陪著我和冉齊一起吃飯，這令我受寵若驚。

　　飯後，任冉齊給我看他爸爸在戰爭年代的許多紀念品，例如望遠鏡和各種獎章之類，讓我羨慕極了。

　　還有一位同學叫郝連生，家裡是中央組織部的。他是六年級轉到我們班來的。這傢伙非同一般，他大約是我們班上學習最差的人，很少有功課能夠及格。但是他很能打架，除了一個叫曾平平的以外，我們班所有同學，沒有一個能夠打得過他。我們倆也是好朋友。

　　去他家作客和去任冉齊家作客完全不同。

　　郝連生有一個後媽，他和哥哥恨死了這個後媽。一天，為了報復後媽以前的虐待，兄弟倆趁爸爸不在，聯手把後媽狠狠揍了一頓。據說打得後

媽跪地向兩兄弟求饒，才被這兩個混不吝的小子饒過性命。

他爸爸回家後，氣得七竅生煙，立即把倆兒子叫回家，分別暴打一頓，攆出家門，從此不再相認。

我作客去的地方，是郝連生哥倆託中組部爸爸老戰友找的一間宿舍。兄弟倆離家以後，在此相依為命。此時他們正在拚命地練習拳擊，讓在一旁觀陣的我看得心驚肉跳。

那頓飯，我們在他倆的小屋裡，狼吞虎嚥地吃了一堆燒餅和兩隻燒雞。不知他們從哪裡弄來的，如此珍貴的兩隻燒雞，那可是困難時期剛剛結束的 1962 年呀。

育民小學另一件使我印象深刻的事，是每個星期天的吃飯。

媽媽是個小職員，工資不高，每個月只有 70 元的收入。她和我們姐弟商量支出分配，最後的結果是，媽媽每個月給姐姐寄 18 元，給我寄 15 元。她自己留下三十幾元。交完房費、水電費，留下每年一次來北京看望我們的火車票錢之外，還要準備一家三口，春夏秋冬衣服和鞋帽的購置。用於她自己的生活費，幾乎所剩無幾，媽媽真的非常困難。

媽媽始終說，把你們留在北京受教育，無論多麼困難，都是值得的。

我知道媽媽處境艱難，每月 15 元生活費的預算，是我主動向媽媽建議的。其實無論怎麼算，這 15 元都不夠。家裡窮，我們三人必須共同分擔困難，從小我就懂得這個道理。在交完每個月的伙食費、住宿費、學期開始的學雜費以後，每個星期天我的吃飯錢，就只剩下了五毛錢了。

星期天這五毛錢的飯錢，只能省著用。早飯不能超過一毛，中飯不能超過一毛五，晚飯不能超過兩毛五。很多個星期天，中午只吃兩個燒餅，對著水龍頭喝點自來水，就算一頓飯了。就這樣，我居然還能省下一點錢，星期天去什剎海游一場泳。那時什剎海游一場泳要一毛錢，這是我從每個星期天的飯錢裡省出來的。在小學的幾年中，我沒有一次再額外向媽媽要過錢。

　　我的小學生涯，正好經歷那三年的大饑荒。每個星期天，學校食堂會
退還給我一斤糧票，星期天上街吃飯，就憑這一斤糧票買東西吃。此外，
學校食堂還會退給我半市斤的「蔬菜票」。那時北京市每人每天憑票供應半
斤蔬菜。市民只有憑票才可以在菜市場上，買到對應斤兩的蔬菜。而我卻
苦於沒錢，無法使用星期天屬我的那半斤「蔬菜票」。退一步講，就算有錢
能買，我又沒有家，到哪裡去炒這半斤蔬菜呢？

　　我的班主任姓金，高高的個子，是個很文靜的女老師。她知道我的情
況後，每次都讓我把這半斤蔬菜票放在她那裡保存。大約每過一個月，她
都會在星期天早上來學校找我。已經上午 10 點多了，我還把腦袋埋在被子
堆裡不敢出來。她進來，看著我起床，然後帶我坐上公共汽車去到她家。

　　她家住在西郊的裝甲兵司令部大院。進屋後，金老師讓我坐下，給我
倒一杯熱水，然後進了廚房。不一會兒，她從廚房裡端出大大一盤炒菠菜，
放到我的面前。

　　「杜廈，這些菠菜是用我給你存的那些蔬菜票買的，你吃吧。菠菜營
養好一些，你嘗嘗老師炒的鹹淡是否合適？」金老師語氣平淡而體貼。我
當時太小，不知道感動，也沒有想哭，便狼吞虎嚥地把那盤炒菠菜，吃得
精光。

　　那是中國最為困難的時期，中國人普遍處在飢餓之中。金老師是用自
己的錢，和她家少得可憐的定量供應食油，來給我炒這盤菜的。隨著年齡
增長，我越來越懂得了那盤菜的分量！

　　1981 年，我正在南京大學攻讀研究生。為撰寫畢業論文，我來北京圖
書館搜集資料，可以在北京待一段時間。我便萌生了利用這個機會，去尋
找金老師的想法。

　　此時，距離我去她家吃那一生難忘的「炒菠菜」，已經 21 年了。我陸
續找了三所學校，最終才得到金老師的電話和地址。她還住在裝甲兵大院，
我找到了她。一見到她，我便泣不成聲地抱住她。她還記得這件事，很淡

定，只是簡單地說，「那是我應該做的。」她一定要留我吃飯，21 年以後，我又在金老師家吃了一頓飯。當時她已經罹患癌症。第二年我再去看她時，她已經離去。她讓我在那個特殊的社會環境下，看到了善良，看到了愛護，也看到了責任。這件事對我一生影響巨大，我一輩子也不會忘記這位金老師，和那盤「炒菠菜」。

12 歲，小學六年級時和同學合影。後排站立的是我。

二　我的父親母親

我和姐姐為什麼沒有爸爸，一直是我心中的一個謎。

在我的童年裡，懂事以後，我就從沒有見過父親，也從沒有人和我談起過他。這在我幼小的心靈中，一直是個謎。我從來不敢問家裡的大人們：我為什麼生活在姥爺家而不是自己家？為什麼從來見不到父親？他到底是誰？他在哪裡？

四姨和大舅，甚至告訴我：「你爸爸不要你們了」，「你是我們從大街上撿來的」。不管這是玩笑，還是取笑，都在我幼小的心裡造成了很大的傷害。我一直恨他們倆，長大以後，每次暑假回天津姥爺家，我都要故意找茬兒，設計出很多惡作劇整蠱他們，算是報復。

其實，爸爸和媽媽，有著一段凄美的愛情故事。

邂逅

他們相遇是在 1942 年初春，在被日軍佔領、蹂躪的北平。

前門火車站擁擠、嘈雜的人群中，一位年輕女士，在冰冷的站前廣場上，排著長隊等著買回天津的火車票。她身著深藍色的洋布長衫，圍一條自織的乳白色毛線長圍巾，下擺長長地垂到腰部，樸素、典雅、簡潔。

這位年輕女性叫杜惠芳，6 年以後，她成為了我的母親。

媽媽生於 1924 年，中學時就讀於天津著名的私立女子中學，與以後紅遍中國的一代名伶黃宗英是同班同學。據說當時，她們是學校裡最為引人

矚目的兩大「才女」。黃宗英比媽媽小一歲，中學時就文采飛揚。她時常在作文課上，兀自站起來，像在舞台上表演一樣，聲情並茂地即興朗誦自己剛剛完成的作文。她的才華和風度，令人驚歎。媽媽卻是學校京劇舞台上毫無爭議的「皇后」。課餘，她常和日後下海成為天津京劇名伶的丁至雲一起學戲，並經常在學校舞台上彩唱。她兼學梅、荀兩派，既功青衣，又習花旦。她演出的梅派《貴妃醉酒》、《霸王別姬》頗有梅先生的韻味。而她最喜歡荀派的《紅娘》、《拾玉鐲》等劇目，演來俏皮活潑，令人喜愛。她一直是全校同學崇拜的偶像。在晚年聊起她的人生時，媽媽玩笑說，如果她沒有去考中國大學，並追隨父親，一起奔赴重慶參加抗戰，而是和丁至雲一樣選擇「下海」，她或許也可能成為京劇舞台上，成就不亞於丁至雲的一代京劇表演藝術家。

1941 年秋，媽媽考入北平中國大學，就讀於商科。這時，她已經有了自己的人生理想。

當時，日軍在全中國乃至整個太平洋的節節勝利，使許多中國老百姓和知識分子感到絕望。但是，媽媽卻不一樣。她內心仍然保留著驕傲和自尊，受不了日本人的蠻橫和囂張。媽媽一生憎恨日本人，這種憎恨，直到她晚年也未曾消除。她常常向我和姐姐提起，在她少年時期，親眼看到自己的爸爸無數次受到日本人的欺負和侮辱。甚至有一次，在奉天（瀋陽）到天津的火車上，一個大約年僅 20 歲左右的日本兵，當著她的面，肆無忌憚地左右開弓，搧了姥爺幾個大嘴巴。這在媽媽幼小的心靈中，種下一生無法磨滅的屈辱與仇恨。這也許是她日後，決定跟隨我的父親，寧可拋頭顱、灑熱血，也要通過四道封鎖線，毅然奔赴重慶參加抗戰的最初原委吧。

她之所以選擇投考北平中國大學，和她內心深處，對日本人的這份憎恨密不可分。

北平中國大學由孫中山先生一手創辦，宋教仁、黃興曾分別擔任過校長。這是一所充滿革命色彩的大學，媽媽考這所大學時，中國大學校長是

著名的何其鞏先生。何先生是參加過辛亥革命的著名政治家、教育家，也曾經是辛亥革命後，北平的第一任市長。1936 年他到中國大學任校長以後，始終不渝培育學生們的民族氣節，延聘愛國學者執教。更難能可貴的是，中國大學在運營已經極為艱難，又沒有任何經費支持的條件下，仍然拒絕日偽政權資助，不接受奴化支配，也絕不與日偽合作。這是媽媽堅定不移要報考北平中國大學的根本原因。

抗戰八年，北平中國大學為抗戰培養了大批的抗戰英雄和仁人志士，今天後輩們耳熟能詳的許多著名抗戰人物，都畢業於這所位於敵佔區的著名抗戰大學。

回到 1942 年的北平前門火車站。這是媽媽考入北平中國大學後的第一個寒假。

排隊買火車票的人越來越多，隊越排越長。

此時，一位身材高大，挺拔帥氣的年輕人，出現在前門火車站的站前廣場上。他叫趙懷麟，就是我未來的父親。

他剛剛從日本著名的私立大學日本大學商科畢業，回國後就職於偽滿洲國奉天稅務稽查局。父親在日本留學期間，結識許多中國內地的留學生，其中幾個同窗好友，即是北平的留日進步學生。在日本的幾年中，他們親身體會了整個日本社會對中國的蔑視和不屑。也體會了日本從天皇、軍部，一直到一般百姓，一心要整體吞併中國的野心。父親和進步的中國留學生們，心中的仇恨和憤懣與日俱增。沒有人可以置祖國於不顧。這些留學生已經無心學習，每個人都渴望儘快回國，投筆從戎，參加抗戰，拯救同胞於水火。

父親此次來北平，是為了尋找去重慶抗戰的門路和聯絡辦法，也還要摸清，如何突破從北平到重慶沿途幾千里的數道封鎖線。了解清楚後，他現在要從北平回遼寧老家，籌措經費並告別家人。

排隊買票的人實在太多。父親在擁擠、惶恐的人群中，尋找可以使他

儘快買到火車票的機會。在長長的排隊人群中，他發現了排在最前面的一位藍衣少女，那顯然是一位知識女性。他決定鼓起勇氣，上前搭訕。

「請問小姐，可以代我買一張火車票嗎？排隊實在太長，只怕等我排到，這班車也開了。如果那樣，我就趕不上去東北要辦的急事了，請您務必幫忙一下。」他說得誠懇無比，伴以一個深深的鞠躬。

據媽媽後來回憶，父親一米八以上的魁梧身材，剪裁得體的西裝，和一條黑色的毛線圍巾，使他在整個車站廣場上超凡脫俗，鶴立雞群。尤其父親那棱角分明的臉龐，那青春灑脫的談吐，彬彬有禮的話語，都使她瞬間被吸引。媽媽忙不迭地答應下來，幫助他買了到錦州的票。可以想像，這兩張票的座位號肯定是挨在一起的。火車開得很慢，窗外還是一片冬天的衰敗，灰黃而滿目荒涼。車廂內擁擠、嘈雜而惡臭衝天。車內乘客，除了父親母親以外，幾乎一片衣衫襤褸。

在短短不到兩個小時的旅程之中，兩個剛剛相識的年輕人雙雙墜入愛河。儘管他們兩人的人生經歷，有著諸多的不同，但相似的家庭背景，一樣的報國理想，再加上相互傾心、互相愛慕、郎才女貌，讓兩個人的心緊緊地連在了一起。令父親完全沒有想到的是，母親在聽完父親已經準備好的計劃以後，說出了讓他極為震驚的話：她決定立即中斷大學學業，和他一起奔赴天涯海角，參加抗戰！

此時，母親才剛剛滿 19 歲，大學剛剛上了半年！

火車在黃昏中，艱難地抵達天津東站。

兩人在站台上依依惜別。突然，父親飛快地跑回車廂，拿下他的提箱，母親驚愕地看著他。他決定在天津提前下車把母親先送回家。對於初嘗戀愛之無比甘美的母親來說，這正是她求之不得的。

他把她一直送到了西開天主教堂後面的拉薩道，姥爺的工廠和家都在這條街道上。到了家門口，兩人站住了。她勸他回去，父親的回答令母親大吃一驚：我今天要去見令尊大人，我要為自己提親，如果他們答應了，

一到重慶，我就立刻和你完婚。

看到乖巧的大女兒，事先未作任何通知，就把準女婿帶上門來，姥爺和姥姥立刻目瞪口呆。

雖然與準女婿的第一次見面來得如此突然，如此出乎意料，但此時的姥爺，已經是天津商界一位見多識廣的人物。在他心中，既有對女兒的慈愛，也有一副商人的銳利眼光。他迅速判斷了這個未來女婿的出身、學識和人生經歷，並透過談吐和人品，認定這是一個可以把女兒託付終生的人。他決定同意和支持這個日本留學生做自己的「乘龍快婿」。

當晚，姥爺家舉行了一場特殊意義的家庭晚宴。儘管這位突然造訪的「不速之客」，令我兩個舅舅和兩個姨姨（當時二舅還在家裡，老姨還未出生）驚愕不已，但從那時開始，在這個天津資本家的家裡，我父親一直是每個人心裡崇拜的偶像。母親也因此在家裡獲得極大尊重。這種狀況一直持續到 1949 年全中國解放，父親被投進北京清河監獄的那一刻為止。

母親和父親並沒有告訴姥爺和姥姥他們要去重慶參加抗戰的事。他們不敢也不想告，只表示如果父母同意，他們就決定儘快結婚並在北平尋找工作。姥爺本來就對大女兒上大學沒有多少興趣，面對從天而降的乘龍快婿，他當然願意他們儘快成婚。於是母親以安家的名義，從姥爺那裡得到了他們想要的第一筆「抗戰經費」。

幾天後，父親回到了他在遼寧北鎮的老家。他首先找到自己的母親，告訴她，此次去北平半個月，其實是尋找做生意的門路。在滿洲國給日本人當差，絕不是長久之計，他決定棄政從商，希望母親能提供創業的本錢，幫助他開始自己的「生意」。奶奶對這個長子，從來言聽計從，深信不疑，遂把自己的私房錢和所有首飾都給了他。

在北鎮家裡只住了三天，父親就拿著奶奶的私房錢和首飾，回到了天津。他帶上自己的意中人，克服重重困難，通過四道封鎖線，歷經無數考驗，到達了抗戰陪都重慶。

與父親一起奔赴重慶參加抗戰之前，媽媽在天津的最後一張肖像照，那時她只有 19 歲。

母親跟隨父親赴重慶參加抗戰沒有告訴家裡。這張照片是母親臨走之前和我姥姥的一張合影。

母親出發去重慶前，和最好同學的離別照，她們都支持媽媽去重慶。

　　到了日思夜想的抗戰大本營，兩個年輕人帶著無限激情和憧憬投入全新的生活。他們哪裡知道，一幅充滿著悲愴、屈辱、甚至血淚的人生歷程，已經悄悄地走近他們，成為一齣慘烈無比的悲劇。

　　聽媽媽講述她和父親當年這段離奇的邂逅，是在 1959 年那個安靜的秋夜。應該是在父親去財政部找過她以後。她對我和姐姐說，你們已經十四歲和十一歲了，是懂事的大孩子了，許多事情應該讓你們知道了。

　　接下來的那幾天，我完全像是在聽一部充滿跌宕起伏和悲歡離合的長篇小說，時而無限的幸福，洋溢在媽媽娓娓道來的訴說裡；時而撕心裂肺的痛苦，又讓她淚流滿面，泣不成聲。

　　他們悲慘而離奇的人生故事，很像描寫那個年代的許多傳奇小說，然而，這確實是發生在他們兩人身上的真實故事。

風雪夜歸人

　　1942 年到重慶後，父親和母親如約舉行了簡樸的戰時婚禮。由於人生地不熟，又沒有任何朋友，他們只是照了一組結婚照，寄給雙方父母，就算成了家。連一頓像樣的婚宴也沒有安排（1966 年文化大革命開始，母親從她箱子的最底下找出她一直珍藏的「婚紗照」，鄭重地交給我保存。我深知這幾張照片在母親心中的位置，把它們一直保存到今天）。

　　同年，太平洋戰爭爆發，日軍將大量精銳兵力抽調往太平洋、東南亞戰場，中國的抗戰進入到相持階段。這樣的外部環境和戰場形勢，使一腔熱血到重慶參加抗戰的兩位年輕人根本沒有走上前線的機會，直至抗戰結束，父親和母親從沒有參加過一次真正的對日作戰，這是他們人生的一大遺憾。

　　父親有留學日本的經歷，精通日語，所學專業又是財政和稅收，並且有著一個「東北流亡青年」的特殊身份。這樣的履歷和背景，在抗戰時期的

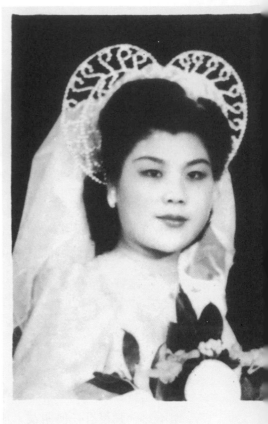

1942 年，父親母親通過四道封鎖線到達
重慶後，立即舉行了婚禮，滿滿的幸福感
洋溢在這張照片中。

母親的婚紗照。

重慶鳳毛麟角，這些都幫助他很快在國民政府財政部，找到了一個令人稱羨的工作。從 1942 年初起，父親擔任了國民政府財政部次長的助理，同時還兼任了國民黨中央調查統計局經濟調查處的特別專員，即所謂「中統專員」，這一職務，日後成為跟隨父親一生的夢魘。

此時，父親未滿二十三周歲。他覺得自己前途一片燦爛光明。

當父親擔任了戰時國民政府這兩個重要職務以後，他堅決主張母親放棄外面的工作，專心操持家務。其時，母親太年輕，大學又沒有畢業，尋找合適的工作也著實不容易，她也就欣然扮演起了賢內助的角色。

兩人結婚以後，在沙坪壩的歌樂山下，租了一間當地百姓的民房。房屋一明兩暗，和另一對來自河南的夫婦，共用中間的堂屋。這堂屋既是客廳，又是餐廳，還是每天做飯的廚房。抗戰時期，不僅工作繁忙，沒日沒夜，而且工資微薄，條件艱苦。母親當時只有 19 歲，對於這些，她幾乎沒有任何抱怨。大家都知道，國家在生死存亡的關鍵時刻，能夠有一份可以給抗戰盡力的機會，已經十分難得，困難理當自己克服。

父親上班的地點在九龍坡著名的古刹華岩寺，往返住處和辦公地點，要走 12 華里山路。父親每天步行往返上班，不僅從未感覺艱苦，而且樂觀和激情無限。當時的重慶，可以說是個燃燒中的城市，一方面日軍的瘋狂轟炸，使重慶在燃燒；另一方面，陪都的全民抗戰熱情，也在每一個中國人心中燃燒。父親、母親喜歡重慶這種抗戰氛圍，無論多累，多窮，多苦，他們都樂在其中。作為後輩，現在想起來，還是有許多理解和崇敬。

1945 年 8 月 15 日，日本宣佈無條件投降。父親母親也和所有參加抗戰的人一樣，狂喜、歡呼、瘋狂地跑上街頭，盡情地抒發勝利的喜悅。

一個月後，父親接到國民政府行政院「收復區全國性事業接收委員會」的命令，任命他為東北接收委員會成員，令他立即飛赴長春，參與接收東北。父親負責接收偽滿經濟、偽滿財產和其他需要從日偽手中接收的一切物資。

1945 年初春的重慶。 抗戰即將勝利，母親
懷著姐姐，期待著勝利的一天。

　　10 月 7 日，父親作為熊式輝領銜的「東北行營」的先遣人員，乘第一
架接收東北的專機，從重慶經停南京，飛抵長春。隨後不久母親帶著已經
幾個月大的姐姐，也轉道南京飛抵長春。

　　其實，早在日本無條件投降之前的 8 月 11 日，中共就已經發出「佔領
全東北」的命令。10 萬大軍，星夜兼程，陸續控制了東北全境 9 個中心城
市和 57 個中等城市。一切可能得到的日偽遺存武器、裝備、軍用物資、
糧食、貨幣全部落入共產黨軍隊手中。

　　而蔣介石一方面著急於全國混亂無比的接收工作，另一方面又在東北
的接收問題上猶豫不決。再加上已經佔領東北的蘇聯紅軍對國民政府接管
機構的抵制，國民政府的東北接收工作根本無法展開。

　　由於和東北蘇聯紅軍談判破裂，11 月 17 日，熊式輝決定將接收東北
的「東北行營」撤離長春，返回北平。回北平之後，父親決定請一個短假。
他要帶著妻子和女兒，回一趟北鎮老家，看看已經闊別多年的父母，並準

備把自己的妻子和可愛女兒，介紹給家裡所有人。

這意味著，母親將第一次見到父親的全家，而這也是她期盼已久的。

此時的東北，已經冰天雪地，滴水成冰。

事先得到消息的爺爺，派了兩掛大馬車來溝幫子火車站，接父親一家三口。從溝幫子到北鎮，還有十八里路。由於是在大雪中前行，大馬車行進緩慢而艱難。北風呼嘯，冰冷刺骨。

母親緊緊地抱著襁褓中的姐姐。她馬上就要見到從未謀面的公公婆婆，以及父親一家人。這些人既熟悉又陌生，既親切又遙遠，就像任何一個即將過門的媳婦一樣，她心情十分激動又忐忑不安。

途中，父親讓風雪中的大馬車在一個小店停下，稍作歇息。在這裡，母親得知了一個讓她墜入深淵的消息。

下午四點剛過，混沌的天空已漸漸暗了下來，東北的冬夜來得特別地早。父親點上屋裡的一盞小馬燈，放到窗台上。室內溫暖而濕潤，四周很靜。

父親背著馬燈的燈光，坐在母親對面，整個臉處在燈光的陰影裡。

他的臉有一點抽搐，好像有話要對母親說，顯得有些緊張。

父親終於開口：「到了重慶的第二年，有一次起床，你對我說，昨夜做了一個奇怪的夢，說你夢見一個穿黑色旗袍的女人來找我，記得嗎？」

「對，記得，那個穿黑色旗袍的女人，還領著兩個孩子。」母親頓時臉色緋紅，神情一下緊張起來。她明顯感到，要發生什麼事情了。

父親有些哽咽，稍微低下臉，不敢正視母親的眼睛：「有些事我沒有對你講過，我在老家還有一個家。確實像你在重慶夢到的那樣，我還有一房原配妻子和一兒一女兩個孩子。」

父親的臉，仍然藏在燈光的陰影裡，讓人看不清。

屋裡靜極了，連呼吸的聲音也沒有，父親這寥寥數語，令母親眼前頓時一片漆黑。她也忘記了自己在哪裡，不知道該說什麼，也不知道該幹什麼。

父親前妻關淑怡和她的兩個孩子：我同父異母的大哥趙克強和大姐
趙立君。

父親繼續小心翼翼地解釋：

「那是一樁在我十六歲上，由父母包辦的婚姻。我們之間沒有愛情，也
沒有感情。我和她其實都是這樁包辦婚姻的受害者，這次回到北鎮，我就
去辦理離婚手續。請你相信我，我只愛你一個人。」

母親仍然一句話也沒有，兩行熱淚撲唰唰唰順著面頰滾下。

抵達北鎮家的老宅，已是深夜。

父親一直守著母親，一步也不敢離開。

「今晚你到她那屋去吧，她已經盼了你好多年了。」這是那天晚上，母
親對父親講的唯一一句話。

父親不敢相信自己的耳朵，他怎麼也沒有想到，母親會在這樣一個時
刻，讓他在這個風雪之夜，去他原配妻子的屋裡去過夜。母親不吵不鬧，
冷靜異常。她沒有用眼睛看自己的丈夫，臉衝著牆，說出了那句充滿體貼
的話語。

北鎮那個風雪之夜，令母親和父親之間的愛和婚姻，遭遇了難以想像的危機，兩人之間的關係幾近被摧毀。儘管在爸爸北鎮的老宅裡，媽媽給足了他面子，免得他無法下台。但僅僅隱忍了幾天，在他們貌似平和地離開北鎮以後，這場巨大的危機，在這兩個人的心中，還是像火山一樣迅速而猛烈地爆發了。

母親不能原諒父親，讓自己客觀上作了一個男人的「二房」。但這還不是問題的關鍵。母親最無法原諒的，還是自己最心愛的這個男人，竟然在如此長的時間裡，隱瞞和欺騙她。她，怎麼能夠吞下與人為「妾」的屈辱呢？以後，如何向家裡人交代？再以後，如何向自己的女兒交代？如果走向社會，有了工作，又如何向同事們交代？

她決計結束這場婚姻。

到了錦州以後，她根本沒作停留，抱著女兒，登上了南下的火車，不辭而別。

父親深愛著母親，他知道她還是愛著他的，他相信自己有能力挽回這一切。他知道自己的妻子已經回到天津，但他沒有立即追向天津，而是轉身趕回了北鎮。

在傳統的東北農村，離婚是一件令人不齒的事情。而且，一旦雙方都是遠近聞名的名門大戶，這就變得更加難上加難。父親絞盡腦汁，想盡一切辦法，幾乎整整兩週時間，居然辦好了和結髮妻子關淑怡的離婚手續。之後他日夜兼程，趕到了天津。

父親趕到天津時，姥爺正在遭遇著生意上的一場災難。

姥爺在瀋陽（奉天此時已改稱瀋陽）的工廠，日偽時期，被當地的合夥人強佔。官司從日偽時期開打，耗時六年，毫無進展。當地法院收了被告的好處，最後判姥爺敗訴。抗戰勝利以後，姥爺重提訴訟，仍然石沉大海。當地這位曾經的合作夥伴，儘管已經被定為漢奸而遭到鎮壓，可是工廠卻已經落入國民黨接收人員手中。

顯然，作為「東北接收大員」的父親，此時在姥爺面前極有面子。姥爺在看到了父親出示的離婚書之後，決計幫助他挽回和自己女兒的婚姻。而父親投桃報李，承諾親自去瀋陽一趟，幫助姥爺要回本應屬他的工廠和資產。

最後，兩個人都如願以償。到天津兩週之後，父親就把母親和姐姐成功地帶回了北平。也許，他們都認為對方是自己這一輩子的「唯一」。也許，他們都相信，他們之間有著堅不可摧的愛情。也許，他們都希望時間可以彌合他們之間那撕裂得很深的傷口。

回到北平

1945 年 11 月，熊式輝決定把「東北行營」後撤到北平以後，父親就留在了北平，一直沒有再回東北。雖然熊式輝給了父親一個「肥差」：松江省政府秘書長兼肇東縣縣長。任命 1946 年初發佈，但由於松江省和肇東縣始終控制在林彪的「東北民主聯軍」手裡，父親一直沒有真正赴任。

在北平安頓下來以後，父親又找了一份工作。由於他在日本學的是財政稅收，北平市政府也給了父親一個好差事。從 1946 年開始，父親一直在北平市稅務局工作，到解放前夕，他一直是北平市六區的稅務稽查局局長。

1948 年夏末秋初，爺爺帶著他的全家，來到了我父母所住的牛八寶胡同。北平父親剛剛平靜的家裡，又掀起了一陣波瀾。

爺爺一家是逃難而來，北鎮的家已經不能再住。1948 年，由於氣候適宜，棉花豐產，爺爺的棉花生意越做越大。夏末，儘管東北國共兩軍已經劍拔弩張，但商人就是商人，越打仗，棉花越貴，這才是商人賺錢的好時候。

一天晌午，爺爺在院子裡指揮工人晾曬剛剛從山東收進的棉花。院子東北角方向響起了一陣清脆的槍聲。大街上人聲開始嘈雜起來，聽得出來，

許多人在往家裡跑。爺爺判定，大概又是哪股土匪來了。爺爺找家丁要了自己剛買的那支新式步槍，衝著東北方向咣咣打了幾槍。他想把土匪嚇跑：這院子裡不好惹，有真傢伙。

這是東北遼寧鄉村大戶和土匪之間不成文的默契。在一般情況下，土匪聽到大戶有警告意味的鳴槍，便不會騷擾。一是不想惹麻煩，二是避免攻堅，這也是土匪的慣例。

但是，爺爺事後才知道，正是用新式步槍打的這幾槍，給他的全家惹來了殺身之禍。東北角打槍的不是別人，正是剛剛從北滿南下，為圍困錦州而來的林彪第四野戰軍。他們正在肅清任何能找到的國民黨軍殘餘勢力，為攻打錦州並完成遼瀋決戰，做著戰前掃清外圍的工作。四野久經沙場的老兵們，從這幾聲清脆的槍聲裡，立即判斷，打槍的絕不是土匪。土匪一般不會擁有這種新式步槍。這裡肯定有國民黨正規軍殘部！於是，負責清繳國民黨軍殘餘勢力的四野機動小分隊，迅速接近了這座位於北鎮縣城東北角的大院，準備打一場和國民黨殘留部隊的遭遇戰。

在四野的軍人們接近院門之前，爺爺已經知道自己闖了大禍，便立即指示家丁們，把家裡的幾桿長槍藏進已經晾乾的棉花垛裡。他告訴奶奶：要命的麻煩來了，必須立即逃命。他自己先跑，大家如能逃脫，分散開，到錦州親戚家會合。然後全家逃進關內，去北平投奔大兒子。交待完，爺爺便翻後牆，帶著十來歲的老叔倉皇逃往錦州。

四野的搜索分隊一進院，就端著槍，把所有的人趕進東面一間下人的小屋，然後開始搜查槍械以及爺爺本人，結果一無所獲。於是一聲令下，把奶奶捆了個結實，雙腳離地吊在了北面大屋的房樑上，逼問爺爺和槍械的下落。直到天大黑，也沒問出個子午卯酉。搜索的四野士兵撤退以後，全家人才把吊在北屋房樑上的奶奶放下來。

後半夜，僥倖脫險的一大家人，在奶奶的帶領下，收拾細軟，分兩批從北鎮逃到錦州，會合爺爺以後，全家分三撥乘火車逃往北平。

從此，爺爺一家人，再也沒有離開過北平。

爸爸前妻關淑怡和她的兩個孩子，這次也隨爺爺一家來到了北平。

自 1945 年冬天父親和關淑怡離婚以後，關淑怡仍然認為自己「生是趙家人，死是趙家鬼」，爺爺奶奶也心疼這個兒媳婦和孫子、孫女，一直留她們母子三人住在趙家。這次她們隨爺爺一起來到北平牛八寶，就成了這個院子裡最難處理的一件事了。

而我母親，在對待關淑怡這件極為尷尬的事情上，表現得令人不得不讚歎。1948 至 1950 的近三年間，母親和關淑怡一直共同居住在牛八寶胡同的同一個院子裡。一個是大學生，出生於大城市的資本家家庭，是父親現在的恩愛妻子；另一個出生在東北農村，沒有文化，是被父親甩掉的前妻；這兩個女人之間，本應是競爭對手，是感情上的「仇敵」，但她們卻像一家姊妹一樣，一起吃飯，一起生活。直到 1951 年父親先是進監獄，後又離奇失蹤。我母親帶著我們姐弟流落街頭；關淑怡也投靠親戚，寄人籬下。兩人就再也沒有見過面。

爺爺攜全家，從遼寧北鎮逃到北平那年的 11 月 19 日，我在牛八寶胡同這個擁擠和混亂的家裡降生。

顯然，我是地地道道地「生於亂世」。

我出生的時候，國共兩黨爭奪中國政權的大決戰正在如火如荼地進行之中。遼瀋戰役剛剛結束，杜聿明的 47 萬大軍被林彪的四野殺得片甲不存。北京、天津則處在剛剛入關的林彪 80 萬大軍，和枕戈待旦的聶榮臻 20 萬大軍的重重包圍之中。華北乃至全中國的國民黨政權，已成秋風落葉，即將被掃蕩乾淨。

由於父親是國民黨政府裡一個不大不小的官兒，爺爺又是大地主兼富有商人，姥爺是在天津和瀋陽兩地都有規模不小工廠的資本家。我還有一個二舅，已經隨國民黨軍隊撤退到了江蘇，後又被迫逃往台灣。從哪方面看，我們家都和整個國民政府一樣，處在惶惶不可終日的恐懼和絕望之中。

爺爺和爸爸整天愁眉苦臉，幾百遍地商量，到底是變賣僅存的一點金條和女人們的首飾，買機票逃到台灣？還是留下，準備面對福禍難卜的未來？

我剛剛出生，真的像老話所說，是在一個不合適的時候和一個不合適的地點來到了這個世界上。爺爺和爸爸的一切決策，都受到了我剛剛降生這個事實的影響而猶豫不決。

爺爺儘管有點錢，也不過是個沒有什麼文化的土地主而已。而父親是家裡的長子，又從日本著名大學畢業，在政府裡也是個不小的官，因此，爺爺在和父親爭論時往往處於下風。很明顯，在這樣生死存亡的時刻，父親在拿最後的主意。

父親認為爺爺「全家逃往台灣」的主意不靠譜。一是台灣彈丸小島，沒有任何工業及像樣的經濟基礎，日本人五十年的統治和二戰期間美軍飛機的瘋狂轟炸，已經使這個小島凋敝窮困，民不聊生。二是幾百萬人突然從大陸逃到那裡，吃什麼？住什麼？爸爸憑什麼養活這一大家子？況且這個兒子又剛剛出生，怎麼經得起旅途的艱辛與磨難？即使花錢買機票去台灣，也絕對不是全家十幾口子人都能去的。即使想去，錢也沒有那麼多，機票已經貴到沒邊兒了。

爺爺啞口無言。

此時，我們家接連發現北平共產黨地下組織，從我們家門縫底下塞進來的信函。無一例外，每封信都是講解形勢和道理，要求我父親支持和參加和平起義，日後留下來為新中國建設服務。有幾封信甚至直接點明，你從日本留學回來，年輕有為，新中國會有你的遠大前途等等。

戰局方面也出人意料，劉亞樓29個小時就拿下了天津，北平幾十萬國民黨軍隊及傅作義本人，已成解放軍的「甕中之鼈」。

傅作義將軍召集北平軍政高層開會，申明自己已經決定響應解放軍號召，放下武器，實行和平改編，將政權交給共產黨和解放軍。傅作義將軍

還講，凡不願意和平解放的，可以自行離開，絕不干涉。

地下黨的信件起了重大作用，我父親決定留下來與共產黨新政府合作。

終於，在傅作義將軍的帶領之下，我父親和絕大多數國民黨高級軍官，及政府的主要官員們一起，在北平和平解放的協議上簽了字。之後，他去天津，把我母親和我們姐弟倆接回到北平家裡，準備在新政府中一展宏圖。

1949 年一月的最後一天，北平舉行了隆重的解放軍入城式。父親和全城所有的百姓一樣，也是滿懷激動，盼望著這一天的到來。從現在起，戰爭在這個城市將永遠結束，和平已經實現。他內心深處沒有任何恐懼。他知道，他也勉強可算作創造這個結果的參與者之一。他是在北平「和平解放」協議上簽字的國民黨 400 個將領和高官之一。這應該算是直接參與了北平的和平解放。

他還堅信，是共產黨的地下黨讓他留下來的。以他的學識，他的能力，他的年輕，以及他對大多數共產黨幹部教育和知識水平的了解，他可以輕易地在新政府中，得到一個符合他的學識與能力的位置。他對此深信不疑：新政府需要他和他的專業知識。

因此，父親完全不像他的許多舊交和同事一樣惶惶不可終日。他甚至嘲笑他們的判斷力。因為他知道，國民黨在軍事上雖然徹底失敗，但是能夠有效地整合和復蘇這個支離破碎國家的絕大部分人才，並不在共產黨手裡。尤其在經濟領域之內，更是如此。共產黨為了國家今後的長期建設，需要像他這樣的專門人才，他的躊躇滿志溢於言表。

清河監獄

事情的發展和父親的估計大不一樣。

負責接管北平舊財政局的新政府官員叫戎子和，據說整個北平的財政、金融、稅收、財經和物資都歸他管。2 月份戎代表到北平財政局，給

舊政府人員開了一個全體大會，作完形勢報告後，交待了對舊政府工作人員的留用政策。父親滿懷期待地參加了這次大會，但會後，他沒有像其他人一樣，得以照常上班，而是被告知，他暫時不必來局裡上班，等候進一步通知，這令他摸不著頭腦。

直到 6 月中旬，他終於得到北平市財政局的通知，要求他自帶行李，到北新橋炮局胡同 17 號「清河訓練大隊」報到，接受北平市軍管會的專門培訓。

這個「清河訓練大隊」是個什麼機構呢？

過去兩個多月聽到看到的一切，已經令他迷惑不解。一方面，北平在新政府的治理下，取得了難以想像的變化，這令他讚歎。全城堆積多年，佈滿大街小巷的垃圾，被迅速清理乾淨；致使全城惡臭難當的幾十處大糞池被填埋；大約有十萬人之眾的乞丐和流浪漢，被收容安置；八大胡同的上萬娼妓進入學習班，被培訓成為自食其力的勞動者；北平的賭博業也迅速絕跡；市場供應大幅改善，物價趨於穩定；新政府讓新舊警察合作一處，使北平的治安狀況迅速好轉。

共產黨有效地管理著這座兩百多萬人口的超大城市，老百姓對於新政府的管理能力，有口皆碑。

但另一方面，新政府對起義人員和軍政警特各類舊官員的態度，迅速變化。隨著不斷出現的所謂「破壞事件」，共產黨對於舊政府官員的友善與寬容，迅速褪去，敵對氣氛不斷升高。進城之初的合作和接納態度，已經蕩然無存。這令父親的自信與樂觀被迅速侵蝕乾淨。

母親僱了兩輛三輪車，帶著行李，送丈夫到了北新橋炮局胡同 17 號的「清河訓練大隊」。

一到清河訓練大隊門前的小廣場，看到荷槍實彈的警衛、緊閉著的大門和戒備森嚴的氣氛，夫婦倆立即明白了：這是一所監獄！他們還明白了，共產黨讓他們自己把自己送進了專為他們準備的監獄。既省略了逮捕程

序，還節約了抓捕用的警力。

事後才知道，清河訓練大隊是北平軍管會主任彭真親自批准建立，由北平第一任公安局長譚政文親自策劃設置的特殊監獄，是為集中管理那些最為共產黨所痛恨、也最具潛在破壞力的特務群體而特別設立的，專門收押有特務身份的人物。新政府知道，這些所謂特務，是最不安定，而且反抗意識最強的一夥敵對分子。

因此，清河訓練大隊是個你死我活的戰場。

解放軍 2 月份剛剛進城時，要求舊政府黨、政、警、特所有人員進行登記，顯然父親的中統經濟調查處特派專員的身份，已經得到核實和確認。

三十二年以後，當父親和我講述起這一段經歷時，還不勝唏噓。他說，北平軍管會和共產黨，其實給了他帶著全家逃亡的時間和機會。如果解放軍一進城，他便選擇帶著全家果斷逃亡，那麼，無論是日本還是台灣，都還是有機會去的。但是，他對自己學識和能力的盲目自信；對於參加「和平起義」客觀價值的錯誤判斷；對於新中國建立以後，政治鬥爭的邏輯與內涵完全不懂；使他沒有可能帶領全家，走上那樣一條道路。如果真是如此，我們家的歷史，可能就是一個完全不同的版本。但誰又知道，那樣的話，是福還是禍呢？

清河訓練大隊與普通監獄還是不太一樣。這裡沒有手銬、腳鐐。犯人沒有固定刑期，沒有繁重勞動，也沒有單獨的囚室。每天訓練的主要內容就是講課、討論、批判、反省和互相揭發。講的課，主要是《獨裁者蔣介石》、《蔣宋孔陳四大家族》、《新民主主義論》、《只有共產黨，才能救中國》等等。官方每天都公佈解放軍在戰場上的節節勝利：渡過長江，解放上海，解放武漢、廣州，解放大西南等等。

其實，被關在這裡的絕大多數特務，都是現在的勝利者們最深惡痛絕的人物。隨著軍管會和公安局不斷地調查，群眾源源不斷地揭發檢舉，不少特務暴露出了他們令勝利者無法容忍的「過去」。於是，幾乎每天都有被

軍管會和公安局核查清楚的罪大惡極分子，被帶到他們應該去的地方，再也沒有回來。

但是對於父親來說，事情卻完全不一樣。從 1942 年去重慶參加抗戰，直至此時，他連槍也沒有摸過，更不要提國共內戰。他不僅沒有參加過內戰，甚至根本就沒有想過要去參加。

現在不一樣，他有了一個家，一位深愛自己的妻子和一對兒女。這三個人再加上前妻關淑怡母子三人、父母、三個弟妹，世界上有十幾個人都要他來養活，他不能死！這一點，他堅定不移——他必須活著出去。

於是，父親成了清河大隊裡表現最好的囚犯之一。當然，這得益於以下兩點：

一是在重慶、瀋陽和北平，他從來沒有到「中統局」機關工作過，哪怕一天也沒有。他先後在財政部、東北行營、北平稅務稽查局的工作過程，清清楚楚。作為「中統」的經濟調查專員，他也沒幹過任何實際工作，中統特務的名號，對於他來說是有名無實。這些，使得他與關在清河訓練大隊的其他約 2000 名特務，清楚地區別開來。因此，兩個月後，他就成了清河訓練大隊 2000 名犯人中，少有的幾個大隊長之一。

二是他看的書多，文筆不錯，口才又好。往往聽完報告，學完教材之後的「說心得」、「表態度」，他均深刻無比，這必定得到管教們的表揚。當然，在反省自己的反動思想和反動家庭出身上的演講，他也總能拔得頭籌，獲得監獄管理方的誇獎。

可以體會，父親的內心是極度痛苦的。僅僅幾年之前，他帶著他的愛妻，不懼生死，突破四道封鎖線，毅然決然投身抗日救國的事業。他幾乎是把自己和愛妻的一切，都貢獻給了這個國家和這個民族。但到頭來卻成為階下之囚。最為心痛的是，他是聽從了共產黨地下組織的勸告，才滿懷報國激情留下來的。他真的準備把自己全部熱情與青春年華，奉獻給這個新社會。但今天，他卻像一個十足的罪犯，在死亡線上掙扎。

我理解此時的他，也同情此時的他。

自從 1949 年 6 月父親被關進清河訓練大隊，「牛八寶」的天徹底塌了下來。

爺爺一家從東北逃出來帶的一些細軟，早已經變賣用來購置「牛八寶」的房產了。三個家共 12 口人這才可能擠在這個院裡住下。父親進清河大隊以前，過日子全靠父親當局長的薪俸，還算過得去。現在這個大家庭的唯一收入來源，瞬間化為烏有。於是十餘口人連吃飯都成了問題。

很快，家裡連買棒子麵的錢也沒有了。

爺爺決定出去掙錢。但他沒有任何資源、關係或手藝。他用僅有的一點錢，買了一輛平板車。帶著已經十三、四歲，輟學在家的叔叔，去幾十里外的昌平買進薪柴。爺倆披星戴月，再把這些薪柴拉回「牛八寶」，三天一個往返。

留在院裡的各家老小，一齊動手，把大塊的乾樹樁劈成細細的點煤球爐子的劈柴。再由家裡的幾個女人，挨家挨戶叫賣這些劈柴，掙點小錢。這樣，三家人起碼暫時得以糊口。這個院裡的大人們都明白，這不是長久之計。

不久，爺爺就累倒了。

他老淚縱橫，把自己的兩個女兒和兩任兒媳婦叫到床前。吩咐兩個女兒和小兒子，繼續賣剩下的劈柴度日。讓關淑怡帶著她自己的兩個孩子，投靠關家在北京的一位遠房親戚，自尋活路。他讓母親帶著我們姐弟倆投奔天津姥爺家，等到父親從清河大隊裡出來時，再尋團圓。

牛八寶胡同的這個趙家大院，此時籠罩在一片悲鳴之中。

母親決定去天津投奔姥爺，這大概是她能夠帶著兩個孩子繼續活下去的唯一指望了。走之前，她去北新橋清河訓練大隊探視了父親，並和他告別。

那一天，是父親一生中第一次對著母親掉淚，他哭了。他哭得那麼傷

心，他完全知道牛八寶家裡到底發生了什麼，他也知道母親去天津投奔姥爺的所有原因，心裡苦不堪言。此時，他後悔自己沒有在北平和平解放前，帶著全家出走台灣。他還後悔自己為什麼會到重慶去參加抗戰。他甚至後悔自己，為什麼沒有選擇留在日本。作為一個男人，而且是一個曾經何等驕傲的男人，今天卻深陷囹圄，不能給予自己的父母，給予自己的愛妻和兒女，任何一點幫助，他感到無地自容。

眼前這個可愛的女人，為了他，拋棄了學業，離別了自己的家庭，放棄了自己的前途，全心全意地跟著他，扶持他，順從他。甚至連自己隱瞞多年，家中已有原配家室這樣的事，都超乎尋常地給予他寬容。可是，他給了她什麼呢？想到這裡，他怎麼可能不哭？怎麼可能不痛徹心扉？他在自己最心愛的女人面前，近乎崩潰。他覺得太對不起自己的妻子和那兩個可憐的兒女了。

母親卻一滴眼淚也沒掉。她已經做好了準備。她攙著丈夫的手，對他說：「懷麟，我們都不知道將會發生什麼，我們也無法知道你最後會怎麼樣。但放心，不管會發生什麼，我已經做好了面對一切結果的準備。不管遇到什麼情況，我們都會活下去，等到你出來和我們團聚的那一刻。我們還年輕，一切都可以重新開始。」她告訴他，她今天就要帶著孩子去天津。

父親沒有回答，只是不住地搖著頭。母親不知道丈夫搖頭是什麼意思。過了一個月，當母親再次去清河大隊看望父親，並痛苦地告知他，自己在天津姥爺家的遭遇時，母親才知道，父親當時不住搖頭的真意。

1949 年 1 月 15 日天津解放以後，姥爺和許多天津的資本家一樣，心裡有許多顧慮使他們寢食難安。雖然他們並不太相信「共產共妻」一類聳人聽聞的謠傳，但是財產被沒收，像農村地主一樣捱鬥，被共產黨清算，都還是有可能的。1949 年 4 至 5 月間，劉少奇受毛澤東的委派，到天津考察、調研。在參加了若干次劉少奇的座談會以後，姥爺懸著的心終於放下了。

姥爺自己是窮苦工人出身，家裡又是僱農家庭。因此，姥爺在聽懂了劉少奇所說的「工人階級、剝削與被剝削、勞資兩利、公私兼顧……」等一系列他第一次聽到的新詞兒以後，他一下覺得自己和其他資本家不同。他恍恍惚惚地感到，他也是工人階級的一分子，只不過是剛剛當上資本家而已。他感到自己和共產黨原本是一個根呀。因此，每次劉少奇的座談會上，姥爺都有比共產黨還共產黨的激進表態。他甚至提出，把自己的工廠無償交給政府，令其他資本家同行目瞪口呆。姥爺如願當上了剛剛組建的天津工商聯的委員。

在這樣的時候，母親叩響了天津姥爺家的大門。

姥爺犯難了，他確實犯了大難！

他喜歡和疼愛這個大女兒。在他所有的六個孩子中，大女兒最漂亮，最懂事，不僅功課最好，還最聽他的話。而這兩個外孫，又是他的頭兩個「隔輩人」，他自然也疼愛有加。

但是，大女兒的這個女婿，卻讓他害怕。國民黨高官、東北接收大員、反動政府局長，這些頭銜都使姥爺感到頭皮發麻。尤其那個中統特務專員的頭銜，更令他如芒在背，毛骨悚然。儘管在國民政府時期，他這個老丈人也曾經以有這麼個聲名顯赫的女婿而感到門楣光耀，在許多天津商界同行面前底氣十足。

現在，趙懷麟更被新政府定為反革命分子，被投入到讓人談虎色變的北京清河監獄。姥爺如今剛沐春風，他無論如何也不想讓這個倒霉的女婿，毀了他全家和他的工廠。他必須堅決地和這個女婿劃清界線。不僅女婿，整個趙懷麟一家，他都不能沾上一點關係。否則，新政府就會把他這個資本家，和新政府最痛恨的敵人劃成一夥。於是，他不住地奉勸女兒離開她的這個丈夫，帶著兩個孩子和他離婚。

母親告訴姥爺：和誰結婚，和誰過一輩子，是女兒自己的事。不過，現在我們娘仨有困難，想在您這裡暫時住一段時間，只要懷麟出來，我們

立即就搬走。姥爺則表示如果不離婚，就不能收留我們母子三人，否則父親的中統特務身份，會令全家成為反革命家屬。

母親感到走投無路。一方面她理解父母的決定，這個決定儘管無情，但有一定道理。另一方面，回北京去是不可能的。丈夫是牛八寶那個大家庭遭受一切苦難與巨變的根源。此時，她原本應該替獄中受難的丈夫，承擔起養活這個大家庭的責任，而她卻根本沒有這個能力。既然如此，那就更不能給這個風雨飄搖的家，再增加累贅和麻煩。因此，回北京的道路決然不通。

第二天，姥爺上班走了以後，母親告別了姥姥，謊稱回北京爺爺家，便領著姐姐，抱著懷裡的我，漫無目的地走到了天津的大街上。

母親帶著我們，加入到天津街頭的乞丐大軍之中。

人們都對我們這一家三口的「乞丐家庭」，投來好奇的眼光。看看母親的服裝與舉止，怎麼也和乞丐在人們心目中的形象聯繫不起來。因此，許多人立即聯想到，最近政權更迭的許多「落難者」，人們自然也把我們一家三口，歸入這樣一個類別之中。其實，這正是母親和我們一家的真實寫照。因此，更多的同情，更多的施捨，使我們一家三口，度過了最初三週的乞討生活。

母親帶著我們一直住在人滿為患的天津東站候車室裡。行乞的主要區域，是天津著名的勸業場一帶。

兩個姨姨先後在繁華的勸業場一帶，發現了我們母子三人。

即使如此，姥爺也沒有讓姨姨們把我們接回家。

得知這個消息的太姥姥（我姥姥的媽媽），憤怒至極。她清楚地告訴姥爺，你要是不把我外孫女一家三口接回來，明天我就和她們一起出去要飯。

其實，姥爺儘管膽小、勢利、懦弱，但是聽說他最心愛的女兒一家在大街乞討，他的心也像撕裂了一樣疼痛。他終於同意姨姨們，把我們一家三口接回到拉薩道家中。

　　我一生中唯一一段乞丐生涯，歷時三週，宣告結束。

　　回到家裡的母親，一句話也沒有。她已經下定決心，尋找自己的道路，她不會在此寄人籬下。她那顆高傲的心，也不允許她再在這個家裡待下去了，她要離開。

　　三天後的一個早晨，五姨驚慌失措地跑進姥爺姥姥的房間，懷裡抱著襁褓中酣睡著的我。

　　「媽！爸！不得了了，大姐不見了！」

　　五姨聲音顫慄，手裡握著一個碩大的信封。五姨從信封上的紅色字體判斷，這是母親的絕筆信。這使她魂飛魄散，大驚失色。

　　那確實是母親留給姥爺姥姥的絕筆信，這封紅筆寫成的訣別信，用很顯眼的方式，插在包裹著我的襁褓褶縫裡。

尊敬的父親、母親大人：

　　我們不能永遠住在您們家裡。這樣住下去確實可能給您們帶來傷害。另外，我，您們不孝的女兒，要去完成我丈夫交到我手上的責任。我要出去工作，以養活我和我丈夫的這兩個孩子，這是他留在這個世界上的血脈和希望。

　　但是，在出去找工作期間，我確實沒有辦法把兩個孩子都帶在自己身邊。女兒稍大一些，我就自己帶走了。我思考再三，兒子不到一歲，我只能把他暫時留給您們。待我的生活稍微穩定以後，立即把他接走。給您們添麻煩了。

　　我給您們跪下磕頭了！

　　從今天開始，直到我回來把他領走的那一天。如果這個孩子發生了任何意外，包括死亡、重傷、殘疾、丟失以及任何其他不測。您們可以憑我這封信，向孩子的爺爺家交代，你們沒有任何責任。

　　求求您們，幫幫我和我的孩子們，給我們一個在這個世界上生存下去

的機會。

您們的不孝女兒　惠芳

　　這封信讓姥爺家所有人感到震撼。姥姥捧著這封信痛哭不止。但全家的巨大反應，並沒有讓姥爺改變想法。他還是無法接受母親把我硬留在他家的現實。他不想也無法承擔由此而產生的責任，不管是對親家公這個大孫子的養育責任，還是對新政府所必須承擔的政治責任。他的第一反應是必須把這個孩子，立即給他媽媽送回去。

　　姥爺判定我母親一定在北京牛八寶家裡，所以，他吩咐五姨抱上襁褓中的我，追到北京，並親手把我交到母親手上。此時，五姨還在上高中，也不過 15 歲。

　　到了牛八寶爺爺家，母親根本不在這裡。不僅如此，誰也不知道母親到哪裡去找工作了。而且，牛八寶家裡一片混亂，每個人都驚恐萬狀。五姨一片茫然，不知所措。她抱著我，一邊哭著，一邊返回了天津拉薩道的家。

　　我這才算勉強被強留在天津姥爺家裡，直到 1957 年。

　　懂事以後我才知道，母親 1949 年秋天離開天津家以後，考入了財政部培養幹部的專門學校。而且母親可以帶著姐姐住在集體宿舍裡。

　　自此以後，母親一直沒有給姥姥家任何她自己的信息。直到母親已經在她的新的工作崗位上徹底站住了腳，她才趁著出差天津的機會，回姥爺家裡第一次看望了我，這已經是三、四年以後的事了。

　　也就是那一次，我才知道母親住在北京，而且還長得那麼漂亮。

父親潛逃

　　1950 年秋初，父親被清河訓練大隊釋放回家。對於他來說，能在這個

時候出獄，絕對是個天大的幸運。

父親是 1950 年 9 月末獲得自由的。在他出獄不到 10 天，中國現代史上兩個最重大的事件爆發：1950 年 10 月 8 日，中國政府正式宣佈，派遣軍隊進入朝鮮半島，抗美援朝戰爭驟然打響。又過了兩天，毛澤東本人親自推動的鎮壓反革命運動，即在全國展開。連同稍早一點在全國農村開展的土改運動，建國初期著名的「三大運動」，同時展開了。

鎮壓反革命運動在短短幾個月之內，便如熊熊烈火燒遍全國城鄉各個角落。49 年至 52 年間的兩次「鎮反」，各級政府一共鎮壓了 157.61 萬人，其中 87.36 萬人遭到處決[①]。我父親能夠在「鎮反」運動開展之前，離開清河監獄，幸運地逃過了這一劫，算是白白撿了一條性命。

絕大多數關在清河訓練大隊的特務，沒有我父親的運氣。他們中的許多人，在到達清河大隊的頭幾個月，即陸續被軍管會處決。僥倖活下來的，大多也在不久後的鎮反運動中遭到處決。像父親這樣級別的特務，幾乎沒有人能逃過 1950 年這次鎮反。即使極個別能僥倖躲過這輪鎮反的清河囚徒，日後也都被轉移到天津茶淀的「清河勞改農場」，在這座著名的勞改集中營中，痛苦而屈辱地了結自己的殘生。

父親能在 50 年 9 月底出獄，是他一生中遇到的唯一一次「幸運」。

母親得到軍管會通知欣喜若狂，刻意打扮了一下，領著姐姐去北新橋炮局胡同接父親出獄。

沒想到剛剛走出監獄的父親，竟然看不出有任何的興奮與喜悅。通常犯人重獲自由時那種喜極而泣，在他臉上未曾出現。他面色凝重，甚至有些抑鬱和憤怒。父親討厭母親來監獄接他時特意穿在身上的那套列寧裝。清河監獄裡面的管教們，也都是穿著這種列寧裝，這讓父親感到五味雜陳。

---

① 馬宇平、黃裕沖《中國昨天與今天，1840—1987 國情手冊》，解放軍出版社 1989 年出版。

而母親穿上這件財政部幹部學校剛剛發給她的列寧裝，是為了傳遞給丈夫一份喜訊：她已經有了一份新政府的工作。穿上這套列寧裝，母親覺得驕傲和自豪，只有在新政府裡有正式工作的人，才有這樣的列寧裝。穿上它，意味著媽媽已經不再是個老百姓，也不再是個家庭婦女，這在一定程度上表明媽媽新的社會地位和身份。

兩人截然不同的感受，預示著這對在政治變革中，共同經歷慘痛折磨的恩愛夫妻，已經走在了完全不同的兩條道路上。

父親沒有回牛八寶胡同，他也不打算到母親的集體宿舍去借宿。他帶著母親和姐姐，到了西單大木倉胡同，臨時住在了我七爺家。

七爺是父親的叔伯七叔，他倆從小一起長大，年紀其實只相差兩歲，兩人形同兄弟。他倆是結伴一起去日本留學的，七爺同樣也在東京日本大學就讀，但學的是畜牧獸醫專業。

晚上，母親哄姐姐睡了以後，沉默了一天的父親，終於開口說話了。

父親把心裡埋藏了一年多的屈辱與憤怒，毫無掩飾地對妻子全部傾訴。他的心此時已死，對於共產黨和新中國的全部幻想，也已經完全破滅。他知道，無論今後如何努力，這個國家、這個政府也不會給他任何機會與出路了。對此，他洞若觀火，但無能為力。

他告訴妻子，他不能容忍自己以一個囚徒的身份，一生屈辱地像狗一樣生存下去，他忍受不了。他和她商量：「我們帶著孩子，去日本吧，那裡有很多朋友可以幫助我們。我們遠離政治，今後做生意掙錢養家糊口。在這裡，我身上的政治烙印永遠無法去除，我們一輩子也沒有出頭之日。」父親痛苦而沉重，期待著母親的回應。

母親不太情願回應父親的提議。首先，她極端憎惡日本人，這一點父親是知道的。其次，此時母親的心態，已經和 15 個月前父親入獄時，有了天壤之別。

在財政部幹部學校將近一年的學習，使這個一直生活在國統區和父親

影子底下的傳統女人，在思想、性格、視野和人生觀上，都發生了難以想像的巨大變化。現在，圍繞在她身邊的，已經不僅僅只有丈夫和孩子。在她眼中，周邊的世界已經不是過去的單調色彩，而是一片五彩斑斕，絢麗無比。

現在她天天接觸的是簡樸而可愛的學校，平易近人的老師，火熱的學習環境，新型的同學關係，嶄新的學習方式，發人深省的教學和討論，以及從未接觸過的革命思想和理論。這些，都深深打動了這個壓抑已久的年輕女人。甚至當她第一次穿起兩排扣的列寧裝時，竟然也自覺神氣無比。她為自己成為革命隊伍中的一員而欣喜，她已經開始憧憬自己人生的嶄新未來。

她的美麗，她的修養和學識，她無人可比的京劇表演天分，使她在短短一年中，迅速成為財幹校裡炙手可熱的人物。整個學校所有老師和同學，都對她崇拜不已。這讓她品嘗到了一種當明星的感覺。最重要的是，被重視和被尊重，徹底激活了她內心深處美好的人生希望。她思想活躍了，人也開朗了，朋友也交了很多。母親已經迅速喜歡上了這個新環境，而且，對於她來說，這是不可逆的轉變。

母親不願意去日本。她和學校裡自己最要好的同學，聊了丈夫想去日本的想法。同學要比母親見識廣得多，告訴她：「惠芳，你們老趙這哪裡是想去日本呀，日本已經一片焦土。他這是藉口說去日本，其實是要繞道去台灣呀。」母親大驚失色。

而當母親婉轉地揭穿了父親的心思，說出丈夫「其實是想經日本去台灣」這一句話時，令剛剛從牢獄中脫身的丈夫臉色蒼白，渾身戰慄。父親再清楚不過了，「經日本去台灣」這個判斷，絕對不是妻子自己能夠得出的結論。妻子既看不到這一層，又說不出這樣的話。這肯定是妻子學校裡某人的判斷，父親當然嚇得魂不附體。那個年代，在大陸的任何人，哪怕露出想去台灣的願望，都可能招來牢獄之災，甚至殺身之禍。他剛剛離開那

個隨時可能要他性命的清河監獄，深知共產黨會怎麼對待企圖逃往台灣，投奔國民黨的人。妻子的這番直白，已經令他魂飛魄散！

父親和母親從兩個不同方向，走到了人生一個新的十字路口。

幾天以後的一個晚上，應父親建議，倆人一起來到西單北大街一間不起眼的小飯館吃飯。

酒過半酣，父親的眼睛濕潤了。他對母親說：「現在鎮反運動正在大張旗鼓地在全國展開，因為抗美援朝的關係，這次鎮反可能比上一次要嚴厲得多。像我這樣的職務和中統特務的身份，非常可能再次被抓進去，你思想上要有準備。」

接著，父親平靜地問：「如果哪天我突然被抓走，或者突然人就不見了，你怎麼辦？」

「我會找到你，帶著孩子等你回家。」母親哭了。

「如果你永遠找不到我了，你會不會改嫁？」

母親低下頭，實在不願意面對這樣的問題。

「只有兩種情況下我會再嫁：一、我知道你已經死了，我要養活兩個孩子，我會再嫁；二、我知道你又娶了，不要我們了，我會再嫁。除了這兩條，我會一直等你回來，直等到我自己也離開這個世界為止。」

父親聽罷，終於沒能忍住，失聲痛哭，哭了很長很長時間。

第二天清晨，父親失蹤了。

沒有人知道他去了哪裡，全家上下亂作一團。從此時開始的很多年，他毫無消息，從人間徹底「蒸發」。他離開了母親，離開了他心愛的女兒和兒子，也離開了自己的父親、母親和弟弟妹妹。他沒有告別，也沒有囑託，從此杳無音信。

他怎麼會失蹤？他會在哪裡？他是死是活？所有關心著父親的人心急如焚。母親表現得非常堅強，她甚至沒有去找。因為她明白，昨晚西單小飯館的那壺小酒，就是丈夫給自己安排的「離別酒」。父親問母親的那令人

痛苦的問題，其實就是他唯一的期盼與囑託。

　　她知道，他深愛著她。西單小飯館那頓「離別酒」的所有細節和場景，母親一生都不曾忘懷。

三　株連無辜

父親潛逃所引起的連帶反應，超出了所有人的預料。

他是如何潛逃的？究竟逃到了哪裡？是誰幫助他潛逃成功？這成了鎮反運動領導部門和北京市公安局緊張關注的大問題，他們下決心要找出答案，抓回趙懷麟。

由於父親潛逃，受到最大株連的，是我大姑趙懷玉一家。

爺爺一家剛剛逃到北京時，曾在大木倉胡同七爺家旁，租了兩間破房暫住。當時大姑趙懷玉已經 26 歲，早到了談婚論嫁的年齡。經七爺介紹，同院居住的楊家二兒子就成了我的大姑父，他叫楊樹森。

大姑父楊樹森當時 29 歲，和父親同齡。在爺爺一家搬來北京之前，楊樹森就已經成為父親的莫逆好友。當時，大姑父在一家百貨公司當經理，父親則是北平內六區的稅務稽查局局長。大姑父時常得到父親在稅收上的一些關照，這層關係，造就了他們之間的友誼。

父親失蹤以後，廣為人知的父親與大姑父的特殊關係，就成了鎮反辦公室仔細追查的關鍵線索。其實，他們的直覺一點兒也沒錯。大姑父的確經父親請求，介紹了百貨公司在包頭的一位供貨商給父親，以便幫助父親在逃到包頭以後，能夠有個著落。

大姑父在鎮反辦公室接受審訊時，很快供出了所有細節，包括供貨商的姓名，他給父親寫了怎樣的介紹信，等等。之後，大姑父楊樹森被送進了鎮反辦公室的臨時看守所。鎮反辦公室的人立即奔赴包頭，找到了大姑父這個供貨商。供貨商朋友一頭霧水。他根本沒見過北京潛逃來包頭的這

個人，也從來沒有見過任何中統特務。而且他在西安出差已經有兩個多月，只是這次北京鎮反辦來追查，公司才剛剛把他從西安召回。顯然，他和父親潛逃包頭的事，沒有任何關聯。父親也沒去找過大姑父的這位朋友。

其實，父親成功潛逃，得益於一位仗義的老朋友。

原傅作義手下的一位王將軍，曾是父親在日本留學時的老朋友。北平和平解放後，他隨董其武率領的傅作義綏遠部隊，經和平改編後，駐紮在包頭。王將軍時任包頭市軍管會副主任。正是這位王將軍，在「鎮反」運動開始前，多次寫信給父親，建議他若想活命，趕快逃走，否則必被「鎮壓」無疑。父親是接到這位王將軍的提醒，才下決心逃亡到包頭的。

王將軍以包頭軍管會副主任的身份，掩護和幫助父親在包頭落了戶並更名改姓。其後，父親便以一個老百姓身份藏匿起來。這確實和大姑父楊樹森沒有半點關係。

北京鎮反辦公室的人卻不知這些，也找不到這位潛逃犯，返京後對大姑父依然沒完沒了。他們認定大姑父是解開父親人間蒸發疑團的唯一鑰匙。各種可能的「逼供信」都用到了，但可憐的大姑父，的確是一無所知。

四個月之後，大姑父在看守所裡患上了嚴重的精神分裂症。最終鎮反辦的人也明白，這個瘋子和那個潛逃的中統特務，大概沒有什麼直接關係。於是，大姑父被釋放回家。不過也沒便宜他，給他帶上了一頂「壞分子」的帽子，直到 1957 年甄別時才給他摘帽。

文化大革命時，大姑父一家已經搬回到東北四平。大姑父和大姑還是被重新戴上了「壞分子」的帽子，在街道上接受監督和勞動改造。大姑父的精神分裂症，時好時壞，一直沒有徹底治好。我相信，他肯定是懷著一生的憤懣和冤屈，離開這個世界的。

父親的潛逃，毀了大姑趙懷玉一家。

另一個被父親嚴重株連的，是大舅杜學甫。

父親潛逃以後，北京鎮反辦的人立即來天津追查，看父親是否潛逃到

了天津姥爺家。儘管沒有找到父親，卻在調查中得到舉報，説父親的一個小舅子杜學甫也是一個中統特務。大舅立即被鎮反辦公室逮捕。不久，貼滿天津大街小巷的鎮反速報上，赫然報道了隱藏的中統特務杜學甫被群眾舉報抓獲的消息。很快，大舅被判處死刑，並砸上死囚的手銬、腳鐐，放在死囚監裡等待執行。

姥爺驚愕不已，他認為這肯定是搞錯了，兒子絕不是中統特務，那是他姐夫的事。肯定是誰把他們倆人搞混了。而且，這個兒子才 23 歲，連一天工作也沒出去幹過，整天在院子裡練摔跤，哪裡有機會成為中統特務呢？

姥爺幸虧是天津市工商聯委員。他找到有頭有臉的大人物，幫忙了解情況，代為申訴冤情，總算獲得了「刀下留人」的通融。

事後才知，事情是這樣的。

舅舅年輕時是天津西開地區遠近聞名的摔跤高手。十七、八歲上，在天津法國教堂一帶已經難逢對手。加上家裡又有錢，出手闊綽，於是結交了社會上一批打打殺殺的少年，成為他們當中吆五喝六的「大哥」。這些人在大舅的帶領下，經常在社會上約跤約架，有時也打抱不平，在教堂一帶，有很多人佩服他，也有很多人憎恨他。大舅經常把他特別崇拜的姐夫掛在嘴邊，吹噓姐夫是中統特派專員等等，這次檢舉他是中統特務的，就是他在天津這幫少年中的仇人。

由於姥爺的拚死努力，鎮反辦公室還真的把案子翻出來又查了一遍。一查就極為清楚，這個中統特務案件，根本就不靠譜。父親的潛逃案和他也沒有任何關係。大舅在死囚牢裡待了半年後，被改判為無期徒刑。一年後又被改判為十五年有期徒刑。最後在坐牢的第四個年頭上，被稀裡糊塗地提前釋放。他回家那年，我已經懂點兒事兒了，記得那是 1954 年年底。

可是到了文化大革命，這件事又被重新翻了出來。街道和工廠裡的紅衛兵以漏網反革命分子的身份，對大舅施行無產階級專政。他不服，仗著一身好功夫，根本沒把工廠裡那些紅衛兵小青年放在眼裡。他出手打了那

群試圖抓他的人。那些紅衛兵哪裡是他的對手，被他打得落花流水。這可惹了大禍，引起了嚴重後果。

工廠裡的紅衛兵們，藉助公安局的力量，把這個企圖翻天，向無產階級反攻倒算的老反革命，抓了起來，打個半死。後來為了更進一步地報復和羞辱他，把他關在一個寬不到一米見方，高不及他的身高的特製木籠子裡，放到大舅家所在的拉薩道上「展覽」，這是 1966 年夏天的事。

他此時已經被打得奄奄一息。

在那個特製的籠子裡，他像一隻馬上要死去的狗，或一頭剛剛被捕獲的野獸，滿眼流露出恐懼和絕望。一天到晚，籠子旁邊都圍滿了看熱鬧的人群。其實，看熱鬧的絕大部分人根本就不認識他，不知道他是誰，是幹什麼的。但被紅衛兵關在這樣的籠子裡，肯定不是什麼好東西。於是，經過這裡的每一個人都要表達自己的憤怒、憎惡和仇恨，他們指著籠子裡垂死的大舅，不斷唾罵和侮辱，很多人甚至把痰和唾液吐在他的臉上。令大舅求生不得，求死不成。

姥爺從家裡搬了個小板凳，低著頭坐在籠子旁邊，一動不動。他一直待在他兒子身旁，幫他餵水餵飯，端屎端尿。姥爺不時擦去他身上、臉上的痰和唾液。姥爺在大舅的籠子旁邊，整整守了七天七夜。這期間，舅媽忍受不了街坊鄰居的嘲笑侮辱，和他離了婚，把兒子也帶走了。

大舅一生有太多莫名其妙的不幸，而且都是災難性的。而他遭遇的所有苦難，都是從父親的潛逃開始的。好在他一直艱難而委屈地活著，直到本世紀初，七十多歲時，他才離開這個悲慘世界。

我父系和母系兩個家族的任何一個成員，都受到了我父親歷史反革命罪名和畏罪潛逃問題的牽連。兩家老少幾十口人，幾乎無一倖免。只不過每齣悲劇的內容和強度，都不一樣而已。這種株連的影響，從 50 年代初開始，一直到 80 年代中期，大約持續了 35 年之久。影響之深，傷害之大，令人不勝唏噓！

四　姐姐和戰友文工團

另一個受到父親歷史反革命身份株連的，是姐姐杜立。這已經是 1962 年的事情了。

姐姐的小學時光，是在著名寄宿制小學香山慈幼院度過的。那是北京最為尊貴的小學。媽媽為了姐姐受到最好的教育，花了很大的心思。

中學時，姐姐就更加幸運了。她所在的景山學校，是國家主席劉少奇親自創辦的一所探索性學校。學生在這裡，從小學一年級到高中畢業，一共只要九年時間，號稱中國第一所九年一貫制學校。

因此，姐姐從小就沐浴在清新與進步的教育環境之中。

1960 年媽媽去了大慶以後，姐姐就被迫離開了她心愛的景山學校，轉到了能夠提供全年住宿的北京四十七中，她心裡老大不情願。

比起風格清新，崇尚變革的景山學校，姐姐不大喜歡相對保守的四十七中。她是一個新派女孩，因此，每個週末，姐姐都會進城，去找景山學校的朋友玩。對於四十七中的同學，她始終建立不起感情。

姐姐絕對是個漂亮的美人坯子。記得 1961 年時，北京王府井大街上，著名的北京照相館的大櫥窗裡，一直陳列著姐姐一幅碩大的照片。那張照片的確把姐姐拍得吸人眼球，這讓四十七中的同學們好奇。姐姐也就成了學校的名人。許多同學在逛王府井大街時，專程跑到北京照相館門前駐足，對著櫥窗裡陳列的這張巨幅照片，指指點點，有羨慕，也有酸酸的妒嫉。

雖然姐姐手裡的錢很少，但是女人，尤其是既漂亮又年輕的女人，不用多少錢，只要顏色和款式搭配合理，就是一件普普通通的襯衣或運動衣，

姐姐高一時攝於王府井北京照相館。
這張照片陳列於該照相館櫥窗裡很長
時間。

也能穿出特別的風采。更何況姐姐身材發育很好，豐滿的胸部和曲線優雅
的腰身，都令她渾身散發著當時少女們很少有的迷人魅力。

四十七中是間北京郊區的學校，相對城裡的學校而言，要保守得多。
在老師和同學們眼裡，姐姐的打扮太過與眾不同，加上她天生麗質又特立
獨行，學校對她的輿論環境並不太好。學校老師們喜歡那些循規蹈矩、刻
苦學習、聽話老實的學生。在他們看來，杜立資產階級思想嚴重，好出風
頭，貪圖享樂，缺少革命青年應有的氣概和境界。這使姐姐和學校領導、
老師之間，有很深的矛盾和心理隔閡。

1962 年，媽媽離開北京還不到兩年，還在上高中二年級的姐姐，竟然
考上了北京軍區戰友話劇團。這簡直是令人難以置信的奇跡。

姐姐考上戰友話劇團的經歷頗為傳奇。

從四十七中到北京城裡，有段很長的路程。每個星期六下午或星期天
早晨，姐姐都要從學校到城裡去，找她要好的朋友們，度過一個有趣的星
期天。

那是 1962 年 5 月一個週六的下午。姐姐像往常一樣去城裡找她的朋

友們。從學校旁 46 路始發站，姐姐剛剛坐上公共汽車，就發現一個成年男人，刻意坐在她的對面，不時地盯著她看。一路上這個人都目不轉睛地盯著她上下打量。這使姐姐從開始的好奇，逐漸變成戒備，轉而又變為厭惡，最後竟有了幾分恐懼。到了頤和園，該換乘 32 路車了，姐姐覺得總算解脫了。上車以後，姐姐大驚失色，那個男人竟然又坐在了她對面。此時，姐姐已經覺得如坐針氈。令姐姐魂飛魄散的是，那個男人居然一路緊跟，姐姐換乘哪輛公共汽車，這個男人也跟著上那輛公共汽車。總之，他像是下定決心，要一直跟隨姐姐，到任何她想去的地方一樣。

最後，這個奇怪的男人，竟然跟蹤姐姐，到了北池子 33 號，我們家原來住的那個院子的大門口。姐姐本來想去看同院的好友宋友明，並在友明家過夜。但此時，由於這個男人一直跟在姐姐後面，她也不敢冒然進北池子 33 號了。她怕惹出什麼麻煩事，給友明家帶來不便。

她正在恐懼中猶豫時，那個尾隨了她一路的男人，竟然說話了：

「別怕，小同學，」那人一張口，居然顯得和藹可親，「我就住在你們隔壁那個院，北池子 35 號。那是我們戰友文工團話劇團駐地。」姐姐從來不知道，隔壁這個大門裡，就是大名鼎鼎的戰友話劇團。

「我是戰友話劇團的石導演。我下鄉體驗生活，就在你們學校旁的北安河村。因此今天咱們從北安河到這裡，恰巧一起走了一路，要換乘的車都是一樣。」姐姐這才恍然大悟，一塊石頭落地。

石導演接著說，「如果你願意，我想請你明天到我們戰友話劇團來玩一玩。」對於愛好演戲和朗誦的姐姐來說，這是一個充滿誘惑的邀請，姐姐爽快地答應了對方的提議。

第二天一早，姐姐就踏進了隔壁戰友話劇團的大門。石導演夫婦，請姐姐到家裡做客，說出了昨天跟姐姐一路同行的原委。

原來，最先是石導演的夫人看上了姐姐。她幾乎每個週末從北安河進城回家，都要和這個漂亮姑娘一起走一路。這個女孩的容貌、形體、舉止、

談吐、聲音以及身上煥發出來的勃勃生氣，感染了石導演夫人。她判定，這是一塊演話劇的好材料，遂推薦給了丈夫石導演。石導演從北安河一路尾隨觀察，也判定，一定可以把姐姐培養成為一個不可多得的話劇演員。

他們夫婦極力主張姐姐報考戰友話劇團，姐姐感到喜從天降。

從此，每週姐姐都要到戰友話劇團來見石導演，學習朗誦、表演、形體、作小品等等。在他的精心輔導下，僅僅兩個月以後，姐姐從來自全國的三百多位考生中，脫穎而出，成為戰友話劇團 1962 年錄取的唯一一名話劇演員。

暑假一結束，戰友文工團組織部門便來北京四十七中替姐姐辦理入伍手續，遭到了四十七中校方的激烈反對。他們認為：

1、杜立出身歷史反革命家庭，父親又是個潛逃的國民黨中統特務，本人也沒有進行很好的思想改造，不適合參軍；

2、杜立在學校不追求進步，資產階級思想嚴重，好出風頭，作風不好；

3、姐姐正在讀書，尚未畢業，不可以提前參軍；

4、如果同意杜立去戰友文工團，無異於在北京四十七中開出一個反面的先例，不利於學校廣大年輕學生的人生導向。

校方這些理由冠冕堂皇，很難反駁。戰友文工團立即收回成命。姐姐的演員錄取資格被取消，已經發下的軍裝被收回。就這樣，姐姐與人生中最為閃亮的一次重大機會失之交臂。

轉年，姐姐 1963 屆高中畢業。由於歷史反革命家庭出身，再加上和校方的惡劣關係，她背著一大堆頗具政治性的負面評語，離開了四十七中。此後，姐姐連續報考了 4 個專業演出團體，儘管專業考試全都合格，但無一錄取，原因全部是因為歷史反革命的家庭出身和父親曾是個潛逃的國民黨中統特務。

最終，姐姐到新建的北京維尼綸廠，當了一名普通工人。

1967 年，姐姐在首都美術館作講解員，認識了在上海從事美術工作並

到北京參加畫展的姐夫仇錫榮。兩人結婚後搬去上海。而姐姐嫁給仇錫榮的一個重要原因，是因為仇錫榮的工人階級家庭出身。

我相信，如果姐姐 62 年去了戰友話劇團，我們説不定會在著名話劇「槐樹莊」裡，看到姐姐的身影。也許她會追隨丁里、田華、胡朋等著名表演藝術家，開創出屬於她自己的輝煌事業。但是，父親的歷史反革命身份和畏罪潛逃的記錄，給了姐姐一個完全不同的人生。這徹底改變了一個花季少女的人生和命運。

九十年代初，我有了一點事業上的成功，便把姐姐一家接到深圳。兩年以後又把她們全家接到美國洛杉磯。姐姐唯一的兒子，在加州大學畢業，現在他和妻子在加拿大溫哥華，開創著屬於自己的事業。兩位老人則在美國居住十幾年以後，返回到上海，開始安度他們的晚年。

姐姐 26 歲時攝於上海。上帝本來是安排姐姐去作一名好演員的，但由於家庭出身問題，她的這一理想始終未能實現。

五　媽媽的悲情歲月

　　1950 年 10 月，父親的突然失蹤，毀滅了母親的生活。沒有了丈夫，生活對於這個只有 26 歲的年輕女人來說，就意味著失去了根本的支柱和依靠。除了煎熬和掙扎，她的生活幾乎沒有了任何意義。

　　但是，她所在的財政部幹部學校，拯救了這個可憐的女人。學校領導告訴她，趙懷麟是趙懷麟，你是你。你的歷史清白，我們對你信任。這所學校，給她重新展開了一幅全新的生活畫卷。也是這所學校告訴她：生活還有希望！為了自己的兩個孩子，也為了等待她失蹤的丈夫，她必須堅強地活下去。

　　此後的一生中，她都在感激這所學校，感激後來接納了她並給了她很好工作的財政部。首先，她可以用自己的能力來養活這兩個孩子了，這幾乎是她在經歷了如此之多的殘酷打擊之後，唯一的生活動力和生活期望。她為自己不僅可以養活這兩個孩子，而且使他們受到很好的教育，而感到自豪。僅憑這一點，她就覺得自己是無比幸運的。

　　其次，她有了一個很好的工作和一個充滿歡樂的集體。這和她結婚以後，所感受到的家庭生活完全不一樣。由於她在京劇上的良好造詣，她很快成為財政部裡炙手可熱的人物。其實，財政部幹部學校的絕大部分學生，畢業後都要分配到全國大多數新解放的城市去。而她不同，憑母親在學校期間所展現出來的卓越京劇才華，她幾乎得到財政部所有部級領導的共同認可，包括當時財政部的部長：這個會唱京戲的杜惠芳，畢業後一定要留在中央財政部機關，她肯定是財政部文藝匯演的「台柱」！

　　1950 年丈夫失蹤後不久，媽媽很快在法律上成為單身女人。此時 26 歲的媽媽，正處在人生中最美麗，最成熟，最光彩照人的青春時光。無數人給媽媽介紹對象。從大學教授，到社會賢達；從橫刀立馬的將軍，到政府機關的要員；甚至某位財政部副部長，也曾託人要求和媽媽交往。確實，在財政部機關，媽媽的美麗和才華，絕對出類拔萃，鶴立雞群。

　　但是，媽媽從來沒有動過心。50 年秋天西單的小飯館，在那次痛徹心扉的生死離別裡，母親曾對自己的丈夫有過莊嚴的承諾。媽媽一生是個信守承諾的人，更何況是對自己一生最愛的人呢？

　　其實，信守承諾的過程，也是她背負著沉重的荊杖，艱難而痛苦地屈身前行的過程。她每天在單位裡埋頭工作，可下班回到家裡，伺候完兩個孩子之後，她就進入到對丈夫的無限思念之中。在這近十年中，我親愛的母親，正值 26 歲到 35 歲的青春年華，這是一個女人全部生命中，最美麗動人、最豔光四射的十年，也是作為女人，愛的慾望最為熾烈的十年。母親拒絕一切誘惑，甘願在情感的囚籠裡痛苦地煎熬。從這個意義上說，你不得不敬佩她，對於感情是多麼的忠貞不渝。她對於自己丈夫的那份愛，可昭日月。

　　十年中，「京劇」成了她唯一的解脫和精神慰藉。

　　由北京各中央部委聯合成立的北京京劇團，是全北京最具專業水準的票友京劇團，媽媽毫無爭議地成為北京京劇團的頭牌青衣。幾乎每週都有一兩天的晚上，媽媽要去天橋劇場演出，很晚才回到家裡。大凡這樣的時候，媽媽會保持幾天的快樂。

　　記得 1959 年國慶十週年全國文藝匯演，北京京劇團取得非凡成功。在剛剛建成的人民大會堂萬人大廳，媽媽主演的整場京劇《四郎探母》，在總決賽中壓軸演出。那天，許多國家領導人觀看了媽媽的演出。我和姐姐坐在一樓，看了她這一生最為輝煌，也是最後一次的京劇演出。

母親飾演荀派名劇《拾玉鐲》中的孫玉姣。

1959 年 10 月初的一天，財政部保衛處和政治部通知媽媽到財政部保衛處來一趟。

「你原先的丈夫趙懷麟到北京了。」

這像一個轟然炸響的霹靂，把媽媽震得呆若木雞。

「惠芳同志，你不要緊張。」看到媽媽臉色慘白，政治部的幹部以為是媽媽害怕這個「潛逃特務」的歸來，會給自己招來橫禍，便趕忙安慰她。

「趙懷麟同志現在是包頭市縫紉機廠廠長。他是參加全國縫紉機工作會議到北京來的。我們已經看過他的介紹信，並到輕工業部會議籌備處了解過他的情況，你不用擔心。」保衛處和政治部的人友善而和藹，這讓媽媽心裡的緊張大大減輕。

「是否同意見他，主意你自己拿，我們沒有意見。」政治部的人接過話茬，「他早已經改名叫趙吉安，他的歷史問題，有關部門已經甄別過了。雖然仍然定性為歷史反革命，但是按人民內部矛盾處理。因此，你和他見面，在政治上不會有問題。」

為了消除母親的緊張，保衛處和政治部特別派了兩位女同志，來和她

進行這次談話。

「不過，為了在政治上保護你，我們還是會派兩個人，和你一起在見面現場。」

媽媽點點頭，表示希望見到讓她朝思暮想了近十年的丈夫。媽媽在財政部太出名，這兩個和她談話的人都認識她並清楚她的家事。她們都知道，母親一直未婚，是等她心中的這個「他」回來。現在她的反應，更證明了這一點。

「不過，杜惠芳同志，有個情況，我們有責任告訴你。根據我們的調查，趙懷麟，就是現在的趙吉安，1950年到了包頭以後，又結了婚。他現在又有了四個子女，一家六口人，生活在包頭。」

這個消息猶如一聲霹靂在母親頭頂炸響，令她差一點昏過去。

將近三千六百個日日夜夜的等待，將近十年淌血的思念，此時全部化作一縷青煙，飄散四去。

第二天，媽媽和爸爸在財政部如約見面，場面尷尬。

兩人都幾乎沒有說話。媽媽昨晚一夜沒睡，她已經想清楚了，她還是想見他最後一面。不過，媽媽冷冷地拒絕了父親要見兩個孩子的要求。理由是：「你在他們成長的過程中，從未盡到過作為父親的責任。你早已不是他們的父親。我也不知道你這十年都幹過什麼，我的孩子不會和你這樣不清不楚、不明不白的人再在一起。我要保證我孩子的政治清白，不僅今天，以後我也不會讓我的孩子，和你有任何接觸。」

母親和父親見面的一週以後，媽媽把我和姐姐從我們各自住的學校，接回到我們北池子的家中。她平靜地告訴了我們，他們的這次「財政部見面」，以及她為什麼拒絕了父親要來見我們姐弟的要求。接下去，她把她和父親17年間發生的所有事情，都一一告訴了我們。

媽媽那幾天告訴我們的故事，構成了本書開始幾節的主要內容。這是我和姐姐，第一次知道我們的身世和我們的父母。

我覺得，這也是我和姐姐第一次，真正把自己的心和媽媽的心貼在了一起。

那幾天，媽媽儘管看起來平靜，其實是在撕心裂肺的痛苦之中度過的。我是在很多年以後，才能體會到這一點。我當時還不到 11 歲，沒能夠給媽媽任何安慰，這成了我一生的遺憾。

接下來的 1960 年，我們家接連發生了幾件大事，都是爸爸和媽媽的這次「財政部見面」的直接後果。

1960 年是著名的三年「困難時期」中最為困難的一年。全中國每一個人都在飢餓中痛苦煎熬。春節是在一月份，中國人的這個春節，是在令人恐怖的飢餓之中度過的。整個北京城裡死氣沉沉，沒有人放鞭炮，街上也幾乎沒有行人。

由於長期飢餓，媽媽患了很嚴重的浮腫病，兩條小腿腫得很粗，用手指一按一個大坑。那張我很喜歡的，漂亮俊俏的臉，也有了嚴重的浮腫，不像以前那麼好看了。我和姐姐都住在學校，情況稍微好一點。可是出乎預料的是，這年大年初一，媽媽居然讓我們和她一起，吃了一頓餃子。這讓我們倆高興的不得了。

媽媽不知從哪裡弄來一點白麵，叫我、姐姐和她一起包這頓餃子。

媽媽說，吃了這頓素餃子，預示今後萬事清淨，平平安安。

吃完餃子，媽媽鄭重地告訴我們，她要離開北京，去黑龍江建設大慶油田了，過了春節就走。今後，我們就要在學校裡，自己照顧自己了。

媽媽把我們姐弟倆新學期該帶的衣服，文具，被褥，鞋襪以及信封、信紙都準備得妥妥當當，要求我們以後每週給她寫一封信。

兩天以後，我和姐姐一起到北京新車站，送媽媽上了開往東北的專列。姐姐哭得很厲害，我沒有哭。我反倒覺得，這一下我可自由了，沒人盯著我的學習成績了，老師想請學生家長，也請不著了。

那時我才 11 歲，真是沒心沒肺。

1960 年春節以後，我和姐姐就各自在學校裡住校，也各自獨立地生活在這個巨大的城市裡了。

從那一天開始，我們的家沒有了。原本相依為命的三個人，就此天南地北，各自生活在自己的圈子裡。準確地說，從那時開始，我們三個人都變得孑然一身，無家可歸。

1960 年春天，媽媽剛剛到了大慶，在安達市財政局上班。不久，媽媽來信說，她請一位姓劉的叔叔，趁回北京開會的機會，代她來學校看看我，給我帶來媽媽特意為我炒的一小袋子黃豆。那袋炒黃豆足有兩斤多，我吃了好幾個星期。

媽媽走後一年的寒假，她從大慶回北京，專程來看望我們姐倆。那時北池子的房子已經被財政部收回，我們已無處可住。媽媽帶我們，住到了劉叔叔父母的家裡。他家在東城北兵馬司 26 號，也是個大四合院。

媽媽約我們在北兵馬司 7 路無軌電車站見面。姐姐從四十七中先趕到，我來得稍微晚了一點。媽媽很早就在那個無軌電車站等著我們倆。我一下電車，媽媽就撲上來，把我緊緊地摟在懷裡，媽媽哭了。這是她離開北京以後，第一次返回北京和我們姐弟團聚。我還是有些不好意思，從媽媽的懷裡掙脫出來。

那天特別冷，大街上行人很少，寒風捲著黃沙，使整個天空灰濛濛，霧霾一片。那正是飢餓難耐的 1961 年。媽媽顫抖著，從她的小挎包裡找出一個手絹包著的小包。小包裡包著兩塊月餅，我清清楚楚地記得，那兩塊月餅，一塊是五仁月餅，一塊是我最愛吃的麻餅（一種表面沾滿芝麻的月餅）。媽媽小心翼翼地把兩塊月餅各自掰開，把兩塊不同餡的半個月餅，分別放到我和姐姐的手心上。我們已經很長時間處在嚴重的飢餓之中，也很久沒有嘗過糕點的香甜了，我們真把那兩個半塊月餅，當作了最美的一次享受。在凜冽的寒風中，把身體靠在媽媽的懷裡，一小口一小口地、小心翼翼地把這兩個半塊月餅吃了下去。媽媽一口也沒有捨得吃，只是在我們

身後，用手扶著我們的肩膀，靜靜地看著我們吃。

幾個月以後，媽媽來信，說她和這位劉叔叔結婚了。自此，她實現了 1950 年秋天，在西單小飯館裡給父親的承諾。

我相信並且明白，她迅速地離開北京，迅速地再結婚，都是給她心上那個，既愛得死去活來又恨得死去活來的人看的。

其實媽媽真的很傻，從 50 年秋天開始，她就有著無數的選擇。那時，她年輕、漂亮、萬人矚目。她的人生，本來可能千姿百態，也許會一片光明。但她不會作其他的選擇。她深愛著我的父親，她可以為他犧牲自己的一切，乃至她的整個人生。

但他呢？

從這個意義上說，媽媽太傻，只不過是傻得讓人同情，傻得讓人尊敬而已。

我和姐姐，既是這場慘烈的愛情悲劇的當事人，也是這場悲愴的愛情悲劇的受害者。

但是，我們理解她，並尊重她的決定。

整個五十年代，母親等了父親近十年。1959 年得知父親早已再娶，母親完全崩潰。這張照片攝於 1961 年，她一下老了不止 20 歲。

第二章
2nd Chapter
少年：浸血的尊嚴

六　悲愴文革

北京四十七中

從 1962 年到 1968 年，我一共在四十七中待了六年，這是我一生中，無法忘卻的六年。

四十七中地處北京西郊妙峰山下。一到每年九月新學期開學，妙峰山已是層林盡染，蒼翠欲滴。妙峰山主峰正下方，一座巨大陡峭的山峰突兀而起，像一隻極目遠眺、振翅欲飛的雄鷹，虎視眈眈地注視著遠處的北京城，這就是著名的鷲峰。不知是誰，也不知何年何月，在接近鷲峰峰頂的半山腰，建了一座紅柱青瓦的小亭，使妙峰山浩瀚跌宕的蒼綠，憑添了幾分情趣與激情。

四十七中緊緊依偎在鷲峰腳下，所在之地古稱環谷園，佔地五百餘畝。學校由兩米多高的巨大虎皮石牆圍起。據說，這裡曾是清康熙帝的鹿苑，是個專門飼養梅花鹿的所在。環谷園地勢西高東低，蜿蜒起伏。從鷲峰山腳開始，沿妙峰山東麓緩緩向下，伸向平原地帶的北安河村。

園內的校舍，除高中部兩座兩層的教學樓外，均是平房，一律青磚墨瓦，朱柱紅門，散落在五百餘畝的巨大校園之內。校園內一年四季美不勝收，令人歎為觀止！毫無疑問，四十七中是北京最美麗的中學。

1962 年我考進這所中學時，姐姐還在這所學校。我完全不是為了尋求姐姐的庇護，或生活上的照顧，才來這所學校的。

　　我原本想考北京最著名的男四中或育才中學，班主任金老師堅決不讓我考。其實，她知道我的學習成績很好，考男四中和育才中學也許不該是個問題，但是她仍然不讓我報考這兩所學校。

　　我不高興，非要考不可。

　　她找我談了話，告訴我：「杜廈，那兩所中學確實是北京最好的學校。但是，那不是你能考的學校。不是你的成績不行，而是其他方面的原因使你沒法上這樣的學校。」

　　後來才明白，男四中和育才中學是延安遷來北京的學校，等於是共產黨高級幹部的子弟學校，一般百姓的子女是不可能到這兩所學校上學的。我這個歷史反革命家庭出身的孩子，就更不應該有這樣奢望，可是我當時怎麼能夠理解呢？

　　那是我人生中第一次朦朦朧朧地感到，不同家庭出來的孩子原來是不一樣的。這也是我第一次察覺到，人世間有些事原來不是那麼公平的。

　　聽從金老師的勸告，我報考了北京四十七中。

　　1962 年 9 月，我進四十七中時 13 歲。因為營養不良，不僅瘦弱，身高也才 1 米 48，看上去就像個不滿十歲的孩子。相比之下，我們班上大部分同學來自軍隊幹部子弟學校，主要是北京軍區的曙光小學和空軍司令部的育鵬小學。這兩所小學營養條件很好，出來的孩子普遍比我們這些平民子弟，要高大和強壯很多。因此，我和許多市裡來的瘦弱孩子一樣，常常要受這些強壯並略帶野性的孩子們欺負。每次打架，我們幾乎都被人家狠揍。

　　四十七中的生活，也完全不同於育民小學。小學時拆洗縫補衣服，都由專門的生活老師負責。到了四十七中以後，其他同學可以把需要洗換的衣服週末帶回家交給家長，再換上乾乾淨淨的新衣服回學校。現在，這一切都要由我自己動手。洗衣服、拆被子、洗床褥、補衣服、縫襪子，都是我自己幹。讀初二時，我甚至自己動手縫過一頂蚊帳，那可是一項了不起的成就。那年我才 14 歲而已。

剛考上四十七中，13 歲的我只有 1 米 48。左起：邴之雷、我、武山根、張農生。這四個剛剛度過饑荒的孩子，像四個要飯的小乞丐。

比起同齡人，在自主、自立方面，我要早熟很多。

四十七中完全不同於北京城裡的學校，這裡有許多城裡學校所沒有的吸引人之處。

首先，學校裡到處都是果樹：核桃、栗子、黑棗、柿子、紅杏、海棠、桑葚、蟠桃應有盡有。最令我們感興趣的是，一出校門，漫山遍野都是帶著尖銳小刺的酸棗樹。每到秋天，下午兩節自習課後，我們幾乎都要上山採酸棗。兩個小時下來，往往可以採上一大臉盆，回到宿舍後，同學們一起邊吃邊聊邊玩，好不愜意。

其次，四十七中有著極好的體育鍛煉校風。每年北京市中學生運動會，四十七中總分總是名列前茅。尤其投擲項目和中長跑，更是我們學校的長項。每天下午，整個學校都沉浸在各種體育活動的熱烈氛圍中。我在六年的中學生活裡，練過游泳、體操、乒乓球、籃球、摔跤、拳擊等各項運動。雖然成績不怎麼樣，但是無論身心還是體魄，都得到了極大的鍛煉。我一生熱愛體育運動，得益於四十七中的傳統，四十七中的六年，給了我一副

壯碩的身體和克服困難的勇氣。

　　四十七中還有一件令我難以忘懷的事。每天上午第四節課一結束，全校就奏響了「食堂進行曲」。每個班，無論初一還是高三，都要在教室門口整齊列隊，一路高唱著各種進行曲，整齊劃一，情緒高昂地走向食堂。到了食堂以後，各班帶隊喊號的體育委員都要進行頗具儀式感的隊列操練，以展現各個班級不同於他人的獨特風采。此時，各個班級之間必定暗自較勁，一較長短。這些傳統，使四十七中的學生都有著強烈的團隊意識和集體榮譽感。只有聽到體育委員的一聲「解散」，我們才能飢腸轆轆地衝進食堂。

　　食堂的飯菜，對學生也頗具吸引力。中午、晚上都是兩菜一湯。菜是一個「大菜」，一個「小菜」。大菜大多是炒白菜、炒菠菜、燉蘿蔔、燉土豆之類。而小菜卻是精心燒製的「肉片燒茄子」、「土豆燒牛肉」和「紅燒帶魚」之類，無不令人涎水直流。我們對食堂印象極好，誰要是能攤上幫廚，就感覺是落得一個讓人羨慕的肥差，美得不得了。

　　由於同學全部住校，吃住都在一起，相互之間兩小無猜，同學關係一般非常好。除了曙光小學的傢伙們經常欺負人以外，同學之間留下的都是歡樂。

　　四十七中的學生相比清華附中、北大附中和 101 中的學生，要樸實很多。在那幾所學校裡，攀比家庭背景之風很盛，哪個同學的家長是多大多大的什麼「官兒」，往往決定著不同的學生，在學校裡的不同地位。

　　四十七中沒有這樣的風氣，學校也極力反對任何這樣的攀比。譬如，每星期六放學回家，所有的學生幾乎都是乘坐 46 路公共汽車或騎自行車進城，根本見不到城裡一些幹部子弟雲集的學校，小車和秘書成堆地來接「首長孩子」的情況。

　　四十七中和其他學校另一個不同是，由於學校離北京城裡很遠，老師也都住在學校的家屬區裡，使得學生和老師的關係非常親密。除了上課時

你可以分辨出老師和同學以外，一下課，老師們幾乎全部融入了學生體育鍛鍊的大隊伍之中。籃球場、足球場、乒乓球館、室外的田徑場上，你很難分辨出哪個是老師，哪個是學生，大家完全打成一片。這也是我經常懷念四十七中的地方。

雖然兩年多的文化大革命，改變了以上所有這些東西，我還是把這些，好好地珍藏在我的內心深處，一生不會忘懷。

四十七中，我愛你！

我去四十七中上初一的那年，三年困難時期剛剛結束。中國勉強從崩潰的邊緣爬了出來，全國各行各業，都在從瀕臨死亡的狀態裡緩慢恢復，四十七中也不例外。學校的管理、教學、風氣也都沒有恢復到正常狀態。這給學生的調皮、折騰和無法無天，創造了條件。

我天生就不是一個老實聽話的孩子，加上即使不去上課學習成績也能出類拔萃，因此我在任何一個班級裡，都是既讓老師喜歡又讓老師頭疼的角色。現在，媽媽已經去了黑龍江大慶，北京也沒有了可以約束我的家長，「狀告家長」對於我完全無法實施。沒有了後顧之憂，初一這年，我可以說是隨心所欲地，完全按我自己的興趣，在學校裡調皮折騰。

我入學那年，初一各班都被我這樣的調皮學生鬧得不成樣子，學校遂決定，把初一年級六個班中最調皮的 22 名「壞學生」，集中到一個特殊的班級裡，派三個男班主任 24 小時監視，實行特殊管理。這種變相的隔離，可以使各班的好學生不再受這些壞學生的影響，得以正常地學習和讀書。

我不幸被認定為這 22 個壞學生之一，成為四十七中歷史上著名的「初一七」班成員。又由於學習成績最好，毫無懸念地成為「初一七」班的學習委員，少先隊的臂章上有了「兩道杠」，這多少給了我一點安慰。

「初一七」的學生確實鬧得太歡，也太無法無天！

我們曾經全班集體逃學兩天，去學校附近的西小營水庫游泳、捉魚、抓王八。回校以後，九個學生分別得到了「警告」、「記過」和「留校察看」

處分。我的檢查寫得又快又好，僥倖逃過一劫。

我們曾經陸續偷了學校羊群裡的十來隻小羊羔，殺了以後在宿舍的火爐上，用臉盆「紅燒」，大啖「紅燒羊肉」。校方一直以為羊羔是讓山裡的野獸叼走了，這讓我們極為得意。

我們曾經用彈弓，從背後射擊正在板書的英文老師。老師叫谷如球，我們不僅不喜歡他那難懂的廣東腔調，而且覺得他的名字實在可笑。我們希望以這種方式，鎮住這個老師，讓他以後再也不敢來「初一七」上英文課。

我們曾經把一個叫姜元琛的小個子同學搞得很慘。趁他午間熟睡之時，幾個壞小子把兩片濕紙片，貼在他的腳心上，用扇子輕輕地搧。一會兒，他的小雞雞就硬了起來，不久就把褲衩支起了「小帳篷」。然後，我們輕輕地把他的短褲褪下，用細繩繫住已經立起來的小雞雞。細繩的另一頭，吊在上鋪的木樑上，大家輪流抻上抻下，使他醒後大為出醜。由於被拴住了小雞雞，他完全不敢動彈，痛苦加尷尬，被迫向大家求饒。

期末考試時，「初一七」22 個同學中居然有 11 個同學，因各科全部都不及格而「留級」。而那些能夠升到初二的 10 名同學，都是在考試時圍坐在我課桌周圍，靠輪流抄襲我的試卷，才作弊及格的。

這樣的結果，成為「初一七」班試驗失敗的直接證據。

學校本來想給我們這些調皮搗蛋的壞學生一個顏色看看，讓同學們能夠在特殊管理下，變得守紀律，愛學習。但結果是，「初一七」的學生們，用自己豐富多彩的惡作劇，給了全校師生整整一個學期的奇葩表演。這給了學校領導一個大大的難堪，讓他們簡直下不來台。我是「初一七」中碩果僅存的幾個沒有受過處分的人，但其實許多惡作劇的主意都是我出的，現在回想起來，心裡倒有幾分幸災樂禍和洋洋得意。

到了初中二年級，惡作劇般的「初一七」宣告解散，我又回到了原來的初二一班。

初一時我的惡劣表現，其實都是一種「故意」。那既是對我自己境遇不

初二時，我已經變成為了一個好學生。右下是好朋友張農生，後排右側是我。

滿的宣洩，也是內心裡對孤獨感的一種反抗。這大約是我內心極度痛苦的外在反應。從初二開始，幾乎是在一夜之間，我變成了一個學習成績無可挑剔，又懂得積極向上的好學生。這個巨大變化，大概和媽媽到大慶以後的再婚有很大的關係。從那時開始，由於她身邊有了另外一個人，我不想因為我在學校的惡劣表現，讓媽媽沒有面子。另外，劉叔叔北京有個家，如果我在學校的表現不好，學校老師肯定要請家長到學校來。本來我對於學校和老師的這一慣用伎倆嗤之以鼻，從不擔心。但現在不同了，如果學校到劉叔叔家去「請家長」，這就使我、媽媽、甚至姐姐，面子都十分難堪。我大約是在這樣的變化面前迅速變得懂事了。

一路順利，我以十分優異的成績，繼續在四十七中唸了高中。報考高中志願時，我心儀的學校是清華附中和 101 中，但學校領導和班主任動員了我很多次，要求我無論如何繼續報考四十七中。我權衡再三，繼續報考了四十七中，並以優異成績錄取。

我躊躇滿志，想努力考上一所最好的大學，給媽媽爭口氣。

1968 年初冬，當我離開四十七中，前往內蒙古草原插隊落戶時，我已經是一個身高 1 米 80 的青年人。那年我已經 20 歲。

在這所學校，我從一個懵懂無知的少年，變成了一個初步成熟的男人；從一個淘氣而纖瘦的孩童，浴火重生般地變成一個意志堅強的青年。在這

段時間裡，我充分地享受過快樂和溫暖，也得到了一生不忘的友誼與真情。同時，我也在這裡流過淚，灑過血，也曾數次瀕臨絕境，與死亡擦身而過。我的人生，在這裡，留下了許許多多不同顏色的深刻瘢痕。

在這段時間裡，四十七中也經歷了許多跌宕起伏。她輝煌過，驕傲過，曾被無數莘莘學子所熱愛。但是，也是在這段時間，她也經歷過無盡的苦難。我相信，四十七中，我的母校，她的身上，也刻下了無數難以磨滅的傷痕。

某種意義上講，在那一段時間，我和我的母校同命相連。

我無比珍惜在四十七中這段經歷。每每想起那些儘管有些幼稚，但卻是用我年輕的生命、熱血和激情寫就的歷史時，我還是激動不已。

文革前的四十七中，我們的學習和生活充滿快樂。
左起：孫元峰、梁志平、張農生、段偉鋼。

白衣女神

高一第一學期還沒有結束，文化大革命就開始了。我和所有同學一樣，像一片片被秋風吹起的落葉，捲入到這場波濤洶湧的運動之中。

北京中學的文化大革命是從批判學校的資產階級教育路線開始的。對於我們這些未經世事的中學生來說，自然不了解這個運動的政治背景和實質意義。什麼是資產階級教育路線？其實大多數中學生都不明所以。大字報的批判矛頭，都是直指學校領導的。在我的腦子裡，校領導一直是代表黨，代表國家的正面人物。以前從未聽到過，對學校領導有如此激烈和上綱上線的政治批判。也從未看過對老師，有如此慷慨激昂和敵我分明的政治詞語。我既感覺新鮮、刺激，又覺得心驚肉跳。

在好奇心驅使下，我也整天在北京各個學校的大字報海洋裡，流連忘返。看得越多越發現，我們學校貼出來的許多大字報，大多是從北大、清華等學校的大字報上，抄一些觀點，再變成自己的大字報貼出來的。此時所謂文化大革命，基本上還是一場以攻擊學校領導為主的運動。

在毛澤東「炮打司令部」的大字報發表以後，各個學校的領導紛紛倒台。臨時掌管學校大權的，是劉少奇、鄧小平派來的所謂「工作組」。四十七中的工作組，是由團中央抽調幹部組成的。他們一進學校就接管了所有權力。此時學校儘管已經停課鬧革命，但還並未失控，老師還是老師，他們仍然掌控著班裡的一切。打人和其他暴力事件還沒有發生。不過，學校裡階級鬥爭的弦已經繃得很緊。不同家庭出身的學生，開始在學校生活的每一個場合，都遭遇到區別對待。

這使我很緊張。

從上初中開始，我已經先後三次填寫過履歷表了。其中家庭出身一欄，我一直不知道該怎麼填寫。

第一次是空軍來學校招收飛行員，我傻不唧唧地報了名。誰不想當

一名能夠飛上藍天、保衛祖國的空軍飛行員呢？當時年僅 15 歲的我根本不懂，報考空軍飛行員這樣的事情，哪是我這種家庭出身的孩子可以幻想的呢？

那次，我在家庭出身一欄裡，填了「國家幹部」，這是媽媽在信裡告訴我的。媽媽說她是一名國家幹部，其實這一點兒也沒有錯，當時所有的國家公務員都被稱作國家幹部。但我還是被班裡許多同學好一頓譏笑。他們言之鑿鑿地說，只有毛主席、劉少奇、周總理他們，才能叫「國家幹部」，你媽媽只是個小科員，也敢說自己是國家幹部？

那次，我覺得非常委屈。

當同學們歡歡喜喜地乘上大轎子車，去城裡作飛行員體檢時，我卻一個人被甩在學校裡。我確實沒有被批准一同去。這證明同學們對我的譏笑有一定道理。我第一次懂得了，我比其他同學，在家庭出身上矮了一大截子。

第二次是初三上半學期，我開始積極爭取入團。這次又要面臨填寫家庭出身的尷尬。我再也沒有敢填寫國家幹部。在這一欄裡，我填寫了「職員」兩字。心想，這回總不會有人說我套用毛主席、周總理的孩子們才能填寫的家庭出身了吧。

但是，情況並沒有好轉。班主任臧向華老師找我談了話。他先是誇獎我積極爭取入團是件好事，接著就循循善誘地教導我：一定要和自己的反革命家庭劃清界線。他要求我在入團申請書上特別說明，雖然自己的爸爸是個歷史反革命，但我非常痛恨他。我需要向團組織表態，一定會背叛自己的反動家庭，站到人民和革命的立場上來。

老師說，這些要求都是為了我好。只有這樣，團組織才能夠了解我入團的動機是純潔的、革命的。只有能夠主動地改造自己，在靈魂深處向自己的反動家庭開戰，堅定地站到革命一邊，組織才有可能考慮我的入團申請。

　　他的這些話，讓我心裡非常難受，覺得特別丟人。我第一次知道了什麼叫屈辱，心裡火辣辣的。但是，必須像他說的那樣，要對組織忠誠。於是，在表的備註一欄我特別說明：

　　「我父親是歷史反革命。但是，1、我從來沒有和他見過面，也沒有受過他的任何影響；2、我姓我母親的姓，因此我和這個父親，已經沒有任何關係。」

　　不過，這些標註什麼用也沒有。我的入團申請，根本沒有被任何人認真地考慮過。

　　對初三時曾經寫過入團申請書一事，我一直後悔不已，甚至覺得那是我一生中做過的最恥辱的事情之一。

　　從那次開始，我一輩子，再也沒提出過入團和入黨的要求。

　　第三次填表是報考高中。1965 年我報考高中時，全國範圍的四清工作剛剛結束，階級分析和階級路線成為各類學校錄取學生最重要的政治標準。我同樣被班主任臧老師要求，必須在家庭出身一欄裡填上歷史反革命才行。他說，這才是誠實的。按照他的要求，我就這樣填了。其實，這才是我沒敢報考清華附中和 101 中的根本原因。按照我當時的考試成績，我應該是可以考上這兩所北京頂尖高中的。

　　雖然當時我僅 16 歲，已經朦朦朧朧地懂了，唱遍全國的革命歌曲：「天大地大不如黨的恩情大，爹親娘親不如毛主席親」，好像根本不是給我這樣的人寫的。儘管也在天天大聲跟著唱這首歌，但我覺得歌裡的那些歌詞，對我來說，一點兒都不真實。我從來也沒有那樣的感情，這是真心話。

　　家庭出身像一座沉重無比的大山，從 13 歲開始，就死死地壓在我的心頭。我痛苦地覺得，生在我這樣的家庭，是一種與生俱來的恥辱，而我根本沒有能力去改變它。而帶著這種恥辱感的青少年時代，是不可能有任何快樂而言的。當時，整個中國都裹挾在文化大革命的巨大洪流裡，而我卻因為家庭出身問題，和這場運動離得很遠，我一直游離在運動之外。

文革開始時，我的眼神裡充滿迷茫和憂鬱。
家庭出身已經給我帶來了沉重的精神壓力。

　　7月底，毛澤東狠批劉少奇，說派工作組是壓制了學校的文化大革命，於是一聲令下，北京市所有中學的工作組全部撤出。學校成立了由學生組成的文化大革命領導小組。

　　工作組撤走和文化大革命領導小組的成立，使運動發生了兩個誰也預想不到的變化。這兩個重大變化是：

　　1、對資產階級教育路線的批判，迅速演變為「紅衛兵」對校領導和老師們，展開慘無人道的人身攻擊和殘酷迫害。

　　2、以「血統論」狂飆式出現並席捲北京為特徵，階級鬥爭已經演變為，家庭出身好的紅衛兵，對家庭出身不好的「黑五類」的殘酷鬥爭和無情殺戮。

　　幾乎一夜之間，北京所有學校的校領導和家庭出身不好的老師們，都變成了階級敵人。他們被出身好的紅衛兵們抓起來，毆打、侮辱、虐待，並被關進紅衛兵設立的臨時監獄。出身不好的黑五類學生，也開始被稱作「狗崽子」，他們被要求做出許許多多喪失人格尊嚴的屈辱事情。

　　文化大革命的風暴席捲北京一個多月以後，中學的紅衛兵們，已經把所有的黑五類及其子女看成是不共戴天的階級敵人。他們認為，所有殘暴和嗜血的毆打、侮辱和虐殺都是合理的。就像當時歌裡唱的「要打倒在地，

再踏上一隻腳，叫他永遠不能翻身」。

那副臭名昭著，但獲得廣泛推崇的「老子英雄兒好漢，老子反動兒混蛋」的對聯，也恰逢其時地出現了。這副對聯，既清晰地授權給施暴者以施暴的理由，也清晰地圈定了被虐者的身份。

北京工業大學學生譚立夫那篇著名的「血統論」講話，極大地加速了這一過程。譚立夫的講話直接了當，也慷慨激昂：

「有人大講什麼『平等』、『博愛』。在階級社會中，哪裡有什麼『平等』、『博愛』？」

「一講就是團結，怎麼團結？鬥爭中求團結。先把你們鬥了，七鬥八鬥，鬥得你們背叛了家庭，改造了思想，我們就團結了。」

「這十七年對你們也太寬宏大量了，你那個家還不完？早就他媽的該完了！」

對聯和譚立夫的講話像一場颱風，以排山倒海的瘋狂速度，席捲了北京市所有中學。

初看到譚立夫那篇殺氣騰騰的「講話」，我心中不僅感到震驚，還有幾分顫慄。我感到，我這個反革命家庭出身的「狗崽子」，一瞬間被甩下萬丈深淵，甩到了深不見底的陰暗角落，使我一下子喪失了自己的位置和人生坐標。當時，報紙上經常說，文化大革命是一場「觸及人們靈魂的大革命」。我認為，只是在「對聯」和「譚立夫講話」出來以後，我才真正感到，這確實是一場「觸及人們靈魂的大革命」。

此前，無論是「初一七」的調皮搗蛋、初二的改弦更張、亦或是初三以後的潛心學習，我都覺得，我們所有同學都是平等的，友善的，甚至就像親密無間的兄弟姐妹一樣。但隨著對聯和這篇講話風靡北京，同學之間幾年來建立的親密和友善，在一夜之間蕩然無存。在譚立夫們的眼裡，我和所有非共產黨革命者的子弟，似乎都正在竊取應該屬他們的革命果實，而這些革命果實，是他們的父兄用生命和熱血換來的。看了那篇講話，我簡

直就覺得自己像是一個小偷，潛入了紅五類父輩們建立起來的華麗殿堂，正在偷走本應屬他們及他們子女的東西。我覺得自己成為了同學中的另類。我陷入從未有過的迷茫和困惑之中。更可怕的是，我嗅到了血的腥味。

我們四十七中上千名學生裡，據說 83% 是革命幹部子弟和革命軍人子弟。在這樣的土壤裡，血統論所得到的響應之熱烈難以想像。幾天之中，學校裡的「紅五類」和「黑五類」之間壁壘分明。每一個出生於紅五類家庭的孩子，洋溢於他們臉上的興奮、自豪和趾高氣昂，完全無法掩飾。他們不知從哪裡找來了他們父輩用過的武裝帶，幾乎人手一條。每一個人都揮舞武裝帶，在宿舍裡，教室裡，大聲地訊問其他同學的家庭出身，稍有怠慢或不想配合，難免要被武裝帶抽上幾下。整個學校風聲鶴唳。而打與被打的雙方，昨天還是在一扇窗下學習，一個桌上吃飯的同學、好友和兄弟。

紅五類們這樣做，一方面是彰顯自己的「貴族血統」，另一方面也是告知我們這些出身不好的黑五類同學，都承認自己就是那隻「狗崽子」同學，保持卑微、低賤的認命態度，才可以得到他們，這些站在統治地位的「紅五類」的認可和庇護。

我當時 17 歲，在這樣歇斯底里和充滿殺氣的氣氛中，確實膽怯、沮喪和不知所措。

我選擇了逃避，我決定進城並暫時離開學校。

我想知道到底發生了什麼，我該怎麼辦。

兩天以後，我借了一輛自行車，來到西城區文津街的國務院北門，那裡是國務院信訪辦所在地。

我希望找到一個國家權威部門，可以對他們說明我的特殊情況：雖然我父親是所謂歷史反革命，但是我從來沒有見過他，更談不上有任何影響。母親一直是國家機關幹部，我從小姓母親的姓。我的家庭出身，到底應該填寫父親的歷史反革命？還是應該填寫母親的革命幹部（或職員）？顯然，我希望有人給我一個公平的說法，從而使我從家庭出身那個沉重的大山下

解放出來。

國務院信訪辦人山人海，足足有幾百人。院裡到處都貼滿了大字報，人頭攢動，熙熙攘攘。這些人來自全國各地，所有人都神情激動，有的在大聲陳訴自己的觀點，有的則痛哭流涕，不能自己。

院中間的圓形花壇，已經成為辯論者發表自己觀點的講壇。在場的幾乎都是年輕人，估計大部分是大學生，中學生也有一些，但不是太多。

在場的所有人，毫無例外，跳上花壇參加辯論之前，必須要做兩件事：一是高舉毛主席的小紅書，極其虔誠地背若干段毛主席語錄；二是大聲宣佈自己的家庭出身，以便在聽眾中，贏得發言的某種合法性。

我擠到了最前面。參與辯論的人大多情緒激動，有的慷慨激昂，有的聲淚俱下，有的引經據典，有的車軲轆話來回說，半天也講不明白而讓人轟下講台。辯論越來越激烈，主題逐漸靠攏，聚焦在最近的核心話題：那副「對聯」，以及譚立夫的著名「講話」。

無數家庭出身紅了三代，甚至紅了五代的紅五類們，調門越來越高。他們的發言基本沒有什麼新意，無非想讓聽眾關注他們的家庭有何等革命的背景，以及他們的父母曾經給革命事業，作出過多麼了不起的貢獻。至於談到他們所持有的觀點，往往語無倫次，不著邊際。

天漸漸晚了，夕陽已經在西邊塗出了一抹金色。此時，圓形花壇搭建的臨時辯論台，走上了一位舉止不凡的女青年。

和台下幾百人幾乎清一色的綠軍裝全然不同，她穿著一身雪白：白襯衣、白裙子、白襪、白色皮腰帶和一雙白色淺幫運動球鞋。不僅在這個院子裡，即使在整個北京城，她的這身著裝也極為罕見。她披散著的齊肩短髮，白白的皮膚、淡定的氣質，顯示她肯定來自一個高級知識分子家庭，可能是一位女大學生。但我一下覺得，她像希臘女神中的某尊雕像。

我記得她長得很美，身材偏瘦，體態優雅，眼睛大而靈動，有著很長的睫毛，使得她的眼睛深邃和充滿智慧。她的美麗與典雅，她的勇敢和無

畏，鎮住了這熙熙攘攘，吵吵鬧鬧的會場。她步態輕盈，穩重而富有彈性。她上台的時候表情淡然，似乎根本沒有看見台下這吵吵鬧鬧的幾百號人。大家看著她走上講台，居然被她的氣質與風度完全罩住，一下安靜了下來。

「各位，」她沒有稱呼「同志們」，而是極為罕見地，用了「各位」這個稱謂。

「我的家庭出身是歷史反革命。」她的聲音平淡，但是低沉，清晰，充滿自信與高傲。

「我們在場的每一個人，都希望通過我們的共同努力，實現共產主義的偉大理想。這不會有任何人反對。」白衣女士講得清晰、堅定。她把可能出現的任何反對聲音，都推到了無法發聲的境地。她的立意讓人無法反駁。

「但是，只有當我們最大範圍地調動全體人民的一致努力，去共同完成歷史交給我們的任務時，偉大的共產主義理想才有可能實現。」她開始展開她的主要觀點。

她從印度的種姓制度對印度社會所造成的廣泛傷害；美國對黑人的種族歧視，如何應該被消滅；馬丁‧路德‧金的黑人民權運動的興起；一直講到了二戰時期，納粹對猶太人大屠殺的本質。她的主題很清晰：血統論是反動的，血統論將從根本上，毀滅共產主義理想的實現。我們必須堅決而徹底地批判血統論。

令人難以置信的是，剛剛還亂哄哄的幾百號人，一瞬間，被她的淵博知識和雄辯所壓倒。大家從未聽過這樣的觀點，而這些觀點又是那麼新鮮，強大，無可辯駁。剛才殺氣騰騰的喧囂，此時竟然靜靜地沒有任何反應。所有人，都被這文弱而高貴的女大學生，驚得不知所措，無言以對。

我想她清楚地知道，「我的家庭出身是歷史反革命」這樣一句話，以及她慷慨激昂地反對血統論的演講，在北京血腥、殘暴的紅色恐怖中，會給她帶來怎樣的後果和傷害。

她不怕嗎？她顯然沒有任何畏懼。我甚至覺得，她穿了這麼一身聖潔

的白色衣裙，就是準備去面對這些殘暴、面對這些血腥、面對這些傷害的。很明顯，她心裡在嘲笑那些歇斯底里的殘暴虐殺。她一定想告訴所有人，那些令人不齒的行為，是怎樣的卑鄙、無恥、懦弱和下流。她的從容，她的尊貴，是向所有這一切宣戰。她的大無畏，令我仰視並肅然起敬。

那天她還說了些什麼，我已經完全無法記得。但是，她那天極為平淡的這句「我的家庭出身是歷史反革命」，以及她從容不迫地反對血統論的觀點，一輩子在我心中轟響。我捫心自問，我絕沒有她那樣的勇氣，沒有她那樣的尊貴，更沒有她那樣的自信與驕傲！我能像她一樣，珍重自己心中的真理，珍重自己的尊嚴，重於生命本身嗎？我從她講演中得到的最大收穫，並不是她反對血統論的觀點，而是她展現給我的，也是展現給這個世界的兩個最偉大的字：尊嚴！

是她，這位白衣女神，用她的這一幕，永遠地改變了我的人生觀。也從根本上，重塑了我的性格。她讓我懂得了，什麼是尊嚴和生命。從那一刻起，我不再畏懼，即使面對死亡，我也會像她那樣去勇敢面對。

這位我不知道叫什麼，也不知來自何方的女大學生，給了我一生中，最偉大的一次震撼和洗禮。她從此成為我心中的一尊女神。是她告訴了我：

不要怯懦，不要畏懼！人活著，就要有尊嚴。

無尊嚴，毋寧死！

血紅的小溪

中央 7 月 29 日宣佈撤銷北京大中學校工作組，第二天，四十七中工作組就倉皇逃離。工作組在時，儘管學校已經陷入一片混亂，但運動的矛頭還僅僅限於學校的當權者。隨著工作組的撤離，紅五類學生組成的紅衛兵，立即控制了整個學校。文化大革命也隨之轉向，從批判資產階級教育路線，轉到向全校所有教師的全面鬥爭。

24 小時之內，幾乎所有的學校領導和家庭出身有問題的教師，都被不同班級的紅衛兵抓走。他們中的很多人，被剪成鬼怪陰陽頭，戴上一米高的醜陋高帽，潑上滿頭滿臉的墨汁，掛上各種有侮辱性稱謂的大牌子，被拉出去遊街示眾。

主要由軍隊幹部子弟組成的「紅紅紅」衝鋒在前。他們把十幾個學校領導和有歷史問題的資深教師，關進他們的臨時監獄。每一個被關進去的「牛鬼蛇神」，不僅被「紅紅紅」用皮帶和木棍殘酷毆打，還要忍受令人難以啟齒的侮辱和虐待。

學校黨支部副書記陳雄，十三歲參加革命，是中共老黨員。他在被紅衛兵暴打折磨了幾天以後，又被拖出去公開施行活埋。活埋地點是初中部和高中部的結合部，那裡有體育教研室和女生宿舍。幾十個初一的男女紅衛兵圍在現場，口號聲、叫罵聲、嬉笑聲此起彼伏。這場活動的導演者，是高三四班的楊聞錚。紅衛兵們捆住陳雄的雙手，讓他自己跳進一個早已挖好的電線杆子坑座。陳雄不想跳，他實在不願意這樣結束自己的生命。他滿臉是淚，眼睛裡充滿了乞求和恐懼。周圍的紅衛兵沒有絲毫的憐憫，他們嬉笑、怒罵，像開玩笑一樣，一腳把陳雄踹進了那個電線杆子坑裡。

陳雄開始低著頭，閉著眼，屏住呼吸，躲避著迎頭撒下來的黃土。他只是低聲地抽泣，默不作聲。當迅速撒下的黃土，埋過他的大腿時，他突然開始渾身顫抖，痛哭流涕，抬起頭來衝著所有的人，大聲哀嚎饒命。那聲音越來越大，越來越淒厲，傳得很遠。紅衛兵看到自己獵物的恐懼表情，反而發出更大聲的怒罵和嬉笑。

當土埋到陳雄胸部時，幾個高三紅衛兵路過這裡，看到了這一幕。在陳雄淒厲而不斷的救命聲中，他們喝住楊聞錚和那些初一的小紅衛兵。這場活埋陳雄的鬧劇才宣告結束。陳雄被活埋時，那些淒慘的求饒舉動，日後成為全校紅衛兵挖苦和捉弄的對象。紅衛兵一致認為，如果在戰爭年代，被日本鬼子抓住，陳雄肯定會是個叛徒。

教導主任耿寒莉平時以嚴厲著稱，是四十七中有名的「鐵娘子」。她兒子段偉鋼是我的同班同學，也是我一輩子的好朋友。耿主任四十年代在河南參加革命，曾在晉察冀軍區白求恩醫學院學習，也是個解放時「進城」的革命老幹部。她在學校負責德育和學生紀律。因為平時批評的學生多，恨她的人也就多，這給她帶來了無窮災難。工作組走的當天，她就被「紅紅紅」關進了臨時監獄。不僅被剃了鬼怪陰陽頭，還被不同年級的紅衛兵，輪番殘酷毆打了不下幾十次。

一次我親眼看見，在北丁香院，看守和折磨她的「紅紅紅」為了取樂，讓她用頭撞碎窗戶玻璃，然後逼著她，把頭從窗框上殘存的玻璃碎碴中間，伸到窗外。外面的人則對著她頭部，輪番用皮帶抽打。每抽打一下，她僵硬地架在玻璃碎碴之中的脖子，就被仍然嵌在窗框上的鋒利玻璃，割出一道道傷口。鮮血不斷從這些傷口上湧出……直到現在，五十多年過去了，那令人戰慄的血腥畫面，仍然歷歷在目。

耿主任在「紅紅紅」的監獄裡，一共被折磨了 81 天。她是四十七中所有領導和老師中，受煎熬時間最長的一個。

老教師劉存孝和丁一鳴，據說有些似是而非的歷史問題。被毆打幾天以後，紅衛兵們為取樂，命令兩位老教師，相互抽打對方嘴巴。誰打得不狠，就立即單獨被紅衛兵用武裝帶死命抽打。為了活命，兩位老教師，被迫互相抽打。直至兩個人的臉頰全部嚴重水腫，頭部完全變形，兩眼腫脹封死，相互抽打的手臂也變得不成型的粗大，紅衛兵才叫停手。兩位老教師的心靈，由此受到極大摧殘。直到死去，他們也沒能原諒那些侮辱和虐待他們的人。

從 1966 年 8 月起，四十七中的紅衛兵，對校領導和老師們，普遍實行了血腥暴力的恐怖統治。他們對老師們的毆打和虐待，表面上是為了顯示，他們對階級敵人懷有的無比仇恨。其實，也有一部分原因，是出於對曾經批評和教育過他們的老師的邪惡報復，這令人無比震驚。

　　這些紅衛兵已經嘗到了虐殺、蹂躪和侮辱他人給自己帶來的快感，他們人性深處的暴力傾向，被充分調動出來。這些邪惡，像被釋放出來的魔鬼，直到文化大革命結束，再也沒有回去。

　　白經吾，滿族，我們學校唯一的美術教師。由於他曾是「初一七」班三個特派班主任之一，我和白老師有著不錯的交往。

　　白老師出身滿族世家，從小家學深厚，琴棋書畫無一不精，尤其京劇和畫畫更是他的最愛。據白老師講，他曾拜齊白石老人為師，在北京的中學裡，是個難得一見的高水平美術教師。

　　白老師身高近 1 米 80，夏天經常穿一件對襟的中式黃綢涼衫，被我們戲稱為「黃馬褂」。他和藹、詼諧，頗有清末貴族子弟的遺風。他待同學極友善，因此人緣頗好。每學期末全校文藝匯演，他都身兼數職。不僅是總導演，還是美工，調度，有時還客串主持人。1952 年，在白老師的帶領下，北京四十七中在北京市中學生文藝匯演中，獲得唯一的一等獎。白老師的多才多藝，由此可見　斑。

　　1957 年，白經吾老師被莫名其妙地打成「右派」。這決定了他悲慘的後半生。

　　白經吾老師以右派身份，被「紅紅紅」抓進牛鬼蛇神勞改隊。由於他家庭原本富裕，還是滿族，因此又被紅衛兵當成滿清遺老遺少，成為學校破四舊的首要對象。他每天被各個班級的紅衛兵，輪流揪去打罵侮辱，成為勞改隊中處境最慘的一個。經歷了輪番毆打和無數次的侮辱虐待，年過半百的他，精神徹底崩潰。在以後的幾天裡，白經吾老師眼睛只會直直地盯著前方，似乎聽不見任何聲音，對任何問話和喝罵，都失去了反應，人們都說他被折磨瘋了。

　　八月下旬的一個週六，白老師最後一次被毆打以後，眼看著不行了，才被紅衛兵釋放回家。

　　白老師家在鼓樓大街的西條胡同，是一個老四合院的大宅子。一進胡

同，他就看見自己家門口人山人海，街坊鄰居都在看熱鬧。白老師勉強擠進人群，赫然看見自己的太太、老母、四個兒子、兩個女兒，在烈日下一字排開，全家人跪在院子中央的磚地上，正在承受紅衛兵的輪番拷打。

紅衛兵一面抄家，一面在用皮帶、棍棒和彈簧鎖，毆打白家每一個人。每次從屋裡翻出一些和「四舊」靠上一點邊的東西，跪在地上的這三代八口人，都要挨一頓新的毒打，逼迫他們交代諸多無法回答的荒唐問題。

白老師想看又不敢看、想救又救不了，心如刀絞，萬念俱灰。他沒敢走進家門。他漫無目的地推著自行車，遊蕩了整整一個下午。

天已經完全黑了下來，估計紅衛兵已經散去，白經吾老師悄悄摸回家裡。他希望給自己的老母一些安慰，希望向妻子表達自己內心的歉疚，他還希望看看自己的六個兒女，給他們一些遲到的撫慰。

白老師懷著滿腹的內疚和慚愧，輕輕推開院門。

白老師的太太看到丈夫回來，先是一怔，緊接著，她和自己的六個子女，全部痛哭失聲，憤怒地衝出屋來，把白經吾老師瘋狂地推出家門。

白老師完全沒有料到，自己最親近的妻子和兒女，會把他趕出家門。他錯愕、痛苦，接著便感到無地自容。

沒錯，不能怪妻子，不能怪自己可愛的兒女們。確實，正是自己這個一家之主，成為全家一切災難的源頭。如果自己不是右派，如果自己不是滿清遺胄，全家也許不會遭此塌天橫禍。

此時，在白老師家裡，妻子畏懼自己的丈夫，兒女埋怨自己的父親。他們不希望由於白老師的回家，全家再次陷入那令人肝膽俱裂的災難漩渦。

他們不敢抱怨這個社會，不敢抱怨折磨他們的紅衛兵，他們把全部的委屈、痛苦和憤怒，都一股腦地撒在了這個苦命的男人身上。

自己太太和兒女們的憤怒和抱怨，對白老師是毀滅性的。他覺得自己真的不應該繼續活在這個世界上，他想到了死。整個文化大革命，他所遭受的一切痛苦，都沒有這一刻更甚。把他推出家門的這些親人，把他那顆

破碎的心，又撕扯得粉碎。但此時，他只能認命。

　　他此時感覺到無比淒涼、痛苦和孤獨。他無論再做什麼，也無法撫平自己給一家人帶來的傷害。他的安撫和歉疚，竟是如此地蒼白，如此地毫無價值。

　　他猶豫、彷徨，走投無路。第二天下午，在北京大街上恍恍惚惚地走了一天一夜以後，他竟然又再次回到了西條胡同，卻發現自己家的院門，已經被紅衛兵和街道派出所貼上了雙重封條，一家人已經不知去向。原來，紅衛兵和派出所已經把這倒霉的一家八口，遣送回了農村老家。而這，白經吾老師一無所知。

　　他不知自己應該到哪裡去尋找親人，可是，找到了又有什麼用呢？除了無邊的苦難，白家人今後還能有更好的歸宿嗎？他不願也不敢返回學校，學校裡等待他的，除了非人的殘忍虐待，難道還會有其他什麼嗎？

　　白老師騎車來到他每個星期必定經過的安河橋。他放好自行車，坐在運河岸上，閉上了眼睛。夏天傍晚的日頭，仍然火熱，照得整個世界刺眼的光亮，但他心中看到的，卻是一片黑暗。

　　他整夜坐在運河邊上一動未動。此時的白經吾老師，作了當時最容易作出的一個決定。他掏出了身上那本紅色的四十七中人民教師工作證，還有自己口袋裡的幾斤糧票和僅有的幾塊錢。把它們整整齊齊地擺成一摞，放在自己自行車的旁邊，然後一頭跳進運河裡。

　　夏天的清晨，冰冷而渾濁的運河水，托浮著白經吾老師的身體，漂向遠方。如果白老師還有感覺，他一定覺得那河水是溫柔的，體貼的，起碼比這殘暴的人世間，要溫柔很多倍。我相信，在那河水裡，白老師終於找到了自己的解脫。

　　徐景沖，北京師範大學歷史系政治史專業畢業。他是當時海淀區中學中，僅有的兩位具有大學本科學歷的政治課教師之一。

　　徐老師濃眉大眼、身高 1 米 81，是全校最高、最壯和最帥的男老師。

五十年代唸大學時，他曾是北京師範大學的體操隊隊長。66 年時，他正擔任四十七中初一·三班的班主任。

初一·三班有個全校最壞的學生叫孫劍明，是個幹部子弟，長得五大三粗，很能打架，人稱「孫豬」。

孫劍明對徐老師有近兩年的仇恨。

孫劍明父親是延安幹部，此時任新華社香港分社一個部門的負責人，常年不在北京。孫劍明母親，是中國圖片社宣武門營業部的經理。她根本管不了這生性頑劣的兒子，於是就把他送到了全日制住宿的四十七中。

孫劍明由於各科都不及格，是徐老師初一·三班的留級生。恰巧上一年，徐景沖老師也是孫劍明的班主任。這兩年，孫劍明不僅學習極差，還頑劣異常。全班同學誰不聽他的，他都要報以拳頭，沒有同學敢惹他。上課時，只要孫劍明說「不許回答老師問題」，就沒有一個同學敢於舉手回答老師的提問。全班被孫劍明搞得烏煙瘴氣。徐老師請孫劍明的母親來學校，希望在家長的面前，教育一下這個不可理喻的孩子。聽到母親當著徐景沖老師的面批評了自己，這個混蛋兒子，居然當著老師面，揮手打了自己媽媽一個大嘴巴。

學校方面決定開除孫劍明。文革開始時，開除孫劍明的決定正等待海淀區教育局的批准。為此，孫劍明對徐老師和學校領導，恨得咬牙切齒。

66 年，文革「紅八月」，孫劍明報仇的日子終於來了。

由於掌握著所有老師的檔案材料，貧農出身的學校保衛幹部賈名河，一直在偷偷地給紅衛兵提供教師們的相關信息。在四十七中文化大革命的歷史中，這個賈名河是所有老師中，道德最為敗壞的一個傢伙。

與披露白經吾老師的右派歷史一樣，他也向紅衛兵披露了徐景沖老師的家庭歷史。徐老師父親，是三反五反時，服毒自殺的「反動資本家」。

徐景沖老師的父親解放前開一間小藥店，三間門臉，財產估值只有當時的舊幣 2 億元（新幣 2 萬元）。51 年三反運動時，被定為「嚴重違法戶」。

他不堪無數次的殘酷批鬥，喝毒藥自殺。留下 10 個孩子，由妻子艱難帶大。

這使孫劍明找到了兇狠報復徐景沖老師的最好藉口。

徐景沖老師被抓進「牛鬼蛇神」勞改隊。

孫劍明請來了四十七中「紅紅紅」裡最會打人也最為兇殘的兩個紅衛兵：初三年級的趙雲山和解雪庭，此二人我們後面還會講到。他們倆此時是「牛鬼蛇神」勞改隊的兩個隊長。

三人將已經成為「牛鬼蛇神」的徐老師，帶到學校的技巧院，逼徐老師脫光上衣，立正站直。接受孫劍明、趙雲山和解雪庭用銅頭皮帶、棍棒和三角皮帶輪番抽打。徐老師左右臂、前胸、後背的肌肉完全被打爛，鮮肉全部翻開，渾身是血。那天全校都能清清楚楚地聽到徐景沖老師的慘叫之聲。

毆打長達數小時，徐老師多次昏死跌倒，每次都被孫劍明用涼水激醒，重新站立，繼續用皮帶抽打。

由於打的時間太長，用力過大，即使三人輪流上陣，孫劍明、趙雲山兩人右臂全部出現水腫，解雪庭右臂甚至被拉傷。

這次毆打以後的一段時間，徐景沖老師身上，被打爛的腐肉一直奇臭難當。四十七中所有師生，都知道徐老師被孫劍明等三人血腥毆打這件事。

許多人都說，如果不是徐老師身體底子好，絕難保住這條性命。

徐景沖老師還活著，我有幸在 2015 年最後一天，去他家採訪了他。因為 66 年被孫劍明等三人打得右臂及背部肌肉大面積壞死，他幾十年前已成終生殘疾。頸椎和肺部也受到根本性損害，現在仍然常年咳嗽。由於文革的慘烈遭遇和身體狀況，他一直單身。我見到他時，他精神還不錯，不過原來 1 米 81 的身材，現在已經萎縮到 1 米 70 左右。

孫劍明文革後在北京市朝陽區公安局交警大隊工作。因文革時的惡貫滿盈，被定性為「三種人」，一直未能入黨提幹。因此，他很年輕時就患上了精神分裂症。在寫這本書的時候，聽到的最新消息，這個孫劍明，已經

帶著嚴重的精神分裂症死去。

「惡人終有惡報」！

1966 年 8 月，一個人稱「顧和尚」的北安河農民，只因是地主成分，被四十七中紅衛兵活活打死一事，掀起了紅衛兵去農村瘋狂殺人的先例。

那天傍晚，顧和尚蹲在自家門口的地上喝粥。一隊四十七中紅衛兵從他眼前經過，他無意間衝著路過的紅衛兵隊伍咧嘴一笑，被紅衛兵認定為挑釁和蔑視紅衛兵。於是，四十七中紅衛兵用棍棒、鐵鍬把他當場打死。

顧和尚被無辜打死後，紅衛兵從他家裡揪出顧和尚的兩個兒子，命令這兩個已經魂飛魄散的孩子，動手把父親的屍體，塞進一隻拾糞用的柳條筐。接著，紅衛兵逼迫這兩個孩子，抬著自己父親的屍體，去村外挖坑埋掉。兩個孩子一邊哭，一邊自己動手挖坑，在紅衛兵的監視下，埋掉了自己的父親。他們的父親被黃土埋掉時，竟然屍體全裸，連一張蘆蓆也沒有。

紅衛兵還不罷休，殘忍地命令兩個兒子，在剛剛掩埋了他們父親的那片黃土上，不斷上下猛跳。一邊跳，還要一邊呼喊「革命口號」。紅衛兵命令：我們不喊「停」，你們就必須一直跳下去，直到他們心滿意足為止。

顧和尚的兩個兒子，身子在跳，心在淌血，他們已經泣不成聲。

由顧和尚事件發端，短短幾個星期之內，僅僅北安河公社，被紅衛兵活活打死的所謂「地主」，據說竟然達到 26 人。

生物老師汪貴揚，是北京中學中少有的二級生物教師。他講課幽默，生動，眾多學生只是因為汪貴揚老師，而終生喜愛生物這門學科。汪老師課後，經常帶著學生們上山採集動植物樣本，製作標本。他知識淵博，有口皆碑。

我很喜歡他。

汪老師地主家庭出身，這使他在文革中厄運難逃。他也和白經吾老師一樣，被關在「牛鬼蛇神勞改隊」，由於每一個天真的學生都相信，所有所謂「地主」，都和電影裡的黃世仁、周扒皮、南霸天以及劉文采一樣，個個

殘忍、兇惡。因此，汪貴揚老師的父親和家裡的所有成員，都遭到了紅衛兵殘酷無情的毆打和折磨，遭受了無窮無盡的屈辱。

顧和尚的慘死以及他兩個兒子的遭遇，令汪貴揚老師和他的父親毛骨悚然。他們似乎看到了自己和顧和尚父子類似的悲慘下場。他們根本喪失了繼續活下去的勇氣和希望。父子倆決定一起自殺，攜手離開這個令他們既無法做人又無法做鬼的悲慘世界。

父子倆一起來到離學校最近的西小營水庫。汪老師父親完全不識水性，而汪貴揚本人卻是會游泳的。父子倆為了能夠一起擺脫苦難，不丟下任何一個人，汪老師在投水之前，讓父親給自己捆上了一塊碩大的石塊，防止自己入水以後會掙扎上岸。

我無法想像，一個父親為了使自己的兒子能夠成功自殺，而給他捆上石頭，是怎樣的一種心情。他的目的，無非是為了讓兒子，在生與死的最後選擇中，無法選擇生，只能選擇死！什麼樣的社會和環境，才能使一個父親產生這樣的動機？此時他的眼是否在流淚？心是否在淌血？他在那一刻流露出來的感情，到底是對兒子的愛？還是心都被戳爛了般的無限痛苦？

此時，我們也無法想像，作為兒子的汪貴揚老師，又是怎麼想？父子倆攜手跳入水庫中那一剎那，他們之間互視的眼睛裡，都是怎樣的眼神？我只是覺得，人世間的這一幕，是人類歷史上未曾有過的慘烈和悲慟的時刻。這一幕的殘忍程度，已經超越人類幾千年歷史上，所有最令人髮指的悲劇情景。

汪貴揚老師的父親終於死去，上帝滿足了這位無辜老人要求死去的卑微要求。這已經是上帝對這對父子的最大關愛了。但是，汪貴揚老師沒有死成。他必須留在這個世界上，繼續接受還沒有承擔完畢的漫長苦難。

求生的本能，讓他在水底的掙扎中，掙脫開了捆綁石頭的繩索，他又痛苦地回到了水面……

從此，四十七中每一個班的紅衛兵，都會把汪貴揚老師拉去揪鬥。而揪鬥的核心內容，從以前的毆打和侮辱，變成要汪貴揚老師仔細交代，他「畏罪自殺」的經過。尤其讓紅衛兵們大為開心的是，要汪老師描述在水底，怎麼解開捆住石塊的繩索，並丟下父親不管，逕自逃生的心路歷程。這些問題使紅衛兵們興趣益然。

汪貴揚老師現在已經離世。在他離世以前，從未有過任何一個，在文革中給他、他的父親、他的家庭造成這樣曠世悲劇的人，向他道過一次歉，哪怕說一聲對不起。

校醫謝品芊的老母親來自農村，被紅衛兵以「地主婆」名義趕回了貴州老家。但老人在老家已經沒有任何親人和居所，於是，老太太又被老家農村的紅衛兵，攆回了北京。

尚未進校，在校門前的小松樹林裡，老人就被以黎源為首的一批初中紅衛兵攔住。黎源是四十七中文革中的著名人物，是四十七中「紅紅紅」的著名撰稿人和精神領袖之一。

黎源雖然是血統論堅決而頑固的鼓吹者，但我一直以為，他是個有一定的道德底線，還算斯文的一位「文人」。但我真的不敢相信，黎源和他手下的紅衛兵們，會對這位老人做出如下的行徑。

黎源及其手下，先是把老人截在松樹林裡，搜查和毆打。從老人隨身挎著的包袱裡，查出了老太太縫補衣物用的裁衣剪刀。紅衛兵一口咬定，老太太帶著這把剪刀，是為了返回學校時，對紅衛兵實施「階級報復」。

黎源和紅衛兵們，把老太太拽到學校門前的小橋上圍毆。老人本來又瘦又弱，哪裡禁得住這番歇斯底里的拳腳和棍棒，沒有多久就被打得昏死在橋上。黎源一夥，把已經昏死的老人，倒提雙腳，扔到橋下的溪水中。老人的頭撞在溪內的卵石上，奄奄一息。

當時老人一息尚存，被溪水激醒以後，求生的慾望讓她掙扎著往溪岸上爬。黎源命令同夥再一次把老人拖到橋上，他親自動手，把老人細弱的

雙臂，墊在自己的大腿上，「咔嚓、咔嚓」地兇狠折斷，再次倒提老人的雙腳，重新扔下溪水中。嘴裡大聲罵道：「看你還敢往上爬！」

其實，老人第二次被扔到橋下時，大約還沒徹底斷氣。紅衛兵們仍然不停手，除不斷地扔出石頭，砸向老人以外，又把即將死去的老人，反覆拖上、扔下幾次，直到老人在溪水中，已經變成為一堆血肉模糊的肉泥為止。老人被砸出的腦漿，伴著鮮血，一股一股地流進那條著名的金山溪中。這不斷出現的，一縷一縷的紅色血水，隨著那些流淌了幾千年的清澈溪水，不知不覺地流向遠方。

母親被打死以後，謝大夫不敢去收屍。國民黨軍官出身的數學老教師米旭東，接到紅衛兵的命令，把已經成為一攤「肉」的屍體，抱到學校的後山，挖個坑掩埋了。

這位打死謝家老太的黎源，文革以後並未受到任何懲罰，依然入黨、提幹。據說曾任國家體委某司副司長，退休時，還任過國家體委某總公司的領導職務。

願祖國所有的小溪，永遠不要像北京四十七中校門前那條美麗的小溪一樣，在 1966 年那個可怕的夏天，被那些無辜淌流的鮮血染得血紅。

開始反抗

文津街對我是一次徹底的洗禮。自從有了那次白衣女神的教育和啟蒙，我第一次感觸到尊嚴在人的生命中有多麼重要。我心中所有的怯懦，在她帶給我的巨大衝擊下，被蕩滌得乾乾淨淨。尊嚴和正義，已經開始植入我的靈魂。從此，誰也不可能從我的精神裡，再把它奪走。

我下定決心，以後也要像這位女神一樣，用自己行動捍衛應當屬於自己的尊嚴。

我不能再繼續默認和接受「血統貴族」和「血統賤民」這樣的標籤。我

必須為人與人之間與生俱來的平等和權利，進行抗爭。不管我的父親怎樣，也不管我的家庭怎樣，我都要爭取屬於我的那份尊嚴與平等。否則，活在這個世界上是沒有任何意義的。這是我人生觀的一次重大轉變。

為了維護這樣的觀念，我必須把自己變成一個勇士，為自己認可的道德原則進行頑強抗爭。必要時，我也會像那位白衣女神一樣，平靜地面對任何可能的結果。即便是面對死亡，我也絕不畏懼。因為，如果沒有尊嚴，人活著還有什麼意義？

我從文津街直接返回了學校。

學校裡，紅衛兵對於校領導和老師們的暴虐、拷打、侮辱，還在升級的過程中。「老子英雄兒好漢，老子反動兒混蛋」的對聯，貼在教室、食堂及學校的任何一個角落。穿著綠軍裝，紮著武裝帶，帶著紅袖標的紅衛兵們，仍然動用殘暴的高壓手段，統治著這所學校。學校所有能夠貼大字報的牆面，幾乎都貼滿了他們的大字報。不過，每一份大字報，幾乎全部都是以血統論為出發點，論證階級鬥爭的嚴重存在，火藥味彌漫在四十七中的每個地方。

我決心不再沉默，不再膽怯，不再逃避。

次日，文革歷史中，我的第一篇大字報《這堵牆必須推倒》，貼在了學校食堂的外牆上。一共 16 張大字報紙，寫得洋洋灑灑。這是在血統論造成的紅色恐怖中的一聲吶喊，是一個出身於歷史反革命家庭的「狗崽子」，維護自身尊嚴的一份宣言。

這是我第一次正面批判「對聯」，批判「譚立夫講話」。大字報沒有留底，具體內容，今天我已經不能原樣複述了。但對其中要義，我仍記憶猶新：「人為造成的，橫亙於出身好與出身不好同學之間的，這堵血統論之牆，必須推倒。」我還把文津街那位白衣自由女神令人振聾發聵的觀點和論據，作為自己的觀點大加宣傳。

第二天，高三的馬青波以「青年近衛軍」的名義，寫了一篇支持和讚賞

的大字報，貼在我的大字報旁邊。這成就了我們一生錯綜複雜友誼的開始。

與此同時，高二‧二班的戈琛在初中部的山牆上，貼出了一幅特殊的「對聯」：

老子英雄兒好漢，只是可能，

老子反動兒混蛋，那可未必。

戈琛這幅經他改造過的「對聯」，書寫得很有「學問」。上下聯的前半部分，用的是白紙黑字。接下去他補上的部分，用的是紅紙黃字。上下兩部分的不同顏色，形成強烈對比。這不僅令人印象深刻，還在顏色裡，隱含了他對於「對聯」的尖銳批判。戈琛對於「對聯」的調侃和諷刺，相當勇敢地說出了許多同學心裡想說而不敢說的話。

高三的沈雲彪也曾在其他地點，貼出過與戈琛類似的對聯。

其實，在當時血腥的紅色恐怖中，一篇這樣的大字報或一幅這樣的「對聯」，都足以使一個人死於非命。但我那時心中已經沒有了懼怕。不過，回過頭來看，四十七中同學之間的關係，還是要遠遠好於北京大學附中、師大女附中等學校。如果是在那些學校，我和戈琛，可能在貼出這些大字報和「對聯」的兩個小時之內，就已經被打死或遊街示眾了。

儘管如此，我那張大字報的觀點，和我不向血統論低頭的態度，還是激怒了「紅紅紅」。從此，我們之間，結下了越來越深的仇恨。

1966 年 9 月上旬，全國性的大串聯開始。學校文化大革命領導小組和紅衛兵組織明確規定，革命大串聯必須是家庭出身好的紅衛兵才可以去。串聯用的專用火車票，是校文革領導小組，在審查完家庭出身和紅衛兵身份後，才可以發放的。

這意味著，我沒有權利參加全國大串聯，這對我打擊很大。

兩天後，我通過高三的朋友，搞到了兩張去包頭大串聯的火車票，以及兩張空白的紅衛兵介紹信。那當然是違法搞到的。因為我不僅不是紅五類和紅衛兵，還是個歷史反革命家庭出身的「狗崽子」。當時我並不知道，

北京男六中高三學生王光華，僅僅因為不是紅衛兵而擅自去上海串聯，回到北京後被殘忍地折磨致死。

我找到了高二年級的武堅塤。他是同學中少有的數學天才。據說，他父親曾是某大學的教授，解放前在國民黨軍隊裡，從事過電訊技術工作，三反五反時畏罪自殺。因此，武堅塤大約也像我一樣，是個黑五類。但他還是有些膽小和怯懦。經過我的持續鼓動，他才跟著我一起，參與了這次冒險，我們一起踏上西行的列車，首站是包頭。

哪知，這次「非法串聯」，還真的惹下了一場大禍。

黃土遮天蔽日的包頭，實在沒啥可看的，於是我們在包頭上了去蘭州的火車。武堅塤戰戰兢兢，越走越怕。

我哪裡知道，高三的紅衛兵正在追查這兩張去包頭火車票的下落，我未經許可私自出去串聯的事，終於被揭露出來。高三年級的紅衛兵覺得被杜廈和武堅塤兩個狗崽子冒充是件奇恥大辱的事。他們派了四個身強力壯的紅衛兵追向包頭，要把我和武堅塤「押解回京」。他們一行四人，在包頭找了好幾個大串聯接待站，終於查到我們去了蘭州。於是，四個人徑直追向蘭州。

遭遇戰在蘭州大學學生食堂裡打響。

那天我正在大食堂裡看大字報和抄大字報。整個大食堂裡，到處都是看大字報的人群，人頭攢動，亂亂哄哄。此時，四個高我半頭的傢伙，形成扇面隊形，向我悄悄包抄過來。其實，在這四個傢伙離我十幾米遠時，就被我發現了。我猛然看見他們中的一個熟悉面孔。最多一秒鐘，我立即判定這四個人是北京四十七中高三年級的學生。我想，他們一定是衝我而來。此時，他們已經把腰間的武裝帶解了下來，攥在手裡。看來他們準備先把我臭揍一頓，再拿繩子一捆，像逮個逃犯一樣把我押回北京。一旦被他們抓回北京，什麼後果都可能發生。如果我不先採取措施，就絕對沒有任何好的下場。

於是我出人意料地跳上了一個大型餐桌，衝著整個食堂大聲呼喊：「喂！喂！同學們快來看看，快來看看呀！」我聲音很大，連喊了好多聲。

在大學餐廳裡就餐的除蘭州大學的同學以外，還有很多來自西北各省、地、市、縣的串聯學生。他們接觸文化大革命比北京大約晚兩個月左右。血統論在這些較為閉塞的地方，還沒有北京那樣的市場。血腥的紅色恐怖，還沒有傳染到這些地方。我判斷，此時我的立場和觀點，會比這四個穿著綠軍裝拿著武裝帶的北京紅衛兵，更有說服力。

「你們看到的這幾個拿著武裝帶，準備打人、動武的學生，是從北京專程來抓我回去的。而他們企圖抓我回去的唯一理由，是因為我不是紅五類出身。不信，你們問問他們。」我鎮定自若地說。

四十七中這四個高三學生，完全沒有料到我會來這招，一下不知所措。他們面面相覷一句反駁的話也說不出來。

「沒錯，他們是紅衛兵，他們是紅五類。但是，難道我們這些不是紅五類的同學，就不可以參加文化大革命嗎？」

「你們，同學們，你們一定也有許多不是他們這些革命幹部子弟或革命軍人的子弟。難道你們就不可以參加文化大革命嗎？」我在爭取同情和支持。我相信，只要這個食堂裡的聽眾能夠支持我，主動權就在我這一邊。

其實，由於北京高級幹部子弟與生俱來的自以為是、趾高氣昂，令這些邊遠地區的學生們本來就心存不滿。而我又是一個人，身材瘦小，面對四個兇神惡煞的壯漢，大家的同情心，自然在我這個弱者一邊。

我的講演，激起了在場各地同學的憤怒與不平，獲得了熱烈的掌聲。食堂裡的學生們迅速圍攏在我站立的餐桌周圍，他們大多是西北小地方來蘭州串聯的同學，個個義憤填膺，紛紛向著四個四十七中的高三學生圍攏過去。其實，他們是想和這四個傢伙辯論，並阻止他們動武。

而在北京打慣了人的四個傢伙，可不是這種感覺。當現場的幾十個素不相識的學生，把他們團團圍住的時候，他們完全被嚇懵了。想像得出來，

如果他們想出手打我或抓我，接下來的處境大概會很糟。

他們轉身擠開人群，抱頭鼠竄。

而我，僥倖地逃過了一劫。

在我跳上餐桌，和四十七中四個高三學生緊張對峙的時候，武堅塤早已逃之夭夭，不見蹤影。這令我十分失望和寒心。回到住處，躲在宿舍裡的武堅塤見我身上毫髮無損，萬分驚訝。2016 年我在北京採訪他時，他告訴我，他逃走的時候以為我一定會被那四個傢伙打得半死。

第二天，我和武堅塤迅速離開蘭州，之後我們決定分道揚鑣，各走各路。我討厭在蘭州大學的巨大危機面前，他扔下我一個人逃走。我們和平分手後，武堅塤是返回了北京還是繼續著他自己的串聯，我就不得而知了。

接下來兩個月，我繼續一個人的串聯。我還是用著假的紅衛兵介紹信，先後去了成都、重慶、遵義、桂林、株洲、長沙、廣州、金華、杭州、上海、青島、天津。我再也沒有遇到追殺，也沒有遇到串聯所在地的任何挑戰。

我快樂、輕鬆地在全中國周遊了兩個半月，一共去了 25 個大小城市。

11 月底我返回北京，仍然是獨自一人。12 月中旬回到學校，大出我所料的是，兩個半月不在北京，四十七中乃至整個北京中學的文化大革命形勢，已經發生了翻天覆地的變化。

1966 年 10 月上旬，周恩來、陳伯達、江青陸續公開指責血統論和「對聯」是反動觀點。10 月下旬，毛澤東親自出面說：「學生有些出身不大好的，難道我們都出身好嗎？出身不由己道路可選擇！」

京城的紅衛兵們，被這突如其來的變化打懵了。

11 月初，譚立夫在北京被逮捕入獄，這等於宣佈了瘋狂一時的血統論和「對聯」，在政治上的徹底死亡。

另外，從紅色恐怖開始的 8 月初，到當年的 12 月底，全中國幾乎所有各級領導幹部，都陸續被打成走資派，變成了和地主、富農、反革命、資本家、右派一樣的「黑幫分子」。他們被劃入擴大後的所謂「黑七類」。許

多原先穿著綠軍裝，戴著紅袖標，瘋狂打殺「狗崽子」的紅衛兵，在幾十天之內，就天差地別地變為新的「黑狗崽子」了，這著實有些滑稽。

不知是不是這個原因，許許多多原先出身好的紅衛兵開始倒戈，他們紛紛投入到反對「對聯」的隊伍中來，反對血統論的隊伍得以迅速壯大。

既然形勢發生了這麼巨大的改變，我們這些已經被欺負和侮辱了半年多的「狗崽子」們，就更想去奪取本該屬於自己的平等與尊嚴。當然，一定程度的報復也在我們的心裡醞釀。到了該對血統論進行反擊的時候了。

我和戈琛領導的兩支隊伍，決定對於任何敢於繼續欺壓、打罵、侮辱任何同學和老師的「紅五類」們，給予以牙還牙的反擊。我們要讓他們付出應該付出的代價。為此，我們佔據了學校高中部的北樓，作為我們的武力中心。後來，馬青波也從游泳池搬到了北樓，我們的力量更加強大了。

北樓裡我們修建了堅固的防禦工事。進出北樓，只留出了僅夠一個人通過的特殊通道，晝夜 24 小時有專人把守。北樓由我、戈琛、馬青波帶領的二十多個堅決反對「血統論」的同學鎮守。

接下來，我們開始對打人最為囂張的紅衛兵學生，一一展開「理性教育」。

我和戈琛合兵一處，在 46 路車的終點站頤和園，設立了一個隱蔽「檢查站」。週末，四十七中所有的學生從學校出發到北京城裡，必須在頤和園換乘 32 路公共汽車。這給我們帶來了機會。我們每次大約 10 人左右，都是一些能打好鬥的、發誓要和「血統論」血戰到底的硬漢。

凡是多次打過同學或老師，血統論思想嚴重並且死不改悔的人，便成了我們「獵襲」的目標。這樣的人只要在頤和園被我們截下，必須簽署我們事先印好的悔過書。悔過書內容包括：承認打同學和老師的行為是嚴重錯誤；向所有被打的同學和老師道歉；保證今後絕不會再打任何同學和老師；今後如果再犯，同意把這個悔過書在學校公開公佈。如果他們拒絕簽署，則我們便「以其人之道，還治其人之身」。一頓拳打腳踢，直到打服、求饒、

並在悔過書上簽名為止。

這些曾以打人為樂的傢伙們，在打別人的時候很厲害，可一旦變成被打者，他們幾乎無一例外，喪失了抵抗力。一般不用打，一看形勢不對他們便立即求饒，接著叫幹嘛就幹嘛，往往表現得溫順無比。一般被我們「教育」過並簽署了悔過書的人，以後都很老實。由於寫過悔過書，小辮子攥在我們手裡。他們絕大多數很少再回學校，更不敢在學校裡再度囂張。

這件事使我很快樂，復仇的感覺很爽。

老師隊伍裡也有為血統論張目的人，這種人雖然數量很少，但被廣大無辜受害的老師們恨之入骨。

前面提到過的保衛幹部賈名河，就是這樣一個臭名昭著的人。他是初中畢業後留校工作的。據說，因為學校管人事和組織的幹部是他的表哥，他是靠了這個裙帶關係才擠進了教師隊伍的。賈名河貧農出身，算是教師裡少有的「紅五類」。他負責保管學校老師們的檔案。通過向紅衛兵輸送老師的資料，他成為「紅紅紅」的紅人。白經吾、汪貴揚、徐景沖、謝品芊以及很多在文革中遭受紅衛兵毆打和侮辱的老師，恨透了賈名河這樣的告密者。據說，他還曾帶著紅衛兵，查抄過一些老師的家。我們決心為這些老師報仇，教訓教訓這個卑鄙的傢伙。

我們發現，許多寒假回家過年的「紅紅紅」頭頭，把行李存放在賈名河家中。我決定突襲賈名河的家。這算是「以其人之道，還治其人之身」。查抄賈名河的家，是我和馬青波親自動手幹的。

今天看來，所有這些「以牙還牙」的事，也不怎麼光彩。但是，我們當時覺得十分驕傲，因為，我們終究勇敢地對不可一世的「血統論」，做出反擊。這讓他們這些「血統貴族」，以及所有因為家庭出身不好而備受欺壓和凌辱的人們都知道，我們是會選擇反抗的！

在這樣的氣氛下，雙方的火藥味越來越濃。

震驚北京的 7‧21 武鬥

　　文化大革命期間，在四十七中有兩個殊死對立的派系。一派是支持和宣揚血統論的紅衛兵，主要有兩支隊伍：一支是由初中和高一紅五類學生組成的「紅紅紅」，另一支是由高二學生組成的毛澤東主義紅衛兵。這兩個組織關係緊密，基本上可以視為一個組織，本書裡，統稱他們為「紅紅紅」。另一派是反對血統論的組織，主要是闇曉懷、戈琛、馬青波、楊志剛和我領導的十來支隊伍。這些隊伍，統稱「四‧三派」。67 年 5 月，我們所有四‧三派組織，共同結成戰略聯盟，組建了「毛澤東思想公社」，從而具備了和「紅紅紅」正面對抗的實力。闇曉懷、楊志剛和張鐵軍等人，成為毛澤東思想公社的頭兒。

　　毛澤東思想公社和「紅紅紅」，成為四十七中尖銳對壘的雙方。各次武鬥，都是在這兩個組織之間展開。從 1967 年 4 月到 1968 年 10 月份，毛澤東思想公社強硬派和「紅紅紅」之間，發生大大小小的流血衝突不下幾十次。當時唯一使我們勇敢地衝鋒陷陣，不顧生死的，就是我們夢寐以求的尊嚴與平等。我們不願在權勢面前低頭，不能容忍「血統貴族」騎在我們頭上隨便地欺凌和侮辱。現在回想起來，儘管這些武鬥，我們大多寡不敵眾，但終究通過武鬥，我們張揚了自己作為人的那份尊嚴，心裡還是很自豪。

　　其實，除幾次大型的武鬥事件以外，雙方幾乎每天都還有一些小型摩擦。但由於這些衝突都是因為血統論而起，就使這些爭鬥，有了一些不可調和的性質。因此，每次爭鬥也都是你死我活。

　　一次我和初二‧三的馮群、初二‧一的艾援，由城裡返回學校。在 46 路公共汽車裡和十幾個「紅紅紅」的敵人遭遇。

　　我們三個坐在最後一排，車很擠。離我們很近的一個「紅紅紅」的初一小孩兒和我臉對臉。他不斷地左顧右盼，一會兒就地鑽到身後的人群中不見了。

　　我很敏感，低聲告訴坐在左右兩側的馮群和艾援：「準備好動手！」我判斷了一下環境：儘管我們人少，他們人多，但車廂狹窄，他們很難展開兵力與我們死戰。

　　這時，估計那個初一的小「紅紅紅」，已經告訴了前面幾個頭頭：「看見杜廈了，他們只有三個人。」於是，最多一兩分鐘以後，十來個高年級的「紅紅紅」，擠到離我們很近的車廂後面來。

　　車裡的乘客都知道，汽車後面將要發生一場戰鬥，於是紛紛湧向汽車的前面。這就在汽車後半部分，給我們騰出了一個決鬥的場子。我們三人與那十幾個紅紅紅之間，被拉開了將近兩米的距離。他們十幾個人橫著扇面式排開，與我們三個人面對面對峙，形成了一個半圓的包圍圈。

　　一場人數懸殊的戰鬥，馬上就要打響。

　　我清楚地知道，他們人數是我們的幾倍，打起來我們必敗無疑。由於我們雙方積怨已久，仇恨很深，加上我又是對方最切齒痛恨的人物，結果將很難預料。必須徹底鎮住這十幾個人，而且要先下手為強，才有可能逃過一難。

　　我猛地從挎包裡揫出一隻黑色的鑄鐵啞鈴，眼睛死死地盯著「紅紅紅」的幾個頭目，重重地把啞鈴砸在公共汽車的地板上。一聲巨響，汽車地板瞬間被砸了一個洞，粉碎的木屑，伴著塵土濺起來，灌滿整個車廂。馮群和艾援心有靈犀，馬上也都學我的樣子，從挎包裡揫出啞鈴，瞪著對方，「咣」、「咣」地把啞鈴砸在車廂的地板上。

　　這「咣、咣、咣」三聲巨響，讓對方十幾個人吃了一驚。他們瞪著那三個巨大而沉重的啞鈴，眼睛好像都凝住了，有些發憷。他們知道，一旦打起來，我們不會和他們動拳腳。我們會一人一隻鑄鐵啞鈴，朝他們腦袋上猛砸。看來他們之中，沒有誰敢於冒險去承受那十幾磅鑄鐵啞鈴的攻擊。

　　這等於清楚地告訴對手：啞鈴砸在人頭上會致命，而我們準備和你們拚命！

他們挑釁的眼神立即收斂。不一會兒，所有的「紅紅紅」紛紛扭過頭去，裝得若無其事。從此，再也沒有一個人，敢回頭看我們一眼。我心裡大喜過望，一場敵眾我寡的危機，得以化解。我們以少勝多，「不戰而屈人之兵」，打掉了「紅紅紅」的威風。

其實，那天我們恰巧是從北京市裡回來，為了鍛煉身體，應付今後的武鬥，把我們在北京農大體育教研室偷的兩副啞鈴拿回學校而已。結果這兩副啞鈴派上了用場，救了我們一命。

當時北京所有的大中學校的每一間教室、辦公室、實驗室，都被各種各樣的戰鬥隊佔領。我們佔領了學校圖書館，既作為毛澤東思想公社總部，又作為廣播中心。

文革前，我是學校廣播室的播音員。原廣播組的組長馬躍、編輯邊東子，都是我們這一派的。機務員高力行雖然沒有參加任何派別，心裡也是同情我們一派的。因此，我們毛澤東思想公社實際控制著學校廣播系統。我們把廣播室的全部機器設備都搬到了圖書館，天天利用豎在圖書館房頂上的高音喇叭，控制著學校的話語權。這令「紅紅紅」嫉妒不已。

1967 年 7 月初，經過精細策劃，「紅紅紅」的陳易銘和樊孝望集結了近百人，突襲學校圖書館。我方倉皇迎戰，雙方大打出手，那是文化大革命中，四十七中第一場大規模武鬥。

其實，對於「紅紅紅」襲擊圖書館，我們早有防範。圖書館一樓的玻璃窗早已經被我們用木板釘死，大門也焊了鐵條的防護門。「紅紅紅」的人，用鐵鍬和鎬頭把這些木板和玻璃砸碎，強行打開了幾扇窗戶，跳入圖書館西側的閱覽室。另一撥人，則搬來兩部梯子從書庫東側二樓的窗戶，爬進圖書館書庫，對圖書館內毛澤東思想公社的人形成兩面夾擊。毛澤東思想公社在場的僅有我、高宜秦、馮群、沈雲彪、張鐵軍等不足十人，自然被人家打得落花流水。我們幾乎每人都「英勇負傷」，但還是寡不敵眾。大部分廣播器材都被「紅紅紅」搶走。毛澤東思想公社總部被人家砸個稀巴爛。

這一仗的失敗，對我們士氣打擊很大。

我們想伺機奪回廣播器材和高音喇叭，以便重新控制校園空中話語權。由於「紅紅紅」人數眾多且大多好勇鬥狠，毛澤東思想公社根本無法強攻任何他們據守的地方。更何況剛剛搶來的廣播器材又彌足珍貴，他們一直有重兵把守，我們沒有任何機會奪回這些器材。

毛澤東思想公社總部被砸，損失慘重。閻曉懷和高三的公社骨幹們，不甘心自己受到「紅紅紅」這樣的欺辱，決心復仇。

毛澤東思想公社高三的許多學生，年齡較大，思想相對成熟。他們很少參與過分激烈的行動。因此，文革中很少看到高三的學生參與殘酷鬥爭老師，也很少看到這些高三學生參與毆打、虐待、殺死社會上的「牛鬼蛇神」的暴烈行動。這些行動大多是初中年齡較小的學生們幹的。但 7 月初「紅紅紅」對圖書館的「打砸搶」，超越了他們能夠容忍的底線，他們的很多人也都義憤填膺，怒不可遏。

閻曉懷的戰友們決定到外校求援。

在北京許多中專和中等技術學校裡，反對血統論的勢力強大，是北京武鬥實力最強的反血統論學校。這些學校的學生，很少有革命幹部和革命軍人家庭出身的人，學生們大多是平民百姓子弟。他們的家庭環境和家庭教育，使得他們在反對血統論時，不僅堅決，而且旗幟鮮明。他們看不起那些天生就覺得應該統治這個國家的「血統貴族」們，尤其討厭穿著綠軍裝，揮舞武裝帶，對於任何人都頤指氣使的老紅衛兵。因此，他們成為 67 年到 68 年間，北京中學生反擊血統論的大本營和中堅力量。這裡面尤以北京鋼校和北京建校最為突出。鋼校的四·三派學生決定幫助四十七中毛澤東思想公社，教訓一下「紅紅紅」，殺殺他們的威風，給他們一些顏色看看。

7 月 21 日，星期五。兩輛大卡車拉著北京鋼校派出的專業武鬥隊，來到四十七中。他們一共來了大約 60 人，都是身強力壯的年輕小夥，各個全副武裝：每人一頂柳條帽，身著煉鋼工人厚厚的帆布工作服，煉鋼靴和帆

布手套一應俱全。一人一支特製長矛，長近兩米，鋼管焊成的特製槍桿，兇悍無比。每人一支強力彈弓，工作服口袋裡裝滿鋼珠。僅靠這 60 把彈弓的遠距離殺傷，就可以輕易打退幾百人的武鬥隊伍。他們每人還斜下裡背著一個水壺，以備戰鬥中補充水分之用。看起來，四十七中「紅紅紅」根本不是鋼校武鬥隊的對手。

大卡車停在了學校大門前的小石橋上。鋼校武鬥軍團有秩序地下了車，在通往技巧院和松樹院的小廣場上集合。「紅紅紅」則迅速逃到了技巧院集中，準備迎戰。「紅紅紅」們大多是軍人子弟，從小耳濡目染，天生喜歡戰鬥。幾乎不用動員，「紅紅紅」所有女生全員出動，為準備戰鬥的男生撿石頭，尋棍棒，提供支援。而「紅紅紅」的幾個頭目，緊急商量對策，佈置戰鬥兵力。

一場大戰馬上打響。

短暫休整以後，鋼校武鬥隊列好了隊形。他們五、六個人一橫排，端著長矛向前衝鋒，從技巧院前的大斜坡衝上技巧院廣場。

「紅紅紅」的隊伍毫無組織，沒有隊形，瘋狂地向鋼校的隊伍扔出雨點般的石塊和磚頭。

鋼校的可怕之處在於，他們每向前推進 10 米左右，就停下來，立住長矛，拿出彈弓，把直徑不到 1 公分的鋼珠，射向紅紅紅的抵抗隊伍。這幾十人一齊用彈弓射擊，形成了幾十顆鋼珠組成的「鋼珠雨」。鋼珠從強力彈弓裡射出，速度快，威力猛，殺傷力極大。「紅紅紅」根本抵擋不住，節節敗退。

不一會兒，「紅紅紅」就有多人被鋼珠擊中。最慘的是「紅紅紅」的陳易銘，他被鋼珠打中前額，仰頭便倒，面門一下噴出血來。

「陳易銘被打死啦！」、「陳易銘被打死啦！」，「紅紅紅」的在旁觀戰的女生大聲呼喊著，搶下倒在撤退人群中的陳易銘，抬到丁香院的醫務室。

「紅紅紅」另外一支隊伍，埋伏在技巧院大斜坡對面的後勤院裡。領頭

的有周銳霖、王輝青、王思愷。周銳霖綽號「大鼻子」，高三一班一個著名人物，文革前一直是我們學校百米冠軍，人高馬大，好勇鬥狠，打架不要命，在「紅紅紅」裡威信極高。他帶領的這支隊伍，大多是高中的「紅紅紅」成員，普遍身體強壯，戰鬥力強。

被鋼校的長矛和彈弓壓制而節節敗退的隊伍，大多是初中的小孩兒。他們退出技巧院後，從技巧院西頭的斜坡，上了高一宿舍前的足球場。現在他們居高臨下，轉戰略劣勢為戰略優勢。足球場的斜坡窄而陡，完全不利於鋼校的重裝部隊施展。雙方在技巧院西頭形成僵持。

正在此時，聽到「陳易銘被鋼珠射死了」的消息後，周銳霖、王輝青、王思愷怒火滿腔，血液沸騰，眼睛血紅，他們決心拚命。他們帶著高中的幾十個「紅紅紅」，衝出後勤院，喊著「為陳易銘報仇！」，怒吼著，殺到技巧院廣場上。

此時陷於僵持之中的鋼校武鬥隊，立即面臨東西兩面夾擊的局面。由於南、北兩側都是高牆，無法通行，因此，實際上鋼校的隊伍已經被「紅紅紅」包圍。

鋼校武鬥隊本來對四十七中「紅紅紅」就沒有什麼具體仇恨，根本也不相識。又聽說自己剛剛打死了人，心中已經發虛。其實，此時雙方心態上，已經完全翻轉。「紅紅紅」反抗侵略，以弱勝強似乎已成定局。

鋼校武鬥隊頭目一聲令下，決定撤退。在撤退過程中，一個叫丁世德的鋼校武鬥隊學生走錯方向，進了死胡同。他被後面追來的周銳霖、王輝青、王思愷堵在技巧院東南方的死角裡，亂棍打死。

丁世德死後，「紅紅紅」明白自己惹下了大禍。首先，陳易銘根本沒有死，只是鋼珠打中前額，昏了過去。其次，這是四十七中文革武鬥史上，第一次有學生被打死，這必將是場驚天大禍。第三，打死的是北京著名的武鬥強校鋼校的學生，鋼校不會善罷甘休。第四，這件事由於牽扯到校與校之間的是是非非，北京和中央高層領導，必將過問。因此，武鬥一結束，

參與武鬥的「紅紅紅」骨幹成員和亂棍打死丁世德的主要參與者，怕軍隊和警察過來抓人，便立即按照回北京相反的方向，分散著逃跑。

四十七中 7‧21 武鬥和丁世德的死，震驚了整個北京。

自從毛澤東要求「復課鬧革命」以後，北京中學的形勢，基本處在可以控制的範圍之內。在軍宣隊的幫助下，各個學校也普遍成立了「三結合」的革命委員會。大部分學校生活，已經從最混亂的狀態下走了出來。毆打和虐待學校領導和老師的事，已經基本絕跡。老師大部分已經回到學校。

文化大革命的推動者們，不希望北京中學的紅衛兵繼續折騰下去。在這樣的時刻，出現四十七中打死丁世德的超級武鬥事件，完全可能直接引發學校與學校之間的大規模械鬥，這就給文化大革命的領袖們，造成了更大的麻煩。他們真的害怕，好容易控制住的北京中學紅衛兵再次翻起大浪，從而把北京再次帶入萬劫不復的混亂境地。

中央文革親自出面，要求蒯大富領導的首都紅衛兵三司和中學四‧三派，舉行一次誓師大會，宣揚「提倡文鬥，反對武鬥」的中央精神。

大會決定 7 月 28 日在天安門廣場舉行，目標是四十到五十萬人。會議名稱定為「北京市中學生要文鬥，不要武鬥誓師大會」。

那天北京市當局，為了這場天安門誓師大會的順利召開，專門在主要街道進行了戒嚴。這在北京文革歷史上極為罕見。除北京各個學校的三十多萬四‧三派中學生以外，天津還派來了十幾萬人到天安門會場，表示對「要文鬥，不要武鬥！」的支持。那天，僅抵達天安門廣場運送學生參加大會的卡車，就超過了四百輛。會場上各個學校旗幟招展，幾十萬中學生情緒激昂。他們既表達了對四十七中「紅紅紅」打死丁世德的憤慨，又宣誓了堅決制止武鬥漫延的決心。

我積極參加了那天大會的策劃和組織工作。閻曉懷作為四十七中毛澤東思想公社的領袖，在大會上作了主旨發言。大會為一週前在四十七中死去的丁世德舉行了莊重的悼念儀式。

大會結束以後，以四十七中校車作為先導車，四百多輛大卡車，依次排隊離開天安門廣場。車上全部站滿參加大會的中學生，幾乎每輛車上都掛著「要文鬥，不要武鬥」的橫幅或標語。有多面彩色旗幟，迎風飄揚。這四百多輛大卡車組成的遊行隊伍，壯觀、特別，引起無數市民駐足觀看。車隊沿東單、東四、西四、西單繞北京內城遊行一圈，再次回到天安門廣場後才解散。

這次大會在北京造成了重大影響，在北京各個中學之中影響更大。

遊行結束以後，四十七中毛澤東思想公社的上百位學生，仍在亢奮之中。大家對於軍宣隊偏袒「紅紅紅」極端不滿。很多人認為，如果軍宣隊真正保持公正，就不會發生「紅紅紅」打砸圖書館的事。即使發生了打砸圖書館事件，如果軍宣隊主持正義，對「紅紅紅」的打砸搶行為予以譴責，也就不會繼而發生鋼校對四十七中武鬥的介入，丁世德也不會因此而丟掉年輕的生命。因此，公社的所有同學都堅定地認定，由於「紅紅紅」成員大部分出生於軍隊家庭，軍宣隊會對「紅紅紅」有著諸多的支持和祖護。

因此，遊行結束回到天安門廣場以後，各個學校的遊行隊伍逐漸散去。我提議四十七中的大會參與者不要回去，應該藉著這場大會的氣氛，到北京衛戍區去提出我們的訴求，要求他們撤換四十七中軍宣隊。

大家情緒激動，都對我的提議表示贊同。我們讓司機把校車徑直開向了北京衛戍區。

北京衛戍區似乎事先得到了消息。等我帶著四十七中的校車和四、五十人抵達北京衛戍區司令部時，衛戍區司令部大門緊閉，門前守衛的士兵也已經撤崗。我們在大門前瘋狂地拍打兩扇大鐵門，裡面沒有任何人應答。四、五十個四十七中毛澤東思想公社的核心分子，被北京衛戍區這種「拒而不見」態度激怒，情緒更加激動。

激烈地敲門聲越來越大，加上此起彼伏的口號聲和偶爾齊聲唱起的文革歌曲，衛戍區大門外面，已經變成一場無法平息的抗議和對峙局面。

圍觀的市民和路人越聚越多，漸漸人山人海。

已經下午五點多了。我是發起者，我不能看著這種僵持的局面繼續下去。我覺得必須強行進入衛戍區。逼著主管各校軍宣隊的衛戍區副司令員李仲奇出面才行。不管結果如何都不能這樣僵持下去。

我讓一個同學蹲下，我要踩著他的肩膀，爬上大門跳進去。好多同學在喊：「不行！不行！你一個人進去他們（指裡面的軍人）會抓你的，我們必須同時進去！」

我沒有回應，繼續我的計劃。

我爬上衛戍區大鐵門，翻身跳進大門裡面。裡面堆了一大堆軍人，沒有一個人對我動粗，這大大出乎我的意料。甚至還有軍人在我從大鐵門跳下的一剎那，伸出雙臂接我，顯然是怕我跳下時摔傷。幾個同學也學著我的樣子，翻過衛戍區大鐵門，跳進衛戍區院內。

我們推開軍人，打開了那兩扇沉重的大鐵門，同學們一下湧進北京衛戍區大院。門裡的士兵似乎已經接到命令，沒有任何人阻攔我們的行動。

此時，衛戍區辦公大樓的高台階上，一大群軍人簇擁著一個五十歲上下的軍人，走出辦公大樓。這就是 1955 年授銜的開國少將，時任北京衛戍區副司令員的李仲奇將軍。

我和另外六個人作為代表，被請進辦公大樓的會議室。

作為四十七中毛澤東思想公社的代表，我向李仲奇將軍作了將近半個小時的情況彙報，說明了我們對於派駐四十七中的軍宣隊的諸多看法，也提出了我們撤換這個軍宣隊的要求和建議。彙報和談判中，我們沒有任何情緒激動的表現：理性、坦誠、充分說理。

李仲奇將軍仔細地聽了我的訴說，沒有打斷，也沒有頤指氣使的說教。他最後表示：完全理解同學們的意見和看法。請同學們先回到學校去，告誡大家不要「以眼還眼、以牙還牙」，不要武鬥。北京衛戍區一定會考慮同學們的意見和建議，幾天以後，會給四十七中的同學們一個滿意的答覆。

　　四天以後，北京衛戍區宣佈，撤銷北京四十七中軍宣隊，新的軍宣隊將不日到任。

　　1967 年 8 月，年僅 18 歲的我，帶著四、五十人翻越大門衝進北京衛戍區，直接迫使北京衛戍區副司令員李仲奇將軍出來和我們談判，並按照我們的要求，撤掉了北京四十七中軍宣隊，實現了毛澤東思想公社同學們的訴求，這在當時，是一個難以想像的勝利。現在想起來，仍然覺得不可思議。

七　長春‧西藏

經歷長春槍林彈雨

　　7‧21 武鬥和丁世德的死，使原來覺得死亡離自己很遠的年輕學生們，都感到自己的生命也處在朝不保夕的危險之中。終究都是年僅十七、八歲的少年，面對一個鮮活的生命，一瞬間就灰飛煙滅，普遍害怕、惶恐和不知所措。此時開始，對立兩派中年紀較大的核心成員都在思考，為什麼這場運動如此地血腥和殘暴。大家不約而同，都開始對於學校的文革運動感到沮喪、失望和不寒而慄。他們都開始尋找各種藉口，陸續逃離學校。

　　大約從這時開始，北京中學生對於文化大革命的激情迅速降溫，中學生的各個派別，都開始以「支持造反派」為藉口，到全國各地去遊山玩水。還有一些學生，轉向辦報、文藝演出、玩槍弄棒、摔跤打拳或者乾脆回家當了「逍遙派」。也有許多人，到外地去體驗北京無法領略到的各種刺激。

　　聽說長春武鬥最為激烈，不僅真刀真槍，連坦克、大炮和機關槍都用上了。我和戈琛商量，何不趁「長春公社」來北京向四‧三派求援的機會，到長春去參加武鬥？既體驗一下戰爭刺激，又可以搞到槍支，如何？我的提議獲得了大家的響應。

　　說走就走，我們一行七人混上了北京至長春的直達列車。

　　北京到長春的火車擁擠、骯髒且混亂。座位上、走道上、廁所裡、車廂連接部，都擠滿了人。連行李架上和座位底下，也都橫躺豎臥了許多人。

車廂裡幾乎沒有可以插足落腳的地方。

對於這種環境，我們早就習慣了，一年前的全國大串聯，就是這個樣子。我們根本沒買火車票，是用 1 毛錢的站台票混上火車的。但我們一點逃票的犯罪感也沒有，反而覺得有些神聖。因為此行去長春，是去支援正處在危難中的長春公社。長春黑二保針對長春公社的武鬥，已經進行了一個多月，後者已經死傷了近千人，他們岌岌可危。北京四‧三派收到了他們的求救，才安排和組織了這次行動。

這次去長春，我們每個人都做好了最壞的思想準備。也許有的人再也回不到北京了。那個時期的人，是不怎麼怕死的。既然是去領略戰爭，領略真正的槍林彈雨，就要做好各種思想準備。

火車一過山海關，天就黑了下來，車廂裡也漸漸地冷了起來。此時車廂裡的乘客，比在關內時少了很多，我們都找到了座位。車廂裡燈光搖曳，有些昏黃，顯得越來越暗。車輪碾壓著鐵軌，發出有節奏的鏗鏘，時間一長，反倒催發了陣陣睏意。我們已經站了一整天，個個腰酸腿疼。大家被這樣的環境折騰得夠嗆，都趴在面前的小桌上，沉沉地睡著了。

有節奏的鏗鏘聲突然停止，燈也一下亮了許多。火車好像在一個什麼地方顫抖了幾下，停了。我用手擋住車廂裡的光亮，貼著玻璃往外看去，什麼也看不見，四周一片黑暗。列車看來是被攔停在一個荒郊野外的什麼地方。

「起來！起來！」突然，幾聲充滿敵意的呵斥，令我們睡意全消。火車完全停了下來，車頭發出的巨大喘息聲也聽不見了。大家也都往車窗外面看，確實黑乎乎一片。火車是被車上這些喊叫的人截停的。我周身一冷，知道遇上麻煩了。

抬頭一看，昏暗的燈光下，車廂裡的走道上站滿了穿著工人工裝，紮著板帶，手持著各種不同武器的「武鬥隊員」。他們最少有一半人，手裡端著半自動步槍和衝鋒槍，另一半，最差手裡也握著砍刀和長矛。一看就知，

這些人是一群殺紅了眼的亡命之徒。他們的眼睛幾乎都是在燃燒著，不是噴著復仇者的烈火，就是閃著殺戮者的兇殘。大刀和長矛擦得錚亮，即使在車廂的昏暗燈光下，也閃著凜凜寒光。

這是我第一次不是在電影裡而是在現實中，看見有人在我面前，端著真槍走來走去。而我最擔心的，是怕他們搜尋的對象恰恰就是我們這些來支援長春公社的北京中學生。

他們正在挨個檢查列車旅客的證件和行李，似乎都很專業。一個人負責檢查和詢問，另外兩個人手持武器，在旁邊監視被檢查者的一舉一動。他們完全做好了隨時動手的準備，個個態度蠻橫而堅決。

輪到我們了，大家都有點慌。一般到了這樣的危機時刻，就不會有人瞎插嘴。大家不吭氣，都用眼睛看著我。

「你們哪兒的？」問話的人像是個頭兒，還算客氣。

「北京的。」我回答儘量簡單，此時不宜多說話。

「去哪兒？」那人看我們是中學生，口氣更加和緩。

「長春。」我語氣平淡，若無其事。

「幹什麼去？」

「學校武鬥，沒人了。去親戚家住些日子。」

「路上千萬小心。」他把學生證發還給我，囑咐了一句，又盯了我一眼，意味深長。

這句話完全出乎我的預料，我被他弄得有點兒糊塗了。

一會兒，檢查結束。十幾個旅客被武裝押解下車，統統被拿槍的人帶走了。這些大概是些對立面的人，不知這些人的下場會怎麼樣，估計不會太好。

大家的睡意一掃而光，開始低聲議論剛才遇到的蹊蹺事。儘管沒有人能弄明白剛才是怎麼回事，不過，我們都有逃過了一場大難的感覺。

車在四平車站停了很長時間。我們一直沒敢再睡，靜靜地等著可能要

發生的突變。從凌晨 3 點多直到大約 6 點半，天色已經微微泛白，冷不丁「哐噹」一下，火車又緩慢地開動起來。

這時來了兩個成年人，沒打招呼就坐在了我們旁邊。氣氛頓時又緊張起來。

「你們是北京來的吧？」一個足有四十開外的人，用極低的聲音問我。

沒人敢吱聲，我向他點點頭。

「我是長春公社派來接你們的。」那聲音比剛才更低，我仔細聽才能聽清楚。

「等一下火車停了，你們不要說話，只需跟著我們走就行。」他說著，指指他身邊的另一個人。

有趣的是，這一場景我們好像在無數電影裡看過。沒錯，這是電影裡地下黨在敵佔區對接頭暗號的感覺。我對他將信將疑。

「你們不能在長春車站下車，那裡是黑二保的天下，恐怕你們不安全。我們帶著你們，到長春機務段就提前下車，那裡是我們控制的地盤，絕對安全。」他仍然是輕聲輕語。

「四小時前，在四平上車突擊檢查的，也是我們的人。他們已經向公社領導報告，說你們幾個北京來的紅衛兵，在這趟車上。我是奉命來護送你們的。」

這句話以後，我便完全相信了他，這使我大喜過望。

戈琛捅捅我，提醒我防止有詐。我告訴他：「不會，如果是對立面，直接把我們抓下去就完了，何必這樣故弄玄虛？」還沒進長春，我們已經充分感受了戰爭帶來的緊張氣氛。

緊張、刺激，還真有點意思！到了這時，我腎上腺素瘋狂分泌，從未有過的興奮注滿我的全身。

此時天已大亮。列車在未到長春站之前，拐了一個彎，開進了長春機務段修理車間的巨大廠房裡。所有乘客都伸出腦袋，感到稀奇無比。從來

沒有聽説過，整列正在運行的火車會突然改道，拐進了一個巨大廠房裡停下來。

列車是專門為我們七個人在機務段修理車間停車的。開火車的，也是長春公社的人。待我們七個人和接我們的師傅一起下車以後，火車才又一聲長鳴，重新開往長春站。

整列火車為了我們幾個人的安全，專門拐進一個大車間裡停車，聽起來真是瘋狂。這著實是個奇跡，也讓人受寵若驚。直到今天想起來，也覺得那好像是一場夢。

長春武鬥的兩派，分別叫紅二和長春公社。我們是應邀來支持長春公社的。也因此都蔑稱紅二為黑二保。但為什麼要支持長春公社？它和黑二保究竟有什麼歷史恩怨？我們卻一無所知。

説句良心話，我們來到長春，一是為了有機會見識一下真刀真槍的武鬥，開開眼界，尋尋刺激。另一方面，如果有機會弄上幾把真槍帶回北京，也一定是件很牛逼的事。至於保衛毛主席革命路線之類，嘴上説得很堅決，但來長春參加武鬥，與保衛毛主席肯定沒有什麼關係。

我們被暫時安排在車輛段的一節軟臥車廂裡。一進這節車廂我們才知道，主動從北京來長春參加武鬥的，不僅僅我們幾個。同住在這節軟臥車廂裡的，還有北京女一中、男八中、人大附中等幾個學校的四·三派中學生，一共大約有二、三十人，比我們更先到達這裡。我們都嚷嚷著讓長春公社趕快發槍，以便儘快參加戰鬥。

第二天上午，公社正式下來命令，要我們四十七中的七個男生去幫助守市醫院大樓，那裡已經深陷包圍，岌岌可危。據説，夜裡會有專門的汽車送我們過去。其他北京來的同學們，也都分配了不同的戰鬥任務。

白天，我們基本不敢離開車輛段的車庫。外面無時無刻可以聽到四面八方響起的槍炮聲。有的槍聲離我們住的車輛段很近，我們根本不知道危險來自何方，也不知道如何防範。我們誰都沒有真正接觸過槍，更不要説

使用它了。

我們住的車輛段北面，是黑二保控制的長春第一汽車製造廠二分廠。從我們住的車輛段到長春公社辦公的機務段，要經過一小片樓間空地。這塊空地，恰好在二分廠樓頂的機槍火力之下，非常危險。我們被告知，這塊空地只有在天黑以後才能通過。

當天下午四點，一位女一中同學，不知是不相信這個危險的存在，還是故意在同學面前顯示她的無懼，居然大搖大擺地從那片「死亡空地」通過。結果被二分廠樓頂上的重機槍，一梭子掃中，立馬死在了那片樓間空地上。從左肩到右側腰間，一共被機槍子彈打了 7 個彈孔。彈孔在她嬌小的身體上，排成一條筆直的斜線。她成了我們整個車廂裡，第一個死去的北京中學生。

女一中的同學被機槍打死以後，我們的軟臥車廂一下像死一般的寂靜，再沒有任何一個人說話。剛來時的喜悅和興奮，一掃而光。我們突然感到，我們想要領略的這個刺激，已經遠遠超出了我們的預期，很可能令我們無法接受。此時我們才感到，原來死神竟然離我們如此之近。不過，我們對於黑二保的仇恨，也一下被點燃。

當夜，我們乘坐一輛改裝過的帶著簡易裝甲的汽車，進入市醫院大樓。

大樓坐落在斯大林大街上，對面是市百貨公司。這座大樓在長春非常出名。67 年 7 月 5 日，在這所大樓，發生了長春公社和紅革會（黑二保主體）反覆兩次的攻防大戰。最後，長春公社逐層佔領了這座大樓。這次武鬥，開啟了長春兩派大規模武鬥的歷史。

我們進入市醫院大樓時，長春公社的守衛力量已經支離破碎。整個 5 層大樓，已經被黑二保發射的迫擊炮彈，炸得只剩 4 層。北、東兩側，被佔據了市百貨大樓和長春市政府的黑二保完全封鎖。那兩座樓裡的無數輕重機槍，對準市醫院大樓的所有窗口，打得我們根本沒有還手之力，甚至連在射擊孔前瞄準都相當危險。

南側的後院裡，橫躺豎臥著大約有十來具屍體。屍體沒有任何覆蓋物，就在太陽底下暴曬著。這些屍體大多已經腐爛，運出去安葬的機會都沒有。地下室裡躺滿了傷員，醫生護士根本忙不過來。

在這樣的環境下，我、戈琛、馮群、沈雲彪、楊綏生等七個人，到了市醫院大樓。

市醫院大樓裡完全是戰爭狀態。所有對外窗戶的內側，都被沙袋堵得嚴嚴實實，只留下可供觀察的瞭望孔和射擊孔。射擊孔內小外大，既利於向外觀察，使射擊時的視野盡可能地開闊，還利於隱蔽自己，儘量減少被擊中的風險。射擊孔的外側，用水泥抹得見棱見角，和電影裡鬼子炮樓的槍眼一模一樣。

室內白天晚上都嚴格禁止開燈，以便對外觀察時，不被對方發現。因此，樓裡整天整夜都黑乎乎的，幾乎看不見任何亮光。

臨街的每間房裡，大約都會有兩到三個戰鬥人員，每人一頂鋼盔，一支步槍。了彈成箱成箱地堆在旁邊，非常充裕。每一層都有幾挺輕重機槍。重機槍都是著名的馬克沁重機槍。就是電影上常見的，有個巨粗槍管的那種。這種已經過時的重機槍，是水冷式的，打一陣以後，要及時灌進涼水，冷卻槍管。據說，這種機槍在第一次世界大戰時就有了，曾是世界戰爭史上最著名的兵器之一。

由於戰局吃緊，我們都要二十四小時守在自己的崗位上，不斷從射擊孔向對面的市百貨大樓開火。對方的射擊孔和我們這邊的一模一樣，我們也要千方百計地把子彈，打進對面那些射擊孔，這才能對射擊孔後面的戰鬥人員，形成有效殺傷。此外，我們還要向任何企圖接近我們大樓的人射擊，防止對手爆破我們的大樓。

站在射擊孔前相當危險，兩樓之間最多也就一條街的距離，差不多幾十米遠。稍微認真瞄準，從對面足球大小的射擊孔把子彈打進去，一點兒都不難。當然，我們也一樣，對方的子彈，不斷「嗖、嗖、嗖」地打進來，

我們一陣一陣地脊背發涼，直冒冷汗。

　　對方射擊不是太密集時，我們便有了輪換休息的機會。這時，都要離開臨街的房間到相對安全一側的房間去，在地上或沙發上睡上一會兒覺。吃喝都有專人從地下室送上來。基本沒菜，就是麵包加火腿腸，有時有野戰罐頭。

　　我們最害怕的，是對面不時打出的迫擊炮彈。一次，一枚炮彈從樓頂鑽下來，在四樓一個房間裡爆炸。這房間正好在三樓我們彈藥庫的正上方，把全樓人都嚇壞了。萬幸的是，這發炮彈沒有打中彈藥庫，否則我們整個大樓都會被炸飛，那後果誰也不敢想。一分鐘也不敢耽擱，我們所有人，拚命搶著把彈藥庫裡一箱箱的子彈、手榴彈，瘋了一樣地轉移到地下室。我們每個人都扛著沉沉的彈藥箱，樓上樓下跑了很多次，一點也不敢休息，差一點累吐血。

　　這件事讓我們後怕了好多天。

　　每天的戰鬥既枯燥又讓人膽戰心驚。我們最初的好奇心和刺激感，迅速消失。身邊每天都有鮮活的生命無辜死去，讓人無法接受。我們市醫院大樓裡，每天都會有新的戰友犧牲，屍體數量每天都在增長。

　　斯大林大街是長春最主要的大道，類似於北京的東西長安街。在這條街道上，除了我們所在的市醫院和市百貨大樓直接對峙以外，整條大街兩側的所有樓房，都已經改裝成堅固的堡壘。從早到晚，大街兩側堡壘的射擊孔中，都會不間斷地吐出火舌，射向街對面的敵對派別。從 8 月份長春陷入大規模武鬥開始，幾乎沒有市民敢於在槍林彈雨中，從這條大街上走過。

　　只有一個例外。每天下午 3 點到 3 點半，總有一位步履蹣跚的老婆婆，從斯大林大街的東頭，一直緩步地走到斯大林大街的西頭。她始終走在大街的中線上，不躲、不閃。我在射擊孔裡，多次看到她從我的槍口前經過。每逢老婆婆緩步從道路中間走過時，兩側的堡壘都會停止射擊，讓老人安

全通過。

當地人告訴我，武鬥一開始，老人唯一的兒子就死在這條斯大林大街的槍戰之中。死亡時間，就是那天下午 3 點到 3 點半之間。

老人用這種特殊的方式，向這場武鬥的雙方，提出了自己的抗議。也用這樣的方式，祭奠她死去兒子的亡靈。斯大林大街兩側浴血奮戰中的人們，每個人的內心深處，都承受著來自這位老人的譴責和鞭撻，我也在其中。

有一天實在太累了，我和戈琛到一間非臨街的房間裡休息。我們兩人坐在一個破舊三人沙發上，背對著南側窗戶。這裡應該是最安全的。我們天南海北地聊著一些無聊的話題。

突然，「噗」的一響，聲音很大，我們的沙發也感受到一震。我一驚，馬上側過臉去看戈琛，他還在一邊傻笑，一邊衝我聊著什麼。

「你受傷了！」我大聲呼喊。

我看見他肩膀後面的襯衣，已經被一片鮮血浸紅。戈琛完全沒有感覺。我讓他不要動，幫他輕輕地拉開襯衣。

一個比乒乓球還大的空洞，出現在戈琛後背的右上方。那創口鮮紅，肉向外翻著，周圍有一點血，但不多。

這時戈琛說，沒有任何疼痛的感覺，只是覺得自己右肩有些發麻。我一把撕下他的襯衣，前側靠近右胸的肩頭上凸起了一個小包，用手一摸硬硬的。我知道，戈琛被一顆子彈從右肩胛旁打穿。

我扶起戈琛，攙著他往地下室跑。

戈琛是被一顆 762 步槍的流彈打中的。762 是一種蘇式步槍，是二戰中蘇軍士兵的主要武器。槍管超長，子彈口徑也大。據我們事後分析，該子彈是從我們隔壁的窗戶打進來，穿過簡易隔音牆，再穿過我們坐著的沙發，打進戈琛的後背的。

由於是在醫院，戈琛的槍傷很快得到救治。

醫生把戈琛右肩的凸起割開，取出了子彈頭。那顆彈頭，居然是屁股朝前。醫生迅速把前面的創口做了簡單的處理，開始處理後背的創口。那是我親眼看過的，最令人毛骨悚然的的手術處理。

醫生用一個巨大的金屬鉗子，夾上消毒酒精棉球，從戈琛後背的創口捅進去，一直穿透到他前肩上的傷口。接下來換上更大團的消毒棉球，再用那個巨大鉗子，前後反覆拉扯。直到醫生認定整個貫通傷口，都得到了有效消毒為止。然後醫生又用力擴展創面，插入長長的剪刀，把裡面已然燒焦和碎爛的肉剪掉。最後，醫生縫上他前面肩頭的傷口，再從後面的創口，往裡塞滿了消毒油紗條，然後給他包紮好後背。

整個手術處理過程，沒有辦法麻醉。戈琛一直緊緊攥著我的手，不停地發出撕心裂肺的痛苦吼叫，滿身都被汗水浸透。

其實戈琛是極為幸運的。這顆子彈像是經過計算，選擇了一條對他傷害最小的路徑，貫穿了他的身體。子彈再往右側一點，也就 0.5 厘米，就傷到了肩胛骨，那樣肩胛骨一定會是粉碎性骨折，他就會終生殘廢。同樣，如果子彈再往左側一點，也就 1 厘米，就傷到了他的右側肺葉，那後果更是難以想像。

從這個意義上說，戈琛真是福大、命大、造化大。

相比之下，我就比戈琛更為幸運。如果那顆不長眼睛的子彈，再向右三十幾厘米，就正好從我的心臟穿過。那麼，我的人生，也就在 1967 年那個初秋結束了。

武鬥愈演愈烈。終於，9 月 18 日這天，一場震驚全國的重大武鬥在長春火車站上演。

18 日上午黑二保開始圍攻站前旅社，那是長春公社據點。兩派武鬥人員以火車站前幾處主要建築為中心，投入手槍、步槍、衝鋒槍、輕重機槍、「六〇」炮、「八二」迫擊炮、野戰平射炮、手榴彈、炸藥包、燃燒彈、火焰噴射器等多種武器，對著不足 1000 平方米的站前旅社，一共發射了 350

發炮彈和 47 萬發子彈，戰場上空，濃煙滾滾，遮天蔽日。[1]

這場戰鬥持續了三天，站前旅社這個歷史上有名的「悅來客棧」，化為一堆瓦礫，從此在長春消失。橫亙東西的斯大林大街東端，接近車站廣場的地方，幾乎看不到完整的建築，到處是一片斷壁殘垣。

在這場混戰中，雙方一共 40 多人死亡，當地居民有 200 餘人受傷。這引起北京高層的關注。周恩來於長春站前廣場武鬥結束的第二天，就通過駐長春解放軍，命令長春市兩大派立即停止武鬥，並派代表到北京談判彙報，要求各派實現大聯合。

長春武鬥，到此算是告一段落。

9 月下旬，在雙方停火之後，我們及時撤出長春武鬥。長春公社專門派了一列專列，把在長春支持長春公社的幾百名北京中學生送回北京。我們幾個帶著身負重傷的戈琛，離開了長春，乘坐這趟專列返回北京。

回到北京，我們才算真正逃離了長春的槍林彈雨，這段匪夷所思的生活也才算結束。大家心裡其實都在感歎自己命大，沒有把自己的生命，留在那個跟我們沒有任何關係的異鄉土地上。

回到北京以後，我們到處向朋友們炫耀在長春經歷的戰爭場面。向他們繪聲繪色地描述，如何使用步槍，如何在碉堡裡向外面射擊並準確擊中目標，以及如何保證自己不被對方擊中。我們也迫不及待地講述戰場的殘酷，講述我們看到了多少不忍目睹的屍體，以及我們守衛的市醫院大樓，如何被對方用迫擊炮轟擊的恐怖場面。甚至戈琛的負傷，也成了我們向朋友吹噓的資本。所有認識的同學們，都對我們的經歷敬佩不已。其實此時，戈琛還在每天換藥的痛苦裡煎熬。

今天看起來，作為那場荒唐內戰的參與者和受害者，我們的無知，我

---

[1]　姜東平《「文革」武鬥時期的長春》，《世紀時空》第 48 頁。

們的熱情，我們的虔誠，使我們成為中華民族歷史上，那場最大悲劇的演出者之一，這無疑是悲哀的。

但在當時，我們無論如何不可能有今天這樣的認識。在一個相當長的時間裡，我們都為自己在長春的表現自豪和驕傲。無論如何，那時我們還都只是些十七、八歲的孩子而已。

神奇的西藏，我來了

從長春回到北京以後，所有人都反對我回四十七中去。儘管對立的雙方都已對這場文革感到厭倦，但文革以來積累的仇恨，還遠遠沒有消弭。在「紅紅紅」的眼裡，杜廈還是他們最為痛恨的狗崽子，他們一直為沒能收拾這個仇敵而耿耿於懷，到處打聽我的下落。

9月底，上山下鄉運動開始了，第一批北京中學生將乘坐知識青年專列去黑龍江的北大荒插隊落戶。毛澤東思想公社的韋大森等幾十人，也在這一批之中。韋大森是我們的好朋友，當然要去北京站為他送行。

我們一起去北京站送行的人，共有七十多人。按說，這個規模已經足夠龐大，足可以應付一般性意外了。不過，到了北京站前，我還是有些不放心。大家一商量，我和馮群暫時留在長安街口，其餘人先進北京站。如果裡面安全，再出來人叫我們倆進去。

十幾分鐘以後，突見我們的幾十輛自行車從北京站方向飛速而來，車上的人驚恐萬狀。他們連車都來不及下，一面狂騎一面對我和馮群大喊：「快跑！快跑！車站裡有伏兵！……」

事後才知道，「紅紅紅」一共糾集了三百多人，全都是從海淀區各個中學請來的老紅衛兵。這三百多人，每人都帶著菜刀或匕首。他們已經得到「紅紅紅」的通知，要是在站台看見杜廈，便一人給他一刀。他們打算用這樣的方式，徹底結束和我之間的一切恩怨。

北京站站台上一片詭異的緊張氣氛。拿著菜刀和攥著匕首的人，個個穿著綠軍裝，互相都不避諱。他們都紅了眼，正在互相詢問：「哪個是杜廈」？「杜廈在哪兒」？「杜廈來了嗎」？

見此情景，我們的人嚇得魂飛魄散，立即跑出來給我和馮群報信。

他們一人一刀，把我碎屍萬段在站台上，這招確實陰毒。這樣幹，公安局根本無法確認到底是誰殺了杜廈，抓不到任何兇手，最終必定不了了之。他們既解了心頭之恨，還沒有任何人需要承擔責任。

我和馮群立即竄上車，沒有按正常的方向往西，而是反方向向東，飛速朝建國門方向逃去。追殺我們的幾百輛自行車上的老紅衛兵們，搖晃著手裡的菜刀，瘋狂地向天安門方向衝去。我和馮群逃到建國門外的外交公寓，躲過了歷史上最危險的一次追殺。

這次歷險，終於使我下定決心，暫時不回學校了。恰在此時，在四十七中大名鼎鼎的馬青波找到了我。

馬青波是四十七中最引人注目的人物。他母親是小說《青春之歌》的作者楊沫。《青春之歌》是五六十年代中國最著名的一部小說，與《林海雪原》、《紅旗譜》一起，被推崇為新中國革命文學的三部代表作。加上楊沫畢業於四十七中的前身中法大學附中，也算我們的校友，更增加了她在四十七中的知名度。作為楊沫的兒子，馬青波在四十七中的地位自然十分特殊。

馬青波還有另一個名人親戚，名氣甚至比他媽媽楊沫更大，就是他的三姨白楊。白楊是楊沫的親妹妹，是五六十年代中國電影的代表人物。她主演的《一江春水向東流》、《十字街頭》、《祝福》等幾十部電影，膾炙人口，使她當之無愧地成為中國排名第一的女電影明星。這更增加了馬青波的神秘性。

不僅如此，初中時，馬青波就是北京市中學生運動會的手榴彈冠軍，又是我們四十七中無人能敵的摔跤冠軍，舉重也在 240 斤以上。這一切，

令他理所當然地成為全校的明星人物。

然而，令人匪夷所思的是，文革開始不久，馬青波就親自帶人抄了自己的家。他不但在自己家的屋裡院裡，貼滿了打倒他母親楊沫、父親馬建民的標語和大字報，還把自己的姐姐小胖，捆個結結實實，嘴裡塞上破布，塞到了床底下。抄家的同時，他還搶了父母所有的現金，說是要籌措去越南打仗的經費。我們在長春打仗時，他正帶領著另一彪人馬，三次越過國境，去越南參加抗美援越戰爭。不過每次都被抓回，使得他們參加越戰的偉大理想功虧一簣。

一年多前，馬青波和我及其他志同道合的同學一起，共同撐起了四十七中反對血統論的大旗。雖然我們並未成為莫逆之交，但已經是站在同一條戰壕裡的戰友了。

這次馬青波通過沈雲彪找到了我，問我是否願意和他們一起去趟西藏？據馬青波講，他們一個戰鬥隊的趙國章，在拉薩被當地的保皇派「大聯指」抓了，他希望我能和他倆一起去拉薩解救趙國章。馬青波之所以找我，一方面可能聽聞了我在長春經歷槍林彈雨的傳奇經歷，一方面也許看中我膽子足夠大，又經常顯得足智多謀。我們很快達成一致。我正在逃難，馬青波提供了一個非常有吸引力的出行方向。

六十年代，去過西藏的人極少，能夠去西藏是一件十分牛逼的事。我們三個中，只有沈雲彪去過西藏。因此，我們十分尊重他的意見。

沈雲彪帶來一個女生，叫鄭大琦。她是知識分子家庭出身，父親是大學教授。人長得不怎麼漂亮，五短身材，黑黑的，看上去甚至有點醜。我和馬青波對鄭大琦的加入頗有微詞。這明顯使我們西藏之行的神秘性，大幅度降低。而且在原始、荒涼的青藏高原上，她不僅不可能給我們帶來任何幫助，還會是我們的累贅。但由於她是沈雲彪帶來的，我們倆也只好勉強同意。

仍然是老辦法，我們一人一張站台票，就上了北京—西寧的特快列車，

最終安全抵達了西寧。

　　從西寧再去格爾木，只有步行和搭車兩條路。我們四人沒有一個人打算在青藏高原上步行去拉薩，最後決定，還是攔解放軍的軍車進藏。運氣不錯，我們順利搭上了解放軍的一個進藏車隊。一共七十多台東德的「大依法」車，排成很長的車隊，浩浩蕩蕩地揚起一路黃塵。

　　「大依法」的車樓子，比解放牌的寬敞了多了，我們一路相當舒服。

　　車隊的軍人們大多是來自於農村的小戰士，單純、可愛，他們對於北京都充滿了神聖的嚮往。我們自吹是毛主席派來的紅衛兵，來西藏又有著崇高的目的，因此很快成為車隊的「紅人」。每台車的小司機們都爭著搶著把我們拉上他們的車。這一下，從西寧到拉薩不僅有了保障，連吃飯的錢和糧票也都省了。

　　1966 年時的青藏公路，完全是土石路，條件很差。按照正常的行進速度，車隊大約要開七到九天，冬季還要多幾天，一般要十至十二天左右。那一次，我們一共走了十一天。

　　由於是土石路面，那時的青藏公路維護工作量極大。因此 2000 公里長的青藏公路，每 10 公里有一個「道班」，每 100 公里有一個解放軍兵站。任何一個兵站，都可以供車隊住宿，吃飯，加油。沿途應該算相當方便。

　　大約第三天，我們落腳的一處兵站在著名的茶卡鹽池邊上。

　　我向馬青波提議，不如以考驗鄭大琦膽量為名，把她嚇跑算了。我們沒有告訴沈雲彪，晚飯後逕自帶著鄭大琦去了茶卡鹽池。

　　我們帶著她，在完全由鹽碾壓成的白色公路上，走向鹽池深處。那時是 10 月底，天氣已經很冷。我們大約走了近一個小時，天就完全黑了下來。方圓幾十里不見人煙的銀白色鹽池上，空曠得連一草一木也沒有。湖面上，呼嘯著吹來的風，又鹹又腥。由於過於空曠，大風的嘶吼聲淒厲瘮人。一堆堆銀白色的鹽，在漆黑色的夜幕下，奇形怪狀，形態各異。風穿過這些鱗次櫛比的鹽堆時，發出鬼哭狼嚎般的怪響。夜裡的茶卡，完全像

座魔鬼之城。

返回的路上，我和馬青波大步流星，越走越快。眨眼間，把鄭大琦遠遠甩在了後面。

路過一個大鹽垛，藉著黑夜的遮擋，我們迅速藏在鹽垛的後面，等著鄭大琦。過了好一會兒，她才氣喘吁吁地追過來。她走得很快，拚命地追，希望儘快追上已經看不見人影的我們。

待她從我們眼前走過以後，我們從鹽垛後面悄悄出來，重新回到鹽路上，追在鄭大琦身後的不遠處。開始我和馬青波刻意走得很輕，離前面的鄭大琦越來越近時，我們漸漸加重了自己的腳步。她明顯聽到了身後由遠及近的腳步聲，而且是不止一個人的腳步聲。她完全不敢回頭看身後一步一步逼近的腳步聲是什麼人的。

我和馬青波屏住呼吸，讓自己的腳步聲越來越大，繼續實施我們給她心理造成的壓迫。最後，我們離鄭大琦的後背，僅僅剩下一個身子的距離。我們故意加大了喘息聲。她清晰地感覺到我們呼出來的氣流，帶著陌生男人的溫度，吹到了她的後腦和脖子上。此時的鄭大琦，渾身已經僵硬，脖子鯁直著，一絲也不敢轉動⋯⋯。突然，一聲淒厲的大叫，鄭大琦終於崩潰！她雙手捂著自己的頭，絕望地轉過身來，一邊後退，一邊低著頭，跌坐在堅硬的鹽路上，抱頭痛哭。當她認出是我們倆時，一下癱軟在鹽路上。

第二天，沈雲彪帶著鄭大琦離開了我們。我心裡挺不是滋味。我和沈雲彪是生死與共的戰友，眼看就要到夢寐以求的拉薩了，我們卻半途分手了。

對於鄭大琦，我和馬青波有悖於一個「大男人」應有的風度。和一位女士初次相識，就如此尖刻和充滿敵意地對待人家，無論如何也不應該。回想起這件事來，令我感到無地自容。從那以後的五十年，我一直沒有機會對她道一聲歉，我現在要鄭重地說，鄭大琦，我們幹了一件混蛋事，請你原諒我們吧。

馬青波好像很坦然。最近，他和我説，他無論如何想不起我們在茶卡鹽池嚇唬鄭大琦的這件事。他媽的，這件事讓我內疚了五十年，而他卻忘得乾乾淨淨。怪不得有人説，馬青波好像壓根就沒有多少人類的感情細胞。

顫慄中的拉薩

離開茶卡，天氣驟然變冷。

我和馬青波每天要早早起來，幫助司機往汽車裡灌上一大桶熱水。還要用汽油噴燈，點燃木柴堆，燒暖在寒夜中已經凍上的汽車油路。最後一個程序，是搖汽車發動機的搖把，直到把已經暖和過來的汽車，發動起來為止。

當所有該幹的活都幹完了，我們才能心安理得地去食堂吃早飯。也只有如此，在車隊裡我們才能成為受歡迎的人。

經過德令哈、格爾木、五道梁、不凍泉、那曲、當雄，我們一共又在青藏公路上停了六站。其間，翻越了崑崙山、唐古拉山，越過了楚瑪爾河、曲水河、通天河，我們終於抵達拉薩。

沒來拉薩以前，拉薩在我心目中的形象，就如許多照片展示的那樣：神秘、威嚴、居高臨下又神聖不可侵犯。不知為什麼，小時候每次讀《西遊記》，我心裡一直覺得，他們到了西天，拜見如來佛、磕頭、取得經書的那個地點，好像就應該是在這高聳於雲端之中的布達拉宮。朦朧中，我始終把這個巍峨神聖的宮殿，和「上天」的概念聯繫在一起。似乎如來佛，只有在這個宮殿接見唐僧和孫悟空，才符合他崇高的身份。西藏、拉薩以及布達拉宮，一直是我心中的一個夢幻，令我無比嚮往。

當終於到了拉薩時，我所看到的情景，卻徹底顛覆了我的想像。

從 1966 年 8 月份開始，文化大革命的颶風也吹到了西藏。在「造反有理」和「破四舊」等口號支持下，紅衛兵開始打砸西藏所有的寺廟。甘丹寺

是拉薩著名的三大寺廟之一，也是拉薩歷史最為悠久的寺廟，已被紅衛兵全部拆毀。我們看到時，已是一片瓦礫。大昭寺、哲蚌寺、色拉寺、札什倫布寺和白居寺等著名寺廟，也都嚴重損壞，破敗不堪。寺廟中珍貴的佛教經書，已經被全部焚毀。醫學、天文學、音樂、舞蹈、繪畫、雕刻等上千年積累的傳統文化資料，也都被付之一炬。喇嘛們被紅衛兵從寺廟中趕了出來，在皮鞭和棍棒的驅趕下，承受著與罪犯無異的勞動改造。《西藏日報》以醒目的大標題《拉薩紅衛兵以摧枯拉朽之勢掃蕩「四舊」》，報道了紅衛兵的狂熱行為，大呼小將們「幹得好」！

1967 年 10 月，我們到達拉薩時，以上這些「破四舊」行動早已結束。兩大派別「拉薩革命造反總部」（簡稱「造總」）和「無產階級革命派大聯合造反總指揮部」（簡稱「大聯指」）的武鬥則剛剛開始。拉薩市區成為兩派的武裝割據區，像個大戰場，槍炮聲不斷，戰火硝煙四起，市區交通幾乎完全斷絕。

我們被「造總」安排住在了自治區二招。

馬青波來拉薩的最初目的，是解救在一次大規模武鬥中，被「大聯指」抓起來的「首都赴藏紅衛兵」四十七中同學趙國章。然而當我們到達拉薩時，在周恩來的直接過問下，解放軍西藏軍區已經奉命採取行動，平息了武鬥，並且解救了趙國章等被俘人員。之後，負了傷的趙國章被送上飛機，直接返回北京。

想救趙國章沒救成，令馬青波不爽。我們決定去著名的大昭寺，看看能否弄到幾把藏刀和一些藏族紀念品，帶回北京。

大昭寺大門已經被人用木板釘死，再加上封條和大鎖，幾乎密不透風。我們圍著大昭寺轉了好幾圈，終於找到了突破口。

晚上，拉薩大街上空無一人，人們都被「造總」和「大聯指」造成的武鬥氣氛，嚇得躲在家裡不敢出來。我們趁機來到白天已經偵查好的地點。大昭寺的東側牆角下，有幾扇露出地面近一尺左右的半地窗。裡面大概是

個地窖之類的房間。在夜色的掩護下，我們用纏過棉布的斧頭，砸碎了一扇地窗的玻璃。艱難地從那個窗洞爬進去，成功地潛入拉薩最著名的地標建築：大昭寺。

寺廟裡黑黑的，伸手不見五指。我覺得腳下一滑，好像踩到什麼，看也看不清。用手把粘在鞋上的東西抹掉，散出一陣惡臭，才發現是踩在了豬屎上，那豬屎已經堆成了厚厚的「屎泥」。大昭寺是松贊干布和文成公主的道場，號稱是西藏的「魂」。早就聽說，大昭寺是藏傳佛教最為神聖的地方，怎麼會如此惡臭和骯髒？我們趕快躲開底層的惡臭環境，爬上二樓和三樓。

二樓和三樓已經空空如也。我們藉助手電筒的微弱光線，搜尋著任何可以使我們感興趣的東西，但幾乎一無所獲。最終，我找到了西藏自治區成立時，陳毅作為中央代表團團長贈送給西藏自治區的一面中央代表團錦旗，上面有陳毅的親筆簽名，這還算是一件有紀念意義的東西。此外，我們還找到了幾十片由人的小腿脛骨雕刻成的袈裟裝飾品。

第二天，我們把在大昭寺的奇遇和寺裡面的狀況，告訴了在拉薩中學的朋友強巴次仁，他的解釋令我們驚訝不已。

原來，大昭寺在一年以前就已經被拉薩的紅衛兵劫掠一空。大昭寺裡所有的法衣、書籍、佛像與祈禱輪，都被紅衛兵破壞和燒毀。寺廟建築上的所有金箔飾品，都被鏟下拿走。一切寺內的雕塑都被砸碎，包括松贊干布和文成公主那兩尊國寶級的坐像，也被搗毀。紅衛兵還給佛祖釋加摩尼坐像戴上「高帽」，寫上了侮辱性的文字。又把佛像的袈裟撕下，把全身的金漆刮掉，把它眉間珍貴的珠寶與黃金耳飾，也全都拿走。之後不久，大昭寺成為軍隊駐地。駐軍把高的樓層充當宿舍，低的樓層則充當豬圈，另一邊則是家畜的屠宰室。他們雖然在寺內一個角落蓋了廁所，但是大家仍然在底層隨地大小便。把豬圈、屠宰房、廁所帶進神聖的大昭寺，讓人怎麼也想不通。不管是什麼理由和任何原因，大昭寺被破壞和蹂躪到這樣的

程度，還是讓人震驚，也讓人心痛。

　　離開拉薩前，我抽空去看了初中時的一位同班同學孫苓。孫苓的父親孫效中，解放西藏時是十八軍一員猛將，跟隨張國華入藏，六十年代初，曾任青藏鐵路籌備處負責人。因為凍土地帶的技術問題以及國家實在沒錢，青藏鐵路被迫下馬。他便留在拉薩，任西藏自治區物資局局長。可以說是一位對西藏自治區建設立下過大功的第一代老西藏。1966 年 9 月，孫效中被造反派抓了起來，關在一個專門關押「牛鬼蛇神」的臨時監禁地。

　　孫苓曾是四十七中最著名的女「鬧將」。在我不幸成為「初一七」班成員時，她竟然聯合幾個最調皮的女生，聲稱要成立「初一八」班，說不能讓「初一七」的男生們「專美」。她對班上同學，無論男女，都極其霸道，但唯獨對我溫柔有加，視我為有共同語言的玩伴，因此我們成為朋友。

　　當我在拉薩財經大院找到孫苓時，她父親已經被關押了一年有餘。她和媽媽，已經沒有了家，娘倆就臨時住在財經大院的一間辦公室裡。曾經那麼活潑和幽默的她，現在目光呆滯，不言不語，對外界任何話題和事情，她都沒有任何興趣和反應。顯然，她的精神已經被折磨垮了，

　　我們一起聊了將近一個小時，她一共沒說超過三句話。甚至，她都沒

1967 年秋天在拉薩，是一次神奇的旅行。
前排左起：沈雲彪、我。
後排左起：強巴次仁、馬青波。

有站起來給我們倒一杯開水。我們和她告別時，她呆呆的，連應該站起來
握握手，似乎都忘記了。

　　直到今天，我們都快 70 歲了，仍然是莫逆之交。每次見面，我都拿 67
年拉薩那次偶遇，她傻呆呆的表現開玩笑。她也因為那次拉薩見面時的狀
況和表現，覺得不可思議和不好意思。

22 把藏刀

　　離開拉薩，我們選擇經由川藏公路返京，以期領略完全不同於青藏公
路的川藏風光，體驗一下這條聞名世界的公路以及它的驚險與刺激。

　　在西藏工作的大多是四川人，因此來往川藏公路的人比來往青藏公路
的人多好多倍。這對於我們兩個蹭車的旅行者極為不利。從青海進藏，我
們可以舒舒服服地坐駕駛室裡，而川藏線搭車的人太多，我們極少有機會
能夠坐在駕駛室裡，幾乎都是坐在被苫布捂得嚴嚴實實的卡車貨廂裡。無
緣目睹川藏公路兩側的旖旎風光和驚險刺激，對於兩個萬里迢迢來西藏的
北京學生而言，不能不是一個巨大的遺憾。

　　然而，最可怕的是暈車。

　　其實我平時根本不暈車，在青藏公路的十一天裡，我一次也沒有暈車。
青藏線一馬平川，可能幾個小時也不轉一個彎，雖然海拔很高，但很少有
上下的起伏顛簸，因此全程不會暈車。但川藏線上則完全不一樣。那時的
川藏線，不僅都是土石路，而且都是沿著陡峭的山體，硬生生開鑿出來的
小窄路。由於這條線路每天都要翻越大山，就有了無數的盤山路。因此，
整個川藏線上，一百八十度的回頭彎，一個接著一個。最多的一次是翻越
雀兒山，上下一共要轉近二百個「回頭彎」。翻越這樣一座大山，要歷時七
到八個小時。

　　每次翻越大山時，我們或坐或蹲，顛簸在空蕩蕩的車廂裡。車廂周圍

被苫布捂得嚴嚴實實，密不透風。我們就像被放到一個黑箱子裡的兩粒土豆，忽左忽右地搖來顛去，一整天搖下來，徹底暈頭轉向。在跋涉川藏公路的 12 天裡，我幾乎天天都要從早吐到晚，有時吐到胃裡空空，最後就吐出一些黃色的汁液來。有時痛苦得真想掀開苫布，跳下車去，逃脫這難以忍受的暈車之苦。

六天以後，車隊到了第一個目的地昌都，我們也就有了難得的休整時間。

馬青波來西藏的目的比我要明確得多，一是要救趙國章，二是要搞一些藏刀帶回北京。對手槍和短刀，他幾乎到了癡迷的程度。

在昌都有整整一天的休整時間，我們可不想白白錯過。於是決定按照我們在北京就想好的計劃，到昌都公安局，偷一批藏刀回來。

昌都是 1959 年西藏平叛的中心地區，是西藏叛亂最早、叛亂分子活動最猖獗、平息叛亂的鬥爭最激烈的地區。因此，昌都市公安局保存著當年平叛繳獲的大批武器，尤其是叛亂藏民佩戴的各類藏刀。

沈雲彪上次來西藏也曾路過昌都。那次他們進藏，是從成都步行到拉薩的，這令沿途各地的藏區政府大為感動。經過昌都時他們也受到了熱烈歡迎。在當地朋友那裡得到有關藏刀的信息後，沈雲彪以「北京赴藏紅衛兵」的名義，到昌都市公安局交涉，要求配發一些藏刀，以保護自身安全。結果，居然被昌都的革命委員會接受了。他從昌都市公安局領到了一把極漂亮的藏刀。這件事對馬青波刺激很大，他發誓也要搞到藏刀，而且不止一把。

我們與沈雲彪在茶卡分手時，他把昌都市公安局的地址和儲存藏刀的倉庫地圖都交給了我們，並告訴我們：「上次去找公安局申請藏刀時，我已經觀察了那個地方，晚上去偷幾把藏刀，應該很容易得手。」

一到昌都，我們就按照沈雲彪交代的地點，找到了昌都市公安局放置藏刀的那個破倉庫。

昌都排在拉薩和日喀則之後，是西藏第三大城市。但在 1967 年時，昌
都全市也只有幾條街，人口大約也只有幾千人，甚至還不如內地一個小鎮
大。市內幾乎沒有任何磚瓦結構的房屋，都是低矮的土坯房，甚至連一座
二層樓都沒有。市區街道都是土路，被每天進出西藏的卡車，壓得塵土飛
揚。我印象中，全市可能連一棵樹都沒有，顯得一片荒涼和毫無生氣。

公安局位於昌都的東頭，門前有一個碩大的廣場。公安局連個像樣的
大門都沒有，歪歪斜斜地掛著個白木牌子，用毛筆蘸墨汁，寫著「昌都市
公安局」六個歪歪扭扭的字。進到公安局，裡面是一個大院子，空空蕩蕩。
各個辦公用的土坯房，圍了院子整整一周。許多房間裡好像根本沒人辦公，
玻璃都殘缺不全。不知是因為文革中砸爛「公檢法」，把他們砸成這樣，還
是本來就是如此。

我們很容易找到了沈雲彪標註的那間倉庫，就在大門往西的第三間
房。那是一間很小的房間，大約也就十平米。朝著院裡方向，是一個門和
一扇窗，已經被木板釘死。朝著大街方向，也還有一扇窗，根本就沒有玻
璃，橫七豎八地釘著木條。我們從門前的小廣場扒頭往裡一看，這間小倉
庫裡各種藏刀堆得滿滿登登，像座小山一樣，足有上千把。

我仔細判斷了一下，如果從外面的窗戶爬進去，只要不弄出很大的響
動，公安局裡絕對不會有任何人發現。沈雲彪說的果然不虛，要是晚上來，
應該很容易得手。

到達公安局時，太陽已近落山。我們假裝倚著牆聊天，偷偷把背後窗
口上的木條弄鬆。那些木條經過多年的風吹日曬，早都朽了，輕輕一碰就
都鬆落下來。地形偵查清楚，該做的準備工作也已經妥當，我們決定夜深
人靜時，來這裡動手偷刀。

凌晨兩點，我們起床出門，還特意帶了一條兵站宿舍裡的薄毯，以便
用來包裹偷出來的藏刀。

大街上空無一人。那天是個大月亮天，很亮，月光中我們兩條黑影，

迅速竄到昌都市公安局的小廣場上。我們一直是貼著牆根走的，大月亮天我們多多少少還是害怕被別人發現。公安局四周一片寂靜。我把毯子交給馬青波，拉開已經在白天被我們撬鬆的木條，爬進了堆放著上千把藏刀的小倉庫。馬青波把毯子交給我之後，自己在外面放哨。

這是我平生第一次「入室盜竊」，激動得渾身戰慄。使我大喜過望的事是，從 59 年平叛到 67 年底，時間已經過去了八年，堆在破倉庫裡的這些藏刀，居然絕大部分完好如初。任何一把，拉出鞘來，月光下依然寒氣逼人，鋒利無比！大多數刀的刀鞘上，還都鑲著瑪瑙、寶石和金銀裝飾，抖下浮土，依然靚麗炫目，讓人愛不釋手。我選擇了一個角落，坐在地上，一把一把地把藏刀從刀堆裡抽出來，挨個把刀抽出刀鞘，在月光下看一看刀有沒有鏽，再試試是否還保持鋒利，刀鞘也要仔細看看是否漂亮並值得收藏。合格一把，就放到我的薄毯上一把，一共挑選了 22 把，再多就背不動了。我把這些藏刀用毯子一裹，遞給了窗外放哨的馬青波。

按照計劃，我們扛著毯子裡的 22 把藏刀，迅速跑回了兵站的駐地。回到房間以後，馬青波把偷來的藏刀擺在床上，先是把 22 把藏刀依次排開，選擇漂亮與否和好壞順序，好一頓欣賞。我們內心的成功感是無與倫比的。相信到目前為止，沒有任何一個北京赴藏的中學生，會有如此偉大的收穫，這簡直就是一個奇跡。回到北京，我們不僅會成為大家的偶像，甚至可能成為英雄。

第二天早晨我們接到車隊通知，從昌都去成都的出發時間推遲一天，這對於我們倆真不是一個好消息。

吃完早飯以後，我們無事可幹，爬到兵站房間的平頂上去曬太陽。馬青波建議，再去一次公安局，偷幾把長的藏族腰刀。理由是昨晚得手的 22把藏刀都是短刀，而藏族青年橫挎在前腰的兩尺長短的腰刀，才最有西藏特色。

他這個建議讓我大驚失色。更為誇張的是，他主張中午的時候去。他

堅定地認為昌都市公安局已經癱瘓，根本沒人管，我們大白天去，反而出其不意，一定能夠再次成功。

我知道馬青波的提議非常冒險，但是，我從來不會在他面前表示膽小：去就去！於是，大中午，我們不躲不藏，大搖大擺地再次來到昌都公安局那個破爛倉庫，我直接越窗而入，在裡面弄了七把漂亮的藏族腰刀。我從窗口遞出這些長腰刀時，被已經發現我們的昌都公安局警察抓個正著。審訊中，馬青波和我早早就交代了我們昨晚也來過，偷了 22 把藏刀。結果公安局的人押著我們到兵站，取回了那 22 把漂亮藏刀。

我們歷時兩個月，行程兩萬里，含辛茹苦地得到的那些珍貴藏刀，被馬青波完全毀掉了。我這才懂了得而復失的感受，究竟有多麼糟糕。我們倆擁有那 22 把令人炫目的漂亮藏刀，總共才 12 個小時，完全像是做了一場白日夢。

誠實地説，我從來沒有為此埋怨過馬青波。但這件事，讓馬青波後悔了一輩子。

當我們灰溜溜地離開昌都時，馬青波心情極為沮喪，我的感覺卻和他不太一樣。不僅「私藏刀具」、「圖謀不軌」的大麻煩已經從我身上解除，而且，即使我們冒險把 22 把藏刀帶回北京，也不過大多送人而已。自己怎麼可能留下 22 把藏刀呢？雖然也覺得可惜，但我和馬青波痛心疾首的樣子完全不一樣。川藏線上的美麗和刺激，仍然牢牢地吸引著我。我很快就撫平了藏刀被搜走的痛苦，沉浸在這大河大山的壯美景色之中。

離開昌都的第三天，我們用了整整一天的時間，翻越了著名的雀兒山。雀兒山埡口海拔 5050 米。我們經過時，已經全部為厚厚的積雪所覆蓋，漫山遍野銀裝素裹，遠近幾十座冰峰雪山，好像伸手就可以摸到。就連我們呼吸到的空氣，也已經完全是冰清凜冽的味道，香甜純淨。

我和馬青波在雀兒山埡口的最高處，一人撒了一泡尿，留下了我們的紀念。這個靈感也是來源於《西遊記》。孫悟空一個跟頭翻了十萬八千里，

自以為到了天邊，於是撒了一泡尿留作證據。結果，那泡尿的騷氣，還是留在了如來佛的手掌上。今後，一般旅行者，再也不可能到達我和馬青波撒尿的雀兒山埡口了。因為雀兒山隧道已經貫通通車，317 公路已經廢棄，再也沒有遊客可以攀到那個地方了。

翻越雀兒山，沒走多遠，我們就到了馬尼干戈。

馬尼干戈是青藏川三省的交匯點，從古到今都是一個驛站。小鎮上來往的行人都是典型的康巴人，頭繫紅頭繩，身佩長長的腰刀。康巴人是藏族中最為彪悍的一支，即使是風聲鶴唳的 1967 年，這裡的人也沒有任何改變。看到他們每個人身上佩戴的腰刀，我和馬青波心裡，真是五味雜陳。

過了馬尼干戈以後，我們一直沿著川藏北線，過甘孜、爐霍、道孚，抵達康定。在康定住了一夜之後，我們過瀘定，開始翻越二郎山。至今我也想不明白，我們那次既然路過了瀘定，為什麼沒去鐵索橋看看？是線路和如今不一樣？還是我們傻傻的根本不知道要過瀘定，反正我們經過了瀘定，卻沒有去看鐵索橋。幾十年以後，我才補上了這一課。

最近馬青波和我聊這本自傳，他堅稱當時我們是去了瀘定鐵索橋的。他還清晰地記得那橋距離河面幾十米高，在晃動不已的鐵索橋上，俯身看著奔騰無羈呼嘯而下的大渡河水，心驚肉跳。他說這次瀘定橋的經歷給他印象極深，一輩子也不會忘記。我相信他的感覺，而我自己，卻一點印象也沒有了。

二郎山是我們 50 天的西藏之行最後一個給我們留下深刻印象的地方。小時候，我們都是聽著「二呀麼二郎山呀，高呀麼高萬丈」的歌曲長大的，因此對二郎山有著頗多的好奇和親切感。

車隊用了整整一天時間翻越二郎山。最為奇特的是，翻越之前，我們還在海拔四千米左右的高原上，11 月底的高原上已經完全進入冬季，尤其到了山頂，已是滴水成冰。但翻過二郎山頂峰以後，順著不斷下降的海拔，從上到下，好像在兩、三個小時之內依次經歷了冬、秋、春、夏四個完整

的季節，到了山腳，已是風光旖旎，幽林蔽日了。

1999 年，二郎山隧道貫通，現在從川藏線進藏，再也不用花費一天的時間去翻越二郎山了，確實是方便多了。但五十年前，我們翻越這座名山時的驚險、刺激和無敵風光，現在的旅遊者再也享受不到了。這點兒驕傲，我們也永久珍藏在心中。

對於西藏，我有著一輩子無法改變的特殊情結。公元 2000 年以後，我成為一個超級攝影發燒友。曾經先後 12 次進藏攝影。到目前為止，五條進藏的路線，我已經全部走過。對西藏的這份情結，完全起源於 1967 年這次傳奇的西藏之行。

到成都以後，我們住在西藏駐成都辦事處，接待我們的辦事處主任，叫石一旦。他對我們很好，給我們一人一張成都直達北京的特快列車臥鋪票，讓我們響應毛主席號召，趕快回北京「復課鬧革命」。出門以後，我就把這兩張臥鋪票都給賣了，換回了將近一百塊錢，那可是很大一筆錢！用這筆錢，我們又在成都住了幾天。

之後，我們依然用老辦法，各用一張站台票，一直回到北京。

八　慘烈的 1968

與死神擦身而過

在我們遠離北京，天馬行空地旅行西藏的日子裡，北京中學文化大革命發生了重大變化。

1967 年 10 月 14 日，中共中央發出《關於大、中、小學校復課鬧革命的通知》，要求學生全部返校復課，邊上課邊鬧革命。緊接著，一個月之內，《人民日報》又連續發表兩篇社論，說「復課鬧革命，是無產階級文化大革命發展到現階段的迫切需要」。之後，解放軍軍宣隊進駐北京所有大、中學校，目的是穩定北京各個大中學校，重新整治學校的秩序。

我和馬青波在《人民日報》「復課鬧革命」社論發表一個星期後，回到了北京。

是否按要求回到學校去，很難做出決斷。

去西藏之前那次去北京火車站，我險些被「紅紅紅」碎屍萬段在站台上。那一幕，仍然讓我心有餘悸。雖然我僥倖逃脫，但「紅紅紅」肯定是仇未報，心不甘。這像個巨大無比的陰影，籠罩在我的心頭。嘴上說不怕，心裡又怎麼能不怕呢？因此，我似乎不應該貿然回到學校去。

可是，「復課鬧革命」又是大勢所趨，作為一個還沒有離開學校的學生，又能在社會上再躲多久呢？早晚是要回到學校去的。更何況我在北京又沒有家，總在別人家裡逃難，我心裡也非常不舒服。

回京后，我先在馬青波家裡借住了三天。現在我還記得，他家住在西城柳蔭街，他家對門是楊成武家。那條胡同裡，還有北京著名的第十三中學。楊沫阿姨對我很好，雖然她很少和我們講話，但對我在她們家裡短住，沒有表示任何反感。她和我們在一個桌上吃飯，這讓我覺得有些誠惶誠恐，她可是全國聞名的大作家呀。她那時已經得了糖尿病，身體很胖，胳膊好像比我的腿還粗，走路也顯得很困難。

休整幾天以後，我們決定返回四十七中。那天是 1967 年 12 月 7 日，星期四。這一天我永遠不會忘記。

下午四點左右，我和馬青波到了頤和園。在頤和園換乘 46 路汽車時，我們決定找個小飯館先把晚飯吃了。這樣到達四十七中時，天就已經黑了，我們再偷偷溜進學校，神不知，鬼不覺。學校安全呢，我們就待下去；形勢對我不利呢，我們就趁夜色，再跑回北京城裡也來得及。

那天我也換了裝束，穿了一件西藏搞來的羊皮軍大衣。穿上軍大衣，完全是為了防止別人認出我來。但是還是百密一疏，吃飯時我脫下了大衣和帽子，一個四十七中的初一女生，還是認出了我，而我卻不認識她。這個女生姓楊，在學校裡綽號「花皮蛇」，是初一「紅紅紅」一名骨幹成員。她趁我們吃飯，出去給四十七中「紅紅紅」的頭兒打了一個電話。報告在頤和園看見了杜廈，並告訴他們，杜廈大約今晚會和馬青波一起返回學校。

「紅紅紅」接到這個情報，他們立即集合人馬，為「迎接」我的到來，做了充分準備。而我和馬青波對此卻一無所知。

大概晚上 7 點鐘左右，我們到達學校。此時天已經完全黑了，我請馬青波先回北樓打探一下情況，而我繞道學校後面的山坡，直接到了我們高一三班的男生宿舍。

高一三男生宿舍是學校裡最靠近鷲峰山麓的一排房子，坐落在學校的最西面。這裡不僅隱蔽，而且一出門就可以直接上山，有事馬上就可以鑽進山上的林子裡逃走。這是個一旦有情況，極好脫身的地方。

　　我最好的幾位朋友，既是我的同班同學，又是毛澤東思想公社的戰友，張農生、段偉鋼、梁志平、邴之雷、王小華、劉伯明、孫基明都住在這裡。在文革最瘋狂的那段時期，他們不像我和戈琛、馬青波、馮群這些人，一直在外面折騰，而是每天住在這裡「練塊兒」，練得個個身體健碩，肌肉發達。拳擊、摔跤、武術、舉重，他們無一不練。外界感覺這是一個很能「打」的團夥。這個宿舍也算我們這一派的地盤之一。「紅紅紅」的人，一般不大願意招惹這個地方。

　　高一三宿舍裡現在住的這些人，大多家庭出身都有這樣或那樣的問題。因此，他們很少出現在風口浪尖上。但他們人人觀點鮮明，絕不對血統論和「紅紅紅」妥協，也絕不承認自己比那些紅五類矮了一頭。只不過他們不像我和戈琛那樣，旗幟鮮明地直接對抗而已。

　　這完全不像高二二班郜坤他們那批人。

　　郜坤這批人，同樣家庭出身不好。但他們居然公開聲明，要下定決心和自己的家庭劃清界限，要和自己的父母決裂，發誓要在自己的靈魂深處鬧革命。於是，大會小會上無數次表態，他們要背叛自己的反動家庭，永遠跟著無產階級，直到革命勝利的一天。

　　但是可惜，按照老紅衛兵嚴格的血統論要求，郜坤這些人縱使哭天搶地要求加入紅衛兵，他們也沒有被「紅紅紅」接納。在紅五類們的觀念裡，「紅紅紅」是由「老子英雄兒好漢」的血統貴族們組成的組織，家庭出身不好的狗崽子，是沒有資格加入的。

　　於是，郜坤一幫就自願成立了所謂「紅外圍」組織，自己起名「衛紅戰鬥隊」。大意應該是，下定決心，一輩子跟在「紅紅紅」後面，永遠保衛「紅紅紅」吧。據說，郜坤曾高調聲明，「自己願意成為家庭出身好的紅五類身邊的一條狗。一輩子，爬，也要緊跟在紅五類後面，一直爬到文化大革命的勝利。」

　　郜坤這句「爬，也要跟在紅五類後面」的名句，成為四十七中文革中，

最為膾炙人口的一句「佳話」，被人們嘲笑了很多年。

我始終瞧不起像郜坤他們這些承認自己是條狗的男人。在血統論的殘暴面前，沒有自尊的男人不叫男人！

大約 7 點 15 分，我進了高一三宿舍。宿舍裡每一個朋友都為我的突然出現高興不已。這是自從夏天學校的「7‧21 武鬥」之後，我們第一次見面。他們急急忙忙地問起我，長春的槍林彈雨和西藏的種種奇遇。我也打開話匣子，興奮地侃侃而談。

突然，一聲巨響，一塊拳頭大小的石頭，穿透玻璃窗，砸進宿舍。緊接著，從前前後後所有的窗戶，石頭、磚頭，雨點般地飛進屋內。屋裡所有的人，被這突然襲擊打懵，大家迅速蹲在地上，抱緊頭部，躲避這突如其來的石頭雨。

接著聽見門外很多人在喊：「杜廈滾出來！杜廈滾出來！」

聲音嘈雜、混亂，裹著巨大的憤怒與仇恨。

我知道這是衝著我來的。我沒有猶豫，大喝一聲「停手」，一把推開房門，竄出屋外，站到了門口的台階上。張農生、段偉鋼、梁志平也都跟了出來。

台階下黑壓壓一片，怎麼也有七八十人。加上屋子後面扔石頭的，對方一共來了百十來人。

帶頭的兩個人，是高二二班的王輝青和高一一班的李甯閣。

「杜廈，你終於回來了，該和你算算賬了！」說著，王輝青和李甯閣撲上來，一人架了我的一條胳膊，把我架下宿舍台階。張農生、段偉鋼、梁志平拚命往我身邊擠，想護著我，但被和王輝青、李甯閣同來的「紅紅紅」隔開，未能擠到我的跟前。

我被他們架著，幾乎雙腳離地，走了大約六七百米。一路上，所有報仇心切的紅紅紅們，都不斷地伸出拳頭，追著、跳著、探著身子，想「先打為快」。拳頭一陣接一陣地打在我的後腦上。最後，我被架到了學校革

命委員會籌備組所在地，那裡是松樹院的原數學教研室。

此時，所有毛澤東思想公社在校的人，都聽到了消息，迅速聚攏到學校松樹院。但我已經被「紅紅紅」架進了數學教研室。滿屋子都擠滿了「紅紅紅」的人，毛澤東思想公社的人已經無法再擠進來，他們在外面乾著急，沒有任何辦法。

記得 67 年整個春夏，武鬥最嚴重的時期，高中部大門兩側兩米多高的虎皮牆上，曾經刷過八個兩米見方的大字：

「杜廈不死、武鬥不止」。

這八個字，足以證明「紅紅紅」到底有多麼恨我。我相信，今晚在這間屋子裡的每一個「紅紅紅」，都是滿腔仇恨，欲置杜廈於死地而後快的人。

他們中的個別人是有備而來。這些人手掌的四指，已經套好了一種叫「鉋子」的特製鐵圈。這「鉋子」兇狠至極，用「鉋子」打在我頭上的每一拳，猶如用一厘米寬鋼筋的一次猛烈抽擊。進屋沒有多久，我已經滿頭、滿臉、滿身都是鮮血，甚至地面上都流淌著我的血漿，我渾身上下已經都被熱血涸透。

儘管我已經傷痕纍纍，渾身包裹在鮮血裡，但我一直沒有倒下。任何方向的拳頭，擊打在我的頭上以後，我必定迅速轉過頭去，用已經被鮮血模糊的眼睛，死死盯住剛剛出拳的人。我的眼裡滿是兇狠的復仇之光，潛台詞則是：「混蛋，我記住了你打我這一拳了，你他媽的等著我！」

面對近 100 人的毆打和圍攻，我永遠自豪的是，自始至終，我高高地揚起自己的頭，甚至連眉都沒有皺一下，更沒有發出過一聲呻吟、半聲求饒。我眼裡始終噴著怒火、無畏和蔑視。我只想告訴打我的每一個人：你們面前是一條永遠不會屈服的好漢，直到死，也絕不會喪失我在你們面前的高貴與尊嚴！

屋裡的每一個人，都想儘快對我打上幾拳，這就導致人人都往我所在的方向拚命擠，這才真正救了我一命。由於四面八方都向中間方向擠，這

就使得緊挨著我的十來個人根本伸不出手來。而後面的人又距離太遠，既無法準確分辨哪個腦袋是我的腦袋，又完全發不上力。

馬青波也從北樓趕了過來，已經和張農生、段偉鋼、梁志平合兵一處，但是他們同樣也沒有辦法擠進數學教研室。馬青波用拳頭打爛了數學教研室所有窗戶的玻璃，並踹開了隔壁外語教研室的門，這是最接近數學教研室的地方。數學和外語兩個教研室之間，是用一排資料櫃臨時隔擋的，從資料櫃上端到房頂，還有大約 30 公分的空隙。他們拉過辦公桌，跳上去，伸頭看見了我被夾在人群中捱打的情景。

緊接著，驚人的事情發生了。張農生、段偉鋼、梁志平依次爬過並跳下資料櫃，進到了數學教研室的人群裡面。他們三個人拚命地擠到我的身邊，在我的周圍圍成一個品字型，把我保護在中間。接下來，他們用自己的身體，替我捱著四面八方打來的拳頭，雨點般的襲擊。

我一輩子感激他們在最危機的時刻，捨生忘死，過來救了我一命。

他們三個一到我身邊，我立即渾身癱軟，昏死過去，不省人事。據說，這時住校解放軍才趕到，他們也叫來了海淀區公安局的警車，海淀區公安局看出不緊急處理，很可能會釀成死人事件，就決定對我施行「保護性拘留」。我被用警車送到了海淀區公安局。

1967 年 12 · 7 武鬥，「紅紅紅」100 人打我一個，他們三人跳到人群中保護我，救了我一命。
左起：梁志平、張農生、段偉鋼。

海淀區公安局和我們基本是一派，警察們也看不慣臭名昭著的四十七中「紅紅紅」。他們把我安排在一張很舒服的床上，我在那裡昏死了 36 個小時，才蘇醒過來。

這就是四十七中著名的「12·7」武鬥，是我一生中離死神最近的一次。那時我剛剛過了 19 歲生日。

有了三把手槍

12·7 那晚「紅紅紅」對我的突襲，我頭部的後側、頂部和兩側，到處都是翻裂的傷口。由於沒有刀傷和利器割傷，因此傷口都不算大，但傷口很多，很雜，腦袋上基本是亂七八糟了。好在那天，沒有人正面攻擊我的臉，因此我沒有被破相，這算是不幸中的大幸了。

那晚，我也有了輕微腦震盪的症狀，因此，必須找一個安全的地方，去好好養傷。

從小學到高中一直是我同班好友的武山根通過他五姨，在北京師範學院給我們找到一個安全的地點。我和馬青波決定搬到那裡去躲藏和養傷。

山根的五姨比我們只大四、五歲，是北京師範學院英語系的學生。我從小就認識她。五姨個子不高，人很白，有一頭黃色的鬈髮。由於她皮膚白皙，眼睛很大，眼窩很深，又有一頭黃色鬈髮，我一直認為她很像電影《保爾·柯察金》裡的冬妮婭。而冬妮婭正是那個時代，億萬中國青少年心中的偶像和夢中情人。五姨最特殊的，是她說話的聲音，清脆，跳躍，很有音樂感和餘音繞樑的效果。每一次見到我，五姨都會和我開玩笑。爽朗的笑聲，幽默的調侃，永遠會伴在我們兩人之間。我非常喜歡這個活波、美麗、友善的五姨。

五姨聽說我受了重傷，非常傷心。她告訴山根，她在師院找到一間住所，我們可以放心地住在那裡。到了我們快離開師院的時候，我才知道，

五姨借給我們的那個房間，就是她男朋友的宿舍，這讓我心裡挺不是滋味。我對那個挺帥氣的印尼華僑青年，平添了許多嫉妒。

12‧7的傷大多是一般性外傷。當時太多的人把我擠在中間，除暴露在外面的頭部遭到重創以外，內臟並沒有受到傷害。五姨不知從哪裡搞來了很多雞蛋，說是給我補補身體。每天早餐是用燒開的豆漿去沖雞蛋，馬青波說這樣最有營養。他每天給我沖雞蛋，我認為那是我們的友誼迅速加深的一段時間。

由於年輕，傷好得很快，沒有多少天，我就變得白白胖胖，完好如初了。我們很快在師院教學樓裡找到了一個空教室，從體育教研室搬來了四塊體操墊子，鋪出了一個不錯的摔跤台。又找來了一副舉重的杠鈴和若干啞鈴，一個不錯的健身房就建立起來了。

馬青波帶來了他摔跤用的褡褳，又弄來了兩副拳擊手套。我們利用這段在師院養傷的時光，好好練練身體，提高格鬥本領，準備應付今後更殘酷的戰鬥。除了照常地練習摔跤、拳擊和力量訓練以外，我們還千百次地練習了「擒拿術」，逐漸成為擒拿高手。「擒拿術」不是體育項目。它不追求比賽結果，而是通過對敵人身體各處「反關節」的攻擊，一出手，就要使敵人完全喪失戰鬥能力，從而達到消滅或擒獲對手的目的。「擒拿術」是比拳擊、摔跤兇狠一百倍的格鬥手段，一旦使用，必定造成永久性傷害。可以說，系統地學習了「擒拿術」，是我們在師院最大的收穫。離開師院的時候，我和馬青波，已經具備了一定的擒拿水準。

一個月後，我的身體完全康復，師院的休整，對我意義重大。

武山根幾乎每隔一兩天，就會到師院來看我們。一方面給我們通報四十七中的情況，另一方面也強烈地表達了想和我們一起幹點什麼的願望。他羨慕我們過去一兩年的經歷，並希望和我們一樣，也能夠過上更刺激一點兒的生活。

馬青波一直想擁有一支屬於自己的槍。而且現在，他這個願望比以往

更加強烈。

他試探性地提出，是否能到什麼地方去搞幾把手槍來。

幾天以後，山根興奮地告訴我們，他媽媽現在居住在河南信陽，那裡大規模武鬥剛剛結束，民間散落著大量槍支。當局還沒有來得及收繳，大家也不願意上交，都怕萬一武鬥捲土從來，也好有個傢伙保護自己。看來，想辦法從信陽弄幾支槍，是完全可能的。

山根媽媽的一位鄰居，姓鄭，是信陽郵電系統的武鬥「總司令」。山根說，從他手裡就可能搞到手槍。

我們決定行動，派山根先回信陽打探情況，待弄清門路，我們再親自出馬。山根效率極高，幾天以後就從信陽來信，說明了他偵查到的情況：

1、姓鄭的肯定有槍，不僅他自己有槍，他還可以從其他人手裡，搞到更多的槍；

2、「鄭司令」是個超級酒鬼，只要有酒，什麼事都好辦；

3、由於武鬥持續時間很長，信陽老百姓對槍已經司空見慣，誰家有個把槍支不是什麼大不了的事。

情況摸清楚，我們的搞槍策略隨之出籠。

我讓馬青波設法弄來兩瓶茅台，兩瓶五糧液。當時茅台酒和五糧液是高級幹部的「特供」，一般老百姓根本買不到。我們中只有馬青波的父母有這樣的門路。他按期完成了任務。我還清楚記得，當時茅台 3.6 元一瓶，五糧液 2.87 元一瓶，買這四瓶酒，一共花了 13 塊錢。

我們還得知，這位「鄭司令」有個讀初三的大兒子，當時所有男孩子，都喜歡摔跤、打拳這些尚武行當。我尋思，如果去教「鄭司令」的兒子摔跤和擒拿，我肯定會成為這個孩子的偶像。一旦和「鄭司令」的兒子成為莫逆之交，就意味著和「鄭司令」成為朋友。因此，我又帶上了兩本書，一本是《中國式摔跤》，另一本是《擒拿格鬥技巧》。《擒拿格鬥技巧》是我們在師院練習「擒拿術」的指導教材，是從部隊系統找來的油印本，極其珍貴，市

面上絕對買不到。

做好充分準備後，我們一行人來到河南信陽。

「鄭司令」的家和山根媽媽家僅一牆之隔，兩家常有走動。加上我們兩個又能說會道，見多識廣，一下子就獲得了「鄭司令」的好感。我們大串聯時走遍全國，在長春，又經歷了比信陽武鬥激烈得多的槍林彈雨，那些故事，都讓「鄭司令」覺得很開眼。而且每次和「鄭司令」聊天，「鄭司令」都是在茅台或五糧液的世界裡，如醉如癡，漸漸便忘記了我們的存在。他讓他的大兒子，陪我們邊吃邊聊，他自己獨自遨遊在美酒的世界裡。

不出所料，「鄭司令」的大兒子是個酷愛習武的小夥子。兩三天以後，我就把他摔得服服帖帖。同時，我還把這些年練就的摔跤技巧，傾囊相授教給這個新徒弟。幾天過後，我已經成為他心目中，比他爸爸偉大得多的新偶像。接下來，我又手把手地教他「擒拿術」，並告訴他我這裡有兩本教材，一本是《中國式摔跤》，一本是《擒拿格鬥技巧》。只要照著這兩本書不斷地學習和苦練，不出一年半載，他絕對能成為真正的高手。「鄭司令」的兒子已經對摔跤和擒拿中了魔，他請求我把這兩本書送給他。

我趁機提出：「你和你父親都說過，現在在信陽搞幾把手槍絕不是什麼難事。如果你可以從你爸爸手裡替我們搞幾把手槍來，我就把這兩本珍貴的書送給你。」

小夥子一口答應下來，說這很容易，如果他爸爸不幫忙，他自己也可以給我們弄幾把手槍來。

兩天以後，小夥子背著一個郵電局的草綠色背包來找我。一見到我，他滿臉是笑，根本抑制不住。

「書」，他伸出右手，左手捂著他那個郵差專用背包。從這個草綠色背包推斷，他爸爸介入了整件事情。

我說，槍呢？

他驕傲地用手拍拍他的背包。

我把兩本書交到他手上，他把草綠色郵差背包交給了我。那背包很重，我把它夾在腋下轉身離開。我感到了背包裡，有兩把手槍在相互摩擦，發出金屬摩擦所特有的聲響。那已經是我們的手槍了，我的心跳得非常厲害。

我們得到了兩把駁殼槍，200 發子彈。

那兩把駁殼槍，一把是「二把盒子」，一把是「三把盒子」。「二把盒子」比「三把盒子」槍管大約要長 2-3 厘米，子彈匣也要多裝 5 發子彈。但「三把盒子」短小，緊湊，設計感很強，是一款極漂亮的短槍。

兩支槍都被擦得鋥亮。槍是老了一點，烤藍已經沒有了，但在燈光下，兩把駁殼槍的槍身依然冷冷地發著寒光。對著光線一看，槍管裡的「膛線」依然清晰可見，炫著美麗的螺旋曲線，伸向遠方。

駁殼槍在抗日電影裡出現得最多，槍的造型也漂亮。在此之前，不要說擁有自己的手槍，就是摸也沒有摸過真槍，更不用說這麼漂亮的兩把駁殼槍了。我和山根高興得快暈過去了。

我們一刻未停，告別了山根的媽媽，坐上最近一班特快返回了北京。

馬青波、我和山根搞手槍的真實目的，都是為了將來蘇聯軍隊一旦入侵中國時，可以像抗日戰爭中的敵後武工隊，或蘇聯衛國戰爭時的青年近衛軍一樣，在蘇聯人入侵的敵後展開遊擊戰爭，消滅入侵者，保衛我們的神聖祖國。當時的政治氛圍使每個中國人，尤其是年輕人，都認為中蘇之間必有一戰。我們都對這場戰爭，抱有高度的興趣和期待。

幾天以後，我們就開始拆卸這些寶物。我們把兩支槍拆成一堆不可再拆的單一零件，一一擦拭以後，再把它們重新組裝起來。很快，我們三人都可以蒙上雙眼，根本不用看就可以熟練地把槍拆得七零八落，然後再飛快地把他們組裝起來，不會發生任何差錯。

我們決定結束在師院的「逃亡」，返回四十七中。

返校之前，我們要去王府井百貨大樓買些日用的東西。那天我穿了一件棉衣，在腰間插著那兩把駁殼槍，彈夾裡頂著子彈。我是要體驗一下小

說《烈火金剛》裡，肖飛隻身騎著自行車，頭戴禮帽，腰裡別著駁殼槍，進日本鬼子嚴防死守的縣城，去給武工隊傷員買藥時的感覺。那種感覺一定極為瀟灑和特別。

還真別說，當你腰裡別著兩把駁殼槍，在王府井百貨大樓，在熙熙攘攘的人群中溜來溜去的時候（那正是春節之前），那種刺激真的使我血脈賁張。我暗自得意，周圍所有的人誰也不會想到，身邊這個普通中學生的腰裡，居然插著兩把子彈頂著膛的駁殼槍。

這太牛逼了！

回到四十七中北樓以後，12‧7武鬥已經過去了兩個多月。儘管是死對頭，「紅紅紅」裡的大多數人都對我在12‧7那晚寧死不屈的表現讚歎不已。通過那次事件，他們對我的敵視程度已經大為降低。而我的興奮點，已經完全轉移到「槍」上去了。那兩把槍不斷在我腦海裡，創造出各種想像來，我遊弋其中不能自拔。在一定程度上講，我已經很快淡忘了和「紅紅紅」之間的那些積怨。

僅僅有槍不行，我們必須能夠熟練地使用這些槍。因此，一到學校，我們三人就跑到山上去，找個沒有人的山坳，對著不同的小樹瞄準，練習射擊。我們打了很多子彈。

就是在那天，武山根給我和馬青波在鷲峰一個著名的山崖前，拍了那張我們手持駁殼槍的合影。這也成為我們倆，至今仍在社會上廣為流傳的一張著名合影。

馬青波又來事了。

他悄悄地和我說，槍只有兩把，而咱們是三個人，將來怎麼分呢？況且，這兩把駁殼槍雖然漂亮、威風，但畢竟有些老舊，而且體積較大，不利於偽裝和攜帶。最好咱們再弄一把最新的「五四式」來，不但火力猛，體積小，將來大家也好一人一把。

馬青波說的不是沒有道理。我找來山根商量，山根說他三姨夫是湖北

我和武山根，從 9 歲在一起，直到他 62 歲去世，我們從未分開過。1968 年初去河南信陽搞到兩把駁殼槍，我們興奮極了。

我、馬青波、武山根，迫不及待地帶著兩把駁殼槍，去鷲峰練習射擊。這張我與馬青波的著名合影，是山根 1968 年初在鷲峰照的。

省軍區衛生處長，山根串聯到武漢時，曾經在三姨家裡，看到過三姨夫擦拭那支「五四式」手槍。

當時我們都被這兩把駁殼槍搞得神魂顛倒，根本沒有估量偷竊現役軍人配槍的後果。那時我們已經被信陽的成功，弄得利令智昏了。我們決定立即出發去趟武漢，從三姨夫那裡偷走那支五四式手槍。我和山根馬不停蹄到了武漢以後，三姨一家包括三姨的三個孩子在內，都對我們極為熱情。好吃好喝地招待我們，還要帶我們去武漢的一些重要景點參觀遊覽。

我和山根商量好了分工：吃晚飯的時候，我在餐廳裡給三姨全家講我們大串聯所經歷的故事，令大家注意力全部在我身上。山根則以去廁所為口實離開餐廳，乘機去三姨的臥室把三姨夫那支「五四式」偷出來。

我們兩人都各自完成了任務。「五四式」順利到手，又一次大功告成。

我們回到北京還沒有來得及高興，三姨和三姨夫的信就追過來了。我們在三姨家偷槍的全過程，太過簡單，太過直接，也太把三姨和三姨夫的智商不當回事了。三姨一家此時都知道，我們去她家的目的就是為了偷那把「五四式」手槍。

三姨信的內容很誠懇，溫和。字裡行間也藏著埋怨、吃驚和不可接受。

三姨的信如下：

首先，祝偉大領袖毛主席萬壽無疆、萬壽無疆！祝我們敬愛的林副統帥身體健康、永遠健康！

山根：你和你的同學杜廈剛剛離開武漢，我們就發現你三姨夫的手槍丟了。我們猜，不會是別人，一定是你們把槍偷偷拿走了。你知道，對於一個軍人來說，武器比生命還重要。他弄丟了自己的手槍，就相當於丟失了他自己的生命，甚至比丟失了自己的生命還要嚴重得多。

這是一個重大的事件，我們不可能不向組織彙報。我們當天就把丟槍的事情彙報給了湖北省軍區政治部和保衛處。領導十分重視，軍區已經派

出專人去北京和北京市公安局聯繫破案的事了。

無論是湖北省軍區、北京市公安局和你三姨夫，都希望你們儘快把手槍還給你三姨夫。我們已經向他們兩方說明了情況。他們和我們一樣，都認為你們是毛主席的「紅衛兵」，是革命小將。你們也只是中學生，都還是個孩子，不是什麼壞人，只要你們迅速還回手槍，兩方都同意不追究你們的任何責任。

山根，這封信是三姨夫的領導讓我給你們寫的。如果你們能夠迅速還回手槍，軍區領導不僅不會追究你們的責任，也不會追究你三姨夫的責任。你要知道，丟失自己的配槍，是軍人最大的犯罪之一，是要受最嚴屬的處分的。

山根，從小到大，三姨對你很好。你這樣做實際上是害了你三姨，害了你三姨夫，害了我們全家。三姨求求你，馬上把槍還給你三姨夫。這樣，對你、對杜廈、對我、對我們全家都是最好的結果。

收到三姨的信後，山根立即來到學校，我們三個人商量該如何應對。馬青波堅決不想把槍還給三姨夫，我心裡其實也不願意還回這支珍貴的「五四式」手槍，但山根是我最好的朋友，槍也是他「大義滅親」，從自己姨媽家裡偷出來的。我表示完全聽從山根自己的意見。只要山根說還回去，我沒有二話，我會同意山根的決定。

令人驚訝的是，山根是我們三個人中，最堅決地表示不想還回這支「五四式」手槍的人。他為什麼會如此堅決？我其實有些想不通。但是，我喜歡山根和我堅定地站在一起的感覺。他居然不想還回這支「五四式」手槍，這使我對他刮目相看。

我們用了半天時間，想好了應對的辦法。

山根給他三姨回了一封情真意切的道歉信，大意如下：

首先，山根承認我們太愛三姨夫那支「五四式」手槍了，我們在「一時

衝動」之下，把它偷走了。之後，我們後悔不迭。我們辜負了三姨、三姨夫的熱情接待，做了使他們全家都很傷心的事。

其次，山根說，我們帶著三姨夫的手槍離開武漢以後，不敢乘坐檢查很嚴的「特快列車」，而是扒運貨的悶罐車回到北京的。在悶罐車裡，我們遭遇了一夥慣盜。不僅我們身上的錢財被洗劫一空，那支「五四式」手槍，也被這夥火車慣盜搶走。

第三，湖北省軍區和北京市公安局的破案人員來找我們，我們一定如實坦白所有事實，積極配合他們找到壞人，追回手槍。

我們認為這個說法很牛：首先承認偷了槍，這表現了我們對這件事的誠實。其次也表明了我們沒有任何陰暗的目的，確實是出於將來保衛祖國的崇高理想，去冒險搞槍的。另外，我們在悶罐車裡被劫，這也司空見慣。京廣線自從文革以來，就從未平靜過，發生這樣的事情，再正常不過了。

之後，我們三個人用了兩天時間，一幕一幕地模擬悶罐車裡可能出現的所有場景：遇到幾個人？都長什麼樣？如何遭遇？相互說過什麼？什麼口音？穿什麼衣服？都是多大年紀？每個人在悶罐車裡的位置？動沒動過手？在哪裡下的車？等等。我和山根一遍一遍地演練，讓馬青波扮演不同的搶匪角色，以便在頭腦中，生成完全一致的「場景感」。這樣，即使將來把我們三個人分割開來，分別進行單一審問，我們也能保持口供的絕對一致。

接著，馬青波買了足有一公斤的機械用黃油。我們把每一支槍都拆成一個一個的零件，分別裹上黃油，包成一個大包裹，再放到一個堅實的帆布背包裡。趁著黑夜，把三支手槍埋在了四十七中操場旁的柿子林裡。我們牢記，從北面數第四行，從西面數第七列，就是我們埋槍的那棵柿子樹：橫豎正好是個「47」。

監獄生活

人常説「好景不長」，這話不假。

我們剛剛把三支手槍埋在學校的柿子林裡，警察和解放軍就採取了行動。

那天凌晨 5 點左右，我們北樓宿舍的房門在巨大而急促的聲響中，被突然撞開。十幾個荷槍實彈的警察和解放軍戰士，衝入屋內，用衝鋒槍對準還在被窩裡的我和馬青波。我們還沒有從睡夢中醒來，就已經處在十幾支黑洞洞的槍口之下。

我早就有了最壞的思想準備。因此，在警察和解放軍這種聯合突襲面前，我並沒有慌亂，倒是馬青波被嚇得夠嗆。

一個警察拎起我的被頭，讓我起來跟他們走。我坐起來，頗像電影裡地下黨被敵人抓住時的情景：慢悠悠地坐起來，一絲不苟地穿著衣服，臉上鎮定自若。接著，我從床上起來，跟著警察和軍人們，平靜地走出房間。他們挺客氣，既沒有上手銬，也沒有捆綁。連一個很平常的推搡也沒有。

我被荷槍實彈的軍人和警察前擠後擁地塞進了一輛吉普車裡，風馳電掣地開進黎明前的夜色之中。

他們沒有抓馬青波。

到達海淀區公安局拘留所時，天已大亮。這個拘留所就在海淀鎮的街裡。平常騎車進城，經常路過這座監獄。從來沒想過，有這麼一天，我會成為這裡的「客人」。

幾個小時以後，我就在公安局的拘留所裡見到了武山根。他是和我同一時間，以同樣的方式，在自己家裡被抓到這個拘留所來的。一個星期以後，馬青波也被抓進了同一個拘留所。我們三人終於當了一回獄友。

到了拘留所後，我先被帶進一間給犯人登記註冊的辦公室。

到了這裡，坐在桌子後面的警察態度就大不一樣了。

「蹲下！」他衝著我大吼一聲，我瞥了他一眼，但還是規規矩矩地蹲在了他桌子前的水泥地上。

「雙手抱著腦袋！」他又吼了我一聲。

在做完這個動作之後，我才明白，現在我已經是他的犯人了。

經過常規的程序，例如姓什麼，叫什麼，多大年紀，哪裡人之類的正常問詢之後，我被獄警帶進了牢房。

27號牢房在北側通道的中段，牢房大約有14平方米的樣子，門上有一個人臉大小的觀察窗口，是獄警們巡視犯人用的。牢門打開，一股潮氣裹著尿騷氣撲面而來。裡面顯得很黑，只有對面很高的牆壁上，有一扇小窗，射進刺眼的光亮。十幾個囚犯，立即都站起來，抱著好奇和敵視的眼神，死死盯著我這個新來的犯人。我成為了27號牢房的新犯人。

以前就聽人說過，新犯人進牢房，是要吃老犯人「殺威棒」的，在進入27號牢房之前，我就做好了應對一場惡戰的準備。

「新來的，你是因為什麼進來的？」一個看來是「獄霸」的傢伙，來到我的面前。在他身後，十幾個犯人站成半圓型，齊刷刷地上下打量著我。

「我他媽哪知道！」我顯得不耐煩。言語的潛台詞是：「你他媽管得著嗎！」我先於他使用了挑釁性的詞彙，意在告訴他，站在你面前的這個新犯人不怎麼太好惹。

這句話完全出乎他的預料。一般剛進牢房的新犯人，都唯唯諾諾，唯恐得罪牢中的老犯人。他大概從沒有想過，會遇到敢這樣頂撞他的新犯人。

「我操！你他媽還挺橫！」他湊上前來，左手伸過來，想抓我前胸的衣領。看來他是想教訓教訓我。我根本不想跟他囉嗦，「先下手為強」。我毫不猶豫，右手順勢先抓住他的左肩衣領，左手緊緊拽住他的右臂，先是往左側輕輕一帶，同時狠狠抓緊他的雙肩，右腳迅速踢在他的左腳踝上，同時猛地向右側轉身，把他向右橫著扔了出去。這個大「坡腳」（摔跤術語）用的漂亮，他被狠狠扔在牆角的水泥池子上，足有兩米多遠。

這傢伙顯然沒有多少打架的專業訓練。我摔他，就像扔一個裝滿穀殼的麵口袋，輕飄飄地被我一扔老遠。

「我肏你媽，你他媽敢和我動手！」他一咕嚕爬起來，又撲向我。

在他雙手即將抓住我肩頭的一剎那，我已經從內側緊緊抓住了他的左右肩膀，一把把他拉入我的胸前，接著我的身體向左迅速轉體、變臉（摔跤術語），同時高高地抬起右腿，狠狠地掃向他的右腿……。他的身體被我這招「大別子」，摔得騰空而起，在空中劃了一個 360 度的大車輪，側著身子，重重地摔在牢房裡的水泥地上，再也爬不起來。

我沒有停止。趁他被摔在地上，我順勢拽住他的左手，一個「反關節」擒拿，雙手緊緊捏住了他的左手掌。我雙手把他這隻手，向他的手心內側使勁一壓，他「哎呦」一聲，全身立即躬得像個大蝦米，一動也不敢再動。否則我只需輕輕再按一下，他的左手腕關節，就會立即折斷。

他知道碰上厲害的了，馬上哭著喊著，躺在地上求饒。

我看也沒看他，一邊用雙手繼續壓著他的左手腕，抬起臉掃了其他犯人們一眼，他們一個個呆若木雞。

牢房所有老犯人都被眼前這場戰鬥驚呆了。僅僅不到兩分鐘，以前的「獄霸」，就乖乖跪在了地上！我命令他們道：「都他媽坐回你們的被子上去，誰也不許動，誰敢動一下，我就廢了他。」聽到我的命令，犯人們立即熱鍋螞蟻一樣，迅速跑回到各自的位置，整整齊齊地坐在自己的被子上，挺直後背，靠牆坐成一排。每個人的眼睛裡，都流露著順從、服帖和諂媚的神情。

我放開了我的俘虜，這個傢伙從地上爬起來，先給我連磕了幾個頭，嘴裡呼嚕呼嚕地喘著粗氣，搗蒜一樣地說著「謝謝饒命！謝謝饒命！」。

他叫謝凌雲，是個慣盜。平時以溜門撬鎖為主，因為會一些拳腳，有時也還會「吃」頤和園周圍一帶的「小佛爺（小偷）」，收取一點兒保護費。

我把謝凌雲痛痛快快地打了一頓以後，自然就成了 27 號的新霸主。

我廢除了謝凌雲及他的前任們，收拾新老犯人的所有欺壓、虐待手段。這讓同牢犯人們感激得不得了。27 號囚室只有 14 平米，卻關著 16 個犯人。16 人入獄，各有各的原因：有喊反動口號，堅決要打倒毛澤東的現行反革命；有被革命群眾打得半死的一貫道壇主；有強姦未遂，已經被村裡的鄉親打殘廢了的流氓犯；有街道上、公共汽車裡偷偷摸摸，屢教不改的小偷；還有一個總後大院裡的「紅五類」，應該是個老紅衛兵，他和幾個同學曾經開一輛「嘎斯六九」，偷過某軍隊機關的一個保險櫃。據他自己說，那保險櫃裡最少有幾萬塊錢。這個敢開車偷保險櫃的傢伙，只有 15 歲。

犯人們一天只有兩頓飯，每天上午一個玉米麵窩頭，晚上一個玉米麵窩頭。窩頭極鬆軟，看著有一個拳頭那麼大，而實際上最多只有二兩。沒有任何菜，除窩頭之外，每頓只有一碗醬油湯，那湯裡最多漂著幾片菠菜葉。所有的犯人最懼怕的，一是老犯人對新犯人的無情折磨，二是牢房裡難以忍受的飢餓。

一貫道壇主已經六十多歲，我進來之前，他天天捱謝凌雲他們的欺負。我進來以後，他有逃出地獄的感覺。為了感謝我，每天分半個窩頭給我。其他一些最受欺負的犯人，也學著一貫道壇主，偶爾給我進貢。我餓得要死要活，也欣然接受了這些人的「饋贈」。在難以忍受的飢餓面前，吃的慾望，會輕而易舉地粉碎一切，包括道德。

每天我都會被提審兩次，每次都問同樣的問題。無非是讓我交代槍藏到哪裡去了？警察有時也會和我聊天，問我們偷槍幹什麼，有什麼打算。有的時候，警察也和我聊家庭，聊文革。

負責審問的警察，從來沒有對我動過任何刑罰，態度也還算和氣，這使我大感意外。即使如此，飢餓卻越來越嚴重。這不是刑罰卻勝似刑罰的東西，迅速侵蝕著我的意志。每天提審一結束，所有的獄友只談一件事，就是「吃」。我們會用大量的時間討論，一旦出去後去哪裡吃，哪裡有什麼好吃的。有經驗的犯人，會繪聲繪色地講述，全國各地拘留所的伙食如何，

哪裡可以吃到豆腐渣，哪裡可以吃到糙米飯，等等。

在海淀拘留所的 56 天中，最餓的時候，我曾經大口大口地吃過馬糞紙（六十年代老百姓用於大便後擦屁股的黃色草紙），實在餓急了，我也曾冒險吃過牙膏。

在拘留所極端飢餓的條件下，我的大部分其他生理需求都迅速消失。那不堪回首的五十幾天的絕大部分時間裡，我完全不能理解，男人為什麼會對女人有興趣。飢餓竟使我這處於青春期的男人，對異性完全喪失了想像力和任何生理反應。無論怎麼談論女人，下面的老二都不會硬起來。飢餓的可怕，的確是我們正常生活著的人們無法理解的。

當時我最大的理想，就是一旦出去後，一定用幾個泡好白酒的饅頭，醉倒一頭北安河老鄉的豬，然後無拘無束地連續吃一個月！

殘酷而無法忍受的飢餓，使我受不了了，我決定投降。我要交出那三把手槍，換取自由。只是我們在柿子林藏槍的時候，三個人已經約定至死不說，還為此一起發過誓。因此，我必須設法通知武山根和馬青波，我們要一同招認。這樣，我就不會被他們倆認為是個叛徒。

在拘留所裡，不同牢房裡的囚犯，只有兩種可能的信息溝通渠道。一個是在每天 10 分鐘的放風時間，另一個是在每天 5 分鐘的大便時間。其他時間是沒有任何機會的。

拘留所每天的放風，是犯人們一天中，唯一可以看見天空，可以曬曬太陽，也可以象徵性地享受一點點自由的時間。這 10 分鐘成為囚徒們每天的「節日」。但由於拘留所裡的犯人，都處在審訊調查期間，防止犯人之間「串供」是獄方最重要的工作，因此，每天的放風都戒備森嚴。而且，由於在拘留所大院裡放風，犯人們有了一定程度的活動空間，防止犯人暴動也是獄方每天高度警惕的事情。

每天的放風都是按照囚室的號碼分別進行的。如果想和山根及馬青波建立信息聯繫，只能通過建立一個有效的「信息交換點」，並讓對方知道。

　　我用牙膏皮，在一寸見方的小紙片上，寫上了一個「招」字。

　　在幾次放風以後，我找到了一個可能的「信息交換點」。拘留所中心大院的北牆牆根，有一塊埋在地下的大石頭，石頭的一半伸出地面。放風時我經常坐在那裡。我用牙膏皮在那塊裸露的石頭側面，寫上了一個阿拉伯數字「47」。並把預先準備好的紙條，嵌在石頭旁土壤與石頭的夾縫裡，僅露出一點點紙片的黃色邊緣。

　　那片小紙片太小，極不起眼，不會有任何人注意到這一點。

　　兩天以後，我仍然懶洋洋地坐在那塊石頭上放風，我發現那張石頭夾縫裡的紙條不見了，欣喜若狂。又過了一天，我重新看到了那塊石頭邊緣的土縫裡，夾著一張新的紙條。紙條已經從我那張黃色的小紙片，換成了白色的小紙片。我偷偷低頭假裝繫鞋帶，取走了這張白色紙片。

　　回到牢房打開一看，也只寫了一個「根」字。

　　我明白武山根已經接到了我「招」的通知。

　　馬青波是個高度近視，可他從來不願意戴眼睛，這使得他無法像山根一樣，看到那塊石頭上悄悄寫上去的「47」的暗號，也就無從找到我在那裡留下的聯絡辦法。

　　不過，我和馬青波還是在另一個可能的聯繫地點，巧妙地建立起了信息溝通關係。

　　拘留所裡的犯人，每天只有 5 分鐘集體上廁所的大便時間。其實犯人吃得那麼少，肚子裡根本就沒有任何東西，一般幾天也不用去廁所大便。但那終究是犯人們離開囚室活動一下的機會，沒有人願意放棄這 5 分鐘的大便時間。

　　犯人的廁所很大，一共 20 個糞坑圍在四周。這樣的設計，大概是為了犯人們在大便時，也可以互相監視。廁所是監獄裡唯一可以脫離開警察視線的地方，沒有警察願意陪著犯人，一起蹲在臭烘烘的廁所裡。

　　一天我們 27 號牢房的 5 分鐘大便時間，我發現廁所北側一個有排污管

道的牆角上，有人用牙膏皮，劃了很不清晰的「蘭浪」兩個字。我立即反應過來，這是馬青波寫的。在西藏時的一次聊天，他說過，我叫「青波」，你將來的假名或代號，就用「蘭浪」吧。「青波」對「蘭浪」，本是一句即興的話，這時被馬青波用作了聯絡暗語。

我叫那個佔著這個茅坑的人起來換個地方，我自己轉移到這個茅坑來。我一邊蹲著假裝大便，一邊在那根污水管道和廁所牆壁形成的縫隙裡摸索，我發現了一個小紙團。之後，這個茅坑和這根粗大的鑄鐵污水管道，成了我和馬青波的聯繫地點。

由於我們之間也建立起了有效聯繫，雖然晚了一些，馬青波還是知道了關於「招」的通知。

在我和武山根被抓進拘留所的第 53 天，我仍然坐著公安局的吉普車，仍然在軍人和警察的簇擁下，趁著黑夜，來到四十七中運動場旁的柿子林。警察們按照我的指認，從北側第 4 行，西側第 7 列的那棵柿子樹下，挖出了我們埋藏的三支手槍。

一段終生難忘的傳奇結束了。

姐姐作為我在北京的唯一家人，來監獄領我出獄。一邁出海淀拘留所的大門，我枯瘦如柴的樣子讓姐姐大吃一驚。我相信身高 1 米 80 的我，當時體重肯定不到 100 斤。

我太餓了，姐姐問我想吃什麼？我大聲喊道：「我要吃包子！」

姐姐在海淀鎮裡，找到一家包子舖，請我吃包子。我大口大口地吃著包子，姐姐一口也沒吃，只是看著我吃，不斷地掉眼淚。她勸我不要一下吃太多，免得把胃撐壞了。

因為那頓包子，我感激了姐姐一輩子。

浴血奪回卜易一命

出獄以後，我的身體狀況慘不忍睹。由於太長時間的持續飢餓，身體太弱，站著兩腿都會打顫，從心眼裡怵頭走路。我很懷疑，由於監獄那五十多天的飢餓折磨，我的身體是否已經被徹底摧垮了？

我還是沒有回到四十七中去，在姐姐的住處調養身體。恢復和休息了半個月以後，我又回到了學校。

我、武山根和馬青波，因為持有三把手槍進監獄，成了四十七中轟動一時的新聞。四十七中的學生從來沒有人進過監獄，更沒有人持有過三把手槍。當聽說在杜廈的宿舍裡，還曾經藏著 200 發子彈和一箱手榴彈，這讓全校的紅紅紅們，驚愕不已。他們沒想到，他們的仇敵杜廈，居然能做出這樣令他們想也不敢想的事。這既使紅紅紅們慶幸，12 · 7 武鬥後，沒有再去招惹杜廈；又使他們大多數人，對杜廈刮目相看。

我們回到學校的時候，學校正在醞釀成立革命委員會。毛澤東思想公社和「紅紅紅」為爭奪革命委員會裡的多數地位，又鬧得劍拔弩張。雙方都認為，在革命委員會裡的地位和勢力大小，客觀體現了究竟是誰取得了這場文革的最後勝利。

此時，「紅紅紅」最為憎恨的兩個人，一個是閻曉懷，另一個就是杜廈。雖然我剛從監獄裡出來，「紅紅紅」對我搞槍的舉動敬佩有加，但我和「紅紅紅」之間由於 12 · 7 所引發的恩怨情仇尚未了結。閻曉懷文革前就是四十七中大名鼎鼎的人物。現在，他是四十七中革命委員會主任的主要候選人。

四十七中最後一次，也是最慘烈的一次武鬥，發生在高中部北樓，發生在我的宿舍裡。事情的緣起就是閻曉懷被「紅紅紅」打傷。

不知是「紅紅紅」裡哪個傢伙，從東城區的二十五中請來了北京中學裡的著名殺手王前。王前是北京二十五中初二學生。身材不算很高，一臉稚

氣，但頭上三道長長的裸露刀疤，顯示他的確是個令人生畏的亡命之徒。

我回到學校不久的一個中午，初中「紅紅紅」幾個死硬分子，陪著王前來到學校大食堂。他們七、八個人，一人一瓶啤酒，邊喝邊坐在食堂裡閒聊，恰巧發現了站在排隊打飯人群中的閻曉懷。

這幾個初中的「紅紅紅」想，如果把閻曉懷給「花了」（打得滿臉是血的意思），不僅是「紅紅紅」的勝利，還好好地羞辱了整個毛澤東思想公社。於是，王前若無其事地向正在排隊打飯的閻曉懷走去。閻曉懷不認識王前，更沒有任何思想準備。王前走到閻曉懷面前站定，從背後拿出手裡已經握好的空啤酒瓶，全力向閻曉懷面門砸去。

這劈頭蓋臉一啤酒瓶子，把閻曉懷打了一個滿臉花，閻曉懷當場昏倒在食堂地上。打倒閻曉懷後，王前和陪他來的紅紅紅們，哼著小曲，安然離去。

王前這一啤酒瓶子，不僅打得閻曉懷滿頭滿身的血，還打出了他的輕微腦震盪。毛澤東思想公社的溫和派們，被這莫名其妙的暴行徹底激怒。第二天，學校大食堂的裡裡外外，貼滿了討伐這一惡行的大字報。

對待毛澤東思想公社的大字報，「紅紅紅」有極其簡單的應對辦法：他們會在最短的時間內，把它們統統撕掉。這既免去了為回擊而撰寫大字報的辛苦，又可以讓敵人費力寫成的大字報，瞬間消失。「紅紅紅」的流氓行為和閻曉懷的受傷，把一直以來崇尚擺事實、講道理的溫和派們，推到了武裝抵抗的邊緣。他們在鋪天蓋地地貼出大字報的同時，準備武裝保衛自己的大字報。他們安排了大字報作者和一些義憤填膺的公社戰士，一對一地站在自己的大字報前，以免再被「紅紅紅」明目張膽地撕掉。

卜易，高三·一班男生，是閻曉懷的同學、擁躉和戰友。他寫了一份十幾張的大字報紙，掛在食堂正中的吊繩上，十分醒目，是當天最重要的一份大字報。卜易兜裡準備好了一把折疊水果刀，守衛在自己的大字報前面。誰要是敢於撕他的大字報，他就準備堅決捍衛。因此，當初一的「紅

紅紅」宋劍明去撕海報時，卜易拚命阻攔，兩人扭打在一起。

　　儘管卜易已經高三，宋劍明才初一（其實應該初二，蹲了一班），但宋劍明五大三粗，比卜易高出半頭，而且善於打架。幾個回合下來，卜易已經完全處於下風，被宋劍明騎在身下，瘋狂暴打。卜易忍無可忍，掏出事先準備好的水果刀，刺向宋劍明面頰。宋劍明頓時血流如注。他雙手摀臉，淒厲地大叫著跑出了食堂。幾個同夥也慌了手腳，緊忙跟著跑了出去。他們一邊跑，一邊喊：「卜易殺人啦！卜易殺人啦！」

　　卜易滿手是血，自己也被驚呆了。不知是誰，大喊一聲「卜易快跑！」卜易才反應過來，從食堂後門跑向食堂西側的高三男生宿舍。

　　幾分鐘後，「紅紅紅」的不少成員，手裡拿著皮帶、棍棒、軍刺、匕首、鐵鍬等各種傢伙趕到食堂。得知卜易跑到高三宿舍後，「紅紅紅」向卜易逃走的方向一路追殺過去。

　　卜易刺傷宋劍明的時候，我、馮群、馮真、何魯敏、艾援幾個人，還在北樓寫大字報，在去食堂吃飯的路上才知道食堂出事了。

　　我們幾個飛快地跑到高三宿舍，只見卜易一個人被紅紅紅的人馬圍困在高三‧一男生宿舍裡。他們知道卜易手裡有刀，沒有人敢衝進宿舍。只是隔著三面的窗戶，往宿舍裡拚命扔石塊和磚頭。卜易在房間裡到處亂竄，躲避著三面飛來的石塊。

　　先於我們趕到的沈雲彪，正掄著一把鐵鍬，在宿舍東面阻擋著任何企圖進入高三‧一宿舍的人。我和戈琛、馮群、張鐵軍等人則在宿舍南面門前攔截。雙方暫時形成僵持，「紅紅紅」進不去，卜易也出不來。

　　正當我們從東、南兩面保護著卜易的時候，卜易從北窗跳出宿舍，逃往高中部的北樓，「紅紅紅」先於我們瘋狂地追過去了。等我們趕到的時候，北樓已是人山人海。「紅紅紅」陸續追過來的人，已經有了上百人。

　　我、馮群、張鐵軍趕到北樓，撥開擁擠的人群，一人拎著一條桌子腿，從「紅紅紅」中間左掄右打，殺開一條血路，擠了進去。大批早於我們到達

北樓的「紅紅紅」，正在匆匆撤出北樓，這讓我們感到有些迷惑。我們迅速上了二樓，衝進我的房間。

眼前的景象讓我們幾個都驚呆了。卜易已經昏死在血泊中，不省人事。他的頭頂部被菜刀狠狠地砍了九刀，刀刀頭皮翻開，露出頭骨。胳膊上被重重地砍了三刀，其中最重一刀，把左臂肘關節囊徹底砍開，兩個白白亮亮的圓形骨關節，完全暴露在外面。卜易背部還有一刀，估計也是菜刀砍的，刀口接近二十公分長。已經被砍斷的肌肉束，向兩邊外翻著，像張開著的血盆大口。

卜易雖然已經沒有了任何反應，但還有氣。我抱起卜易，輕輕把他放在我的床上，蓋上了被子。又在被子上面，蓋上了一層木板。我從三屜桌拉出一支抽屜，蓋住他的頭部，以防不斷扔進來的石塊再次砸傷他。

「紅紅紅」已經退出的人們，還沒善罷甘休。他們仍然聚集在北樓外面的廣場上，不斷地向我們這間宿舍投擲石塊和磚頭，嘴裡依然罵聲不斷。

正在這時，「紅紅紅」的人群又再次湧進我的房間。帶頭的是高一·一班的樊孝望和初三的黎源。後面緊跟著的幾十個人，人人手裡攥著石塊，滿臉殺氣。很快，我、馮群、張鐵軍都被雨點一樣擲來的石塊，擊中頭部。馮群第一個倒下，接著張鐵軍也倒下了。

我儘管也已經滿頭是血，但始終沒有倒下。

這時我看到二十五中王前，從人群中擠到了最前面。

擠到了前面以後，王前站到了樊孝望和黎源兩人的中間。他們三人與我正好面對面，我們之間相距估計三米左右。

石頭雨停止了，屋裡所有的「紅紅紅」，都看著王前。

我清楚地知道，王前此時出現已經不是因為卜易了。他這次的對象應該是我。也許他此時出現，就是為了徹底了結「紅紅紅」和我之間的全部恩怨，就像北京車站上的那次一樣。

我們兩人雙目互相直視。

　　王前似乎猶豫了片刻，突然一抱拳，先開口問了一聲：「杜廈吧？」

　　我沒有任何可以猶豫的時間了，生死一線間。我必須佔據主動，否則後果不堪設想。

　　滿臉是血的我，伸出右手一指王前，大聲說道：「王前！我們素不相識，我知道你今天為我而來。不過，只要你今天留得我三寸氣在，來日必將登門尋你，以眼還眼，以牙還牙！」

　　我已經做好必死的準備。我很清醒，此時必須大聲喊出王前的名字，讓在場的每一個人都聽到。如果今天他要了我的命，那也會有許多人證明，殺人者是王前，這很重要。就怕人死了，不知是誰殺的。「法不責眾」會使真正的殺人犯逃過懲罰。

　　這也是對王前的震懾和警告。

　　沒想到，王前聽到我大聲道出他的姓名以後，愣了一下，接著又是一個拱手抱拳，說了一聲「領教了！」便趕忙轉身離去。樊孝望、黎源也愣了一下，立即跟了出去。手中都還拿著石頭的其他「紅紅紅」，都扔下石塊，趕忙跟著這三個人，撤離了我的房間。

　　我們救下了卜易一命。

　　看到這兒，很多人會以為這是一段小說裡的故事，但這是千真萬確的事實，是一段不可能忘卻的歷史。

　　1968 年 11 月末，我、馬青波、武山根、馮群等六人，在內蒙錫林浩特知青辦的知青名冊裡，意外發現了「北京二十五中王前」的名字。我才知道，果然冤家路窄，他也來到錫林郭勒盟插隊。我親自寫了一張字條，讓武山根和陳剛專程去了一趟王前所在的達青牧場，把條子當面交給了王前。那張紙條上寫著：

　　「踏破鐵鞋無覓處，來日登門拜訪！高力罕牧場杜廈」

　　據說，第二天王前就離開達青牧場，返回了北京，此後不知去向。

　　卜易保住了一條性命。養好傷後，去內蒙古突泉插隊落戶。他還是和

閻曉懷在一起。

那天在北樓我的宿舍裡，捨命救下卜易的一共四個人，他們是：馮群、張鐵軍、沈雲彪和我。其實，我們四個人都和卜易不熟，除沈雲彪外，我們三個人甚至都不認識他。

1968 年至今已經整整五十年。這五十年中，卜易再也沒有和我們見過面。我始終覺得，卜易應該對我們說一聲感謝。

彷徨

瘋狂而又讓人不寒而慄的卜易事件過去以後，學校進入了一段相當長的沉靜時期。人們終於發現，無論哪一派，都對文化大革命喪失了哪怕最後一點的興趣與熱情。此時的中學生，根本不知道自己的歸宿到底在哪裡，落寞、彷徨，整天無所事事。

盡最大可能去尋找刺激，成為這段時間中學生們的生活主旋律。此時流行兩件事，一是男女之間的非正常交往，二是群夥之間無緣由的打架鬥毆。

1968 年，無聊的北京中學生們，流行給學校裡的所有漂亮女生評分，然後膽子大的男生便開始追逐，即所謂「拍婆子」。

「拍婆子」並不是男女中學生之間的正常交往，而是有很大調侃和玩笑的性質。「拍婆子」的男女雙方，一般互不相識。比的是哪個男生在陌生女孩兒面前，膽子更大，敢於搭訕，而且能成功獲得回應。其實，雙方的這種交往，都是為了尋求感官和心靈刺激，並不是真正的談戀愛。電視連續劇《血色浪漫》開頭，劉燁飾演的鍾躍民，在滑冰場上搭訕孫儷飾演的周曉白，就是當時北京中學生「拍婆子」的真實寫照。

儘管「拍婆子」流行，但我卻沒有過這樣的嘗試。對於和女生的交往，我一直持相當保守的態度。雖然對於那些因善於「拍婆子」而有好多女朋

友的同學，我心裡也十分羨慕，但我仍然認為，這多少有點流氓，始終沒有參與。我也不和任何有「拍婆子」嗜好的同學來往。我周圍的一夥同學，都是有著濃厚英雄主義情節的人，我們之間，沒有任何人嘗試過這樣的刺激。我們這些人，都是在追逐自己的英雄主義夢想。

中學生們尋求刺激的第二個熱點，是從文革武鬥傳導下來的。這就是1968年風靡北京的，中學生各個勢力集團之間的打架鬥毆。

一般來說，年紀較小的初中老紅衛兵，以各個中央部委或軍隊的住宅大院為單位，組成了各個不同的打架鬥毆團夥。另外一支重要力量，是平民百姓中帶有強烈江湖氣的各個流氓團夥。他們往往以自己所居住的區域為單位，構成當時北京青少年打架鬥毆的兩大陣營。廣為人知的新街口一帶的「小混蛋」周文利，被翠微路等三所中學的初中紅衛兵所殺，是那個時期群體打架鬥毆的極端事件之一。

這些人，被王朔的小說定名為「頑主」。儘管我不記得當時有這樣一個稱謂，也不大認同「頑主」這個名字，但我承認王朔的小說，和姜文根據王朔小說改編的電影《陽光燦爛的日子》，基本表現了當時北京中學生的精神傾向。

北京中學生精神追求的失落，文革信仰的崩塌，不僅體現在家庭出身好的紅紅紅們身上，我們這些曾經冒著生命危險，反抗血統論的人，也普遍感覺失去了浴血拚殺的理由和方向。

雖然「拍婆子」、「打群架」不是我們喜歡做的事，但我們也同樣是寞落和彷徨的一群，每天也在無聊中度日。

這段時間，我們也幹了許多荒唐、無聊和不堪回首的事。

畫月票：

六十年代北京市公共汽車月票分為兩種：市內公共汽車月票，每月二元；含郊區的全市公共汽車月票，每月四元。

從1968年初開始，我們十幾個人每月用的全市公共汽車月票，都是武

山根畫的。這些偽造的月票，被美術奇才武山根畫得惟妙惟肖。即使拿在眼前仔細辨別，也很難辨出真偽。

其實，大家讓山根幫忙畫月票，不全是為了省下那四元錢。更重要的是要體驗作假、偽造的刺激。售票員驗我們的假月票時，內心產生的緊張感，會使人高度興奮。

一次，我們在展覽館莫斯科餐廳聚餐。馮真酒量太小，一杯香檳和一瓶啤酒，他就醉了。聚餐完回學校的路上，我們一起乘 32 路公共汽車。已經醉了的馮真，醉醺醺地雙手抱著車上一根不銹鋼立柱，左右悠著轉來轉去，兀自笑個不停，完全像個酒鬼。突然間，他騰出一隻手來，指著我們所有同學，笑哈哈地對汽車售票員大聲喊道：「我告訴你，這些人的月票……都是假的！只有我的月票……是真的！他們的月票……都是武山根給畫的！」

馮真這一喊，嚇得我們面面相覷，不敢出聲。大家都假裝和他不認識。車上的乘客都聽見了馮真的酒後揭發，但大家都默不作聲，生怕自己惹上麻煩。售票員也裝作什麼都沒有聽到，估計她也是怕惹了這幫不講道理的中學生，還是睜一隻眼、閉一隻眼算了。售票員和司機，都不願意因為管一幫臭名昭著的中學生，而讓自己惹上禍端。

搶茶水：

我和馮群、艾援一次經過西直門大街一個茶水攤。天極熱，我們走路走得汗流浹背，口渴難耐。在接近這個茶水攤時，我們停下腳步。

我純粹是為了尋求刺激，便惡作劇地對他倆說：「你們敢不敢拿起就喝，喝完就走？」

馮群說：「那有啥不敢？」艾援也說他敢。

我們三人走到茶水攤前，一人端起一碗「大碗茶」，一飲而盡。然後輕輕地放下碗，向賣茶的老頭，點頭一笑，大搖大擺地轉身離去。

「錢！」老大爺在我們身後喊了一聲，以為我們忘了給茶錢了。接著，

他發覺不對：這仨小子是「白喝」不給錢呀！就從板凳上站起來，雙手支撐著擺滿茶水的小攤，側身衝著我們走去的方向，一面大聲罵著。他一面不斷地往地上大口大口地啐唾沫，一啐還一點頭，聲音中充滿鄙視和憎恨。我們頭也不回，心裡滿是那種惡作劇「成功」帶來的欣喜。

其實一碗「大碗茶」才兩分錢，在轉身離去的一剎那，我看到了老人眼裡的無奈、迷茫和厭惡。

我們當時尋求的是心裡的興奮和快感。

直至今天我一直記得那位老人臉上的皺紋和他那雙眼睛。儘管只是一個「惡作劇」，我們還是對不起那位老人，我們其實是在拿那位老人的善良開心。

夜搶供銷社：

1968 年夏天，我們仍舊住在北樓。戈琛、馮真、何魯敏回到學校以後也搬到北樓來了，北樓一下人丁興旺，幹的壞事也就多了起來。

一天，不知是誰的提議，我們決定夜裡先去北安河供銷社偷油，然後再偷幾隻老鄉的雞，好好開一頓「葷」。

夜裡一點左右，幾乎全北樓的人都起來了，一共是 11 個人。我們中除了我曾在西藏偷過公安局的藏刀以外，其他人都沒有過任何盜竊歷史。當面臨「盜竊」這個詞的時候，其實每個人心裡都跳得挺厲害。雖然有點不太自在，但誰也不想認慫。生活實在太無聊，不找點刺激甚至過不下去了。

大家一聲不吭，出發去了北安河公社的供銷社。

夜很黑，我們像是「鬼子進村」一樣，悄悄地摸到了北安河供銷社的大門口。供銷社的大鐵門緊閉。我輕輕推了推，裡面上了拴推不開。我叫戈琛蹲下，我踩在他的肩上，爬上大鐵門。鐵門晃晃悠悠，在黑暗中吱吱作響。那聲音很刺耳，弄得大家都有些緊張。終究我們這些人，都不是真正的「賊」，只是尋求刺激，找點開心而已。

我踩著大鐵門內側的幾道橫樑，攀下大門，輕輕跳到供銷社的院裡。

儘管聲音不大，門房裡還是傳來了「動靜」。

門房傳出幾聲咳嗽聲，咳嗽的聲音很大，一聽就知，是故意發出的警告聲。這等於是告訴我們：「我知道有人進來了，你們趕快走，否則我就起來了。」

我沒理會門房裡的那幾聲咳嗽，我拉開大鐵門上的沉重鐵栓。那大鐵栓吱吱扭扭發出了巨大聲響，在沉靜的黑夜裡，那刺耳的聲音遠近都聽得清清楚楚。

估計門房裡的看門人，透過玻璃窗，看見了我們十幾條黑影湧進院內。他哪裡還敢出來，一聲也不敢再吭一下。此時，看門人肯定是在想，今晚如何才能保住自己這條性命。他哪裡還敢管這個盜竊團夥到底是幹什麼來了。

説來可笑。我們只是在供銷社的豬油大桶裡，偷了半臉盆煉好的豬油，其餘所有商品一概未動。而我們偷這半盆豬油，只是為了用來炸饅頭片而已。

一隻老母雞：

出了北安河村，一條斜坡大道估計有半公里長。大路兩旁有幾家住在村外的農戶，其中一家的一個巨大的雞窩，引起了我們的興趣。我決心再去偷幾隻老母雞，以便大家能開一頓「大葷」。

此時已經過了夜裡兩點，四周更加寂靜。這家倒霉的農戶，雞窩離住房大約二十多米遠。我計算了一下，即使農戶穿上衣服追出來，我們也有7、8分鐘的時間供我們偷完雞逃跑。

我趴在雞窩口的地上，把手長長地伸向雞窩的底部。雞窩裡的雞，看到我的手進來，驚慌地又飛又跳，還嘰嘰喳喳地驚恐地亂叫。屋裡的農戶老太立即醒了。罵聲從窗戶傳出來，她在罵我們這幫小偷！

雞窩很大，我全力以赴往裡探身，還是夠不著那些雞。可屋裡的叫罵聲越來越大，我的心也就越來越慌。終於，我抓到一隻大老母雞。它太大，

力大無窮，我費了很大力氣，才制服它，把它拖出雞窩。

這隻大老母雞超出尋常的「噗噔」，終於讓屋裡的老太躺不下去了。門「咣」的一聲打開，老太雙手握著鑥頭闖出家門。我們大驚失色，不知是誰喊了一聲「跑」，我們抓著這隻唯一偷得的老母雞，跑回了學校。

身後依然叫罵聲不斷：「我操你個媽的，你個雜種操的！我操你個媽的，你個……！」

第二天，讓人啼笑皆非的事情發生了。

老太來學校，先是找到軍宣隊一頓大罵，要求軍宣隊賠她老母雞。然後，老太來到「紅紅紅」居住的南樓，坐在樓口，見到「紅紅紅」任何一個進進出出的人員，就破口大罵：「我操你個媽的，你個雜種操的！我操你個媽的，你個……！」。老太太不依不饒地罵了整整一天，把「紅紅紅」的人罵得灰頭土臉。周圍的老百姓都知道，一旦四十七中學生幹了什麼壞事，一定就是「紅紅紅」幹的。我們聽後得意不已。

樂極生悲，第二天，大家都要去澗溝山裡採櫻桃，留在學校的人，就在宿舍裡用電爐子燉那隻老母雞。艾援自稱他廚藝不錯，由他操刀。結果燉雞時他自己睡著了，溢出的雞油點燃了電爐子，不僅桌子燒了一個大洞，那隻好不容易偷來的老母雞也成了一鍋焦炭。我們什麼也沒有吃到。我們大家把艾援罵個臭死。

向北、向北

1967 年末到 1968 年初，無論學生還是家長，都感到文化大革命很快就要結束，該是考慮今後出路的時候了。

四十七中大批革命幹部和革命軍人子弟，紛紛尋找各種關係，千方百計爭取去部隊當兵。當時，這是讓年輕人迅速脫離文革荒唐歲月的最好辦法。

　　一方面，自古以來，送子從軍一直是件值得稱道的事。當兵能夠贏得社會的廣泛尊重，等於直接獲得了社會各階層的最高地位。當兵之後，基本保證了一生的鐵飯碗。無論將來作個職業軍人還是復原或轉業，國家各級政府會保證他們的生活和就業安排。當兵也是入黨的最佳途徑。而能夠入黨，相當於取得了「當官」的入門條件，進而就帶來了在社會上執掌一定權力的可能性。所以在當時，任何青年學生，如果可以成為一個「光榮的解放軍戰士」，絕對是一件可以光宗耀祖的事。

　　另一方面，經過三年文化大革命的折騰，中國的經濟到了崩潰的邊緣。全中國的農村，還普遍處在嚴重飢餓的狀態。城市居民，包括工人、職員、幹部和各類城市勞動者，糧食、肉類、蔬菜、食用油，都要「憑票供應」，而且數量極少。大家也都處在普遍饑荒的狀態，老百姓生活困苦難當。但是，由於解放軍承擔著保衛國家的重擔，隨時都要準備打仗。因此，解放軍部隊，大概是唯一能夠保證「吃得飽、穿得暖」的單位。

　　既然毛澤東決定不再辦大學，上大學的道路已經堵死。比起其他所有出路，當兵當然是最好的選擇。讓自己的子女去當兵，對於部隊將領和地方政府高級幹部來說，往往是老戰友之間的一個電話，藉著每年部隊徵兵的機會，一切都可以安排妥當。但對於一般老百姓的子女來說，即使是按每年徵兵的正常途徑，能夠入伍也是難得能碰到的好事。一般來說，如果一個老百姓家的孩子當了兵，那真比舊社會家裡出了一個狀元，還要榮耀。

　　據粗略統計，從 1967 年初到 1968 年底，四十七中學生中，陸續通過「走後門」當兵離開學校的，達到驚人的 300 人左右，大約佔學生總數的 25%。

　　1968 年，毛澤東發出「知識青年到農村去，接受貧下中農的再教育，很有必要」的號召，上山下鄉運動在全國範圍內大規模展開。按道理講，既然是毛主席的號召，革命幹部子弟和革命軍人子弟，應該率先垂範，帶頭上山下鄉。但這些幹部子弟和軍人子弟，卻在爭先恐後地走後門當兵。

而真正響應號召上山下鄉的，卻都是平民百姓子弟。即使有為數不多的高級幹部子弟上山下鄉，也大多是父母已經被打成「走資派」的黑幫子女。

學校裡的絕大部分同學，無限羨慕這些能夠走後門當兵的同學，完全不知道自己的歸宿到底在哪裡。加上國家還沒有下達畢業分配方案，學校裡的學生們，就更加落寞和彷徨。

在這樣的環境下，我也開始考慮畢業及今後的去向。

據說我所在的高一年級，可能全部要留在北京分配工作，當時，什麼人可以分配到什麼樣的單位去工作，基本由兩條標準決定：「家庭出身」和「現實表現」。

對於我來說，「家庭出身」是一項十分清晰的標準，即無論有多少個人一起按照家庭出身的好壞排隊，我也永遠會排在最後一名。我的家庭出身不僅是「歷史反革命」，爸爸還是個「中統特務」；爺爺、姥爺又分別是地主和資本家；大舅被判過死刑，二舅是逃到台灣的國民黨軍人；因此，絕對不會有人，比我的家庭出身更「爛」。

如果在北京分配工作，不會有任何單位敢於收留我。絕大多數單位的領導人，不僅怕這樣家庭出身的人來到自己的單位，他們還發自內心地討厭這樣的階級敵人子女。因此，在北京我基本上不可能獲得任何工作機會，更不可能找到任何體面的工作。這使我對於留在北京等待分配工作，毫無信心，甚至有種莫名的恐懼。

「現實表現」一項，我的情況也糟糕透頂。當時所有地富反壞右家庭出身的人，必須老老實實接受改造，承認自己是「可以教育好的子女」，政府才可能給予出路。這是所謂「表現好」最基本的底線。

而我在文化大革命中的表現，從來沒有老老實實過：私藏槍支、偷盜公安局、衝擊衛戍區、積極參與武鬥、反對「軍宣隊」。沒有任何黨組織、政府或單位的領導人，會認為杜廈的表現是一個「好的表現」。因此，按「現實表現」來看，在分配工作的排隊上，我篤定還是排在最後一名。

　　問題是，即使將來離開學校走向社會，我也不會改變自己。我還是原來那個杜廈，既桀驁不馴，又膽大妄為。

　　北京不會歡迎這樣的我，我也不會喜歡這樣的北京。

　　因此，我要去一個可以有尊嚴、可以有我喜歡的生活、可以自由自在、周圍有一群志同道合的朋友的地方。我下決心離開北京，去尋找我心中的那個「諾亞方舟」。當然，那個地方如果將來能夠有戰爭的機會最好。我一直渴望在那場想像的戰爭中，洗刷自己身上因為家庭出身所帶來的恥辱。我要成為一個讓所有人尊敬的英雄，縱使死去，亦可欣然。

　　我冥思苦想了很長時間，又千方百計借了一些有關的書籍，查閱了一些可以得到的資料。官方報紙上的一些新聞、報告文學也提供了一些信息和描述。

　　符合這樣條件的地方，我選擇了三個：

　　烏蘇里江沿岸，那裡是赫哲族人打獵和捕魚的地方。著名歌唱家郭頌的《烏蘇里船歌》，把那裡描繪得令人嚮往。那裡肯定民風樸實，沒有壓迫和歧視，不用每天 8 小時上班，也不用天天學習毛主席著作。那裡也是最有可能發生戰爭的地方。這塊地方完全符合我的理想。

　　新疆的阿爾泰山區，那裡有高聳的雪山、巨大的松樹林和白樺林，給了人太多的美感和視覺享受。電影《冰山上的來客》對於我們這代中學生影響深遠。哈薩克熱瓦普，塔吉克的騎馬叼羊，維吾爾姑娘的美麗舞姿，都使我對那個地方充滿無限的浪漫遐想。那裡的人同樣質樸，相信應該沒有什麼壓迫和歧視。新疆也是離蘇聯最近的地方，應該是個有可能發生「衛國戰爭」的地方。

　　浩瀚無際的內蒙大草原，那裡有耳熟能詳的「藍藍的天上白雲飄，白雲下面馬兒跑」的歌聲，有蒙古人的彪悍、豪爽，有摔跤、喝酒、騎馬、射箭等蒙古人的標誌性生活。也有「風吹草低見牛羊」的絕色美景，這一切，在很小時，就植入了我們的心靈之中。內蒙古大草原的壯美與抒情，

早都成為我內心深處的圖騰，對我有著無窮的吸引力。更何況內蒙與北京距離最近，最有可能成為蘇聯坦克集群突襲北京時必定經過的地區。如果蘇聯入侵，內蒙必然首當其衝。

我把目標方向，按順序定位：內蒙錫林郭勒盟、新疆北疆阿爾泰地區、黑龍江撫遠地區。具體尋找目標的原則是：離邊境越近越好，越是少數民族地區越好，越是遊牧地區越好，越是地廣人稀的地區越好，越有可能打仗越好。

我找了馬青波、武山根鄭重地商量了這件事。他們倆一致同意我的分析和方案。我們決定儘快離開北京，尋找屬於我們的樂土。我們立刻開始實施這項計劃。

我們的計劃，面臨著諸多巨大難題。

首先，在那時的中國，任何就業和學校畢業分配，都是納入國家計劃的。而我們的設想，不會得到官方認可，更沒有任何國家分配計劃的支持。

第二，戶口轉移、檔案調動都需要學校的配合和認可。沒有國家分配計劃，就不會有戶口和檔案的合法遷移。沒有戶口，在全中國任何一個角落都不可能長期居留和生存。

第三，任何中國的村、鄉、縣級政府，都不可能在沒有官方「計劃派遣單」的情況下，接收任何私自前來的落戶者。而我們連一張可以證明身份和來歷的介紹信都沒有。

第四，我們要去的地方，都是戒備森嚴的邊境地區。我們既沒有任何親屬，也沒有任何熟人，甚至語言都不通。我們這些沒有任何背景介紹和官方證明的「黑人」要想落戶，成功的可能性微乎其微。

但我下定決心，一定要成功！

我們商量出了如下安排：

1、武山根負責用廢棄的塑料鞋底刻出兩枚「北京市第四十七中學革命委員會」公章，以便沿途在住店、搭車和所有需要表明身份的地方，可以

方便地開出「介紹信」。

2、由我去學校革命委員會辦公室，騙出一疊「北京市第四十七中學革命委員會」的紅頭信箋，要求是 100 張公用正式信箋。以備需要時，隨時可以開出正式的官方介紹信。

3、借鑑信陽搞槍的做法，由馬青波準備摔跤書、擒拿書、武術書備用。同時戴上兩副拳擊手套和兩件摔跤用的褡褲。

4、盡可能多帶幾個人，一是人多勢大，有了困難容易對付。二是給接收的地方感覺可靠、正式，易於被接納。

5、出發時間選擇週末。這樣學校方面認為我們還在家裡，不會懷疑我們「潛逃」。而家長以為我們已經回到學校，也不會懷疑我們「失蹤」。估計雙方一週之內不會通氣，這樣我們最少有一週無人追索的安全時間。

馮群、艾援、陳剛熱烈響應了我的計劃，使我們的隊伍一下擴大到六個人。

11 月 17 日，週日，晚六點。我們六個人各自背了一個碩大的行李，準時在西直門火車站集合，沒有一個人背棄諾言，也沒有一個人遲到。

我們的行動是嚴格保密的。張農生到火車站給我們送行。只有他和段偉鋼知道我們這次行動的計劃。因為他們承諾，一旦我們在錫林郭勒落腳，他們也一定隨後趕到。

火車喘著粗氣進站了。在西直門上車的只有我們幾個。隨著火車進站，大家都越發顯得神色凝重。我們都知道，此次出發，不同以前的串聯，十天八天就可以返回北京。這次完全不一樣，我們是準備把自己今後的人生，交給一個完全不知結果的陌生世界。我們在這種悲壯的氣氛下和生我們養我們的北京城，作了最後的訣別。我們對北京的全部感情，也好像都在那一刻靜止而凝結，永遠留存在了我們的記憶之中。

我們終於登上了前往張家口的火車。

火車一聲尖厲的汽笛聲，艱難地一步一步啟動了。它載著六個充滿理

想、嚮往自由的北京年輕學生，奔向祖國的北方。火車越開越快，那飛速旋轉的火車巨輪，猛烈撞擊著軌道，奏響一個有節奏的轟鳴。聽起來，那聲音好像是在吼叫：向北、向北、……那聲音持續不斷，劃破了北京死一般寂靜的夜空。

第三章
3rd Chapter
青年：草原悲歌

九　錫林郭勒的召喚

趙德榮和錫林郭勒

　　就這樣，我們瞞著學校、瞞著家長、瞞著同學和所有朋友，私自逃出北京。

　　火車開動以後，大家眼睛都望著窗外，沒有一個人說話。但我相信，每個人心裡都非常激動，我們要自己決定自己的未來，不能任憑命運擺佈。此行必須成功，不能失敗。

　　第二天凌晨，火車終於抵達張家口。11 月下旬的張家口，比北京的十冬臘月冷得多。凜冽的寒風，像是不斷舞動的刀，割著我們的臉。我們背著大行李，從火車站走出來。張家口整個城市還在睡眠中，寂靜而空曠，街上看不到行人，我們找了路邊一個大車店休息了一下。

　　我們決定從張家口步行到錫林郭勒盟的首府錫林浩特，全程一共 840 華里，計劃用 15 天走完。這樣做，是準備用「步行千里」的驚人行動，去感動當地政府，使我們能夠在錫林郭勒盟落戶。我相信，任何人都會被幾個弱不禁風的北京中學生，冒著凜冽的寒風，背著巨大的行李，從北京一步一步地走到北部邊疆的行動所感動。

　　我們背上巨大而沉重的行李，徒步離開張家口。第一個目標是張家口正北方的張北縣，共 100 華里左右，計劃兩天走完。然而，由於行李太大，最多只走了 5 華里，個子最小、年齡也最小的艾援和陳剛已經受不了了。

我們只好停下來休息，一開始的高昂情緒，此時消失得無影無蹤。難題是，我們只走了不到兩個小時、還不到百分之一的路程，就已經感到受不了了，以後的 15 天該怎麼辦？馬青波還是堅持要步行，我不同意。實踐證明我們根本做不到。經過表決，我們決定改步行為「攔車」，以節省體力，儘快到達目的地。

從張家口去張北的車輛很多，汽車、拖拉機、大馬車什麼都有。大路上人聲鼎沸，灰土騰騰。汽車喇叭聲此起彼伏，倒是十分熱鬧，但是沒有哪輛肯為我們停車。大家都很焦慮。放下行李吧，這麼多人，這麼多行李，沒人會給我們停車。背上行李吧，沒人知道我們想搭車，也就更沒有人會為我們停車。

不能再這樣拖下去，只能來「邪的」了。

我讓大家把行李放到路中間，橫著排成一排。在騰起的灰土揚塵中，這六個巨大的行李形成一道奇怪的路障。六個人各自站在自己的行李後面，擺開架勢，開始「強行攔車」。我下定決心，無論哪輛車，只要駕駛室裡有空座，或者車廂裡還有地方，那麼拉也得拉，不拉也得拉，否則就別想過去。

我來負責和惱怒的司機們交涉。雖然我們攔車的形式霸道而強悍，但對被攔下的每一個司機，我的話語卻溫柔有加，曉之以理，動之以情，希望能夠感動他們，哪怕拉上我們一個人也好。

在挨了無數次臭罵以後，老天不負有心人，我們終於陸續感動了幾位好心司機。當天，我們先後搭乘三輛汽車，到達張北縣。我和馬青波歲數最大，搭的是最後一輛車。

張北縣的大車店條件很差，空氣中充滿汗臭、尿騷、煙草和羊膻的味道。即使是這樣的大車店，也要出示介紹信才能入住。武山根刻的「北京四十七中革命委員會」公章，在小小的張北縣，開始正式啟用。沒有介紹信，我們連最簡陋的大車店都住不上。而這次，我們一點擔心也沒有。由

我們自己填寫，自己蓋章的介紹信，儘管是偽造的，但內容絕對冠冕堂皇。

第二天，目標是 200 華里外的太僕寺旗，求司機拉這麼一個短程，要好談得多。第二天下午四、五點鐘，我們就陸續到達了太僕寺旗的縣城寶昌。那天是 1968 年 11 月 19 日，恰好是我 20 周歲生日。

20 周歲是個大生日。那天晚上，我們沒在大車店吃飯，而是出去找了一個飯館。我們要了六張羊油烙的白麵大餅，又要了六碗羊肉麵湯，叫了幾瓶啤酒，還叫了炸花生米和醬牛肉。儘管囊中羞澀，弟兄們還是給我過了一個既奢侈又實惠的生日。

11 月 19 日出生的我，是地地道道的「天蠍座」。很長時間以後，我才在書上看到，全世界對於「天蠍座」男人的性格描寫，幾乎都是這樣的：

天蠍座的人深謀遠慮、恩怨分明。個性強悍而從不妥協，也非常好勝。天蠍座的人，在心中總定有一個目標，非常有毅力，以不屈不撓的鬥志和戰鬥力，深思熟慮地朝目標前進。天蠍座的人的一個優點，就是他們一旦定了目標，就會不達目標心不死，永不退縮！天蠍座的人不畏挫折、堅持到底、對朋友講義氣、堅持追求事情的真相。

這真的好像是在說我。總之，文化大革命經歷了那麼多的兇險，我卻安然無恙，上天確實給了我一條好命！

11 月 20 日，我們順利抵達錫林郭勒盟的首府：錫林浩特。

我們仍然按照大串聯的習慣，在錫林浩特盟中找個空曠的教室安頓下來。好在我們自己都帶著被褥，基本的生活問題暫時獲得了解決。

第二天，我們六個人換上整齊一點的衣服，一起來到錫林郭勒盟「知識青年安置辦公室」。我們帶的是北京四十七中革命委員會的「正式介紹信」。雖然介紹信名頭不大，但形式上像模像樣，很像中央經常發佈的紅頭文件，莊重、嚴肅。塑料鞋底刻的公章，把一個大紅印戳，蓋在介紹信的

下方：

內蒙古錫林郭勒盟知青辦：

　　茲介紹我校馬青波、杜廈、武山根、馮群、艾援、陳剛等六位同學，前去聯繫到錫盟插隊落戶事宜，敬請協助為盼。

北京市第四十七中學革命委員會

1968 年 11 月 12 日（公章）

　　盟知青辦主任親自接待了我們。他熱情、友善，但他堅決拒絕了我們落戶錫林郭勒盟的請求。

　　「我們全盟，已經接待和安置了將近 4000 名插隊落戶的知識青年。所有各個旗縣，已經再無安置能力。國家的安置經費也已經全部用完，我們實在是無能為力。」他態度友好，但我聽得出來，繼續談下去，也沒有任何可能從他那裡找到突破口了。於是，非常客氣地對他的解釋表示理解，帶著我們的人，離開了錫盟知青辦。

　　出來後，馬青波埋怨我為什麼這麼快就放棄，「應該再磨磨他呀。」我沒有過多解釋，只是告訴他：「你再磨十天也沒用。我們需要另找門路。」

　　我們必須找到真正能夠突破的突破口。

　　在食堂吃飯時，我們認識了盟中的高一學生莊珠扎布。他是住校生，尚未分配，熱情、好客。一天下來，扎布就成了我們的好朋友。他是我這一生中，結識的第一個蒙古族朋友，直到今天，我們仍然是非常好的朋友。從 1968 年那個 11 月開始，我們的友誼已經持續了 50 年。

　　我問扎布，「錫盟最大的『官兒』是誰？誰在錫盟說話算數？」

　　扎布對錫盟的情況了如指掌。他告訴我是錫盟革命委員會主任趙德榮。趙德榮原來是國防部駐越南使館的武官，文化大革命中，調任錫盟軍分區任司令員，後兼任錫林郭勒盟革命委員會主任。

扎布還告訴我，趙德榮的兒子趙剛也在盟中，上初二，還沒分配，好像等著他爸幫他走後門當兵呢。

扎布最後這句話，幫了我的大忙。

我立即全面部署：

第一步，扎布幫助武山根和陳剛去結識趙剛，從當兵這件事開始聊起，最後要落實在「摔跤」和「擒拿術」上。相信任何一個軍人家庭出來的男孩，都會癡迷於這些活動；

第二步，武山根要引導趙剛，去見識一下馬青波的摔跤功底。馬青波不要留情，把趙剛摔幾十個跟頭都無所謂，但一定要贏的他心服口服，直到他打心眼裡佩服我們不可。然後送給他摔跤和擒拿的書籍作為紀念；

第三步，我出面和他講清，我們來錫盟插隊的全部想法，調動他的同情心，求他帶著我們去見他父親趙德榮，以期求得趙司令的理解和支持。

計劃進行得完美而有效，一切都按照我們事先設計步驟完成。僅僅三天時間，我的「三步計劃」全部實現。趙剛成了我們的鐵杆朋友。他告訴我們，他已經把我們立志建設邊疆，保衛邊疆的決心和他爸爸講了，他爸爸全力支持，而且要在家裡宴請我們所有六個北京知識青年。

我知道成功離我們很近了，不過，還要再「擰上一扣」。我提議我們六個人共同寫一份血書，表明我們紮根邊疆的勇氣和決心。老司令一定會被這份血書感動，我們落戶錫盟的事自然水到渠成。

1968 年 11 月 24 日，錫盟軍分區司令部大院，趙司令員家的晚宴上，我代表所有六個北京熱血青年，向趙司令呈上了用我們鮮血寫成的血書：

「紮根邊疆、建設邊疆、保衛邊疆」

血書的最後，仍然是用每個人的鮮血，寫下了我們的名字。

接過這份血書以後，趙司令莊重地站了起來，熱淚盈眶。他連連點頭，嘴裡不停地唸叨：「一定要支持，一定要支持。」

轉天，錫盟知青辦那位主任，一早就來到盟中找我們。他說，錫盟革

命委員會主任趙德榮昨晚打電話到他家裡，要求他立即辦好此事：爭取讓六個北京知識青年，月底前辦完全部手續，完成在錫盟插隊落戶的工作。

知青辦主任徵求我們的意見到哪個旗、縣去。我們一如既往，告訴他：「離邊境越近越好，越是純牧區越好。」按照盟知青辦主任的提議，我們六個人被分配到西烏珠穆沁旗高力罕國營牧場。

此時，從我們離開北京，僅僅過去了一個星期。1968 年 11 月份這最後的一個星期，我們完成了從學校走向社會的一個巨大跳躍。我們將永久性地告別學校生活，從此，北京少了六個不起眼的中學生，而內蒙古草原上，卻多了六個有理想、有抱負的新型牧民。

第二天一早，西烏旗知青辦的汽車如約來到。那是個解放牌大卡車，專門為接我們而來。這是我們第一次名正言順地坐上專門接我們的汽車，大家既滿足又興奮，沉浸在成功的喜悅裡。

我們讓年齡最小的艾援和陳剛擠進了駕駛室，我和馬青波、武山根、馮群四個人，挺著胸膛，迎著草原上的凜冽寒風。11 月底的錫林郭勒草原，氣溫已經大大低於零下二十度。加上我們站在汽車上，直接暴露在呼嘯的冷風之中，不過兩分鐘，我們從北京穿來的棉衣褲，已經被寒風打透，變得像一層薄薄的紙。裡外穿的所有衣服，似乎早已被風撕得粉碎。這是我們第一次領略塞外草原上犀利而強勁的寒風。

我覺得這樣下去，很可能來不及到西烏旗，我們就會被凍死在車上。我的雙手已經不聽使喚，但我還是告訴大家：趕快打開行李，取出棉被。我們四人哆哆嗦嗦地打開行李，取出棉被，趕緊罩在身上。我們都蜷縮著，躲在被子裡面，不敢露開任何一絲縫隙。汽車在草原的土路上一直顛簸，像在跳舞。我們四個人，把棉被裹得緊緊的，像是車廂裡載著的四粒大個「肉粽」，被那輛略帶狂暴的卡車，盡情地顛來顛去。汽車開了將近半天，傍晚我們才抵達西烏珠穆沁旗。當我們從棉被裡鑽出腦袋時，個個都面色發青，已經沒有了人樣。不過萬幸的是，我們居然活著到達了目的地。

　　西烏旗知青辦的主任姓董，是個能講一口好漢話的東北蒙古人。他熱情地接待了我們。晚飯由旗知青辦招待。我們第一次喝了奶茶，吃了好多的手扒肉，每個人還吃了一大碗蒙古麵條。由於一下吃了太多的羊肉（那羊肉沒有絲毫膻味，實在好吃！），好幾個人肚裡不消化，到了半夜就開始折騰。幾個人你來我往，捂著肚子爬起來，呲牙咧嘴地頂著寒風，衝出去拉稀。

　　招待所的廁所就是個四面透風的牆圍子，根本沒有頂，也沒有燈。蹲坑也只是幾根細長的厚木板，架在一個巨大無比的糞池上。黑燈瞎火地蹲上去，無不戰戰兢兢。糞坑上的木板，都已經結了厚厚的冰，人一不小心就會掉進糞池。好在夜裡氣溫已經降到了零下三十多度，拉下去的大便，會立即凍在那高高大糞冰塔上。夜裡奇冷無比，老董告訴我們，尿尿時，手裡一定要拿根小棍一直扒拉，否則尿一尿出來，就有可能把「老二」和地面凍在一起，那可就麻煩了。我們嚇得夠嗆，我一再囑咐出去拉稀的傢伙，注意用手捂著點，小心不要真的把自己的「老二」給凍掉了。

　　第二天早上，我們來到西烏旗知青辦，老董給我們辦了領取安家物資的手續。按照北京和內蒙達成的協議，每個北京知青到內蒙插隊落戶，內蒙提供給每個知青相當於 450 元的安家物資。我們每個人領到了 11 張熟製好的一等羊皮、6 塊羊毛大氈和一雙氈嘎噠（用羊毛打製的氈靴，可抗零下五十度嚴寒）。

　　安家物資，裝了滿滿一卡車。有了這一車皮子和大氈，我們心裡就有底了。我腦中不禁浮現出趙德榮司令員接過我們的「血書」後，激動地喃喃自語：「一定要支持，一定要支持」的畫面。我們看著這些羊皮和大氈，打心眼裡感激這位老軍人。

美麗的額仁淖爾

11 月 28 日，汽車拉著滿滿一車皮子、大氈、行李以及氈嘎噠，開赴高力罕牧場。有了上次差點被凍死的教訓，大家都鑽進了皮子堆裡，只把頭露在外面。這次，我們渾身上下都圍滿了暖融融的羊皮，舒舒服服、暖暖和和地到達了高力罕牧場。

高力罕牧場的負責人，也是個現役軍人，大家叫他額主任。他曾經是個老騎兵，本人也是地地道道的錫盟人。額主任建議我們去第三生產隊，那裡是牧場裡唯一的農業隊。一是離場部近，只有 5 華里，有事方便。二是漢人多，沒有語言障礙。而我們堅持要去一個純牧業生產隊，放牧、騎馬、住蒙古包、吃手扒肉、穿蒙古袍子，成為草原上一個真正的蒙古牧民。額主任對我們的理想和追求，由衷地表示欣賞。他把我們分配到了牧業七隊：額仁淖爾。

錫林郭勒草原面積巨大，相當於五個我國台灣省的面積。比起呼倫貝爾的寒溫帶草原，阿根廷潘帕斯的亞熱帶草原，新疆那拉提的山谷草原，錫林郭勒草原是一片純粹的溫帶草原，氣候溫和，風光迷人。這塊草原中最富饒、最華麗、最壯美的地段，素有天堂草原之稱的部分，就是我們落戶的烏珠穆沁草原。而我們要去的額仁淖爾，又是烏珠穆沁最為肥美的一塊草原。

1968 年 11 月的最後一天，額仁淖爾派了兩輛大馬車到場部來接我們。這車是四匹馬拉的膠輪大車。我們在車把式老姬頭兒的指導下，先綁好我們的安家物資和行李，然後每人留了一張整羊皮裹住腦袋，趴在裝得滿滿登登的大車頂部，上了路。

天空依然晴朗，藍天如洗。我們都被一路上草原特有的冬季美景驚呆了。

此時，一場暴風雪剛剛過去。一離開場部，我們進入了草原的懷抱，

彷彿真正進入一片純自然的巨大雕塑之中。整個大地都只剩下瓊雕的草、玉琢的樹和微風吹起的雪花在婆娑起舞。由於幾乎沒有風，草原已經被白雪凝結，晶瑩剔透。小河像是覆蓋了厚厚的雪白絲被，柔軟而溫馨。樹枝掛滿了沉甸甸、蓬鬆鬆的雪球。額仁淖爾銀裝素裹，變成了純白色的世界。

到達額仁淖爾以後，我們被安排住到東河的「冬營盤」。東河緊挨著高力罕河，是整個西烏旗的最東北端，河對面就是東烏珠穆沁旗的烏拉蓋牧場。據說十幾個北京知青就在我們的河對岸，他們大部分是高幹子弟，又是第一批來自北京的知識青年，因此很早就引起了全內蒙的注意。

我們一共有三十張大氈，在牧民的幫助下，搭起了一個大蒙古包。生產隊送來了爐子、煙筒、兩車牛糞和一車羊糞，及一輛拉東西用的勒勒車（木轱轆的小車）。

我們把知青辦發的羊皮，交給了貧協主席圖爾巴吐，他迅速把這些皮張分發下去。幾天以後，我們便每人收到一件羊皮「大德勒」、一條皮褲、一頂草原帽。

我們的「大德勒」背面的皮板，被牧民用煙熏成了橙黃色，全部配上了黑緞飾邊和銀紐扣，做工上乘，精緻漂亮。隊裡還送了我們每人一條長長的漂亮腰帶。風雪帽也被綴上了海藍色的布面。全部穿上以後，我們立即變成了地地道道的草原牧人。

有了這三樣裝備，再加上從西烏旗帶來的氈嘎噠，我們度過烏珠穆沁嚴酷的冬天，就不會有任何問題了。

解決了禦寒問題後，圖爾巴吐又帶著隊裡的幾個馬倌，給我們送來了六匹馬。偌大草原，馬就是「腿」，沒有馬在草原上寸步難行。

如何分配這些馬，成了難題。誰不想要一匹好馬呢？

在送來的六匹馬中，一匹小青馬身形矯健，前胸肌肉發達，耳朵永遠機靈靈地直立著，雙目炯炯有神，一看就是一匹好馬。最爛的是一匹叫「沙裡棒子」的大花馬，灰不溜秋，無精打采，雙眼佈滿眼屎，一直伸著瘦瘦的

脖子，把頭埋進兩條前腿之間，蹭來蹭去，躲避著吹來的寒風。

馬青波一眼就盯上了那匹小青馬。他誰也沒問，過去就解開韁繩，把小青馬牽在自己手裡。這突如其來的行動，使其他人不知所措。顯然，馬青波不和大家商量，就擅自搶走小青馬的行為，破壞了我們六個人有事商量的規矩。馮群、艾援心裡不悅，武山根也回過頭來用目光在詢問我：他怎麼能這麼幹？

我心裡十分惱怒，卻不知道該怎麼回答。我當然不能同意馬青波的霸道做法，它不僅破壞了我們之間有事大家商量的傳統和朋友之間相互平等的原則，更帶有以大欺小和自私自利。但是，馬青波是和我一起策劃來內蒙的人，我們一起去西藏，一起偷槍，一起進監獄。文革中我幾次「避難」，都是他陪伴在我的身邊。他是我最好的朋友。我不想因為一匹馬的事和他翻臉，也不想看到我們六個人之間，出現矛盾和衝突。況且，我從來不認為我是大家的「頭兒」，也不想在我們六個人中充當仲裁者。

我該怎麼辦呢？我不可能說服馬青波，把小青馬重新送回去。他的執拗是出名的，這樣也太沒面子。在這樣兩難的抉擇下，只有我自己做出犧牲，主動退讓，或許才能平衡大家的情緒。

我大聲對大家說：我不挑任何一匹馬，你們大家自己挑，最後挑剩下的一匹給我。然後，我一轉身，返回了蒙古包。我想用這樣的一個表態，告訴夥伴們：我完全不同意馬青波的做法，雖然很生氣，但我也無能為力。我選擇放棄權利，以此來表達對於這件事的憤怒。

十幾分鐘後，大家都回到了蒙古包。我推開蒙古包的小門出去，看見原來拴著六匹馬的馬樁上，只剩下了最後一匹馬，就是那匹滿眼眼屎的大花馬——「沙裡棒子」。

強搶小青馬，點燃了馬青波和其他五個人之間的矛盾，這事儘管不大，但在每個人心裡，都刻得挺深。這樣的感情傷害，很難在短時間內消散。

幾天以後，大家便和自己的馬建立起了感情，也越來越喜歡自己的馬。

沒有人再眼饞那匹小青馬了。反而是那匹小青馬，不管看上去多麼精神和漂亮，可一旦馬青波騎上去，它一定是六匹馬中跑得最慢且最不聽話的一匹。因此，包括馬青波本人都懷疑，或許他搶走的不是一匹好馬？

看著大家對於自己的馬愛不釋手的樣子，我心裡很不是滋味。我那匹「沙裡棒子」實在一無是處，不僅耐力差跑得慢，還有極為嚴重的鼻疽病，長得奇醜無比。

我夢寐以求想擁有一匹好馬。在草原上，馬就是牧民的命。有一匹上好的坐騎，不僅讓別人羨慕，還是自己在周圍幾十里範圍內揚名立萬的依據。雖然馬青波搶馬讓我十分不高興，但其實我心裡根本沒把小青馬放在眼裡。我一直琢磨的是怎麼把「沙裡棒子」出手，弄來一匹真正的好馬。我和已經結識的牧民朋友金山、圖爾巴吐、瑙日布商量，讓他們幫助我換一匹好些的馬。他們終於找到一個叫曹格吉拉的大喇嘛，願意要我這匹「沙裡棒子」。我和曹格吉拉都想出手自己手上的馬，於是我們倆迅速成交。

我換回了一匹前額有個月亮白點的棗紅馬。那馬年輕，周身毛髮通亮，永遠抬著頭，短途賽跑極快。我們二十來個知青所有的馬，三里地以內的賽馬，曹格吉拉無人可以超越。每個知青都說我佔了大便宜，我大喜過望！

兩天之後，一次上場部，我差一點被這匹曹格吉拉踢死，我才知道上了個大當。

那天到場部供銷社買磚茶、固體醬油等日用品。我把曹格吉拉拴在供銷社門前的馬椿上。同一個馬椿上，正拴著一匹留著長長馬鬃的黑色「兒馬」（留種公馬，以長長的馬鬃為標誌）。我的曹格吉拉和那匹黑色兒馬相互充滿敵意，互相嗅著，緊張地打著響鼻，前蹄都在使勁刨著地面。兩匹馬渾身肌肉都在顫抖，脖子像弓一樣地拱了起來，激烈地警告著對方。

我完全不懂發生了什麼事。拴好馬韁以後，剛要轉身離開，曹格吉拉和旁邊那匹黑色兒馬，突然發作。兩匹馬同時揚起後蹄，飛速踢向對方。我恰恰夾在兩匹馬的中間。只見四隻強勁的後蹄和粗壯的馬腿，在我的臉

這匹馬就是用「沙裡棒子」換回的「曹格吉拉」。它跟了我 6 年，短途賽馬極快，永遠威風凜凜。

前腦後交叉地飛起，踢向空中。馬的嘶鳴同時響起，幾個碗大的馬蹄，擦著我的腦袋飛過，我腦袋差一點被它們踢碎。幸運的是，在馬腿下落的一剎那，我已經跑到了安全距離以外。

我被嚇出了一身冷汗。看著兩匹馬不依不饒地殊死搏鬥，我還在魂飛魄散中呆呆地愣在那裡。原來，曹格吉拉是個隱睪的半兒馬，騸它的時候，只騸下了一顆睪丸，還有一顆睪丸藏在它的肚子裡。

我和曹格吉拉大喇嘛，都騙了對方，但誰也沒佔到便宜。

12 月中旬，我已經和場部的馬倌斯楞成了好朋友。我得到一個重要信息。場部馬群裡有一匹大白馬，綽號「快步神駒」，據說能夜行八百，晝行一千，曾經獲得過西烏旗「顛馬」(專業名詞叫快步) 比賽的第一名，是高力罕遠近聞名的寶馬。這匹馬原來屬場部秦書記，秦書記是已經被打倒的走資派。這匹快步神駒，現在安安逸逸地待在場部馬群裡，無人敢騎。秦書記本人肯定永遠也騎不上這匹寶馬了，可又有哪個牧民，敢去騎牧場書記的寶馬呢？

我決定搶走這匹寶馬。

我送給了斯楞十枚金光燦燦的毛主席大像章，這是當時草原上最珍貴的禮物。他喜歡得要命，千恩萬謝。我告訴斯楞，反正一時半會兒，這匹大白馬也不可能屬任何人，乾脆我把它偷偷騎走。我向斯楞保證，如果高力罕革委會向他要這匹快步神駒，我一定當天奉還。斯楞既是我的朋友，又得到了他那麼喜歡的毛主席大像章，只好睜一隻眼，閉一隻眼。反正所有的馬都屬牧場，誰也不能把它變成自己的私有財產。即使被北京知青騎走了，也屬名正言順。而且當官兒的都打倒了，這馬既沒有人敢騎，也沒有人敢管。

於是我膽大妄為地騎上了這匹快步神駒。

這匹大白馬，身形高大，比一般的馬要高將近 10 公分，頭尾要長出半尺有餘，渾身雪白，沒有任何雜毛。烏珠穆沁馬自古聞名，相傳三國時，

曹操騎的就是這種馬。唐代突厥人所乘的突厥馬，主要就是高力罕河和烏拉蓋河一帶的烏珠穆沁馬。成吉思汗著名的近衛軍——怯薛軍，也是騎乘著這種馬千里征戰。清代皇帝的御用馬，選用都烏珠穆沁馬，也稱後山馬。因此，烏珠穆沁馬名滿天下。而其最純粹的代表，就是一根雜毛沒有的白馬！

騎馬時，除賽馬和套馬需要馬兒四蹄騰飛，全力奔跑之外，平時遠程趕路，只分「走馬」和「顛馬」兩種行走方式。而「顛馬」即「快步」，是草原騎馬行走的基本方式。

我成了高力罕「顛馬」之王的新主人。在高力罕七年，因為這匹馬，無數牧民和知青慕名而來，向我挑戰。我騎這匹大白馬和任何挑戰者比賽「快步」，從沒有輸過一場。

在我們之前，錫林浩特盟中和錫林浩特蒙族中學的十來位知青，也分配到額仁淖爾。由於錫林浩特蒙族中學的學生都是蒙族，他們語言通，前幾天都被牧民們請到蒙古包裡去了。我們剛剛分完馬，他們恰巧也都回到了隊部。當天晚上，我們在他們的蒙古包裡，一起吃了一頓手扒肉，算是相互認識了。

兩三天後，又有兩位北京來的女知青也來到了額仁淖爾。一位是鋼院附中的徐本華，一位是十九中的劉浩穎，至此，到我們額仁淖爾來插隊落戶的各地知識青年，已經達到 21 名。

我們都是剛剛二十歲上下的熱血青年，有著不同的人生經歷，不同的家庭背景和不同的成長環境。由於我們的到來，額仁淖爾注定將徹底告別古老，告別寧靜，告別這片草原上千年的田園詩意。

額仁淖爾熱鬧起來了。

融入草原

一切安排妥當，我們的牧民生活在額仁淖爾東河拉開了序幕。我們每天三三兩兩地騎上馬，到牧民家裡喝茶，聊天，還跟著牧民去馬群、羊群和牛群，學習放牧。學習蒙語也是我們最大的興趣之一。

最初，我們根本幫不上牧民任何忙，不僅對草原上的放牧工作一無所知，即使是草原上的生活，我們也還沒有完全適應。我們必須儘快在「吃、穿、住」各個方面，適應草原上的全新環境，畢竟牧區的「吃、穿、住」，和我們在北京已經習慣的那一套有著天壤之別。

經過整整一個冬季的適應，除馬青波以外，我們都已經變得像個純粹的草原牧民了。

草原上的吃：

草原上蒙古牧民一生的食物只有四種，上千年未變。

一是奶茶：內蒙古草原牧人喝的奶茶，是用火煮的磚茶，不是漢人用熱水沏的綠茶或花茶。煮奶茶時，先裝滿滿一鍋水，主婦用斧頭從堅硬的茶磚上砸下一大捧茶的碎屑，扔進鍋裡。用牛羊糞燒旺的大火，把鍋裡的茶水燒得滾開以後，再把煮好的茶水過濾，倒入一個大桶裡備用。然後，在熱鍋裡化一塊羊油或牛油，放一些黃米或粟米在鍋裡翻炒，趁著熱，把已經煮好的茶水倒入鍋中。直到一鍋滾開的茶，弄得全蒙古包都茶香四溢時，再扔進一把鹽和一大勺鮮奶，一鍋奶茶便燒好了。主婦會把一大鍋燒好的奶茶，依次灌進多個暖水瓶之中，一天飲食上最主要的工作便完成了。

男主人放牧歸來或客人路過蒙古包歇腳，主婦會從暖水瓶中倒出一碗熱騰騰的奶茶，雙手捧著遞到男主人或客人的手上。隨手就把放好了手扒肉、奶豆腐和鋒利摺疊刀的小盆推到面前。男主人或客人，挑出一大塊手扒肉，削下幾塊肉片泡在熱茶裡，有時會再泡進幾塊奶豆腐，一頓標準的牧民喝茶程序就完成了。一般來講，只要你端起這碗奶茶，不喝個七八碗

是不會結束的。在牧區，喝茶是不分時間的，只要你進了一座蒙古包，標準的喝茶程序就又重新開始。牧區七年，我從未看到進了蒙古包，主人沒給客人茶或客人拒絕喝茶的情況發生。

這是草原牧民上千年不變的主要飲食習慣。

二是手扒肉：草原牧民以肉食作為主要的食物來源，這也是草原民族的優勢所在。牧民無論春夏秋冬，每過一段時間就要殺隻羊或殺頭牛，以補充肉食儲備。倘若有尊貴的客人來，或有婚喪嫁娶的話，那就一定要現場殺牛宰羊，大快朵頤。

每到殺羊之時，男人負責在羊群裡挑選要殺的羊隻，抓到並騎馬把羊馱回蒙古包。殺羊一般由男人動手，包括剝皮和分割頭蹄下水。婦女則負責製作「血腸」，收拾頭蹄下水。在男人殺羊的同時，女人已經把一大鍋水燒好。殺羊結束時，一大鍋手扒肉，已經在鍋裡煮得快要出鍋了。煮好的手扒肉，女主人會把「胸岔子」遞給最尊貴的客人，由客人第一個動手削肉。一頓熱騰騰的新鮮手扒肉，輔以奶皮子、炸果子，是草原最棒的食物了。

在草原上，不管多窮，家家都會有奶茶和手扒肉吃。這就像內地農民家裡，一定會有土豆和玉米棒子一樣。

三是奶豆腐：牧區的每戶牧民，都會有個七八頭到十幾頭不等的奶牛。每天早晨，女人們會給飽吃了一夜的奶牛擠奶，這是草原上最具浪漫氣息的時刻。

奶牛根本不用主人去抓，它們巨大的乳房已經漲得夠嗆，早早便守候在蒙古包旁邊，等待著蒙古婦人們，擠出它們積攢了一天的豐盈乳汁。

女人們會把一桶桶的鮮奶，倒進一個一米來高的「艾日根」（酸奶發酵桶）裡，待牛奶發酵以後，女人們手握「艾日根」中間的一根木柄，上下攪動幾千次，完成發酵牛奶的分離工作。分離之後，飄在最上層的是奶油，將來煮黃油用。中間是分離開的奶水，加入一些莜麵等糧食用來餵狗。最

底下的奶渣，是蛋白質最豐富的部分，主婦們把這些奶渣擠壓出水分後，晾成奶豆腐。其實，蒙古草原上的奶豆腐和西方的奶酪，完全是一回事。

奶豆腐是牧民們日常蛋白質的重要來源。

第四是蒙古麵條：這是草原蒙古人飲食中最令人感興趣的地方。蒙古麵條是草原牧民家庭，無論春夏秋冬，每晚必吃的正餐。

蒙古麵條是我給起的名字。在內蒙草原，所有的飯食，既沒有任何我們所熟知的煎炒烹炸，也沒有除食鹽以外的任何調料。每天晚上天一黑，牧人們就會趕著羊群歸圈。這時，蒙古包裡的主婦們，就開始做這頓蒙古麵條了。她們首先要燒上一大鍋水，「咣咣咣」幾刀，把鮮羊肉切成大小不一的肉塊，扔進鍋裡。從鍋裡舀出一大勺水，用來和麵。然後，把白麵迅速擀成鍋蓋大小的面片，輕輕一甩，擀好的麵片被甩到屋裡的任何一個角落。可能是衣物上，可能是小櫃子上，也可能是一塊氈子上，甚至是地毯上。待擀好的麵片表面風乾以後，婦人們疊起這些麵片，切成手指般寬窄和長短的麵條，一股腦放進鍋裡。再撒上一把鹽，就等著開鍋吃麵了。

說也奇怪，這蒙古麵條，除了鹽和羊肉以外，什麼調料也沒有，麵條又粗又厚，但吃起來卻鮮美無比，牧區七年，我竟然百吃不厭。

草原上的穿：

草原上的穿也值得向讀者做一番詳細的介紹。

關於衣著：草原蒙古牧民一般最少有三套不同薄厚的德勒（蒙古袍），一套夾的夏季穿，一套羔羊皮的深秋季穿，一套白茬厚羊皮德勒，是在冬季穿。殷實的家裡，不同季節的德勒都會有好幾件，分別在不同的場合換穿。碰到婚、喪、嫁、娶或是那達慕大會，牧人們都會有幾套新德勒穿出來，以示鄭重或喜慶。

不管在任何季節，為不同顏色的德勒都要配幾條顏色豔麗的腰帶。腰帶是由一幅一丈多長的綢緞或上等好棉布，自然而成，不做任何加工。一旦纏在腰上，寬寬地把德勒分成上下兩個部分。腰以上要寬大，顯得灑脫、

威武。腰以下要緊湊、短小，顯得幹練，上下馬也方便。牧民從不用我們常用的「挎包」，德勒腰帶以上的部分，就成了牧民們身上的「挎包」。所有到商店買來的東西，都會塞在這裡面。甚至有時，德勒裡面會藏個羊羔子、狗崽子也是常有的事。

關於棉被：草原上的蒙古人，無論春夏秋冬，晚上睡覺都不用棉被。到了夜間，他們身上的德勒就成了睡覺的棉被。這是幾千年留下來的生活習慣。尤其在冬天，裹著德勒睡覺有無比的優越性。

冬天的蒙古包，牛糞火熄滅以後，夜裡的溫度和室外毫無差別。一般要到零下二十度以下。牧民們晚上睡覺時，把巨大的皮褲褪下一半，把褲腳在腳下壓成一個摺疊，避免從褲腳外往裡進風。然後把胳膊從羊皮德勒的兩條袖子裡褪出，雙手從內部把德勒裹緊，踩著已經疊好褲腳的皮褲，先向前跪下，膝蓋壓住德勒下擺和皮褲上部，再裹緊德勒，側身躺下，周身就緊緊地裹在厚厚的德勒和皮褲裡了。這種姿態，便於把身體四周圍裹得嚴嚴實實，夜裡的寒氣和冷風一點也進不去。即使在零下二三十度的嚴寒裡，也可以睡個美美的好覺。

關鍵問題是，你不僅要嚴格按照蒙古牧民教給你的這些程序，一絲不苟地操作，還要保證整整一夜，全身上下一動也不能動，否則將前功盡棄。一旦你夜裡翻個身，羊皮德勒和皮褲散開，漏出縫隙，零下二十多度的嚴寒會立即從這些縫隙鑽進去，凍得你一夜根本無法入睡。

關於廁所：德勒就是草原上一個上佳的流動廁所，這是德勒在草原上的另一大功能。草原上的牧民，無論男女老少，無論春夏秋冬，都只穿德勒而不穿漢族服裝，一個重要原因是，只有德勒，才能解決草原上「上廁所」的問題。

無論任何季節的蒙古德勒，一旦解開纏繞很多圈的腰帶，就顯得碩大無比。德勒下擺長長地拖在地上，寬大已極。無論在一望無際的草原上還是在蒙古包前，需要上廁所時，只要解開腰帶，把德勒的下擺打開，往下

一蹲，無論大便、小便，都遮的嚴嚴實實，不會有任何尷尬。如果不是德勒，穿的是漢族式的衣服褲子，就會極為尷尬。大小便時，必須褪下褲子，在上衣的下擺下面，露出個白白的大屁股。不僅如此，前面滴裡噹啷的「老二」，更是無法遮擋。尤其是當幾條聞到腥味的狗跑過來，覬覦著你那熱騰騰的排洩物，迫不及待地接近你那白白的大屁股時，你就倒霉透了⋯⋯。

因此，草原上的德勒，有著巨大的優越性和全能性。

關於「洗衣服」：在草原上，你必須習慣永遠不洗衣服。草原上的牧民既不習慣洗衣服，也沒有任何洗衣服的條件。冬天蒙古包裡用的所有的水，都是由雪水化的，極其珍貴。夏天是用牛拉著勒勒車，走將近一天，到十幾里以外的河裡取水拉回來用。因此，上千年來，草原上的蒙古人就從來不洗衣服。所有的衣服，從裡到外，都是「一遭爛」。

最有意思的是「捉蝨子」。

草原上任何一個蒙古包都是蝨子成群。一覺睡下來，你一定會使無數的蝨子感知你是塊新來的鮮肉而大快朵頤。不洗衣服，蝨子咬得厲害，渾身奇癢難忍，怎麼辦呢？草原有草原對付蝨子的辦法。夏天的晚上，點起一盞煤油燈，捻亮燈捻，把襯衣上藏滿蝨子的縫隙，對準煤油燈火苗的正上方，只聽見一連串「劈劈啪啪」的爆響，沿著衣服縫隙，所有蝨子都被煤油燈的火苗燒爆，蝨子得以清除。冬天就更簡單和徹底。蒙古包裡羊糞燒的爐子爐壁通紅。想清理一下蝨子的人，悠閒地脫下襯衣、襯褲，往零下三十度的蒙古包外一扔，凍上十分八分鐘，再拿進來對著通紅的火爐一烤，只聽見「劈裡啪啦」一陣亂響，所有的蝨子都在「熱脹冷縮」的物理規律下爆裂，無一幸存。

草原上的住：

蒙古包一般由五至七塊「哈拿」，支起它的圓形圍牆，頂上有一個叫「韜腦」的木製圓形錐頂，和幾十根叫「烏尼」的龍骨，構成一個蒙古包的完整骨架。頂上鋪一塊巨大的圓形頂氈，周圍圍上若干塊大氈。條件好的人家，

我是個很棒的馬倌，套馬技術不輸給
當地牧民， 又能說一口流利的蒙古
話，我成為所有牧民的好朋友。

冬天時會在室內再圍一層圍氈，使蒙古包更暖和。一般搭建好一個蒙古包
僅需半個小時左右。

　　作為草原上的牧民，你必須學會蒙古包的搭建、拆卸和裝車等一系列
操作。一般羊群有幾千隻羊。吃光一片牧場後，羊群的主人就要「轉場」，
搬到一片沒有被吃過的新草場上去。因此，拆、裝蒙古包經常幾天就要進
行一次。

　　每次轉場，近則七、八華里，遠則幾十華里甚至幾百華里。1972 年冬
天，高力罕遭遇「黑災」(沒有降雪，牲畜沒有水喝)。我曾經帶領幾十戶牧
民，轉場三百多里，到錫林郭勒盟和昭烏達盟的邊界地方，去尋找草場和
水源。你要一邊趕著羊群，一邊照顧十來輛牛拉的勒勒車。蒙古包和吃喝
拉撒睡全部家當，都在這十來輛勒勒車上。這樣要陸續走上幾十天。要是
碰上這樣的轉場，每天都要搭蒙古包、拆蒙古包，一連幾十天，天天如此。

　　蒙古包的門要全部朝南。爐子放在蒙古包的正中間，包內圍繞著爐子，可以分為三個區域。正對著蒙古包門的北側，是男女主人的地方，晚上睡覺時，這塊地方一定是男女主人睡。西側，即進門的左手邊，是客人的區域，無論喝茶、吃飯、睡覺，客人都只能在這個區域，不可越界。蒙古包的東側，即進門右手的區域，白天是女主人的操作區，燒茶、做飯、縫補都在這個區域。晚間這塊地方是孩子和老人們就寢的地方。

　　冬天蒙古包裡極為寒冷。睡覺之前，給爐子裡放進一大簸箕半乾的羊糞，在爐子裡慢慢地燃燒，以期盡可能地延長一些時間。即使如此，躺下後的半個小時爐火也就完全熄滅了。此時，蒙古包內的溫度迅速降到和室外完全一樣。

　　夜裡如果下雪，而你恰巧昨晚忘記蓋上頂氈，大雪就會從「韜腦」颳進屋裡。早晨醒來時，你會發現自己完全被埋在雪裡，有時會有半尺來厚。即使不下雪，每天早晨醒來，你嘴邊的皮德勒的領口一帶，也會結滿厚厚一層冰殼，那是你一夜呼出的哈氣凝結而成的。

　　由於條件限制，草原上的牧民不僅一輩子不洗衣服，也不可能經常洗澡。大約只有到河邊拉水時，有機會洗一洗澡，一年最多也就一兩次而已。讀者一定驚訝，一年只洗一兩次澡？對，一年只洗一兩次澡！

　　不過，草原上的男女老少，都會在早晨醒來時洗臉的。洗臉極有特色。由於草原上水的供應困難，冬天靠化雪，夏天靠從很遠拉來的水。所以早晨起來洗臉時，任何人都只用一個喝茶的小碗來洗臉。洗臉時由女主人從鍋裡盛滿一茶碗溫水，遞到男主人或客人的面前。對方接過來，像喝茶一樣含一口水在嘴裡，然後把兩手並在一起，手掌和十指形成一個「小盆」，把嘴裡的水吐到這個手掌形成的「小盆」裡，再小心翼翼地把水送到自己的面頰上，然後努力地在臉頰上抹擦幾圈，這算洗了第一遍。然後重複前面的動作，直到小茶碗裡的水全部用光為止。一小茶碗的水，大概夠含三口水左右。最後，用一塊全家共用的乾毛巾，擦一下面頰，洗臉的程序就算

完成了。我從未見過任何一個蒙古包女主人，給過第二碗洗臉水，讓人再洗第二遍。

草原上的人相互照顧，不分彼此。即使是到了一個素不相識的蒙古包，你也可以下馬、進屋、喝茶、吃飯、睡覺和聊天。這是遊牧生產方式決定的。你照顧了他家的牧人，說不定，你家的牧人，也正在被他家的蒙古包照顧著。每個人都認為這是天經地義，無論是招待方還是被招待方。客人離開時，會對女主人說一聲「亞布那」(走啦)，根本不會有人說「謝謝」兩字。如果你說了「謝謝」，那表明你根本就不是這片草原的人。

由於是這樣，草原上人與人之間「性」關係也就非常開放。幾乎可以肯定，每一個草原上的牧民和每一個草原上的女人，幾乎都存在或多或少的兩性關係。這成為這種遊牧生活方式的一部分。草原上千年以來均是如此，沒有人為此大驚小怪。

一切看上去都那麼完美。短短不到一個月，我們享受著草原上的點點滴滴，迅速從北京的中學生，變成了天天騎在馬上，穿著蒙古袍的新牧民。我們每天拖著套馬桿，跟著牧民出入羊群和馬群，一切都應對自如。我們享受著這裡的新生活。我們喜歡這裡的和諧與關愛，喜歡這裡人的樸實和友誼，喜歡這裡的浩瀚無垠，甚至喜歡這裡漫無邊際的大雪和漫天呼嘯的白毛風 (暴風雪)。

然而，馬青波卻不一樣，他又惹了一場大禍！

走向分裂

馬青波引起的這場大禍，還要從我們和牧民的關係說起。

來額仁淖爾將近一個月了，我們和牧民已經打成一片，逐漸成為好朋友。加上我們的吃、穿、住、行都獲得了圓滿解決，絕大多數知青在額仁淖爾的新生活過得快快樂樂。冬天本來活兒就不多，大多處於「貓冬」的狀

態，幾件事使我們知青在牧民中威信大升。

馬青波的摔跤技術，使我們交了很多牧民朋友。他們都非常驚訝，北京來的學生居然還會摔跤。而且沒有一個牧民，可以戰勝這個北京學生。無論牧民個子多高，力氣多大，也毫無例外地敗在這個北京學生手下，這使得牧民們對我們刮目相看。

艾援也給我們帶來了許多牧民朋友。艾援的二胡水平一流，這引來牧民的羨慕和欣賞。草原上的蒙古人酷愛馬頭琴，但拉得特別好的其實不多，大多只是極初級的水平。聽到艾援能把《江河水》、《二泉映月》拉得如泣如訴，牧民們萬分驚訝。我們每到一個蒙古包，牧民都會把平時捨不得吃的「奶皮子」（奶油中的精華）和「嚼叩」（高級酸奶）拿出來招待我們，目的就是讓艾援拉兩段二胡。

另外，布倫吉力嘎拉、白依拉以及新華等幾個女生，都是錫林郭勒蒙族中學的高中學生，不僅受過很好的教育，而且精通蒙文。這給許多不識字的牧民孩子，帶來了知識和希望。在他們的帶領下，知青和牧民之間相互學習，相互幫助，相互提高。額仁淖爾牧民和知青之間的氣氛非常融洽。

我們 20 來個知青商量，與其天天往蒙古包跑，不如乾脆下到牧民家裡去住，一人一家，否則我們如何融入牧區的生產第一線呢？而且，只有真正下到牧民家裡去，我們才能真正學會放牧，學會至關重要的蒙語。

四個知青蒙古包的代表：我、閆克明、布倫吉力嘎拉、劉浩穎和圖爾巴吐一起，商定了下包的計劃。

過了幾天，牧民們紛紛趕著勒勒車來東河，接我們下包。我下到了金山家，劉浩穎下到了額仁花家，陳剛下到浩特勞家。除馬青波外，二十來個知青都下到了牧民家裡。

馬青波說他還想等等。我知道他生性靦腆，非常內向，不喜歡和人交流。而現在，他要面對彼此語言不通的蒙古人，又是住在人家的蒙古包裡，整天要和牧民全家的男女老少打交道，這對馬青波來說，實在是一件太難

的事情。他根本沒有做好融入牧民生活的準備。

當大家都在用十二萬分的熱情去學習蒙語時，馬青波卻一句也不學。我們不僅住在牧民家裡，還把分場裡所有牧民家都去過了，我們已經和全隊的牧民們都成了好朋友。而馬青波卻除了找他摔跤的幾個牧民以外，誰也不認識。在融入草原、融入蒙古包這樣一個極為重要的階段，馬青波遠遠被大家甩在後面。

恰恰此時，英古斯的事情發生了。

馬青波對狗有一種天生的感情。他篤信狗的忠誠和勇敢，喜歡狗，文革中，他在四十七中就曾養過一條狗，叫英古斯。因為這條狗給對立面「紅紅紅」造成了口實，說我們只是些養鳥戲狗之輩，根本無心參加文化大革命。於是英古斯被我們共同的好友沈雲彪給打死了。為此，馬青波不顧朋友之間的關係，把沈雲彪揍了一頓，兩人險些因此結仇。

當我們都下到牧民家裡後，原來我們住的蒙古包，只剩馬青波獨自一人。一天早晨，馬青波在蒙古包外的雪地裡，發現一條快被凍死的流浪狗，便收留了這條狗，仍然給它起名英古斯。馬青波傾盡全力，要把他的英古斯訓練成一條軍犬。他精心製作了一個假人，給假人穿上衣服、鞋帽，還要訓練英古斯按照他的口令，去撕咬這個假人。但百般努力，英古斯就是不肯。於是馬青波一連餓了英古斯一個星期，逼著餓急了的英古斯，去撕咬那個腰裡藏著羊骨頭的假人。可是，英古斯即使餓得嗷嗷嚎叫，也絕不肯咬。英古斯在蒙古包裡嚎叫，引起路過牧民的好奇。他們下馬到蒙古包門口，看見了裡面的假人。於是草原上迅速傳開，知識青年在進行狗咬人的訓練。這使得額仁淖爾所有的牧民感到大惑不解。

倒霉的事還在後面。

餓急眼了的英古斯逃出了馬青波的蒙古包。英古斯逃走的第二天，牧民領袖圖爾巴吐和受害者道爾吉，來到我們北京知青的蒙古包，他們是專門來找馬青波講理的。他們告訴馬青波，英古斯咬死了十四隻羊羔。按照

草原的規矩，必須打死這條狗，因為吃羊的狗，就是草原上的狼，必須打死才行。馬青波視英古斯為他唯一的草原伴侶，堅決不同意圖爾巴吐的說法，他表示，英古斯咬死了多少羊羔，他用錢來賠償。這讓圖爾巴吐和道爾吉感到非常憤怒。

第二天，道爾吉和幾個彪悍的牧民，用套馬杆子套住英古斯，把它活活拖死了。從此，馬青波和牧民之間便結下仇恨，也從這時開始，已經沒有牧民願意同馬青波打任何交道。

小青馬、英古斯兩件事後，馬青波在額仁淖爾已經成為孤家寡人。他沒有了朋友，甚至沒有人願意和他說話。儘管馬青波對於這種處境深感痛苦，但他既擰又倔，表面上絕不認錯。這樣一來，馬青波和大家共同語言越來越少，心裡的隔閡也就越來越大。在他的心底裡，我是他碩果僅存的唯一朋友和精神支柱。

我們所在的高力罕是個國營牧場，我們來了以後都掙國家工資，儘管每個月 30 元錢的工資不算多，但由於吃肉、喝奶、居住都基本不花錢，日子要比去山西、陝西農村插隊不知好多少倍。因此，該是去北京轉戶口和檔案關係，下決心徹底在高力罕紮根的時候了。另外，也該把張農生、段偉鋼接過來了。

我給張農生和段偉鋼寫了一封長信，告訴他們我們這裡生活的方方面面。讓他們再次考慮，如果確實願意來高力罕和我們一起生活和工作，就要馬上做好動身的準備。同時，我召集所有已經下到牧民家裡的五個人，一起回東河開了個會，馬青波也在。我徵求了大家的意見，大家都表示要把戶口遷過來，一輩子在高力罕待下去了。於是我提議請武山根和陳剛，代表大家回趟北京，辦這三件事：

1、把我們的戶口和檔案關係全部遷過來；

2、如果張農生和段偉鋼下定決心，就把他倆一起帶過來；

3、如果張、段落戶有困難，繼續去找趙德榮司令員，他一定會幫助

我們。

　　說來也巧，就在我們決定回北京遷戶口和檔案的一天以後，12 月 22 日，收音機裡播發了毛澤東關於知識青年上山下鄉的最新指示：「知識青年到農村去，接受貧下中農的再教育，很有必要。要說服城裡幹部和其他人，把自己初中、高中、大學畢業的子女，送到鄉下去，來一個動員。各地農村的同志應當歡迎他們去。」聽了這個廣播，我告訴山根，放心吧，學校那邊不會有任何障礙了。

　　此時的馬青波已經極度孤立。他找我談了一次話，中心議題是張農生、段偉鋼來高力罕的事，他堅決不同意讓他倆到高力罕來，理由有兩個：一、我們出來之前，曾經徵求過他倆的意見，他們猶豫不決。這說明他們當時擔心有不成功的風險。現在我們事成了，他們自然是來摘桃子的。二、他們現在面臨去山西或陝西插隊的命運，去內地的貧困農村，不僅要掙工分，還會吃不飽。他們害怕那裡的艱難困苦，才挑肥揀瘦地決定到我們這裡來。

　　馬青波的這番話，完全出乎我的預料。張農生和段偉鋼不僅是我們所有人的朋友，而且是我們在文化大革命最血腥時期的親密戰友。他們倆在 12 · 7 那天晚上還救過我的命。

　　我壓抑著自己的情緒，低沉地對他說：「馬青波，我告訴你，」我儘管已經有些憤怒，但我還是警告自己不要發火，「張農生、段偉鋼是和我過命的生死朋友。四十七中 12 · 7 武鬥，100 個『紅紅紅』打我一個的時候，是張農生、段偉鋼不顧自己的生命危險，和梁志平一齊跳到數學教研室，圍在我身邊，救下了我的一命。」說到這句話時，我渾身顫抖，無法抑制內心的激動。

　　「他們的事，我怎麼能夠不管？不僅是我，我們六個人都應該幫助他們實現理想，這是我們的責任。懂嗎？這是我們的責任！」我已經非常激動，不知該怎麼表達對馬青波這個意見的看法。

　　馬青波也不示弱。他堅持說他們當初不來現在來，就是「摘桃子」，不

能幫助他們。

最後，馬青波說出了他心底的想法：「你到底把誰看成自己最親近的朋友？是我，還是他們？」

我一驚，這才知道馬青波不想讓張、段到高力罕來，是害怕張、段奪走他和我之間的友誼。

「我們之間有著非常珍貴的友誼，也可以說是過命之交。不過，我們不應該把這種友誼，看成是排他的和自私的。我們都不能在友誼和感情上，獨佔對方。今天，不要說張農生、段偉鋼來內蒙插隊這點小事，就是冒著丟掉性命的風險，只要他倆需要我的幫助，我也會義無反顧，絕不會有絲毫的猶豫。我一定會全力以赴去幫助他們實現他們的願望，誰攔著也不行！」

其實，我真想告訴馬青波：「12‧7 那天，在我瀕臨死亡的關頭，你在哪裡？你只是趴在隔壁的櫃子上面『看』，你只是趴在那裡『喊』。但你不像張農生、段偉鋼那樣捨生忘死。你沒敢跳下來！雖然我不埋怨你在 12‧7 那晚的表現，但我對張農生和段偉鋼，會保存一輩子的感激在心裡。」

馬青波臉色極為難看，他不能不承認我說的是事實。但他最為擔心的，恰恰就是這一點。在馬青波看來，我是他最好的朋友，他之所以不在乎其他人理不理他，因為他有我這個生死朋友在身邊。但如果張和段來了，那麼他們倆就成了我最好的朋友。那個時候，他覺得自己就真的掉進無法忍受的孤獨之中了。

因此，馬青波竭力說服我，放棄幫助張、段二人來內蒙。但他不僅沒有說服我，還被我狠狠地揭開了心底藏了一年多的一塊大傷疤。馬青波心裡清清楚楚：12‧7 那個晚上，在我瀕臨死亡的時候，他沒有和張農生、段偉鋼、梁志平一樣，勇敢地冒死跳下來救我。這件事成為我們倆關係中的一大污點。他極為沮喪。

1969 年 1 月上旬，武山根和陳剛很快準備好了行裝。我送他們坐老

姬頭的大車到場部。臨走之前，錫林浩特知青小四川騎馬跑來，交給我一封信。

「杜廈，馬青波讓我給他帶一封信到場部去發，正好你們去，麻煩你幫忙發了吧。」我接過信，揣在我的德勒裡，騎上快步神駒，跟著老姬頭的大馬車，陪著武山根、陳剛一起到了場部。

送武山根和陳剛上了去西烏旗的汽車以後，我來到郵局發信。從德勒裡拿出馬青波那封信來一看，信封上寫著：

西烏珠穆沁旗知青辦　董平主任收

國營高力罕牧場　額仁淖爾　馬青波

我對幾天前，和馬青波關於張、段來內蒙的那段對話，還記憶猶新。自然一下猜到了他給西烏旗知青辦這封信的內容。於是把這封信帶回了額仁淖爾。

回到金山家裡，我打開了這封馬青波給西烏旗知青辦主任董平的信，信的內容如下：

西烏旗知青辦　董主任：

我是高力罕牧場的北京知識青年馬青波。一個多月以前是您親自安排我們來到高力罕牧場的，現在我們已經在額仁淖爾安頓下來，一切都好。衷心感謝您的支持和幫助。

向您反映一個事實。最近聽說我們來到高力罕牧場以後，一部分本應該分配去山西、陝西插隊的北京知識青年，為了逃避去更為艱苦的西北農村插隊，也正在找門路企圖來我們高力罕牧場落戶。我這裡說到的北京四十七中的張農生、段偉鋼就是這樣的人。他們怕艱苦，為躲避「插隊」才想來我們高力罕牧場的。而且，張農生、段偉鋼都是家庭出身有嚴重問題

的人，根本不符合在邊疆落戶的政治條件。

希望您們能妥善處理此事。煩請把此信的內容也反映給錫林郭勒盟知青辦為盼。

高力罕牧場　額仁淖爾分場　馬青波

一九六九年一月十七日

看過這封信以後，我怒火中燒。

想不到我最好的朋友，文化大革命的腥風血雨中一直和我站在一個戰壕裡的戰友，會有這樣卑劣的告密行為。不僅如此，最不可以原諒的是，在這封告密信中，他居然用了血統論的骯髒觀點來坑害自己的朋友。而這些朋友，在整個文化大革命中，曾經義無反顧地和他堅定地站在血與火的考驗面前，毫不退縮。這顯然是背叛，是極其卑鄙的背叛。

要知道，我們這些人之所以能夠從素不相識走到一起，成為朋友，完全是因為我們都曾用自己的生命和熱血，與血統論做過殊死的鬥爭。反對血統論，是我們友誼的核心、骨架和政治基礎。我們這些人，文化大革命中的全部所作所為，都是為了在血統論殘酷壓迫下，尋找我們在人格上的尊嚴與平等。今天，馬青波明目張膽地背叛自己反對血統論的政治原則，使我們之間的政治紐帶，我們用鮮血結成的友誼，都在這一瞬間崩塌！我發誓，從今天開始，我和馬青波將形同路人！

我騎上馬，找到馮群，又一起來到艾援所在的牧民家裡。我給他倆看了馬青波寫給西烏旗知青辦的告密信，他們倆也義憤填膺。我鄭重宣佈，我們所有人和馬青波之間的一切友誼結束。

我給武山根寫了一封頗動感情的信，附上了馬青波這封告密信。我告訴他，要竭盡全力幫助張、段來到高力罕，不惜一切代價。

我一定要幫助張農生、段偉鋼來到高力罕，讓馬青波為重拾血統論的骯髒武器，來坑害自己親密戰友的行為而付出代價。

　　武山根和陳剛第一次從內蒙草原回北京，無論如何也要「得瑟得瑟」。於是兩人回京前各自新做了一件緞子面、雪白羊羔皮做裡兒的全新德勒，各買了一條極鮮豔的腰帶，一人一雙嶄新鋥亮的馬靴。一下火車他倆就引起了圍觀。

　　北京的市民，除了在舞台上，從來沒有見過真正的蒙古牧民。許多青少年上來和他們搭訕，他倆穿著這身裝扮卻操一口純正的北京話，更引起了人們的好奇。他們幾乎連車站都走不出去了，被迫跑到廁所，換了衣服，才離開火車站回家。

　　他倆已經兩個月沒有洗過澡。知道自己一身的髒臭，還有滿身的蝨子，渾身的皴兒也已經老厚。已經快過年了，因此兩人回家沒敢久待，拿了身換洗的衣服，約好一起去澡堂好好泡個熱水澡。

　　山根和陳剛半躺在熱水池裡聊天，盡情地享受著泡熱水澡帶來的舒服和愜意，這是草原上沒有的特殊舒適感。

　　「喂，兩位是從內蒙來的吧？」一位同樣在泡澡的中年人問道。

　　這一問，讓山根和陳剛十分驚訝。

　　「您怎麼知道我們是從內蒙來的呢？」陳剛頗感好奇，在澡堂子裡大家都一絲不掛呀。

　　「哎呀，可能你們自己聞不出來。你們倆一進來，整個澡堂子裡就是一股羊膻味。你們跳下這個熱水池，那味兒『嘩』一下就全出來了。」那位中年人略帶戲謔地解釋道。

　　「不瞞您說，我頓時感覺自己像是泡在一鍋『羊雜湯』裡，那羊膻味兒，絕對足！」中年人用北京特有的幽默調侃著，引得澡堂裡笑聲一片。

　　草原的印記，已經深深地溶在我們的肌膚裡，刻在我們的骨頭上。很多年來，我們一直以山根和陳剛在澡堂泡澡的這個笑話為自豪。

　　由於毛主席關於知識青年上山下鄉的最新指示剛剛發表，戶口轉移和檔案轉移沒有遇到任何障礙，張農生、段偉鋼也做好了去內蒙的一切準備。

和馬青波分裂以後，我們其餘 5 個人團結在一起。
從左至右：艾援、陳剛、我、馮群、武山根。

1月31日，他們四個人從北京出發，奔赴錫林浩特。

儘管錫盟知青辦還是無法安排，但我們已經有了趙德榮這條渠道，進展還算順利。

1969年2月17日，是大年初一。趙司令仍舊在自己家裡，設宴款待了武山根、陳剛、張農生、段偉鋼四人。張、段對趙司令的特殊幫助也是感激不盡。

第二天是大年初二，是趙剛出發去部隊當兵的大喜日子。武山根等四人代表我們，去錫盟軍分區為趙剛送行。我們打心眼裡感激這個小兄弟，在1968年那個寒冷的冬天，他給我們幫了大忙。

據說，趙剛日後成長為一名解放軍高級幹部，曾任59軍副軍長。我們也為我們有這樣一個朋友感到驕傲。

張農生和段偉鋼被分配到高力罕的農業分場。沒有被分配到純牧區，有一點點遺憾，但那裡緊挨著我們額仁淖爾，相互來往也十分方便，而且農業分場離場部又很近。他倆在農業分場，很快都當上了馬倌，放著近二百匹馬的大馬群，即使在純牧業分場，也不一定攤得上這麼讓人羨慕的活兒。況且，來到高力罕這個國營牧場，還能夠掙上國家工資，而且有公費醫療，生活質量應當算是相當好了，大家都為他們高興。

馬青波因為張農生、段偉鋼的事和我徹底鬧翻以後，情緒降到了冰點以下。張和段兩人成功來到高力罕，對他又是一次新的沉重打擊。他給西烏旗知青辦的「告密」沒有得逞，他應該感到十分意外。我相信，他的心裡充滿了強烈的挫敗感。

其實，他哪裡知道，那封信早早已經被我截下，根本就沒有發出去。上帝有時還真會略施小計，幫助無辜的人一下。可能正是這個偉大的上帝，讓那封針對張、段的告密信，鬼使神差地落到我的手裡。我相信，一旦冷靜下來，馬青波也許會認為自己這件事情做得太不地道。他自己也應該為此羞愧和懊悔，是否如此，我不知道。

　　自從張農生、段偉鋼到了高力罕，馬青波似乎羞於見我們任何一個人。他悄悄地離開了自己獨處的知青蒙古包，搬到額仁淖爾和賽漢淖爾交界處一個叫三間房的地方。那裡原來是個配種站，現在已經廢棄。那三間房破爛得連窗戶和門都殘缺不全，根本不適合居住，尤其是在冬天。

　　馬青波一個人住在那裡，我們完全不知道他每天在幹什麼，也沒有任何人會到那裡去同他交往。他似乎已經從地球上消失，獨自生活在一個和外界完全隔絕的世界裡。只是每個月來分場會計那裡領工資，人們才可以看到他的身影。其他時候，沒有人會感覺到他的存在。

　　雖然我和馬青波之間的友誼已經結束，但我還是心疼他目前的孤獨處境。畢竟我們曾經是那麼要好的朋友，還一起幹過那麼多令人瞠目結舌的事情。正因為如此，我還是願意在他需要的時候幫助他，當然，是他確實需要我的幫助的時候。

十　「兵團」來了

內蒙古兵團 41 團七連

　　1967 年到 1968 年，蘇聯在中蘇、中蒙邊境陳兵百萬，中蘇戰爭似乎一觸即發。

　　1968 年，蘇軍大舉入侵捷克斯洛伐克，中國感到了更為嚴重的實際威脅，全國很快進入到臨戰態勢。許多企業轉向軍工生產，大批工廠轉移到西南交通閉塞的山區，實行戰時重新部署。北京等大城市全面開挖地下工事，中央機關和國家領導人已經開始向全國各地大規模疏散。

　　1969 年 1 月 24 日，中共中央批准組建北京軍區內蒙古生產建設兵團。這成為全中國應對蘇聯可能入侵的防範措施的一部分。

　　1969 年 3 月 2 日，令全世界震驚的中蘇珍寶島武裝衝突爆發，中蘇兩大國之間劍拔弩張，內蒙兵團的組建速度迅速加快。北京軍區快速行動，從所屬部隊抽調了 5600 餘名現役幹部組成了兵團、師、團、連各級領導班子。將 5000 餘名轉業軍人分配到內蒙兵團各個師、團，擔任班、排長。至 1969 年 3 月 26 日，珍寶島反擊戰爆發剛剛過去三個星期，內蒙兵團已經完成了 4 個師 24 個團的組建。其中第四、第五、第六師設在我們錫林郭勒盟。

　　高力罕牧場迅速被內蒙兵團五師接管，改編為北京軍區內蒙古生產建設兵團五師 41 團。我們額仁淖爾七分場，改稱內蒙古生產建設兵團五師

41團七連。

對於內蒙兵團的突然組建，並把高力罕牧場收編成生產建設兵團的一部分，閆克明、毛可業等錫林浩特的知青，激動得難以名狀。大家都因為突然變成為一個準軍人而興奮不已。儘管還不能算是真正的解放軍戰士，但北京軍區這個頭銜，還是讓內蒙兵團在人心目中高大了許多。

我們這些北京來的，卻感到喜憂參半。

高興的理由和錫林浩特知青們一樣，誰也沒想到，我們居然進入了解放軍序列，意外地變成一個當兵的人。名正言順地成為屯墾戍邊、保家衛國的一分子。

擔憂的仍然是那個困擾多年的老問題。我們大多數家庭出身都有著這樣那樣的問題，在解放軍的體制內，我們這樣的家庭出身很難有出頭之日。文革中我和解放軍打過好幾年交道，深刻理解他們的思維方式和判別是非的標準。他們大概是這個社會上最忠誠於階級鬥爭政治理念的一群人。

面對這樣一場巨大變化，我可能是我們所有知青中，反應最悲觀的一個。從北京逃出來之前，我之所以主張向北、向北，就是想找到一個沒有歧視，沒有壓迫，基本能夠實現人與人之間相互尊重，相互平等的一個世外桃源。

我們非常幸運，高力罕和額仁淖爾應該就是這樣一個世外桃源。這裡的蒙古人單純、質樸。千百年來的生產方式決定了在他們眼裡，根本就沒有什麼階級，也不崇尚人與人之間的鬥爭。草原上的牧民認為，凡是生活在這片草原上的人，都是兄弟，都應該彼此關愛。天災和狼群，才是他們唯一敵人。

我之所以在短短三、四個月之內，就瘋狂地愛上這裡，就是因為這裡完全沒有北京那樣兇險的政治環境，也沒有北京那樣高調的政治氛圍，更沒有因家庭出身不同，而引發的相互爭鬥和傾軋。這是一片人與人之間充滿關愛的熱土，這使我誠心誠意地深戀著這塊土地。

今天，解放軍來了，看來我的世外桃源生活即將結束。我一直處心積慮地躲避著的「北京氣氛」，還是陰差陽錯地追到了這裡，我心頭憑添了幾分憂慮與悲傷。

三月中旬，三位現役軍人來到了額仁淖爾。他們在額仁淖爾舊隊部的三間破爛房子裡住了下來，兵團 41 團七連正式開始組建。這三位現役軍人，是未來七連的指導員、副連長和軍醫。連長和副指導員暫時還沒有到位。內蒙兵團規定，每一個連隊，要配備五名現役軍人。這在全國所有的生產建設兵團中，是配備現役軍人最多的一個。這大約可以看出，中央對於內蒙兵團的重視，以及對內蒙兵團軍事職能的強化。可對我來說，這種配置，意味著我離世外桃源的生活將越來越遠。

所有的知青都接到通知，要搬回東河辦學習班。

這次回東河參加學習班，不知道將來會幹什麼。我把快步神駒託付給了金山。告訴他，如果我以後用不著這匹馬了就送給他了。如果我將來還能有馬騎，我再回來接走這匹大白馬。金山全家都已經把我當成自家人了，金山老爹一邊喝著茶，一邊說，你放心走吧，這馬永遠是你的，整個高力罕，誰也別想拿走它。

我騎著曹格吉拉，回到了東河。

指導員沈富貴給我們開了第一次會。黑暗破舊的三間土坏房，塞滿了二十來個知青。中間的大屋裡被人擠得滿滿登登，幾乎連站腳的地方都沒有。滿屋的人都在抽煙，屋裡煙霧騰騰。

沈指導員，山西人，將近四十歲，身材高大，肩膀很寬。儘管臉上已經開始出現了一些老態，嘴角兩邊的法令紋也已經很深，但他腰板永遠挺的筆直。看得出來，他軍齡已經不短。雖然腹部已經隆起了一個很大的肚子，走起路來也開始左搖右擺，但說起話來，仍然讓人感覺到那份軍人的威嚴。他坐在炕沿上。唯獨在他的周圍，大家寧肯擠著，還是謹慎地給他留出了一點空間，使他可以一會兒坐，一會兒站，不斷地比劃，發表著自

己的第一次施政演説。

沈富貴用地地道道的山西話，給我們講了近三十分鐘。他的話很難聽懂，大概是講了組建內蒙古生產建設兵團的意義，我們應該盡到的責任，以及兵團未來的發展。他說，41 團將組建兩個武裝連，全部配備手提機槍、衝鋒槍和半自動步槍等輕型武器，一律軍事化管理，承擔戰時的一線作戰責任。即使我們這些普通連隊，雖然以生產為主，但也會配備相應的武器，也全部實行軍事化管理。指導員還說，北京軍區給內蒙兵團，配備了五、六千名轉業軍人，他們馬上就到。這些人將成為班、排一級的骨幹。從北京、天津、呼市等大城市招收的知識青年，也馬上就要到位。這些知識青年，都是按照部隊徵兵的政治標準招上來的。將來的內蒙古兵團，將成為保衛邊疆、建設邊疆的一支重要武裝力量。

沈指導員説，我們不僅要做好打仗的準備，以便在戰時，為保衛祖國的北部邊疆，貢獻自己的生命和熱血。還要在沒有打仗的平時，搞好生產，搞好屯墾戍邊的建設。他鼓勵知識青年要積極爭取進步，積極爭取入團、入黨。他還告訴大家，將來兵團會從優秀的知識青年中選拔基層幹部，希望大家努力。

大家憧憬的本來就是這樣一種前景，經他一説，更覺得真切、可信。於是一個個熱血沸騰，紛紛表態，都表示要在兵團的建設中，貢獻自己的全部熱情和汗水，乃至生命。沈指導員對知識青年們的表態頗為滿意。

學習班稀裡糊塗地辦了十來天。其實要講的全部內容，加上討論、表態在內，兩個小時也就足夠了。軍人們好像特別喜歡開會，文革那幾年，部隊好像天天都在開會。他們已經非常習慣，一開會就要開個十幾天，否則就不像是個會。

副連長劉光明在學習班結束時宣佈，七連連部將建在原額仁淖爾農業班的舊址上。我們所有知識青年，都要馬上搬到那裡去，參與新連部的建設。最緊迫的任務有打井和建房，要為五月份大批知識青年的到來作好

準備。

　　我們四個知青蒙古包，都搬到了新連部所在地。打井、脫坯、蓋房的工作全面展開。

　　4月底，十來位轉業軍人來到七連。接著在五月下旬，幾十位天津知識青年也到達七連。連裡又在我們的蒙古包旁邊，搭建了十來個蒙古包。新連部頓時人聲鼎沸，熱鬧非凡。

　　兵團建設如火如荼地展開了。

孫志昌的哥哥、姐姐已經於1963年「上山下鄉」，他是家裡剩下的唯一一個孩子，也於1969年到內蒙兵團。家裡得到了政府給的一張獎狀。

沈富貴和他的愚昧

兩個月之間，新組建的七連已經有了八十多人。無論是我們這些老插隊知青，還是新來的轉業軍人，以及天津招來的兵團戰士，都對兵團未來充滿了美好的憧憬。大家拚盡全力，爭取把領導分配的活兒幹得漂亮和圓滿。絕大部分天津來的兵團戰士，才 16、17 歲，剛到那幾天還在哭鼻子。幾天以後，這些在家裡從沒幹過活兒的小孩子，完全變成另外一個人。他們每個人都在拚命努力，絕不甘心自己落在其他人後面。

指導員沈富貴看見這樣的場面，難掩發自內心的激動與興奮。他太需要在這個新組建的兵團打一場漂亮的翻身仗，來洗刷自己剛剛沾上的恥辱。

沈富貴來自山西省軍區獨立二師。這支部隊原來是公安部山西總隊，是支警察部隊，主要負責地方治安、看守監獄和勞改農場。1966 年文化大革命開始，這支警察部隊正式併入解放軍各個省軍區，統稱各省軍區的獨立二師。

1967 年開始，解放軍派出大量軍隊幹部，進入地方的廠礦機關學校，對這些機構施行「三支兩軍」（支左、支工、支農、軍管、軍訓）。這些由部隊派出的軍人，基本接管了各個被「三支兩軍」單位的領導權。

沈富貴作為軍代表，被派到太原市某大學，成為那所大學裡權力極大的臨時領導。不久，該單位先後有兩名年輕女教師意外懷孕，經查均係沈富貴所為。這事一下鬧大了，沈富貴險些被開除黨籍。好歹一大堆老戰友說情，他僅背上一個黨內記大過的處分，算是從輕發落。不過，令他心疼肉也疼的是，除了被黨內記大過，他還被降職降級降薪。他的行政級別從 17 級一下降為 19 級，職務也從正營職降為正連職。

犯錯誤以後，沈富貴被調到內蒙古生產建設兵團，成為我們七連的指導員。要知道，這個沈富貴在十幾年前抗美援朝戰爭期間，就已經是連指導員了。由於沒管好自己的「老二」，15 年後轉了一大圈，又丟人現眼地

重新回到了連指導員的位置上。這個處分使這位老軍人顏面喪盡，無地自
容。他急於要在自己的新崗位上做出一番特殊成績，來挽救自己顏面和搖
搖欲墜的升遷之路。按他的年紀和軍齡，他怎麼也應該是個團職幹部了。

　　七連成了他軍旅生涯的最後一次機會。他要拚命努力，打一個翻身仗，
使自己可以在兵團這個新組建的單位，找到提拔的資本。

　　七連組建之初，首先要解決全連官兵的住宿問題，因此兵團戰士的主
要工作就是「脫坯」、「蓋房」。冬天說來就來，時令不等人，必須在四個月
之內，建好七、八十人的宿舍，以便安全度過兵團的第一個冬天。

　　在沈指導員的指揮和鼓動下，每天凌晨五、六點鐘，各個班的班長和
骨幹就都爬起來，挖土、備草、擔水、準備一天脫坯用的泥料。一吃完早
飯，連部南面的脫坯場上，和泥的和泥，脫坯的脫坯，所有的人都在你追
我趕，一片熱火朝天。

　　「和大泥、脫大坯」是當時流傳的「四大累」中的頭兩個。這大約是中
國北方所有體力勞動中，最為繁重的兩項。這些城市知識青年，不要說未
曾做過，來此之前，恐怕聽也沒有聽說過，世界上還有這麼累的活兒！

　　脫坯一般男女兩人一組。清晨，兩個人一起，用鐵鍬把一天要用的土
從坑裡挖出來，按照七連的核定標準，平均每個人一天要脫 300 塊大坯（這
種大坯不是平時我們見過的磚坯，要比磚坯大好幾倍，一般 1.2 尺 ×0.6
尺）。這就意味著，每天早晨兩人大約要挖出 2.5 到 3 立方米的土。這些土
大約要裝標準的解放牌卡車滿滿兩車。

　　然後要在挖出的土裡摻上乾草，接下來就要到井裡去挑水，大約要挑
二十來擔水，四十桶左右。這些水要從幾十米甚至上百米之外，一趟一趟
地用肩膀挑過來，僅這些，一般人就已經難以承受。接著的「和泥」步驟，
就更能把人累死。「和泥」被稱作「四大累」之首，有一定的道理。「和泥」
極需體力，尤其需要有足夠的爆發力，否則是無法在粘稠已極的泥水中，
攪動那柄四齒耙子的。剛從城市來的 16、17 歲的孩子，不可能有這樣大

的力氣，他們只能脫下鞋襪，用腳來踩踏，以便把泥和好。只有將膠泥土、乾草和水拌勻，脫坯時才好「脫模」，坯的質量才高。但是，這一切都是以這些孩子，尤其是女孩子的青春和身體的損害作為代價的。

吃完早飯以後，大家體力得到一定程度的恢復，和好的泥也才「醒」好，脫坯就開始了。知青們要用扁擔，把兩個裝滿泥的沉重泥筐，挑到脫坯現場。一般由男戰士負責脫坯，女戰士負責挑泥。脫 600 塊坯，那些本弱不禁風的女孩子，要挑著沉重的泥筐，在取土處與坯場之間往返近百個來回。

要想每天脫好這 600 塊坯，除了要付出百分之二百的極限體力之外，還要起早貪黑，每天從早晨 5 點幹到晚上 9 點鐘左右，才有可能完成核定的任務。

現在看來，把壯年男人都發怵的最重體力勞動，交給這些身體尚未發育成熟的孩子，是件很不人道的事。尤其對於那些 16、17 歲的女孩子來說，更是如此。何況，按照當地的市場價格，僱一個青壯年短工，一天工錢五元錢，也不過只脫 150 塊坯左右。而我們兵團戰士一個月的津貼才五元錢，卻要每天按 300 塊大坯，這需要每天拚命幹 16 個小時以上。

冷血的沈富貴，對於這一切毫不同情。估計他一方面太想作出成績，另一方面，他以前面對的都是監獄犯人，他已經習慣用這樣嚴酷的態度，來對待他手下的犯人們了。

奇怪的是，當一群年輕人在一起你追我趕，拚命競爭的時候，即使是如此繁重的體力勞動，也沒有人喊累。很多兵團戰士不斷地創造各種記錄。我所知道最厲害的，是十連一個叫何顯奇的知青，他一個人，挖土、和泥、挑泥、脫坯全部自己幹，居然一天脫了 870 塊大坯，真令人難以置信。

毫無疑問，這些知青們想用自己拚命努力的行動，爭當「五好戰士」，進而爭取入團、入黨。實現把自己的一生，獻給祖國的邊疆建設，獻給毛主席的偉大宏願。也通過這些近乎殘酷的勞作，達到「接受貧下中農的再

教育」，鍛煉自己成為無產階級革命接班人的目的。

沈富貴在對兵團戰士的工作感到滿意的同時，還覺得自己肩上擔著更重大的責任。他不僅要讓七連的建設工作走在全團的最前列，還要在對兵團戰士的思想教育上，作出別的連隊沒有的突出成績。

他聽說一些戰士抱怨吃不飽，伙食差，就讓食堂做了憶苦飯，在全連有針對性地開展「憶苦思甜」活動。

憶苦飯是用爛菜幫子、發了芽的土豆、餵馬用的麩子加上少量已經霉變的玉米麵，和在一起蒸的窩頭。從成分上講，這些窩頭和一般豬食沒有太大區別。如果說要跟豬食有所區別，無非就是這些憶苦窩頭，是徹底蒸熟了的，免得人吃下去會拉肚子。

到了開飯時間，七連的全體知識青年井然有序地集中在大食堂裡，依次向那個堆著憶苦窩頭的大籠屜走去。排隊的每一個兵團戰士，都要拿上幾個黑黑的窩頭，放到自己的飯盆裡。不拿是不行的，即使拿少了也很丟臉——這是政治問題、態度問題。連那些本來飯量不大的女生，也一個個裝出很有階級感情的樣子，一臉的沉重和蕭穆，盡可能地往自己的盆裡多放上幾個窩頭。

沈富貴帶頭拿了一個憶苦窩頭，站在大隊人馬面前，大口大口地啃著，語重心長地教誨大家：「同志們啊，在萬惡的舊社會，我們這些工人階級、貧下中農，一年到頭就是吃著這樣的飯！還有千千萬萬的窮苦人，就是連這樣的飯也吃不到，最後餓死在田邊、街頭……」

接著話鋒一轉，他提到了我們有的戰士還嫌伙食不好，嫌活太累，吃不飽。「這是忘本呀。」指導員煞有介事地振臂高呼口號：「忘記過去，就意味著背叛！不忘階級苦！牢記血淚仇！」於是，口號之聲就震天動地地在食堂裡響了起來。

兵團戰士們剛剛從繁重的脫坯現場回來，肚子正餓得要命，但這種窩頭實在是難以下嚥。粗劣姑且不說，最主要的是一股霉爛的味道，又苦又

澀。大家都看著憶苦窩頭發愣。有的女孩子，眼淚一個勁兒地往下流。指導員指著那些流著淚的小姑娘們說：

「對呀，瞧瞧她們，我們就是要帶著濃厚的階級感情來吃這頓憶苦飯，不忘舊社會的苦，牢記新社會的甜。」

憶苦思甜活動過去沒有幾個星期，指導員又注意到許多兵團戰士，經常在偷偷看一些從家裡帶來的各種書籍。

他下令要求知識青年和兵團戰士，把毛主席著作以外的所有書籍全部上交，只允許看《毛澤東選集》和《毛主席語錄》。

劉浩穎的《鋼鐵是怎樣煉成的》、《軍隊的女兒》被迫上交；

張熹岡的《唐詩三百首》、《中外民歌二百首》被從蒙古包裡搜走；

馬青波的《青年近衛軍》、《斯巴達克斯》被搜走；

魏金城的《優秀散文選》被迫上交；

……

沈富貴和我第一次接觸，就感到我不是一個服服帖帖的人。而且，我沒有像大部分錫林浩特知青們那樣，和他那麼接近。實際上他對我已經有所防範，特意安排我遠離連部，仍然讓我和牧民在一起放馬。這正中我意。因此，在東河學習班的十幾天以後，我又重新回到了牧民金山家。連裡的脫坯、蓋房，我基本都沒有參加。至於憶苦思甜和收繳書籍，我也沒有被殃及。

在所有的知識青年中，只有我一個人還留在牧區。我基本上已經可以用蒙語和牧民交流，牧民對我的放馬、套馬、飲馬、找馬、打馬鬃等各項技術，已經基本認可。我迅速成長為一個草原牧民眼中的好馬倌。

放馬是草原上最有浪漫氣息的工作。

真正的烏珠穆沁純牧區，一個大馬群大約要有三百到四百匹馬。最大的馬群也有多達五百匹的，不過並不常見。我的馬群有三百四十多匹馬，是個較大的馬群。

這匹馬是十連牧業隊長斯仁那木吉拉的著名棗紅馬，我曾騎著這匹馬，在一次重要比賽中得了第四名。

　　馬群裡絕大部分馬是騍馬（母馬）和小馬駒子。當公的小馬駒長到 2 歲左右時，一部分會被挑選出來騙掉，作為牧民的坐騎。其餘絕大部分要賣給內地農村。這些賣出去的馬匹，再經過訓練，用作農村拉車或其他農村活計使用。

　　牧區的騍馬什麼活兒都不幹，唯一的工作就是生小馬駒。因此，草原上的騍馬永遠懶懶散散，瀟灑自由。

　　馬群裡最漂亮的馬匹就是「兒馬」了。所有的兒馬都是牧民們集體精心挑選出來的種馬，一般都個子高大，肌肉發達，毛色油亮。黑色和棗紅色的居多。它們都留著長長的鬃毛，永遠不剪。當這些長長的鬃毛，迎風飄起的時候，它們個個顯得威風凜凜，千姿百態。

　　騍馬則無一例外，分別隸屬於不同的兒馬。這些兒馬一般都各自擁有二十到三十匹不等的騍馬。兒馬帶著屬自己的騍馬和小馬駒，形成大馬群中一個獨立的小馬群。無論吃草、飲水、回牧，這些兒馬非常自覺地管理著自己的騍馬和馬駒，根本不用牧人操心。只要馬群中那二十來匹兒馬都

在，你就儘管放心，一匹馬也不會丟失。兒馬會充分地行使大家長的職責，不會讓任何一匹自己的騍馬或小馬駒掉隊。

每到傍晚，馬群飲水的景象，最讓牧馬人心情激蕩。

當你套上一匹老馬，拴在飲馬井的水車上時，馬群已經在幾公里外的山坡上等待。當馬拉水車把水灌進長長的水槽時，所有兒馬中最厲害的一匹，護送著自己的全部騍馬和馬駒子，跑下坡來，蕩起遮天蔽日的塵土。晚霞的金色陽光，穿透這些塵土，灑在奔跑的馬群上，蔚為壯觀。

當第一匹兒馬的小馬群全部飲水完畢以後，一直在旁邊來回踱步，警惕地守衛著的兒馬，看到自己的「妃子」和「孩子們」已經全部在它的保護下安全離開，它才驕傲地，慢慢悠悠地跨著方步，來到水槽旁，自己飲水。十幾匹兒馬，嚴格地按照靠打架打出來的等級和順序，整整齊齊依次等候，沒有一匹兒馬敢於打破順序，越雷池一步。馬群飲完水之後，我把它們趕去一個上好的草場，這一天的任務就算完成了。

冬天暴風雪的日子，是牧馬人最艱難的日子。一夜的暴風雪，可能僅僅是因為夾裹在風雪中的一小塊氈子或一張碎皮毛，就會把膽小的馬群嚇驚。加上呼嘯的暴風雪，馬群一夜可能要跑出去上百里。一早醒來的牧馬人，來到昨晚馬群所在的草場，已是漫天一片潔白，任何馬的留痕都被大雪覆蓋，昨夜馬群跑走的方向，馬倌全然莫辨。

接下來是考驗牧馬人的經驗和技能的時刻了。

牧馬人要根據天氣和昨晚的風向，確定馬群走失的方向。然後準備好幾天的長途跋涉，來尋找自己的馬群。這樣一趟尋找馬群的出行，一般要好幾天，甚至一、兩個星期，遇上倒霉，還可能更長時間。好在，草原上的牧民都會主動告訴你，他們曾經在哪天哪天，在哪個方向上，看見過一個什麼顏色和數量特徵的馬群，給你提供幫助。我曾經外出九天去尋找丟失的馬群，那是時間最長的一次。

隨著七連的不斷壯大，加上常常要到團部拉糧食，去西烏旗拉煤，以

及給連隊不斷拉來門窗、磚瓦等建築材料，七連的大車數量迅速增加。連裡需要一個像樣的馬倌來放牧、管理這些大車馬和連裡幹部們配備的坐騎，我被調回七連連部放馬。我自由自在的牧區牧馬人生活結束了，終於又回到了沈富貴指導員的眼皮底下。

禍起蕭牆

1969 年深秋，我回到了七連連部，當起了連部馬群的馬倌。雖然比在牧區拘束了很多，但比起普通的兵團戰士來，還是要享受到許多他們沒有的自由。

馬青波這時已經當了一夏天的馬車「老闆兒」了，算是個成熟的馭手。他經常趕著四匹馬的膠輪馬車，往來於七連和團部之間，主要任務是拉煤、拉建房物資、拉糧食等等。當了大車「老闆兒」以後，連裡會有很多去團部、去旗裡的人經常來求他搭車，他基本上來者不拒，這使得他在兵團戰士裡的人緣越來越好。他已經不再像兵團到來以前，在知青圈裡時那麼孤立了。由於他母親是大名鼎鼎的《青春之歌》作者楊沫，以及他摔跤在高力罕難逢對手的傳言，使得馬青波成為七連一個神秘人物。他成為一些喜歡玩弄拳腳的天津小青年暗暗崇拜的偶像。

馬車班班長是個轉業軍人，叫王連泓。這傢伙一米八多的個頭，一身腱子肉，小眼睛，大嘴叉，臉上棱角分明，且肩寬腰細，力大如牛。此人脾氣暴躁，沾火就著。他經常吹自己，無論是以前在農村，還是當兵以後在部隊，他都是威震四方的「一霸」，絕對沒有哪個人敢惹他。但凡有人得罪了他，一個大巴掌搧過去，那人不被搧個半死，也會趴在地上爬不起來。他自稱學過「捕俘拳」，一個人對付三五個人不在話下。儘管兵團戰士們將信將疑，但都躲他遠遠的，生怕哪句話招惹了這個「二杆子」。

王連泓的確力氣不小。雖然他平時極懶，很少幹活，但每當大車班遇

到卸貨、抬車、換軲轆的難事，一到別人弄不動的時候，他往往把袖子一捲，把叼在嘴裡的煙往遠處一吐，罵一聲「滾毬蛋，讓哦（方言：我）幹給你個王八蛋們看看。」他還確實能把別人弄不妥當的事情順利搞掂。據說在農村時，他曾扛著 400 斤重的秫秸走上個幾里地都不會喘。不過，那也是他自己吹的，誰也無法證實。王連泓不僅吹牛，還經常欺負敢於和他爭執和頂嘴的兵團戰士、知識青年以及其他轉業老戰士。沒有多久，他的確成了七連威震四方的一霸。

其實，別看王連泓是大車班班長，又仗著有把子力氣而蠻不講理，可我還真沒把他放在眼裡。我是連裡的馬倌，不算是大車班的手下，因此王連泓對我還算客客氣氣，不像對待大車「老闆兒」那麼兇。每天大車「老闆兒」卸完車以後，我負責把馬趕回馬群。忙活完飲馬和加料以後，把馬趕到一片好草場，讓勞累了一天的大車馬，好好吃上一頓夜草，保證它們個個身強體壯，我的任務就算完成了。

每天天還沒亮，我就要去把馬群找到，把馬從草原趕回連部。待幫助大車「老闆兒」們抓完各自的馬，套好大車以後，我就沒事了。此時，我一般會把馬群往某一片好草場一趕，就找個蒙古包喝茶去了。因此，我和王連泓幾乎沒什麼打交道的機會，完全是井水不犯河水。

連裡流傳的馬青波摔跤特棒，來高力罕還未遇到對手的傳言，嚴重傷害了王連泓的自尊心。他不僅嫉妒馬青波，還覺得傳言威脅了他在七連的霸主地位。他不厭其煩地告訴所有的知青和兵團戰士：「馬青波摔跤？他摔個毬！哦要是和他摔，能摔死他！不信讓他來和哦試試！」

王連泓迫不及待地想證明給大家看，他比馬青波要厲害得多。他才是七連人見人怕的第一號霸王。食堂裡，當著很多兵團戰士的面，王連泓主動向馬青波下戰書：「馬青波，扯個毬，他們都說你摔跤厲害，咱們倆摔幾跤？你要是贏毬哦一跤，就算你贏！毬，敢不敢摔？」

馬青波聽後笑了笑，搖搖頭沒搭理他。

　　王連泓覺得自己贏了，高興地大嗓門喊起來：「怕個毬哩，摔幾跤能把你個王八蛋摔死？」之後的幾天，他見人就吹這一段，說馬青波扯淡，根本不敢和他摔。

　　馬青波嘴上不說，心裡別提有多彆扭了。自從他長大以後，還從來沒有人敢這樣和他挑釁，他忍不下去。可是，王連泓是沈富貴的老鄉，又是自己的班長，無論如何也不能接他這個茬。摔贏了他吧，肯定落下積怨。摔輸了他吧，以後王連泓還不牛逼到天上去！因此，這個挑戰是萬萬不能接的，輸贏都沒辦法下台。

　　王連泓可不這麼想。他覺得馬青波肯定是被他嚇尿褲子了，不過，心底裡他還真的想和馬青波過過招，以便當著全連人的面，把馬青波徹底打得服服貼貼。這樣他不僅最過癮，對在七連的霸主地位，也可以一戰定乾坤。於是他就在各個方面給馬青波穿小鞋，為難、訓斥、處處找茬兒修理馬青波，目的一是要馬青波徹底服他，二是要激起馬青波的火，好趁機收拾他一頓。

　　馬青波肚子裡積的火也越來越大，已經接近爆炸，終於爆發了。

　　九月底的一天，吃完晚飯，大家都在知青蒙古包和食堂之間的空地上聊天。馬青波走到王連泓面前，笑眯眯地說道：「王班長，要不按你說的，咱們來摔上兩跤？」

　　王連泓先是一愣，接著大笑：「砍個毬，哦早就想和你摔幾跤哩！」他蹭地一下從蹲著的地方蹦起來：「不過，一、兩跤不行，哦們一定要看誰個把誰個摔服了再罷手。毬，不弄他娘個輸贏，摔他娘什麼跤？」

　　馬青波眯著眼睛，臉上擠出了一點笑。不過是笑還是恨，也說不太清。他只是說：「行，都聽你的，你是班長嘛。」

　　所有的知青和兵團戰士，立即興奮異常，都站起來要看這場熱鬧。大家圍起一個碩大的場子來，小四川腿腳極快，跑回馬青波住的大車班，拿來了馬青波摔跤用的兩副褡褳，扔在場子中間。

「毬！哦才不用那雞巴玩藝兒，哦脫了衣服摔」，王連泓說著把自己衣服一把撕下來，光著膀子，跳到場子中間。

不穿褡褳摔跤，對馬青波來說是個難題。中國式摔跤從初學的第一天起，就要穿褡褳。而且，摔跤的「抓把」、「撕把」，即抓住對手的褡褳和擺脫對手抓自己的褡褳，是摔跤進攻和防守中最重要的手段。只有抓住對手褡褳的固定位置，接下來才能用「絆兒」把對手摔倒。而光著膀子，無處抓住對方，許多「絆兒」就使不出來，也就增加了摔倒對手的難度。

不過，從王連泓光著膀子上跤場這一點，馬青波就清清楚楚地知道，王連泓是個摔跤的「棒槌」。他根本既不懂，也不會摔跤，馬青波一瞬間信心陡增。

兩人一脫光上衣，人們才驚訝地發現，儘管王連泓又高又壯，但身上的肌肉都是娘胎裡帶來的，沒有任何專業訓練的痕跡。而馬青波則完全不同，他胸肌發達，兩塊碩大的胸肌呈現出上寬下窄的梯形。肱二頭肌、肱三頭肌高高隆起，肩頭的三角肌輪廓分明。尤其出色的是馬青波的腰腹，細細的腰部和八塊腹肌，看得周圍的知青們目瞪口呆。

看得出來，馬青波這種肌肉和體型的爆發力巨大，而這是摔跤運動所必須的類型。兩人最大區別在於小臂，王連泓小臂的直徑遠遠小於馬青波。這就決定了兩人在摔跤中控制對方的能力差別太大，根本沒有可比性。另外，馬青波的柔韌性也會遠遠強過王連泓。而摔跤最有決定意義的，就是雙臂和腰部爆發力的大小，以及身體柔韌性的好壞。還沒開始摔，我就斷定：無論摔多少跤，除非馬青波用力過猛自己跌倒，否則，王連泓連贏一跤的希望也沒有。

果然不出所料，進場之後，在兵團戰士如雷般的起哄聲中，王連泓兇猛地撲向馬青波。但他根本無法抓住馬青波。幾個回合下來，王連泓就氣得像一頭四處瘋咬的野牛，一次一次瘋狂地衝向馬青波。這正中馬青波下懷。只要兩人剛接觸，根本沒有僵持階段，王連泓就會順勢被馬青波像扔

一個麵口袋一樣扔出老遠，摔在地上。幾跤過後，王連泓已經滿頭滿臉滿嘴都是土，而馬青波渾身上下一個土星兒也沒有，乾乾淨淨。

馬青波摔得興起，「坡腳」、「大別子」、「背胯」、「得和樂」、「揣」、「入」，他用了個全。這跤摔得那叫一個爽！

摔跤是個借力打力的活兒，不會摔的一方力氣越大，被摔得就越快、越慘。王連泓就是這樣。他越是瘋狂而無理智地撲向馬青波，就越容易把自己的弱點暴露在對手面前，馬青波就借著王連泓的巨大衝力，把他摔出老遠。

其實，我看得出來，馬青波還真的沒想摔壞王連泓。但凡馬青波有一點這樣的念頭，任何一跤，只要馬青波不撒開手，順勢把自己身體在運動中的重量和慣性，完全砸在王連泓身上，王連泓的肋骨、胯骨、腿骨必傷無疑。馬青波還真的手下留情了呢。

很快，十幾跤就摔完了。王連泓渾身全是土，嘴裡、鼻子裡、頭髮裡也都嗆滿了土。加上渾身大汗淋淋，王連泓完全成了個「泥人」，引起兵團戰士們哄笑不已。

王連泓躺在地上喘著粗氣，不再起來。他認輸了。

認輸歸認輸。馬青波讓王連泓在全連面前威風掃地，使王連泓恨得咬牙切齒，他可是一輩子沒有在眾人面前這樣地「栽過」。此時，他宰了馬青波的想法都有。現在他每天只剩下一件事：找茬兒報復馬青波！

去一連石頭山拉石頭，馬青波的大車的輪胎被石頭割破，王連泓告狀到指導員那裡，說馬青波「故意破壞」，使馬青波好一頓被查。

去西烏旗拉煤，馬青波的大車陷在泥泡子裡，王連泓從旁邊經過，見死不救。老姬頭用自己大車上的三匹馬，硬生生幫馬青波把大車拉了出來，卻被王連泓狠狠訓了一頓，明確告他，以後不要管馬青波的事。

更變本加厲的是王連泓把大車班所有的掃地、倒爐灰、幫廚、卸車、堆牛糞等活，以及在外出車時夜裡添草、添料、飲水等所有的活兒，都一

股腦都交給馬青波去幹。每天還「飯桶」、「笨蛋」、「蠢驢」、「四眼兒」地罵個不停。

此時雙方都是乾柴烈火，爆炸似乎只是時間問題了。終於，火藥桶還是讓王連泓自己給點燃了。

那天馬青波從一連拉了一大車石頭回來，已經過了吃飯的時間。王連泓故意沒給他派卸車的兵團戰士。馬青波把近一噸的石頭，自己一個人卸在了蓋房的工地上，累壞了。

恰逢那天改善伙食，連裡蒸牛肉包子，男生每人五個。炊事班告訴馬青波，他的五個包子已經被王連泓領走了。馬青波打了一碗熱湯，回到大車班宿舍，王連泓已經不在。馬青波問了半天，也沒有任何人看見了那五個牛肉包子。馬青波又返回食堂。所有的大師傅都證實，那五個包子確實是王連泓給領走了……

馬青波又累、又餓、又凍、又氣，一夜沒睡好。他忍無可忍，決定報仇！

第二天一早，馬青波來到王連泓的宿舍。

「你昨天是不是領了我的包子？」馬青波怒氣沖沖，眼睛死死盯著王連泓。

「毬！誰領你那雞巴包子！你他媽找抽呢咋？」王連泓不甘示弱。

「整個炊事班都說是你領走的。你不承認也不行。」馬青波不依不饒。

「哦操你媽個屄！是哦領了咋樣？」王連泓眼睛裡噴著火，忽地從炕上跳下地，和馬青波臉對臉，虎視眈眈。

「我操你媽個屄！」馬青波胸中的怒火，也完全被王連泓點燃。他高聲地回罵了一句，然後強硬地跨前一步，臉和王連泓的臉對在一起。

「啪！」王連泓突然揚起右手，一個大嘴巴搧在馬青波的臉上。

這突然的一掌，打得馬青波一個大趔趄。隨即他撲向王連泓。

馬青波拎起盛著麵湯的水桶，連同裡面的麵湯，一桶砸在王連泓腦袋

上。王連泓抄起了爐子旁劈柴用的斧頭，掄起來劈向馬青波。馬青波一閃身，斧頭狠狠地劈在了炕沿的木頭上。

王連泓同屋的老姬頭和轉業老戰士馬恩愛，上去攔住了馬青波，大聲喊道「別打了！別打了！」。王連泓乘機又抄起了炕沿上的斧頭。此時馬青波赤手空拳，雙臂已經被老姬頭和馬恩愛分別拉住。

就在這時，我一踹門闖了進來，一把奪下了王連泓手裡的斧頭。那斧頭在空中離馬青波腦袋也就幾寸遠。

接著，我大喝一聲：「老姬頭、馬恩愛，你倆在拉偏架！還不趕快滾出去，否則我就揍你們倆啦！」拉偏架的老姬頭和馬恩愛被我嚇得跑出了宿舍。

王連泓、馬青波都愣了一下，停住了看著我。我低沉著吼了一聲：「你們打架我不勸，也不管。但是，誰動手拿傢伙，我就收拾誰！誰來勸架我也收拾誰！」說完，把斧頭往旁邊的小桌上一砍，那斧頭深深地嵌進桌面。我順勢一屁股坐在這張小桌上，扶著斧柄，看著他倆繼續打。

門口已經堆了一大堆人，沒有人敢進屋裡來勸架。

倆人稍作遲疑以後，又繼續扭打在一起。真的動手打架，王連泓哪裡是馬青波的對手。幾個回合下來，王連泓已經滿屋四處逃竄。最後，他跪趴在炕上，頭頂在牆角裡，屁股撅得老高，死命用炕上的棉被裹著頭，一個勁地喊：「馬青波爺爺饒命、馬青波爺爺饒命！你是我祖宗，你是我親爹！」

這一架打完以後，王連泓滿臉是血，到連醫務室去包紮傷口。王連泓一邊哭一邊發誓：「七連今後有我沒他，有他沒我！明天我就捅死他個王八羔子！」禍從口出。軍醫王利兵聽了王連泓從頭到尾的哭訴，大驚失色。人命關天，他連夜報告給了指導員沈富貴。

沈富貴大怒，叫來馬青波、老姬頭、馬恩愛分別單獨問話。這才知道，是王連泓先偷吃了馬青波的五個肉包子，又是王連泓先動手抽了馬青波一

個大嘴巴。沈富貴知道責任主要在王連泓一邊，也就不便對馬青波發作，把馬青波臭罵了一頓拉倒。

聽説王連泓要「有他沒我，有我沒他。明天我就捅死他個王八羔子」之後，馬青波覺得還沒把王連泓徹底打服。第二天一早，馬青波故伎重演，又來到王連泓宿舍，從被窩裡抓起王連泓就打。

王連泓夜裡準備好了一把剪羊毛的大剪子。不得已抄出來刺向馬青波，把馬青波左手刺了個洞。馬青波怒火又起，拚命地往死裡打。

其實我一夜也沒怎麼睡，一直在盤算沈富貴會怎麼處理這件事。天一亮聽隔壁又打起來了，我趕緊跑過去，正看見王連泓在拚命揮舞大剪刀。我一步跨到他的旁邊，一把擒住他的右手腕，搶下了那把大剪刀。

這下馬青波毫無顧忌，又是一頓狠狠地痛打。這回王連泓徹底失去了戰鬥力和戰鬥意志。

當天團醫院派車接走了王連泓，他住進了團衛生院。這一住就是兩個月。從此，王連泓再也沒敢回七連。

這一架，打得昏天黑地。馬青波只圖一時痛快，他哪裡知道，這一架為自己帶來了一場塌天大禍。

掉進深淵

整個夏天，所有知識青年和兵團戰士，每天都經歷著難以忍受的艱苦勞作，甚至是一邊哭著一邊幹著脱坯和蓋房的工作，終於在九月底大功告成。這簡直算是一個奇蹟。原本光禿禿一片的草原荒地，不到四個月，就突然聳立起了六棟高高大大的新房。36 間紅瓦頂、玻璃窗、厚厚土坯牆的新營房，已經建成。現在正晝夜不停地燒著火炕，準備迎接它未來的主人。兵團戰士們天天都在東走西竄，爭著去看自己將住在哪一間新房。一些性急的姑娘，已經讓天津家裡給自己寄來各種樣板戲的招貼畫，開始裝飾自

己的新家了。

　　恰在此時，另一個爆炸性的好消息又突然降臨。北京軍區分撥給 41 團的武器裝備，已經運到了團部。這消息使得七連所有知識青年和兵團戰士都心潮澎湃。這些城市學生，從小受過無數的愛國主義教育，也看過無數的戰爭題材電影。能夠有一支槍，在祖國需要的時候，可以上戰場去消滅敵人，這簡直就是每一個城市青年心中最激動人心的理想。因此，得知這個消息以後，幾乎所有的兵團戰士，都爭先恐後地向黨支部表態，要求能夠調入即將組建的武裝排。不知是誰帶的頭，兵團戰士紛紛寫血書，表達自己為保衛祖國，甘願在戰場上拋頭顱、灑熱血的決心。大家千方百計地想讓黨支部和指導員沈富貴知道，自己比其他人決心更大。看到這種氛圍，沈富貴十分滿意。

　　十月初，天已經有些冷了。七連副連長、現役軍人劉光明騎著馬親自押車，把十來個漆著草綠色油漆的大木箱子，運到了七連連部。那些木箱子裡裝著真正的步槍和衝鋒槍！這使整個七連沸騰起來。

　　槍的到來，使黨支部書記兼指導員沈富貴一下成為這些兵團戰士理想能否實現的關鍵人物。此時的沈富貴，在所有的兵團戰士眼中，擁有決定所有人命運的權力。在這以後，七連每個夢想得到一支槍的青年人，都天天圍繞在沈富貴周圍軟磨硬泡，想盡一切辦法爭取成為武裝排的成員。

　　接著，另一個好消息又接踵而至。團裡決定七連從純牧業連隊，調整為農牧並舉的連隊。這就意味著七連要培養大批的拖拉機手、播種機手、聯合收割機手和大批機務人員。機務排的成立，使許多兵團戰士有可能擺脫「脫坯」、「蓋房」的繁重體力勞動，變為懂技術，有遠大職業前途的技術工人。每一個兵團戰士，都期待著自己被調入機務排。

　　入冬以後，連黨支部開始安排評選 1969 年度的五好戰士。其實，整個夏天，幾乎所有的知識青年和兵團戰士，都拚盡了自己的全力。然而，五好戰士的評選有名額限制的，不可能人人都當。這樣，到底誰能有幸當選，

指導員沈富貴的態度又成了這場評比的決定性因素。

現在指導員和黨支部的權力越來越大，知識青年和兵團戰士的入團、入黨、提拔幹部、選調去上大學等等，權力全部在這幾個現役軍人手裡，一切都由他們說了算。他們正在成為主宰七連全體兵團戰士命運的人物，這越來越讓人擔心。一旦他們身上沒有了制約，這些權力很快就變為換取私利的工具，這個世界也就迅速地變得不再平靜了。

果然，在不久之後便陸續出現沈富貴、劉光明、王利兵等七連現役軍人，利用自己手中的權力，姦淫、蹂躪和殘害女兵團戰士的事情，雖然還沒有完全暴露（關於這些醜聞，我將在後面專門論及），但全連上下都察覺了大量的蛛絲馬跡。

1970 年 1 月份，根據毛澤東「每一個支部，都要重新在群眾裡頭進行整頓」的指示，兵團各個連隊都開展了整黨建黨活動。運動的主要內容，是號召群眾給黨員提意見，然後利用所謂「吐故納新」的方式，純潔黨的隊伍，更新黨的組織，重新提振黨在群眾裡的威信。

我們幾個北京知識青年決定，把我們半年中看到的、想到的一些意見和看法，寫成一個書面的建議書，提供給黨支部。以期七連黨支部在整黨建黨過程中，改掉身上的缺點，糾正自己犯下的錯誤，真的使「整黨建黨」做出一些成效來。

由我執筆的這份二十八頁的《意見書》，既真誠坦率，又熱情洋溢，而且極具建設性。

收到這份《意見書》以後，沈富貴大發雷霆。第二天，他就把七連在「整黨建黨」運動中，以杜廈為首的北京知識青年聯名給連黨支部寫《意見書》的事，當做一個重大政治事件，上報給了 41 團黨委。同時，沈富貴親自去團部，當面向他的老上級 41 團陳政委作了彙報。

無巧不成書。恰逢此時，毛澤東又發起的另一項被稱為「一打三反」的運動。「一打三反」運動的矛頭所向，是要「給在備戰動員中一小撮反革命

分子的破壞活動，以堅決打擊」。

　　內蒙古生產建設兵團 41 團馬上召開了團黨委緊急會議，依據中共中央「一打三反」運動中下發的《關於打擊反革命破壞活動的指示》精神，將七連以杜廈為首的北京知識青年給連黨支部寫《意見書》一事，定性為「秘密串聯」，因此這一事件屬嚴重的政治事件。團黨委同時認定，七連以杜廈為首的小集團，嚴重威脅著七連黨支部的領導地位。如果不迅速對這個小集團採取措施，任其下去，就有可能發展成為一個有能力對抗七連黨支部的「反革命小集團」。因此，必須防患於未然，採取堅決果斷的措施予以打擊。

　　41 團黨委決定，以七連北京知識青年中有打人劣行的馬青波，作為打擊的突破口。先以打人一事，對馬青波進行狠狠打擊。然後再採取措施，徹底打散七連北京知識青年的團夥，拆散這個對七連黨支部有巨大威脅的「反革命」小集團。

我們都是個樂天派，即使七連沈富貴強力打壓我們時，我們也樂觀向上。
左起：我、馮群、武山根

1970 年 2 月的最後一天，正月十五才剛剛過去，春節的節日氣氛還沒有完全消散。指導員沈富貴找個藉口，派人把馬青波叫到了他的辦公室。

沈富貴和馬青波不著邊際地閒聊了五分鐘以後，副連長劉光明陪同 41 團黨委一把手、團政治委員陳福清推門闖了進來。陳政委後面跟著團政治處李主任、團政治處負責保衛工作的趙幹事等四五個人。緊接著，七八個端著半自動步槍和衝鋒槍的武裝戰士衝了進來，槍刺齊齊地對準已經目瞪口呆的馬青波。

陳政委指著馬青波問沈富貴：「就是他嗎？」

「就是他」，沈富貴一個立正，挺直胸膛大聲答道。

「銬起來！」陳政委對著趙幹事一聲大喝，趙幹事和兩個武裝戰士衝過去，抓住馬青波的雙臂，給他帶上了手銬。連推帶搡，武裝戰士在趙幹事的帶領下，按著頭，把馬青波塞進了一輛救護車臨時改成的囚車，駛往團部。

「為什麼抓我？為什麼抓我？」馬青波不斷地用盡全部力氣，聲嘶力竭地呼喊。這喊聲也完全淹沒在內蒙草原冰冷的狂風之中。

幾十個七連的兵團戰士，看到了馬青波被抓的全過程。這一場面，給他們心裡帶來巨大的震撼，使這些不足二十歲的青年人心悸不已，這心悸跟隨了他們很多很多年。

接著，陳政委、李主任在全連大會上宣佈，要堅決在團黨委和七連黨支部的領導下，把「整黨建黨」和「一打三反」運動進行到底。兵團各級黨組織，不僅要堅決打擊馬青波這樣目無黨紀國法、稱王稱霸、為所欲為的行為，還要堅決打擊對抗黨的領導，明目張膽地向黨的領導「挑戰」的行為。不允許任何形式的「秘密串聯」和「非組織活動」，在我們兵團內部存在。

我一直極為擔心的事，終於爆發。

其實，馬青波連續兩次暴打王連泓，直到把王連泓打得住院，並不是團部下決心抓走他的唯一原因。馬青波給七連一位女兵團戰士的一封特殊私

人信件，才是馬青波把自己，甚至把所有北京知青送進深淵的更主要原因。

　　事情的起因是連裡一位山西籍的女兵團戰士衛立秋。

　　衛立秋的家庭背景極為特殊。她的父親衛恒是 1938 年入黨的老革命，是一位在烽火歲月裡經受了無數次生死考驗的老共產黨員。衛恒 1965 年就任山西省委第一書記，是全國最年輕的省委第一書記之一。

　　1967 年 1 月 4 日，剛剛做完急性闌尾炎手術的衛恒，從醫院回到家裡休息。第二天凌晨，伴隨著一陣粗暴的敲門聲和咒罵聲，衛恒被拖出家門。造反派從這天開始，連續二十幾個日日夜夜，批鬥、遊街、毒打始終未斷，對衛恒進行了殘酷的精神和肉體折磨。

　　1967 年 1 月 30 日，衛恒慘死在山西造反派決死縱隊的臨時牢房裡。

　　衛恒死後，衛恒夫人張坤秀和她的孩子們，被造反派勒令搬出省委機關宿舍，一家人流落街頭，無家可歸，被迫投親靠友，嘗盡心酸與苦難。此時，衛恒最大的孩子衛凌秋，才剛剛 15 歲，最小的孩子還不到 10 歲。

　　除了失去父親的悲痛以外，孩子們最大的壓力和痛苦，來源於學校同學的歧視、壓迫和鄙夷。1969 夏天，為躲開在山西太原的這種難以忍受的精神折磨和屈辱，在跟隨母親顛簸流離了近兩年以後，大姐衛凌秋，二姐衛立秋和小妹衛小英，三姊妹決定告別母親，遠離山西，來到內蒙古建設兵團 41 團。

　　大姐凌秋分在九連，小妹小英分在六連，二姐立秋則分在七連。

　　衛立秋個子不高，皮膚很白，梳著兩個小羊角辮，像個小學生。她文靜，謙卑，走路永遠低著頭，從不主動和任何人說話，也很少笑。我們無從揣測，到底是因為父親的事所遭受的沉重打擊使她少言寡語，還是她天生就是這種性格？看得出來，衛立秋內心深處背負著沉重的荊杖。

　　劉浩穎是衛立秋的班長，也成為衛立秋最好的保護者。她不允許任何人歧視衛立秋，也不能容忍任何人欺負衛立秋。衛立秋對劉浩穎充滿感激，從而對所有北京知識青年都抱有好感。

馬青波一直在努力接近衛立秋。

是同情？是憐憫？是同命相連？還是說不清的愛戀和吸引？我不知道。但是馬青波千方百計地希望成為衛立秋的特殊朋友，是顯而易見的。起碼我們這些北京知識青年都看得清楚。

馬青波戀愛了，愛的是衛立秋。儘管這純粹是一場單相思。

馬青波想盡一切辦法尋找和衛立秋單獨待在一起的機會。他經常幫助衛立秋挑水，找機會讓衛立秋給他縫補一些衣物（其實衛立秋根本不會縫補衣服）。馬青波有時間就去衛立秋的房間找話題和她聊天，即使衛立秋一言不發，馬青波也興致勃勃。

馬青波一直想證明，自己不是老戰士們嘴裡傳說的稱王稱霸、動不動就拳腳相向的惡棍。而是一個有理想、有抱負的有為青年，甚至是一個應該得到衛立秋敬仰的年輕英雄。

但馬青波知道自己笨嘴拙舌，什麼話一到嘴邊就都不會講了。於是他給衛立秋寫了一封長信。既說明自己的經歷，也為自己的行為辯解。同時表達對於衛立秋的同情和好感。

在文化大革命的背景下，任何人不可以走花前月下的求愛之路，情書也不可以寫得肉麻，那會被認為是「耍流氓」、「不正經」。因此，那時一般的求愛信，都是講革命，講自己的歷史，講自己的理想，以及對於對方的好感。

馬青波也沒能脫俗，沒能離開這樣的求愛模式。只是他的這封求愛信的內容，突破了所有框框。其中的許多內容，在當時是無論如何也不能公開的，尤其不能讓兵團裡的現役軍人知道。但由於他體內被異性吸引而瘋狂分泌的荷爾蒙，嚴重影響了他的警惕性和正常思維，於是，問題就不可逆轉地發生了。

在洋洋灑灑的二十幾頁信中，馬青波為了向衛立秋炫耀自己非同一般的「英雄事跡」，激發她的好感和崇拜，把我們曾經一起做過的許許多多，

以及讓一般人目瞪口呆甚至難以置信的事情，全部抖落得乾乾淨淨，一點兒也沒有保留。這包括：

1967 年，馬青波抄了自己父母的家，湊足經費，組建「抗美援越鐵血團」，三次偷越國境，赴越南參加抗美戰爭；

1967 年，參與了四十七中丁世德被打死的武鬥及以後的天安門大遊行；

1967 年，杜廈、馮群赴長春經歷槍林彈雨，參與武鬥；

1967 年，在西藏和杜廈一起，企圖搶劫一個解放軍軍官的手槍；

1967 年，在昌都，曾兩次潛進市公安局倉庫，偷出 22 把藏刀；

1967 年底，四十七中 12‧7 武鬥中，杜廈險些被上百人毆打至死，自己挺身相救；

1968 年初，從河南信陽及湖北武漢，偷回三支手槍帶回北京，以期將來在內蒙邊疆，和入侵的蘇聯軍隊展開遊擊戰爭；

1968 年 4 月，因為「搞槍」事情暴露，和杜廈、武山根一起被抓進監獄，在監獄裡被關押七十餘天，在監獄中開闢通信通道，建立秘密聯繫，串通口供；

1968 年底，從北京四十七中偷跑來到內蒙，用塑料鞋底刻了北京四十七中革命委員會的公章，偽造介紹信，得以在高力罕落戶；

……

最後，馬青波為了拉近和衛立秋之間的距離，還寫了以下的話：

「我父親馬建民 1931 年參加革命，母親楊沫 1936 年參加革命。我和你都出身在革命幹部家庭。我們的父母，都曾經為中國的革命事業拋頭顱、灑熱血。我們的血管裡流著一樣的革命血液，我們血脈相通，我們是一根藤上的瓜。」

1969 年冬初，馬青波託劉浩穎把這封信交給了衛立秋。

不久，劉浩穎把信原封不動地退回給了馬青波。據劉浩穎講，衛立秋

不僅沒看這封信，甚至拒絕接收。這令馬青波極度失望。

但是不久，這封信鬼使神差地到了指導員沈富貴的手上，指導員如獲至寶。我們到現在也搞不清，這封信是怎麼從馬青波的褲子底下，到了指導員沈富貴案頭上的。但可以肯定，這封信是從馬青波自己手上洩露到沈富貴那裡的。

在 1970 年 1 月 41 團那場特殊的黨委會議上，沈富貴向 41 團黨委彙報七連最近發生的《意見書》事件及馬青波打人事件時，把馬青波給衛立秋信中描述的內容，即我們在文化大革命中這些令人瞠目結舌的諸多「反革命行為」，一一道來，這些天方夜譚一樣的事情，讓這些自以為見過世面的軍人們，聽得無比驚訝。

沈富貴還逐一列舉了杜廈等北京知青的家庭出身：

杜廈：父親曾留學日本，是個國民黨中統特務和東北接收大員；家庭出身歷史反革命，爺爺是大地主，姥爺是大資本家，舅舅也是一個反革命；

馮群：父母親均曾留學美國，爺爺是北洋軍閥時期的國民政府內閣部長，其姑父曾任蔣介石的內閣總理，是毛主席親自宣佈的國民黨 17 個最大戰犯之一。他也是個超級大地主和大封建官僚家庭出身；

武山根：爺爺是大地主，曾在土改時被我黨鎮壓；姥爺雖然參加革命很早，但 59 年犯了嚴重的右傾機會主義錯誤，和彭德懷穿一條褲子；

艾援：出身地主家庭，爺爺是地主；

馬青波：父親、母親雖然參加革命很早，但目前查明，其父親是個叛徒，母親是個「假黨員」；

張農生：地主兼右派家庭出身，其父母曾在東北黑龍江勞改農場監督勞動改造多年；

段偉鋼：地主兼壞分子家庭出身；

劉浩穎、陳剛：工人家庭出身，屬被杜廈等人蒙蔽。只有他倆沒有參與馬青波「信」中所披露的，他們在文化大革命中的各種罪行。

根據上述情況，41 團黨委做出如下結論：

一、這些所謂北京知青在文化大革命中的種種劣行表明，馬青波和七連北京知識青年小集團，是一個破壞文化大革命，破壞無產階級專政，與我們黨和國家長期為敵的反黨小集團。

二、他們是憑藉偽造的介紹信和塑料底鞋私刻的公章，才混到內蒙邊疆來的。可以肯定，他們到高力罕來，也是抱著某些反革命目的來的。

三、這次藉整黨建黨，他們表面上是提意見，冠冕堂皇。實際上他們是陰謀推翻七連黨支部的領導，陰謀向黨奪權。這些人表面正人君子，實際上是極為險惡的階級敵人。

四、馬青波毆打共產黨員王連泓事件、杜廈等秘密串聯，聯名用《意見書》的形式，藉助整黨建黨的機會向黨支部進攻的事件，都是有長期基礎的，都是他們整個文革之中犯罪行為的延續。

五、馬青波給衛立秋的這封信，提供了他們這些人的大量犯罪事實。這清楚地表明，對於到 41 團來的這些北京知青，不能心慈手軟，要立即堅決打擊。

41 團黨委集體決定，先抓捕馬青波打開突破口，然後再打擊和粉碎七連的北京知青「反黨小集團」。

這才有了前面我們看到的，陳政委、李主任和趙幹事帶著武裝戰士，去七連抓捕馬青波的一幕。

馬青波被抓走以後，七連的整黨建黨運動立即轉向。

劉浩穎的全兵團「學習毛主席著作積極分子標兵」的稱號被取消；她作為這次整黨建黨中的黨員「納新」對象的資格也被取消；剛剛被提升為全連唯一的知青排長職務，也被撤銷，降為副班長。劉浩穎跟我們蹚這一遭渾水，可謂損失慘重。但她對於這一切，僅報以微微一笑，根本不在乎。她關心的是馬青波和我們其他人的安危，這更突顯她人品的高尚和正直，她的表現令我們所有人佩服和讚賞。她是我一生中碰到過的，最正直和「乾

淨」的人之一。

由此，我們成為一生的好朋友。

指導員以轉業老戰士和錫林浩特知識青年為中堅力量，組織各個班、排，揭發和批判北京知識青年的「秘密串聯」、「非組織活動」、「消弱黨支部的領導」的反整黨建黨運動的錯誤言行。

七連「整黨建黨」和「一打三反」運動中，破獲北京知識青年的「反革命小集團」一事，在全 41 團迅速傳遍，這成為內蒙兵團五師 41 團最重大的新聞。

而伴隨這個新聞一起瘋狂傳播的是，這個反黨小集團背後的首領，叫杜廈，是個極為陰險，又極為危險的「反革命階級異己分子」。

我終於在離開北京一年多以後，又重新站回到風口浪尖之上。

事情還遠沒有結束。

作為全內蒙兵團最大的「反革命案件」之一，兵團保衛處親自介入了馬青波案子的偵破和定性。

抓走馬青波的同時，趙幹事搜走了馬青波的一切私人物品。這其中包括馬青波的幾大本日記。這些日記不僅詳實地記錄了幾年來馬青波的所有活動，也忠實記錄了馬青波在文化大革命中的所有思想動態。無疑，對於兵團保衛處和 41 團保衛科來說，這幾大本日記，比馬青波給衛立秋的那封二十幾頁的信，不知要重要多少倍。這有可能成為兵團保衛處和 41 團保衛科突破馬青波防線，並迅速給他定罪的重要依據。

自從這幾大本日記被搜出以後，在兵團保衛處眼裡，馬青波的案情變得越來越嚴重。現在，已經不僅僅是「打人」、「搞槍」、「搞刀」、「偷越國境」等一系列問題了。現在又從馬青波日記中發現了「偷聽敵台」、「懷疑毛主席、林副主席的歷史地位」、「污蔑黨和國家領導人」等諸多政治問題甚至是反革命問題的線索，於是，偵查和定性的方向隨之改變。

41 團政治處和兵團保衛處在戰略上已經達成一致：先突破馬青波，將

其定性為現行反革命，在兵團軍事法庭給予審判。給個八年左右的刑期，然後再一舉剿滅七連北京知青「反革命小集團」。

要想把馬青波「反革命案」作實、作死，一是需要馬青波的口供，二是需要「同夥人」的旁證。於是，歷時一個月之久的審問和調查在馬青波和我們這群北京知識青年之間展開。

收拾你，就像捻死個臭蟲

其實，最初馬青波心裡並不是特別緊張。一個打架鬥毆的事兒，能有多大？雖然興師動眾，由一個武裝班押送團部，而且被戴了手銬，確實也挺誇張。但轉念一想，當初在北京，是荷槍實彈的解放軍和警察抓捕。案子是私藏三支手槍和一箱手榴彈，還包括偷了現役軍人的手槍，絕對算得上北京的驚天大案，也只不過是蹲了七十幾天監獄而已。打個架能夠把他怎麼樣呢？

團部小學旁的一間破爛土坯房，成了關押馬青波的臨時牢房。和馬青波關在同一間牢房裡的，還有營建連的嚴樹和二連的冉春和，兩人同屬天津籍兵團戰士。

嚴樹的案子和馬青波類似，也是動手打了一個轉業老戰士。不過結果不像馬青波打王連泓那麼嚴重，因此，沒有給嚴樹戴手銬。顯然他比馬青波的罪過輕了不少。

冉春和的案子是個政治案件。但這個政治案件，幾乎就像是個玩笑，讓人啼笑皆非。

冉春和愛漂亮，整天喜歡照鏡子，還留了一個滑膩膩的大分頭。這使得他常常被其他兵團戰士嘲笑。加上他極不合群，工作也不怎麼樣，天長日久，在兵團戰士中越來越孤立。發展下去，冉春和逐漸成為其他兵團戰士們找茬兒欺負和毆打取笑的對象，這令他在二連苦不堪言。

他堅決要求調離二連，但連裡領導根本沒有理會他的感受，三番五次拒絕了他的這一請求。

有點缺心眼的冉春和急了。他找到連指導員，說：「指導員，你再不批准我離開二連，我就喊個反動口號，讓團裡把我抓走。反正我再也不在二連待了！」指導員以為他說說而已，根本沒理睬他。沒想到情緒已經失控的冉春和，脫口喊出了「打倒毛主席，蔣介石萬歲」的反動口號，這一下就犯了彌天大罪。

整個二連一下炸了窩。

冉春和立即成了十惡不赦、死有餘辜的現行反革命。他被二連五花大綁，指導員親自押解，送到了團政治處，放進了這個臨時監獄。

這間臨時牢房所有的窗戶，都被厚厚的木板釘死。端著衝鋒槍的戰士，24 小時在門口輪流把守。

趙幹事對馬青波的第一次審訊，一無所獲。

馬青波堅持說是王連泓先動手，而且還動了斧子和剪羊毛的大剪子，險些要了自己的命。完全是因為自衛，才出手打了他。

馬青波給衛立秋信裡所披露的那些無法無天的事端，趙幹事認為都是反革命行動。加上他幾大本日記中，發現的所謂政治傾向問題，趙幹事也都拿出來，要求馬青波逐一交代。

馬青波振振有詞，逐一反駁。無論行動和思想，馬青波都不承認有哪一件和「反革命罪」有關。

對於所有這些問題，馬青波儘管承認是犯過一些錯誤，但都是出於良好動機。對於趙幹事說的「反黨、反文化大革命」等項罪名，馬青波始終態度強硬，概不承認。

趙幹事聽了馬青波的這些回答和表白，氣得夠嗆。他怒火萬丈，指著馬青波的鼻尖怒吼：「我告訴你，別嘴硬。收拾你，就像捻死一個臭蟲！」

趙幹事當然也不是個窩囊廢。他叫趙正榮，在山西獨立二師時，就是

個保衛幹事。那時獨立二師的主要工作是看管各個監獄，因此，對於審訊犯人，趙幹事有著豐富的經驗。他決定先採取一些措施，徹底剎剎馬青波的氣焰，使他在心理上、肉體上完全崩潰以後，再進行審問。

趙幹事連續給馬青波戴了近兩個月的手銬。有時前銬，有時背銬，有時「蘇秦背劍」，而且晝夜 24 小時不給開銬。即使吃飯，上廁所，睡覺，有時也不給摘手銬。

這招極其狠毒。

每天的飯都是小米飯、菜湯。有時馬青波被趙幹事用「背銬」懲罰。為了進食，馬青波就要把放在地上的飯盆，用嘴拱到自己面前。然後跪倒伏地，把頭伸進飯盆裡，像狗一樣吃飯和吸食湯汁。

上廁所大便也是難題，既無法解開褲帶，也不能在便後擦屁股。每到這時候，馬青波只能求冉春和替他解開褲腰帶。大便完畢，只能從前面的褲襠底下，艱難地伸過戴手銬的雙手，勉強擦擦屁股。

近兩個月的時間裡，馬青波終日戴著手銬，沒有辦法洗臉和刷牙，剪髮就更不可能。很快他就滿臉污垢，渾身散發惡臭，頭髮粘得像一團馬鬃一樣。此時的馬青波，已經和人們想像中的「魔鬼」，沒有多大區別。

這些肉體和精神上的雙重虐待，完全出乎馬青波所料。漸漸地，馬青波已經不敢直視任何人投射過來的目光，所謂「自慚形穢」大概就是這個意思。他的自尊心完全喪失，因為根本沒有這樣受虐的精神準備，也沒有想過自己要承受這麼長時間的折磨。他迅速接近崩潰。趙幹事這樣做，也正是為了摧毀馬青波內心深處的自尊和抵抗，把桀驁不馴的馬青波，變成自己腳前一隻溫順而膽怯的狗，馴服地配合他的審訊。

與此同時，團政治處和沈富貴也向七連的北京知青發起了全面的進攻。

沈富貴的第一個攻勢，是讓全連各個班、排，全面開展揭發北京知青「反黨小集團」的活動，不過收效甚微。幾乎找不出任何北京知青想要和連黨支部對著幹的言論和事實。其實，本來我們寫《意見書》的動機，就是想

幫助連黨支部把整黨建黨做好，把連裡的各項工作做好。所以，沈富貴這個針對北京知青的「揭批運動」，最終還是一無所獲，無疾而終。

在全連開展揭批北京知青反黨小集團的同時，每個北京知青都被團政治處和沈富貴分別叫去談話，要求我們徹底揭發馬青波犯過的所有罪行。當然，這離不開一大堆的威脅、恐嚇和利誘。

說實話，這些人儘管年輕，但在文化大革命中經歷過無數的壓力和挑戰，因此，沈富貴他們的努力沒有任何效果。不過，從團政治處找我們的逐一談話中，一些蛛絲馬跡，還是引起了我的高度警覺。

團政治處對我們每個人的問話中，都問到是否聽到過馬青波「偷聽敵台」、「污蔑黨和國家領導人」、「對領袖懷疑」等等話題。我首先感到，馬青波的案子已經在向政治案件轉化，這將使形勢變得十分嚴重。

我決定開一個對策會議，統一口徑，建立行事規則。

為避開耳目，我把會議安排在張農生、段偉鋼所在的三連舉行。星期日，我們大家分別找藉口去團部辦事，然後中途拐到三連，在張、段住的馬圈小屋集合。

參加這次會議的有武山根、馮群、艾援、張農生、段偉鋼和我。陳剛由於和馬青波文革中接觸很少，沒有叫他參加。

會議是由我主持。

我們分析了馬青波案件的形勢和接下去發展的各種可能性。大家一致認為，兵團、師、團等幾級，都在把這個案件往政治案件上靠。馬青波的前途極其危險，絕不樂觀。

我們重新審視馬青波的為人及我們和他的關係。大家同意，馬青波是個極其自私的人，關鍵時刻為達到目的，不惜出賣朋友。他向西烏旗知青辦告密一事，極為卑鄙，不可原諒。

另外，馬青波在文革中的許多生死關頭，沒有像我們這些人一樣，去承擔一個作為戰友、朋友的責任，12‧7武鬥他的表現，就說明他永遠不

會為自己的朋友捨生忘死，也不會兩肋插刀。

馬青波為了求得衛立秋對自己的好感，不惜把我們文化大革命中所幹的那些事情，全部寫在那封求愛信上。不僅給兵團軍人打擊我們和馬青波創造了十分有力的理由，還因為洩露了我們是憑假公章、假介紹信來的高力罕，而使我們的處境一下變得十分艱難。

馬青波以上這一切行為和做法，已經使他喪失了作為我們親密朋友的資格。這使得我們需要重新認識這次他所遇到的危機，及我們應該採取的行事原則。

馮群、段偉鋼、張農生、艾援都堅決主張不管他的事，「愛咋地咋地」。我和武山根則要稍微溫和一些。

最後我們共同得出了對於馬青波事件的行事規則：

1、我們任何一個人，絕不主動揭發馬青波的任何事情；

2、凡是被問到的問題，有一是一，有二是二；有就是有，沒有就是沒有。完全沒有必要為他包庇任何事情。

41團政治處和趙幹事用了幾乎兩個月的時間，摧毀了馬青波的尊嚴，瓦解了馬青波的抵抗，完成了突破馬青波防線的第一個戰役，第二戰役接著打響。

五月中旬，兵團保衛處方處長、兵團組織部陳秘書、五師保衛科雷科長組成專案組，從呼和浩特和西烏旗專程來到41團。

方處長及整個專案組，對馬青波的第一次審問，大大出乎馬青波的意料。

初審時，方處長看到馬青波戴了手銬的兩隻手腕鮮血淋淋，就嚴肅地批評了趙幹事，並親自為馬青波解開手銬。還讓戰士叫來衛生員，給馬青波手腕上藥。馬青波差點哭出來。

接著，方處長稱馬青波「小同志」，並讓政治處的人安排給馬青波毛巾、肥皂、牙具。給他剪了髮，讓他重新回到「人間」。馬青波也因此對兵

團方處長感激涕零。方處長完全俘獲了馬青波的心，使馬青波覺得方處長對他恩重如山。甚至覺得，不交代一些嚴重點兒的問題，實在對不起這位和藹可親的方處長。

馬青波陸續寫出了十大本對自己罪行的交代材料。

其中涉及了自己在日記中，曾隱約提到過的對毛澤東、林彪、江青等黨和國家領導人的看法。

方處長還用「詐」的辦法，使馬青波相信杜廈、武山根、馮群及劉浩穎已經把他說過、議論過的各種話題都揭發了，甚至偽造了若干大本杜廈等人的揭發材料。最終，在方處長的各種手段面前，馬青波把自己交代得乾乾淨淨。

方處長到七連找我們每個人單獨談話。現在他的任務已經十分輕鬆，只是需要對馬青波自己交代的罪行，進行核實，獲取旁證而已。

好在事先我們已經有了「馬圈會議」，我們心裡有底：有一是一、有二是二；有就是有，沒有就是沒有。

其後，方處長又把我、山根叫到團部，威脅、利誘，企圖使我們交代出他們還沒掌握的東西，我們也有「馬圈會議」的原則：絕不主動揭發。方處長無功而返。

方處長大概覺得給馬青波定罪的材料已經足夠了，便沒有對我們繼續糾纏。

五師政治部最後經過內蒙古兵團政治部批准，給馬青波定了六條罪狀：

一、污蔑毛主席、污蔑毛澤東思想；

二、污蔑林副主席、污蔑解放軍；

三、污蔑江青同志；

四、為死不改悔的走資派翻案叫屈；

五、偷聽敵台，並且散播；

六、書寫反動書信，黃色日記，散佈資產階級淫樂思想。

　　按照馬青波自己的說法，兵團五師在給內蒙古生產建設兵團政治部關於馬青波反革命案審結報告的結論是，把馬青波開除出兵團，逮捕法辦，建議判處有期徒刑八年。

　　但上報北京軍區時，在軍區領導的過問下，最後對馬青波定性結論為：現行反革命罪，不帶帽子，回原連隊監督勞動改造。

　　1970 年 6 月，作為「一打三反」運動的豐碩成果，41 團在團裡和各個連隊，輪流批鬥了現行反革命犯冉春和、強姦幼女犯烏日他和現行反革命犯馬青波。

　　在七連的批鬥會上，我、劉浩穎、武山根、馮群都被要求必須發言，我們被迫違心地站上發言台。儘管我們和馬青波已經義斷情絕，但那仍然是我一生中最為難過的時刻。我違心地批判馬青波，違心地同意兵團的結論，違心地在大會上承認自己犯了重大錯誤。我相信，再也沒有比這對馬青波打擊更大的了，但我們的心也被這次「批判」，深深地撕裂。

　　我一生都在為曾經走上過那個講台，而深深地懊悔和羞愧。

　　41 團政治處和沈富貴「突破馬青波」的目的完全達到。接下來該是拆散七連北京知青反革命小集團了。

　　團部的調令是 6 月底送達七連的。我被調到十連，山根調到九連，艾援調到六連。均要求一週之內報到。劉浩穎、馮群、陳剛繼續留在七連。41 團終於拆散了北京知青「反革命小集團」，解除了沈富貴的心腹大患。

　　馮群弄了兩斤白酒，我們幾個在自己的小屋裡，聚了一頓餐，大家喝得酩酊大醉。奇怪的是，我們沒有任何一個人為自己的未來擔心，我們好像也沒有任何的悲哀與惆悵。大家根本沒有把在七連跌的這個「跟頭」當回事，反而都覺得，無論在哪裡，我們都應該是最優秀的，這點我們有充分自信。

　　意見書事件和馬青波事件，使我們和沈富貴之間的關係，已經從矛盾上升到仇恨。反正已經要走了，我決心用我的方式教訓一下沈富貴本人。

一是讓他莫要得意忘形，不要繼續追殺 41 團的北京知識青年，給自己留下一條退路；二是不要刻意欺壓繼續留在七連的馮群、陳剛和劉浩穎，否則，他自己也會承擔魚死網破的後果。

第二天晚飯時間，沒有告訴任何人，我隻身來到指導員沈富貴的家，來向他告別。那完全是一場頗具杜廈特色的戲劇性「告別」。

前幾天，沈指導員以連隊不可以養貓養狗為名，讓人殺死了兵團戰士撿來的一隻小黑狗。儘管小青年們非常喜歡那隻可愛的小狗，還是眼巴巴地看著它叫指導員給殺了。

而指導員家卻養了一隻小貓，這為在我和指導員之間，來一場刻骨銘心的「告別」，提供了特殊內容。

我沒有敲門，徑直推門進入指導員沈富貴的家裡。指導員全家正在吃飯。他對我沒打招呼逕自推門進來大吃一驚。

「杜廈」，他先打了個招呼，臉上不自然地堆起一點笑容，鼻子像傷風般吸了一口氣。他那整張臉，像一張曬乾了的橘子皮，都是皺褶。

「找我有事？吃完飯再說。」他揮了揮手，意思是讓我回去。他重新低下頭，繼續吞嚥著嚼在嘴裡的一塊饅頭，話音嚷嚷的，不是太清楚。

他還是掩蓋不住看見我的不快，尤其是在他全家正在吃飯的時候。可以肯定，自從來七連以後，他最不願意見到的人就是我了。

我沒有回答他，也沒有離去。

我緩步走到他身旁，輕輕抱起了盤臥在他腳邊的那隻花貓。

「喵」，花貓叫了一聲。看見自己被一個陌生人抱起，花貓也不是特別自然，好像不太情願。

「您不是說連隊裡不能養貓養狗嗎？」我抱著那隻花貓，走向牆邊一棵房屋立柱的旁邊。

「知道您對自家的貓不好下手，我來幫您處理。」

我揪住那隻可憐花貓的尾巴，突然掄圓了向那棵立柱摔去。花貓的頭

砸在木柱上，發出很大的一聲巨響，整個房子都顫抖了一下。接著，我仍然緊緊抓住這隻貓的尾巴，一圈又一圈地掄著這隻花貓，一遍又一遍地，把它摔砸在那棵立柱上。不一會兒，立柱後面的整個牆面，濺滿了花貓頭上噴出的鮮紅血漿。

指導員又嚇又氣，臉色蒼白，渾身哆嗦，一句話也說不出來。他老婆和三個女兒，緊緊地縮抱在一起，已經魂不附體。

「指導員，不讓養貓養狗是您的指示。我是堅決地執行您的指示的。」我顯得神態自若，但雙眼裡充滿仇恨怒火。這眼神使他顫慄，使他膽寒。

「就要走了，也來跟您道個別。」我拎著那隻死貓的屍體，帶著譏諷，衝著他笑了笑。

那隻死貓還在滴滴答答地淌著血，血已經濺到沈富貴的褲子上，紅色的一片血滴，在綠色的軍褲上格外刺眼。

「不過，指導員，我特別想告訴您，」我掃了一眼滿牆的鮮血，把手上的鮮血往那隻死貓身上擦了兩下，然後把那可憐的死貓，扔到了指導員的腳下，繼續說：

「我一生只有兩件事不會做：第一件，任何情況下我都不會自殺，我永遠不會讓那些想置我於死地的人得逞；第二件，任何情況下我也不會得精神病，我不會讓我的那些敵人，由此而大為開心。」

我狠狠地瞪著他，繼續說：

「除了這兩件事，我都有可能幹，包括殺人、放火、投毒及許多可怕的事情。況且我足夠聰明，也知道這些事該怎麼幹。這一點您一定已經深信不疑。反正文革中，我已經死過好幾次了，我真的不怕再死一次！希望您能記住我這句話：不要把人逼急，許多事情適可而止，也給自己留一條後路！」

我拍了拍濺滿花貓鮮血的雙手，推門走了出去……

我離開七連沒過一個月，沈富貴也離開了七連，調到團部後勤處當了一

名協理員。他遠遠地離開了七連的知識青年和兵團戰士。不知道他的這一調動和這隻死貓，及我的那場告別，有沒有關係。我想是否他老婆和女兒，堅決勸他不要繼續待在七連了？我不知道，只是感覺這裡面有一點關聯。

不過，自從沈富貴調離七連，馮群、劉浩穎、陳剛隨後都得到了重用。馮群作了排長，劉浩穎也恢復了排長職務，陳剛被調到機務排作了排長。北京知青成了整個七連最重要的中堅力量。

1972 年，劉浩穎被推薦去北京化工學院上了大學，畢業後在北京化工研究所做一名高級工程師，直至退休。

1973 年，馮群被推薦去了北京大學，77 年鄧小平恢復高考以後，他考上中國科學院研究生。後又在美國佛羅里達大學取得博士學位，一直在紐約華爾街工作，直至退休。

1974 年，陳剛被推薦去內蒙工業學院上了大學。畢業後在中國石油設

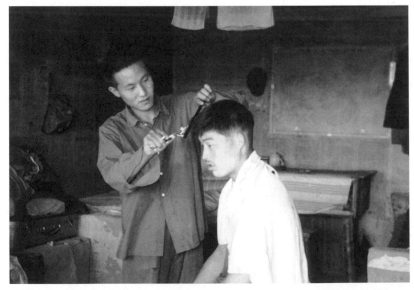

馮群要去北京大學上學了，怎麼也要像個樣子。離開草原之前，艾援給馮群剪了個髮。

1973 年，馮群有幸成為我們之中第一個上大學的人。送他走之前，我們七個人合影留下了草原上這段刻骨銘心的經歷。
前排左起：段偉鋼、馮群、我。
後排左起：艾援、武山根、陳剛、張農生。

2007 年，在美國新澤西的馮群家裡，我們七個人又按上圖相同的位置，再照了一張合影。那已是 34 年以後，我們都已經年屆花甲。

計院任翻譯、處長直至退休。

武山根在九連表現優秀，不久調到團部，進了 41 團文藝宣傳隊。後武山根調回北京，在北京第一輕工業局工作。

艾援在六連工作、勞動均非常出色，不久也當上一個班排長之類的小官。艾援在六連威信極高，後來娶了衛恒的小女兒衛小英為妻，兩人現在在美國新澤西州居住，夫婦雙雙在一家著名世界五百強跨國公司「強生 - 強生」工作，直到現在。

1974 年，經馬青波母親楊沫多方奔走，甚至驚動了周恩來夫人鄧穎超，最後，由內蒙軍區司令員尤太忠親自批准，馬青波的現行反革命案獲得改正，更正的文件抄錄如下：

五師黨委：

你師報來現行反革命犯馬青波複查處理報告收悉。經兵團黨委研究，決定將馬青波改定為犯有嚴重政治錯誤，撤銷監督改造。

此覆

內蒙古生產建設兵團政治部

一九七四年十一月二十日

馬青波被「改正」兩年以後，經父親的老戰友幫忙，他被調到山西大同一個工廠工作。1977 年恢復高考，他以大同市文科第一名的成績，考上了北京大學。

被侮辱與被損害的

內蒙古生產建設兵團的歷史上，曾經有過這樣一群女戰士，她們剛剛走出學校，不過十七八歲，聽從毛主席的號召，滿懷著建設邊疆、保衛邊

疆的狂熱與豪情，十幾歲就離開家庭，離開父母，毅然走上上山下鄉的道路。然而，她們面對的不僅是荒原上難以想像的艱苦、極為繁重的勞作，還有掌權者的貪婪和淫蕩。她們是最值得同情的一個群體。

當時，在指導員沈富貴領導下的 41 團七連，每個現役軍人都曾利用自己手中的權力，姦污、摧殘和蹂躪著這些涉事不深而命運又操縱在他們手裡的女孩子們。

姦淫與蹂躪

41 團七連副連長劉光明是個標準的軍人體型，高高的個子，肩膀很寬，後背永遠挺得筆直。他平時不太愛說話，尤其是當指導員在場的時候，他從來都畢恭畢敬，永遠不會插話。在獨立二師時，劉光明是個副連長，而那時，還沒犯錯誤的沈富貴已經是正營職了。當初沈富貴在朝鮮戰場上當連指導員的時候，劉光明還沒有當兵呢。因此，面對比自己官大好幾級，資歷又比自己老好幾倍的老領導時，劉光明對沈富貴無限尊重，令行禁止。

在沈富貴的全面領導下，劉光明分工負責連裡的生產、生活、行政等各項事務的具體執行工作。應該說，劉光明對待兵團戰士還算和藹，對他們在生活上也還關心。一年下來，劉副連長在兵團戰士心目中的形象，比專橫跋扈的沈富貴要好很多。他是一個能夠深入第一線，並有一定領導能力的稱職副連長。實際上，劉光明在明裡暗裡給沈富貴擦了不少屁股，也添了不少彩。他可以算是沈富貴充分依靠和信任的得力助手了。於是，沈富貴也就投桃報李，給予劉光明很多照顧。

經指導員同意，劉光明選擇了錫林浩特知青新華作了連隊翻譯，諾力瑪作了連隊衛生員。他還選擇了老高三的北京知青徐本華作了連隊的老師。其實這個教師，就是專門負責指導員沈富貴家的三個女兒的學習。比較特別的是，劉副連長選中了天津籍兵團戰士郭羽珍擔任連隊文書一職。郭羽珍 66 年文化大革命時，正上初中一年級，文革結束來到兵團時，也只有初中一年的文化，而且年齡只有 17 歲。

對於劉光明副連長選的上述四位都是女生，而且文書一職由一個初一文化的 17 歲女生來擔任，全連上下議論紛紛。

郭羽珍不算漂亮，但個子高挑，眼睛很大，皮膚有點黑，在人群中特別好認。她活波開朗，是個天真無邪的小姑娘。幹起活來也是風風火火，從不喊累。劉光明喜歡她，全連上下都看得明明白白。

劉光明把這四個女生，全部安排在自己宿舍的對面屋。這是間「一明兩暗」的房子，從外面推門進去，直對的是個走廊，左右各有一間宿舍。劉光明和通訊員韓晉平住在東屋，新華、諾力瑪、徐本華和郭羽珍住在西屋。

僅一個冬天過來，劉光明和郭羽珍的不正常關係，全連上下已經傳得沸沸揚揚。

劉光明經常派通訊員韓晉平到團部去，或者送文件，或者去辦其他事情。此時，無論白天黑夜，人們都會看到副連長劉光明和文書郭羽珍在劉光明宿舍裡「研究工作」，有時會很長時間。

劉副連長宿舍的門窗玻璃，永遠被遮的嚴嚴實實。

天津來的兵團戰士一般比較小，大多不明所以。但轉業老戰士卻不同。他們來兵團之前，在做轉業「動員」時就被告知，到兵團去的一個重大好處，是兵團會招來大批城市學生，其中一半以上會是女學生。這是他們這些「光棍」老戰士尋找老婆的重大機會。城市姑娘不僅有文化，漂亮，而且家裡也不會索要彩禮。這對農村長大的轉業老兵來說，吸引力極大。因此，他們每個人對於副連長劉光明的舉動，既敏感又羨慕。

我們老知識青年也都心知肚明，理解劉光明和他的 17 歲下屬之間，到底發生了什麼事情。

通訊員韓晉平只有 16 歲，他是跟隨著姐姐韓麗平，一起從山西太原來兵團的。韓晉平的父親也在山西省軍區供職，據說官比 41 團團長、政委的官要大。臨來之前，韓晉平的父親專門找到在 41 團就職的老部下作了託付。因此，韓晉平姐弟在 41 團有著一個保護傘，他們姐倆是有靠山的。

　　七連工作成績優異，加上指導員沈富貴的信任和保護，使劉光明終於忘乎所以。

　　一天夜裡，郭羽珍出去上廁所，劉光明已經為她留好了門。郭羽珍從廁所回來，沒有回自己的西屋，而是直接進了副連長劉光明居住的東屋。

　　忘乎所以和膽大包天的是，此時通訊員韓晉平也睡在同一個屋裡，同一條炕上。直到韓晉平被不加掩飾的男女房事的聲音驚醒。他驚恐萬分，聽到和看到的這一切，使他不敢相信自己的眼睛。完事以後，郭羽珍又獨自回到對面屋裡。令人驚訝的是，劉光明居然對此沒有任何顧忌。

　　我們無法得知，劉光明是在幹了多少次這種事之後，才發展到如此膽大妄為和無所顧忌的程度。

　　年輕、血氣方剛的小通訊員，不顧劉副連長的反對，一早就去了團部，把自己昨晚看到和聽到的所有事情，向他父親託付的叔叔講了個一清二楚。

　　劉光明東窗事發。

　　軍醫王利兵是七連除指導員、副連長之外的第三個現役軍人。來兵團那年他才 28 歲。王軍醫個子不高，皮膚白皙，戴了一副眼鏡，特別像一個文人。他永遠對人關心，體貼，無微不至。兵團戰士們都喜歡他。

　　69 年年末，中蘇關係惡化，備戰氣氛十分緊張。七連武器運到並已經裝備武裝排以後，全連無論武裝排還是一般戰鬥班，夜間都要武裝站崗。一是培養兵團戰士的軍事素養，二是真的要防範可能發生的突然事件。隆冬臘月的內蒙草原，夜裡室外的氣溫已經下降到零下 30 度以下。兵團戰士的棉大衣，根本不足以抵禦這樣的寒冷。在這樣的氣溫下，夜裡站崗一個小時，實在是太難熬了。

　　一天夜裡，武裝排女戰士楊菲蘭背著大槍站崗。實在太冷，楊菲蘭被凍得瑟瑟發抖。恰好王軍醫披著皮大衣出來解手，關心地把自己的皮大衣披在了楊菲蘭身上。從此以後，每到楊菲蘭站崗，軍醫王利兵都要出來把楊菲蘭叫到他的宿舍裡去「暖和暖和」。楊菲蘭也樂於和王軍醫建立起相當

親密的關係。

王軍醫向楊菲蘭許諾，會儘快把衛生員諾力瑪調到團部衛生隊，讓楊菲蘭接任七連衛生員。這是個難以抗拒的誘惑。當了衛生員，不僅可以脫產，不再從事繁重的體力勞動，還在連裡受到所有兵團戰士和全連牧民的尊重。

轉年春天的一天，楊菲蘭慌慌張張地找到王軍醫。告訴他，自己已經兩個月沒有來例假了，估計是懷孕了。王利兵擔心東窗事發，匆忙藉去天津招兵的機會，拜訪天津各大醫院，找尋可以給楊菲蘭打胎的地點和機會，卻無功而返。

回到七連以後，楊菲蘭的肚子已經微微隆起。倆人急得夠嗆，卻無計可施。在這以後的一個月中，全連人都看到一個奇景。每天晚上收工以後，楊菲蘭都來到王軍醫的醫務室，然後騎上軍醫的馬跑向草原。王軍醫則關心地站在草原上，看著兵團戰士楊菲蘭騎著他那匹著名的寶駒「銀河」，在草原上狂奔。他們希望通過騎馬把胎兒顛下來，但那頑強的胎兒，卻越「顛」越大。

王軍醫當然知道這個孩子一旦生下來，對他意味著什麼。那時，黨籍不但保不住，軍籍也很玄。最要命的是，遠在太原的妻子一定會提出離婚。那樣，他最終只能被迫娶了這個楊菲蘭，然後在草原上當一輩子農工，而且是犯過嚴重錯誤，曾經被開除過黨籍、軍籍、公職的特殊農工。

他不敢想像那種可怕的下場。於是，他又想出用擀麵杖擊打、滾壓楊菲蘭的肚子，殺死楊菲蘭腹中那個胎兒。又幹了半個多月。事情就是那麼奇怪，王軍醫想盡了一切辦法，但那個威武不屈的胎兒，卻絲毫不為所動，而且越長越大。

夏天來了，全連都看到了楊菲蘭肚子已經非常明顯，走路已經開始變成孕婦特有的體態了。沈富貴終於找了王利兵。第二天，沈富貴親自安排，楊菲蘭搭坐團裡的汽車，到赤峰某醫院做了「人工引產」。

　　那年，天津籍女兵團戰士楊菲蘭，剛剛過了自己的 18 歲生日。

　　七連發生在副連長劉光明和軍醫王利兵身上的事情，沈富貴不可能沒有察覺。但是，他並不想制止這種醜行。因為他也舊習未改，自身並不乾淨。

　　天津籍兵團戰士王翠萍工作一般，但是頗得指導員的特殊賞識。不久，沈富貴親自關照，王翠萍調離艱苦、繁重的戰鬥班，成為七連炊事班班長。

　　炊事班宿舍和食堂，都在原額仁淖爾隊部的老房子裡。這一大一小兩間房子，和指導員沈富貴的宿舍，是一個拐角兩側的隔壁。這幾間房子與大批兵團戰士住的蒙古包，離得很遠。吃完晚飯休息以後，沈富貴就叫隔壁的王翠萍，到他的宿舍裡談話和聊天。那時沈的家屬還沒有到連隊，這給他尋機向王翠萍下手提供了一個極好的機會。

　　王翠萍是孤身一人來到七連的。這和七連其他天津籍兵團戰士有很大不同。七連的兵團戰士都來自於天津四十中學，彼此都是同學關係，而她幾乎沒有人可以作為朋友，也沒有同學可以傾述。此時，指導員沈富貴的「關心」「愛護」，很容易獲得一個十七八歲的城市小姑娘的認同。

　　我們無法得知沈富貴何時佔有了孤單女孩王翠萍的貞操，也不知他是用了什麼樣的威逼、利誘而得逞的。但是，全連上下，很多人經常看到王翠萍衣冠不整，披頭散髮，夜裡從指導員宿舍裡出來，跑回自己的炊事班宿舍。這在轉業老戰士和年紀大點的老知青中，已經不是秘密。

　　也有兵團戰士，在連部倉庫的蒙古包裡，誤打誤撞，看見沈富貴和王翠萍兩人赤身裸體滾在一起。不久，該戰士就被調離七連。

　　一年多以後，王翠萍成為七連兵團戰士中，第一個「選調」成為工農兵大學生的幸運兒。沈富貴把這個蹂躪了將近一年的天津初中女孩兒，送進了中國的最高學府——北京大學。不知這是不是他們兩人之間已經達成的交易約定。

　　可怕的是，七連現役軍人這種惡劣行徑和令人髮指的醜行，在 41 團和

整個內蒙兵團居然不是個別現象，這樣的犯罪，幾乎滲透到兵團各級的每個角落。這實在令人不寒而慄。

後來的有關文件披露，內蒙古生產建設兵團司令員，老紅軍何××及兵團總部五個師級幹部，竟無一人清白。他們均有調戲或姦污女知青的行為。

內蒙兵團某師師長，不僅姦污了 2 名女知青，竟然還以給其中一人安排入團和上大學為名，姦污了前來兵團找他「拉關係」的該女孩的母親。師長同時姦污女兵團戰士母女倆，這大概在全國也絕無僅有。

黨委副書記、團長張貴壽，1970 年 3 月到兵團後，短短一年零五個月的時間，先後利用職權強姦女知青 1 人，調戲猥褻女知青 37 人。連生病的女知青都不放過。

團參謀長姜玉科，1970 年調到內蒙兵團，短短的 8 個月內，就強姦女知青 5 人，調戲猥褻 14 人。年齡最小的才十六歲。

僅據官方統計，內蒙生產建設兵團被姦污的女知青多達 299 人，罪犯幾乎都是兵團現役幹部，共 209 名現役軍人。[①]

我們知道，這是一個被大大縮小了的數字。因為某些當權者，對年輕女兵團戰士姦淫、踐躪和佔有的罪行，大都是以某種「利益換取」為誘餌的。因此，很多被侮辱過的女知青都不願暴露真實情況。一些被姦污後上大學、入黨、提幹的女知青，更不會將內情暴露。這就使得大部分當權者姦污女戰士的身體，霸佔她們貞操，踐躪她們的自尊與精神的犯罪行為，沒能夠暴露在陽光之下。

60 年代末 70 年代初，究竟有多少女知青遭受強姦、猥褻，確切數字將永遠是個謎。在一個極重貞操、仍舊殘留著封建意識的社會裡，許多失

[①] 資料來源：新華社內參刊物《情況反映》（1973 年），詳見鐵血網：http://bbs.tiexue.net/post2-9554413-1.html

去貞操的女知識青年只能永遠保持緘默。

以上的 209 名犯了此項罪名的現役幹部，都是受到了「刑罰」的人，而上面我們點名談到的所有人，沒有任何一個人在這 209 人的名單之內。這就是說，實際犯罪人數，可能遠遠多於我們可以看到的官方數字。

沈富貴事後調到團後勤部作了一個「協理員」，沒有任何處分；

劉光明受到一個小小的黨內處分，調到十連當連長，官不降反升；

王利兵也是黨內受到一個不痛不癢的處分，調到團衛生隊了事。

雖然這些事已經過去了將近五十年，這些當年的女知識青年和女兵團戰士差不多都已經接近或達到古稀之年。但是，是否應該有人出來對於這一段歷史，對於這些受凌辱、受淫虐、受踐踏的人們道一聲「對不起」呢？

我相信，總有一天，我們的民族，我們的國家，會有這樣自我反省的正直與勇氣！

被剝奪與被損害

在大批女知識青年慘遭當權者姦污、凌辱和踐踏的同時，內蒙兵團一紙三年不准談戀愛的規定，卻把所有兵團戰士戀愛和婚姻的正當權利，非人道地剝奪了。

這條規定不僅是對這些城市知識青年愛情生活和基本人性的殘酷禁錮，還為當權者中的那些敗類，利用自己手中的權力，任意佔有她們的青春和貞操，打開了方便之門。

天津知識青年童馨竹，五十年代跟隨父親的企業搬遷，全家從上海搬到天津。童馨竹是典型的江南少女，皮膚白皙，溫文爾雅，平時很少說話。她不僅拉得一手好二胡，還是天津四十中學最優秀的學生之一。尤其她的數理化，整個四十中學高一年級，無人可以望其項背。

文化大革命把童馨竹的大學夢打得粉碎。1969 年，馨竹帶著妹妹童馥竹，來到 41 團成為一名兵團戰士。

童馨竹的班長是一名退伍轉業軍人，叫郭偉英，是個山西人。他能幹、

霸氣、心靈手巧，不僅是一位入黨多年的共產黨員，還是連裡最為能幹的一位班長。在他手上，沒有解決不了的難題。郭偉英樂於助人，幾乎所有兵團戰士都得到過他的照顧。沒過多久，他就成為這些沒見過世面的城市小姑娘心目中的大哥哥。

從兵團戰士報到的第一天開始，郭偉英就喜歡上了漂亮、溫婉的童馨竹。加上這一批兵團戰士，絕大部分只有十七八歲，像童馨竹這樣高中畢業，年齡已經超過二十歲的，可遇而不可求。一場恰逢其時的戀愛追逐，就在郭偉英和童馨竹之間展開。

郭偉英堅決、果斷、體貼入微的愛情追逐，彷彿旁若無人。一些人說他癩蛤蟆想吃天鵝肉，江南姑娘童馨竹怎麼能看上一個山西農民呢？旁人的議論和譏笑，郭偉英根本不在乎。他的執著和努力，很快收到成效。童馨竹不到三個月就墜入郭偉英的愛河而不能自拔。

沒過多久，郭偉英、童馨竹已經親密無間。勞動中相互幫助，生活上互相體貼，如膠似漆，恩愛甜蜜。其他的退伍轉業軍人，無不羨慕得失魂落魄。其他兵團戰士，也在不失親切地戲謔、調侃之餘，從心裡祝願這對有情人終成眷屬。不久，也像當初的亞當和夏娃一樣，郭偉英和童馨竹，在廣闊無垠的草原上，對著夜色，對著星空，偷食了「禁果」。

然而，連裡的領導，卻把郭偉英、童馨竹的愛情故事，看作破壞連隊政治生活和兵團鐵的紀律的壞苗頭和不良傾向。指導員、連長分別多次找郭偉英和童馨竹談話。連黨支部開了無數次會議，專題批判郭偉英。他們威脅，如果郭偉英繼續保持和童馨竹的關係，就會給他黨的紀律處分，甚至開除黨籍。連裡也召開連一級和排一級的各種會議，對於郭偉英和童馨竹的資產階級不健康思想意識，做出嚴厲批判。

接著，連裡迅速採取行動，把童馨竹調到正白旗支左。正白旗與西烏旗相距幾百公里。連領導企圖用這樣的辦法，把這對有情人徹底分開。這樣，既挽救了這兩個人，又教訓了全連。

一到正白旗的支左現場，童馨竹猛然發現自己已經停經，她知道自己懷孕了。無論如何，童馨竹還是一個剛剛離開家，脆弱的年輕姑娘。她嚇得魂不附體，偷偷買上長途汽車票，花了兩天時間趕回高力罕找郭偉英給她拿主意。

回到高力罕，童馨竹找到最好的朋友，請她轉告郭偉英，晚上在「老地方」團部磚廠的坯場見面。

這天晚上，團部正要在北側的廣場放映電影《智取威虎山》。一吃完晚飯，不僅團部所在地的兵團戰士跑到這個廣場上佔座位，附近的其他連隊，也都趕著大馬車，拉著兵團戰士來團部看電影。整個電影廣場熙熙攘攘，熱鬧非常。

他倆的這場約會，惹出了一場大禍。

他們約會的坯場，緊挨著團部電影廣場。平時這裡根本沒有人。這裡所有的坯垛，都苫著防雨的大氈。對於這對熱戀中的年輕人來說，這裡既安靜、又防雨，還不易被人發現。但今天卻不同，在坯場旁邊的電影廣場上，幾百名兵團戰士，正在等待著一場電影的開演。

郭偉英很快就在一個坯垛和雨氈形成的三角形空間裡找到正在哭泣的童馨竹。兩人一見面就緊緊地相擁在一起。郭偉英告訴她，他想好了萬全辦法，已經託在山西老家的熟人幫忙，去縣醫院打胎。童馨竹很快就在郭偉英的安慰下，漸漸平靜下來。加上兩人已經好多天沒有在一起了，不由親熱起來……。

正在此時，兩個來晚了的兵團戰士，正跑向電影廣場。恰巧經過這個坯垛時，他們聽到了雨氈下面發出的不同尋常的聲音。

「誰？」他們本能地大喊一聲。小青年根本沒有思考，他們也不知道遇到這樣的情況該如何思考。接著，他們的害怕和好奇，促使他們更加大了聲音：

「快出來！」

這一聲喊得聲音非常大，不僅驚動了雨氈下的郭偉英、童馨竹，也還讓電影廣場上的兵團戰士聽得清清楚楚。

郭偉英推了一下童馨竹，説了一聲：「你穿上衣服，從那邊快跑，我把人往這邊引開。」説完，郭偉英來不及穿衣服，就竄出坯垛旁的雨氈，落荒而逃。他只穿了一條內褲，飛快向西跑去。

兩個兵團戰士一看雨氈下竄出一個只穿了褲衩的男人，便大喊「抓流氓呀！抓流氓呀！」一溜煙地緊緊跟著郭偉英，追了下去。

一聽見有人喊「抓流氓」，準備看電影的小青年們都像打了一針強心劑，各個奮勇。電影也不看了，一窩蜂追向郭偉英逃跑的方向。

這件事轟動整個 41 團。

之後，郭偉英、童馨竹在團部坯場的事，被冠以「流氓淫亂活動」的罪名，在全團各個連隊展開輪流批鬥。41 團政治處發出通知，要求堅決制止和打擊一切敢於破壞兵團紀律，搞「流氓淫亂活動」的壞人壞事。郭偉英被開除黨籍，發配到九連作了一個普通民工，幾乎成為受到監督勞動的勞改犯。童馨竹也被發配到養豬場餵豬，後來調到食堂，專門負責在灶膛旁拉風箱，又累又髒，每天和牛糞為伴。在全團所有的兵團戰士面前，童馨竹身敗名裂，每天以淚洗面，度日如年。

內蒙兵團不僅剝奪了這一對熱戀年輕人戀愛的權利，還幾乎剝奪了他們繼續生存的機會。提幹、上學、選調、入團、入黨、甚至後來的返城，這些一般青年人和兵團戰士應有的機遇，在郭偉英和童馨竹這裡都被悉數剝奪。他們已經成為整個 41 團的「賤民」。無論在名譽上，精神上，他們都已成為全團的「敗類」和「罪犯」，被迫每天都生活在屈辱之中。

他們的愛情結晶，也被迫打掉，童馨竹為此萬念俱灰。

而這一切災難，只是因為他們談了一場本來就該屬於他們的戀愛。而且，這是一場純潔，真誠，海誓山盟，白頭到老的婚姻和戀愛。在無數的小説和電影裡，郭偉英和童馨竹這類悲慘的戀愛故事，本都應該是一個被

無數人羨慕和褒獎的美麗故事。難道他們有任何罪過嗎？我敢說沒有，真的絕對沒有。

1972 年他們頑強地舉行了結婚典禮。各個連隊認識他們的同學，同情他們的知青和兵團戰士，有上百人偷偷給他們以各種形式祝賀，並送了禮物。直到今天，童馨竹還保留著在他們人生最困難的時候，給過他們溫暖和同情的人的名單，他們一生感激著這些人。

不久，童馨竹再次懷孕，並艱難地生下了一個可憐的小姑娘。可能是這對夫婦艱難的相戀苦旅，以及童馨竹第一次懷孕時受到的心理打擊，這個小姑娘天生腿部殘疾，一生命運坎坷。

現在他們全家在天津生活，郭偉英已經因病去世，童馨竹已經退休。直到我最近採訪她，說到自己的遭遇，她還幾度哽咽，泣不成聲。

郭偉英和童馨竹的遭遇不是個別現象。

二連兵團戰士馮曉源和錢雪萍是同年級同學，家又住得很近。兩人從小就認識，相互印象不錯。上山下鄉來到兵團以後，又一同分到 41 團二連。

馮曉源是個有責任心的男孩子，來到二連以後，但凡錢雪萍有任何幹不動的累活，人們總會見到曉源的身影。而錢雪萍，也經常抽空幫助馮曉源洗衣縫被，照顧曉源的生活。

一來二去，兩個同學日久生情，逐漸顯露出兩人之間的戀愛關係。人們經常看到，晚飯過後，曉源和雪萍一起走向草原深處，很晚才回到各自的宿舍。

郭偉英和童馨竹的事件出來以後，41 團各連都展開了批判會，使得二連領導，一下注意到馮曉源和錢雪萍關係的危險苗頭。於是，指導員親自找他們兩人分別談話，強調兵團紀律的嚴肅性，連敲帶打，告訴他們要懸崖勒馬，否則就是粉身碎骨，萬劫不復。

哪知道這個馮曉源倔強已極。不說還則罷了，你越說，他越不聽那套。我們能夠體會，熱戀中的青年男女，已經全身心沐浴在愛的激情之中，任

何力量也無法讓他們回頭。

小馮和小錢，照舊每天晚上走向草原深處，半夜才回到宿舍。

二連指導員和連長決定採取斷然措施，徹底解決問題。

一天，晚上 11 點，二連突然吹起緊急集合號，全連百十來號兵團戰士跑步出發，分三個不同方向跑向草原深處，將馮曉源和錢雪萍五花大綁押回連部。二連當夜，舉行了反對「流氓淫亂活動」的現場批判會。馮曉源、錢雪萍被兵團戰士拿槍押著，當作「流氓」，押上前台，接受批判。之後，兩個人分別給予了記大過處分。馮曉源被調往其他連隊。

這次打擊，對於馮曉源和錢雪萍都是毀滅性的。從此，兩個正值豆蔻年華的年輕人，成為別人眼裡的「流氓」。他們從此不再和二連的人有任何來往。這種隔絕一直延續到現在。

他們倆結婚以後，到了河北省的一個小城市，一直安安靜靜地努力工作，直到兩個人雙雙退休。

我相信，在這些青年人只有十八九歲的時候，他們的精神世界，已經被兵團這「惡制度」殘忍地踐踏和摧殘。他們把淚水和心酸，統統留在自己的肚子裡，不願意向任何人傾訴。因為，他們一定不認為任何一個在大會上高喊口號，振臂高呼，痛罵他們是流氓的人，會是他們的朋友。我覺得，直到今天，他們也還無法原諒那些跑到草原深處，把他們「綁回來」的人。

我們不禁要問，郭偉英、童馨竹，馮曉源、錢雪萍，這些最卑微的兵團戰士，以及千千萬萬上山下鄉的知識青年們，究竟為了什麼被別人平白剝奪了戀愛的權力？又為了什麼遭受到這樣的折磨和摧殘？他們有什麼錯？他們到底傷害到了誰？

十一　重新啟程

兵團模範「司務長」

1970 年 6 月，我被調到十連。人還沒到，我的名字已經先到了。十連上下對於七連北京知青杜廈要被調過來，早已傳得沸沸揚揚。老戰士、錫林浩特知青、兵團戰士們都議論紛紛。他們早就從七連的朋友那裡得知，已經定為現行反革命分子的馬青波，只不過是一個在前台折騰的角色，而真正出壞主意的，卻是站在他背後的這個杜廈。據說這個人能量極大，不僅能說、能寫、能幹，還在兵團戰士中威信很高，迷惑性非常大。他一來，說不定要把好端端個十連，搞個亂七八糟。

連長王朝先為此還專門去了一趟團部，找了他的老上級兼好友齊參謀長商量：是否可以把這個杜廈調到其他連隊？齊參謀長說這是團黨委會議決定的，不能再改。王連長沮喪不已，只能硬著頭皮接受。

70 年 7 月初，我便在這樣的議論紛紛中，來到十連報到。我沒有像個流放犯一樣，背著鋪蓋捲，坐十連的大車，灰頭土臉地來。那樣太過猥瑣，不會給十連人留下健康的好印象。

我決定用草原上彪悍馬倌兒的形象，在十連露面。

我仍是騎著那匹曹格吉拉到十連來的。那匹棗紅馬雖然是個不爭氣的假兒馬，但騎起來永遠抬頭挺胸，四蹄刨地，打著響鼻，極為亮眼。同時，我還牽著那匹著名的夜行八百、晝行一千的快步神駒，那匹大白馬高大威武，

六十年代，上戰場保衛祖國是每一個中國青年的夢想。但在七連時，我是不被允許接觸槍的。到了十連，我才有了照這樣一張相片的權利。

萬里挑一。我把它一直養在牧民金山那裡，現在我把它一起帶到了十連。

雖然離開了七連，我也可能不會再去放馬了。但這兩匹馬，在兵團到來之前就是歸我騎用的，我一直偷偷地把它們霸在手裡，沒有讓任何人碰過它們。我在沈富貴家那場特殊的「告別儀式」，使得沈富貴直到我離開七連，一直都靜悄悄地沒有任何聲響，大約是真的怕我跟他玩命。他不僅沒再見我，也沒再管我的任何事情。我瀟瀟灑灑地把這兩匹馬帶到了十連。

為了讓十連領導知道，我來此地只想繼續當一個與世無爭的好馬倌，我還刻意打扮了自己。我身穿一件剛剛讓金山老婆給我縫好的新德勒，暗花藍緞子面，鑲著亮銀紐扣。腰間紮了一條橙黃色緞子腰帶，醒目異常。腳上馬靴鋥亮，馬鞍銀光閃閃。我還手持自己最喜愛的那根兩丈有餘的套馬杆子，威風凜凜，百分之百像個蒙古人的好馬倌兒。

我騎著曹格吉拉，牽著快步神駒，提著套馬杆，從十連連部前的脫坯場和蓋房工地慢慢經過。馬頭高高昂起，蹄聲清脆響亮，套馬杆在馬兒走過的草地上，劃起一道輕薄的塵煙。我慢慢走向連部前的那個小廣場。下

了馬，把兩匹馬拴在連部前的拴馬樁上，插好了套馬杆。然後，像一個標準的牧民一樣，一手撩起蒙古袍的下擺，一手推門進了連部辦公室。

整個十連的知識青年和兵團戰士，都放下自己手裡的活計，直起腰來注視著我。他們萬分驚訝，相互低聲議論著。大家怎麼也無法把一個這麼漂亮勇武、威風八面的年輕牧人，和七連那個傳說中的「準反革命」聯繫起來。也許在他們的想像中，我已經被沈富貴和七連黨支部，整得像一隻喪家之犬一樣了。

這場戲是我特別給自己導演的。因為我不能給十連任何失敗和沮喪的形象。而是要讓他們看到，這個杜廈，從裡到外，健康、青春、充滿自信、滿臉陽光。我想暗示他們，七連的這番政治爭鬥，我和所有的北京知青，沒有犯任何錯誤。我們心懷坦蕩，毫無愧疚，既沒有被沈富貴打敗，也沒有失去自己的自信。

我這身裝束和從裡到外透出的氣質，也讓十連指導員陳登雲和連長王朝先不敢把我當成一個被投送過來的流放犯。事實上他們對我的態度，甚至可以用友好和客氣來形容。他們分別和我進行了十分友善的談話。很明顯，我也好，他們也好，都不想一見面就相互帶有敵意。因此，我們每個人都格外小心。

初來乍到，我和連長、指導員就有了一個相互尊重的開始，也是我原本沒有想到的。為此，無論對指導員陳登雲，還是連長王朝先，我都心存感激。

之所以有這樣良好的開始，還得益於我們前面提到過的一位老朋友莊珠扎布。即我們兩年前，初到錫林浩特盟中時，結識的那位盟中高一學生。正是他的介紹，才讓我們認識了趙德榮的兒子趙剛，進而得到趙司令員的支持與幫助，得以在高力罕牧場落戶。

1969 年初，扎布去錫盟軍馬場當兵不成，也跟隨我們到高力罕牧場。他一來就分配到賽漢諾爾，即現在的十連。兵團一組建，扎布就成了十連

的文書兼蒙漢翻譯，是連長王朝先在十連最為倚重的紅人。王連長幾乎對
他言聽計從。莊珠扎布在連長面前，頗給我說了幾番好話，讓這個「只重
生產，不管政治」的連長，對我第一印象相當不錯。王連長已經斷定，眼
前這個大個子北京知識青年，只要用好了一定是把得力好手。

王連長說一口濃重的山西汾陽話，才 37 歲，額頭已經禿得差不多了。
他一面拚命地吸著香煙，一面虛忽著眼睛對我說：

「杜廈，十連和你們沈富貴的七連完全不一樣。你只要在哦這兒好好
幹，哦絕對重用你，哦才不管什麼雞巴出身不出身。」他沒有坐，而是蹲
在椅子上，風紀扣也不扣，半敞著懷。他臉曬得很黑，一把鬍子從下巴底
下翹起來，大聲對我喊著。

「哦知道你還想去放馬，不過十連沒有馬倌的空缺。哦有兩個事可以
讓你去做，一個是給司務長張寶利去作個『上士』，負責連裡食堂和後勤工
作。另一個是去配種站，學習細毛羊的配種和繁育工作。你願意幹哪個，
就去幹哪個。」他沒等我回答，就迫不及待揭開了謎底。

這完全出乎我的預料。我原以為團政治處會讓十連給我個「準勞動改
造」，我還做好了脫兩年大坯的思想準備。王連長的提議讓我有些意外，也
有些激動。

指導員陳登雲也連續幾次找我談話。我向他仔仔細細彙報了七連一年
多所發生的所有事情，還給他看了我寫的《意見書》的原稿。他好像也和王
連長一樣，對沈富貴沒什麼好感。言談話語裡，還不時表示一下對我和我
的北京同伴們的理解和同情，這讓我有了不少溫暖和親近感。

過了兩天，他以扎布不在為藉口，主動讓我陪他一起騎馬到牧區轉轉。
在牧民蒙古包裡，我既給他當翻譯，又和他一起天南海北無所不聊。陳指
導員是現役軍人中，為數不多的對時局有自己見地的人。他喜歡有知識、
有見識的人。我們也漸漸相互了解，可以交談的話題，也就越來越多。

沒過多久，我就成了十連正式任命的上士。全連百十來號人的吃、喝、

拉、撒、睡，都成了我的責任和主要工作。不久，我們十連的大鬍子連長王朝先調去七連當連長，司務長張寶利也隨之調走了。

張寶利一走，十連就沒有了司務長。司務長屬排長級別，這個職務是需要向團部報批的。指導員陳登雲知道團裡肯定不會批准我去作司務長，於是就「暗渡陳倉」，再也沒任命新的司務長。我也就成了十連實際上的司務長。來十連不足三月，我竟然承擔了司務長和上士兩個崗位的工作。

說心裡話，我直到今天，也還感激十連指導員陳登雲和已經離開的連長王朝先。我剛到十連時，所有的知青和兵團戰士，都對我這個謠傳中的壞人議論紛紛，大家都帶著防範甚至敵視的眼光看我。按照當時的政治標準，我這樣的人，是不可能從任何一級黨組織得到信任的。更何況，我當時已經基本上被團裡認定為沒有戴帽子的「反革命」。文革中我又幹過那麼多一般人想都不敢想的「壞事」；陳登雲和王朝先絕對應該躲得遠遠的。但他們倆不僅對我和顏悅色，而且信任有加。這大大出乎我的預料，也使我大為感動。到此時，從七連的沈富貴那裡開始，過往長期在我心中積累的對兵團現役軍人的蔑視和敵意，很快便冰消雪化。

我看得明明白白，陳登雲、王朝先對我沒有任何歧視，不是裝出來的。我也決心不辜負他們的尊重，在十連好好地幹上一場，既為這個被打散、被曲解的「北京反革命小集團」洗刷污名，也為自己爭口氣。

在七連時，我就對連裡的伙食太差十分不滿，也對從事那麼繁重體力勞動的兵團戰士非常同情。雖然我自己在牧區放馬，沒有這方面的煩惱，但每一回到連部，看著食堂裡粗糙的高粱米飯、發霉的玉米麵，我心裡就格外不舒服。

現在我有了一個平台，在這個平台上，我可以充分展現自己的能力，我暗暗下定決心，要在我的管理之下，讓十連所有的知青和兵團戰士飯菜可口，營養充足，讓他們每天吃得舒舒服服、過得快快樂樂。我要讓他們喜歡我的食堂，喜歡我這個「司務長」（其實我根本不是司務長，只是個上

士而已）。

1970 年秋天，高力罕各連開荒種的土豆大豐收，各個連隊土豆堆積如山，一時間根本無法處置。冬天即將到來，夜裡已經接近零度，各連司務長都怕把土豆凍了，頗為撓頭。我讓連裡抓緊時間，晝夜不停，緊急挖了四個碩大的土豆儲窖。之後，我帶著兩輛大馬車，去土豆堆積如山的各個連隊，按 2 分錢一斤的價格，收購了大批剛剛收穫的土豆。那些連隊的司務長，對我此舉都頗多感激。我不僅幫助他們解決了土豆過冬的大問題，還讓他們掙到了緊缺的現金，他們各個樂得合不攏嘴。

回到十連以後，我讓戰士們把收購的土豆和我們自己生產的土豆，全部埋在四個巨大的土豆儲存窖裡封存。轉年二月末開始，全團各個連隊的土豆陸續都被吃光，大多變得青黃不接。每天食堂開飯時，經常沒有菜吃，戰士們怨聲載道。

我從二月初開始，就主動打電話給各個連隊的司務長，告訴他們十連還有存儲的土豆餘量，如果食堂需要，可以前來購買。

當時市面上土豆的價錢，已經漲到了一毛五分錢一斤。

我們存儲的四個大窖土豆，一冬天下來，總共只吃了不到一窖。其餘三個大窖的庫存土豆，我陸續出手，賣給了 41 團其他連隊。

從二、三月份一毛五一斤，到六七月份兩毛五一斤，我的庫存一共賣了四個多月，均價大約兩毛錢一斤。這下賺大了，不僅我們自己一冬天的土豆「白吃」，還賺了將近 10 倍的利潤回來。

僅僅過了一個冬天，十連食堂就通過賣土豆，成為全團最有錢的食堂。

在我掌權之前，由於現金太少，十連食堂每年秋天只能從牧區購買十幾隻羊和一頭肉牛回來，宰殺以後，儲存起來過冬。儘管每天盡量節省著吃，一冬天下來，這點可憐的肉早就吃得精光。每年初春青黃不接的時候，十連也會和 41 團所有連隊一樣，有幾個月既沒肉也沒菜的日子。而恰恰這一段是連隊建設最為繁忙的季節，戰士們也是最累的時候。往往因為食堂

伙食太差，營養跟不上去，而生出一大堆抱怨。

1971 年春天，我們在賣土豆上賺了大錢。於是我就有了改變這一切的本錢。當年秋天，我壓低價格，一口氣從牧區買了 60 隻肥羊和三頭肉牛回來。全連知青殺牛、殺羊、剔肉、煉油，一共忙活了整整兩個星期。大家從來沒有見過這麼多的肉，都認為我瘋了。我告訴他們，等明年春天青黃不接的時候，你們就知道這些肉有多值錢了。我們一共儲存了五六千斤牛羊肉和上千斤煉好的的牛、羊油，裝了滿滿一大庫房，準備好度過整整六個月的冬天。

轉年春天，許多連隊不僅來十連買土豆，還買了好多煉好的羊油、牛油，以及牛羊肉。這些東西的利潤更大，十連食堂頓時富得流油。

以前，十連食堂宰完羊、牛的頭蹄下水，都送給牧民用來餵狗了。我來了以後，按照一套頭蹄下水兩塊五的價格，全部賣給牧民，賺了不少錢。我還讓連裡把六十張羊皮、六十套羊腸衣拿到西烏旗賣了，又賺回許多錢。

燉牛肉極為費火，要消耗大量的牛糞，這既費錢，又很難得到燃料的供應保障。一旦牛肉沒有燉爛，戰士們不僅吃起來費勁、嚼不爛，還要因此罵街。我就專程跑去赤峰，買了一台手動的大型絞肉機回來。讓全連男生輪流勞動，硬是把整整三頭肥牛的肉，統統絞成肉餡。再把這些牛肉餡添上調料，炸成美味可口的牛肉丸子，存在麻袋裡放進庫房。冬天燒菜時，每次只需把麻袋裡的牛肉丸子倒進鍋裡，土豆一熟，丸子也就熟了，嚼起來毫不費力還鮮嫩可口。這就節約了大量的牛糞，戰士們也不用每天和沒有煮爛的牛肉玩命了。

「土豆燒牛肉」變成了「土豆燒牛肉丸子」，成為十連食堂冬天的特色。戰士們每每以自己食堂的土豆燉牛肉丸子，向其他連隊的同學、朋友們吹牛和炫耀。以後每年秋天，食堂都要用一個星期時間，來炸這些「牛肉丸子」，每到這時，「絞牛肉、炸丸子」，就成為十連戰士每天高興議論的話題。

牧區都不曾養過雞，草原上也沒有這個習慣。要想把食堂的伙食搞得

風生水起，沒有雞蛋顯然美中不足。我發誓要為十連兵團戰士解決雞蛋問題。

71年整整一個夏天，每週我都要親自趕上牧民的勒勒車，到農業連隊的漢族農工家中，去挨家挨戶收購雞蛋。這是個非常辛苦的事，每次都要來回整整一天，往往早晨4點就要趕著牛車出去，慢慢嘎悠，深夜才能返回十連。一路上，大群蚊子、牛虻、小蟲嗡嗡地圍著牛屁股轉，一天下來我滿身都是被咬的大包。颳風下雨時更無處藏，無處躲。不過，在草原上能夠吃到雞蛋，兵團戰士在喜悅之餘，往往會圍著我發出驚訝的尖叫。

名義上兵團戰士每人每個月有五斤白麵、五斤大米的供應。實際上大米根本不用指望，即使是白麵也常常保證不了供應。有時團部糧站雖然來了白麵，也會被糧站的幹部偷偷通知有關係的連隊，被他們搶先拉走，其他沒有關係的連隊只能乾瞪眼。為了不捱餓，只能被迫用細糧指標，買粗糧回連隊。

我上任以後，決定大幅度改善我們和團部糧站之間的關係。秋天，我帶上剛剛殺好的羊來到糧站。按照十連自己連隊的「牧民價格」，把整隻整隻的羊賣給他們，既便宜，又方便，他們感激不盡。

從此以後，每當團部糧站要運來細糧了，糧站站長都會事先偷偷打電話給我，我們就會連夜派大車，到團部糧站去等著拉白麵。運白麵的糧車一到，我們直接從汽車上，把整袋的白麵往我們大車上搬，連糧站都不進，就轉運到了十連食堂的倉庫裡。十連從此細糧指標永遠不再落空。

為了解決「喝牛奶」問題，我從牧區買回了七頭奶牛。又聘請了兩位牧民大嫂，負責放牧和擠奶的活計。待七頭奶牛產下牛犢，我往農業連隊一賣，大部分買奶牛的錢就差不多回來了。兩年過去，賣牛犢賺回的錢就超過了買奶牛的錢，牛奶基本落個「白喝」。

在我管理十連食堂以後，十連兵團戰士每天可以喝兩次牛奶，而且不限量，隨便喝。除早餐時間外，每天上午10點，都會有食堂炊事班戰士，

用水桶挑著牛奶，給兵團戰士們送到脫坯現場，讓大家隨便喝。

　　一年以後，41 團十連食堂被評為全內蒙古生產建設兵團的「模範食堂」。1972 年夏天，內蒙古建設兵團司令員何鳳山親自主持，在我們十連召開了全內蒙兵團的「食堂工作現場會」，讓全兵團學習 41 團十連的「食堂經驗」。全兵團來參加現場會的上百人，在我的食堂裡吃了一頓中午飯。那天食堂居然吃的是「三鮮餡餃子」，把所有來開會的人都驚得目瞪口呆。

　　這一切聽起來像是天方夜譚。曾經有過那麼幾年，在內蒙一個叫 41 團十連的地方，兵團戰士每天吃的是土豆燉牛肉丸子和白麵饅頭大米飯。早餐是糕點和牛奶，隨便吃、隨便喝。勞動間隙，食堂送到工地的不是水，而是牛奶加白糖。這絕對像個神話，不過這是個真實的神話，是一個叫杜廈的北京知識青年，一手創造的神話。

　　我終生以此為榮耀，所有十連的知青和兵團戰士，都為此對我心存感激，這對我比什麼都重要。

遇到了她

　　沈富貴離開七連時相當狼狽，不僅沒有任何人為他送行，幾乎所有天津籍兵團戰士，都當面給了他很多羞辱。劉光明和王軍醫出了那麼腌臢的事，使得包括沈富貴在內的所有七連現役軍人，都成了兵團戰士心目中的壞蛋。此時的他們，已經聲譽掃地。其實沈富貴、劉光明、王利兵組成的七連黨支部，在七連當政時間並不長，就徹底垮台了。這個結果還給了我們一些正義。使我們這些因為看不慣而激烈反對過他們的北京知青，洗刷了麻煩製造者的形象。從此在大多數兵團戰士眼裡，我們已經變成深明大義的一群人，成為兵團戰士心目中勇於和惡勢力作鬥爭的一群人，我打心眼裡慶幸這種改變。

　　王朝先從十連調到七連以後，一改沈富貴的政策，全力重用北京知識

青年。這一方面是因為，留在七連的劉浩穎、馮群、陳剛本來就在各方面表現優異，早已成為七連兵團戰士心目中的知青領袖。另一個原因，是王朝先在十連重用我的結果，使他頗為滿意。我在十連管理食堂上出人意料的成功，讓他認為，到七連也必須重用而不是排斥這幫能幹的北京知青。因為讓有頭腦又能幹的北京知青幫忙，他在七連的工作會好幹得多。王朝先顯然要比沈富貴聰明一百倍以上。

我在十連取得的顯著成功和七連北京知青處境的根本改善，使原先對我有戒備之心的十連兵團戰士，根本改變了對我的看法。畢竟從我來以後，他們開始享受全 41 團乃至整個內蒙兵團最好的生活待遇，這和我來之前的情況天差地別。我的工作能力使他們佩服得五體投地。大夥兒很快就把我當成他們的知心朋友和大哥。在他們眼裡，我不僅年紀比他們大，還比他們見識廣，看的書也比他們多得多，還會講各種各樣的有趣故事。這些都令天津的小兵團戰士們成為我的粉絲和擁躉，崇拜我的人與日俱增。無論男女，他們有什麼想法和情緒，都願意和我聊聊。在十連，我儼然成了這些天津小青年們傾訴的對象。

就在這個時候，她走進了我的精神生活。

其實，除莊珠扎布以外，她是我在十連認識的第一個兵團戰士。

那是兩年多以前，我去團部辦理從七連到十連的調動手續，中午趕上在團部招待所吃午飯。一進招待所食堂，透過熙熙攘攘、亂亂哄哄的人群，我一眼看見了正在一邊吃飯，一邊和一個女生聊天的莊珠扎布。我們已經很長時間沒有見過面。

我一邊大聲和扎布打著招呼，一邊從人群中擠了過去。扎布一看是我，立即高興地站了起來，招呼我到他的桌上一同坐下。他知道我馬上就要調到十連去了，這更增加了我們想坐在一起聊聊的理由。我們在七連陸續發生了那麼多震驚全團的事情，扎布一直沒有機會和我們見面，因此他也滿肚子的疑惑，很想了解所有事情的來龍去脈。

　　我就把七連陸續發生的馬青波事件，《意見書》事件，我們之間的分裂以及劉光明、王軍醫糟蹋女兵團戰士等諸多事情，一五一十地告訴了扎布，他聽得聚精會神。

　　扎布還把和他聊天的女戰士介紹給我認識，她叫王致華，也是天津四十中學的初中畢業生。1969 年 5 月來到高力罕，是 41 團第一批兵團戰士，現在是十連的衛生員。

　　王致華個子不算太高，大約一米六零出頭。她皮膚曬得很黑，梳著兩根半長不短的小辮。她眼睛、鼻子、嘴巴都長得小巧、精緻，長得雖不算漂亮，渾身上下卻顯得精明、幹練。她眼神裡透出的是堅毅和自信。很明顯，這是一個有著自己獨立個性的姑娘。據扎布介紹，無論脫坯、割麥子、打草等各類活計，她都是所有十連女兵團戰士中，最能幹的一個，也是十連所有女戰士中最能吃苦的一個。

　　我們相互打了個招呼。她和所有十連的兵團戰士們一樣，早就聽說我要調到十連。而且，她也聽說了我是七連北京知青反革命小集團的頭兒。從她的眼裡看得出來，在她原來的想像裡，杜廈肯定像某些電影裡經常出現的反派形象一樣，應該呲著個大門牙，眯縫個小眼睛，長得像個歪瓜裂棗，總是一腦袋壞主意的樣子。而現在站在她面前的這個杜廈，居然一米八幾的大個子，儀表堂堂、滿身正氣，這大大出乎她的預料。

　　好奇心使她沒有離開我們的餐桌。她一聲不吭，慢悠悠地吃著飯，仔仔細細地聽著我和扎布的每一句對話。一開始她不僅充滿驚訝和好奇，甚至還有幾分疑慮。隨著我和扎布談話的深入，她滿臉的驚訝和恐慌迅速散去，換上了同情、善意和對七連現役軍人的幾分義憤。

　　三天以後，我就到十連來報到了。

　　和王致華又一次見面是在她的小衛生室。

　　那時，我患有挺嚴重的腸胃病，經常脹肚、腹瀉。在七連時，每次一犯病，我都要到衛生室去向衛生員要藥。這次到十連可能是水土不服，一

到我就脹肚、打嗝、放屁、肚子裡翻江倒海。一天就跑肚竄稀十來趟。

我提上褲子，跑向衛生室。

十連的衛生室窗明几淨，一塵不染。牆上貼著人體解剖圖和各種防病治病的招貼畫，滿屋來蘇水和酒精的味道。

衛生員王致華穿著白大褂，帶著標準的護士帽。這種氣氛，給了病人一種合理暗示：這裡的確是可以醫治你的疾病，並能給你帶來健康和安全感的地方。

王致華正在整理她的出診包，看來是要下牧區。

「給我點兒土黴素糖粉吧，我拉肚子挺厲害的。」我客客氣氣地對她說。

「拉了多長時間了？」她放下她正在整理的出診包，坐在椅子上拿出了筆和病歷本。像正規醫院的門診大夫一樣，像模像樣地問起診來。

「這是我的老毛病了，在七連都是吃點土黴素糖粉就好了。」我仍然客客氣氣，但心裡多了幾分不耐煩：「問那麼多幹嘛？好像你真懂似的。」我對這個小毛丫頭，有了幾分不屑。

「十連有十連的規矩。」她口氣堅定，不容爭辯。

「十連任何人看病，都要由醫生診斷，然後由醫生開藥。沒有自己點著名要藥的。」她抬起頭看著我，繼續說道。很明顯，她不是想和我討論，實際上是在告訴我：在這裡必須按她的規矩辦。

老實說，雖然在七連我們被沈富貴和黨支部打得七零八落，但還從來沒有小兵團戰士這樣和我說話。

「我的病已經好幾年了。我了解我的病，而且我懂這病該怎麼治，況且現在醫生又不在。」我沒給她留面子，語氣和她一樣堅定。

「對不起，現在這裡是沒有醫生，但我代行醫生職責。」她毫不退縮，「如果你要看病，必須按照這裡的規矩和程序來。」她的眼光直對著我的眼睛，一眨不眨，毫不退縮。這令我十分驚訝。因為，在我的語氣裡，任何人都會明顯地感到我已經不太高興了。在一般情況下，我的對話者都會因

為我的這種語氣而有所收斂。

　　但她好像絲毫也不怕我，甚至好像故意要和我較量一番。

　　我們倆「杠」上了。

　　「規矩不能變，我不能給你土黴素糖粉，因為那是獸藥，不是給人吃的。」

　　「如果你同意，我可以給你兩天的痢特靈，你先止住拉稀再說。」她說著站了起來。這表明如果我堅持要土黴素糖粉，我們的談話就結束了。

　　「我不能用痢特靈，那藥治不了我的病。而且我吃那個藥有反應。土黴素糖粉雖然是獸藥，但人吃無害。況且由於是糖粉，不管身邊有沒有服藥用的水，我在任何時候都可以簡單地服用。這對我這個經常騎馬跑牧區的人來說，是很方便的。」我誠懇真切地說出了我的理由。

　　王致華盯著我，半天沒有說話，她好像在思考。

　　「還是那句話，如果你同意，我給你先開兩天的痢特靈。現在就可以給你。土黴素糖粉我現在還是不能給你。」

　　我抬頭看著天花板，半天沒說話。

　　「好，你贏了！我可以按照你的安排先吃痢特靈。不過，希望你能理解我不是在和你胡鬧。土黴素糖粉確實對我的病很合適。」

　　我接過痢特靈，她從暖瓶中倒出一些熱水，又兌了一點涼白開，順手遞給我。我順從地用這杯溫水，服送下了兩片痢特靈。然後，我苦著臉衝著她笑了一笑。此時，從她緊緊盯著我看的眼神裡，我看出了一絲抱歉的微笑。

　　下午收工，我的拉稀確實止住了。我回到宿舍。在我宿舍的小桌上，放著一包土黴素糖粉和一封信：

杜廈：

　　對於我們上午在衛生室的爭論，我向你表示道歉。

我中午給團部醫院的劉軍醫打了電話，他的看法和你說的差不多，土黴素糖粉你是可以用的。實在對不起。可能讓你生氣了，再次表示歉意，並祝你早日康復。

另外要提醒你的是，雖然你服用時土黴素糖粉不用水送服，也很方便，但土黴素藥物顆粒如果沾粘在食道上，有可能會將食道燒傷，因此還是建議你在服用時，用溫開水送服為好。

　　　　　　　　　　　　　　　　　　　　　　　　王致華

　　　　　　　　　　　　　　　　　一九七〇年七月二十二日

看了這封信我很感動，其實這並不容易。很長時間以來，我身邊的很多人，尤其是文化大革命中成長起來的一代年輕人，已經很少有人會說「對不起」這句話了。文革中的所有人，除了想在辯論中擊敗對方，已經沒有人懂得「認錯」了，我也一樣。今天因為「土黴素糖粉」的事，她誠懇地向我道歉，這令我對她刮目相看。

我開始注意這個小小的衛生員。

十連的天津知青大多對王致華崇拜不已，甚至一些比她年紀大的高中生也是如此，這令我十分好奇。

她有不少故事：

她人生第一次給產婦接生的經歷，是十連所有兵團戰士對她欽佩不已的原因之一。

那時她剛剛從團衛生隊的衛生員培訓班學習回來，她只是聽老師講過了接生的程序和要點，還沒有過任何一次實踐經驗。哪怕是在旁邊看別的醫生接生，她也從沒經歷過。就在她從團裡學習回來剛剛一個星期，配種員小魏老婆臨盆。小魏慌慌張張地跑到連部，說他老婆馬上就要生產，家裡一個婦人也沒有，需要醫生去幫忙。

小魏剛剛調來十連不久，既沒有親戚，也沒有長輩可以幫忙。連裡的

醫生小白又出了遠門。王致華雖然從未遇到過這種場面，但她知道，這責任已經落在了自己的肩上，她不能推脫。她立即整理出診包，把馬拉回來，騎上馬，跟著小魏跑到了十連配種站。

在小魏家裡，王致華儼然成為總指揮。她下令讓小魏準備一盆溫水和必備的軟布、紙張。她自己準備好了一些基本器械和必須的搶救藥物。

她一邊看書，一邊接產，邊學邊幹，從容不迫，井井有條。

還好這是一次順產，不過嬰兒剛生下來不會哭，大家都急得夠嗆。王致華按照書上講的，倒提著剛剛分娩的嬰兒雙腳，朝他後背果斷拍了幾掌，嬰兒「哇」的一聲哭了出來。王致華的表現，全然像一個久經沙場的熟練醫生，其果斷和幹練的處理，讓小魏一塊石頭落地。

小魏對王致華千恩萬謝。此時的她，不僅只有 18 歲，而且對於男女之事，還懵懵懂懂。她不僅需要勇敢，還需要克服內心深處嚴重的羞澀。

她做到了，而且極為出色。

離開配種站已經過了午夜。

那時王致華剛剛學會騎馬，尚不熟練。馬黑夜裡躲一個草原鼠洞，一下把王致華閃下馬來，不僅摔得夠嗆，還把馬弄丟了。

那天夜裡，王致華一個人，在漆黑的草原上走了將近兩個小時。到達連裡時，天還沒有亮。她獨自一個人，沒有遇到狼，也沒有迷路，真是萬幸。

她身上那種強烈的責任感和不服輸的堅毅性格，使我對她產生了一種無法解釋的好奇和欽敬。

幾個月以後，十連又發生了一件使我對王致華越發尊敬的事。

兵團所有連隊的指導員和連長，幾乎沒有一對不互相「掐」的。即使不「掐」，也是明爭暗鬥，你死我活。41 團十連也不例外。

王朝先連長調到七連以後不久，指導員陳登雲為了肅清王連長的影響，在全連開展了一場批判王朝先錯誤思想的運動（到底為什麼批判王連長，我完全忘記了，反正是些不著邊際的理由）。指導員要求全連所有幹

部、戰士和知識青年，都要對王連長的思想方法展開批判。連部特別要求，每個人都必須寫一份「小字報」，貼到連部會議室的牆上，誰也不許不寫。全連幹部戰士紛紛響應指導員的號召，批判王連長的小字報，貼了整整一個會議室。

全連上下，只有兩個人沒有寫這種批判書式的「小字報」，一個是我，一個是王致華。

我沒寫針對王連長的「小字報」，有我的道理。首先，這種整人的把戲，我早有領教，心裡反感。儘管指導員和我關係很好，我還是對這種政治鬥爭的遊戲厭惡已極。其次，王連長在十連時一直對我很好，我沒有理由無中生有地傷害他。這有違我做事的原則。最後，我在十連的工作如日中天，指導員也不會對我怎麼樣。因此，我對指導員的號召不予理睬。

但王致華的堅決抵制出乎我的預料。王連長在十連時，由於王致華出奇地能幹，她一直是王連長眼裡的紅人。現在王連長調走了，陳登雲指導員大權獨攬。任何一個希望自己進步，希望自己獲得提拔的人，都會爭先恐後地投靠指導員，大拍他的馬屁。

由於表現出眾，王致華大約是十連所有兵團戰士中，最接近入團、入黨甚至提拔幹部的女戰士之一。而此時，王致華冒著得罪指導員的風險，堅決不參加這場對王朝先連長的批判，這令我不得不對她的正直和氣度深感欽佩。

世界上的事情有時就是這樣，王致華不理睬指導員這套，指導員反倒沒有了脾氣。這使得全連上下的知青和兵團戰士，都對王致華的勇敢和正直更加欽佩。王致華在兵團戰士心目中威信由此變得更高。

當了上士以後，我就搬去和司務長張寶利住在一個宿舍裡。不久張寶利調去 43 團，我就一個人住在這間宿舍裡。

這個宿舍的對門，是炊事班的宿舍。那時，王致華和炊事班的女生們住在一個房間。每天早晨四、五點鐘，炊事班的姑娘們就要起來去食堂生

火做飯，準備早餐。對面宿舍裡，就只剩下王致華一個人。

「土黴素風波」和「小字報事件」拉近了我們之間的距離。每天早晨，我都會替她把水缸挑滿。冬天挑煤、倒爐灰、大掃除的活，我也幾乎全包了下來了。雖然表面上，我是在幫助炊事班的姑娘們幹，但實際上，我當然也希望增加王致華對我的好感。

王致華始終話不多，她很少表現出特殊的熱情和感謝。最多是對我笑一笑而已。但她對於我的殷勤，看得清清楚楚。

一次，我右手的無名指戳了一下，略微變形，每天疼痛。我藉機找到她：「我這個無名指戳了一下，你有沒有什麼辦法治治？」我兩眼盯著她，嘴角露出微笑。

「可以試試，我給你扎扎針灸怎麼樣？」她同樣報以微笑。

用針灸治療戳傷的手指？我連聽也沒聽說過。不過，這並不重要。

其實我們倆心裡都明白，現在關於「手指頭」的對話，已經不是病人和醫生間的你問我答，跟手指本身，其實也關係不大。這已經是一對相互好感的年輕男女之間，在以這種方式進行心靈和感情交流。沒有彼此的吸引，我們不可能從這樣的對話和接觸中，享受到沁人肺腑的美感和心靈激蕩。

幾乎一有空，我就來到她的醫務室。她煞有介事地擺開針灸包，給我戳傷的手指扎針灸。我則享受著她擺弄我手時的肌膚接觸和眼神交流。伴隨著的是，每次我們都有天南海北的聊天。她幾乎聽完了我在各種小說裡讀到的所有故事，也聽到了我在文化大革命中的所有經歷。

她被所有這些故事所吸引，尤其我文革中的各種經歷，更令她時而跟著我的故事淚流滿面，時而跟著我的故事義憤填膺。

很奇怪，她居然扎好了我那個已經被戳變形了的右手無名指。愛情有時真的會產生非常神奇的魔力。

度過針灸階段後，我們就經常一起結伴騎馬去團部辦事。一次，她的那匹紅馬在團部衛生隊，被一輛突然啟動的汽車驚嚇，掙脫韁繩，跑得無

影無蹤。

我辦完事去衛生隊找她，看見她在衛生隊大院裡，正哭喪著個臉等我，便安慰她：「不用怕，我的大白馬身高體壯，會把咱們倆安全帶回十連。你的馬肯定已經自己跑回十連馬群了，不必擔憂。」她點點頭，破涕為笑。

我們倆邊走邊聊，牽著「快步神駒」離開團部時，天已經快黑了。

離開團部以後，我扶她上了大白馬。我在旁邊牽著韁繩，讓馬信馬由韁地慢慢溜達。我在馬的旁邊慢慢地走著，我們天南海北地聊著各種話題。

天已經完全黑下來了。那天的夜晚四周特別安靜，一點風也沒有。高力罕草原的夜空乾淨，清透，在滿天繁星的掩映下，黑夜的天空呈現出深深的翠蘭色。

享受著夜色的這對年輕人，完全沉浸在草原之夜的無盡浪漫之中。那天在草原上，我們慢慢地走了整整一夜。誰也不願意加快腳步，微風輕拂著我們的臉龐，溫暖而輕柔，我們的心緒如同這溫柔的風，甜美，沁人心扉。

已經這樣走了將近七個小時。馬上就要到十連連部了，天也微微泛明，東方已經有了一點點亮色。致華拉住韁繩，轉身面對我，伸出雙臂：「抱我下來吧，我們一同走，我不願意一個人騎在馬上。」

我響應著她，也向她伸出雙臂，她撲向我的懷裡。我接住她，順勢把她緊緊地抱在懷裡。

她的頭髮有些亂，蓬鬆地貼在我的臉頰上。我強烈地嗅到了那頭髮上年輕女孩特有的香味。那香味不可阻擋地滲透我的肌膚，浸入我的全身。

她把頭側著埋在我的胸前，緊緊地貼在上面，周身都在顫慄，好像有些冷，我抱得更緊。此時，她在我的懷中，顯得那麼嬌小，那麼柔弱，這和她一貫展示給世人的堅毅與獨立，完全不同。

她發育得很豐滿的兩個乳峰，貼緊在我的胸膛裡。這使我亢奮得無以名狀。這是我這輩子，第一次擁抱一個女性的軀體，也是第一次和那對令

我產生過無盡遐想和巨大刺激的乳房，緊緊地貼在一起。這給我帶來巨大震顫和感動。透過這對柔軟而富有彈性的乳房，我也感到了她微微的顫抖和快速的心跳。

她久久地抱住我的脖子，把頭埋在我的胸前不敢抬頭看我。我想低頭吻她，但又怕破壞了這完美的擁抱。她和我沉浸在此生我們第一次戀愛擁抱的激動之中。她並沒有發現我想吻她的這一舉動，我沒有打擾她，讓她安安靜靜地享受這美妙的一刻。

很長時間，我們誰也沒有說話。

這個草原黎明，是值得我們兩個人終生記憶的時刻。

她成了大學生

顯然我和王致華之間的相互愛慕，已經超出一般兵團戰友之間的關係，但我們誰也沒有先開口說些什麼。我們都覺得，這樣的戀愛關係是不需要挑明的。儘管我們內心裡的初戀熱火，無時不刻在熊熊燃燒，可是表面上，我們都像從未發生過任何事情一樣。連裡沒有人對我們之間的關係變化有任何察覺。

1972 年夏天，內蒙古醫學院來 41 團招收第一批工農兵大學生，十連有幸分配到一個名額。

讓誰去呢？指導員陳登雲頗為撓頭。

綜合考慮，首選應該是原炊事班班長王熙瑩。王熙瑩高中畢業，來到兵團以後工作十分出色，炊事班之所以成為全內蒙兵團的先進標兵，王熙瑩這個炊事班長功不可沒。

女生排排長梅曉捷也是一個可以考慮的人選。她作風潑辣，敢想敢幹，永遠衝鋒在前，是全 41 團學習毛主席著作標兵，人稱風姑娘。

可是大家都知道，這兩個人無論智力水平和學習能力，都絕對不是上

大學的材料，尤其是去上醫科大學。

當然，王致華是另外一個重要人選。王致華是全 41 團最出色的衛生員。顯而易見，她比起兩個競爭對手，不僅更加專業對口，而且更聰明，有更強的學習能力。王致華在十連兵團戰士中威信也高，人緣很好，這使得她在群眾推薦這個環節，可以輕鬆壓倒她的兩個競爭對手。

但指導員心裡盤算的是另一碼事。上次組織對老連長王朝先的批判，王致華堅決不肯就範，這在他心裡留下一個大疙瘩。這說明王致華很難被馴服，也不會成為他手中一個得心應手的工具。可是，王致華在兵團戰士中的威信又很高（奇怪的是，全十連上下的所有人，都認為王致華是自己的朋友，也都認為她是值得自己尊敬的好人），這成為指導員的一塊心病。

指導員決定以德報怨，順水推舟。趁著這個機會，把王致華送去上學，既表現了他的公正無私，又遵從了民意，還去掉了他在十連的一塊心病。

陳登雲很聰明。

他分別找王熙瑩和梅曉捷談話，告訴她們：

一、支部正在考慮她們的入黨申請。他保證，在下半年的團黨代會期間，她們將會實現加入偉大、光榮、正確的中國共產黨的願望。

二、團領導已經接受十連黨支部的建議，不久，就會提拔王熙瑩任十連副指導員，提拔梅曉捷任十連副連長。

王熙瑩和梅曉捷都知道，提拔副連長和副指導員以後，就成了國家幹部。不僅工資會大幅度提升，一輩子的鐵飯碗也就有了。這比去呼和浩特當一個窮學生划算多了。況且，如果當上幾年官以後，再被選送去上大學，那就是國家幹部帶工資上大學，豈不西瓜抓住了，芝麻也沒丟？

聽了指導員這番話，王熙瑩、梅曉捷分別表態，絕不爭搶這次上大學的機會，全力支持連黨支部和指導員的決定。

結果一公佈，全連上下心悅誠服，皆大歡喜。指導員的公正形象大為提升。

　　王致華意外成了十連第一個被選送上大學的幸運兒。

　　說幸運也不幸運。事情就這麼湊巧。王致華接到內蒙古醫學院入學通知書的同時，接到天津家裡發來的加急電報：父親病危。

　　王致華火速趕回天津。

　　就在王致華剛剛抵達天津的當晚，她的父親因為肝硬化離世，年僅48歲。

　　處理完父親的喪事沒幾天，王致華就回到十連。此時離她要到內蒙古醫學院開學報到的日子，只有幾天了。

　　王致華自從父親去世，一直悶悶不樂。她是家裡的長女，下面有一個弟弟，兩個妹妹。母親一直是家庭婦女，沒有工作。隨著父親的去世，家裡唯一的經濟支柱徹底塌掉了。家裡本來就入不敷出，相當困難，現在更是雪上加霜。作為家裡最大的孩子，她思想負擔和精神負擔不能不重。

　　然而在一般人看來，能夠上大學，既使自己的命運獲得了徹底改變，又能從根本上脫離兵團的艱苦環境，沒有誰不為有這樣一個機會而歡喜雀躍。但王致華沒有這樣的心情，我能夠理解她此時的心境。

　　我不能勸她，那種蒼白的勸慰，沒有任何意義。但此時也無法去恭喜她。以王致華的個性，上不上大學，她沒有看得多重。她真正揪心的是媽媽和遠在天津的一家人，今後怎樣活下去。最使她痛苦的是，危機就在那裡，她卻幫不上媽媽任何一點兒忙。

　　我不能在這樣的時候向她表白任何事，更不能對她花前月下海誓山盟。但是，如果我不主動，可能在她離開兵團以後，我也就永遠喪失了向她表白的機會。

　　該不該向她挑明我們之間的關係？我陷入了糾結與掙扎之中。

　　誠實地說，由於我生長在一個國民黨特務的反革命家庭裡，從懂事以來，一直處在這個社會的普遍歧視之下。因此，我對於被拒絕，尤其是被一個自己心愛的女人拒絕，有一種與生俱來的恐懼。我幾乎認為，任何女

孩子對於我的拒絕都來源於我那可怕的家庭出身。而在這樣的理由下被拒絕，是我那顆表面強大而實質脆弱的自尊心所無法承受的。在這種心理的驅使下，我一生從未真正主動地向任何女孩子表白過我的愛慕，即使我感受到來自對方的強烈暗示，也是如此。

王致華令我尊敬的正直與堅毅，她的正義感，她令人敬佩的倔強，給了我巨大的吸引力。我相信，如果我們能夠走到一起，即使有那麼一天，我被投進監獄，被判了無期徒刑，甚至死刑，王致華也絕不會背叛我而離去。相反，她一定是那個每個星期去監獄看我，給我安慰，給我鼓勵的女人。如果我們有了孩子，她也一定會告訴我們的孩子：儘管你爸爸在監獄裡，但他仍然是你們應該無限愛戴的父親，他是一個英雄，是一個你們應該崇敬的好人。

有了這些，我還能要求我最親近的女人做什麼呢？我堅信，王致華就是一個這樣的女人。因此，在她離開高力罕之前，我必須和她說些什麼。

還有兩天，致華就要去呼和浩特報到了。像往常一樣，我約她到草原上走走。我們都騎上自己的馬，從連部縱馬跑出去，來到連部西面很遠的小山坡上。我們把馬繫上馬絆，讓它們自己去吃草，然後坐在小山坡上，欣賞著眼前的草原景色。

遠處，草原一片碧綠。稀稀落落的幾座蒙古包和散落在天際線的幾大片白色羊群，給空寂的草原帶來濃烈的生活氣息。蒙古包在很遠處揚著炊煙，幾個牧人正在驅趕著羊群歸牧。西面的太陽已經有了幾分倦怠，慢慢地從地平線垂落下去。

這是我們兩人最後一次，一起在高力罕欣賞草原落日，也是最後一次，感受太陽落山給我們帶來的那一絲絲涼意。

遠處，牧人哼唱的蒙古長調，委婉、淒涼，讓人心情惆悵。這就是我們早已聽過無數遍的草原牧歌。

「致華，此一去我們將天各一方。如果你覺得我們應該繼續保持我們

之間的朋友關係，你就給我留下一張你的照片，以便在想你時看看那張照片。」我説話時眼睛看著遠方，頭沒有轉向她。眼睛有一點濕，聲音也有些顫抖。

「如果你不願意，我一點意見也沒有。本來，一旦你進入大學學習，會碰到多得多的朋友和同學，這會擴大你的視野和選擇空間。我這是真心話。」此時，我把臉轉向她。

她低下頭，好長時間沒有説話。

「現在我的心情不是太好。不過，我很感謝這兩年你給予我的友誼和關照。我心裡很感激你，尤其在我們這麼多次的促膝交談中，你使我明白了許多道理，我很珍惜咱們之間的友誼和感情。」

「我現在沒有照片，到了呼市以後，我會照一張照片給你寄來。」

聽到她這句回答，我懸著的一顆心落了下來。

在這之後，我們都再也沒有説什麼。我們肩並肩地坐在草地上，一直靜靜地看著晚霞中的草原，漸漸地被不斷浸潤過來的黑暗所吞沒。

王致華已經走了三個星期。我天天在計算，她的信應該在哪天到，但我一直沒有收到。

在她走後的第四個星期，我終於接到了她從內蒙古醫學院給我寄來的第一封信。

信很短，除向我介紹了她們中醫系的一些基本情況之外，她給了我關於照片的解釋：

……

杜廈，咱們倆的事，我又想了很長時間。進入大學以後，我的學習任務非常繁重。從這個學期開始，我們就要陸續學習中醫的四大經典：《黃帝內經》、《傷寒雜病論》、《難經》、《神農本草經》。我本來基礎就不好，你知道，我其實連初中一年級都沒有讀完。現在要學習這麼多的中醫典籍和

文件，又幾乎都是文言文，即使不睡覺，我也很難跟上其他同學的學習步伐。因此，我希望把精力全部放到學習上去。

我們年紀都不大，以後我們要走的道路也可能多種多樣。因此，我就不打算給你寄你要的那張照片了，我也根本沒有去照。

不管怎樣，我還是希望把我的真實想法告訴你。希望你原諒。

祝你一切都好。

王致華

一九七二年九月二十八日

其實，這個結果是我估計到的結果之一。我有些失望，也有些痛苦，但我完全理解她。她是誠懇和真實的。此時，我反而更敬重王致華這封信中所展現出的誠實和坦率。

我馬上回了一封信：

致華：來信收到。不用太在意你的「基礎差」，像我們這些高中畢業的學生，面對那些古老和深奧的中醫典籍，也是一張白紙，和你們初中畢業的學生沒有什麼兩樣。只要你奮發努力，你就一定是你們班裡最優秀的那一個。

至於你說到我們的關係，我完全同意你的決定。也支持你把全部心思放到學習上，不要讓這些事使你分心。

今後，在一個更為廣闊的天地裡，你一定會找到你真正喜歡的那個人。

為了不影響你的學習，從現在起一直到永遠，我不會再給你寫信。希望我們曾經的友誼，和草原上那些美好的時刻，永遠珍藏在我們的記憶之中。

祝你成功、幸福。

杜廈

一九七二年十月二日

發出這封信以後，我朝思暮想，不得安寧的一顆心，反倒踏實下來了。不過，由於十連連部裡永遠沒有了她，這裡的一切對於我來說，都已經徹底地改變了，變得陌生，變得不可接受。

兩年來我們倆居住的宿舍，也讓人魂牽夢繞。雖然我們一直是住在對門，但這對門，只不過是一個宿舍門裡的東西兩間而已。我們門與門之間的距離，還不到兩米。以往，每天早晚，我們都可以聽見對方所有的細微聲響，那已經是我們生活裡的一部分。甚至夜裡，說我們可以天天聽到對方細微的鼾聲和夢囈，也不算誇張。現在，這鐫刻著我們無數談話和竊竊私語的房間，已是人去樓空，物是人非了。再也聽不到、看不見她那細心地傾聽，尖銳地反問和爽朗的笑聲了。這一切，不免使我驟然生出許許多多的惆悵來。

我再也不想再在這個沒有她的連部待下去了。我向指導員提出了調動工作。我要離開連部，下到牧區去。

由於我上士任上的成功，已經給十連食堂打下了非常好的底子。於是，指導員接受了我的要求。並按照我的建議，提拔我的炊事班長張淑珍接替我的工作，並且直接任命為十連的司務長。

張淑珍是王致華在四十中學的同班同學，也是她在十連最好的朋友之一。

從此，直到 1975 年我離開內蒙古草原時，我再也沒有回到十連連部居住。

1972 年秋天，在給王致華回了那封最後的信以後，我一天都不想再在十連連部待下去了。在指導員的支持下，我帶了一個班的戰士，去了一座叫浩特勞的廢棄棚圈，開始了我在內蒙草原上，興建無木結構房屋和用澳大利亞美利奴羊改良本地烏珠穆沁羊的畜種改良實驗。我也決心徹底忘掉王致華和這段感情，振作起來，開始規劃我今後的人生。

我們重新住進了蒙古包，開始了把澳大利亞美利奴羊和烏珠穆沁羊雜

交繁育實驗的艱難歷程。

一年以後，我們無木結構的配種繁育站、宿舍和新棚圈相繼建成。我們不僅順利開展了美利奴羊和本地烏珠穆沁羊的雜交工作，還給整個錫林郭勒草原，貢獻了一座完全不用木料的無木結構建築。全錫林郭勒盟的專家和相關人士，在我浩特勞棚圈的配種繁育站，召開了全盟無木結構房屋的現場推廣會。我又在烏珠穆沁草原上，大大地火了一把。

1974 年春天，我們配種繁育的第一代澳大利亞美利奴羊的雜交後代在浩特勞棚圈誕生。這為十連畜牧業的畜種改良工作開創了一個全新的時代。

幾十年以後，我又多次回到高力罕草原，重溫在高力罕那七年諸多難以忘懷的記憶。有意思的是，這間浩特勞棚圈的稱謂，早已被當地牧民們改稱為「杜廈棚圈」。現在，內蒙古官方地圖上，仍然註明這個地點是「杜廈棚圈」。我不知道這是不是全國官方地圖上，以下鄉知青名字命名的唯一一個地名。

1974 年 5 月的一天，我從配種繁育站回連部辦事。辦完事來到張淑珍宿舍裡和她聊天。這時，王致華去呼市內蒙古醫學院上學已經一年半了。

張淑珍看似無意的一句話，引起了我的極大興趣。

她說：「王致華來信說，她畢業以後，說不定還會回高力罕來工作呢。」

我警覺、敏感。我馬上告訴她：「如果王致華想回高力罕，必是因我而來，這應該是她想回高力罕的唯一原因。」我幾乎脫口而出。

我藏不住興奮，緊接著問張淑珍：「她來信和你說的什麼？趕快告我。」

她堅持不告訴我，我對她軟硬兼施。不管怎樣，她曾經是我的手下，而且是我推薦她當的司務長，總不能一點不幫忙吧？

張淑珍很快妥協，把王致華給她的那封信拿給我看。

王致華的信是這樣寫的：

淑珍：麻煩你一件事，請你誠實地告訴我，在我離開高力罕以後，杜

廈是不是已經有了「其他人」？，如果他有了「其他人」，我一點都不怪他。那樣我也就死了這條心了。如果杜廈還沒有「其他人」，你告訴他，我準備去和他見個面。

這一年多在大學裡也認識了很多人，也有很多老師、朋友、同學向我提起那件事，幫忙的人很多。但看來看去，還沒有任何人可以取代杜廈在我心中的位置。如果他現在還沒有什麼人，我還是願意作他一生中的「那個人」。

此事給你添麻煩了。

你的朋友　王致華
一九七四年 × 月 × 日

張淑珍巧妙地探得我的底牌，既幫助她的好友王致華，重新拉上了這根似斷非斷的線，還沒有讓我覺得，是王致華託她來求我恢復關係。其實，我完全無所謂。能夠得到王致華的這個口信和真意，我真覺得喜從天降。為此，我感激張淑珍一輩子。因為，我真的感激她把王致華重新送還給我。

和張淑珍結束這場談話之後，我激動、亢奮的心情難以平靜。我飛身上馬，策馬揚鞭，衝出連部，奔向草原深處的浩特勞棚圈。

我不停地抖動韁繩，揚起馬鞭，緊緊地把自己貼在馬背上狂奔。我時而張開雙臂，不斷揮舞，對著迎面撲來的疾風大聲吶喊。時而俯下身去，緊貼那隨風揚起的頂鬃，拍拍馬頸，把我心中的喜悅和它分享。我真的有了幾分癲狂！風在我的耳邊呼嘯，翠綠的草地在我的馬蹄下飛馳而過。我的蒙古袍子被風吹得鼓鼓脹脹，我將心中無盡的滿足和愉悅，在這近乎瘋狂的飛奔中釋放。這浩瀚無際的烏珠穆沁草原知道，她見證了我這個草原之子，在這場颶風一樣的狂奔之中，已經把一顆摯愛的心，交給了那個遠在天邊的姑娘。

我的臉微微抬起，強勁的風吹得我甚至很難看清楚遠方，但我知道，

在天際的盡頭，一個深愛著我的姑娘，正在等待著我的出現，我們將會生活在一起，恩愛在一起，命運也將緊緊地拴在一起。

也不知跑了多遠。跟了我五年的「快步神駒」有些驚愕，它拚命地揚起四蹄，打著響鼻，幾乎是在草原上飛翔。它顯然不知發生了什麼事，它的主人從未如此瘋狂地讓它狂奔到大汗淋漓、渾身濕透。不過，我相信它也和它的主人一樣興奮：這對於我們都是非比尋常的一天。我們共同用這樣的方式抒發我們心頭的那份驚喜。

我心中的喜悅和激動，只有用這樣的方式才可能得到最完美的釋放。此刻，我覺得我是這片草原上最幸福的那個人。

回到我的配種繁育站，我以最快的速度，給王致華寫了一封信，信裡只有一句話：

致華：等著我，我馬上到呼市去看你。一切見面再談！

你心中的那個人

一九七四年 × 月 × 日

兩天以後，我就離開 41 團，取道北京，直奔呼和浩特。

夜訪劉華市長

《三國演義》開宗明義所說的「話說天下大事，合久必分，分久必合」，已經被無數中國的文人墨客，嘮叨了六、七百年。但是，這句充滿了無奈和苦澀的箴言，還真是一個亘古不變的真理。

從 1969 年偷偷離開北京，抱著一顆為這個國家，在戰場上粉身碎骨的天真理想，靠一枚偽造的塑料鞋底公章，得以到烏珠穆沁草原上紮根的八個熱血青年，與幾個和我們心心相印、親密無間的其他學校的知識青年一

起，結成了一個堅強的集體。無論經歷任何艱難困苦和精神打擊，只要我們能在一起，相互依靠，我們就從未膽怯和退縮，也從未喪失我們心中那股烈火般的激情。

不過，從 1972 年到 1975 年，我在內蒙草原上可以稱作精神依靠的這些戰友，不斷地離去，我們原來可以相互依存的「精神團隊」，逐漸開始崩塌。

王致華去內蒙古醫學院之後，緊接著，我最親密的朋友，劉浩穎、馮群、陳剛、孫志昌、莊珠扎布、張農生、段偉鋼也在 1973 年到 1975 年間，陸續離開烏珠穆沁草原。1974 年，馬青波反革命問題獲得平反後，他也離開了高力罕。

此時，我身邊最緊密的戰友，只剩下武山根、艾援兩人。我還在十連，山根仍然在團部，艾援依舊在六連。我們各自在 41 團的不同連隊獨居一隅。無盡的落寞，可怕的孤寂，對未來的不安，每天都在撕裂著我們的生活和精神世界。那個火熱的集體，那個可以互相鼓勵、互相依靠的團體，徹底沒有了。

對於我們來說，1975 年的高力罕，和我們 1968 年剛來時的高力罕，已經是完全不同的兩個世界。

我知道，自己永遠不可能成為一名工農兵大學生，那不是我該考慮的出路。那麼前途在哪裡？我必須有個果斷的決定。

我和山根、艾援商量，我們決定，全都選擇離開內蒙，尋找新的人生道路。

山根和艾援開始想門路，辦理「病退」回北京的手續。

我則考慮去黑龍江佳木斯，陪伴我那一生經歷過無數苦難的母親。她在 1968 年和再婚丈夫離婚，又回歸了孑然一身的孤獨生活。此時，她正在一個叫七台河的地方，下放農村勞動。母親已經五十多歲，身體也大不如前，該是我去她身邊盡孝，陪伴和照顧她的時候了。

　　為此，我寫信徵求了王致華的意見。我仔仔細細地說了我的想法。問她，畢業以後，她是否可以跟我到佳木斯去工作？她的答覆依舊簡單無比：「你留在高力罕，我就回高力罕。你要去佳木斯，我就跟你去佳木斯。你去哪兒，我就會跟你去哪兒。總之，不必擔心我，我將永遠跟你在一起。」

　　收到這封回信，我下定決心：千方百計，離開高力罕，到佳木斯去尋找未來！

　　在黑龍江省，佳木斯算是第四大城市，既是黑龍江三江平原的行政和經濟中心，又曾是林彪四野總部所在地。因此，佳木斯雖然是個小城市，但也算聞名遐邇。

　　想當初，我們不經國家分配，自行到內蒙古牧區去插隊落戶，已經算是千難萬險。現在，我又想從內蒙古草原搬去黑龍江省的佳木斯市，這就比當初從北京去內蒙還難。

　　這種從農村流向城市的舉動，當時的官方語言叫「倒流城市」，不僅不會獲得批准，還是一種不合法的行為。這種類型的遷徙，應該比從城市到農村，要難上一萬倍。

　　我不想讓母親幫我辦這件事。我知道，即使她跑斷老腿，也根本沒有任何成功的指望。還說不定會把她急出毛病，從而要了她的老命。我決定自己去趟佳木斯，親自完成這看似不可能完成的任務。

　　1975 年 4 月初，春暖花開，我請假離開十連，去到萬里之遙的黑龍江佳木斯。此時母親農村下放勞動鍛煉已經結束，分配到佳木斯製材家具廠工作。她在廠部作個統計，是個小得不能再小的幹部。

　　我是第一次來到這個城市。

　　佳木斯雖然是個小城市，但房屋建築有著強烈的俄羅斯風格，大多黃牆紅瓦，高大而錯落有致。所有街道都沿著著名的松花江，由西向東，蜿蜒而上，寬闊、整潔。整個城市顯得平靜、美麗、溫馨。

　　松花江流到佳木斯，已經比在哈爾濱時，又寬闊了不止一倍，遠遠望去，莽莽蒼蒼，浩瀚廣闊。從早到晚，運送木材和糧食的江船，穿梭在江面上，繁忙而井然有序。天晴時，江心柳樹島依稀可見，有時竟然像是一片海市蜃樓，給人許多浪漫遐想。江邊的防洪紀念塔，高大巍峨，一點不遜於哈爾濱的防洪紀念塔。這紀念塔所在的防洪紀念廣場，是整個佳木斯的城市中心。

　　佳木斯緊鄰小興安嶺和三江平原，黑土地豐腴富饒。佳木斯確是一座恬靜的城，在這裡生活應該給人以很多希望。

　　如同七年前在錫林浩特知青辦，碰到第一個大釘子一樣，佳木斯市知青辦，也對我的要求一口回絕，他們的理由相當充分：

　　你既不是在佳木斯上的學，也沒有從佳木斯的學校畢業，因此根本不在我們的知青管理範圍之內。要返城，你也只能返北京那個「城」，怎麼可能返到佳木斯來呢？

　　其次，雖然你母親目前是單身一人，按照中央知青政策，你是可以調回到母親身邊的。但這不是佳木斯市的管理責任。如果不是以知青「返城」這個理由，黑龍江省和內蒙古自治區之間，沒有任何人員調動指標，我們根本不可能把你從內蒙古調到佳木斯。

　　再次，內蒙古生產建設兵團是部隊編制，屬軍隊系統，歸北京軍區管轄。軍隊和地方，怎麼會有相互調動的可能呢？根本沒有一絲可能性。除非你是從佳木斯分配去內蒙古生產建設兵團的知青。如果這樣，我們可以考慮發出「返城」調令，而實際情況又恰恰不是這樣。

　　我被佳木斯知青辦幹部的雄辯說傻了。

　　儘管碰了一鼻子灰，我還是覺得佳木斯知青辦這個接待幹部很有水平。從他的立場出發，他拒絕的理由很有邏輯，我基本上張口結舌，無言以對。

　　但是，他的分析，也給了我一絲希望：我要想辦法，必須讓佳木斯有

關當局，忽略我是不是從佳木斯派出的知青這一要害問題，完全按照「父母身邊無一人」的中央知青返城政策，給我一個返城的調動指標。我會承諾，內蒙古那邊關於軍隊和地方之間「放不放」的問題，我會自己負責解決。

方案已定，必須找到能夠達成目標的突破口。

經多方打聽，我終於探聽清楚了佳木斯市市長劉華家的準確位置。

幾乎連續一週，我天天待在劉市長家的周圍。我躲在街道的拐角後面，仔細觀察他幾點上班，幾點下班，幾點和夫人出來散步，家裡有幾個孩子，什麼時候回家，什麼時候熄燈睡覺。總之，劉華市長的一切作息習慣，全家每個人每天的生活規律，我都摸得一清二楚。

我是想尋找一個恰當的時間，巧妙地闖進他的家裡，單獨和他說明我的困難，並且真誠地告訴他，我是多麼需要他的幫助。

我這樣做也確實出於無奈。因為，不管我長得多麼像一個地地道道的好人，也不會有任何的市政府官員，或任何秘書，肯安排我這樣一個籍籍無名的小老百姓，一個卑微的下鄉知識青年，去見一個百萬人口城市的市長。甚至我連市政府的大門也進不去，這是盡人皆知的事實。

但是，我必須找到一個機會，讓這位一市之長，可以單獨聽我陳訴，哪怕五分鐘的時間也好。當然，如果萬一，一見到我，他就大喊「捉壞人」或「抓刺客」，由此我被警察或保衛人員當場抓走，那我也無話可說。起碼，我盡過最大努力了！

我認真想過：要想成功，必須說服並感動這個一市之長。除此之外，我別無他途。

我此時的行動，的確像是許多電影裡經常出現的鏡頭：特務隱藏在街角，窺探著做壞事的時機。如果我運氣不好，遇到某些警惕性高、想像力豐富的公安警察，他們一定會以為，這個鬼鬼祟祟的人一定是在預謀暗殺

佳木斯市市長。否則，怎麼會連續七、八天，圍著市長的家轉來轉去呢？不過，我幸虧沒有被任何人發現。

好人好命，我終於等來了機會。

一天晚上，劉華市長在家裡宴請客人。我在他家院子旁邊的陰影裡等著。用過晚宴並聊天過後，劉市長全家送客人出來，一直送到馬路旁邊的小汽車旁，在路邊寒暄。

我從牆角的陰影裡一拐，就進了劉市長家的院子。裡面沒有任何人，我緊接著進了大敞四開的市長家，規規矩矩地站在客廳裡，等著他們全家送客歸來。

「你是誰？」「你找誰？」劉市長和他夫人一進門，就被我這不速之客，嚇了一大跳，倆人略帶驚恐地問我。

「劉市長，我叫杜廈，是個北京下鄉知識青年。我知道您們夫婦也是66 年從大慶調到佳木斯來的，我母親是和您們一趟火車，也是從大慶調到佳木斯的同一批幹部。」我不慌不忙，娓娓道來。

「不過，我母親是從北京調去支援大慶的，之前是中央財政部的幹部。」劉市長和夫人顯然放鬆了不少。

「找我有事嗎？」市長變得和藹、親切。

「我不得不用這樣的方式來見您一面。因為通過正常途徑，我根本不可能見到您，甚至我連市政府的大門也進不去。而我必須要見您一面。」

「坐下說，坐下說」，市長完全放鬆了。他請我坐在他對面的沙發上，他也坐下了，點起了一支香煙。

「抽煙嗎？」市長問我，我說「不會」。

我仔仔細細向他講述了我的特殊情況。

我從母親 60 年從中央財政部去大慶，支援大慶油田建設講起。為保留

在北京受教育的機會，她在去大慶時，把我和姐姐留在了北京住校學習，沒有把我們一起帶往大慶。我又講了 68 年我主動去內蒙古邊疆插隊落戶的經過。現在母親年事已高，僅一個人在佳木斯生活，身邊沒有人照顧，急需我來佳木斯和她一起生活，盡我應盡的孝道。我是她唯一的兒子，來照顧她也責無旁貸。況且，這是完全符合中央政策規定的，「父母身邊無一人」是可以讓下鄉插隊落戶的兒女，返城照顧父母的。但由於我從北京下鄉，卻要回佳木斯照顧母親。佳木斯知青辦從沒遇到過這種特殊情況，也就無法辦理有關手續。

現在的問題是，北京和佳木斯，都說沒辦法解決我的「返城」調動問題。

我懇請佳木斯市考慮我和我母親的實際情況，按照中央政策的精神，本著「實事求是」的原則，解決我們母子的團聚問題。

我的陳述，清晰、合理，說服力強，又說得懇切、真誠。劉華市長和她的夫人，佳木斯教育局長王淑文女士，均頗為感動。

三天以後，我便接到佳木斯市知青辦通知，讓我去市知青辦拿我的調動手續。他們按照我的要求，「商調函」一共做了兩份，特別讓我自己帶了一份。理由是怕郵寄丟失。

我夜訪劉華的成功，讓母親大大鬆了一口氣。

後來，我們來到佳木斯以後，劉華市長一家人都成了我們的好朋友。他的女兒劉 ×× 醫生和王致華在一個醫院工作，兩人是佳木斯中醫院裡最好的一對朋友，這是後話。

別了，烏珠穆沁

1975 年 6 月 24 日，國務院和中央軍委決定撤銷內蒙古生產建設兵團。

　　無論是知識青年、兵團戰士還是現役軍人，接到這一令人震驚的消息後，都被驚得目瞪口呆。整個內蒙古生產建設兵團立即陷入一片混亂之中。

　　大家都不能理解。這麼巨大的投入：無數台汽車、拖拉機、聯合收割機和各類農機具；無數間剛剛蓋好的房子；幾百家正在生產中的各類工廠和價值不菲的無數設備；上百萬畝剛剛開墾出來的耕地；新建的醫院、學校、招待所……。尤其是十幾萬知識青年、兵團戰士五年多的心血和汗水，就這麼說扔就扔了？

　　扔掉的不僅是這些，毛主席「廣闊天地、大有作為」的號召，也一下被扔得無影無蹤。十幾萬熱血沸騰青年人，他們的激情和理想，也被這個決定碾得粉碎。

　　確實，所有這一切，說扔就全扔了！既無人心疼，又無人在意。

　　恰恰在這個時刻，我從佳木斯拿著佳木斯市知青辦和勞動局的聯合商調函，回到了高力罕。

　　現在，41團團部和各個連隊的現役軍人們，無一例外都在忙著尋找門路，爭取在這場大「撤退」之後，找到自己新的落腳點。他們來不及想，也可能根本不會去想，他們從北京、天津、呼市、包頭、唐山等城市，用各種威武雄壯的花言巧語，招來的這些城市小青年們，今後該怎麼辦？

　　所有這些正在尋找新的「門路」，來安排自己未來的現役軍人們，反應極快。他們迅速利用自己殘存的權力，搜刮著自己可以帶回山西老家的各種東西，包括：羊皮、牛皮、木料、氈子、整箱的玻璃、油漆、電線、膠皮輪胎、農機配件、汽車零件等等。七連連長王朝先，學著他的某位戰友，讓機務排焊了許多半尺來粗、一米來長的厚鐵皮管子，一共不少於 10 根。裡面全部灌滿七連食堂裡的豆油，裝上機務排的拖拉機，一路冒著黑煙，運回他的山西老家去了。他自己親自監工，生怕哪個大管子的焊縫不牢，

把他辛辛苦苦弄來的珍貴豆油在路上漏光。

我相信，這些豆油，如果他們全家自己吃，大約可以吃上三十年。可是這些豆油，明明都是用兵團戰士的定量指標和伙食費買來的呀！這不是搶劫，也是盜竊。全團現役軍人們運回家裡的所有物資，都是這種性質，但誰能管得了他們呢？

在那段時間，團部的所有汽車幾乎都被41團的各級官員徵用，用來往自己的山西老家運送這些物資。一般一個團職幹部，運回家裡幾卡車的東西，是絕無誇張的正常情況。各連的指導員和連長大多攤不上團部汽車連的卡車，只好像王朝先連長一樣，用自己連隊的膠輪拖拉機，千里迢迢，把自己搶得的物資快速運回老家。

十連指導員陳登雲一樣東西也沒拿。這贏得了我對他的無比尊敬。但整個41團，像陳登雲這樣乾乾淨淨的現役軍人，真是鳳毛麟角。

我不想說陳登雲是個聖人。他就是一個有著自己是非觀念的普通軍人。他官不大，野心也不大。但有時卻很執拗，對於自己看不慣的事，從不肯同流合污，這一點很了不起。我剛到十連，全團都認為我是個危險分子，是個沒戴帽子的反革命，他卻不這麼看。他要通過自己的眼睛，通過事實，來判斷我是怎樣一個人。可以講，在十連，他一直是用「公平、公正」的態度來對待我的。而當時的我，能得到「公平、公正」地對待，已經是最大的福音了，我還能奢求什麼呢？

滴水之恩，當湧泉相報！

1991年夏末，那時我已經離開了學術界，下海經商了。一次在山西太原的商務活動結束以後，我和王致華帶上我們已經13歲的兒子，從太原開車去山西雁北的陽高縣，專程去看望了陳登雲。那時他任陽高縣人民法院民事審判庭庭長。

陽高縣是全國有名的貧困縣，在山西也屬最為窮困的縣之一。

而手握民事審判大權的陳登雲庭長，是我這一輩子見過的最窮的實權派當官人。

指導員家家徒四壁。家裡沒有一件像樣的家具，甚至掛不起窗簾。土炕上只有一個枕頭，除他之外，全家睡覺都是枕著磚頭睡。炕上鋪著破破爛爛的半張炕蓆，炕的大半部分裸露著熏得發黑的土坯炕面。指導員，不，陳庭長，每天下班以後，要去縣城外面打豬草，其實，由於沒有糧食餵，僅靠豬草，家裡唯一的一口豬，永遠長不大，好幾年還像是一隻半大豬崽。

指導員夫婦三個兒子，由於家裡太窮，老二老三都沒有工作。老大當兵復員，有個工作，但早就下了崗。現在三兄弟還都是光棍，由於沒錢，根本娶不上媳婦。

指導員一定要我們一家三口在他家住，在他家吃飯。睡覺的時候，指導員把他的還算「囫圇」的被子給了我們，我們三個人就蓋著一床被過了一夜。那個全家唯一的枕頭，黑得發亮，我享受了它，這體現了我是最尊貴的客人。王致華和兒子杜宇村，也和他們全家一樣，枕著磚頭睡。

指導員要我們在他家吃飯，非常真誠，我同意了。那頓飯吃的是莜麵餄餎。他們夫婦和三個兒子，及我們全家一共八個人，只有一碗放了很多鹽和辣椒的炒洋白菜沫，作為拌莜麵餄餎的菜。八個人大約每人只有兩三個湯匙的菜。那頓莜麵餄餎，幾乎是用鹽粒兒伴著吃的。

他們家，已經窮到極度赤貧的狀態。

作為一個法院民事庭庭長，家裡窮到這種地步，我和王致華都感到無比震驚。這起碼說明，16 年前的兵團解散時，陳登雲一塵不染是真實的，一貫的，直到現在仍然如此。

他顯然是個清官，這更增加了我對他的尊敬。

好人應有好報！

轉年，我在天津給指導員的三個兒子每人買了一套住房，給他們都辦理了天津「藍印」戶口，讓他們兄弟三人全部落戶天津。還在我的公司裡，給三個小夥子每人找了一份不錯的工作。不久，他們三兄弟都娶上了媳婦，成家立業。直至今天，他們仍然在天津居住並且過著自己安定的生活。

指導員有嚴重的腰間盤突出症，他夫人有嚴重的白內障，已經接近失明。我派車把他們夫婦接到天津，讓他們雙雙住進醫院，還專門讓他們住進「高幹病房」。我請天津最好的大夫，分別給他們作了手術，使他們夫婦基本恢復了健康。

這不僅是對陳指導員在十連對我「公平對待」的一種報答，而且是我對於一個清貧無爭、廉潔自愛的老軍人，一個基層幹部的致敬。

兵團撤銷對知識青年和兵團戰士的影響，一點也不亞於對於現役軍人的影響。

當時 41 團各個連隊的現役軍人，和一些捱過批評，受過處分，處境不好且極有個性的兵團戰士之間，矛盾已經十分尖銳。這種已有的矛盾，再加上聽説兵團解散後，許多現役軍人為人不齒的瘋狂巧取豪奪和搶掠偷竊，使許多兵團戰士心中不平，怒火叢生。聽説兵團要解散，現役軍人馬上要滾蛋，這一部分兵團戰士決計實施報復。於是，這一段時間，各個連隊經常發生兵團戰士「有仇的報仇，有冤的報冤」，毆打現役軍人的情況，雖不算比比皆是，但也經常發生。

七連原機務排戰士孫克強和連長王朝先早有積怨。一次，王連長到孫克強所在的宿舍，孫克強一悶棍打得王連長滿頭鮮血。若不是劉雙友等幾名兵團戰士苦苦相勸，孫克強打死王連長的心都有。

王連長從此離開七連，跑到他的老部下三連的范連長那裡躲了起來，

一躲就是兩個月。這兩個月，王連長一次也不敢再回到七連去，直至離開兵團，他再也沒有回過七連。

大多數知識青年和兵團戰士都在尋找門路。或病退回城，或找人調動到一些正在建設的中小城市去，進入工廠，礦山。他們千方百計設法離開兵團，去其他地方，尋找人生新的起點。

什麼關係也沒有、什麼門路也不通的人，還是大多數。這些人最慘。兵團已經解散，現役軍人都爭先恐後逃離，家裡有門路的兵團戰士，也三三兩兩先後離去。那些不幸剩下來的人們，因為兵團已解散，組織不復存在，便再也沒興趣幹任何事情。雖然他們工資照領，但任何活兒也不幹。男男女女，一對一對，捉對佔領一間宿舍，過起相依為命的同居生活。吃飯、喝酒、打撲克和吹牛逼，是這些兵團剩男剩女們的全部生活內容。這時的兵團戰士，思想上已經完全崩潰，男女在一起，實在是為自己苦悶和淒涼的內心，尋求一種短暫的解脫和麻醉。

曾經轟轟烈烈的烏珠穆沁草原，被兵團的五年禍害得面目全非。大片優質草原，已經被拖拉機開墾成大片大片的耕地。美麗的草原植被，被野蠻地翻開，像一塊塊禿瘡，散落在原本如詩如畫的草原上。這些地從此再也沒有人去耕種，全部變成雜草叢生的荒地，原有的草原也永遠不可能再恢復到以前的模樣。

與此類似的，是繼續留守在這塊土地上的兵團戰士們。他們不僅精神崩潰，而且永久性地，被我們這個巨大的國家，遺棄在那片經人為破壞，完全荒蕪和沙化的不毛之地上，再也沒有人理睬。

我拿到了檔案和全部手續，告別了武山根、艾援（他們一兩個月後，都離開了高力罕，返回北京），回到佳木斯。

一段夢結束了。一段有關烏珠穆沁草原的夢結束了。這夢好長，時而

如詩如畫，美輪美奐；時而悲愴淒涼，涕泗橫流。但無論如何，這是一段讓人魂牽夢縈，讓人熱淚滂沱的夢。以後很多年，我時不時回到那場夢裡去，或甜，或苦。但不管是甜是苦，反正有滋有味！我一輩子也不會忘懷這段經歷。

即使在兵團遭遇了那麼殘酷的打擊和壓迫，我心中仍對自己的人生充滿理想。 我從未沮喪過，也從未灰心。

第四章
4th Chapter
八〇年代：命運的轉折

十二　落戶佳木斯

最後一次「犯罪」

1975 年夏末，我來到母親生活的城市——黑龍江省佳木斯市。

媽媽很久以來的最大願望，是可以和自己的兒子平靜地生活在一起。無論多麼貧窮，多麼艱難，只要能和兒子生活在一起，她就會覺得這生活中還有那麼一點可以期盼的地方。說不定兒子可以給她的人生晚期，帶來一點點曙光。

她的一生充滿了一般人難以想像的痛苦、折磨、辛酸和屈辱。兒子成為她改變自己人生的唯一希望。

而在王致華的心中，也藏著一個類似的夢。她不是一個心比天高的人，她樸實、真誠，從不好高騖遠。她義無反顧地決定跟隨我到一個完全陌生的城市去，不是想做一個革命者，也不是想做一個英雄身邊的女人，而是想把自己的一生，託付給一個正直、可以信賴的好人。她相信，有我們兩個人的共同努力，終究有一天我們可以建立起一個安定、和美、幸福的家庭。

身邊這兩個女人的生活目的都簡單而清晰，她們只想像一般老百姓一樣，過一個安分守己的日子。

我理解她們的心願。可我從未想過，自己會成為一個小老百姓。在那個時代，所有的書籍、電影和學生課本，都對小老百姓平凡、卑微的生活，

1975 年回到佳木斯和母親的合影，我
是她人生的全部希望。

持無限鄙夷的態度。在那個社會的普遍價值觀裡，幾乎沒有「家庭」的任何
位置，所有的教育，都在提倡「把一切獻給黨」。如果你親近家庭、注重個
人生活，你立即就會被所有人認定是一個胸無大志的人，一個自私自利的
人。也因此會被黨的組織，判定是一個落後分子，永遠不會得到組織的重
用和提拔。

　　當時的每一個人，尤其是裹挾在那個時代滾滾洪流裡面的年輕人，都
認為過多地考慮自己的個人生活是件不齒的事情。

　　以前，無論是幼稚也好，單純也好，還是灌輸也好，我和我的夥伴們
都全身心地投入到了那場堪稱波瀾壯闊的文化大革命之中。在那場所謂的
革命中，我們每個人都幾乎出生入死，殊死拚殺。在那個時代，我們幾乎
沒有考慮過自己的家庭、生活和個人前途。

　　然而在佳木斯，支撐這些革命理想主義激情的基礎，已經完全改變。
這包括，從 1971 年 9 月 13 日開始，隨著林副統帥摔死在蒙古溫都爾汗，
我們心裡對偉大領袖的信賴、景仰和崇拜，像一個碩大無比的「肥皂泡」，
瞬間爆裂，消失得無影無蹤。

　　僅僅幾年以後，曾經為此一起出生入死的兄弟們，都已經先後各奔前程，四散離去。我們憧憬的中蘇戰爭再也不會發生，我們永遠不會再有機會成為那個戰場上的英雄。所有浪漫主義的革命理想，被即將面對的現實生活，撕得粉粉碎碎……。

　　這種思想和人生觀上的巨大反差，使我的內心長時間處在深深的掙扎之中，這是她們兩個女人無法體會到的。

　　現在，我必須清醒地放棄心中所謂的革命理想，踏踏實實地回到現實中來。我眼前要考慮的是：找工作，養家，結婚，生孩子，並努力建立一個讓媽媽、王致華都滿意的家。可以肯定，革命英雄主義從此將離我遠去，一切如花似錦的夢幻理想都已如昨日黃花，飄零散去，無影無蹤。

　　我必須重新定義我的人生坐標。來到佳木斯後，我的全部生活都會重新開始。尤其我即將和王致華結婚組成家庭，我將成為媽媽和妻子這兩個女人的生活支柱。這使我的思想方法和行動邏輯，都發生了徹底的變化。

　　想是這樣想，但我很難實現這個新的人生目標。首先，找工作就可能碰到我根本無法逾越的障礙。

　　我呆呆地看著十連文書給我的那個將近兩寸厚的檔案袋，發了一個星期的「懵」！

　　我知道，那個袋子裡裝著我過去十年的一切。

　　在佳木斯這樣的邊塞小城，我在文化大革命中幹過和遭遇過的許多事情，都是一般人聞所未聞見所未見的可怕事情。最為觸目驚心的是：盜竊和私藏槍支、盜竊公安局倉庫、長春武鬥、蹲監獄、衝擊北京衛戍區、參與血腥武鬥、領導反黨小集團、馬青波被打成反革命……，等等。揪出任意一件，在佳木斯這裡，都會讓人倒抽一口涼氣。

　　一旦把這些事情聯繫在一起，就會瞬間勾勒出一個無法無天的「壞人」形象。那麼，佳木斯還有哪個單位，敢於接收我這樣的「壞人」呢？更何況，我還有著那麼可怕的一個「歷史反革命」和「中統特務」的家庭出身，

這也會讓佳木斯一般單位領導談虎色變。

面對這樣一份檔案，我敢斷定，我根本無法在佳木斯找到一個合適的工作！

我必須做點什麼，使我在佳木斯尋找工作時，不會遇到這些政治障礙。我必須想辦法，甩掉自己身上沉重的歷史枷鎖。我要把自己在文化大革命和高力罕所經歷的一切，都從歷史記錄中徹底抹掉。這樣，不僅可以安全地找到一個可以養家的工作，還可以給整個家庭帶來安全的政治環境。

其實，離開兵團之前，我已經仔仔細細地考慮了這個問題，做好了必要的鋪墊。

十連文書姓鄧，叫鄧淑雲。她也和張淑珍一樣，曾是王致華四十中學的同班同學。她既是王致華的好朋友，又是我的好朋友。我們之間無話不談。

我找到了她。

「鄧淑雲，高力罕到佳木斯的路途太遠，我生怕我的調動手續和檔案資料被郵寄丟了。如果萬一寄丟了，我可就全完了。兵團馬上就要解散，即使日後我再萬里迢迢地跑回來補文件，恐怕這裡也已經人去樓空。如果真是那樣，我今後將成為一個沒有工作關係，沒有檔案資料的『黑人』。這將使我在全中國任何地方都無法容身。是否可以把所有的工作調動手續和檔案，讓我自己隨身攜帶呢？這樣既安全、可靠，也符合佳木斯知青辦調動函的要求。」

我說得慢條斯理，但有理有據。

「行，沒問題。你什麼時候動身，來我這兒取手續就行了。」她爽快地答應。滿滿的信任讓我感動。

回到佳木斯以後，我在家裡整整思考和鬥爭了一個星期。雖然極度害怕，但我別無選擇：

我下定決心，無論如何，要自己動手，清理自己的檔案，去掉身上的

政治枷鎖！只有如此，我才能拿著一份基本乾淨和健康的檔案，去佳木斯知青辦報到。

我讓母親到院子的大門口看著院門。我告訴她，我要辦一點機密的事情，請她不要讓任何人進來，包括她自己。除非我辦完事之後，叫她進來時她再進來。

媽媽什麼也沒問，我不知道她是否知道我要幹什麼。

其實，我也真不希望她知道我要幹什麼。我既不想讓她牽涉其中，也不希望她知道我要幹的事以後，被徹底嚇壞。

她愣了一下，眼睛盯著我看了一會兒，什麼也沒說。最終還是靜悄悄地出去了，站在院子門口看著門，既不敢離開，也不敢回頭往屋裡看。

鄧淑雲交給我的那個檔案袋足足有兩寸厚。我死死地盯著這個巨大的檔案袋，矛盾、惶恐，心裡撲騰撲騰跳得厲害。我知道我是在犯罪，要知道，在那個時期，私自篡改自己的檔案，是欺騙黨、欺騙國家、欺騙人民的十惡不赦的重罪。即使只是寫一份略有虛假信息的履歷表，也會遭到極為嚴厲的懲罰，更何況全面篡改和私自清理自己的全部檔案呢（當時，即使私自偷看自己的檔案，已經屬嚴重違法，那將受到非常嚴厲地制裁）。

是的！我打算做的，是把自己檔案中有關我前半生歷史的所有材料，除必須的以外，全部取出燒毀，不留任何痕跡！這真是膽大包天！

說實話，直到今天，我已經活了七十歲，還未曾聽說有另外一個人，在1975年階級鬥爭弦繃得那麼緊的時候，敢於幹這麼無法無天的事。

要幹。

不能不幹。

沒有別的辦法，我必須這麼幹！

我根本不承認檔案袋裡，那些充滿偏見和一面之詞的事實描述，也不承認任何單方面的結論。況且，那些資料所描述的事實和結論，既沒有給我本人看過，也從沒有徵求過我的意見。從法律和道德上講，我根本不承

認這些結論的合法性，我蔑視它們的存在。

我知道，我要麼在這些材料和結論所形成的背景裡，任人宰割；要麼去和這些強制性地賦予我的命運，作殊死的抗爭。捨此別無出路。為此我必須無所畏懼，因為我已經沒有什麼可以害怕的了！

檔案袋的上部封口，被鄧淑雲用一張薄薄的白紙，封得嚴嚴實實。上面又騎縫蓋了一大堆密密麻麻的公章，以示此檔案由正式的人事部門密封，沒有人私自打開過。但檔案袋寬闊的底部，卻沒有上部開口處那樣的密封紙條。這就給了我可以達到目的的機會。

事後，我一直對鄧淑雲沒有密封那個檔案袋底部，十分感激。當然，我並不知道這是她有意這樣處理，還是本來檔案密封的要求，就是如此。即便原來檔案密封要求就是如此，我也還是一輩子為這件事情感激她。

我準備了三四支圓珠筆。把每一支圓珠筆的筆身前端，都塗上了一層薄薄的蠟，然後再用乾布，逐一把筆身上多餘的蠟擦掉。這樣反覆摩擦以後，每一支圓珠筆的筆身，都變得順滑無比。

我從檔案袋底部的縫隙處，側著輕輕地插進圓珠筆尖。另一隻手，用一把平尺，壓住檔案袋底部牛皮紙的接縫處。我輕輕地旋轉順滑的圓珠筆身，讓筆尖部的椎體，一點一點地，斜著伸進牛皮紙的接縫裡。

錐形的圓珠筆端，慢慢往前旋進的同時，檔案袋底部的牛皮紙接縫處，就被輕輕地撬開了。那把平尺，有效地使被撬開的牛皮紙接縫處，沒有粘連或撕起任何的牛皮紙「毛茬」。被精心撬開的檔案袋底部接縫處，牛皮紙邊緣完好無損，毫無被撬過的痕跡。

我小心翼翼地從巨大的檔案袋中，抽出那厚厚的一大摞檔案材料。我前半生所有的官方檔案，都赫然攤在我的面前。

假如你曾經在中國的五十、六十、七十年代生活過，你一定知道，每個人都有這樣的一份檔案資料。而這些厚薄不等的檔案中，絕大部分內容，是你自己從未看見過的。這些檔案資料的撰寫者和作出結論的人，既沒有

被要求，自己也認為完全沒有必要，去徵求檔案主人對於這些資料內容和結論的個人意見。因此，你對你自己檔案裡的內容和結論，既一無所知，又無權過問。

然而，這些檔案資料，卻又像一根根強勁而無法扯斷的繩索，緊緊地把當事人捆綁得結結實實，使其一生無法掙脫。而這捆人繩索的端頭，又牢牢地掌握在各個單位的黨組織、領導、人事及保衛幹部們的手裡。在這些人面前，那一摞厚厚的資料，使得每一個人都完全沒有任何隱私，沒有任何秘密。他們會根據這些檔案資料，去判定一個人的一切。包括入黨、提拔、安排工作、甚至兩個人是否可以相戀、結婚，都會由各個單位的領導和組織部門，根據這份神秘的檔案材料作出結論。

漫長人生中的任何一次錯誤，都像增加了一條新的繩索，繼續以檔案的形式，套在你的脖子上，永遠跟隨著你。在這樣的檔案制度面前，你一生只能對黨無限忠實，無限愛戴。否則，你一生中犯過的任何錯誤，都可能成為重新收拾你一次的理由。於是，不管是誰，即使是功勳卓著的黨的功臣，也必須在這份檔案面前，只能老老實實，不可亂說亂動。

這份已經被我打開的檔案裡面，有我因為偷槍進拘留所的所有審訊材料；有北京四十七中軍宣隊、工宣隊對我的審查結論；有我在各次文革學習班上的所有檢查材料；有內蒙古生產建設兵團去四十七中對我的外調材料；有內蒙兵團對於 41 團七連反革命小集團的結論；有我們和馬青波事件的所有審訊材料……

除了我自己寫過的幾份資料以外，我沒有看過這些資料裡的任何一份。

確實觸目驚心！任何不了解歷史背景和當時環境的人，看過這些資料，一定會確認，杜廈就是一個惡貫滿盈、十惡不赦的階級敵人，是個匪徒和罪犯。

我一不做二不休，把所有這些抽出來的檔案材料一件不留，全部撤出燒掉。只保留了上學期間的各種履歷表格，初中的入團申請書，兵團時期

的每年評選先進的材料，以及我關於我的家庭情況的各次申述材料。

重新封上以後，我的檔案材料薄的可憐，厚度大約只剩下原來的十分之一左右。

這件事發生在 43 年前。在當時，這肯定是一件「嚴重犯罪」的事情。也許在一般人看來，這樣做大逆不道，不僅是對黨的嚴重不忠，而且齷齪、可恥。今天應該怎麼評價這件事呢？我一直也沒有一個道德答案。不過，我一點也沒有為做過這件事後悔過，內心深處也從來沒有內疚過，我一生也從來沒有因為做過這件事而有「犯罪感」，沒有，一點也沒有，我心裡乾乾淨淨。

幹完這件事，我才徹底踏實了。

第二天，我把我的調動手續和全新的檔案材料，交到了佳木斯市知青辦。

很快，知青辦會商佳木斯人事局、勞動局後，給了我三個工作選擇：

1、郵電系統，佳木斯至大連特快列車的郵件押運員；

2、佳木斯市圖書館，圖書管理員；

3、新建的佳木斯市建材機械廠，鉗工。

這是三份上好的工作選擇機會。我知道，他們之所以給我這麼好機會，是有佳木斯市市長劉華的影響在裡面。

我當然喜歡第一個工作。郵電系統和鐵路系統都是工資高、待遇好的單位，而且每年還有免費出行的方便。況且，郵件押運員在火車上，有大把的時間可以看書，學習點東西時間也足夠富裕。

不過，第一、第二個選擇，都因為我的「政審」不合格而告吹。

1975 年 8 月末，我到佳木斯市建材機械廠報到，成了一名鉗工。

這裡，順便說一段和我這份檔案材料有關的故事。

在所有被我抽出的「檔案材料」中，有一份材料令我印象深刻，終生難忘。

內蒙古生產建設兵團五師政治部，於 1970 年初，曾對我在北京四十七中的班主任臧向華老師做過一次外調。而這次外調所形成的外調材料，是我這一輩子看過的最令我驚訝不已的材料。這份臧向華老師親筆所寫的材料，在我的心上，割下了深深的一刀，至今不能忘懷。

臧向華老師在這份他親筆所寫的證言材料中，義正言辭地揭發，說我在文化大革命中，是個反對毛主席革命路線，反對中國人民解放軍，反對文化大革命的階級異己分子，我對黨，對無產階級專政充滿仇恨。我整個文化大革命期間的所有行為，都是出於階級報復的目的。他不僅協助印證了馬青波日記裡披露的，所有有關我的犯罪事實，還信口雌黃地羅列了許多我反對文化大革命，反對人民解放軍的實際罪行。這令我大驚失色，完全不可理解。

一般來講，在那個無限上綱、草菅人命的恐怖年代，面對這樣有著深刻政治背景的外調，老師們都會幫助自己的學生，說些好話。最起碼也避重就輕地迴避重大政治問題，給自己的學生一個度過風險的機會。大多數老師們則是一言不發，聲稱自己毫不知情，這也是許多老師保護自己學生的方法。

捫心自問，文化大革命中，我從未傷害過包括臧向華老師在內的任何一位老師，也沒有說過一句傷害臧向華和任何一位老師的話。雖然臧老師文化大革命期間，始終站在出身好的「紅紅紅」一邊，這不管是因為臧老師出於希望自己免受「紅紅紅」的加害，還是他真的相信血統論是正確的（這種可能性很小），我都是可以理解的，也從未為難過他。作為文化大革命鍛煉出來的成年人，一個受過高等教育的中學教師，臧老師完全清楚，在內蒙兵團政治部的外調面前，他的任何證言，都可能置一個他曾經的學生於萬劫不復的境地。不僅如此，他心裡也一定知道，他所羅織的罪名，都是一些莫須有的罪名。我絕對相信，他的心底裡是不會認同自己證言裡的那些指控的。

可是，這份印著他的大紅手印的證言，這份出於他自願，親筆所寫的證言，就在我的面前。我不得不相信他真的是想加害他這個曾經的學生。

為什麼呢？他為什麼會對自己的學生下如此毒手？那些外調的軍人們，是不會「逼」他寫這樣一份證言的。因此，寫這樣一份證言完全是出於他的自願。他給自己這個已經「掉下井去」的學生，使盡全身力氣，又舉起一塊巨大無比的石頭，狠狠地砸下井去……！

臧向華老師是怎麼想的呢？真的有這麼大的仇恨嗎？我百思不得其解。

需要說明的是，臧老師在證言裡描述的，這個對無產階級政權充滿階級仇恨的反動學生，在文化大革命時不過是個只有 17 歲的少年而已！

這份陰毒的「證言」，不能不使我耿耿於懷，我要去弄個明白。

1977 年春天，四人幫已經打倒。文化大革命也已經被定性為一場反革命內亂。一次我有事去北京，專程去四十七中拜訪了我這位臧向華老師。那時，他已經升官作了四十七中的副校長。

臧老師看見我突然造訪，頗為驚訝。他叫出妻子，張羅著給我做飯。我們已經九年多沒有見面。當然可以聊的話題很多。

吃完飯以後，我平靜地一推眼前的碗筷，站了起來。我先是筆挺著身體，給臧向華老師恭恭敬敬地鞠了一躬。

「臧老師，我感謝你招待我這頓午飯。更感謝你在我初三、高一連續兩年的教育之恩。今天，我之所以接受您的盛情款待，是因為您曾經是我的老師。我以此表達我們曾經的師生情誼。再次感謝您的招待。」我說得很嚴肅，臉上已經沒有了剛才的笑容。

臧老師有些尷尬，笑著擺手，一個勁兒地說：「不用謝、不用謝。」

然後，我平靜地對臧向華老師說：

「臧老師，此次來您這裡，不是來看望您的。我來您這裡，是為了和您了卻一筆我們之間的舊賬。」

「什麼舊賬？」臧老師丈二和尚，摸不著頭腦。

「1970 年年初，您曾經給內蒙古生產建設兵團五師政治部寫過一份關於我的證言，是吧？」我故意問他。

「不記得了。」臧老師臉上的肌肉滑過一絲抽搐。

「臧老師，我有幸看到了這份證言。」我說到這裡，臧老師剛才抽搐著的臉，頓時面如土色。我無法形容那張臉上的表情：驚訝？恐懼？羞愧？不知所措？還是無地自容？

接著，當著他妻子的面，我拿出了那份證言的手抄稿，一字一句地唸給臧老師聽，一個字也沒有落下。

唸過以後，我問他：您給您曾經的學生，寫這樣的一份「證言」，是怎麼想的呢？我實在無法理解。我告訴他，我覺得，無論如何，給一個只有 17 歲少年，一個自己曾經的學生，寫這樣一份充滿謊言的卑鄙證言，是可恥的和不可饒恕的。為此，我們的師生情誼從此一刀兩斷。我希望他能夠在自己的靈魂裡，為這件事保留一份內疚和一點反省。我希望他能夠努力把自己改造成一個善良的人，重新給自己建立起一個作為人的最低道德標準。

他自始至終直愣愣地坐在板凳上，揚著頭聽我讀那份證言，眼睛看著我一動不動。他那張驚恐的臉，幾乎沒有血色。我相信，此刻我觸及到了他的靈魂。

我告訴他，不要害怕。所謂的「了卻舊賬」，不是想動武報仇。儘管我完全有理由，狠狠地揍他一頓，但我絕不會動他一個手指頭。一是因為他終究是我的老師，不管有任何理由，我也不可以打自己的老師。二是真的怕因為打了他而髒了我的一雙手。他已經不值得我打，甚至不值得我生氣。

從 1975 年我看到臧向華的這份證言開始，在我心中他就再也不是我的老師了。他只是一個我們社會裡不時出現的，沒有一點兒善良之心，趨炎附勢、落井下石的卑鄙小人而已。

四十七中不會有任何一位老師做同樣的事，我堅信不疑。

結婚 · 1976

1976 年是龍年，那年我二十八歲。我和王致華商定，這一年的 9 月 28 日，我們在佳木斯舉行婚禮。

媽媽剛剛分到一間很小的房子，大約只有二十幾個平方。一間十四、五平方米的臥室，附一個大約八平方米左右的外屋，那外屋狹窄而細長，只能用作廚房。

媽媽的這間小屋在西郊一個叫豬板屯的地方。從豬板屯這個地名就可以想像，那是個荒涼的城市郊區，充滿北大荒的原始味道。

這是兩排剛剛建好的職工宿舍，沒有自來水，沒有下水道，也沒有廁所。當然也就更談不上暖氣和做飯用的煤氣了。

這怎麼能夠成為我的「新房」呢？即使王致華不在乎，我們夫婦和媽媽總要有一個可以體面居住的地方呀！我決定用我自己的力量，重新改建豬板屯的這個家。

結婚是件大事，我充滿期待。為此，我制定了一項龐大的改造計劃，包括：新蓋一個十平方米左右的廚房；在外屋，給母親改造一間小臥室；全家安裝一套循環的「土暖氣」系統；打一個壓把手動水井和一座自沉式雨水滲井；打製十二件結婚用的家具。

所有這些，都計劃自己動手完成。

1975 年初秋開始，我進入計劃實施階段。在那一年中，我們豬板屯的家，一直像個工地和木工車間。儘管我白天照常上班，晚上回家後自己蓋房子、打家具，一直要幹到凌晨 12 點，忙得臭死，我卻樂在其中。

到建材機械廠沒有多長時間，我就成了許多年輕工人的好朋友。這個新組建的工廠幾乎都是年輕人，大多二十歲上下。他們都按照東北人的習慣，稱我為「大哥」。

廠裡這些小青年們，一般只有小學文化，都喜歡聽我聊天，講故事。

他們喜歡和我一起湊熱鬧。我不僅是廠籃球隊的主力中鋒，還是廠乒乓球隊的頭號主力。甚至每天上下班的路上，這幫小青年總是前後左右地把我圍在中間，聽我講笑話。

工廠裡的這些小兄弟們，對我的結婚和新家建設計劃，都充滿熱情。東北人極為豪爽，樂於助人。一到週日放假，我們家裡就會有一大幫兄弟們前來幫忙。東北人手巧能幹，他們有的會瓦匠活兒，有的會木匠活兒，有的是焊工，各顯其能。有了他們的幫忙，我的各項計劃進展神速。

工廠裡一個小夥伴張林，和我一個班組，也是個鉗工。我們都是一個姓孫的老師傅的徒弟。很快，張林就成為我在建材機械廠最好的朋友。張林父親是佳木斯市中醫院的院長，是一位抗戰時期參加革命的老幹部。樸實、誠懇，從不端架子。在他的幫助下，佳木斯市中醫院給在內蒙古臨河醫院的王致華發去了「商調函」，致華在佳木斯的工作獲得順利解決。

儘管我的新家建設計劃進展順利，結婚安排也已經確定，一切都比想像的進展還好，但我們還是碰到了那個特殊的，令人唏噓不已的 1976 年！

年初的 1 月 8 日，周恩來總理突然逝世，震動了全中國和全世界。緊接著，7 月 6 日朱德也不幸離世，舉國震驚。沒過幾天的 7 月 28 日，又發生了唐山大地震。百萬人口的唐山，被夷為平地，二十四萬人死於睡夢之中。

這些重大變故的影響接踵到來。

已經辦好調動手續的王致華，7 月下旬從內蒙巴彥淖爾盟啟程前來佳木斯，途中碰上了唐山大地震。京山鐵路隨即全線癱瘓，王致華被攔在天津。

天津同樣是唐山大地震中受災最嚴重的城市，此時已經滿目瘡痍，慘不忍睹。天津全市幾百萬人猶如驚弓之鳥，為了躲避餘震，全部住在大街的柏油路上，整個城市一片混亂。

致華被迫和媽媽及一家人，擠在狹小的地震棚裡。儘管通往東北的鐵

路僅用十天就被鐵道兵搶通，但王致華已經無法離開天津。她要照顧劫後餘生的奶奶、媽媽和弟弟妹妹，和他們一起，共度難關。

王致華在天津一待就是四十天，儘管我和她都心急如焚。

好不容易等到了餘震威脅解除，一家人也逐漸適應了地震棚裡的生活，王致華便決定離開天津，來佳木斯和我完婚。

巧的不能再巧。王致華買的恰恰是 9 月 9 日天津到佳木斯的特快火車票。沒想到那天，在天津到佳木斯的火車上，昏昏入睡的王致華，先是被莊嚴肅穆的哀樂驚醒，接著聽到了讓全世界都無比震驚的消息：毛澤東主席 9 月 9 日凌晨在北京逝世！

起先，整個列車死一般的寂靜。緊接著，全車所有人突然像千百顆炸彈同時引爆一樣，瞬間爆發出震耳欲聾的嚎哭聲，把不停播放的哀樂聲一下壓住。全車所有人，都陷入極度的悲痛之中，車廂裡一片哀鳴。這種悲痛欲絕的氣氛，充滿車廂各個角落，王致華在這樣的氣氛裡熬了一天兩夜，才到達佳木斯。

頗具諷刺意味的是，王致華此行的目的，恰是要在十幾天後，和我舉行一場喜慶的婚禮。也許命中注定，她只能在對毛主席的無限哀悼中成為新娘了。

由於我已經成為建材機械廠小青年們的朋友，加上一年來，很多小工友都來我家幫過忙，因此，我將於 9 月 28 日舉行婚禮的消息，早已在全廠上下沸沸揚揚，盡人皆知。

王致華到了佳木斯兩天以後，我被通知到廠保衛科去一趟。

保衛科長李貴珠是個轉業軍人，平時架子就挺大，總是一副挺大幹部的派頭。他似乎非常喜歡自己那副盛氣凌人的架勢，和他那一臉的階級鬥爭表情。

「杜廈，聽說你要在 9 月 28 日舉行婚禮？」李貴珠雖然是在和我說話，但一直在翻閱著一份什麼資料，眼睛始終盯在那幾張紙上，根本就沒有正

眼看我。

這在佳木斯很不尋常。東北人遇到比自己年紀大的同事或朋友，無論誰的官大，誰的官小，一般都會尊稱一聲「大哥」。這是東北人的習慣和禮節。不這樣稱呼，一定會讓人說你「沒大沒小」。當然，除非有特別的其他原因。

保衛科長李貴珠就是這樣，不僅直呼我杜廈，甚至連抬頭看我一眼都懶得看。顯然，即使我清理過的檔案，也清楚地記載著「歷史反革命」家庭出身。這會讓一般人頗為注意。他對我居然選在 9 月 28 號結婚，心裡有許多政治性的猜測和判斷。此時，他絲毫不想隱瞞對我的敵意。

「是，李科長。這是一年前就定好的日子。」

我和聲細語地小心回答他。

我心裡明白，保衛科長李貴珠肯定是要把我的婚禮和毛主席逝世聯繫起來，然後再掛上階級鬥爭的「弦兒」。

「偉大領袖毛主席剛剛逝世，全世界人民都在無比的悲痛之中，你怎麼可以在毛主席的治喪期間，搞『婚禮』這種事情呢？」李貴珠語氣裡，難掩他的憤怒和指責。

「你要知道，自己是什麼家庭出身。你的家庭出身決定了你對偉大領袖毛主席是什麼感情。」他用手背，使勁彈了彈他手中那疊文件，強調了他的觀點。

他已經開始「上綱上線」了。

「這個日子是一年以前定的，不過我們肯定會推後舉行。那您看我什麼時候可以結婚？」我既解釋了原由，又表現得謙恭配合。

他抬起頭，瞥了我一眼：「我怎麼知道你什麼時候結婚？」他的話不太好聽，也不怎麼友善。不過，他對我的態度在我的意料之中。

「怎麼也不能在主席的治喪哀悼期，搞什麼『婚禮』吧？」李貴珠口氣有了一點緩和，其實他的話也不無道理。

「毛主席的治喪期到 10 月 9 日結束，那您看 10 月 10 日行嗎？」我誠心誠意地請示他。

顯然，他對我這種無限尊重口氣，感到比較滿意。

「10 月 10 日也不行。那是國民黨的『雙十節』。你爸和你們家的歷史，也會讓人對你專門挑『10 月 10 日』這個日子結婚，有不大好的政治聯想。」

李貴珠有點水平，而且政治方面的「弦兒」確實繃得很緊。他說的這些話，我怎麼居然沒有想到呢？我還真的有點佩服他了。

「那就 10 月 12 日吧，如果您和廠黨支部都沒意見，我就決定放在那天了。」我不想再糾纏。頭該低下的時候，就要勇敢地低下去。我現在懂了，有了媽媽和致華，我不能再惹事生非。

「李科長，我的所謂『婚禮』，其實根本就不叫婚禮。我們什麼形式也不搞，既沒有婚宴，也沒有喜酒。估計，就是一人點一支煙，吃幾塊糖，感謝一下大家，也就拉倒了。」

李貴珠點了點頭。

我們似乎達成了一致。

李貴珠好像挺得意，滿臉都是主宰者的神態。他對我擺了擺手，意思是「你可以走了」。

我離開了廠保衛科，渾身上下都是冷汗。

回到車間，我告訴張林：「快幫我通知各車間朋友，由於毛主席一個月的治喪期，我的婚禮改在 10 月 12 日（週二）晚上舉行。」

我還告訴他，你負責轉告各個車間的哥兒們：

由於主席喪事剛剛結束，廠裡要求婚禮的一切安排，不能違背主席喪禮這個大背景，於是：

1、婚禮不接受任何禮物；

2、婚禮沒有結婚喜宴；

3、願意去的，必須下了班再去，正常上班時間，一個也不要去。我自

已那天也照常上班；

　　4、我和你嫂子，給大家每人幾塊喜糖，給每人點一根煙，就算感謝大家了；

　　5、當晚，我們將乘佳木斯到大連的特快，離開佳木斯，躲開廠保衛科李科長的糾纏。

　　很快，全廠的青年職工們都得到了張林的通知，由於必須避開毛主席一個月的治喪期，杜廈的婚禮日期，已經由 9 月 28 日改在了 10 月 12 日傍晚。

　　雖然已經過去了四十多年，1976 年 10 月 12 日那天的情景，仍然歷歷在目，讓我永生難以忘懷。

　　廠裡下班的鈴聲剛剛響過，佳木斯市建材機械廠各個車間幾乎所有的年輕人，似乎都商量好了，大家都支著自己的自行車，密密麻麻地站在廠門口的大道上等我。他們一共大約有二百多人，佔滿了廠區門前的整條街道，黑壓壓一大片，那場面蔚為壯觀。

　　我騎著車到了廠門口，一看這個場面，驚得目瞪口呆。我爬到工廠圍牆的一個牆垛上，給所有等在廠門口的工友朋友們，深深地鞠了一躬。然後再抱拳不斷鞠躬，但一句話也說不出來。

　　此時，已經二十八歲的我，滿眼都是淚水，滿心都是感激。

　　不知是誰一聲呼哨，大家都一齊騎上自行車。他們把我團團圍在中間。從工廠到我家大約有四十分鐘的路，這一大幫青年人似乎都是為了給我安慰，一路歡聲笑語，浩浩蕩蕩，直接到達我在豬板屯的家。

　　一路上，滿佳木斯的市民，都驚訝地目睹這支兩百多輛自行車組成的「遊行隊伍」浩浩蕩蕩地經過。

　　當二百多輛自行車到達我家的時候，由於我家地方太小，胡同也太窄，大家根本無法進入我們家所在的小胡同。於是，我家周圍的大片田野和莊稼地裡，高高低低站滿了推著自行車的年輕人。當時天已經全黑，四周一

眼看上去，好像漫山遍野全是我們的人一樣。

這也驚動了我家周圍的所有鄰居，他們也都出來看熱鬧，人數一下變成足有好幾百人。

我擠進家裡，把王致華拉了出來。

我左右橫挎著兩大手提包的水果糖，又揣了幾盒火柴。致華抱著好幾條香煙，跟在我的後面。

年輕的工友們看見了王致華，此起彼伏的「嫂子」聲震天動地。伴隨著四面八方傳來的起哄聲，把王致華弄得一遍一遍地大紅臉。她也不知該說些什麼，只是不住地鞠躬點頭，口中不斷地說著「謝謝」，滿臉的幸福，藏在她的羞澀和尷尬中。

擠在人群中，我們不停地給每個人抓糖，點煙。這些小兄弟們，不斷地把王致華剛剛擦著的火柴吹滅，現場一片開心的笑聲。

給這兩百來人發完糖，點完煙，大家按照事先的約定，陸陸續續回家去了。

我們心裡十分內疚，既沒有給朋友們一頓婚禮的喜宴，甚至絕大多數連院子也沒能進來。

這場婚禮，是我一生僅見的特殊「婚禮」。

當天夜裡，我們乘佳木斯到大連的特快火車，奔赴大連。之後我們轉乘大連到上海的海輪，在 10 月 16 日清晨抵達上海黃浦江客運碼頭。

船還沒有進港，透過清晨的薄霧，我驚訝地看到，碼頭上所有的巨型塔吊、巨大的輪船船體，都被橫的、豎的各種巨大的標語所覆蓋。每一幅巨大標語，幾乎都書寫著這樣一些口號：

「熱烈慶祝一舉粉碎四人幫！」

「油炸江青！火燒張春橋！吊死王洪文！槍斃姚文元！」

「打倒四人幫！」

「無產階級革命路線勝利萬歲！」

1975 年我和王致華的訂婚照。

我和王致華 1976 年的結婚照。
照這張照片時，「四人幫」剛剛
被打倒 10 天。

　　這時我才知道，在我們海上航行的那個夜晚，中共中央公佈了打倒「四人幫」的驚人消息。華國鋒、葉劍英、李先念等反對文化大革命的元老派們，於 10 月上旬，將江青、王洪文、張春橋、姚文元等四個跟隨毛澤東發動文化大革命的得力幹將，一舉逮捕。由此，中國政局發生了翻天覆地的變化，中國的文化大革命隨之宣佈徹底結束。

　　這應該是這個詭譎的 1976 年，最大的一次「變故」了！是這個突如其來的變故，從根本上改變了這個國家的未來。

　　天，終於要變了！

　　我突然想到，也許我還有可能，趕上一個與過去十年完全不同的新時代。

　　此時，整個國家沉浸在解放般的感覺裡。和這個處處洋溢著喜悅和激動的國家一樣，我也重新燃起了對生活和前途的全新希望！

鄧小平和 77 級

　　1977 年 10 月末，佳木斯已經進入初冬。

　　上午，我帶領兩個班組裝龍門吊。軌道焊得距離不對，巨大的吊車架和軌道翻來覆去不合龍，把我們累得夠嗆。午休的鈴聲一響，我便告訴弟兄們：「上午就到這，收工吃飯！」

　　大家都對著凍僵的手哈著氣，打著、鬧著來到鍋爐房的熱飯櫃，取回自己的午飯。

　　我的飯盒被王致華用報紙裡三層外三層包得嚴嚴實實，她希望儘量給裡面的午飯，保持一定的溫度。我抱著蒸得滾燙的飯盒，跑回鉗工班。

　　大家邊吃邊打撲克。我蹲在一旁，一邊吃著玉米碴子和酸菜粉，一邊看著這幫快樂的弟兄們吵吵鬧鬧。

　　無意間，剛剛扔在地上的一塊報紙碎片，把我整個人吸引住了。我撿

起那張已經破碎的報紙，被報紙上那條標題新聞徹底震撼：

「**中央決定，1977 年全國範圍內恢復高考**」

在標題之下，是這樣一段內容：

「政審，主要看本人的政治表現。政治歷史清楚，熱愛社會主義，熱愛勞動，遵守紀律，決心為革命學習是基本標準。總之，這次招生主要兩條標準：第一是本人表現好，第二是擇優錄取。」

那份報紙是 1977 年 10 月 21 日的，我看到的那天是 1977 年 10 月 24 日，星期一。

這條新聞使我渾身戰慄，激動不已。76 年 10 月 16 日黃浦江碼頭上的那份期待，似乎真的變成了現實：中國真的可能變了。「家庭出身」已經不再是主宰我命運的決定性因素了。我渴望的新時代，真的到來了嗎？

我下午請了假，把領班的活兒交給了張林，騎上車直奔佳木斯中醫院。

我把王致華從醫院裡叫出來，給她看了那份報紙碎片。我難掩激動，告訴她，我決定參加高考。

王致華沉默好長時間，最終，她還是反對我報考大學。她認為，報紙上雖然說得好聽，但很難想像「歷史反革命」家庭出身的人，可以考上大學。如果由於政審不能過關，與其再遭受一次巨大的打擊，還不如不去考。另外，她已經懷有五個多月的身孕，如果我去考大學並去外地上學，本來已經走上正軌的家，就可能被完全打亂。她又要生孩子，又要照顧婆婆，上有老，下有小，很難想像，這樣的擔子全部壓在她一個人身上，她能否擔得起來。

我仍在亢奮和激動之中，這些我全然聽不進去。

我告訴致華，這是全家轉變命運的唯一機會，我們不能讓這個機會溜走。無論有多麼大的困難，都要克服。我們必須一試，在這樣的機會面前，不能有絲毫的猶豫。

王致華半靠著路旁的電線杆子，低著頭半天沒有說話。一會兒，她抬

起頭盯著我，又點了點頭。她感到此時的杜廈，已經進入到世界上任何人都無法說服的那種狀態了。於是，她再也沒有一句爭論，順從地對我說：「如果你已經下定決心，那我就全力支持你，有什麼困難，我們一起克服。」聽完這話，我發自內心地感激她，緊緊地攥著她的雙手，眼淚在眼眶裡打轉。

我們在風中站了很久，憧憬著進入大學校門，給我們的一生可能帶來的種種改變。我知道，這是我們改變命運的唯一機會。

媽媽也堅決支持我的決定。

緊鑼密鼓，10 月 26 日，我就把報考申請表交到了廠部辦公室。廠部按照要求，連同我的檔案材料，幾天之後就寄給了黑龍江省招生辦公室。

大約兩個星期以後，廠部辦公室讓我去取通知。

我拿到了黑龍江省招生辦的政審通知：政審不合格，不准報考。

我呆呆地看著這份通知，半天說不出一句話。退回來的「政審材料」的封袋上，被蓋上了一個碩大的「③」字。這血紅色的巨大「③」字，像是刻在囚犯臉上的恥辱印記，使我再次清醒地認識到，我是沒有資格參加這次高考的。我還是沒能爬出「賤民」的行列，我是被這個社會剝奪了平等權利的一批人中的一個。

1977 年高考被剝奪考試權利，是我成年以來最讓我沮喪和失望的一次經歷，心裡痛得無以復加。我沒有哭，我早就不會因為這樣的事情哭泣。但在我的內心深處，何嘗不想痛哭一場！我真的不知道，隨著那撕心裂肺的痛苦，從心裡噴湧出來的到底是熱淚，還是鮮血。

起初，面對這次打倒四人幫後的高考，我還是滿懷渴望和期待的。招生簡章上明確寫明：「招生主要兩條標準：第一是本人表現好，第二是擇優錄取」，但我還是被定為政審③類，仍然是個「政治賤民」！我的失望和痛苦，比此前的十年，更加深刻一百倍！

重新燃起的人生希望，又被無情地撲滅。

　　下班我不想回家，不想把自己的情緒帶給無辜的致華和媽媽。我在佳木斯街頭凜冽的寒風中，推著車，步行走了將近三個小時。我真想扯開嗓子，對著這空曠的城市吶喊。此時的我，感覺自己像是一隻掉入陷阱的獅子，雖受盡屈辱，但萬分不甘。

　　廠裡那些一同嘗試高考的小青年們，都獲准參加這次考試。我是全廠唯一由於「政審不合格」，被擋在高考大門之外的人。儘管我早已習慣了接受不公和屈辱，但我還是無法接受這次打擊。

　　在人生最重大的機會面前，我又一次承受了「家庭出身」帶給我的沉重打擊和無情折磨。儘管我早就知道，這很可能就是我生活在這個社會裡的宿命，但我的內心還是被割得鮮血淋淋。

　　回到家裡，媽媽和致華都想安慰我。三個小時的冷風，已經把我吹醒，我知道，不能被這種打擊擊垮。我骨子裡永不低頭的倔強，被這紙「政審不合格」的通知徹底激活。已經收斂了兩年多的火熱鬥志，在這個晚上又重新如火山般噴發出來，燒得我兩眼通紅，渾身發燙。我又再次找到了文革中要跟人拚命的那種感覺。

　　我左手拿著黑龍江省招生辦政審不合格的通知書，右手拿著最近一個月報紙上關於鄧小平親自推動「恢復高考」的諸多報道，陷入深思：我需要找到起死回生的道路。

　　此時，全國都已經知道，「不看出身，只看表現」的政審原則，是鄧小平親自修改制定的。我決定給鄧小平本人寫一封信，陳述我的遭遇，爭取最後的一點機會。

　　信的原文已經不記得了，大意如下：

親愛的鄧副總理：

　　我是黑龍江省佳木斯市的一個普通考生。我一九六八年於北京高中畢業。自我覺得，我能夠充分滿足您提出的「政治歷史清楚，熱愛社會主義，

熱愛勞動，遵守紀律，決心為革命學習的基本條件」。但是我的報考申請，被黑龍江省招生辦以「政審不合格」打回。原因就是我父親是和傅作義先生一起，參與北平和平解放的國民黨高官。我覺得黑龍江省招生辦的這個政審結論，不符合您代表黨中央提出的高考政審原則。

我有充分的信心，能夠在這場「擇優錄取」的考試中勝出。我希望能夠按照您提出的兩條標準參加此次高考。今後，以優異的學習成績和專業本領報效國家，報效祖國的四化建設。

希望得到您的關注、支持和幫助！

黑龍江省佳木斯市建材機械廠工人　杜廈

此時已經是 11 月 10 日左右，黑龍江省 77 年高考的初試，將於 11 月 19、20 兩天舉行，我無論如何是趕不上了。但黑龍江省是 77 年高考中，全國唯一一個舉行兩次考試（初試、複試）的省份，這也許能給我留下最後一線希望。

我期待著奇跡發生。

12 月 15 日上午，廠部辦公室叫我來一趟。我感覺要有什麼事情發生，飛快地跑向廠部。廠辦小馬交給我一封信。信封的下款印著猩紅色的大字：黑龍江省招生辦。

信中附著鄧小平辦公室給我的一封回信：

杜廈同志：您給鄧副總理的信件已經收到。我們認為，您可以參加今年國家高等院校的招生考試。我們已經責成黑龍江省招生辦具體落實此事。接到通知以後，請您立即憑黑龍江省招生辦的通知，迅速辦理報名手續，直接參加複試為盼。

國務院鄧小平副總理辦公室

一九七七年十二月四日

　　收到黑龍江省招生辦轉發的這份「鄧辦」的批覆，距離那年黑龍江省高考複試，只剩九天時間。

　　奇跡確實發生了！

　　為此，我一輩子感激鄧小平給了我這次考試的機會，更因此而認定他是我這一生最大的恩人。是他的這一政策，根本性地改變了我的一生，也是他的這一政策，第一次在這個國家，給了我真正的平等與尊嚴。在我的一生中，沒有什麼比這更珍貴的了。

　　二十年以後，93 歲的鄧小平逝世。1997 年 2 月 23 日晚上，我專程從外地趕到北京。那是一個格外寒冷的冬夜。次日凌晨四點，我冒著寒風，步行近 20 里，趕在戒嚴以前，來到 301 醫院外的長安街上。上午十點，我含淚站在路邊的人群之中，為心中這位曾經給了我嶄新一生的尊貴老人送行。我心裡默默地悼念，願他老人家一路走好！

　　1977 年 12 月 24、25 兩天，我在佳木斯市，直接參加了那場特殊高考的「複試」。

　　試題很簡單，我覺得自己考得不錯。

1997 年 2 月 24 日清晨，長安街
上為小平送行的老百姓打出的橫幅
（我攝於現場）。

1997 年 2 月 24 日清晨，我和 10 多萬
老百姓一起，為敬愛的小平同志送行，
他是我一生最大的恩人。

　　然而，到 1978 年的春節過後，所有高校的錄取通知書都已經發放完畢，而我卻始終沒有得到這份讓我望眼欲穿的「錄取通知書」。

　　一打聽才知道，包括我在內的所有參加考試並取得高分的高中老三屆考生，無一人能夠等到錄取通知。據說是因為老三屆高中畢業生年齡偏大，已經超過了 30 歲的年齡限制，最終除很少被錄取的以外，大部分沒有被錄取。所有參加高考的老三屆高中生，都怨聲載道，抱怨又被「忽悠」了。認為報紙宣傳讓老三屆參加高考，卻又嫌老三屆年紀大、有家庭拖累不予錄取，是糊弄了我們老三屆。而我卻覺得，大約還是招生部門，對鄧小平的政審政策陽奉陰違，藉故不予錄取而已。

　　我熱烈期盼的心，很快就又重回冰點。

　　已經是三月初了，高考所帶來的幻想和激情已經冷卻。一天我正在車間上班，有人通知我接電話。我跑去傳達室，電話聽筒在傳達室的窗台上已經靜躺了很長時間。

　　打電話的人自稱是佳木斯市教師進修學院的。他告訴我說，我的高考成績非常好，但由於黑龍江省規定，所有老三屆考生只能在省內師範類院校錄取，因此我的考試成績，根本沒有被送到省招生辦去。接著，他問我願意不願意來佳木斯市「師專」上學，如果願意，他馬上給我寄來《錄取通知書》。

　　完全沒有想到是這樣一個錄取方式和錄取結果，我十分意外。

　　接著這位老師告訴我，如果我決定「不去」佳木斯師專上學，他還會接著給其他成績優秀的老三屆考生打電話，以滿足佳木斯師專這次珍貴的招生機會。

　　儘管我心中對於被這樣一個「大學」錄取極度失望，但我能做其他的選擇嗎？不能，無論是什麼學校我都準備去，我迫不急待地需要一個完全不同的機會和生存空間。

　　事後我才知道，這次被佳木斯師專錄取有多麼幸運。原來，我們這些

老三屆高中畢業生，儘管考試成績優異，絕大多數還是因為年紀太大而沒有被錄取。1978 年 2 月底的全國「兩會」上，作出了擴大招生的決定。於是，我們這些已經被刷下的老三屆考生，「兩會」之後，按照國務院作出的擴大招生的指示，又被重新錄取。不過，絕大部分是錄取到各省、地、市師範學校的「帶帽師專」裡面。

我所經歷的 77 年高考，真可謂「一波三折」，但我還是成為中國歷史上最為著名的那一屆高考的幸運兒，以 29：1 的歷史性比例，考上大學，成為全國十九萬 77 級大學生中的一員。

我們在佳木斯師專的班上有三十八人，幾乎都是北京、上海、哈爾濱、佳木斯的老三屆高中畢業生，年紀最大的已經 32 歲。絕大部分同學都有上山下鄉的經歷，而且都是所在連隊或生產隊裡表現最出色的知識青年。班上的每一個人，高中時期幾乎都是「學霸」，即使上山下鄉插隊期間，也沒有放棄學習，因此這次考試，大多成績優異。據說我們班上成績最好的幾乎達到 360 分的高分。這批人應該是 77 年那場考試中，表現最為出色的一批人。

雖然我們考上的不算是一個正規大學，我還是對佳木斯師專（現在的佳木斯大學）錄取了我而心懷感激。

佳木斯師專的兩年學習生活，大約是我這一生中最快樂的一段時光。我們這些同學大多年齡相當，類似的生活遭遇和人生軌跡，賦予了我們十分親切的相互感覺。由於這些同學都已經在社會上摸打滾爬多年，櫛風沐雨，受凍捱餓，都經歷過各種世態炎涼。再加上我們都經歷過文革的跌宕起伏和上山下鄉的苦難歲月，對待社會，對待人生，有許許多多的近似觀點和共同語言。是時代的風雲際會，把這批閱歷不同、年齡參差的青年，重新聚攏到一個群體中。很快，我們全班同學，都成了親密無間的朋友。直到今天，儘管我們都已近古稀之年，相互間還聯繫緊密，仍然都是最為要好的朋友。

77 級的大學同學，都有類似的人
生經歷。我們在一起非常開心。
照片中左二正伸手夾菜的是我。

1979 年，大學同學蔡文康考上華中工學院研究生，全班師生送他時的合影。最後一排中間是我。

我們這 38 人，是從這 570 多萬考生中篩選出來的優秀者，是幸運地通過了「獨木橋」的人。驟然之間，我們每個人都覺得自己從社會的最底層，變成了令人稱羨的時代驕子。因為深知機會來之不易，加之服膺「書山有路勤為徑」的古訓，晨曦誦讀，挑燈夜戰，在我們班裡十分普遍。

我和我的這些同學，都親身經歷了中國天翻地覆的社會轉變，痛入骨髓地反思過那些曾經的「神聖教條」，也親眼見證了我們這個古老民族，所經受過的無盡苦難。這一切，讓我們這些經歷過上山下鄉磨難的知識青年，極為珍惜我們命運中的這次轉變。因此，我們每個人都懷著一種樂觀向上的心態去拚命學習。許多人有著一種「以天下為己任」的抱負和「天將降大任於斯人」的期待。讓我們這一屆的大學生，以近乎自虐的方式來刻苦讀書學習。

有人說，77 級大學生的故事像窗外的陽光一樣。77 級應該是中國教育史上最具理想主義色彩的一個群體，也是最有責任感和使命感的一批人。他們編織的人生畫卷，一定是中國大學教育史中最為亮麗的一段篇章。

柳暗花明又一村

致華已經臨近預產期了，可她還是挺著大肚子，堅持每天上班。自行車不敢騎了，每天坐在我的自行車後座上，讓我帶著她去上班。2 月 21 日那天，漫天大雪，氣溫在零下二十度以下。上午 11 點，我接到致華從中醫院打來的告急電話，說她反應強烈，估計今天就要臨盆，讓我馬上過去，送她上婦產醫院。我急忙請了假，冒著大雪，趕到她上班的中醫院。

致華很鎮定。我攙著她，讓她坐在我的自行車後座上，小心翼翼地推著她，來到南崗的佳木斯醫學院附屬婦產醫院。

當天晚上，我們的兒子順利降生。那年是馬年，兒子出生那天，是中國農曆的正月十五，元宵節。兒子出生的時候，從病房的窗戶俯望下去，

整個佳木斯被元宵節的璀璨燈光映得五彩繽紛。隨風漫舞的鵝毛大雪，飄飄灑灑，透過不斷閃爍的炫麗焰火，本是潔白無瑕的雪花，被照得色彩斑斕，晶瑩剔透。這正是舉國上下喜氣洋洋，大鬧元宵的歡慶時刻。隨著文化大革命的壽終正寢，老百姓膽戰心驚的時代終於結束了。現在，大家開始有心情去享受快樂了。這個元宵節就是這樣一個讓每個人都快樂的日子。

兒子在這樣一個喜慶的日子降生，既是他的福氣，也是我的福氣。

我暗自興奮：上帝居然如此厚愛我這個兒子，給他選了這麼個喜慶的時刻出生。為此真該感謝上帝他老人家的這一番苦心！可奇怪的是，上帝是個外國人，他怎麼知道，這個「正月十五鬧元宵」，在中國是個難得的大好日子呢？

媽媽對於自己大孫子在這樣的日子裡降生，喜不自禁，不停地說：「這小子來得喜慶！這小子來得喜慶！」

她半開玩笑地對致華說：「你這兒子可不得了，古人可是有這樣的說法：『初一的娘娘，十五的官』呀。男孩子在正月十五這天出生，一定官運亨通，前途無量。」無限的喜悅滿滿地掛在她的臉上。

說來也巧，兒子出生不到一個星期，我便意外地接到了佳木斯「師專」那個錄取電話。這大概是我這一生中，最具轉折性的一週。在這一週，我成為了一位父親，也是在這一週，我成為了一名大學生。因此，我始終認為，正是兒子的降生，給我帶來了徹底轉變命運的「福音」，似乎他的到來，為我打開了一扇通向光明未來的門，從此，我將走向一片坦途。於是，在思考給這個兒子起個什麼名字時，第一個映進我的腦海的，是一個「村」字。我是想說，也許從這個兒子出生開始，我和我們全家，就從「山重水複疑無路」的絕境，一下跳到了「柳暗花明又一村」的新天地了。

媽媽取笑地問我：「你這個主意不錯。不過，是叫『杜村』？還是叫『杜村一郎』？那是不是成了日本人了？」

我說：「不然就叫杜一村？」

媽媽笑著揶揄我：「那聽起來倒像是一個飯館的名字，有誰會相信那是個人名呢？」

「不然加一個『宇』字吧？杜宇即是杜鵑花，你那個『又一村』開滿了『杜鵑花』，豈不更美？」媽媽還真動腦子了。

到底是個有文化的奶奶。我們娘兒倆達成協議，兒子的名字就叫「杜宇村」了，以紀念他給我們全家帶來「柳暗花明又一村」的徹底改變！

77 級全國第一批錄取的大學，從 78 年 3 月 1 日開始，就都陸續開學了。這些大學文革以前就都是很正規的大學，校舍、師資都不是問題。而我們這批老三屆要去的大學，大多是「帶帽」的師範大專班。「擴招」的每個學校，幾乎都是第一次招收真正的大學生。因此，無論師資、教室、宿舍、食堂和體育運動場地，都夠不上辦一個正規大學的基本條件。佳木斯教師進修學院的「帶帽」師專，手忙腳亂地籌備了將近一個多月，才勉強具備了開學的條件。我們三月下旬得到正式通知，要我們 4 月 10 日到學校報到。開學以後我們才知道，我們這所大學，一共只有我們一個大專班，學生一共只有 38 人。其中 90% 以上，是在這次高考中分數極高的老三屆高中畢業生。

許多考上北大、清華、復旦等名校的年輕大學生，考試成績要比我們差了非常多，平均差距在 100 分以上。但他們卻因為年輕的優勢，佔據了一流大學，這並不公平。也許，這正是那次高考的歷史性瑕疵，儘管那次高考具有偉大的里程碑意義。

入學還不到兩個月，馮群來了封很長的信。78 年 5 月 5 號，他參加了文化大革命結束後，全國第一次研究生統一考試。最終，他以優異成績被中國科學院物理所錄取，成為著名物理學家潘孝碩的研究生。

馮群這次報考研究生並不容易。那年全國一共 63500 人報考，而全國 258 所高等院校、205 個科研機構一共只計劃招收 6420 名研究生。馮群的競爭對手幾乎都是老大學畢業生，他作為工農兵學員能夠脫穎而出，贏得

考試，真是不容易。

考研究生的成功，不僅摘掉了馮群「工農兵大學生」的帽子，還和他的未婚妻奚衛到了一個單位。奚衛運氣比馮群好得多，大學一畢業就分配到了中科院物理所。此次「考研」的成功，對於馮群來說，真可謂「一石三鳥」。他的人生，由此發生了重大改變。

馮群是我在文化大革命期間最親近的朋友，他考研成功的消息，對我產生了很大刺激，使我百味雜陳。

我們倆都出身在知識分子家庭，家長都曾經是留學生。從小耳濡目染，都有良好的學習習慣。在文化大革命以前，儘管我們都是各自班級裡的學習尖子，但我已經讀了高一，而馮群只讀到初二。從這一點說，我甚至比他還更有些優勢。我心裡感覺，他可以做到的，我應該也可以做到。

儘管考上大學，但我還是覺得佳木斯教師進修學院的「帶帽師專」不是我心目中的大學。我覺得自己心裡的大學夢還遠遠沒有實現，我有些不死心。我覺得我的人生應該是一幅有比眼前更加絢麗的畫卷。馮群的這封信使我下定決心，也要像他一樣，盡最大努力再去爭取考取一所名牌大學的研究生，使自己已經開始改變的人生，能夠展開更為廣闊的前景。

我們78年4月才入學的這批老三屆大學生，79年寒假就匆匆畢業。我被分配到佳木斯市電視大學教高等數學，這對於我來說駕輕就熟。我利用大把的空餘時間，到佳木斯醫學院上了一個「日語學習班」。我知道，對我來說，考研究生的最大短板，是我完全沒有外語基礎。於是，日語就成了我突破研究生外語考試的捷徑。我把我所有的業餘時間，都用來攻克日語，我的日語水平飛速進步。

1980年4月份，全國研究生考試目錄下發。斟酌再三，我決定報考南京大學經濟系數量經濟學專業。其實，報考研究生是一場「博弈」，只有既了解考試要求，又審慎掂量自己的優勢，才能恰到好處地選對「進攻目標」，一擊中的。

首先，我要考的這個數量經濟專業，要求考生必須具備很高深的數學基礎。而且這次考試是「高等數學」、「高等代數」、「概率與數理統計」三門數學科目，放在一份卷子裡考。一般學經濟學出身的考生，是萬萬吃不消的。在這樣的要求下，大概沒有幾個經濟學出身的考生可以和我在數學上競爭。反過來講，在「政治經濟學」、「工業經濟」兩門考試中，從數學「跨界」過來的考生，同樣也很難考。尤其是「政治經濟學」，必定會考《資本論》，這對一般學數學的人來說，那幾乎是本「天書」。而我在上山下鄉時就已經通讀了《資本論》，我考「政治經濟學」，自信不會輸給任何經濟學出身的考生。我甚至覺得，南京大學數量經濟學專業好像是專門為我設立的一樣。「數學」、「經濟學」兩方面，我都有著不錯的基礎，綜合看起來，我確實具有一些特殊優勢。

我填報並提交了報考研究生的申請，沒過多久就獲得了《准考證》。這次研究生考試，完全取消了「政審」環節，使我感到從未有過的輕鬆。隨後，我便進入到全力備考的階段。

此時，距離全國統考還有整整 40 天時間。這 40 天可謂艱苦卓絕。我請媽媽進到裡屋，讓她和致華、孩子住在一起，而把自己關在媽媽外屋的小臥室裡，從早晨 4、5 點鐘開始，一直到晚上 12 點，除了吃飯、上廁所，我 40 天裡，沒有離開那間只有 4 平方米的小屋。

日語是短板，佔去了我相當多的複習時間。《工業經濟》我也根本沒接觸過，幾乎是從頭學起。而《政治理論》根本沒有教材，我只好再重新通讀《毛澤東選集》、《中共黨史》和大量的「中央文件」和「報刊社論」。因此，每天背書背得我昏頭漲腦、天昏地暗。

1980 年研究生考試一共考五門，政治理論課和外語考試首次實行全國統一命題，難度明顯比 77 年考大學時要難了很多。其他考試科目包括基礎課、專業基礎課和專業課，由招生單位自行命題，五門滿分統一規定為500 分。

1980 年 5 月末，我來到省城哈爾濱「趕考」。考試一共進行了三天，不僅考場秩序井然，我自己也覺得考試發揮不錯，因此考完試，心情相當舒暢。

兩個月後已經進入暑假，我還沒有得到南京大學方面來的任何消息，心中七上八下。我寫信給剛剛調往南京的大學同學于虹，請她找人幫助打聽一下，我的考試結果究竟怎麼樣。于虹居然有親戚在南京大學工作，她把託人調查的結果很快就反饋給了我。于虹在給我的信中說：「已經打聽清楚，你的考試成績在整個南京大學名列前茅！」我心中大喜，於是耐下心來，等待南京大學寄給我的研究生《錄取通知書》。

時間一天一天地過去，《錄取通知書》還是遲遲不來。直到九月一日全國高校都已經開學了，我還是沒有收到我期待中的南京大學研究生《錄取通知書》。

我想，這並不尋常。我這裡已經火急火燎，望眼欲穿。而南京大學的那份《錄取通知書》，卻千呼萬喚，不見蹤影。這裡面一定是發生了什麼事。1980 年 9 月 19 日，全國高校已經開學近 20 天以後，我終於收到那份讓我苦等不已卻姍姍來遲的南京大學研究生《錄取通知書》。

9 月 24 日在開學近一個月後，我才來到南京大學經濟系報到。

到了學校以後，我弄清楚了遲遲沒有給我發出《錄取通知書》的真相，這令我大驚不已的是，我的研究生錄取過程，竟然又發生了一段曲曲折折精彩紛呈的奇特故事。

我完全沒有想到，這次研究生考試，我創造了一個不小的「奇跡」。我竟然在南京大學文理科一共 16 個系、54 個專業的全國幾千名考生中，以403 分的總分，摘得研究生考試總成績第一名。其中三門專業課的成績，平均竟達到了 86 分，這遠遠拋離了所有其他考生的專業課考試成績。即使我五門考試中的成績最差的日語，我也還是考了 68 分，由於這次研究生外語考試是教育部全國統一命題，而且我的日語才僅僅學習了九個月，因此

68 分也是個不錯的成績了。

我一直認為，那年考試我的運氣比較好。不過，即使是運氣好，在整個南京大學考第一的牛逼事，一人一生也碰不到幾次，這還真是讓我偷偷自豪了好多年。

但接下去劇情的發展，完全不像我們想像的那樣。儘管我考了全校第一，南京大學還是斬釘截鐵地沒有錄取我，原因只有一個：考生杜廈，沒有大學本科的「同等學歷」。

確實，南京大學的研究生《招生簡章》上寫得清清楚楚，報考研究生，必須具備「大學本科學歷」或「大學本科同等學歷」。而我只讀了不到兩年的「帶帽」師專，這當然不符合南京大學研究生的錄取條件。負責錄取工作的老師們不錄取我，似乎有一定道理。

因為不具備「同等學歷」而不錄取我，意味著我不具備成為南京大學研究生的資格。但讓人想不通的是，研究生考試的目的，不正是為了辨別出哪個考生具備成為研究生的資格，哪個考生不具備成為研究生的資格嗎？否則，還「考試」幹什麼呢？考生們的考試成績，如果不能成為錄取標準的話，那麼考試還有什麼意義？

說我這個考了全校第一的考生不具備「資格」，肯定不算實事求是，邏輯上也根本講不通。

開始，聽到報考自己的考生是全校研究生考試的「狀元」，我的導師吳可傑教授興奮不已。他覺得自己運氣不錯，想必是攤上了一個既聰明又努力的學生。

吳可傑老師一生坎坷。他早年在金陵大學經濟系統計學專業畢業後，由於英語出色，即被抗戰中的國民政府派去昆明，作了援華美國空軍的翻譯。就是由於這個今天看來十分光榮的經歷，使得他解放後，成為有嚴重歷史問題的人而不被重用。52 年院系調整時，吳先生被調整到上海同濟大學，成為一位圖書館管理員。他在這個崗位上一直到文化大革命結束。

　　在同濟大學作圖書管理員期間，吳先生沒有停止他的學術研究，在中國的統計學界，吳先生的研究成果頗受重視和尊重。

　　1978 年南京大學重建經濟系，吳先生被請回南京大學，成為全校僅有的五位校學術委員會成員之一。吳先生不僅得到南京大學重用，還成為重建的南京大學經濟系的招牌教授，在經濟系不僅德高望重而且説話頗具分量。

　　這次招收研究生，是經濟系重建後第一次招收研究生，自然也是吳先生此生第一次招收研究生。此時的吳先生躊躇滿志，當然希望自己這個「狀元」考生儘快來到自己的身邊。

　　當知道自己心儀的考生居然因為「沒有同等學歷」而未被錄取，吳先生發了脾氣。他也實在不理解，自己這個優秀的考生未被錄取的依據。他決定盡自己全力再去爭取。吳先生先後找了經濟系領導、學校研究生招生辦

圖中四人是南京大學 1980 年恢復經濟系後，正式招收的第一屆研究生。左起：沈晗耀、洪銀興、我、郭師勤。

1982 年南京大學 80 年校慶，我們四個經濟系首屆研究生合影。左起：郭師勤、沈晗耀、我、洪銀興。

公室、校學術委員會，最後，吳先生索性直接找了當時南京大學的校長，在全國教育界頗負盛名的匡亞明先生。

匡校長堅定地支持吳先生，他親自給江蘇省領導打電話，隨後，南京大學招生辦秉承匡校長的指示，直接給江蘇省委和教育部打了報告，要求批准破格錄取全校考第一的杜廈。

時間巧得不能再巧。此時哈爾濱工業大學兩件有關「破格錄取」報告，也從黑龍江省委報到了教育部。

文革中從清華大學無線電系畢業的孫毓星和從北京航空學院畢業的井岡山（後改名井然），一同報考了哈爾濱工業大學研究生。孫毓星考了哈爾濱工業大學全校第一名，井然考了經濟管理專業第一名。但由於孫、井二人在文化大革命中分別都是活躍分子，在文化大革命的政治結論上，均留有瑕疵，因此兩人都被哈爾濱工業大學拒之門外。

對此感到不公的熱心人，將此事輾轉反映給中紀委第一副書記王鶴壽，王鶴壽在一次會議上，直接向中共中央總書記胡耀邦作了彙報。胡耀邦了解情況以後，果斷批示：「人才難得，既往不咎，研究生要上，必要時見《人民日報》。胡耀邦。」

孫毓星、井然未被錄取的事，先後驚動了黑龍江省委、教育部、中共中央書記處和中紀委。最終，在胡耀邦的直接批示下，他們雙雙被哈爾濱工業大學重新錄取。

作為同一屆考生，雖然我和孫毓星、井然不被錄取的原因各有不同，但我也是得益於胡耀邦對孫、井二人「人才難得」的批示精神，才得以乾坤翻轉，獲得江蘇省委和教育部特別批准，重新被南京大學「破格錄取」。

當然，我的研究生之夢之所以能夠被南京大學重新考慮，並被報告給江蘇省和教育部，完全是我的導師吳可傑先生執意堅持的結果。如果吳先生得到我未被錄取的消息後，沒有立即多方奔走，「不錄取通知書」一旦發出，這就會立即成為「死案」，胡耀邦日後再怎麼批示，也將無力回天。沒

有吳先生的努力，就沒有我上南京大學研究生的可能性，我這一生餘下的
幾十年歷史，也可能就要完全改寫。

　　吳先生是我這一輩子，除鄧小平之外的第二個大恩人，我一生對他也
感恩不盡！

我和恩師吳可傑教授在南京大
學小黃樓前合影。我是他一生
中第一個研究生。

十三　從南大到南開：激情燃燒的歲月

研究生畢業

到南京大學報到正值初秋時節，南京城到處還是一片遮天蔽日的翠綠，處處梧桐搖曳，點點楓葉微紅。南京大學校園在市中心的漢口路兩側，是南京一處頗具風情的所在。

我到經濟系報到以後，來不及欣賞校園裡的美景，馬上找到吳可傑老師在學校的宿舍，拜見我這位還未曾謀面的恩師。

一見到吳先生，讓我大吃一驚。

他坐在寫字台前，並沒有回頭看我，顯然在生我的氣。他背對著我說：「怎麼這麼晚才來報到？」他語速很慢，聲音不高，但話語裡充斥著不滿和指責。

吳先生確實有不高興的理由。杜廈這份研究生錄取機會，是他親自跑上跑下，傾盡全力才爭取來的。而這個杜廈卻姍姍來遲，晚了將近一個月才來報到，這種傲慢且不負責任的態度，是吳先生無法容忍的。

南京本來就悶熱難耐，聽完吳先生這番指責的話，我更是嚇得滿頭大汗。

「吳先生，我是 10 月 19 日才收到《錄取通知書》的。收到後，我只在佳木斯準備了一天，21 日一早就出發了。途中又在北京轉火車耽誤了一些時間，今天下午才剛剛趕到南京。」

面對著吳先生的後背，我連忙解釋。

「19 日你才接到《錄取通知書》？」吳先生頗為驚訝，説完這句話，他才轉過頭來。

「哎呀，那我可錯怪你了，我還以為你早就收到《錄取通知書》而漫不經心，拖著不來呢。」這時，吳先生臉上才綻出笑容。

儘管已是初秋，南京還是熱得出奇。我面前的吳先生，竟然是光著膀子，肩膀上披著一條碩大的濕毛巾。褲腿也被捲了起來，雙腳插在一個放了半盆涼水的臉盆裡。即使如此，吳先生也還是滿身大汗。

光著上身的吳先生，幾乎是坐在一個書山裡。他寫字台上層層疊疊，擺了大約不止兩三百本書，堆成一個類似「窰洞」的拱形書山，堆得很高，看上去隨時可能坍塌下來。吳先生幾乎是坐在拱形「書窰洞」的正中間。這書山裡的每一本書，都插滿了各種顏色的紙條，看上去讓人眼花繚亂。

這輩子我第一次見到吳先生這樣的書桌，也是第一次見識這樣讀書的場景。當然也是第一次見識一位德高望重、名滿全國的著名教授，是用怎樣的態度去寫作和從事研究工作。

應該説，第一次與吳先生見面，他這光著膀子，雙腳放在水盆裡，肩上搭條濕毛巾，自己完全扎進書山裡的場景，深深地烙在我的腦海裡，令我一生不會忘記。這給我上了最深刻的一課。從此以後，我在讀書、做事、研究、寫文章等一切領域內，始終堅持極度認真和一絲不苟，完全源於吳先生給我上的這一課。

有這一課，這趟「研究生」就沒有白學。

吳先生身材瘦小。但當他轉過身來和我面對面的時候，我驚訝地發現，他竟然和中共中央總書記胡耀邦長得幾乎一模一樣。無論個頭、身材和長相，他倆甚至像是一對孿生兄弟，這令我嘖嘖稱奇。

我們一直聊到掌燈時節，吳先生聊興不減，説：「我請你吃飯，咱們接著聊。」

　　吳先生穿好衣服，帶我來到珠江路上的一個餃子館，要了兩盤餃子，說：「你這個北方人肯定愛吃餃子，今天咱們邊吃餃子，邊聊天。」

　　他一邊說著，一邊找老闆要了一頭大蒜。他把剝乾淨的蒜瓣遞給我，說：「給你，知道你們北方人愛吃大蒜。」

　　接過剛剛剝好的大蒜瓣，我鼻子一陣酸，特別想好好地哭一場。從吳先生這裡，我想起了自己的一生，也想起了自己從未謀面的父親……

　　在吳先生的支持下，我一入校就向學校提出了免修外語的申請。我希望把自己主要的學習精力，都放到專業課上去，不希望外語課佔去我大把的學習時間。不過，提出免修外語的申請，不僅膽子太大，而且有些離經叛道。南京大學也是第一次遇到有研究生申請免修外語。可是由於已經宣佈實行「學分制」，校方又沒有理由拒絕我的要求。於是校方決定讓外語系給我進行一次專門的特殊考試。

　　運氣不錯，我成功通過了外語系「免修資格」的日語考試，其中「口試」的日語對話環節，我還獲得了前來考試的日語教授的好評。甚至轉年春天，日本早稻田大學經濟系系主任青木茂男教授訪華，日語教研室推薦我去作全程陪同。不久，教育部國際交流司正式下文，指定我作青木教授夫婦訪華期間的全程陪同兼講課翻譯。

　　我是南京大學第一個獲得外語免修待遇的研究生。

　　有了外語免修，就節約了大量時間。由於南京大學是中國大學中，極少數真正實行學分制的大學，三年的研究生學制，我僅用了一年半，便修滿了全部學分。接著，又用了半年時間完成畢業論文，並通過了碩士論文答辯。隨後，我的畢業論文很快發表，並獲得某全國性的學術刊物的大獎：春天獎。

　　1982 年 5 月底，我以優異成績，從南京大學研究生畢業，取得碩士學位。

　　我是南京大學歷史上，三年研究生學制，第一個只用了兩年就提前畢

碩士畢業論文答辯現場的評審老師。其中，左一為吳可傑教授，左二為李泊溪教授。

1982年南京大學80週年校慶，我被校慶委員會指定，演講了我的研究生畢業論文。

我是南京大學恢復建經濟系後，第一個畢業的研究生（在我之前，有三位馬列教研室轉過來的研究生畢業）。此為經濟系教授和研究生為我送行時的合影。

業的研究生。據說，在我之後，學校調整了相關政策，再也沒有其他研究生像我一樣，三年學制，兩年畢業了。

有的同學開玩笑，說我是「破格」進的南京大學，也是「破格」出的南京大學。

由於南京大學對我的寬容與厚愛，從此開始，我便有了一個完全不一樣的人生。

1982 年 5 月份，在我完成所有學業等待論文答辯的時候，南開大學人事處處長王雪之老師，奉南開大學校長著名經濟學家滕維藻教授的委託，專程到南京大學來找我。

事情進行得很神秘。他沒有通知南京大學的校方，也沒有和經濟系打任何招呼，而是徑直找到了我的宿舍。王老師開門見山，向我轉達了滕維藻教授的邀請。這使我感到受寵若驚。王雪之先生誠懇地說：滕校長經南開大學經濟研究所李羅力的強力推薦，邀請你畢業後到南開大學任教。他還要我轉達，你有什麼要求現在可以告訴我，南開大學一定創造條件，使你能夠安心地在南開大學從事教學和科研活動。

我當時已經收到日本早稻田大學的邀請，給我一年的時間去早稻田大學作訪問學者，所有費用都由早稻田大學承擔。這既算是青木教授對我陪同他完成訪華行程的一種感謝，又是希望我們之間建立起比較長久的學術聯繫的表示。

於是，我也沒有客氣，直來直去地向王雪之老師提出了三個要求：

1、到南開大學後，允許我到早稻田大學作一年訪問學者，之後再回南開大學任教；

2、一年之內，學校負責申請進津戶口指標，把我妻子王致華及全家，從佳木斯調到天津，以解決我們的兩地生活問題；

3、一年之內，分給我一套住房，只要我們祖孫三代住得開就好，這是我們最大的困難。

　　雪之老師代表學校，答應了我的三點要求。於是，我和南開大學達成了畢業去向的「口頭協議」。

　　畢業分配的結果出乎預料，國家統計局搶先從南京大學獲得了我的分配指標。

　　九月初，我來到國家統計局。當時的國家統計局二把手徐剛副局長親自接見了我。

　　徐剛局長極熱情，他告訴我：「我們把你搞來，是想以你為主，新組建國家統計局的國民經濟平衡司。我們希望今後國民經濟計劃的制定，有更多數量經濟的分析依據，也希望通過使用『投入產出模型』，對國民經濟計劃的平衡性作出有水準的分析與判斷。」

　　徐剛局長高高的個子，滿頭白髮，飄逸瀟灑。他說得興起，那張英俊的臉龐，泛著理想主義的光芒。一看就可以猜到，這是一個典型的知識分子出身的高級幹部。

　　我很清楚他們希望我來的原因。我是全國第一個數量經濟學專業的研究生。按照徐剛局長的要求，如果我來國家統計局工作，而我的工作又能得到局領導滿意的話，大約用不了一年半載，我將有很大機會，成為國家統計局國民經濟平衡司的司長。我相信這是徐剛局長和國家統計局黨委的一個期待。他明顯地在暗示我：擬組建的國民經濟平衡司，加上你目前只有三個人，而其他兩人都是今年剛剛畢業的本科大學生。

　　徐剛局長對於我在國家統計局的工作及前景的描繪，確實誘人。但是，這是我的人生目標嗎？不是。我根本不希望當官，尤其不希望在一個中央國家機關裡當官。我十分清楚我的身份，我不是一名共產黨員，今後也不想成為一名共產黨員。我的家庭出身決定，從哪個方面講，我都不適合天天涉及國家重大機密，那絕不是我應該選擇的職業，而國家統計局恰恰就是這樣一個地方。

　　我開誠佈公地告訴徐剛局長，我並不適合來國家統計局工作的原因。

除了「家庭出身」、「非共產黨員」等政治原因外，我的學術追求、出國留學的願望、個人的性格特點，都使得我不適合在國家統計局工作。我請求他能夠理解我的想法，並希望他能夠把我的分配指標，重新退回給南京大學。

一般的政府高級官員，聽到我這番話，估計就火冒三丈了：這傢伙太不識抬舉！

但徐剛局長到底是知識分子出身，他非常理解我的想法。親自帶我到人事司，當面指示人事司，給我辦理了「退回重新分配」的手續。

1982 年 10 月 4 日，我來到南開大學報到。

儘管南開大學經濟系、南開大學管理系都爭著要求學校，把我分配到他們系裡去任教，但由於滕校長兼任著南開大學經濟研究所所長，我又是由滕校長親自出面招募來的，於是，「近水樓台先得月」，學校還是把我分配給了經濟研究所。我在南開大學的研究和教學生涯，就從這間全國著名的南開大學經濟研究所開始了。

1982 年，經李羅力推薦，南開大學校長滕維藻教授親自把我招到南開大學經濟研究所從事研究工作。此照片攝於我剛到南開大學的 1983 年。
左起：李羅力、我、滕維藻校長。

　　南開大學忠誠地落實了王雪之處長和我的三項口頭約定。

　　1982 年底，南開大學付出了巨大努力，從天津市政府以「引進尖端人才」的名義，為我申請了全家的進津戶口指標，王致華得以從佳木斯中醫院直接調到南開大學校醫院工作。媽媽和杜宇村的戶口也一同調進天津。

　　幾個月以後，南開大學進行了專門針對中青年教師的首次住房分配。在 73 位待分房的中青年教師中，我被排在第一位。在「掛牌」分房那天，致華代表我去第一個「摘牌」，在所有人羨慕的目光中，我們摘下了屬於我們的住房。

　　於是，半年左右時間，南開大學對我的承諾都已經兌現。

　　而出國去早稻田大學作訪問學者的事，我主動放棄了。中國的改革開放正在如火如荼地展開，在這樣的歷史性時刻，耗費一年時間去日本作訪問學者，肯定不是件聰明的事。思考再三，我便給青木茂男教授寫信，婉言謝絕了他的好意。

　　1983 年初春，致華及全家搬到天津。王致華在校醫院中醫科上班，杜宇村也進了南開大學幼兒園。媽媽和致華現在都屬於榮歸故里，自然高興得不得了。我們還住進了剛剛分下來的新房子。我們一家真可謂喜事連連，一切都出奇地讓人滿意。

　　一天，經研所黨總支書記魏克勤讓我到所裡來一趟。我來到所總支辦公室。

　　魏書記正在和兩位客人聊天，一看我進來了，魏書記的兩位客人馬上站起來，先後過來和我握手：

　　「是杜廈同志吧？」兩位客人顯得十分熱情。

　　「是。」我丈二和尚摸不著頭腦，完全不知道自己面前這兩位四、五十歲的中年人到底是誰。

　　「我們是國務院『起義人員落實政策辦公室』的，我們是專程來給您落實政策的。」

聽說是給我落實政策，我更是如墜五里霧中，完全被他們弄懵了。

「坐下說。」兩位客人反客為主，勸我坐下。

「經過調查核實，您的父親趙懷麟，是 1948 年參加北平和平解放的人員。從現在的政策和當時歷史的真實性上看，他都應該算作國務院規定的起義人員。應該從參加北平和平解放那天起，他就算作是革命幹部，而不是所謂的歷史反革命。今天，我們專程來向您宣佈這些『改正』的，並代表國家，向您道歉。希望以此，糾正過去 34 年的錯誤，改正趙懷麟同志和他的子女們，這麼多年所受到的一切不公正待遇。」兩位國務院起義人員辦公室的同志說得鏗鏘有力，略微有些激動，也有些莊重。

聽過這些宣佈以後，我呆呆地坐著，一動未動。我一句話也沒說，也真的不知道應該說些什麼。

我靜靜地聽著他們繼續講下去。

「國務院起義人員辦公室決定，從 1949 年 1 月 1 日起，給您的父親趙懷麟，補發全部工資。您和您姐姐，都應該有屬你們的相應生活費。我們會發放這筆錢給您。除此之外，您還有什麼其他要求，也都可以提出來，我們將會盡最大努力給予解決。」兩位國務院起義辦的幹部說到這裡，大大地喘了口粗氣。

確實，無論對誰，面對受害者本人說出這番話，都是一項非常沉重的任務。畢竟在任何人的一生中，不算孩童和老年時期，只能有一個 34 年！因此，說這番話確實無法輕鬆。

跟了我三十多年的「歷史反革命」的家庭出身，在眼前這兩位國務院客人講完這番話以後，終於得以改變。「歷史反革命」、「中統特務」，這些跟了我一輩子的羞辱，於此時才告終結。

自從 1966 年我在文津街見到那位「白衣天使」以後，我就堅定地認為，我和任何人一樣，有著與生俱來的平等權利和人格。我自始至終，沒有在瘋狂的血統論面前低頭。這是此時，可以告慰我未曾謀面的苦命父親的話。

　　我拒絕了國務院起義辦的建議，沒有接受他們準備給我的那筆錢。我真的不知道，那應該算是一筆什麼錢，反正我認為那筆錢裡，浸滿了我們一家的血淚歷史。

　　經研所魏書記和南開大學黨委人員，當著我和國務院起義辦幹部的面，清理了我的檔案，其實，早在八年以前，我自己已經把它清理得差不多了。

　　此時，我真的感到，歷史的冰河上，那厚重而堅硬的冰層，在呼嘯而過的春風面前，迅速地崩裂和消融了。昔日的堅實、強硬和不可一世，已經一去不返。在冰層下面的黑暗裡，被苦苦壓抑了整整一冬天的清流，終見天日。它們狂湧而出，摧枯拉朽，不可阻擋。這不斷噴湧的清流，迅速匯成洶湧澎湃的大潮，向著下游一路奔騰而去，噴薄出一片燦爛無比的春天。

1983 年父親來天津，我和姐姐與父親的合影。這是父親 1950 年鎮反運動中潛逃的 32 年後，我們的第一次相見。

初識李瑞環

　　滕維藻校長親自招募我到南開大學來，已經使我受寵若驚。不到半年時間內，又把我提出的所有困難，一一給予解決，我心裡實在是感激不盡。俗話説「士為知己者死」，我決心在南開大學好好幹上一番，以報答滕校長和南開大學的知遇之恩。

　　一到南開經濟研究所，我很快就給所裡的研究生開設了《數量經濟學》課程，還應所裡的要求，著手建立了南開經研所「計算機中心」，使全所所有的科研人員和研究生，都有了自己隨時可用的計算機系統。接著，應經濟系的要求，我也給他們系裡的本科生開設了《數量經濟學》課程。在從事教學工作的同時，我還開始了許多涉及國家改革開放理論和相關政策的課題研究。

　　從 1982 學年到 1986 學年的近五年時間裡，我完成的教學和科研工作量，每年都保持在核定工作量的五倍以上，這是一個很驚人的數字。從 1983 年開始，我連續三年獲得南開大學「優秀教師」稱號。我在南開經研所的工作和研究環境裡，如魚得水，幹勁十足。

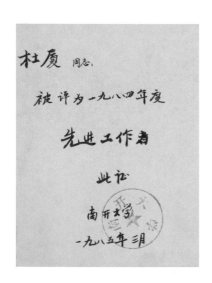

到了南開大學經研所，我工作努力，連續三年被評為南開大學先進工作者。

　　1983 年 4 月，剛剛接替滕維藻先生成為南開經研所新任所長的谷書堂教授，叫我去一趟國務院經濟研究中心，說李泊溪教授有一項重要的國家級研究項目，指名讓我去一趟。我馬上坐火車到了北京，去國務院見了李泊溪老師。

　　其實我和李老師並不陌生。半年前她曾受邀擔任我碩士論文的答辯老師，她也是吳可傑老師在學術上很要好的朋友。那時，她是國務院經濟研究中心常務幹事兼發展預測部部長。80 年代初期，李泊溪教授是我們國家為數極少的幾位在可行性研究、產業及地區發展政策研究等領域內的專家之一。

　　一見到我，泊溪老師很高興，她說：「杜廈，我對你那篇《關於我國自行車產業調整及佈局》的碩士論文印象深刻。你從實際出發的研究思路，有效地搜集和使用數據的能力，對國家產業政策和國民經濟運行規律的理解，以及運用數學模型去研究國民經濟實際問題的客觀效果，都讓人覺得，你已經有能力駕馭一個大型的可行性研究項目了。」對於李老師這麼高的評價，我始料未及，有些手足無措。

　　李老師把已經在她案頭上放著的一份《可行性研究報告》直接推到我的面前，拿起一看，嚇了我一大跳：

《關於在天津市投資建設 75 萬噸乙烯工程的可行性研究報告》

——天津市計劃委員會

　　李老師走到我的椅子旁邊，笑了笑：「這是天津市政府剛剛上報給國務院的《可行性研究報告》。」

　　接著，泊溪老師詳細介紹了該項目的出台背景：

　　「你可能不知道，國家要在近期投資上百億元人民幣，建設一座超大型乙烯工程，以迅速解決我國大規模進口乙烯原料的被動局面。現在全國一共有 12 個省市在向國務院申請這個『75 萬噸乙烯』的投資項目。天津排在第一位。主要原因當然是天津在港口、渤海油田、上下游基礎配套能力等

方面，有著其他省市無法比擬的優勢。但國務院和國家計委為慎重起見，還是希望我們國務院經濟研究中心再獨立進行一次可行性研究，以確定這個項目到底放在哪裡，才更有利於國家的長遠利益，更有利於項目所在地的經濟發展。」

說到這裡，她若有所思：

「現在，紫陽同志要求全國每一個大型引進項目，都要由國務院經濟研究中心做獨立的可行性研究，然後把結果直接報國務院，以增強項目設計及佈局的合理性，避免決策失誤。」泊溪老師把背景講得高屋建瓴，深入淺出。

「但由於近兩年國家大型引進項目太多，經濟研究中心能夠做可行性研究的人員，現在都忙得一塌糊塗，根本抽不出人來。我向國務院經濟研究中心推薦你來做這個天津乙烯項目的可行性研究，以便確認把項目放在天津的合理性與可行性。不過，你要本著對國家負責的精神，拋開雜念，完全從對國家整體有利，對天津經濟長遠發展有利的角度，獨立地進行這次可行性研究。然後，不要徵求任何人的意見，把你的研究報告直接報到國務院經濟研究中心來。」

我想也沒有想過，剛剛畢業半年，我還是個籍籍無名的「新兵」，就能夠得到這麼重大的可行性研究課題。說實話，離開李泊溪老師辦公室時，我心裡多少有些激動。我掂得出這份信任的分量。我下定決心，投入全部精力，以客觀、科學的態度，給國務院經濟研究中心以及李泊溪教授一份有真知灼見的《可行性研究報告》。

接下來的一個月，我放下手中其他一切工作，全力投入到「乙烯項目」的論證中去。我去了化工部資料室、國家計委、國家圖書館、國家大型成套設備引進辦公室、天津市計委長遠處、北京化工學院等十餘個相關部門。查閱了上百萬字有關乙烯工程及上下游配套產業的文件。也查閱了美國、日本、沙特阿拉伯、科威特、韓國等乙烯生產強國的許許多多資料。這浩

如煙海的大量資料，使我清晰地了解了大型乙烯項目建設和生產所需要的客觀條件，也清楚了一個大型乙烯項目對項目所在地的諸多影響。

不到一個月，我的《關於在天津建設 75 萬噸乙烯工程的再分析》撰寫完成。我沒有徵求任何人意見，直接把這份將近三萬字的報告送到了國務院經濟研究中心。

由於充分研究了國內外乙烯工業的現狀，擁有了大量國內外乙烯工業的資料和數據，我相信這份《再分析》，是經得起任何推敲和挑戰的。

不過，這份報告的結論，卻令人始料不及。我的研究結論是：這個 75 萬噸乙烯工程，絕不應該放在天津！

於是，不可避免地引起了一場軒然大波。

李泊溪老師拿到我的報告驚訝萬分。她萬萬沒有想到會是這樣一個結果，明顯對這樣一個研究結果準備不足。她又把我叫到北京，希望聽我當面解釋。

李泊溪教授是地地道道的天津人。中學在天津一中畢業，大學上的是天津大學化工系，她對天津感情很深。從內心裡，泊溪老師肯定希望項目能夠落在天津。

我的研究報告立論清楚，邏輯嚴謹，研究方法得當，而且數據基礎相當堅實。最後泊溪老師承認，《再分析》的最後結論確實無法反駁。

國務院經濟研究中心迅速把我的報告，報給了國務院領導和國家計委相關部門。

這個《再分析》的結論，迅速傳到了天津市政府和天津計委。就任天津市市長不到一年的李瑞環，剛剛領導完成了「引灤入津」巨大工程，使天津人民幾十年「喝鹹水」的日子，一去不復返，也使天津工業嚴重缺水的情況，獲得根本改善。這為天津經濟的再度騰飛創造了最關鍵的物質條件。瑞環市長此時躊躇滿志，積極引進「75 萬噸乙烯工程」，正是他要迅速振興天津經濟的重大舉措之一。

人們都知道，政府研究機構所撰寫的《可行性研究報告》，幾乎都是為了向國家爭取「大型項目」而做的。因此，這類報告，大多以秉承地方政府領導人的意願為報告的根本宗旨。領導人想幹的事，《可行性研究報告》就一定會做出「可行」的結論，不能相反。這類研究，一般會把該地區優勢無限放大，也會把該地區劣勢極度縮小，甚至完全隱匿。至於一旦憑藉這樣的《可行性研究報告》，搶下了國家項目，是否真的對國家整體經濟有利，真的對地方長遠發展有利，就很少有人再過問了。

雖然這種現狀明擺在那裡，國家主管部門一般也不會冒著得罪地方政府的風險，而刻意挑戰這樣的《可行性研究報告》。最後，幾乎所有的拍板決策，都是由掌握權力的國家最高領導人，憑藉自己的想法和感覺做最後決定。這樣的《可研報告》，除了「搶項目」以外，作用其實極為有限。

天津計委報給國務院的《在天津市投資建設 75 萬噸乙烯工程的可行性研究報告》，也是一份這樣的《可研報告》。我在研究這個項目時，曾專門拜訪了主持撰寫這份《可研報告》的王愛媛女士。我真切地感到，她和她的團隊其實並不真正了解「75 萬噸乙烯項目」的大量知識。她的這份《可研報告》，和全國各地為爭搶「大型項目」而做的那些《可研報告》，沒有任何區別。

我相信精明的李瑞環市長也完全清楚，天津市計委的《可研報告》，就是一個爭奪國家投資項目的「報告」。但他毫不介意，他想的是，要想盡一切辦法爭取項目，使天津經濟迅速地起飛和發展。

因此，這次有人「毀了」他引進 75 萬噸乙烯項目的好事，他一定氣不打一處來。不僅如此，聽說撰寫報告的人，就是南開大學的老師。這個人不但不給自己的城市說「好話」，反而擰著勁兒把天津快到手的項目，拚命地往外地推。李瑞環市長肯定認為這作者，一定是個「端著天津飯碗，砸著天津飯鍋」的傢伙！這不是「胳膊肘往外拐」，又是什麼呢？

我把這份《再分析》報到國務院經濟研究中心 10 天以後，我被緊急通

知，到經濟系主任魏塤教授的辦公室去一趟，說是天津市政府的兩位領導來學校，要專門找杜廈老師聊聊。

我趕緊跑到經濟系魏塤教授的辦公室。

市政府派來找我「聊天」的是兩位青年幹部。一位是當時天津市委辦公廳副主任李建國，一位是剛剛升為天津市委政策研究室工業調查處處長的張燁。

這是我與這兩位讓人尊敬的年輕官員的第一次相識。

那天下午一見面，李建國、張燁表示，他們是受李瑞環市長的委託，來和我討論關於「75萬噸乙烯工程」落戶天津的可行性的。聽說我剛剛為國務院寫了一份《可研報告再分析》，結論是75萬噸乙烯工程不能放在天津。他們希望了解，我得出這樣一個結論的所有依據。我充分感到，我面臨著一場重大考驗。我必須有效地說服眼前這兩位精明幹練的幹部，絲毫不能馬虎。我索性就把他們兩人當成了李瑞環市長，把我對於「75萬噸乙烯項目」的詳細分析和研究結論，向李建國、張燁兩位作了一個一絲不苟的彙報。

我用了兩個小時的時間，引經據典，不時拿出大量數據，連這些數據的出處也絲毫沒有馬虎。他們認真且謙虛，不時地提出問題，我一一給予解答。整個溝通的過程中，他們沒有任何以勢壓人。我侃侃而談，心情越來越舒暢。

那天的有效溝通證明，他們是兩位尊重科學、尊重事實、尊重知識的好官員。

我把「75萬噸乙烯項目」不能建在天津的理由，總的歸納為以下幾個方面：

一、「75萬噸乙烯項目」需要大量淡水。儘管有了「引灤入津」工程的成功，但天津淡水資源仍然嚴重不足，絕對不能支持「75萬噸乙烯項目」在天津落戶。

因為，「75 萬噸乙烯工程」如果上馬，天津新增的工業用水總量將達到一年 10 億噸淡水。而剛剛建成的引灤入津工程，扣除蒸發和截流，一年到津的淡水總量，一共只有 8.7 億噸。如果天津上馬這項乙烯工程，天津「引灤入津」工程效益，幾乎全部讓乙烯和其他新建工程全部吃乾。

用海水「淡化」亦不可取。一是成本太高，二是科技水平尚未達到。

直接使用海水更不可行，因為那將意味著全套設備要重新引進，需要全部更換成「耐海水腐蝕」的新材料。引進設備成本會上升 2 至 3 倍。

二、「75 萬噸乙烯工程」加上已經確定上馬的其他新項目，一年大約需要 260 至 280 萬噸的燃煤和原料煤。而天津周邊的鐵路終極運量，根本無法支持天津建設 75 萬噸乙烯項目在天津上馬。

天津鐵路一年滿負荷，才剛剛滿足天津民用和工業用煤不到 300 萬噸的全年運量。因此，如果再加入這 260 萬噸的鐵路新運量，即使把天津所有的鐵路能力全部用來運煤，也根本無法滿足「75 萬噸乙烯項目」的煤炭新增需求量。除非從開灤新建一條專門的運煤鐵路到乙烯工程所在地，而這完全不可能，因為這條鐵路的造價會是乙烯工程造價的幾倍以上。

三、原油來源：

天津計委《可行性研究報告》想當然地認為，渤海油田緊鄰天津，乙烯項目的原料供應，應該不成問題。但他們忽視了海油如何上岸的問題。解決方案只有兩個：用船運送或用專用管道運送。

用船運送 75 萬噸乙烯項目每年所需的幾百萬噸原油，需要大型的深港油碼頭。天津不僅沒有，而且由於港區水深太淺，將來也無法建設這樣的油碼頭。

用專用管道運送只是一種想像，在技術上尚不能解決原油輸送管道「過海」的問題。

因此，在天津建設 75 萬噸乙烯工程，貌似離實際原油產地很近，實則離原油產地很遠。而天津的鐵路運力，又再次成為「瓶頸」。

四、上下游配套:

天津計委的《可行性研究報告》,言之鑿鑿地說天津工業基礎雄厚,纖維、紡織、服裝等工業發達,會形成 75 萬噸乙烯工程有效的下游配套能力。這是個完全錯誤的判斷。天津的上述工業,都是五十年代的工業,完全不適合成為現代化乙烯工業的產品配套集群。

中國乙烯產品的最大下游配套集群,已經在珠江三角洲和長江三角洲初步形成。在天津建立 75 萬噸乙烯工程,並不符合中國經濟的長期發展趨勢和總體佈局。

五、乙烯產品的市場競爭激烈:

一旦沒有當地的配套消化能力,乙烯項目的最終產品,就要銷往國內外市場。而目前,日本、韓國、德國、美國尤其是沙特阿拉伯和科威特,已經建成和正在上馬建設的乙烯項目,大約在 5500 萬噸左右。市場已經呈現供大於求的發展態勢。這些國家的乙烯產品,一定會大量湧入中國市場。他們的產品勢必成本更低、質量更好。天津乙烯終極產品的市場競爭能力,實在談不上有任何競爭優勢。

我以上所有觀點,邏輯嚴密,論證有力,難以辯駁。

李建國和張煒顯然徹底被我的觀點說服。他們當場就明確表態,支持我的觀點,這使我感到非常驚訝。本來以為雙方會激烈地大辯一場,結果幾乎沒有任何「交火」,我們就達成一致。

他們在對我的專業能力大加讚賞以後,表示回去後會立即直接向李瑞環市長當面彙報。

一個星期以後,我被叫到市長辦公室。

據說李瑞環市長聽了李建國和張煒的彙報以後,不但沒有生氣,反而興趣大增。他表示,要親自見一見這位把他的 75 萬噸乙烯項目「攪黃」了的年輕學者。想必是李建國和張煒在瑞環市長面前,把我的學識和研究態度,向他大大地誇獎了一番。

　　這次和李瑞環市長面對面地長聊，瑞環市長直說「收穫很大」。他非常興奮，甚至立即叫來他的大秘書趙友華，要求友華親自安排，以後每個星期都要和我見面一次。他要經常不斷地和我海闊天空地聊聊經濟問題，既增加他本人的經濟學理論知識，又可以更多地了解青年學者們的想法。於是，從 83 年夏天開始，我和李瑞環市長之間的這種「特殊」的安排，持續了將近一年時間。

　　75 萬噸乙烯項目被我攪黃，李瑞環不僅沒有記恨我，還禮遇有加，這不能不使我對他既敬佩又感激。我也投桃報李，但凡瑞環市長讓他的秘書趙友華約我見面，我都事先做一些準備，把一些當前天津的熱點話題，及我們這些中青年經濟學者的看法提出來，供他參考。說實話，李瑞環市長不怎麼看重那些「德高望重」的老經濟學家的意見。這些老經濟學家，大多是 50 年代由蘇聯的經濟理論培養出來的學者，他們很難脫離計劃經濟的思維體系。他們的看法和建議，在改革、開放的新課題面前，往往顯得保守、陳舊和不切實際。這一點，李瑞環和我們這些受過西方現代經濟學影響，並死心塌地地想把中國推向市場經濟的中青年學者，看法非常相似。

　　李瑞環市長思想活躍，視野很寬。我們也常常把一些全國性的改革開放敏感話題，納入到我們的討論之中。當然，天津在全國對外開放中的地位和作用，是瑞環市長最為關心的話題。在這方面，我也曾經給他提供過大量的觀點、數據、資料和歷史的演進過程。我們之間的聊天，儘管只持續了不到一年時間，次數也不算太多，但是對於他來說，肯定是開了一扇新窗，使他得到了完全不一樣的新鮮觀點和看問題的視角。

　　我們所有的這些聊天和討論，都是平等的，探討性的。從這裡，我也深切地體會到，八十年代，中國新一代領導人的改革激情和改革雄心。我非常享受這些和李瑞環市長的私下交流，這些交流也使我自己受益匪淺。

　　1984 年初，在我們數次聊天的基礎上，李瑞環市長索性親自提名，由市政府批准，任命我兼任天津市對外經貿委研究室的第一副主任，主持天

津市對外經貿方面的研究工作。

極為罕見的是，李瑞環市長特別要求，把任命我兼任市外經貿委研究室第一副主任的新聞，刊登在《天津日報》頭版的顯著位置，這確實是史無前例的。

從那時開始，我每天上午在南開大學上班，下午到市對外經貿委研究室上班。更有意思的是，我每個月可以合法地領到兩份「全職薪水」，一份在南開大學，一份在天津對外經貿委。這種特殊待遇，是李瑞環市長特別關照安排的。這是天津歷史上僅有的一次，由市長親自決定的「雙薪兼職任命」。

激情燃燒的歲月

八十年代改革初期，不僅李瑞環一個人，中國共產黨內一批銳意改革的領導人，都在積極聽取中青年經濟學家的建議。說到這裡，就不能不提到開了這個風氣之先的北京「改革四君子」。

八十年代聞名遐邇的北京「改革四君子」，是指翁永曦、王岐山、黃江南、朱嘉明四個人。

1979 年，結束了文化大革命十年內亂的中國，國民經濟已經瀕臨崩潰。新政府確實希望儘快把經濟搞上去，於是，華國鋒領導的國務院和國家計委，提出了建設 10 個大慶、 10 個鞍鋼、 30 個大型化工項目的宏大發展計劃。一個改頭換面的國民經濟「大躍進」，即將以「大幹快上」的方式，在中國重新上演。

剛剛被中國社會科學院破格錄取為研究生的黃江南，已經發現了計劃經濟必然不斷經歷「平衡—危機—再平衡」的發展規律。他認為，國民經濟的結構失調，已經使中國經濟到了全面崩潰的邊緣。不僅不應該實施這場「大躍進」，反而到了該考慮如何應對國民經濟危機的時候了。

　　黃江南聯絡了同為 78 級社科院研究生的朱嘉明，《農民日報》記者翁
永曦，社科院近現代史研究所實習研究員王岐山，組成了一個研究小組。
王岐山認為黃江南的判斷極為重要，建議以他們四個人的名義，給中央寫
一份研究報告，由他通過政治局委員兼國務院副總理姚依林，轉呈中央領
導，以期引起重視。

　　由翁、王、黃、朱署名的這份報告，通過姚依林呈遞陳雲，並由陳雲
批示後，直達最高層。這份報告引起了中央領導的高度重視。很快，國
務院總理趙紫陽把黃江南、翁永曦、王岐山三人叫去（朱嘉明出差不在北
京），花了一個下午的時間，聽取他們的彙報，一起討論是否會出現經濟危
機，及應該採取的對策。

　　這份報告大膽闡述了社會主義計劃經濟，也存在著「平衡─危機─再
平衡」發展規律。並直言，當前已經進入到繼三年「自然災害」那場經濟危
機之後，第二次重大經濟危機爆發的前夜。

　　翁永曦代表四個年輕人，做了最後總結。他用了八個短語，提出對即
將出現的國民經濟危機的應對策略：

抑需求，穩物價；捨發展，求安定；

緩改革，重調整；大集中，小分散。

他們提出了以調整為中心，休養生息的危機對策。

　　北京四個年輕人的報告和建議，對中央經濟工作的整體思路影響巨
大。隨後召開的「中央經濟工作會議」，正式引用了四個年輕人的「捨發展，
求安定；緩改革，重調整」12 個字。次年的《人民日報》元旦社論，也出現
了國民經濟潛在危機的警告。這是國家第一次承認，社會主義社會也存在
經濟危機。

　　從這一點上說，黃江南等四位年輕人，對中國八十年代經濟體制改革
事業的健康發展，有著巨大的歷史貢獻。自此之後，翁、王、黃、朱四人
聯名發表了一系列關於經濟改革的理論文章。於是北京「改革四君子」的

名號，不脛而走。

八十年代初期，以陳一咨為首的「農村發展組」一批年輕人，從農村的經濟體制改革入手，也對中國的經濟體制改革做出了重大的理論貢獻。

1980 年初，中國社科院農業經濟研究所派陳一咨到安徽農村深入調查「包產到戶」。陳一咨歷時 83 天，調查了不同類型的 14 個縣，得出了「包產到戶是中國農民的偉大創造」的結論。並向胡耀邦、鄧力群作了彙報，受到了他們的肯定。胡耀邦對陳一咨說：「你在安徽的調查很好，你的意見對中央決策起了重大作用」。

1980 年 5 月 31 日，鄧小平在《關於農村政策問題》的談話中說：「安徽肥西縣絕大多數生產隊，搞了包產到戶，增產幅度很大。鳳陽花鼓中唱的那個鳳陽縣，絕大多數生產隊搞了大包干，也是一年翻身，改變面貌。」而鄧小平這裡提到的安徽肥西、鳳陽等縣「包產到戶」的經驗，就是陳一咨的調查結果。

在當時極左派認為「聯產承包是走資本主義道路」的激烈反對聲中，鄧小平的講話一錘定音，解決了中國農村改革的方向問題。這裡，陳一咨的調查起了非常關鍵的作用。

1981 年 8 月，陳一咨又一次帶領剛剛成立的農村發展組，以鄧英淘、王小強、周其仁、羅小朋、陳錫文、楊冠三等十幾個年輕學者為骨幹，到安徽滁縣進行歷時一個多月深入調查。8 月底，大家帶著豐碩的調查成果回到了北京，為國慶節後在京西賓館召開的中央農村工作會議，準備了一份系統全面的第一手農村調查資料。

1981 年中央農村工作會議後，在農村發展組安徽滁縣調查報告的基礎上，中央發了關於農村改革的第一個一號文件，肯定了「聯產承包責任制」。安徽的重大試驗被中央承認，「人民公社」和「農村合作制」被徹底否定。

從此，在北京「改革四君子」和「農村發展組」事例的影響下，全國各

個省市自治區的一大批年輕經濟理論工作者，迅速進入當地領導人的視野。這些思想活躍，視野開闊，理論基礎扎實，又敢於提出新思路的年輕人，逐漸佔領了各個地區經濟改革的理論舞台，分別成為各級政府的「智囊團」。

天津自然也不例外。1982 年 10 月，我和李羅力、金岩石研究生畢業後，同一天到南開大學報到。在這之後，以南開大學經濟研究所為中心，天津的青年理論工作者研究團體，初步形成。著名的南開「讀書會」，成為全天津青年經濟理論學者之間的聯繫紐帶。各種有關天津改革、開放理論的研究工作蓬勃開展，改革的實踐及調研活動也不斷展開。市政府在改革和開放中遇到的難點和疑點問題，也經常向這些年輕經濟學者請教。天津關於「改革、開放」的研究工作，一下變得非常活躍。

此時，黃江南和朱嘉明在「經濟改革」方面所取得的理論成就，已經使他們成為各個大學和研究機構裡青年經濟學者的偶像。而黃江南是我在四十七中時的初中同班同學，又是和我在學校一起練習拳擊、體操的親密玩伴。因此，從 83 年初開始，以我和黃江南之間的關係為紐帶，在北京「改革四君子」與天津中青年經濟學家群體之間，建立了非常緊密的合作和交流關係。

1983 年夏天，黃江南、朱嘉明和《經濟學週報》張剛等三人，來天津和我們及部分研究生進行學術交流。其後，朱嘉明、黃江南在和我們的閒聊中，披露了他們想在浙江召開一次全國性的青年經濟學者改革理論研討會的想法，獲得了我們的熱烈響應。隨後，朱、黃、張在從天津返回北京的火車上，形成了「莫干山會議」的基本設想。

1984 年 10 月 3 日至 10 日，這場 30 年改革進程中最具開創性的中青年經濟理論研討會，在浙江德清莫干山召開。大會一共 124 名正式代表。天津中青年經濟理論工作者群體的核心人員，李羅力、金岩石、常修澤、郝一生和我，全部參加了這次載入了中國改革開放史冊的重要會議。我們

1983 年莫干山會議對外開放組的骨幹。左起：常修澤、金岩石、朱嘉明、我、郝一生、李羅力。

攝於 1983 年莫干山會議。左起：金岩石、我、張剛、陳曉梅、邢婕。張剛是莫干山會議的秘書長。

全部集中在會議的「對外開放組」。朱嘉明不僅是大會的主要發起者，還是我們開放組的召集人。大會最後結束前，「對外開放組」推舉我作為代表，在全體大會上作了總結演講。

莫干山會議得到了國家主要領導的重視。趙紫陽總理的秘書李湘魯、張勁夫國務委員的秘書孔丹都參加了會議。之後，大會全部七個組，各選一名代表，下山向國家經濟委員會主任、中共中央財經領導小組第一副組長張勁夫國務委員作當面彙報。我被推舉為下山向張勁夫同志當面彙報的七名代表之一。

莫干山會議最重要的理論成果，是為中共中央十二屆三中全會提供了改革的理論支持。其中尤為重要的是，會議向中共中央提出了價格「雙軌制」的改革思路。這一觀點的提出，堅定了國家進行價格形成機制改革的決心，也提供了一個突破改革最大難點的操作方法。

莫干山會議是全中國青年改革精英集體發聲的一次大會。用會議的發起者和組織者朱嘉明的話説：「經過五年改革，特別是 1977 年恢復高考以後，大學生、研究生迅速成長，積累了相當多的人才，他們有超前的想法。風雲際會，機緣巧合，否則，這個會既不會成功，也不會產生如此深遠的影響。莫干山上關於改革的很多好的想法和思路，並非來自一個人，常常是不約而同，來自很多人。相互刺激，互相啟發。這是莫干山會議的貢獻。」

莫干山會議已經過去了三十多年，但中國經濟改革的歷史上，還不曾有任何一次會議，像莫干山會議那樣，永遠讓八十年代那一大批中青年經濟理論工作者，想起她就熱血沸騰，心潮澎湃。那次會議中，每一個與會的年輕人，都把自己的命運和整個國家的改革事業緊緊地聯繫在一起。這些年輕的經濟學家，對於國家改革成功的熱烈渴望，對於未來中國的殷切期待，對於把一腔熱血潑灑在改革事業上的無限激情，鑄成這次會議的諸多成果。毫不誇張地説，莫干山會議在中國經濟體制改革歷史上，永遠留

下了一道絢麗的篇章。

莫干山會議之所以在三十多年以後，仍然讓人津津樂道，最根本的一條，是那次會議竟是如此地乾淨：沒有官銜，沒有資歷，沒有主席台，更沒有任何所謂背景。所有的會議代表，都能夠沒有任何顧忌地暢所欲言。「平等」和「直言」成為那次會議最重要的標誌。為國獻策的士大夫情懷，對於真理的無盡追求，成為那次會議所有參加者的一種精神嚮往。

有幸成為這樣一次有精神追求會議的參加者和見證者，不能不是我一生的榮幸。

莫干山會議的召開恰逢其時。會議之後僅一個月，中共中央召開了十二屆三中全會，正式開啟了中國城市經濟體制的全面改革。而改革一進入城市，各種矛盾、衝突就一下爆發出來。這反倒激發了整個經濟學界的無窮話題和諸多爭論。莫干山會議的巨大成功，強烈刺激了全國各地的中青年學者，他們都渴望有一個類似莫干山的舞台，可以充分表達自己對於城市經濟體制改革的意見和建議。

十二屆三中全會剛一結束，《經濟日報》社長兼總編安崗、副主編丁望兩人請我到《經濟日報》社來一趟，他們有重要的想法要和我商量。

他們希望藉助莫干山會議的巨大影響，再召開一次全國範圍的中青年經濟改革理論研討會，著重討論城市經濟體制改革面臨的理論問題。他們已經聯絡了國務院經濟研究中心、國家體改委、中共中央宣傳部、《紅旗》雜誌社等四家中央機構，和《經濟日報》社一起，共同發起這次大會。

《經濟日報》是莫干山會議的主辦單位之一。莫干山會議的開會信息和論文徵集，都是在 1984 年 6 月 12 日的《經濟日報》上，以「本報訊」的形式發佈的。因此，《經濟日報》利用自己中央大報的官方地位，客觀上為莫干山會議，作了有力的「背書」，這在當時的政治環境下，是難能可貴的。

丁望作為《經濟日報》的副主編，自始至終參加了莫干山會議。他也在山上結交了一大批在各組討論中頗為活躍的中青年經濟理論工作者。

安崗直接向我説明了他們請我到《經濟日報》來的意圖：「我們相信，下一步城市的經濟體制改革，將會和沿海城市的逐步對外開放交織在一起展開，這就使得改革面臨的問題更為複雜，理論上的空白點就更多。因此，我們希望第二次中青年經濟改革理論研討會，能夠在莫干山會議的基礎上，把涉及的改革領域更加拓展一些，理論深度也更加深入一些。當然，另一個目的，是希望藉助這次會議，使全國各地，尤其是沿海對外開放城市的中青年理論工作者都能夠參加進來。」

丁望接著説：「莫干山會議上，你們對外開放組討論的深度和廣度，令人印象深刻。尤其在這些討論中，你們所展現出來的全球化視野和巨大信息量，更讓我們讚歎不已。能不能由你們出面來組織這次大會？我們主辦方的中央五大機構，將給與你們全力支持和協助。」

我當然不會拒絕。十二屆三中全會以後，需要有一個契機，給全國各地尤其是沿海開放城市的青年學者們，一個共同探討和交流的舞台。我相信，《經濟日報》和安崗本人的提議，會為全國青年經濟學者在改革、開放領域內的研究工作，提供一個巨大的推動力。

回到天津，我與李羅力、金岩石、常修澤、郝一生一起研究並徵求了張煒、邢元敏的意見後，共同決定，同意《經濟日報》的提議，在天津籌劃並召開全國「第二屆中青年經濟改革理論研討會」。由我出任大會秘書長，金岩石、常修澤出任論文評審組組長。

大會籌備組設在《紅旗》雜誌社招待所。一個月之後，論文評審組一共收到全國各地寄來的應徵論文 2615 篇，一共選出 125 位獲獎作者，其中有近三十位是莫干山會議的參加者，其餘近百位獲獎者，都是未能在莫干山會議上展現才華的優秀中青年經濟理論工作者。

這次大會於 1985 年 4 月在天津召開。會議在《經濟日報》社和天津市長李瑞環的全力支持下，取得了巨大成功。

雖然在中國改革、開放的歷史上，無論影響力、知名度和理論貢獻，

這次天津大會都無法同莫干山會議相提並論，但也確實取得了許多莫干山會議所沒有的重大成果：

首先，天津大會一共收到 2615 份論文，是莫干山收到論文數量的一倍。全國各地中青年經濟理論工作者參與改革理論探討的熱情和積極性，被前所未有地調動起來。

其次，本次大會增加了「宏觀經濟調節與控制」、「計劃體制改革」、「財政金融體制改革」、「所有制關係調整與企業活力」、「第三產業的形成與發展」和「基本理論及其他」六個理論研究領域，這比莫干山會議，有著更加全面和深入的討論和交流內容。明顯看得出來，經過莫干山會議的洗禮，全國中青年經濟學家的經濟理論研究，範圍越來越廣，理論越來越深入，針對性也越來越強。

第三，會後僅兩個月，47 篇最優秀的論文彙集成冊，由遼寧出版社以《騰飛的構想》的書名出版。這是改革開放以來，唯一一本彙集了全國中青年學術精英最前沿研究成果的論文集。這本書的出版，意味著在改革的理論研究上，中青年學者已經成為真正的主力軍。

第四，天津大會之後，誕生了中青年經濟學家的全國性理論刊物《中青年經濟論壇》，這是一個里程碑性質的進步。在此之前，發表論文的陣地，基本由老人、權威佔據著，青年人基本不可能在權威刊物上露面。《中青年經濟論壇》的誕生，根本上改變了這種局面。

第五，在總共 125 位代表中，日後，一共出現了 21 位「孫冶方經濟學獎」獲得者。每兩年評選一次的「孫冶方經濟學獎」是我國經濟學界的最高獎項，這 21 位代表，一共先後斬獲了 28 項「孫冶方經濟學獎」。

第六，參加過天津大會 125 位代表中，日後有 30 位代表先後從政。他們之中將近 20 人，先後擔任過省市自治區或國務院部委的部級領導幹部。一共湧現出了 8 位中共中央委員，兩位是全國政協副主席，兩位中央政治局委員，一位還成為中共中央政治局常委。

　　1985 年天津大會，絕對薈萃了八十年代中國改革開放中，最有作為的一大批精英人才。

　　作為「第二屆全國中青年經濟改革理論研討會」的發起人和大會秘書長，我對這次天津大會取得如此傑出的成績，感到自豪。

　　同時，我還是《中青年經濟論壇》的發起者、創辦者和實際經營者。能夠在那樣艱難的情況下，沒有用國家的一分錢，使這本中青年經濟學家自己的雜誌橫空出世，還很快成為一本影響巨大的權威經濟學雜誌，這不能不是一個重大成就。我為自己所作出的特殊貢獻，也感到自豪。

　　在天津大會籌備和召開期間，所有天津中青年經濟學家的工作，都幾乎達到忘我的程度。沒有天津中青年經濟理論界所有人的共同努力，這樣一次大會是無法如此成功地召開的。同樣，沒有這些共同奮鬥夥伴的忘我努力，《中青年經濟論壇》也不會取得成功。這裡面，李羅力、金岩石、常修澤、郝一生作為核心，做出了最大的貢獻。當時在天津市團市委，擔任領導職務的張煒和邢元敏也付出了巨大心血。

誰也想不到《中青年經濟論壇》編輯部竟如此簡陋。編委們在編輯部裡熱烈討論稿件。右起：我、常修澤（後）、姚林（前）、金岩石。

1987 年，第二屆《中青年經濟論壇》編委會會議在深圳石岩湖召開。朱嘉明被推選為第二任主編。會議休息時，我拍攝的一張照片。左起：編委王岐山、朱嘉明、周其仁。

2006 年是《中青年經濟論壇》創辦 20 週年。創辦這本著名經濟學雜誌的五位核心學者，在我家聚會。左起：郝一生、金岩石（後站立者）、李羅力、常修澤和我。右一為虞曉璇女士。

「黃埔一期」

1984 年初夏，有了深圳等對外開放城市的成功實踐，中央對外開放的一系列政策，準備在所有沿海城市全面鋪開。

李瑞環感到天津對外開放人才嚴重匱乏，現有幹部大多缺乏國際化視野，思想也相對保守。這種情況既和他本人的勃勃雄心相距甚遠，也無法適應進一步對外開放的實際需要。於是他指令副市長李嵐清親自掛帥，在天津全市範圍內招聘已經工作的大學畢業生，送到南開大學重新培訓，然後再充實到全市所有對外開放相關部門。以期迅速改變天津對外開放管理幹部的構成，提升相關部門人才的素質和基本能力。

由於這些參加培訓的幹部，畢業後都會在對外開放部門得到新的工作機會，因此此次招生極具吸引力。符合資格的在職年輕幹部，踴躍報名。短短兩週之內，全市一共有 3600 餘人報名參加考試。

考試結束以後，天津市人事局、對外經貿委、若干對外開放用人單位和南開大學一起，組成了規模龐大的錄取辦公室。我受南開大學和對外經貿委委派，參加了這次錄取工作。

由於有嚴格的考試和足以衡量考生水準的考試成績，錄取工作本應該極為簡單。但到錄取工作組報到後我才知道，之所以要有十多個人來參加錄取工作，是因為他們要對考生，進行大量的「政審」和所謂「外調」。

很快，在錄取工作中，我和錄取工作組其他成員之間產生了激烈的觀念衝突。爭論的核心是兩大尖銳問題：此次錄取工作是否需要「政審」？如果需要，怎樣把握「政審」尺度？

事情爆發在一位叫解念慈的考生身上。

解念慈是改革開放後第一屆大學生，1982 年從名牌大學畢業。這次考試，他的成績又名列前茅。但因為在他父親的檔案中有歷史污點，錄取工作組斬釘截鐵地淘汰了他。

　　我堅決主張錄取解念慈，其他人沒有一個同意。他們理由是：解念慈政審不合格。這個理由使我義憤填膺，我憤怒地在會議上陳述了我的觀點：

　　1、解念慈是解念慈，他父親是他父親。你們到底是錄取解念慈還是錄取他父親？

　　2、即使解念慈父親真有所謂「歷史污點」，我們不是「重在個人表現」嗎？解念慈的個人表現，有哪一點不符合我們的錄取條件？

　　3、不僅解念慈，還有許多因為所謂「家庭出身」、「家庭歷史問題」、「存在海外關係」，而被你們擋在錄取大門之外的優秀考生，其實都應該錄取。南開大學認為，只要考生個人道德沒有問題，都應該按成績的優秀程度，擇優錄取。

　　最後我明確表態：我來到錄取工作組，是代表南開大學的。如果按你們現在的「政審」標準錄取，我將退出錄取工作組。南開大學是否還繼續參加這次培訓工作，需要我回學校彙報以後，再重新確定。

　　儘管我的觀點鮮明、有力、無法反駁，而且我還拋出了「南開可能退出培訓」的威脅，但根本沒有對其他人產生任何影響。參加此次錄取工作的同事，都來自於各個單位的人事部門。他們頭腦中的觀念還停留在六、七十年代。他們認為，凡進入到涉外部門工作的幹部，都需要最為嚴格的「政治審查」。因此，無論從對政治負責的角度，還是依照人事部門現有的「政審標準」，他們都不能同意我的意見。

　　雙方陷入僵局。

　　錄取工作已經無法再繼續進行下去了。我們雙方都同意把問題上交，請領銜此項工作的李嵐清副市長來作最後裁決。

　　李嵐清把我叫到了他的辦公室，這是我第一次和他面對面交談。

　　李嵐清仔仔細細地傾聽了我的陳述，了解了雙方爭論的焦點。他沒有任何猶豫，堅定不移地支持了我的觀點，這多少出乎我的預料。

　　李嵐清副市長專門給我們錄取工作組開了個會。會上，他旗幟鮮明地

重申了，「重在個人表現」的政審標準，反對以家庭出身等理由，拒絕錄取優秀考生的作法。

有了嵐清同志的表態，錄取工作的政審標準迅速放寬。他們不僅錄取了解念慈，還重審了所有因為「家庭出身」、「家庭歷史問題」、「存在海外關係」而喪失錄取資格的考生。許多已經「刷下」的優秀考生，又被重新錄取回來。

最後，南開大學的天津市「對外開放管理幹部培訓班」（人稱「開發班」或「黃埔一期」）一共錄取了 108 人。這些人全部都是按照「擇優錄取」的原則錄取的，沒有一個受到「家庭出身」、「海外關係」等政治因素的影響。

我打了一個大勝仗。以前在這方面，我的每一次抗爭，都是為了我自己的公平和尊嚴。而這一次的抗爭，是在為許多素不相識的其他人。他們的公平與尊嚴，也是所有人必須尊重的。能夠用自己的力量，使這些人獲得公平相待，並由此改變命運，真使我欣喜若狂。

我非常感激李嵐清的表態。1984 年，中國政壇上階級鬥爭的觀念還根深蒂固。對於貴為直轄市副市長的李嵐清來說，為了一些根本不知名姓的小人物，作一個如此態度鮮明的表態，是有一定政治風險的。「不觸碰敏感問題」或「模糊是非界限」，是一般黨政高級幹部處理這類帶政治性問題的常規作法。即使對於李嵐清這樣高級別的幹部來說，在政治問題上作「鮮明表態」，在 1984 年，也絕對不是一件容易的事。他言語裡和感情上，展現出來的正義感和道德感，如此強烈地感染了我，使我感動不已。由這件事開始，我一直把李嵐清視為我心目中最為敬重的國家領導人之一。

1984 年 10 月 15 日，我從莫干山返回天津。

李嵐清得知我已經回到天津，迅速派人把我叫到他的辦公室。

「杜廈，南開大學的對外開放管理幹部培訓班辦得十分糟糕。僅僅一個多月，已經引起了學員的強烈不滿。學員原所在單位也反饋了很多抱怨。」李嵐清副市長有些激動。顯然他對「開發班」投入了很大心血並寄予厚望。

現在的狀況，讓他非常擔心。

我很驚訝。由於參加莫干山會議，我已經將近一個月沒有回到學校了。「開發班」這麼快就發生問題，而且已經反映到嵐清副市長這裡，我真是始料不及。

「我已經給瑞環市長建議，由你去全面接管開發班。時不我待，一共只有一年的培訓時間，如果不採取果斷措施，創辦開發班的所有努力，就可能全部付之東流。這樣不僅瑞環市長不會滿意，就連提議建立這個開發班的小平同志，我們也無法交代。」說到這兒，嵐清同志表情嚴肅。

這時我才知道，這個「對外開放管理幹部培訓班」是鄧小平來天津視察工作時，親自向李瑞環市長建議的。這樣看來，不迅速改變開發班的狀況，確實無法向任何人交代。

看著嵐清市長的眼睛，我知道這個「燙手山芋」已經無法推脫。

「嵐清市長，能不能給我兩天時間，我回學校作一些調查，看看都存在什麼問題。待尋找到解決問題的有效辦法之後，再來向您彙報如何？」

嵐清市長點點頭。答應給我兩天時間。

兩天以後，我又回到李嵐清副市長辦公室，給他作新的一輪彙報。

「嵐清市長：開發班的問題出在以下幾個方面：

1、課程設置不合理。現有課程，既觀點陳舊，又太過理論性。不僅枯燥乏味，也與對外開放和現代市場經濟的實際運作，相距十萬八千里。

2、任課教師儘管都是資歷頗深的老教授，但他們絕大多數知識老化，講課死板，授課內容又保留著嚴重的社會主義計劃經濟痕跡，引起學員反感，沒人願意聽。

3、沒有有針對性的對外開放培訓計劃。除了課堂講課以外，沒有任何有實踐內容的現實培訓。學生沒有任何機會去親身體驗什麼才是對外開放。

4、學校諸多教學條件，沒有對這個開發班學員開放，例如學校圖書

館、外語聽音室等。這也導致學員的不滿情緒。

5、幾乎所有受訓學員，工資都還在原單位發放。而已經有三十七個單位不予配合，拒絕繼續發放受訓學員的工資和福利，這引起部分學員人心惶惶。

總的來說，以上這五條問題，造成了現在這種局面。」

我的彙報清晰簡單，各條都有理有據。嵐清市長頻頻點頭。

「不過，如果您堅持讓我全面接管，並讓我對培訓的最後結果負責，我就必須提出一些條件。」

「你都有什麼條件？說來我聽聽。」嵐清市長在認真聽我講。

「1、開發班開設什麼課程，不開設什麼課程，由我決定，不必徵得南開大學教務處的同意。

2、所有課程由誰來任課，由我決定，不需要獲得經研所和學校教務處的同意。

3、採取何種方式去進行實踐培訓，由我決定，不需要獲得任何人的批准。

4、開發班的經費如何支配，例如講課教師的課時費標準，實習的旅差費用，必要教學輔助設備的購買，也必須都由我決定，不需要再向任何人請示。

5、嵐清市長必須立即親自到學校一趟，向全體學員承諾市裡會解決學員的工資發放問題。畢業也不會返回原單位，一定在全市的對外開放部門，重新安排工作。

給我以上條件，我就可以保證，為天津市培養出一批具有改革開放意識，符合天津市對外開放要求的優秀人才，滿足瑞環市長對這些人才的期望。」

沒等嵐清同志回答，我又接著說下去：

「嵐清市長，您知道，在南開大學，我只是一個普普通通的講師。在以

上所有方面，我都沒有任何權力。如果由我接管開發班的全面工作，而南開大學握有權力的各個部門、各級領導、各大教授不能給予配合，做什麼事情我都要層層請示，那我什麼也做不了。即使他們心裡想配合，可是觀念上的『不理解』，也會導致事事爭論不休，最終只能是我來妥協。這樣四處掣肘，任何正確決定都無法作出，最終導致整個培訓計劃無法完成。

因此，我必須獲得足夠授權，才可以對這個如此重要的開發班負全部責任。」

嵐清市長聽我說完，站起來，背著手，把頭仰起來看著天花板，來回踱步。

他半天沒講話，也沒回頭看我。

「雖然你講得有些『過分』，聽起來也不是太順耳，不過，我得承認，你說的有道理。」度過一陣沉默之後，他終於開口，「需要和南開大學商量一下。兩天以後，我給你答覆。」

兩天以後，李嵐清的秘書來到南開大學找我。他告訴我：「你要求的條件，市長都答應了。嵐清同志已經和南開大學溝通過了。你今天可以直接去找滕維藻校長，隨後，就可以開始工作了。」

我在接受市裡和南開大學的任務時，向市長及南開大學「講條件」，這在整個南開大學一下傳開。全校上下，都對市裡和學校對我的「讓步」，議論紛紛。一些老教授更是覺得這個年輕人「太狂妄」，「自以為是」，大多對我不以為然。

應我的要求，李嵐清副市長第二天就來到南開大學，直接與開發班同學見面，他的講話穩定了人心。隨後，我就開始了我的「顛覆」工作。

我立即停掉了開發班正在開著的大多數課程。

被我停掉的課程中，有我非常尊敬的老先生熊性美教授的《美國經濟概論》。熊先生不僅是位著作等身頗具威望的著名教授，還是我所在的南開大學經濟研究所的副所長，是我的頂頭上司。但我不能容忍他講的《美

國經濟概論》是在分析「資本主義的週期性經濟危機」，以及論證「資本主義制度的腐朽、沒落，和必將走向滅亡」的所謂客觀規律。

被我停掉的另一課程，是我們南開經研所另一位副所長魏寧教授的課。他當時講的什麼，我實在想不起來了。不過，在我上任的第一天，他就來找過我，說這些開發班學員「太不像話」。他氣憤地向我投訴：「這些學員隨意『逃課』，你應該好好管管他們。最極端的一次，全班 108 個學員，來上課的居然僅有 2 個人，106 個人『逃課』！」他告誡我，要狠狠地抓抓開發班的紀律。說到激動處，他顯得怒不可遏。

出乎他意料的是，我不但沒有批評學員的紀律問題，還在第二天就停掉了他的課。原因很簡單：只有講得最爛的課，才會發生 108 個學生只有 2 個人前來聽課的奇怪事情。

南開經研所只有這兩位副所長，他們都是我的領導和頂頭上司。我沒管那套，把他們的課都給停掉了。

由於「對外開放管理幹部培訓班」是正常教學以外的委託項目，所以老師在這個「開發班」講課，都是有額外「講課費」的。這就成了有權、有地位和有資歷的老師們爭相到這個班來講課的原因。我大面積地停掉一些老師，尤其是老教授們的課，就直接傷害了他們的經濟收入和自尊心。於是，我便成為這些老教授們的眼中釘，成為使他們「心中不快」的罪魁禍首。

我的新課程裡，增加了法律系高爾森教授的《涉外經濟合同法》，管理系李景泰教授的《現代企業管理概論》。還讓一位剛剛畢業的研究生，開設了《國際投資實務》。

除此之外，我請全國一些著名的中青年學者，每週為開發班的學員開設一至兩次有關「改革、開放」的專題講座。其中：

張維迎的《改革中的十大觀念變革》；

黃江南的《經濟體制改革的難點與突破》；

朱嘉明的《體制改革與對外開放》；

　　李羅力的《國際「免稅港」及對外開放實驗區》；

　　周其仁的《我國農村經濟改革》；

　　郭凡生的《論經濟發展的「梯度理論」》；

　　金岩石的《跨國公司對於發展中國家的影響》；

　　常修澤的《我國國有企業改革的核心問題探討》；

　　……等等，都是極為精彩的講座。

　　我一共給開發班學員開了二十幾場講座，幾乎個個精彩。由於觀點新，涉及的問題都是最具現實意義的改革、開放話題，再加上講課者本身都是全國著名的中青年經濟學家，這些「講座」，迅速在南開大學轟動。到後來，凡是杜廈給開發班開的講座，學校教務處必定安排全校最大的報告廳進行。每一場講座，聽課者都在 200 人以上，幾乎是人滿為患。走道，教室外面都站滿了前來聽課的學生。

　　這些講座，成為 1985 年，南開大學經濟學科各院系中，一道最亮麗的學術風景。

　　結業以前，我帶領所有 108 位學員，到改革開放的前沿陣地深圳，進行了為期兩週的密集培訓。我在深圳的許多朋友，提供了巨大的幫助。這次深圳及蛇口的兩週考察，徹底顛覆了所有 108 位學員的價值觀和世界觀，他們完全被深圳對外開放的現實洗了腦。通過深圳及蛇口見到的一切，他們真正理解了外部世界的樣子，也真切體會了對外開放將會給中國帶來的進步和改變。這次為期兩週的實踐式培訓，是開發班最後取得圓滿成功最為關鍵的一步。也正是這次實踐，使「黃埔一期」的所有學員，成為天津市意識最新、觀念最為超前的一批幹部。他們的出現，為天津成為全國對外開放步子邁得最大的城市，打下了幹部隊伍的基礎。

　　隨後，我派 108 位學員，分赴全國 16 個對外開放城市的近 100 家中外合資企業，實地調查了這 100 個「對外合資企業」的成立過程，也了解了「中外合資企業」對當地經濟帶來的影響。當時，全中國一共只批准了 200

餘家中外合資企業，因此，「開發班」的全面調查工作，以及 100 份「合資企業調查報告」，對於日後天津的全面引進外資，大批中外合資企業的出現，都做了很好的政策準備和應對辦法的準備。

1985 年夏天，開發班學員畢業。全市幾十個對外開放部門，爭相到南開大學來搶人。開發班獲得空前成功。自此時起，我也就被稱作天津「黃埔一期」名正言順的「校長」。

《第五代》

儘管「黃埔一期」為天津的對外開放培養了一批人才，但和李瑞環市長振興天津的雄心相比，還只是杯水車薪。如何找到更有力的措施，迅速為天津延攬大批高水準的國際化人才，成了瑞環市長的一塊「心病」。

1985 年 9 月份，老市長胡啟立到天津視察。知道瑞環市長的這塊「心病」以後，向瑞環透露，年底國務院會派留學生工作組去美國。胡啟立建議，天津市派人進入這個國務院留學生工作組，一方面考察留學生狀況，一方面招聘已經結束學業的自費留學生來天津工作。

聽到老市長這個建議，瑞環市長大喜過望。兩人商定，李瑞環負責找合適的派出人選，胡啟立負責把選好的人「塞進」國務院留學生工作組。

這也不奇怪。胡啟立 1982 年離開天津後就直接進入政治局，成為政治局委員兼書記處書記，主持中央書記處日常工作。替自己剛剛卸任的天津市走這麼一個小「後門」，對於胡啟立來說，不僅應該，而且完全不成問題。

李瑞環很快親自確定了人選，這就是南開大學經濟研究所講師兼天津市對外經貿委研究室第一副主任杜廈。

胡啟立冠冕堂皇地把我「塞進」了國務院工作組。他的理由是，國務院留學生工作組，需要一個懂得國內經濟體制改革進程和國民經濟發展狀況的專家。國內體制改革和經濟發展，是留美學生最關心的問題之一。杜廈

和大多數留美學生年齡相仿，經歷類似，又是國內著名的中青年經濟學家，在經濟改革理論研究方面有比較深入的理解。天津市把杜廈派到留學生工作組，除了可以替工作組廣泛向留學生解釋國內經濟體制改革的現狀、過程、目標以外，還可以適時為天津招聘已經學業有成的留學生回國工作，這可謂一舉兩得。

1985 年 10 月初，當一切敲定以後，李瑞環市長把我叫到他的辦公室，面對面向我佈置了任務。

我當然樂於接受這項有趣的任務。

當時，除了去過幾次香港沙頭角外，我還沒有出過國。能到美國去走走看看，自然求之不得。另外，瑞環市長的這份信任也彌足珍貴，我有種受寵若驚的感覺。

從「75 萬噸乙烯項目」開始，我和瑞環市長已經認識了兩年有餘。他信任我，我了解他。這次，我只向瑞環市長提了一個要求：希望他能給我一個「李瑞環市長私人代表」的名頭和身份，以便對留學生的「招聘」，既有可信度，又能產生吸引力。

瑞環市長爽快極了，他笑著說：「只要你能給我把人招回來，別說私人代表，你想用什麼名頭都可以。」聽了他這句話，我還挺後悔。當時要是找他要個「李瑞環市長私人經濟顧問」的頭銜，豈不更牛逼？

11 月初，我成為國務院赴美留學生工作組的正式成員，國務院辦公廳要求我立即到國務院報到。誰知報到以後，我就立即被安排住進了中南海，一住就是 50 天。

我完全不知道，一個正式的「國務院工作組」，在向國外派出之前，準備文件、熟悉政策、培訓紀律和向領導彙報等，要用這麼長時間。

這個「赴美留學生工作組」的組長，是國務院副秘書長張文壽。包括我在內一共十二個人。除張文壽以外，還有國務院、教育部、中組部、中宣部、國家引進國外智力辦公室等單位的七位司局長級幹部。這些司局長在

工作組的主要任務，是通過這次對在美留學生的實地考察，向國務院提出有關留學生政策的具體建議，以便確定國務院和教育部正在擬定的留學生新政策，是否具有合理性。

而工作組與留學生之間的溝通和交流任務，主要由另外兩個人完成，這就是中宣部的著名演説家曲嘯和天津來的青年經濟學家杜廈。

在和留學生接觸與交流方面，國務院留學生工作組沒有再配備其他人員。這意味著曲嘯和我，在這次將要訪問的幾十座城市裡，承擔全部的「講演」任務。

工作組決定，曲嘯負責以親身經歷，向在美國的中國留學生，演講他的「愛國主義」，以激發留學生們的愛國熱情；杜廈負責向留學生講解國內的經濟體制改革進程，解答留學生關於中國改革開放前途的問題。

對於我的任務，我一點也不擔心。接連在莫干山和天津開了兩次全國改革理論研討大會，我已經把中國經濟體制改革中的所有問題，弄得滾瓜爛熟。對付這些留學生不會有任何困難。但曲嘯就不一樣了，他到美國來講演的核心話題，是要用他親身經歷的無盡苦難，來證明黨和國家有多麼的可親和可愛。本來這在邏輯上很牽強，也違背常識，但曲嘯先生在國內，竟然慷慨激昂地演講了 2000 多場，使他聲名大噪。我非常替他擔心，他的這些愛國主義激情，在美國留學生面前是否還能引起共鳴。

在中南海小招待所裡，我和曲嘯一直住在一個宿舍。我們天天討論和模擬，在美國將要面對的各種問題。我無數次地告誡他，美國不是中國，在美國的留學生也不是在中國的大學生，沒有人喜歡聽那些「説教」，價值觀也可能完全不同。我告訴他，赴美留學生沒有人相信曲嘯的「愛國」是發自內心的。曲嘯卻完全不信我的話，他自信滿滿，這更增加了我對他的擔心。

在中南海的 50 天，我才完全弄明白了這個「國務院赴美留學生工作組」產生的背景。

1978 年，在鄧小平的親自推動下，中國向美國派出第一批 52 名留學生。從那時開始到 1985 年的短短幾年內，累計出國留學人數已經超過 3 萬 8 千人。一批批青年學子漂洋過海，無數正在大學裡學習的本科生和研究生，也都對「赴美留學」趨之若鶩。伴隨著這股風起雲湧的赴美留學熱潮，各級教育當局的輿論沸沸揚揚，莫衷一是。尤其當一部分留學生畢業後逾期未歸，就使更多人對於「大開國門」的留學生政策，產生了懷疑。

這些疑慮可以歸結為以下幾點：

1、留學生政策是否需要適度縮緊？

2、社會科學學科是否需要向歐美等西方國家，派出大量留學生？

3、是否需要向留學生徵繳教育費押金，以便在該生滯留不歸時，國家用這筆教育費押金，賠償國家對其的全部教育投入？

4、是否要求留學生的「博士後」課程，必須回國完成，以保證最尖端人才不再滯留不歸？

5、是否取消留學生「陪讀」制度，以增加留學生學成之後回國效力的機會和可能性？

6、如何在政治上，為留學生滯留不歸的行為定性？是否屬「不愛國」的行為？

今天看來，這些問題不僅不是問題，甚至會覺得提出這樣的問題，都會讓人嘲笑。但在剛剛開放國門的 1985 年，這些都是教育主管部門官員們正在思考的問題。

在 1985 年還相當保守，「極左」思想尚未肅清的條件下，國家教委對這些問題的基本態度，大多會向左側傾斜。

據說，在國家教委，新的留學生政策正在起草之中。就等我們這個「國務院赴美留學生工作組」考察回來後，印證這些新政策的合理性並予以發佈。

1985 年 12 月 28 日，我們一行九人，登上飛往美國的飛機，開始了為

攝於 1985 年國務院工作組出
國之前。這是我此生第一張
護照像。時年 37 歲。

時 45 天的漫長旅程。

一到舊金山，曲嘯的第一場演講，便猝不及防地遭遇一場慘敗。

曲嘯的人生經歷是極其悲慘的。他 1957 年即將大學畢業時，被打成右派並被判處勞動教養。1966 年在小學教書的他，又被打成現行反革命，被判處有期徒刑 20 年。直到 1979 年中國走上改革的道路以後，曲嘯才被宣佈無罪釋放。曲嘯的一生兩次家破人亡、妻離子散。他在幾十年中經歷的一椿椿、一件件，都是撕心裂肺的萬般痛苦。

1982 年，曲嘯被評為教授，並加入了中國共產黨。他講了近 2000 場《任何挫折也動搖不了我對共產主義的信念》的演講，在中國大陸各地引起轟動。1985 年，曲嘯被調進北京，在中宣部任局級調研員。在這一年，中華全國總工會將「五一勞動獎章」和「全國優秀教育工作者」證書授給了曲嘯。許多黨和國家領導人為曲嘯題詞，他成了全國聞名的政治明星。

舊金山的第一場演講，曲嘯仍然沿用在國內的老路子：在敘述完自己幾十年的悲慘經歷以後，他用「狗不嫌家貧，兒不嫌母醜。黨就是媽媽，媽媽打錯了孩子，孩子是不會也不應該記仇的！」來結束他的演講。

在國內聽慣了類似說教的留學生們，並沒有感到異常，但現場來聽曲嘯演講的台灣著名歷史學家汪榮祖教授，卻感動得淚流滿面。

激動的汪榮祖教授主動要求走上講台，講出令曲嘯和在場的國務院劉中海局長完全預料不到的一番話：

「過去，蔣介石欺騙台灣人民說，共產黨是多麼獨裁，多麼血腥，多麼殘暴，我從來都認為，那是國民黨的宣傳，並不相信國民黨的騙子把戲。可是今天，曲嘯教授的演講，當真是血淚的控訴，句句血，聲聲淚！過去，我在台灣時也看到過類似的報道，但報道的事件沒有這麼血腥，沒有這麼真切，沒有這麼令人憤怒。

聽了曲嘯先生的血淚控訴，我真的從心裡感謝中國的改革開放。我驚訝中國共產黨的胸襟與氣度，能夠允許像曲嘯先生這樣，把自己幾十年來受過的如此血腥、如此淒慘的親身經歷，在美國毫無顧忌地袒露給天下所有人。我從內心裡對於中國共產黨敢於面對自己過去的恥辱，敢於把自己曾經的殘暴統治，披露給世界的悔過精神，感到無比感動。」

真誠而天真的汪榮祖教授，此時已經涕淚縱橫。

「不過，曲嘯先生最後的結論我還是不能同意的。什麼『黨是親娘』？如此長期殘暴地虐待自己孩子的，那還是親娘嗎？這比後娘都殘忍千萬倍。還有什麼資格要求被踐踏的孩子再去忠誠於她？」

此時，陪同曲嘯來到演講現場，時任國務院留學生工作組副組長的劉中海先生，已經坐不住了。他的臉色蒼白，表情顯得後悔、吃驚和恐懼。此時的曲嘯，嘴唇在顫抖，腿也在顫抖，突如其來的打擊如同晴天霹靂，把他打得暈頭轉向。

用當時在場的留學生閻潤濤的回憶文章裡的描述：「我當時擔心，曲嘯教授的心理崩潰會導致精神崩潰，而使身體垮掉。他那極端心理崩潰的眼神，在蒼白的臉上，折射著死人般的昏暗，令你感到寒冷和哀涼。那已經不是失望，那是絕望。」

　　同一時間，我正在舊金山總領館和幾十位留學生聊國內經濟體制改革的事，並沒有親眼看到這個無法收拾的場面。

　　當晚，工作組召開緊急會議。經過請示國內，決定停止曲嘯接下去的全部演講安排，我參加了這個緊急會議。

　　在曲嘯的「演講」安排被完全取消以後，我直接向張文壽同志建議，我關於國內經濟體制改革的演講安排，最好也一同取消。我將把全部精力，投入到招聘留學生回國的工作上去。天津李瑞環市長派我參加國務院留學生工作組的初衷就是招聘人才，我不能背離這個主要工作方向。

　　正在極度失望中的張文壽副秘書長同意了我的建議。從那以後，我便脫離開國務院留學生工作組的其他人員，單槍匹馬，獨闖了美國 12 個州的 25 所大學。

　　前前後後，我一共和曲嘯老師一起工作和生活了整整 100 天，我們之間是有感情的。總的說，曲嘯是個好人，謙虛、天真、充滿幻想。他是個甘願把自己放到一個虛假的祭壇上的可憐人。

　　在美國的毀滅性失敗，嚴重打擊了曲嘯的自信、自尊和情感。回國以後，曲嘯生命中的精神支柱就完全崩塌。他主動停止了所有的演講活動，不久他的精神上也出現了問題。終於在 1991 年突患腦溢血，半身不遂，並喪失了說話能力。

　　在美國的四十餘天裡，我馬不停蹄幾乎沒有一天休息。我跑了美國十二個州，十五座城市。在二十五所大學和旅美留學生進行了大小不等的幾十次座談。

　　工作組其他人員也分作幾隊，奔赴全美各地。整個國務院留學生工作組一共走了美國二十二個州，六十六座城市。同九十八所大學的近七千名留學生見了面，和七百二十五名留學生進行了座談，與四百四十八名已經畢業或即將畢業的研究生作了個別談話。

　　此次赴美，我不僅招聘了大批留學生來天津工作，還在和留學生的座

談中為天津的改革開放和發展前景，做了大量的宣傳工作。我每到一個大城市，該市的各大中文報紙，都會在頭版的重要位置，以「天津市長李瑞環私人代表杜廈蒞臨本市」的大字標題，報道我的行程。對我將為天津市招聘中國留學生赴天津工作的新聞，也作了大量報道，從而在留學生中間引起轟動。

我很好地完成了瑞環市長交給我的任務。

在長達 40 餘天的考察中，繚繞在我腦海裡多時的，有關留學生政策的許多問題，逐漸有了清晰的答案。在留學生那裡所感受到的炙熱愛國熱情和現代思想觀念，以及我親眼看到的大批留學生忘我的刻苦學習精神，都給我很大觸動。也使我堅信，當下正在執行的出國留學政策，絕對不可以改變。在留學生政策上的任何倒退和「關閘」行為，對於我們國家改革、開放的總戰略來說，都將是一場災難。

回國兩天以後，我便向瑞環市長作了長達兩個多小時的彙報。他聽得饒有興趣，不時打斷我的彙報，問了許多問題。李瑞環確實是一個思想活躍，易於接受新思想、新觀念的領導人。聽完我的彙報以後，他直說「有意思，有意思，你講得挺有意思。最好讓全市局級以上幹部，都來聽聽，受受啟發，也受受教育。」瑞環市長當場叫來市政府辦公廳主任，要求馬上安排一次全市局以上領導幹部會議。由我就此次訪問美國的實際感觸，給全市幹部作一個報告。

一週以後，在市政府的大禮堂，我給天津市幾百位局級幹部，作了關於此次參加國務院留學生工作組赴美工作的的報告。報告題目是：《第五代》。

這場報告觀點新穎，事例豐富，思維跨度很大。使全市幾百位局級以上領導幹部大開眼界。在我演講的兩個多小時中，這些平常開會頗為散漫和隨意的局級領導幹部們，各個屏氣凝神全神貫注，會場鴉雀無聲。報告會獲得了意想不到的成功。

　　由於報告十分精彩，消息迅速傳遍全天津市。南開大學、天津大學、天津財經大學馬上請我去給他們要畢業的研究生和本科生講。接著南京大學、廈門大學等全國十餘所高校，也都找上門來，邀請我去他們那裡開這個報告會。我便在全國開始了有關這次留學生考察的巡迴演講。由於國家是否要改變留學生政策，早已在全國各大院校議論得沸沸揚揚，這次巡迴演講，引起了非常大的轟動。這個「演講」的錄音，迅速在全國各個大學之間瘋傳。

　　《中國青年報》著名記者張建偉是天津人。聽說我有一個關於「赴美留學生」的「震撼」演講，他就專門從北京跑到南開大學來找我，我們整整談了一夜。

　　很快，張建偉根據我的演講錄音和我們一夜交談的記錄，用他的生花妙筆，在 1986 年 5 月 24 日的中國青年報上，發表了著名的長篇通訊《第五代》。

　　這篇冠名《第五代》的長篇通訊，用了《中國青年報》的幾乎整個「頭版」和大半個「二版」的篇幅。中國青年報的這種異乎尋常的刻意安排，顯示了他們對於《第五代》的重視。由於《中國青年報》是團中央機關報，正在彷徨中的各個大專院校的大學生們，以為這篇《第五代》是中共中央有關部門，藉助《中國青年報》發出的「特定」聲音，這更加重了這篇長篇通訊的分量和想像空間。

　　看到 5 月 24 日中國青年報的長篇通訊《第五代》後，大學生們爭相傳閱，各個欣喜若狂。第二天，《中國青年報》社門前，甚至有大學生在報社牆上，貼出了「《中國青年報》萬歲！」的標語。上萬封讚揚和支持的大學生來信，湧向《中國青年報》社。《第五代》給出的觀點和邏輯判斷，引起全國大學生的廣泛共鳴。

　　誠實地說，《第五代》用不可辯駁的事實和堅實清晰的邏輯，釐清了教育界關於「留學生政策」的一些模糊認識。堅定了繼續「打開國門」，大膽

報道我隨國務院工作組訪美的著名長篇通訊《第五代》，刊登在 1986 年 5 月 24 日的《中國青年報》頭版和二版上，引起巨大反響。

向發達國家派出留學生的決心。對於徵繳「教育費押金」、禁止在國外讀「博士後」、廢止「陪讀制度」等正在有關部門醞釀的政策，《第五代》也進行了尖銳的批判，給出了自己的看法。準備出國深造的大學生們，無不為《第五代》所披露的觀點和實例歡呼雀躍。他們普遍感到了《第五代》給予他們的解放感。

據說，《第五代》給了留學生主管部門和某些主管教育口的大人物一個大大的突然襲擊。事實上，此時一些有關涉及徵繳教育費押金、廢止陪讀制度、必須回國讀博士後等「新政策」的紅頭文件，已經起草完畢。而這些起草好的紅頭文件，還沒來得及進入中央的「批准程序」，便被《第五代》在全國所有高校引起的巨大洪流所淹沒，弄得胎死腹中。

從這個意義上講，《第五代》對中國八十年代中期的留學生政策，能夠繼續保持在正確的軌道上，起到了歷史性的作用。「改革開放」三十八年，再也沒有一篇文章像《第五代》這樣，在中國的留學生政策方面，起到過這樣的歷史性作用。今天，在《第五代》發表三十多年以後，《第五代》上的觀念，早已深入人心，且成為常識。但在當時，《第五代》的這些觀點無疑是振聾發聵的。

《第五代》已經發表了 32 年，歷史用不可辯駁的事實，證明《第五代》的觀點，是經得住歷史的印證和考驗的。

在這 32 年中，我們國家早已經不是那個閉關鎖國、保守落後的國家了，我們國家已經成為一個世界強國。但這是幾代人不斷改革，不斷奮進，不斷向全世界先進國家學習的結果。我很自豪，自己曾經參加了這一偉大進程，並為她做出過自己獨特的貢獻。

十四　深圳：毅然下海

創建中信國際研究所深港分所

《第五代》給大學生和研究生帶來的刺激和由此引發的熱潮，又在全國各大專院校持續了好幾個月。我仍然不時被邀請去各地大學演講和交流。

大約是《第五代》太過出名，北京的英國駐華使館文化處來電話，邀請我到使館去交流。我也沒有請示任何人，帶上經研所的英語翻譯武小弟，就去了英國大使館。

那天和英國駐華文化參贊及英國文化委員會駐華首席代表，聊得十分熱烈。作為禮物，我贈送給他們天津大會的論文集《騰飛的構想》和已經出版的十幾期《中青年經濟論壇》。

這些象徵著中國年輕經濟學家學術水平的出版物，他們從來沒有見過。於是，這些禮物把一次一般性的見面，變成了一場非正式的學術交流。

來而不往非禮也，在談話和交流的最後，他們正式邀請我在合適的時候訪問英國，一切費用由英國文化委員會出，還可以帶一名翻譯，費用也由他們一併支付。不僅如此，英國文化委員會首席代表甚至表態，在英國訪問的時間需要多長、都安排哪些內容、旅行線路如何選擇，都可以由我自己決定，英國文化委員會會按照我的要求給予全面配合。

這可是從未聽說過的最高規格。

回到學校，我立即拿著英國文化委員會給我發出的訪英邀請，向學校

提出了出訪英國的申請。

學校外事處逢處長是我的好朋友。一年之前，南開大學建設外國專家樓、「誼園」招待所和留學生宿舍時，資金嚴重不足。逢處長請我幫忙，我通過市外經貿委及天津開發區，幫助南開大學解決了銀行貸款。南開大學和逢處長都欠我一個好大的人情。因此，關於我出訪英國的申請報告，逢處長非常重視，馬上就由學校外事處上報到了國家教委。

國家教委外事司的批覆很快返回到南開大學：

「經請示，南開大學教師杜廈，應英國文化委員會邀請，出訪英國的申請，不予批准。」

得到這個消息，我既沮喪，又意外。一般情況是，如果全部費用由邀請方出，又是純粹的文化交流，國家教委很少會不批准。這次這麼快就被「不予批准」，究竟是為什麼呢？實在讓人想不明白。

逢處長也對國家教委這個批覆不滿意，他好像覺得無法向我交代。他專程去了一趟北京，以尋求國家教委外事司對於不批准我訪英的解釋。

逢處長一回到學校，急忙把我找到學校外事處。

「杜老師，你惹了個大禍！」逢處長第一句話就把我嚇了一大跳。

「你在全國許多大專院校，關於『國務院赴美留學生工作組』的巡迴演講，以及中國青年報上發表的《第五代》，都給國家教委留學生的新政策出台，製造了『突然襲擊』，引起了很多麻煩。」逢處長一臉的擔心和不安，談到國家教委時，甚至有些談虎色變。

「現在國家教委幾乎人人都知道南開大學有個杜廈。主管部長說：『這個杜廈還想出國？他惹得麻煩還不夠嗎？』於是，你的訪英申請，就在這樣的背景下，被這位部長親自『槍斃』了。」

這位部長，是在我國教育界鼎鼎大名的老革命家、老教育家。他 1953年起，就先後擔任高等教育部的副司長、司長。文化大革命前的 1965 年，他就已經是國家高等教育部的副部長了。他是國家教委最資深的領導幹

部，在國家教委一言九鼎。《第五代》發表時，這位部長不僅是國家教委主持工作的副主任，還擔任著中國國際交流協會的會長。

逄處長講的理由使我突然明白了：我已經進入了國家教委的「黑名單」！不僅我這次出訪英國變得不可能，今後無論什麼好事，大約也不會落到我的頭上了。

能不能去英國訪問其實並不重要，重要的是國家教委這個「不予批准」，實在是讓人噁心！他們自以為是，一幅官僚嘴臉，老虎屁股摸不得，著實讓人反感。我很憤怒。本來《第五代》為國家、為教育做了件大好事，反遭國家教委嫉恨，這讓我無法接受。我不打算逆來順受，心裡想：管你什麼部長，這個英國，我還非去不可了！

「你這次訪問英國，不走國家教委的批准渠道，走天津市外辦的批准渠道，也許更順暢些？反正你也是天津市政府正式任命的幹部嘛。」逄處長好像覺得我的訪英申請被教委駁回，有些對不起我。他在努力幫我想辦法。其實他的話正合我意，第二天，我就專門去見了李瑞環市長。

李瑞環一如既往地爽快、乾脆：「國家教委不批，我們天津市批。你馬上就去找市外辦，就說是我說的，讓他們辦理手續。你以天津外經貿委幹部的名義，接受這次邀請，出訪英國。」瑞環市長當場表態。

「這麼好的事，也要橫加阻攔，這個國家教委還能不能辦點正事？」李瑞環好像又氣憤，又無奈。他對國家教委的不滿已經不是一天兩天了。

有了瑞環市長的「尚方寶劍」，我一路順利，辦好了出訪英國的手續。

朱嘉明剛剛從美國回到中國。在密歇根大學一年的訪問學者生涯，把他給累壞了也苦壞了。聽說我被英國文化委員會邀請去英國訪問，在牛津、劍橋、曼徹斯特、紐卡索、愛丁堡等五所大學有多場學術交流，一路都是英國文化委員會高規格接待，而且還安排了觀賞英國皇家歌舞劇院、倫敦交響樂團的演出，這麼牛逼的頂級訪問，他實在是想和我一起走一遭。

朱嘉明「改革四君子」的名號響亮，經研所翻譯武小弟，本來就對他崇

拜有加，再加上朱嘉明不住地軟磨硬泡，武小弟終於把翻譯的資格讓給了朱嘉明。

英國這次旅行和朱嘉明朝夕相處了十四天，我們之間無話不談。從中國的體制改革到個人的人生目標，我們都深入地交換了彼此的看法。這十四天，使我們有機會相互深入了解，彼此心心相印。這次旅行，開創了我們此後三十年的友誼。

因為《第五代》的事，我已經被國家教委記入了「黑名單」，本應該老老實實地不要再惹事生非。但這次明知國家教委不批准我出訪英國，而我卻暗渡陳倉，通過天津市外辦的渠道，還是去英國進行了這次訪問，這就觸犯了國家教委的大忌。我相信，我已經不可能再繼續平平安安地在南開大學當一名老師了。從英國回到天津以後，我下決心離開南開大學。

正在我要離開天津，重新選擇出路的時候，朱嘉明帶著李湘魯，親自來找我，希望我能夠到他們剛剛創辦的中信國際研究所來工作。

李湘魯原來是趙紫陽的秘書，現在在榮毅仁的建議下，出面組建這間專門從事中國對外開放研究的研究所。他們倆希望我能在這個新組建的研究所中，發揮比較重要的作用。從莫干山大會、天津大會、創辦《中青年經濟論壇》以及《第五代》的發表，他們看到了我的研究能力和組織才能。希望我能和他們一起，把這個研究所辦成一個國家對外開放政策的理論研究基地。

我心裡對於朱嘉明的推薦十分感激。我沒有猶豫，立即接受了他們的建議。

我也向他們倆提出了我的兩點建議：

1、要在深圳建立一個專門研究港、澳、台和「四小龍」的深港分所。這些地方和大陸的文化最為接近，從他們迅速崛起的經驗裡，可以尋找到對我國對外開放最有借鑒意義的理論和政策措施。而以前，我們對於他們經驗的研究不僅不夠，甚至缺少足夠的重視和尊重。如果可以，我來領銜

這個深港分所。

2、我們國內所有的理論研究人員，一般都是從理論到理論的研究。在這些研究中，很少有人親身體驗過資本主義市場經濟的實踐。因此在深港分所下面，我希望成立一個面對港、澳、台，兼對深圳特區的經營性公司，以獲取國內無法獲取的關於資本主義市場經濟的第一手體驗。

湘魯和嘉明痛快地答應了我的建議。

為了能夠使我全力以赴地在這個研究所工作，中信董事長榮毅仁親自找我進行了一次很長時間的談話。中信副董事長，曾分別擔任過冶金部部長和石油部部長的唐克，親自帶我到深圳，為建立深港分所的事會見了深圳市委書記李灝，獲得了李灝的全力支持。

在深圳，唐克部長還陪我一起去見了正好也在深圳的天津市副市長李嵐清，還和李嵐清一起吃了頓午飯。席間，李嵐清站起來一邊親切地替唐克部長按著雙肩，一邊笑著說：「唐部長，如果不是您老親自點將，我還真不捨得放走杜廈呢。」李嵐清正式代表天津，向唐克部長承諾，放我來中信國際研究所工作。

從天津的李瑞環、李嵐清，到中信的榮毅仁、唐克，再到國際問題研究所的李湘魯、朱嘉明，他們對我的一片信任和殷殷期待，使我感動。尤其是湘魯和嘉明，為了我能夠到這個研究所來，可謂煞費苦心。我必須傾盡全力，不辜負他們對我的期望。

我費了好長時間，作了大量的工作，才讓王致華在南開大學校醫院辦了「停薪留職」，我帶著她和未滿十歲的兒子，搬到了她們完全陌生的城市深圳。

此時是 1987 年的初秋。

我下定決心，不留退路，抖擻精神，準備在深圳展開一場全新的奮鬥，把這個深港分所辦成中國最好的四小龍問題研究機構。

不過，深圳歡迎我們全家的方式卻很特別。

全家坐火車到了廣州，深圳的朋友楊雨開車從深圳來廣州接我們。趕到深圳時天已經全黑，到了該吃晚飯的時候了。楊雨和幾位深圳的朋友，聚到蔡屋圍大酒店擺宴給我們全家接風。吃過這場豐盛的接風晚宴後，來到停車場我們才驚愕地發現，在我們吃飯的時候，我們乘坐的麵包車已經被撬。我們帶到深圳的兩個碩大的行李箱，已經影蹤全無。

令人無法忍受的是，我們一家三口，連最基本的洗漱用具和換洗的內外衣物都在這兩個行李箱裡面。一瞬間我們全家頓時變得「赤條條來去無牽掛」，好不尷尬！

好在我的口袋裡，還有 800 塊錢，那是我們家的全部積蓄。第二天，我們買了必須的換洗衣物，又買了三輛自行車。沒想到，幾天以後，三輛自行車也都先後丟失。至此，我們家的 800 塊全部花光，我們變得身無分文。

剛到深圳，就遭遇了行李失竊和新買的自行車全部丟失的窘境，把全家的積蓄也在一週之內全部花光，這對致華打擊慘重。她不大滿意我倉促把全家搬到深圳的決定，她不僅工作暫時沒有了著落，兒子的教育問題也令她十分擔憂。那時的深圳，還被人們稱作「文化沙漠」。兒子從南大附小這麼好的學校，遷到了深圳這麼個教育落後，到處充滿商業掘金氣息的城市，王致華心裡對於孩子的成長環境，憂心忡忡。

但既然已經做了決定，我是絕對不會反悔的。我還是對於我在深圳即將建立的深港分所充滿信心。對於全家搬到深圳後的前途，我也並不悲觀。因為在向李湘魯提出建立深港分所並成立一個經營性公司的建議時，我已經在為我人生的下一步，作了事先的規劃。

我內心裡早就勾勒出了我這一輩子的軌跡：現在所從事的研究工作，我是不會一直幹下去的。終究我不是一個甘願一輩子待在圖書館和資料堆裡的人。我朦朦朧朧地感到，終有那麼一天，我會選擇在合適的時機投入商海。如果真是那樣，深圳這個充滿活力和想像力的城市作為經商的起步

點，無疑是最恰當的選擇。

不過，無論將來如何，眼下最重要的，是要迅速地展開出色的研究工作，讓深港分所一炮打響。

深港分所的第一個研究項目，選擇了研究 60 至 80 年代泰國的經濟發展奇跡，以期從泰國經濟快速發展的奇跡中，找到可資中國借鑒的東西。

泰國 1960 年國民生產總值僅為 27 億美元，到了 1987 年，泰國國民生產總值已經達到 470 億美元，27 年中增長了 16.4 倍。這是令人匪夷所思的快速增長，堪稱是一個世界級的經濟發展奇跡。泰國在經濟迅速發展的同時，還基本控制了物價的上漲幅度，做到了物價基本穩定，人民生活逐步提高，社會比較安定。這些都是八十年代的中國需要認真學習和借鑒的地方。

我帶了南開大學的張維平、姚林、武曉鷹和田浩（翻譯），在泰國考察了 12 天。回國以後，由我執筆，寫出了《泰國經濟快速發展的啟迪與借鑒》的報告。

這份報告最有價值的地方，是通過對泰國近 30 年經濟騰飛經驗的借鑒和研究，對中國進一步改革開放，提出了頗為大膽的建議和設想，這就是：

1、採取堅決措施，制定各類稅收優惠政策，創造各種條件，大規模引進外資；

2、迅速調整關稅政策，促使沿海地區產業結構從「進口替代型」向「出口導向型」轉變；

3、借鑒亞洲「四小龍」和泰國的成熟經驗，打破四個經濟特區和十四個沿海開放城市的限制，將中國所有沿海地區全部對外開放。對這些地區進行大規模的「外向型」改造，讓這些地區先於內地其他地區，融入國際經濟大環境。

即使今天回過頭去審視，這份報告的內容，在當時也是極具前瞻性的。這份報告，主張向發達的資本主義國家，全面打開國門。贊成大力引進資

本主義國家的資本，把他們的跨國公司全力引進中國。報告還主張向資本主義世界全面開放中國的市場，以換取發達國家的資金，技術和管理，快速進入中國。報告指出，只有全面對世界「開放」，將中國的國民經濟發展，融入到國際大循環中去，中國的經濟發展和四個現代化才有希望。

中信國際研究所將這份報告，呈送給了國務院領導同志和國務院的有關部門。

緊接著，作為配套研究，深港分所又專門就香港的外向型金融產業、免稅港政策等，進行了深入的研究。1987年底，也由我撰稿，寫出了第二份涉及「全面對外開放」的報告，呈送給了國務院領導同志和國務院有關部門。

兩三個月以後，1988年第一季度，當時的國務院總理趙紫陽，提出了著名的沿海發展戰略：從學習「四小龍」的經驗入手，利用國外資源和市場，將沿海的1億到2億人口投入國際市場，即大進大出、兩頭在外，開展國際大循環。

1988年3月4日，國務院在上海召開沿海地區對外開放會議，對貫徹實施沿海發展戰略，作了全新的具體部署。3月18日，國務院發出《關於進一步擴大沿海開放區範圍的通知》，決定迅速擴大沿海經濟開放區。新劃入沿海經濟開放區的有140個市、縣，進入到沿海開放區的人口，一下增加到近兩億人。

1988年9月12日，鄧小平在聽取關於價格和工資改革方案時又說：「沿海地區要加快對外開放，使這個擁有兩億人口的廣大地帶，較快地先發展起來，從而帶動內地更好地發展，這是一個事關大局的問題。」

1987年至2015年的28年間，中國從一個貧窮落後的國家，一躍變為世界第二大經濟強國。1987年時，中國的GDP總量排在全世界第13位，位於巴西、印度之後，僅為2703.3億美元。而2015年中國的GDP總量，早已位居世界第2位，達到了103856.6億美元。28年裡，中國經濟總量

增長了 37.42 倍！

中國經濟迅猛發展的事實證明，1988 年 3 月 18 日國務院《關於進一步擴大沿海開放區範圍的通知》，具有著偉大的歷史意義。從此開始，中國經濟駛入了世界經濟的大海，乘風破浪，飛速前進。正是這個著名的沿海發展戰略，鑄就了這幾十年中國經濟騰飛的世界奇跡。今天回顧這段歷史，無論怎麼讚譽這一戰略部署，也不算過分。

我有理由相信，中信國際研究所 1987 至 1988 年的出色研究工作，為這份偉大戰略的制定，提供了可資借鑒的理論基礎和實例分析。由此，我會因為在這個偉大戰略裡面，裝載著我們的努力與智慧，而感到終生自豪。由於這一偉大的對外開放戰略的實施，促成了中國國民經濟三十年的巨大發展奇跡，我們也會因為在這一偉大的經濟奇跡中，曾經有過我們的一份功勞，而感到無比驕傲。

由此我毫不懷疑，所有像我一樣，曾經積極參與中國八十年代改革的青年知識分子，所有那些在改革的驚濤駭浪中，衝鋒陷陣的年輕人，都會為那段時間我們能夠奉獻自己的一份力量，而感到一生的榮光。我們的那段青春時光，過得充實，過得精彩，過得讓人難以忘懷。

「窮」，真的很傷自尊

雖然我曾經是國內著名的中青年學者，也曾在著名大學作過教授，最終歷史留給我的定位，卻是一個商人，一個知名企業家。很多人對此都感到奇怪。

確實，一個已經在全國經濟學界嶄露頭角的青年經濟學家，一個著名大學的年輕教授，為什麼毅然決然地放棄已經成功的學術生涯和令人尊敬的社會地位，去下海經商？甚至公職都不要了，甘願去作個地地道道的「個體戶」？在八十年代，這很少有人能夠理解。

幾十年來，這樣的問題，我被媒體和友人問過無數次。

要清楚地理解這個問題，還要從 1986 年香港的一頓「下午茶」談起。

從 1986 年到 1989 年的三年間，我曾多次訪問香港。當時，整個中央領導層，對於「亞洲四小龍」享譽世界的經濟奇跡十分重視。我和我的研究團隊，當然希望徹底弄清這一經濟奇跡的全部內在規律和可供借鑒的經驗教訓。

香港大學亞洲研究中心，是全世界研究「亞洲四小龍」最早和最具深度的研究機構。甚至「亞洲四小龍」的概念，都是這個中心的主任陳坤耀博士提出來的。因此，八十年代後半期，我和香港大學亞洲研究中心，保持著非常密切的學術聯繫。

深港分所香港課題組與香港大學亞洲研究中心著名學者陳文鴻學術座談。
左起：楊魯軍、武曉鷹、陳文鴻、我、張維平。

　　1986 年我初次到香港，港大亞洲研究中心的陳文鴻博士，約我到中環置地廣場見面，提議一邊喝茶，一邊聊我們需要討論的學術問題。我欣然答應赴約。我從灣仔的新華社駐地乘地鐵，準時抵達了置地廣場。

　　陳文鴻早已等在那裡。

　　整個亞洲研究中心除陳坤耀博士以外，最為著名的專家就是陳文鴻博士。陳文鴻一副寬邊近視眼鏡，溫文爾雅，頗具學者風度。他比我小一歲，在澳大利亞弗林德斯大學取得博士學位。在香港，他是一位很有成就的年輕經濟學家，也是我在香港最為親近的學術界朋友。

　　喝「下午茶」的地方，在置地廣場中廳一個獨立的二層平台上，那裡裝修華麗，安靜高雅，四處散發著濃烈的英國貴族氣息。我從來沒有到過這樣高檔的地方。

　　我們談得興起，從下午 2 點，一直聊到快 5 點。我有些累，也感覺談得差不多了，準備付賬離開。

　　服務生一派紳士風度，把兩個夾著賬單的黑皮夾子，輕輕地放在我們面前，微微點頭道了聲「打擾了」，就退了下去。

　　打開皮夾子，賬單上 480 港幣的數字，映入我的眼簾，把我嚇了一跳。我的臉頓時變得緋紅，汗跟著就從兩鬢流了下來。連零錢算在內，我渾身上下一共只有 210 港幣，那對於我，已經是不少的錢了。而這頓「下午茶」的費用，竟然相當於我在南開大學五個月的工資（當時一塊港幣相當於 1.2 元人民幣），我真的付不起這頓茶錢。

　　陳文鴻看出了我的尷尬，主動把賬單拿了過去。

　　「我來付吧。」為了避免我的尷尬，他說這話時，甚至沒有用眼睛看我，刻意把臉轉了過去，好像是在尋找服務生。

　　「對不起，我沒帶那麼多錢。」我誠懇地告訴陳文鴻。此時我的心裡真不是滋味。這已經不是一般的尷尬，而是羞愧難當，甚至有些無地自容。

　　「下次到北京，我來做東吧。」

我找話題來化解尷尬，企圖掩飾自己的窘境。

「好。」陳文鴻付完賬，又坐了下來。

「陳博士，可以提一個不該問的問題嗎？」我心裡已經百味雜陳，精神上的刺激，使我對於我們之間的收入差距，陡然產生了興趣。

「一切都算上，您一個月平均收入大概有多少錢？」我問詢的口吻聽起來很平靜，但話一出口，臉上又火燒火燎起來，汗珠還是不停地從臉頰滾落，我掩飾不住自己內心的顫抖。

陳文鴻看出我內心的掙扎，這似乎已經不是一般性地聊家常，他也認真起來。

「工資加上稿費、電視台的出鏡報酬、額外講課報酬等等，一個月大約 4 萬港幣吧。」陳文鴻好像在談一個學術問題，平淡而充滿探究的口氣。

我當時每個月的工資是 98 元人民幣。

我陷入沉思。

1986 年，我已經接近 38 歲，如果 60 歲退休，我人生剩下的職業生涯，一共還有 22 年。以每個月 98 元，全年 1200 元的工資總額計算，此生餘下的全部工作時間加在一起，我一共可以掙到 2.64 萬元，折合當時的港幣是 2.2 萬港幣。用陳文鴻的每月 4 萬港幣一除，我 22 年的全部收入，僅相當於陳文鴻 14.3 個工作日的收入。

結論太驚人了！我拚盡了一輩子，剩下的全部人生所能掙到的錢全加起來，竟僅僅相當於陳文鴻半個月的收入。這完全令我無法理解，也讓我驚訝得不知所措。

以前我所理解的和收入有關的所謂差距，例如工農差距、城鄉差距、腦力勞動和體力勞動的差距，都是在描述一種由於經濟地位不同而產生的「經濟角色」的差距。這些所謂「差距」對於我來說，只有學術上的意義，其實離我的生活很遠。對於這些差距給人們心靈可能造成的震撼，我沒有任何切身感受。而這次置地廣場的下午茶，使我深刻感受到了我和陳文鴻

之間巨大的收入差距。這差距，居然牽扯到了我作為一個人的尊嚴問題。我突然有了刻骨銘心般的全新體驗：收入多少，竟然成了一種標準，一種人們是否可以確保自己有尊嚴的標準。

我第一次認識到，收入的差異，錢的多寡，已經絕不僅僅是一個經濟學意義上收入差距問題。在某些場合，某種情況下，能夠掙多少錢已經變成一個人的價值問題。絕對正確，此時的錢，已經變成我們人生是否有價值的一種衡量物。

這使我回想起了 1985 年我第一次訪問美國時的情景。

那次訪美的國務院代表團，國務院副秘書長張文壽帶隊，有國家相關部委的七個司局長級幹部參加，是一個很高級別的代表團。那架載著我們的巨大波音 747，從首都機場起飛後，右側一台發動機突然熄火，嚇得我們魂飛魄散。飛機緊急迫降在日本東京的羽田機場。

在羽田機場貴賓休息室裡，我和這七八位司局長們，第一次見到像玻璃杯一樣的一次性塑料水杯。那水杯儘管是一次性的，但晶瑩剔透，做工精細，既乾淨又輕盈，國內根本沒有見過。我見到身邊的這些司局長們，許多人把自己用過的一次性塑料水杯，偷偷放入自己的提包之中，一次又一次。有人甚至把擺在桌上的好幾個一次性塑料水杯摞在一起，一股腦塞進自己的提包裡去。

儘管這算不上「偷」，但顯然不是什麼光彩的事。說實話，這著實是一件非常丟人的事，甚至說這些司局長有失尊嚴和體統，也不過分。

我看得出來，他們在往自己的包包裡塞入這些一次性水杯的時候，眼睛環視四周，刻意避開周圍人們的目光。顯然，他們心裡對於這樣做也很不好意思。連我這個大學的一般講師，都看不起這樣的行為，在其他人眼裡，尤其是在周圍的日本人眼裡，會是一種什麼樣的感覺呢？他們是否心裡在尋思：這些中國人……

他們這樣做的原因，也許只有一個：實在太窮。「窮」有時就會幹出讓

人瞧不起的事情，這沒有辦法。相信這些司局長的內心獨白是：我又不偷不搶，這些一次性水杯扔掉多可惜。拿回家，可以當做玻璃杯用，還摔不壞！問題是，如果他們不窮，如果他們比他們身邊的那些日本人更有錢，他們絕對不會去拿日本人機場裡這些一次性水杯的，絕對不會。

也還是那次訪美，另一件因為「窮」而發生的事情，曾經在心裡折磨了我很多年。

在紐約，我的訪問和巡迴講演已經接近尾聲，我要去為妻子王致華和她的兩個妹妹買些東西帶回中國。打聽留學生以後，我來到在曼哈頓下城的一家服裝商店。聽說那裡的衣服既時髦，又便宜。

進了那家服裝商店，一看貨架上琳琅滿目的服裝，價格都在 5 到 10 美金之間，最貴的也不會超過 20 美金，而且漂亮、時尚，這使我喜出望外。我此次出差美國，每天有 5 美元的補貼和零用錢，幾十天下來，我也攢了百十來美金了。我便按照致華和她兩個妹妹的尺寸，挑選了若干件非常漂亮的外衣和裙子，高高興興地去結賬。

回到駐地，前來看望我的留學生朋友告訴我，那是一家「舊衣商店」。裡面賣的各色衣服，都是美國人穿過的。或是換季淘汰，或是主人由於搬家，當做不要的衣服，成堆甩賣出來的。

當知道我買的這些衣服，都是美國人穿過的「舊衣服」時，我瞬間感到渾身刺痛，臉上發燒，內心泛起一種被侮辱的感覺。同時，我也覺得無奈：沒有任何人強迫你到那樣的商店去買舊衣服。你口袋裡的錢決定，你只能去那樣的商店，買那樣的衣服。

看著這些被洗得乾乾淨淨，熨得平平貼貼，完全可以魚目混珠地當做新時裝的舊衣服時，我覺得自己好虛偽，根本就不像一個男人。我徜徉在紐約的大街上，曼哈頓無數的高樓大廈聳入雲天，它們任何一棟都價值連城，而我卻身無分文。大街上無數匆匆走過的男男女女，個個衣著光鮮，打扮得體時尚，而我卻穿著一件蹩腳的「中國式西裝」，一雙不合腳的劣質

皮鞋，連一件給老婆的禮物也買不起。我真的沒有錢，如果去正式的百貨商店買新的時裝，我確實一件也買不起。毫無辦法，我只能吞下自己內心裡的這份掙扎，老老實實地接受現實給我的這份自卑。原因只有一個：在這裡，我是一個窮得不能再窮的人。

這種滋味真的很不好受。

儘管我心裡委屈，我還是決定把這些假的「新衣服」送給致華和她的姊妹們。我把這些舊衣服作為「新衣服」，整整齊齊地疊好，放進箱子裡，回國送給了致華和她的兩位妹妹。她們非常高興，各個穿在身上去單位顯擺，得意洋洋。她們越高興，我心裡就越難受。

我僅僅是因為窮而欺騙了她們。儘管我的出發點是番好意，我還是覺得傷害了她們。我一直為這件事感到萬分對不起她們姊妹，這使我的心傷得很厲害。

陳文鴻和置地廣場480港幣的「下午茶」，給我的震撼十分徹底。從那天開始，我就下定決心，要去經商，要去掙錢。我要通過自己的努力，使我這一輩子的任何時候，想買什麼就能買得起什麼，永遠不會再為付一筆茶錢，而讓自己丟盡顏面。我永遠不想因為自己沒錢，而喪失掉別人的尊敬。我還發誓，不僅我自己要贏得社會的尊重，我還要讓我所有的親人，也永遠不會再在「錢」的面前喪失自尊和自信！

既然我認識到，錢也是衡量人生價值的一個標準，我也就下定決心，終有一天，在香港，在紐約，在東京，在世界的任何地方，我都不會因為沒有錢，而讓自己有任何低人一等的自卑感。

我決計要告別學術界，投身商界。我真的要掙很多錢，使自己成為一個讓人尊敬的成功商人。

我下定決心，拋棄過去所有已經取得的一切成功與輝煌，義無反顧地投向商海！

「投機倒把」很刺激！

除了不想再在貧窮的泥淖裡繼續掙扎以外，商海裡澎湃激越的刺激，也是使我放棄令人仰慕的學術地位，毅然投身商海的一個重要原因。

1981 年秋天，我開始撰寫碩士畢業論文。為搜集材料到上海出差時，我藉機去看望了住在浦東高橋的姐姐。她當時生活的窘迫狀況，著實讓我吃了一驚。

姐姐 1963 年從四十七中高中畢業，由於政治原因，她沒有資格考大學。於是被分配到順義的北京維尼綸廠，當了一名工人。但她一直沉浸在戰友文工團給她帶來的美麗「演員夢」裡出不來。於是她放棄了工廠的工作，先後去投考了鐵路文工團、煤礦文工團和中央廣播文工團，立志要成為一名話劇演員。雖然姐姐的專業考試都以優異成績過關，但還是因為同樣的「政審」原因，她一次又一次地被淘汰下來，一次也未能錄取。

姐姐只能利用自己的朗誦和表演天賦，到京城一些文化機構去做「臨時工」。一方面在精神上繼續維持自己的理想，另一方面，也掙些零散收入來養活自己。

姐姐杜立是 1967 年在中國美術館擔任臨時講解員時，認識姐夫仇錫榮的。仇錫榮此時是上海煉油廠的一名工人。由於畫得一手好畫，按照「以工代幹」路徑，他被提拔為上海煉油廠的宣傳幹事。1967 年初，他參與了文革著名油畫《祖國山河一片紅》的創作。當年夏天，他代表創作組，攜這幅油畫到首都美術館參加全國美展。在首都美術館展覽期間，與姐姐一見鍾情。1968 年，姐姐嫁給了仇錫榮，並隨他來到上海。

仇錫榮工資不高，每月只有 42 元錢。姐姐剛剛到煉油廠，又是個沒有「國營」身份的人，也只能在街道的家屬工廠裡，當個「小集體」工人。姐姐每個月工資只有可憐的 24 塊錢。兩人要置家，要養孩子，還要照顧身邊的父母，家裡窮得叮噹亂響。

　　不僅窮，在街道工廠上班時，姐姐還讓機器軋掉了右手的大半個食指，造成了輕微「殘疾」。廠方為照顧她，把她轉到高橋鎮的一所小學，去作了小學語文老師。工資還是一個月二十四元。但姐姐原來在工人崗位上的「勞保」待遇就沒有了，每個月又少了將近三塊錢的收入。每個月的月尾，姐姐家多少都要向親戚借點錢，才能捱到下個月的發薪日。

　　由於太窮，姐姐買不起上海到佳木斯的火車票。從 1968 年到上海，直到 1981 年我到高橋去看她時為止，姐姐居然 14 年從未去過佳木斯看望媽媽。媽媽想這個女兒，女兒也想自己遠在天邊的媽媽。可是從上海到佳木斯幾千里之遙，即使買硬座車票，來回也要七十八塊錢。這可是一筆大錢。

　　另外，去看媽媽總不能兩手空空，多少要花點兒錢買些年貨和禮物。加上這些花銷，沒有個百十來塊錢，姐姐是無法去一趟佳木斯的。而這百十來塊錢，是姐姐一家兩個月的全部收入。他們兩人經濟上支付這麼大的一筆開銷，確實是有相當的困難。

　　僅僅因為沒有路費，母女倆已經 14 年未曾相見，這聽起來的確讓人唏噓不已。儘管我理解姐姐全家的處境和她的困難，但我還是對於她 14 年沒有能夠想盡一切辦法去佳木斯看望一次媽媽，心裡有些不滿。

　　我心想，不就是錢的事嗎？我如果能幫助姐姐掙出這筆錢來，她一定會去佳木斯看望媽媽的。我確實從心裡想幫助她補上這個遺憾。我一輩子都不會忘記，1968 年，是姐姐把我從監獄裡領出來，還請我在海淀鎮上吃了那頓肉包子。僅僅因為這件事，一生任何時候，照顧和幫助姐姐，我都責無旁貸。

　　我決心幫助姐姐，實現和媽媽以及我們一家人的團聚。

　　當時的上海市民，每月和每個重大節假日，都有「香煙票」供應。憑著這種「香煙票」，居民家庭每個月都可以購買到一條香煙。香煙票分「甲級」和「乙級」。「甲級」香煙票只有逢年過節才特殊供應。因為「中華」、「牡丹」、「紅雙喜」等高檔香煙，都是上海本地產品，於是上海市民憑逢年過

節發放的「甲級」香煙票，便可以購買到「中華」、「牡丹」等高檔香煙，這是上海市民的特殊「待遇」。其他中國城市，除了高級幹部「特供」以外，普通市民是沒有這種供應的。

我告訴姐姐姐夫，讓他們找親戚、鄰居和同事，設法借些「甲級」香煙票。如果他們能夠借錢買來十條中華、牡丹等高檔香煙，回到佳木斯，我就能想辦法把這些煙高價賣掉。這樣，不僅可以把姐姐往返佳木斯的車票錢賺出來，說不定還夠支付送禮的費用。甚至還可能會有些餘富，供他們貼補家用。

姐姐聽了高興得不得了，竟迫不及待地給媽媽寫了信，說是冬天要去佳木斯看望媽媽，實現期待了十幾年的全家團聚。

姐姐這封信把我逼上了梁山。這個「香煙販子」，看來我是非幹不可了。

姐姐姐夫知道我是說話算數的，再加上我以往的辦事能力頗得他們的信任，他們便全力以赴地去按照我的計劃行動。兩個星期以後，姐姐和姐夫東拼西湊，連借帶要，居然從親戚朋友手裡，弄到了十條「甲級」香煙票。然後借錢買了五條中華香煙，五條牡丹香煙。

按照計劃，姐姐選擇我放寒假的時候，又借了百十元錢，買了從上海到佳木斯的往返硬座火車票。還給我們一家，買了一些上海特產和年貨。

從上海到佳木斯，連在天津轉車在內一共三天兩夜。火車上，姐姐始終沒敢合眼。她生怕這一箱子香煙被別人偷走，如果把這十條煙丟了，那可真是要了姐姐的命。她不僅不敢睡，連上廁所，都要抱著這箱子香煙去。姐姐路上一直盯著懷裡的這箱香煙，熬到了佳木斯。

按照我的計劃，姐姐已經把香煙弄到佳木斯來了，接下去就看我怎麼替她賺這筆錢了。

其實，賺這筆煙錢，絕對沒有那麼簡單，本質上這叫投機倒把，是當時法律明令禁止的刑事犯罪。

我在七十、八十年代吸煙很兇，很清楚中山路飯店一帶，是佳木斯販

賣「黑煙」的地下區域。敢在那裡賣煙的，大多是天不怕、地不怕的人。他們幾乎都是幹過一些不法勾當，而受過法律制裁的人。最起碼也是能夠打架鬥毆，強霸四方的主兒。

這些煙販子只賣市場極難搞到的高檔香煙，例如中華、牡丹、紅雙喜。這都是佳木斯人想也不敢想的名牌高檔煙。於是，煙販子一般把千方百計弄來的中華、牡丹等高檔香煙，拆包後一支一支地賣。這樣不僅利潤高出很多倍，還由於數量太小，警察想抓人也難於下手。儘管也算投機倒把，但因為香煙是一支一支賣的，警察實在因為數額太小而無法定罪抓人。

松花江飯店當時是佳木斯最高檔的飯店，來這裡吃飯的人絕不是一般老百姓，他們大多是有錢消費高檔香煙的人。飯前，大多數請客的人，會在飯店周圍的香煙黑市上，為他們的客人買上十來支高檔香煙，放到小盤裡，讓請來的客人們過一過吸高檔香煙的癮。

而我想幹的事和這些煙販子完全不同。他們是一支一支地賣，夠不上投機倒把罪。而我一下子要販賣十條高檔香煙，一共是兩千支，足夠定一個投機倒把罪了。政府要重點打擊的對象，正是我這樣的人。

我把國家憑票定量供應的高檔香煙，從上海弄到佳木斯去販賣，最起碼是犯了「長途販運」、「投機倒把」、「倒賣緊俏物資」、「變相倒賣票證」等多項罪名。

打倒「四人幫」後的新時期，這些奇怪的法律罪名，不但沒有解除，反而在 1979 年刑法第 117 條更進一步規定：「違反工商管理法規，投機倒把，情節嚴重的，處三年以下有期徒刑或者拘役，可以並處罰金或者沒收財產。」

1981 年 1 月，國務院又下發了《關於加強市場管理，打擊投機倒把和走私活動的指示》，要重點打擊投機倒賣，居間牟利，獲取非法收入的罪犯。

我 1981 年在佳木斯倒賣香煙，正好和剛剛下發的這份文件撞上。這明顯是跟國務院打擊「投機倒把」的指示對著幹，純屬頂風作案。如果被抓

住，肯定會罪加一等。估計三年徒刑大概是跑不掉的。

但我已經「箭在弦上，不得不發」。

松花江飯店旁的香煙黑市上，一支中華煙大約能賣兩毛到兩毛五分錢，一支牡丹煙大約也能賣到兩毛錢左右。

為防止被便衣警察和工商管理人員盯上，我身上一包煙也沒帶。由於身上什麼罪證也沒有，這既不可能構成犯罪，也不可能讓那箱比姐姐命還值錢的香煙，被警察和工商管理「沒收」。

我把雙手揣在棉衣口袋裡，似是在漫不經心地逛街。走到一個老牌煙販子身旁時，我沒有看他，臉繼續朝著前方，卻輕聲對他說：「要不要整條的中華？」然後我若無其事地和他擦肩而過，像是電影裡地下工作者，街頭對暗號時的樣子。

他顯然把我的話聽得清清楚楚，立即轉過身來，快步追上我。

「你有多少？」

「看你想要多少？」

我們說話時，誰也不看誰，像是對著前面的空氣自言自語。

「什麼價？」他迫不及待地表現出了興趣。

「中華 35 元一條，牡丹 32 元一條，不劃價。」此時，我們已經遠離了松花江飯店的「香煙黑市」區域，危險性大幅度降低。

我按照事先觀察好的地點，把這個煙販子領進了一條窄小的胡同。胡同狹長，堆滿積雪的小路上，沒有任何行人。

在那條窄小的胡同裡，我們達成交易：中華煙按 32 元一條，牡丹煙按 30 元一條成交。十條煙他全部都要。

我要求他帶我到他家去，我告訴他，一是看看他是不是真是一個煙販子，是否有錢買得起我的十條香煙；二是實地考察他，是否是個便衣警察，如果是，一到他家，便立即真相大白。

從他老婆、孩子的表情看得出來，這肯定不是一個便衣警察的家。這

傢伙是個真正的老煙販子。他把一堆賣煙的零散鈔票，拿出給我看，表示今晚就能湊好十條煙的錢。

到他家的實地考察，使我放心不少。

我們約好晚上八點整，我帶煙到他家，他把賣煙的錢給我準備好，一手交錢，一手驗煙。

吃過晚飯，我卻待在家裡沒動。

姐姐有些擔心。

「是不是煙不能賣了？八點都過了，怎麼還不去呢？」姐姐小心翼翼地問我。

「現在不能去。如果那個買煙的傢伙和警察是一夥的，他們一起設個『套』，讓咱們八點鐘鑽進去，那咱們就賠了夫人又折兵！不但我會被他們抓進公安局，煙也會被他們沒收。然後他們偷偷把煙一分，既立了功，又私下得到了這些寶貴的香煙！」

我說的完全合乎邏輯，沒有任何聳人聽聞，姐姐卻嚇得面如土色。

我心裡另有一番盤算。

「因此，八點是我騙他的，咱們根本不能去。什麼時候去，你們聽我的命令。」

「現在睡覺。」我招呼姐姐和致華早點兒上床睡覺。媽媽、姐姐、致華都噤若寒蟬，一句話也沒敢問。

她們都滿腹狐疑，明顯被嚇得夠嗆。

夜裡兩點半，我叫醒了姐姐和致華。

「現在是時候了，起來，你們倆都要跟我一起去。」

她倆擦擦眼睛，一骨碌爬起來，緊忙穿好了衣服。

「夜裡會很冷，都要多穿些。」我囑咐她倆。

我騎一輛車，致華騎一輛車。姐姐坐在我自行車的後座上，抱著那箱子香煙。

　　冬天的佳木斯大約有零下三十多度。整個佳木斯冰冷、黑暗、見不到一絲月光。路上厚厚的積雪，早已經壓成堅硬的冰殼，地面上的車轍，不規則地隆起，拱得我們的自行車忽左忽右，像飄在冰冷黑夜裡的兩片落葉，艱難地瑟瑟前行。

　　這大約是姐姐一輩子經歷過的最難熬的一個夜晚。

　　我們冒著黑夜，騎行了約 45 分鐘。夜裡 3 點半，到了煙販子的家。

　　「誰呀？」聽見我的敲門聲，屋裡傳出被睡夢中驚醒的不耐煩和慍怒。

　　「我。昨天咱們見過，給你帶煙來了。」我輕聲解釋道。

　　「操，昨天等了你一晚上，怎麼現在才來？」煙販子聲音裡都是不滿。

　　「開門再說。」我很耐心。

　　不一會兒，我和抱著香煙箱子的姐姐進了屋。

　　我沒讓致華進屋，派她在胡同口給我們放哨。

　　「老哥，我不能不防。昨晚如果是個『套』，我不就慘了！」我解釋道。

　　「那現在怎麼還是來了？」煙販子還是不解。

　　「你想啊，哪個警察會『蹲坑』蹲到後半夜 3 點半呢？如果昨晚你這兒蹲著警察，現在也早已經回家睡覺去了。」我繼續解釋。

　　「現在快凌晨四點了，已經不會有任何危險，咱倆交易最安全，是不？」

　　老煙販子豎起大拇指，連聲道：「兄弟想得周到。你太厲害了，大哥我跟你學了一招，佩服！」

　　「那就快拿錢出來。我們點錢，你來驗煙。」

　　他的錢都是一塊、兩塊的紙票。五元錢的紙幣已經很少見。煙販子一共湊了 310 元錢，亂七八糟一大摞，都交給了姐姐。

　　姐姐哆哆嗦嗦地接過那一大堆錢，渾身上下不停地發抖。

　　大約是佳木斯這零下三十多度的嚴寒，把她凍得直發抖？

　　也許這場交易的驚險、刺激和強烈的恐懼，令她渾身發抖？

　　抑或是從來沒見過這麼多錢，一旦這些錢真到了自己手裡，激動得渾

身發抖？

也許三者都有？反正姐姐一直在發抖。

很快，煙也驗完了，錢也點完了。

我、姐姐、致華帶上 310 元錢，上了自行車，一路飛快，騎回到了豬板屯的家中。

姐姐買這十條煙一共花了 47 元。扣除成本，這次我一共給她賺了 263 元錢，相當於他們全家，半年的工資收入。

姐姐從上海到佳木斯來回火車票 78 元，給媽媽買的禮物約 12 元錢。回上海時，姐姐又從佳木斯買了些木耳、蘑菇等土特產，大約花了 10 元錢。扣除所有這些開銷和成本，此次「異地販煙、投機倒把」，既幫助姐姐和媽媽實現了團圓，還給姐姐額外淨賺了 163 元，相當於姐姐全家 3 個多月的收入。

姐姐高高興興地在佳木斯住了將近半個月，大包小包地拿著我們給她的各種禮物，滿載而歸地回到了上海。姐姐不僅在姐夫面前揚眉吐氣，還在婆婆家大出了一把風頭。

姐姐一舉還清了她和姐夫欠的全部外債。

儘管我一直認為所謂「打擊投機倒把」、「打擊長途販運」都是一些嚴重有害於老百姓生計福祉的惡法，但我的販煙行為，終究還是違犯了當時的法律，這總不是什麼值得稱道的事情。不過，這次販煙，給我的刺激巨大。

雖然賣那一箱子煙，算不了什麼大生意。但整個事件中，我處事冷靜、機敏，既敢於冒險，又能夠審時度勢。我發現了自己身上潛藏著的商人氣質。

如果說在兵團十連當司務長時，我所表現出來的經商天賦，還沒有使我把它和我的人生道路聯繫在一起的話，那麼這一次的經歷，已經朦朦朧朧地形成一種推動力量，這力量在恰當地時候，會把我推向那個波瀾壯闊

的商海。

可以斷定，如果那一刻到來，我一定可以成為一個傑出的商人，一個優秀的企業家。

我為中國引進了麥當勞

多年以後，經常有年輕記者問我，諸如「能不能說一說您是怎麼收穫第一桶金的？」「您的創業理想是什麼？」以及「您的創業實踐是否達到了您當初的創業目標？」等等。我總是告訴他們，在我做生意的生涯中，根本沒有「第一桶金」和「創業理想」這回事。我敢斷定，百分之九十九以上的創業者，都是從尋求解決生活需求，賺錢養家糊口開始的。絕大多數創業者，根本談不上什麼「創業理想」。如果創業不是從衣食無著的窘境開始，不是從解決衣食住行的切實需要出發，而是抱著一個宏大無比的「創業理想」，那麼，這樣的創業，大多是要失敗的。

剛剛到深圳，我不僅身無分文，連深港分所幾個籌備人員的工資都發不出來。

榮毅仁和唐克支持我來深圳創建這個深港分所。但主管我們研究所的中信副總王軍（國家副主席王震之子，後取代榮毅仁，任中信集團董事長），堅決反對成立什麼中信國際研究所。他通知負責給我經費的中信香港公司，「一分錢也不要給，讓那個深港分所自生自滅。」好在我手裡還有一個《中青年經濟論壇》，我找編輯部暫時借了 5 萬元，開始了我和深港分所在深圳的創業歷程。

我憤憤不平，親自去找王軍說理。王軍蠻橫、強硬、且寸步不讓。我不僅碰了一鼻子灰，還因為揹罵，差點兒在電梯裡和他動起手來。

這一下財源算是徹底斷了，但這並不能使我半途而廢。既然選擇了來深圳創建深港分所，就要走到底。沒有中信的經費，我也必須把深港分所

辦起來，這不僅是對李湘魯和朱嘉明的交代，也是給我自己的一個交代。於是我下決心自己賺錢，不僅要解決研究人員的住宿和工資問題，還要辦好這個深港分所。當然，除此以外，還要養活我自己的家。

我找到我的朋友王健。王健是南開大學國經系 78 級學生，讀研究生時上過我的課，算是我的學生。此時王健任中國農業銀行深圳分行的總經理。

王健一聽說我找他，立即安排請我吃飯。

「杜老師，有什麼事儘管說，只要是能夠幫得上忙的，我一定盡力而為。」

「我想買兩套房，是開發商朋友知道我來深圳定居，專門給我留下的。希望你幫忙做個『按揭貸款』，幫我把這兩套房買下來。」

王健笑呵呵地一口答應：「這事好辦，正在我們的業務範圍之內。」

「不過，你先別急著表態。」按下他的話頭，我接著和他說道：「事先告訴你，我可是一分錢也沒有，我這純粹是空手套白狼。」說完，難為情地衝王健眨眼一笑。

「杜老師，那這事可就難辦了。按照行裡規定，房產抵押率不能高於70%，您一分錢也沒有，等於我們的『抵押率』是 100% 呀！」王健一邊撓頭，一邊忙不迭地解釋。

「這已經替你想好了。」我繼續說下去，「這兩套房在碧波花園，是羅湖最好的地段。現在市場價格是 1480 元一平方米。開發商願意用去年開盤時的價格賣給我，每平方米 960 元。」

我開始給王健算賬。

「你們銀行的抵押貸款部門，肯定要作房產價格的市場評估。按照今年市場上已經交割的碧波花園 46 套房產的成交記錄，平均成交價格是每平方米 1440 元。」

王健瞪大眼睛聽我講，好像當初在南開大學課堂上聽我講課一樣。

「如果評估價格，最終確定在今年市場成交均價的每平方米 1440 元，

那麼 960 元每平方米的價格，還不到市場評估價格的 66.7%。完全在你們銀行規定的 70% 抵押率之下，一點也沒超。」

「聽您的分析和解釋，確實是那麼回事。不過，這筆交易您一分錢也沒出，還是會讓銀行的抵押貸款部門，感到緊張和不太舒服。」王健從邏輯上已經同意了我的分析，但還是覺得哪裡有點不合常規。

我需要繼續對他進行「工作」：

「按揭貸款之所以要有抵押率，一共只有兩個原因：一是貸款者有一部分自己的款項在房子裡，會盡心還款，以便儘快贖出自己的抵押物；二是一旦貸款者還不上貸款時，銀行可以把抵押物以低於市場的價格迅速出賣，以便實現銀行貸款的快速回收，不受損失。」

我繼續給他上課：

「因此，我碧波花園這兩套房子的市場價格，已經達到了每平方米 1480 元，今後還會繼續上漲。銀行如果按照每平方米 960 元實施按揭抵押，任何時候都可以以 960 元以上的價格迅速出手。這不僅符合銀行貸款規定，而且沒有任何風險。」

「況且從 960 元到 1480 元的差價部分，本質上是我個人的投入，因為我現在把這兩套房賣給任何人，我都會獲得這部分差價的收益。」

王健被我徹底說服。

按照他的要求，我在辦理這兩套房產的按揭抵押貸款之前，還去他們深圳農行，給他們剛剛成立的按揭抵押貸款部門的員工，開了一堂課，專門講解了按揭抵押貸款的理論知識和實踐案例。

一個星期以後，深圳農行按揭貸款部門、地產開發公司、我本人三方一起，在深圳農行會議室同時簽署了《房屋買賣合同》和《抵押貸款合同》。合同簽好後，農業銀行當場把 25 萬元的貸款打入了我的銀行賬戶。而我立即把剛剛到賬的 25 萬元中的 24 萬 2 千元，支付給了碧波花園的房地產開發公司，一次性付清了全部購房款項。

　　我一分錢沒出，得到了碧波花園兩套126平方米的住房。付完房款後剩下的八千塊錢，我用來買了一整套家具和過日子的鍋碗瓢盆。

　　不久，我們一家搬進了碧波花園的新居。由此，我在深圳擁有了兩套住房，成為當時深圳少有的「有產階級」。

　　四個月以後，深圳房地產價格瘋漲。我把碧波花園兩套房子中的一套，賣給了深圳中國租賃總公司總經理李西元。他是我北京四十七中的校友，也是姐姐高中時的同班同學。最終，我們的成交價是每平米2980元。僅賣出一套房，我就收入了37萬5千元。

　　在向農業銀行按揭抵押貸款四個月之後，我還清了當初的全部貸款和少數利息，淨落下一套住房，還淨賺了12萬元。

　　還了《中青年經濟論壇》的5萬元以後，「深港分所」一年的經費總算有了。但想把這個一分錢經費也沒有的研究所維持下去，我還是要繼續掙錢來養活它。

　　經費有了，研究工作便可以全面展開了。這才有了後來關於「泰國經濟奇跡」和「香港免稅港建設」的研究成果。但是，如何持續不斷地賺錢來養活深港分所，還是一個沒有解決的問題。

　　像碧波花園買賣房子這樣的事，完全是「天上掉餡餅」的賺錢機會。如果沒有開發商朋友的價格折讓，沒有一個銀行朋友支持按揭貸款，又沒有趕上房價瘋漲的市場行情，以及一位急於買房哥們兒的「不差錢兒」，這筆錢是很難賺到手的。因此，我不可能再指望「買賣房子」賺錢。

　　仔細分析了我的優勢和劣勢以後，我決定「深港分所」的經營性公司，從做「經濟事務代理」起步。之所以從「經濟事務代理」這種服務性工作幹起，是因為我還沒有任何做生意的經驗。此時我最大的資源，是熟悉國家經濟政策和對外開放政策，並且在深圳市有著大量的人脈資源。這麼多年來，我在對外開放領域研究工作的經驗和成果，使我同深圳市政府的主要領導和各個職能部門，都建立了良好的個人關係。因此，在深圳從事「經

濟事務代理」，尤其是為海外的跨國公司做這種服務性的工作，既現實，又容易起步。

我按照中信國際研究所深港分所的英文字頭，註冊成立了「克瑞斯（CRIS）經濟事務代理有限公司」。

令人意想不到的是，克瑞斯公司掛牌成立不到一個月，一家大型跨國公司就找上門來，這就是世界最大的餐飲連鎖集團：舉世聞名的麥當勞。

1978 年中國開始實施改革開放的政策以後，麥當勞就千方百計地希望進入中國市場。但在改革開放初期，國家引進外資的重點，一是要引進先進的工業技術和成套設備，以帶動國內企業在技術上的進步；二是要引進能夠出口創匯的項目，以便為中國經濟儲備急需的外匯。而麥當勞這樣的快餐企業，既沒有什麼先進的科學技術，又完全不能實現國家的出口創匯要求，因此，根本不在中國政府引進外資的考慮範圍之內。

麥當勞為了能夠得到中國政府的批准，動員了各種資源，尋找過各種渠道，花費了十年時間，他們的努力還是沒有任何結果。

1987 年 11 月 12 日，麥當勞全球最大的競爭對手肯德基，正式開張了在中國內地的第一家肯德基餐廳。這家坐落在前門的肯德基，開業火爆異常，不僅創造了肯德基在全球單店的營業紀錄，還使全世界媒體大肆報道。肯德基北京店的開業，不僅打開了中國潛力無窮的巨大市場，還在全世界做了一個巨大而成功的廣告。一時間，肯德基在中國老百姓眼裡風光無限。

這個消息既使麥當勞目瞪口呆，又使他們心急火燎。

麥當勞決心搞明白，他們苦心努力了十年未能登陸中國，而他們的死對頭肯德基，卻能夠突破障礙得以成功，這根本原因到底是什麼？

原來，帶領肯德基進入中國的是一位美籍華人，叫王大東。王大東曾是美國肯德基總部派往南加州的區域經理。1982 年，天津市長李瑞環訪問舊金山時，向王大東發出邀請，希望王大東能把他在快餐領域的經驗帶到天津，以利於天津創造更好的外資投資環境。在李瑞環市長的盛情邀請下，

王大東辭去美國肯德基公司的職務回到中國，在天津勸業場旁，開了一家「傲奇快餐」，獲得了巨大成功。

「傲奇快餐」成功的消息，在美國快餐界引起轟動。1986年，肯德基邀請王大東出任肯德基遠東地區總裁，由他領銜，全力開發中國市場。

在李瑞環市長和他的好朋友北京市常務副市長張百發的親自幫助下，王大東和他的肯德基，以「為在北京的外國人服務」的理由，獲得了北京市對外經貿委的特殊批准。這開創了外資連鎖快餐企業進入中國的先河。

肯德基給麥當勞上了一課。麥當勞可不希望把中國這麼大的市場，全部拱手讓給他們的死對頭肯德基。從肯德基的成功裡，他們明白了，要想有效地疏通渠道，迅速打開中國的大門，他們也必須找到一位像王大東這樣的人。

麥當勞全球總部把開拓中國市場的重任，交給了香港麥當勞創始人兼董事長伍日照先生。

伍日照的副手韓德楊，是南開大學老校友。通過韓德楊，他們知道了正在深圳的杜廈「手眼通天」，還曾經和李瑞環市長關係密切，大約是可以幫助麥當勞走進中國的那個人，於是伍日照和韓德楊一起來深圳拜訪我。韓德楊曾是谷書堂的同學，我們一見如故，聊得非常開心。

韓德楊（右）是香港麥當勞董事長伍日照的助理。他曾是谷書堂教授的同學。他來深圳找我，才促成了我把麥當勞引進中國。

伍日照個子不高，帶一副近視眼鏡，寬寬的腦門，一看就是一個聰明人。他 1937 年生人，比我大 11 歲。曾分別在英、美留學，在美國獲得化學博士學位。早年他曾就職於美國太空總署，是 NASA（美國太空總署）的一位高級工程師。1972 年，伍日照陰差陽錯地成為美國麥當勞在香港地區的合夥人，開始了創辦香港麥當勞的事業。

從 1975 年 1 月，他的第一間麥當勞在香港開業開始，他先後在香港開辦了近 300 家麥當勞餐廳。當時全球最繁忙的前十大麥當勞餐廳中，有七家是他的餐廳。他取得了非凡成功，成為全球最著名的麥當勞合作夥伴之一，被人稱作「香港麥當勞之父」。

他懇切地請我幫忙，協助他把麥當勞引進中國。他希望中國的第一批麥當勞餐廳，能夠首先在深圳開始。這樣香港麥當勞可以就近提供管理協助，還可以大大縮短供應鏈的長度。他堅信深圳麥當勞可以獲得不亞於香港麥當勞的成功。

我當然樂意做這筆生意。我們迅速簽署了《麥當勞餐廳投資代理協議書》，我的克瑞斯經濟事務代理有限公司，成為麥當勞在中國的「投資代理人」。

我親自替麥當勞撰寫了《可行性研究報告》和《項目投資建議書》。我太了解中國的引進外資政策，因此寫來得心應手，頭頭是道。之後，我帶著這兩份文件，去見了深圳主管外商投資的副市長朱悦寧。我一條一條地向他解釋了麥當勞應該進入深圳的道理，說明了國家在引入麥當勞上，並沒有實質性的政策障礙，朱悦寧副市長聽得頻頻點頭。

我和朱悦寧副市長早就相識。1985 年天津中青年經濟理論討論會期間，朱悦寧是與會代表之一。我作為那次大會的秘書長，我們之間有著一面之緣，遂成為朋友。

1987 年我剛到深圳，朱悦寧曾經向李灝書記和深圳市委建議，任命我來擔任深圳市「體改辦」主任。李灝書記和深圳市委常委會，居然迅速通過

了對我的任命。但我實在不想當官，婉言謝絕了深圳市委和李灝書記的好意。我和朱市長的這段經歷，構成了我們之間的友誼。

朱市長直接帶我一起去見了深圳市委書記李灝。

李灝書記是老熟人了，他一如既往地客氣、儒雅、彬彬有禮。

我向他彙報了引進麥當勞的意義，我對李灝書記和朱市長說：

首先，麥當勞是全球最大的現代餐飲業態，和快節奏的現代經濟活動息息相關。對於深圳這樣一個對外開放特區來說，它的存在，是深圳市融入世界現代經濟形態的一種象徵，對於深圳有百利而無一害；

其次，大量到深圳做生意，談合作的外籍人士，尤其是從香港每天大量湧入深圳的香港白領們，都需要這種既方便又衛生的就餐方式。這是目前的中餐大排檔無法做到的。因此，引進麥當勞，成為深圳投資環境改善的實際需要；

第三，北京已經批准肯德基進入北京。麥當勞在國際上是比肯德基重要得多的世界快餐界的龍頭老大，因此引進麥當勞應該已經沒有任何政策上的風險。再加上深圳本身就有省級審批權限，所以，我們不能把麥當勞這麼好的項目推到別的城市去。

其實，最後一點我是在明顯地暗示，如果深圳不批，我也會把這個項目拿到其他城市去批（例如天津），那樣，深圳就丟掉了一個向全世界擴大影響的好機會。

我一番侃侃而談，令李灝書記和朱悅寧市長覺得，深圳沒有任何理由不批麥當勞進入深圳。

我很快拿到了麥當勞在深圳設立外商獨資企業的批准證書。麥當勞十年沒有做到的事，我一週就做到了。

伍日照大出所料，既驚訝，又佩服。他見到我連連稱讚說：「老杜，太謝謝你了！深圳這個投資項目，我們就全都交給你了。」

接著，伍日照任命我們公司的一位高管，成為中國第一個麥當勞餐廳

我把麥當勞引進中國，這在我的經商生涯裡具有紀念意義。

這家全中國第一間麥當勞，開業第一天曾經創下許多項麥當勞的世界紀錄。

籌備組的總經理。我向伍日照推薦了選址地點，並代表他去和開發商談判購買價格。於是，選址、洽購房產、招聘員工、組織餐廳改建和裝修、設備進口、員工的初步培訓，都是由克瑞斯經濟事務代理有限公司代理完成。

全部籌備工作歷經兩年。1990 年 10 月 8 日，中國內地第一家麥當勞餐廳在深圳東門老街正式開業。這家店也是當時全中國唯一一家，被特許使用港幣支付的餐廳。

開業那天，解放路步行街光華樓巨大的金色 M 拱門下，一個紅黃相間的麥當勞叔叔，端坐在光華樓頂上，笑容可掬地俯瞰著人山人海的巨大人流。無數深圳人舉家前往。人們滿腹新奇，排著長隊從餐廳二樓排到一樓，再繞著整個光華樓轉了幾圈。餐廳一共 460 個座位，第一批員工僅有 400 多人，實在忙不過來。伍日照不得不從香港臨時調來 500 多名員工幫忙。上千員工每人要忙 10 個小時以上，還不能滿足顧客要求。餐廳只能採取「出多少人，進多少人」的辦法來調控店裡的客人數。

香港麥當勞為深圳這家麥當勞準備了能夠一個星期用的備料和食物，竟在一天之內全部賣光。當天的營業額，入店人數，均創造了麥當勞 50 年歷史上的全世界紀錄。

這不僅是「克瑞斯經濟事務代理有限公司」最為成功的一筆代理業務，還催生了我職業生涯中一個重要的經歷：我成為了把麥當勞引進中國的那個人！

深圳這間全中國第一間麥當勞，一共投資了 4000 餘萬港幣，這在當時是一個天文數字。由於審批、購買物業、裝修改造、招聘員工、籌備開業都是由我的公司代理，因此，我們在麥當勞身上，好好地賺了一大筆錢。

體操王子李寧

1988 年底，我認識了體操王子李寧。那次相識，建立了我們之間，整

整三十年的深厚友誼。

李寧是中國歷史上最偉大的運動員之一，他整個運動員生涯一共摘取過十四項世界大賽冠軍，贏得過 103 枚金牌。上個世紀的最後一天，李寧被世界最權威的體育新聞組織「國際體育記者協會」，評選為「20 世紀最偉大的運動員」。於是，他的名字與喬丹、貝肯鮑爾、拳王阿里並列在一起，成為世界體育史上最偉大的傳奇之一。

在上個世紀的絕大部分時間裡，中國一直深陷在戰爭、饑荒和內亂之中。到了文化大革命時，中國社會的混亂已經達到頂點。長期無休止地「折騰」和隨之而來的國民經濟崩潰，已使中國成為世界上最為貧窮和落後的國家之一。無論經濟、國防、科技、教育、文化等各個方面，中國不僅乏善可陳，而且都和國際先進水平的距離越落越遠。只有體育，尤其是競技體育中的若干項目，是使中國人民能夠體會到民族自豪感的少數亮點之一。

在這樣的背景下，1984 年，中國歷史性地第一次參加奧林匹克運動會，獲得了 16 塊金牌，這給了全體中國人民從未有過的巨大驚喜。乒乓球、女排、男子體操、射擊、跳水等中國在世界體育競技中，達到世界先進水平的項目和著名運動員，瞬間成了整個國家的珍寶和希望。

此時中國的競技體育，已經不僅僅是體育，它已經成為全民族的一種精神寄託。

1988 年奧運會是新中國參加的第二屆奧運會，全中國自然都對中國奧運代表團寄予無限期望。這給了國家體委和中國奧運代表團巨大壓力。為了得到所謂「印象分」，國家體委以組織安排、教練勸說等手段，強令已經準備退役，並停止系統訓練五個多月的李寧，重新回到中國奧運體育代表團，出戰奧運會體操比賽。結果，國家體委這一愚蠢做法，使李寧在漢城奧運會上出現了令所有中國人都難以預料的慘敗。

在漢城奧運會的體操比賽中，李寧勉為其難地出現在吊環、跳馬和其他各項體操比賽中。結果，李寧遭遇體操賽場 18 年中最為慘烈的失敗。第

一項吊環比賽，他的腳竟掛在了吊環上。這種嚴重的失誤，在世界吊環比賽歷史上，前所未有，這給了李寧巨大打擊。接下來，一連串預料外的重大失誤接連發生：雙槓項目中倒立失誤；鞍馬項目，竟然在做托馬斯全旋時掉下來；跳馬項目中站立不穩，一屁股坐在了墊子上……李寧從第一個失敗以後，整場比賽強忍著心裡的巨大痛苦，保持著微笑。他想在全球直播的奧林匹克賽場上，即使是失敗，也要體現出中國運動員的體育精神和大將風度。

然而李寧這微微一笑，使金牌夢碎的中國觀眾難以理解，他們憤怒、痛苦、怨氣衝天。中國人脆弱的心理和自尊心大受挫傷。全國上下，嘲諷聲叫罵聲鋪天蓋地衝著李寧而來：

「輸了還笑，李寧像什麼樣子，丟盡中國人的臉！」

一個遼寧觀眾寄來的信裡，裝了一根挽好的塑料繩扣，寫了一句話：「李寧小夥子，你不愧是中國的——體操亡子，上吊吧！」

全國媒體，也都隨聲附和，沒有一句公道話。

在國內強大的抱怨和譴責聲中，中國奧運代表團從漢城返回北京時，代表團領導竟荒唐地規定，只有獲得獎牌的運動員，才能從接待大廳正門出去，接受歡呼簇擁；而沒有獲得獎牌的運動員，要從另一個小門走出抵達大廳，然後悄悄走出機場，上車回駐地。

李寧此時已成為眾矢之的，國內輿論把髒水全部都潑到李寧身上。因此，李寧只能一個人，從一條工作人員的灰色通道，偷偷摸摸地走出機場，自始至終，沒有任何一個人來歡迎他。

儘管如此，李寧還是受到他遇到的機場人員的揶揄：「你在哪兒摔不好，偏偏跑到那兒去摔去！」他去銀行取錢，銀行工作人員竟然面對面地對他說：「你還有臉回來呀，待在那兒算啦！」

「只能贏，不能輸！」似乎全體中國人內心深處，都是在這樣呼喊。

此時的中國人，在精神上真的是輸不起的。因為這些「金牌」，是澆灌

他們心頭民族自豪感的唯一祈盼。

李寧從偶像之巔猝然跌落，從萬人敬仰，瞬間成為被人奚落、譏諷和嘲笑的對象。這令我和我在深圳的幾位體育界朋友，忿忿不平。更使人氣憤的是，全中國所有的專業報紙和專業媒體，也沒有任何人出來替李寧說一些鼓勵和安慰的話，這不僅使人失望，還令人感到無限悲涼！

把李寧捧上天的是他們，把李寧踩進地裡的還是他們。

畢竟李寧給千千萬萬中國人帶來過無數驚喜、激動和榮耀。他對中國的體育事業做出過非凡的貢獻，他是我們這一代人，應該永遠感謝和崇敬的民族英雄。

深圳體育館館長楊雨是我的好朋友。他氣不過，和我商量要在深圳給李寧辦一場專門的「告別體壇活動」。在全國人民面前，重新肯定李寧為中國的體育事業做出的偉大貢獻。也給國家體委和全國媒體，放一顆道德炸彈，告訴他們：中國人，不能這樣對待給自己做出過偉大貢獻的民族英雄！

這純屬「路見不平，拔刀相助」。

楊雨在和我商量以後，與深圳《體育大觀》主編樊渝傑一起，專程去了一趟北京。他倆找到了李寧，除了慰問、同情和表示聲援以外，還向李寧建議，在深圳搞一場輝煌壯麗的「李寧告別體壇活動」，以撥正輿論，振奮精神，重新設立起點，以利於李寧安排和規劃今後的人生。

李寧還陷在漢城失敗的失落和沮喪之中。

此時的他，畢竟僅僅是個二十五歲的大孩子。

他覺得在全國人民面前，他已經顏面喪盡，無法抬頭。況且，在這樣洶湧的全國輿論面前，國家體委也不會批准他搞這樣一場「李寧告別體壇活動」。他沒有信心再次面對媒體，再次面對公眾，再次面對全國體育界。尤其在漢城奧運會剛剛結束的這個悲涼的時刻。

楊雨不肯放棄。

他告訴李寧：我們已經替你找到一位高人。他可以輕輕鬆鬆地想出辦

法，使我們能夠堂堂正正地面對國家體委，面對全國媒體，面對全國公眾。他也絕對有能力，替你搞一場前無古人的、輝煌無比的「告別體壇活動」。我們已經和這個人商量好，他同樣堅決支持你。只要你委託他來全權辦理，相信他能克服一切困難，給你弄個非同凡響的告別活動出來。

「是誰有這麼大本事？我倒是想見見他。」李寧讓楊雨說得半信半疑，心裡開始鬆動。

「他叫杜廈，原來是南開大學一位年輕的經濟學副教授。現在在深圳開辦了一間專門研究國家對外開放政策的研究所。他們研究所有一間『經濟事務代理有限公司』，神通廣大。世界上最大的餐飲連鎖集團麥當勞，在中國努力了十年，中國政府也沒有批准他們進入中國。而麥當勞請杜廈幫忙以後，他一個星期就把全部批准搞掂。現在麥當勞正在做著開業的準備工作。」楊雨把我說得有些神秘，似乎無所不能。

「他思想活躍，敢說敢為，又渾身正氣。我覺得中國只有他能給你辦成這件事。」楊雨說得有些誇大。不過，他倒是刺激了李寧，使他心底重新燃起了一種新的希望，這是這些日子他從未有過的感覺。

三天以後，我就飛到了北京。

我和李寧在崇文門內的便宜坊烤鴨店見了面。

一見面，我就向他表達了對他的支持和理解。對於漢城慘敗之後的國內輿論，我也表達了和楊雨一樣的義憤。但李寧還是沒從那場沉重的打擊中恢復過來。

自從李寧 1984 年在洛杉磯奧運會上，一人獨得 6 塊獎牌，其中包括 3 塊金牌以後，他一直被巨大的光環所包圍。從那時一直到漢城，他風光無限。祖國、人民、媒體、公眾，都給了他無窮無盡的褒獎。可這一切，在漢城一夜之間全部化為烏有。他無論如何也理解不了，一場比賽的失敗，為什麼會給他帶來如此天差地別的巨大變化？

他把他一個人走出北京機場的那條灰色小路，稱作「世態炎涼之路」。

他心裡還在糾結漢城的慘痛失敗，他埋怨自己，他無法解釋自己為什麼會遭遇這樣一場災難。

他心灰意冷，無法自拔。

我沒有像其他朋友一樣安慰他，這很奇特。我認為，能夠成為一個偉大世界冠軍的人，一定是這個世界上精神最為堅強，神經最為「粗壯」的人。這樣的人根本就不需要憐憫和同情，也不需要安慰。他一定討厭這些，就像我也一貫討厭這些一樣。

我反倒尖銳地批評了他。

我告訴他：你沒有準備好，就去參加一場你根本不想參加的奧運會，這是一個不可原諒的錯誤。這個錯誤的責任首先在你自己身上。你內心深處的僥倖心理和大意輕敵，是最終同意參加並造成這場慘敗的根本原因。這完全賴不得別人。

我又告訴他：你不去搞這場輝煌壯麗的「李寧告別體壇活動」，以挽回輿論，重新振作，你將會再犯另外一個更大的錯誤。也許，對你自己來講，這個錯誤比你貿然參加漢城奧運會的錯誤後果，還要嚴重得多。

李寧完全聽不懂我的話，他睜大眼睛看著我，滿眼的疑慮和不解。

我誠心誠意地給他解釋：

首先，你不振作起來，就此沉淪下去，是對自己最大的不負責任。你25 年的燦爛人生，是用無數個日日夜夜，千辛萬苦的努力爭來的。你不能如此輕易地放棄這一切。這不僅對不起你自己，也對不起為你付出了無數努力的教練、隊友。更對不起對你寄予無限期望的父母和家人。

其次，你是體育界的一面旗幟。你倒下了並就此沉淪下去，每一個中國的世界冠軍看在眼裡，都會噤若寒蟬。今後，他們怎麼面對失敗？怎麼面對競爭？他們還會不會選擇繼續拚搏？你必須從這次失敗中重新崛起，這是你作為他們的榜樣，必須為他們去做的事。

第三，我們的民族、我們的媒體、我們的公眾，現在最大的毛病，是

只能接受成功，不能接受失敗。所謂「勝者為王、敗者為寇」的觀念，是我們中華民族英雄史觀的重大缺陷。你作為過去的成功者和今天的失敗者，你擔負著改變「只能勝利、不能失敗」這種觀念的任務。如果你從此一蹶不振，那麼我們這個國家，我們這個民族，在「李寧漢城慘敗」上所表現出來的浮躁、憤懣和不可接受，就喪失了一次得到「醫治」的機會。你有責任重新振作，重新崛起，重新告訴全國人民和全國媒體：你不懼失敗，你是真正偉大的世界冠軍和民族英雄。

李寧是個絕頂聰明的人。

聽完我這一席話，他破涕為笑，居然和我開起玩笑來：「杜老師，這麼說來，搞這場李寧告別體壇活動，倒成了我的一個重大社會責任，不幹還不行了？」

「絕對是這樣。」我肯定地說。

「紅紅火火地搞這場李寧告別體壇活動，既給了你重新起飛的信心和機會，也讓所有的體育運動員感到振奮。還可以大幅度糾正漢城慘敗後，公眾和媒體一系列不正確的輿論和看法。這絕對是件大好事，我們非做不可。」我繼續堅定他的信心。

我告訴他，一切不用擔心，國家體委、深圳市委都由我來疏通，相信他們不會阻攔，也沒有理由阻攔。

我們達成了協議。

我告訴他，計劃已經作好。深圳萬人體育館的「李寧告別體壇盛大活動」一共搞三天，時間定在 12 月 16 日到 18 日。為了讓所有曾經幫助過李寧的人和李寧一起分享那一輝煌時刻，我建議李寧，把所有的親屬、家人、隊友、教練、老師都請到深圳來。所有這些朋友的往返路費和深圳酒店費用，都由我來承擔。同時，我要把全中國最棒的文藝明星，都請來給李寧助陣。那三天，我要讓全深圳都處在轟轟烈烈的節日氣氛裡，我要用一場輝煌的「李寧告別體壇活動」，讓李寧以最偉大的世界冠軍形象，重新矗立在

全國人民面前。我要讓這場活動，永遠鑴刻在中國體育運動的燦爛歷史上。

籌備工作困難重重。

從 1949 年建國到李寧深圳「告別體壇活動」的近 40 年間，我們國家很少會把在體育、藝術、科技等各個領域所取得的優異成績，歸功在榮譽創造者個人身上。社會輿論和全國媒體，也都習慣於説這是所謂「集體榮譽」，千方百計避免任何有可能產生「個人英雄主義」的內容。

因此，「李寧告別體壇活動」是開天闢地第一次，讓一位在新中國體育事業上取得非凡成就的個人，站在歷史舞台的正中央。這違背了我們國家近 40 年來的「慣例」，是不受國家主管機關、主流媒體和社會輿論允許的。

和李寧見面以後，我抱著試試看的態度，去見了當時國家體委的幾位主要領導。

得到的回答是：國家體委不支持這樣做，也不鼓勵這樣做，更不會參與任何這類活動。

回到深圳以後，我親自找了深圳市體委的主任馬志久和副主任蘇穗。儘管他們心裡都支持這件事，但他們似乎已經得到國家體委的某些指示，表現得相當為難。他們一直説，這個時期（指漢城奧運會剛剛結束以後）的李寧太過敏感，深圳市體委似乎不便出面……

我告訴楊雨，我們簽一個一般性文藝晚會的場地出租合同，來他個「瞞天過海、暗度陳倉」。馬志久和蘇穗其實心裡支持這件事，只要能讓他們不沾責任，他們便會睜一隻眼閉一隻眼。我負責把深圳市委書記李灝和深圳市的主要領導都請到主席台，這就使得國家體委乾瞪眼，沒轍。有深圳市委市政府撐著，國家體委怒也怒不得，氣也氣不得，也只能不作干預。

我跑到李灝同志家裡，説得他感情激動，熱血沸騰。他表示一定會出席這場晚會，他要親自代表深圳，在晚會現場，表示對李寧的堅決支持。

我心裡清楚，由於李寧在中國體育界無可替代的特殊身份，再加上中國在漢城奧運會上的慘敗帶來的巨大衝擊，「李寧告別體壇」活動必然會在

李灝書記的支持至關重要。「李寧告別體壇活動」主席台上，我陪著李灝書記看節目。

全國引起巨大轟動。索性一不做二不休，在徵求李寧同意以後，我把幾位曾經給中國體育事業帶來過巨大貢獻的體育人，一起邀請來參加這次盛會。

這些人包括：

莊則棟：連續獲得三屆男子單打世界冠軍，四屆世界乒乓球錦標賽男子團體冠軍；

戚烈雲：1956 年以 1'11"6 的成績打破 100 米蛙泳世界紀錄，成為中國第一個游泳世界紀錄的創造者。他也是中國體育史上第一個打破世界紀錄的運動員；

鄭鳳榮：1957 年，以 1.77 米的成績打破女子跳高世界紀錄，成為中國第一個打破世界紀錄的女運動員。也是我國第一位打破田徑世界紀錄的運動員；

王富洲：1960 年 5 月 25 日凌晨 4 時 20 分與貢布、屈銀華一起，從北坡登頂世界最高峰——珠穆朗瑪峰，實現了人類歷史上首次從北坡登頂珠峰的壯舉，為世界登山史寫下了光輝的一頁；

陳鏡開：1956—1964 年，在上海、廣州、北京、太原、莫斯科、萊比錫等國內外的重大舉重比賽中，先後 9 次打破最輕量級和次輕量級挺舉世界紀錄；

朱建華：1983 年 6 月至 1984 年 6 月，以 2 米 37、2 米 38、2 米 39，連續三次打破跳高世界紀錄，成為亞洲歷史上最偉大的田徑運動員之一。

我和李寧商定，請中央電視台文藝部的資深導演袁德旺先生，出任此次晚會的總導演。袁導德高望重，由他領銜，這場晚會的號召力和質量，自然不用擔心。

袁德旺導演帶給晚會一個強大無比的演藝群體，幾乎囊括了中央電視台那幾屆春節聯歡晚會上的主要演員陣容。

1988 年 12 月 16 日至 18 日，「李寧告別體壇晚會」在深圳體育館盛大演出三天。李寧含淚親自演唱了，專門為這次晚會創作的晚會主題歌：

《難說再見》

揮一揮手卻難說再見

逝去的一切親近又遙遠

依然是熟悉的笑容面對面

溫暖我風風雨雨到今天

別為我流連別為我掛牽

昨天的聖火雖熄

明天還會點燃

揮一揮手卻難說再見

獲邀參加活動的體壇英雄們。左起：容志行、王富洲、朱建華、鄭鳳榮、莊則棟、
樓雲和晚會主人李寧。

李寧和莊則棟夫婦。這是文革結束 12 年後，莊則棟第一次在中國媒體上露面。他對
我和李寧十分感激。

情到深處便結下生死緣

多少次嚥下淚水做笑顏

為的是當初許下的諾言

別為我流連別為我掛牽

昨天的聖火雖熄

明天還會點燃

揮一揮手卻難說再見

陌生的路程行影不孤單

不必問昔日光輝是否重現

執著的追求一生不改變

別為我流連別為我掛牽

昨天的聖火雖熄

明天還會點燃

這場「告別晚會」，對於李寧一生影響巨大。直到將近 30 年以後的 2017 年，在我開始撰寫這一章的時候，李寧還告訴我，是那場晚會，把他從沉淪和絕望中拯救出來。重新點燃了他的自信，給了他繼續努力的希望。從那一刻開始，他重新煥發了無限的激情和一往無前的奮鬥意志。這為他隨後創辦「李寧牌」，打下了堅實的思想基礎，獲得了根本的創業動力。

「李寧告別體壇活動」是空前絕後的。這場活動讓這一輩子給過李寧幫助的所有人：他的父母、親人、隊友、教練、老師、朋友，一共 200 餘人，都來到深圳一起見證了李寧這一重大時刻。參加演出的著名演員、導演、音樂、舞美、工人也遠遠超過了 100 人。加上全國各地的媒體，大會一共接待了大約 400 人。再加上巨大的晚會舞美、燈光、音響和演員報酬開銷，這場晚會不僅是全中國上個世紀最為隆重的一次晚會，也是花銷最大的一場晚會，這是可以肯定的。

幾乎全中國的文藝體育明星，都在這個最重要的時刻支持了李寧。仔細看，我們能從這張照片裡找到他們。

活動結束後，李寧表示他的感謝。

我和陳佩斯在活動中交談。

「李寧告別體壇活動」，使李寧走出低谷，走向新的輝煌。這張合影中前排左四為王致華。

剛剛成立的「克瑞斯經濟事務代理有限公司」，再次向全中國展現了自己強大的市場運作能力。這場非凡的活動，不僅成功地完成了我對李寧本人的承諾，獲得良好的社會影響，還獲得了一定的經濟收益。

這場活動，是我一生的經商活動中最有意義的一次嘗試，我們取得了全面的成功。

掉進漩渦

到 1989 年，成立不到一年的深港分所，已經有了可觀的研究成果。《泰國經濟快速發展的啟迪與借鑒》和《香港免稅港政策研究》兩份報告，得到了國家有關部門的認可，研究報告的核心觀點已經被 1988 年國務院《關於進一步擴大沿海開放區範圍的通知》所採納。這對於一個沒有一分錢經費，又缺兵少將的全新研究所來說，已經是個不錯的成績了。

但我對這些並不滿足，我心底深處還有另一項大得多的計劃。現在深港分所已經站穩腳跟，「克瑞斯公司」也已經有了不少積蓄，到了我該嘗試實現這個計劃的時候了。

第二次世界大戰以後，國際金融市場的經營規模越來越大，早已凌駕於傳統的實體經濟之上，成為推動世界經濟發展的主導因素。從 1978 年開始，中國施行改革開放已經超過十年，但在國際外匯交易市場、股票交易市場和期貨交易市場中，幾乎看不到中國人的身影。從學術界到政界，對國際金融市場的理論概念和實際操作，幾乎一無所知。

我希望通過自己的實踐，真正搞懂國際金融市場的外匯、股票、期貨等交易。然後，以我的實踐經驗為背景，寫出相關的理論著作，從而填補中國經濟學界在這方面的缺失。

我的最終目的，是藉著在國際金融市場上的歷練和經驗，由此實現下海經商的理想，最終成為國際金融市場上，一位有理論背景的金融家。

　　1989 年初，我以香港作為操作平台，正式進入了國際外匯交易市場。

　　當時，克瑞斯公司已經積累了 300 多萬人民幣的資金，這在上世紀八十年代，是很大一筆錢了。我投入了 200 萬港幣，在國際外匯交易市場上，開立了克瑞斯公司的賬戶。我同時購買了兩條「路透」專線，直通倫敦和香港的國際外匯交易市場。我在家裡和公司裡，各安裝了專門接駁國際外匯市場的專線，成為中國境內為數極少的，擁有國際外匯市場專線使用權的私人外匯交易者。

　　為使生意規模擴大，我和經辦銀行達成了 20 倍「杠杆率」的資金使用協議。即我只出 5% 的資金，便可以購買 100% 金額的外匯。每次把購入的外匯賣出以後，扣除銀行的 95% 的墊付資金以後，收益規模將會有 20 倍的放大。

　　這就是說，如果「賺」，我的利潤將擴大 20 倍；如果「虧」，我也會多賠掉 20 倍的損失。

　　國際外匯交易市場，就是最典型的風險生意市場。經營者無論多大多小，都是在「大贏」與「大輸」之間跳舞的賭徒和風險玩家。

　　能否在國際外匯市場上呼風喚雨，在大風大浪中獲利，一是要看經驗，二是要看把握國際市場經濟環境的能力，三是要看玩家的資本實力，最後，是要看玩家有沒有個好運氣。

　　1989 年初，我進入國際外匯市場的開始階段，是一帆風順的。

　　最初，我在英鎊、馬克、日元、法郎、瑞士法郎和美元之間頻繁地買進、賣出。當時更多地是想體驗在國際外匯市場做買賣的感覺，學習各種交易技巧，驗證自己對國際經濟形勢的理解以及對各國貨幣敏感性的認識。其實，我這種操作策略，是一種穩妥和留有充分餘地的策略。只要對國際外匯行情和各主要經濟體的基本經濟狀況有深入的了解，想要在外匯交易中賺錢，並不是一件太困難的事情。

　　每天早上 9 點鐘香港外匯市場一開市，我便坐在了電腦終端前，靜靜

地下單，買進、賣出。直到每天凌晨 4 點鐘，即國際外匯市場關門的時候，我才洗洗臉睡覺。5 個小時以後，我又要起來，繼續我在國際外匯市場上的拚爭。

每天除了對潮水般湧來的各國經濟數據進行分析以外，還要關注世界上每天發生的政治事件，選擇買進有增值潛力的貨幣品種，拋出手上看跌的各種貨幣存貨。

由於還處在剛剛進入的學習過程中，因此我從事的都是小額交易，快進快出。我給自己設置了苛刻的「止損線」，把防範交易風險，放在了所有交易原則的第一位。

由於基本策略正確，加上經濟學理論基礎的幫助，我很快掌握了外匯短期交易的門道。到了 1989 年 3 月中旬，短短的兩個月左右，已經在「快進快出」中賺了很多錢。3 月底，我香港的外匯交易賬戶第一次突破了 400 萬元港幣，比兩個月前我剛「出發」時，淨賺了 200 多萬港幣。兩個月賺了本金的一倍，令人歎為觀止，我的自信心超級爆棚！

細細想來，這真是個極有吸引力的生意：不用註冊公司、不用僱用員工、不用設置辦公室、不用見任何客人、也不用繳納任何稅項（香港風險生意免稅），時間又完全自由。我一度認為，這大約是世界上最好的生意了。

其實，這麼短時間獲得這麼大的成功和自信，是一件非常危險的事。我沒能及時認識到這一點，不知不覺地掉進一個巨大的漩渦之中。

1989 年 3 月，日元的一筆大行情來了！

1985 年，美國、日本、西德、法國以及英國的財政部長和中央銀行行長（簡稱 G5），在紐約廣場飯店簽署了「廣場協議」。從此，五國政府開始聯合干預外匯市場，導致美元持續大幅度貶值，日元大幅度升值。三年中，日元從 250 日元兌 1 美元，升到了 120 日元兌 1 美元。日元對美元增值了一倍多。

1989 年初，日元對美元的匯率，突然出現了短期貶值。全世界都認為

「日元貶值」完全不合邏輯。專家們一致認為，日元從 70 年代開始，就已經進入「升值」通道，美元將會在 89 年內進一步下跌，日元會進一步升值。

和全世界的貨幣專家的預測一樣，我個人也認為，日元應該繼續「走強」，日元很快就要漲到 110 日元兌一美元的高位。我摩拳擦掌，準備伺機大規模買入日元。

3 月 1 日，日元跌到 130.55 日元兌一美元的低位時，日本央行決定加息，這是日本政府給全世界釋放的，要維持日元強勢地位的重大信號。

我覺得天大的好機會終於來了，我投入了大筆資金買進日元。

誰知道，在我大量買入日元之後的整個 3 月份，日元一直繼續下跌。4 月 1 日，日元兌美元已經跌到了 132.04 日元兌一美元，我賬面上大約虧損了 200 餘萬港幣。

我堅信日元馬上就要調頭向上。於是，我四處借錢補倉。

5 月 1 日，日元又跌到 137.86 日元兌一美元，整個 4 月份中，我又虧損了 700 餘萬港幣。

我開始猶豫。但此時我對日元已經投入了太多資金，「回頭」已經來不及，我必須再繼續補倉，等待日元重新走強的一天。

我調動了一切力量，包括我在深圳國企的一些朋友。甚至我還找到李灝書記的女婿李鋼鐵，求他的企業給我提供擔保，以便從銀行借出錢來，支持我在日元上的持續投入。

到了 6 月份，形勢並沒有好轉，日元可謂一瀉千里。

6 月 1 日，日元又跌到 143.98 日元兌一美元的水平。5 月份我又虧損了 800 多萬港幣。

此時，我的融資渠道已經乾涸，資金儲備已然燈枯油盡，再也借不到任何一分錢了。

6 月下旬，我決定「鎖倉」。在此之後的半年多裡，日元還是在瘋狂地持續下跌。

進入國際外匯市場初期的成功和可觀斬獲，使我頭腦膨脹、忘乎所以。對自己國際經濟信息把握能力和分析能力的過分自負，不斷勝利帶來的驕傲與輕敵，一個外匯業務「新從業者」的經驗缺失，以及內心深處難以抵禦的貪慾，使我不可避免地掉進了這場由日元烹製的「最後的晚餐」。我成了這個餐桌上的一盤小菜。

1989 年這場震驚世界的日元下跌狂潮，是由多重原因造成的。

1989 年，日本東京都地方議會選舉，社會黨委員長土井多賀子率領在野黨，首次在東京都打敗了自民黨。其後的日本參議院選舉中，自民黨議席減半，自民黨首次在參議院失去過半數議席。這些都重創了日本經濟。

更厲害的是，1989 年，在不到三個月之內，日本竟然更換了三位首相，這在日本歷史上，絕無僅有。全世界對日本經濟的信心，完全被日本這一系列的政治地震所摧毀。而我恰恰在這樣一個年份裡，買進了大批日元，遭遇了日本百年不遇的一次巨大政治動盪。

人有的時候命好，但不會永遠命好，我 1989 年命就太差。

1989 年 9 月 1 日，日元跌到 145.07 日元兌一美元。1990 年 2 月 1 日，日元又慘跌到 145.69 日元兌一美元。最為誇張的是，到 1990 年 4 月，日元居然令人匪夷所思地跌到了 158.46 日元兌一美元。如果我沒有在 89 年 6 月「鎖倉」，到了 90 年 4 月時，我大約虧損近 8000 萬港幣，應該相當於現在約 10 億人民幣左右！

在整整煎熬了一年以後，我真真切切地感到我實在無力回天。我既無計可施，又心灰意冷。我覺得我已經徹底絕望。才剛剛一年，我進入國際金融市場的「偉大計劃」，都成了一堆可笑的諷刺。我在國際金融市場上大展拳腳的「理想」，已經灰飛煙滅！

1990 年 1 月 27 日是中國農曆馬年的大年初一。香港春節從不放假，外匯交易市場照開。我已經下定決心，承認失敗。我拿起經辦銀行的電話，通知他們將我的日元賬戶全面「斬倉」。

那次斬倉以後，我陸陸續續在這個日元賬戶上投入的 1800 餘萬港幣，只剩下了 3487 元。直到今天，那個賬戶還繼續保留在那裡，已經 27 年沒人動過。裡面的 3487 港幣，我沒有去取出過一分錢。我永遠不想由此而碰撞心底那道可怕的傷疤。

我在日元上虧損的這 1800 餘萬港幣，除了我的本金 200 萬港幣全部賠光，開始兩個月賺的 200 萬港幣也全部賠光以外，陸續「加倉」的 1400 多萬港幣，都是這一年中陸續通過朋友幫忙，從各個銀行借來的錢。

這筆欠款在上個世紀八十年代，絕對是一個「天文數字」。我怎麼還這筆錢呢？此時我公司的賬面上還剩下大約 9 萬多元，連利息也還不上。這 1400 萬港幣牽扯到一些給我提供擔保的人，如果我真的還不上，他們就要替我還錢。銀行的經辦人也面臨很大的職業風險，尤其他們中有一些人，曾經是我的學生，我不能讓他們受到我的連累。最要命的是李鋼鐵，他給我做了銀行擔保，如果我還不上他給我擔保的這筆錢，他就要替我償還。這不僅對他是個滅頂之災，甚至他的岳父李灝書記，都有可能受到牽連和影響。

我只有 10 個月的時間。

也許我應該從我辦公室所在的國貿大廈 50 層的天台上跳下去，一了百了，我真的這麼想過。

兒子杜宇村是 1978 年出生的，這一年他正好 12 歲。1990 年這個馬年，這是他這一生中第一個本命年。此時，離他這個本命年生日還有 25 天。我滿眼裡都是他，我好像又看到他坐在我的身旁，聽著我和朋友們，海闊天空地聊天時的場景。他愛聽我講話，每當我和前來拜訪的朋友聊天的時候，杜宇村都會雙手托腮，聚精會神地仰望著我，眼裡充滿了崇拜。

這一年媽媽正好 66 周歲，這是個頗為吉利的數字。她坎坷無比的一生中，終於遇到了可以舒舒服服頤養天年的美好生活，這個「六六大順」對她意義非凡。

碧波花園那麼美，我們的新家給了我們每個人全新的生活，我們都非常滿足和幸福。

我不能讓這一切失去！

我站在國貿大廈的頂層，望著深圳周邊跌宕起伏的翠色山巒，凝神遠眺，不禁潸然淚下。

我哭了，真的哭了，而且哭得很傷心。

這是我三十年商海沉浮中第一次哭，也是唯一一次哭。俗話說，「男兒有淚不輕彈，只是未到傷心處」。我對自己說，你必須接受這個現實，你不能死，你不能逃避，甚至連哭都不應該哭。你必須仍然是一條好漢，必須仍然是一個活在世上的英雄。

除了「死」，我還有另外一條路，就是去尋找奇跡。在 10 個月的時間裡，我要把這筆錢賺出來，把 1400 萬港幣全部還上！

我決心去創造這個奇跡，也必須去創造這個奇跡。我要大踏步邁過這道坎，勇敢地爬上這個坡。我要走出去，尋找那個等待著我的「奇跡」。

我相信在某個地方，我的幸運女神正在等待著我的到來。

奇思妙想

儘管情緒壞到了極點，我還是強迫自己要振作精神，把欠銀行的 1400 萬港幣儘快還上。這樣，我才能對得起那些曾經幫助過我的朋友。這筆債像一塊巨石壓在我的心頭，使我寢食難安。

意想不到的是，一些天馬行空的想像力，一些商業上的奇思妙想，不僅幫我在幾個月內，把這 1400 萬港幣的沉重負債全部還掉，還讓我在新中國對外文化交流史上，創造了十項空前絕後的紀錄。這故事至今想起來，仍讓人嘖嘖稱奇。

這個傳奇的故事，還要從戈爾巴喬夫 1989 年訪華說起。

事情是這樣的：

1989 年 5 月 15 日，戈爾巴喬夫在天安門廣場如火如荼的絕食鬥爭中訪問北京。次日上午，我在深圳看鄧、戈會見的現場直播。我驚訝地看到，鄧小平和戈爾巴喬夫，中蘇這兩個昔日的死敵，居然把手緊緊地握在了一起，久久不願分開。有人計算過，鄧小平和戈爾巴喬夫兩人的握手時間，竟然長達 38 秒鐘。他倆興致勃勃地向全世界宣佈：中蘇兩國關係實現了正常化。鄧小平坦蕩地對戈爾巴喬夫說：

「結束過去，開闢未來」。

正是鄧小平的這句聞名世界的話，激發了我對於商業機會的敏銳嗅覺。我斷定，鄧小平和戈爾巴喬夫的和解，意味著中蘇兩大國間，各種交流活動即將全面開始。而首先解凍的，一定是中蘇間的文化交流活動。

1957 年，我在北京看過蘇聯國家大馬戲團的演出，那場演出精彩絕倫，已經過去了 30 多年，我仍然記憶猶新，歷歷在目。我想，如果趁著中蘇解凍的機會，把精彩紛呈的蘇聯大馬戲團，請到中國來做商業巡演，一定會獲得成功。而且，我們剛剛成功地舉辦過李寧告別體壇活動，已經取得了在大型體育館搞商業演出的完整經驗。如果這個「奇思妙想」能夠實現，說不定可以一舉還掉外債。

雖然這只是我腦海裡的一閃念，但這個念頭已經深深地打動了我，我決心一試。

1989 年秋天，六‧四風波雖已告一段落，我主動從中信公司辦理了正式的離職手續。

離職之前，我要求中信公司組織部給我一個關於「六‧四」期間表現的鑒定，當時如果沒有這份所謂「鑒定」，在中國任何地方都將寸步難行。幾個星期以後，我收到了中信黨委轉交給我的一份「國務院黨工委」開具的鑒定書：

關於杜廈同志在北京「兩亂」期間表現的鑒定

經查，杜廈同志在北京「兩亂」期間未參與過任何活動（僅限北京）。

國務院中國共產黨工作委員會

1989 年 10 月 24 日

自此以後，我正式脱離了國家體制，變成了一個徹頭徹尾的「個體戶」。此時是 1989 年的 10 月底。

在我提出「離職」申請以後，中信公司組織部門、財務部門和中信國際研究所三家聯合，對深港分所和克瑞斯公司，進行了嚴格的審計。審計之後，他們要求我拿出 36 萬元錢，買回自己創辦的克瑞斯公司。理由是克瑞斯公司隸屬於深港分所，因此是中信公司的企業，我不能從中信公司白白把它帶走。我東拼西湊了 36 萬元，交給了中信財務部門，把我自己投資的克瑞斯公司，又花錢買回到自己手裡。我一直不理解的是，中信公司從來沒有給克瑞斯公司投資過任何一分錢，憑什麼理直氣壯地向我索要這 36 萬元錢呢？

1990 年大年初一，我把手上的日元全部斬倉以後。大年初二，我便乘火車北上，奔赴北京。

此次赴京的目的，是向文化部正式提出邀請「蘇聯國家大馬戲團」訪華的建議。火車上，我大腦裡不斷顯現兩個畫面，一個是鄧小平和戈爾巴喬夫在北京握手時的畫面，另一個是 1957 年，蘇聯國家大馬戲團在北京精彩演出的畫面。兩個鏡頭交替顯現，弄得我走火入魔。

火車上將近兩天的時間裡，我在反覆構思和推敲，與文化部溝通的具體細節。此行不僅要説服文化部邀請蘇聯國家大馬戲團訪華，還要説服他們打破慣例，由我的企業來承辦這個國家對外交流項目，把它變成一場大型商業巡演。這樣，在中蘇迅速恢復關係的進程中，既給文化部提供了一個拔得頭籌的表現機會，又開創了對外文化交流活動的嶄新形式，還給文

化部節約了大量的預算經費。對於文化部來說，這肯定是一舉三得的好事情。

對於一個沒有任何政府背景，也沒有任何對外文化交流項目承辦經驗的個體戶來說，這是個近乎天方夜譚的瘋狂想法。確實，我和文化部，八竿子也搭不上任何關係。如果我真的能如願以償，那太陽肯定是從西邊出來了，這讓全中國的對外演出團體，都會嚇一大跳。

通過張煒介紹，我認識了中國雜技團團長林建。我向他闡述了打算出資邀請「蘇聯國家大馬戲團」訪華，並承辦商業巡演的想法。他的中國雜技團也正處在入不敷出的窘況。新當上團長的林建，志存高遠，也正想幹點什麼事，來改變中國雜技團的處境。我說服了林建，由中國雜技團作為蘇聯國家大馬戲團在中國商業巡演的全程合作夥伴。我承諾中國雜技團將從這次巡演中獲得優厚報酬，林建求之不得，我們一拍即合。

有國家一級專業演出團體的支持和合作，我辦成此事的機會大增。

通過林建，我約到了負責審批國際文化交流活動的文化部外聯局局長游琪女士。

正月初五剛過，我約了林建，一起來到剛剛上班的文化部外聯局。

局長游琪女士是一位典型的知識分子。她溫文爾雅，平易近人，不像一般的中央機關司局級幹部，那麼大的架子和滿身的官僚氣。她和林建很熟，一直欣賞他，器重他。游琪仔細地聽我闡述了邀請「蘇聯國家大馬戲團」來中國作商業巡演的全部設想。她對於我的提議，表現出了濃厚的興趣，尤其對於我出資來承擔全部費用，並親自承辦這次巡演更感興趣。

游琪優雅而不失精明，她提出了最為關鍵的問題。她和藹地向我發問：

「杜廈同志，你們提出了一個全新的對外文化交流設想，這就是走『商業化演出』的新路子，這是一個大膽的創新。建國 41 年來，文化部累計進行大約幾百次涉外文化演出，全部都是國家花錢，也沒有任何一次涉外巡演賺過一分錢。如果這次你們能夠創新成功，既完成了國家對外文化交流

任務，又不用國家花一分錢，還闖出了涉外商業巡演的新路子，這當然是件大好事，我們會全力支持。」說到這裡，游琪局長一笑，頓了一下，繼續說下去：

「可是，如果商業巡演賠錢，你們半途幹不下去了，撂挑子走了，我們就被動了。我們就要被迫再重新把項目接過來，加倍地花錢，繼續完成巡演任務。國家與國家之間的文化交流項目，是有相當高的外交嚴肅性的。如果我們被迫去『擦屁股』，接過你們甩下的爛攤子，不僅比我們自己從頭幹要艱難很多倍，還要在部裡丟人現眼。」游琪很真誠，說的話沒有任何官腔。

「挨部領導批評是小事，造成國家對外的不良影響是大事。況且，你們的失敗會徹底堵死以後涉外商業巡演的大門。如果發生那樣的事情，你們怎麼辦？我們怎麼辦？你有什麼可以讓我們放心的保障措施嗎？這些你想過嗎？」

游琪的問題儘管提得尖銳，但很有道理。

「游局長，我已經預計到您和文化部，會有這樣的擔心。任何驚天動地的語言承諾，無論聲音多高，重複多少遍，都沒有任何力量，也消除不了您的擔心。您看這樣行嗎？如果文化部領導和外聯局，決定批准邀請蘇聯國家大馬戲團訪華，並且確定，由我們來承辦該商業巡演的話，我將給文化部一份 50 萬美金的不可撤銷擔保函。該擔保函由國家官方金融機構提供。有了這一擔保，您和文化部便不會有任何財務風險，更不會使外聯局陷於您所擔憂的『擦屁股』的境地。您覺得如何？」

我回答游局長的這番話，讓在場的人聽起來清晰，堅定，胸有成竹。這大大出乎游局長的預料。

第二天，游局長親自帶我和林建，去見了文化部主管對外交流的常務副部長高占祥。

林建大名鼎鼎，曾任 77 級的北師大學生會主席，是全國出名的青年才

俊，也是文化部所屬各文化院團中最年輕的掌門人。高占祥和他很熟，這大大增加了文化部領導對於這次蘇聯國家大馬戲團訪華巡演的信心。

一週後，我接到游局長親自打給我的電話：文化部黨組批准了邀請蘇聯國家大馬戲團訪華的建議，並同意由深圳克瑞斯公司，全程承辦，自負盈虧。

我欣喜若狂。

但問題來了，現在我已經回歸到一個窮光蛋的身份，不僅身無分文，還欠了一大屁股債，解決這 50 萬美金擔保函，談何容易。沒有任何銀行，會給我開這樣的「擔保函」。而我拚命去鼓動文化部邀請蘇聯大馬戲團訪華的根本目的，不就是想藉助這次商業巡演，賺出錢來去還賬嗎？我自己哪裡還有什麼「50 萬美金」？

買我房子的李西元，就住在我的隔壁。他是「中國租賃總公司」總經理，我決定到他那裡去說服他和我合作。其實，大年初二去北京的火車上，我就已經盤算好了這步棋。

李西元熱情有加。我曾邀請他在李寧告別體壇活動時，坐上主席台，和李灝、李寧、莊則棟坐在一起，這讓他牛逼了好一陣子。更重要的是，他親眼見證了李寧活動的成功，也親眼看到了，我把整個深圳弄得熱火朝天的情景。

我和他講，文化部已經同意邀請蘇聯國家大馬戲團訪華，在全國做上百場的巡迴演出。而且，文化部還將指定我的公司，承辦這場建國後第一次涉外商業巡演。

我說：「李總，我有一個建議：在這場勢必轟動全國的商業巡演中，我在全程近百場的體育館大型演出中，給你一塊重要的廣告位置，置放中國租賃總公司的橫幅場地廣告。」

李西元眼睛發亮：「這肯定是件好事。1957 年在北京，我看過蘇聯國家大馬戲團的演出，確實好看。中蘇交惡幾十年，他們再也沒來過。這次

重來中國，肯定會引起轟動。」

原來李西元和我一樣，也看過 57 年那場蘇聯大馬戲團的演出，這就有了共同語言，接下去就更好談了。

「廣告費你打算要多少錢？」李西元有興趣和我做成這筆生意。

「這樣，為了讓文化部放心，我需要一份 50 萬美金的擔保函。如果中國租賃總公司給我出這份擔保函，我將給你們的廣告全程免費。」我的表態讓李西元驚訝，他覺得撿到一個大便宜。

「你知道，我們做大型體育館商業演出，已經有了成熟的經驗。無論媒體、廣告、售票、組織、安保等，你已經從李寧告別體壇活動中，看到了我們的運作能力。更何況蘇聯國家大馬戲團是萬眾期待的，成功地舉行這次商業巡演是完全可以預期的。因此，實際上，你除了這份名義上的擔保函以外，可能一分錢也不用付，全程白落下一個非常有價值的現場廣告。」

李西元是個精明的商人，我說的這些話，他深信不疑，頻頻點頭。

「李總，這單廣告生意你們穩賺不賠。但你們還是要墊付小小一筆錢。估計我馬上就要和文化部外聯局的官員一起訪問蘇聯，你也跟著一起去。除了談判訪華具體條件，還要選擇節目。文化部代表團所有成員的出訪經費，暫時由你們租賃總公司墊付。演出開始之後，我將從票款收入中如數償還。」我還是讓李西元出了點「血」，否則我連文化部代表團出訪蘇聯的錢也出不起。

我和李西元愉快地達成了協議。

幾天以後，我帶著中國租賃總公司 50 萬美金的正式擔保函，又來到北京。

別看是位溫文爾雅的女性，游琪局長卻雷厲風行。收到我的擔保函後，她親自佈置，馬上組織了邀請蘇聯國家大馬戲團訪華事宜的赴蘇談判代表團，開始辦理赴蘇代表團的出訪手續。

一個更大的難題來了。1990 年時，中國人還沒有進出國境的自由。所

有想出國的人，無論因公、因私，也無論是任何人，都必須要經過有關機構的「出國政審」，只有政審過關，當事人才能去公安局辦理護照、申請簽證並獲准許出國。

我此時已經離開中信國際研究所，個人檔案就在我自己的口袋裡，我已經是一個徹頭徹尾的個體戶。像我這樣的個體戶，由於沒有工作單位，既沒有人負責批准我出國，也沒有單位可以給我向公安局提出辦理護照的申請。當然，也就絕沒有任何單位，肯於給我這個沒有工作單位的人，作那個複雜的政審。

而一切有關蘇聯大馬戲團訪華的夢想，實現的前提，是我必須能夠帶這個文化部代表團去莫斯科談判。因此，我必須想出辦法，解決護照和政審問題。

我給我的朋友李羅力打了一個特殊的電話。李羅力此時已經從國家物價研究所調到了深圳市，擔任了深圳市政府辦公廳副主任。我告訴羅力，我和文化部代表團去蘇聯政審的事，需要他幫個特殊的忙。

我請他週一上午務必待在他的辦公室裡，等國家文化部外聯局的一個電話。我告訴他，我已經和文化部外聯局游琪局長說好：由文化部外聯局在電話中對我出訪蘇聯一事，作一次「電話政審」。

哥們兒就是哥們兒，李羅力答應全力幫忙。

週一一上班，游琪局長撥通了深圳市政府辦公廳的電話，在深圳那頭接電話的，正是早已等在那裡的李羅力。

游琪局長和李羅力副主任，在我的策劃和安排下，順利完成了對我的出國「政審」，儘管電話兩頭的人都知道，這只是走個程序而已。不過，為一個沒有職業、沒有單位的個體戶，用電話來進行「政審」，大概誰也沒聽說過，更沒有人幹過。

游琪一撂下電話，馬上讓外聯局給我填表、送件、辦理護照、申領簽證。我順利完成所有的出國手續。

代表團由文化部外聯局蘇聯東歐處袁學處長任團長，包括我、李西元、林建和中國對外演出總公司的周總在內，整個代表團一共七個人。二月底，我們乘中國民航飛機，飛赴莫斯科。

從首都機場起飛那天，彤雲密佈，天氣不好。我心裡也七上八下。文化部這一關，讓我匪夷所思地搞掂了，甚至 50 萬美金的擔保函也成功搞到，但莫斯科那邊到底會怎麼樣？我心裡一點底也沒有。看著飛機鑽入佈滿烏雲的天空，我心中忐忑不安。

莫斯科的較量

莫斯科的天氣也和我們在北京出發時一樣，陰沉沉地見不到一點藍天。天地間到處一片灰濛濛，像是籠罩著許多悲傷與無奈。二月底的莫斯科還處在冰天雪地之中，冷風刺骨，氣溫絕對有零下二十多度。到飛機場接我們的蘇聯文化部官員，也好像被這裡的惡劣天氣所感染，各個陰著個臉，一副冰冷冷的樣子。即使偶爾擠出一絲笑容，也是皮笑肉不笑。不僅他們這樣，大街上我們看到的每一個蘇聯人，臉上都比這裡的天氣還冷。看得出來，他們的生活似乎沒有任何快樂可言。

我們住在莫斯科最好的酒店，號稱五星級。酒店正對面是著名的紅場和克里姆林宮。清晨一起床，透過窗子，看到酒店對面的馬路邊上，足有百十多人橫著排成一排，都穿著厚厚的大衣，不停地左右踮著腳，佝僂著身體，站立在刺骨的寒風之中。我看不清這都是些什麼人。走出酒店一看，原來他們懷中大多抱著各種各樣的食物或其他物品：有的是一兩瓶酸黃瓜，有的是幾塊奶酪，有的是一小罐白糖，也有人抱著一個自家烘製「大列巴」（俄式麵包），甚至有人抱著雪爬犁、舊冰鞋和鍋碗瓢盆等，不一而足。奇怪的是，寒風中站立的這些人沒人吆喝叫賣，都靜悄悄地一聲不吭。他們都是想用懷中的這些東西，換上幾個美元。

1990 年的蘇聯，老百姓的生活已經窮困到了極點。

這是我第一次踏足曾經如此輝煌的蘇維埃社會主義帝國。我們所見到和感受到的一切，大大出乎我幾十年來對於蘇聯的想像，令我大吃一驚。

第二天一上班，按規定我們先去拜訪了蘇聯文化部的領導，說明了我們的來意。雙方客氣了一番以後，我們便去拜訪蘇聯文化部對外演出總公司，商量邀請蘇聯國家大馬戲團訪華的具體事宜。

蘇聯文化部對外演出總公司在文化部六樓。不知什麼原因，電梯沒有開，我們只好步行爬上六樓。

從文化部大樓底層恢宏的大廳開始，沿著折返而上的寬闊樓梯，一個挨著一個，擠滿了手中拿著錄像帶和紙質說明書的文藝團體代表。其中最多的是各地馬戲團的代表。他們爭先恐後地往我們手裡塞說明書和錄像帶，介紹自己的節目。推銷者的隊伍足有百十號人，一直排到對外演出總公司六樓的辦公室門前。

在他們祈盼的眼神中，每一個前來對外演出總公司洽談節目的客人，都像能夠拯救他們的救世主一樣。

負責和我們談判的是蘇聯文化部對外演出總公司的總經理。還記得他叫馬克西莫夫，大約五十歲上下，體態豐滿，經驗豐富。

看得出來，馬克西莫夫掌控著蘇聯對外演出的一切。對於樓梯上那百十來人來說，馬克西莫夫像是他們的上帝，手裡握著生殺大權。他確實擁有決定蘇聯對外演出一切事宜的權力。有關外出演出的所有細節：出訪的任務交給誰？節目怎麼構成？一共演出多少場？出訪時間多長？每場演出報酬多少？對方提供什麼樣的接待標準？往返路線？等等，都由馬克西莫夫的對外演出總公司決定。而這些細節，決定著那些可憐的蘇聯藝術家，到底能從這類出訪中獲得多少收入。尤其這些出訪掙到的都是寶貴的外匯，這對於他們來說，更是彌足珍貴。

從那些文藝團體代表討好和乞求的眼神裡，我就已經知道，這個傢伙

大權在握。這個人顯然是我此行的主要談判對手，傲慢、蠻橫且絕不妥協。

　　進屋落座以後，我們直切主題。

　　節目構成根本不必擔心，馬克西莫夫有幾十套節目組合。全蘇聯加盟共和國一級的馬戲團，大大小小一共有八十幾個。凡經過對外演出總公司把節目重新組合以後，都統一稱作「蘇聯國家大馬戲團」。也就是說，我們過去理解的，令人肅然起敬的蘇聯國家大馬戲團，其實都是臨時拼湊起來的。蘇聯從來就沒有過一個官方的、正式的「國家大馬戲團」。

　　由於樓梯上有那麼多馬戲團代表在等著馬克西莫夫給他們飯碗，因此，給中國商業巡演湊一個像樣的蘇聯國家大馬戲團，完全不是問題。只要馬克西莫夫一聲令下，這些演員和他們的動物，就會立即報到，整裝待發。讓他們演多少場都行，任何人都絕不會有二話。因為他們在蘇聯國內，根本就沒有任何有收益的演出機會。

　　所有有關演出的事務性商談都簡單得要命。只要馬克西莫夫一揚手，一切都會分分鐘搞掂。

　　唯一真正需要談判的，只有演出報酬問題。

　　馬克西莫夫告訴我，美國現在正同時巡演著三個蘇聯國家大馬戲團，根據節目不同，美國人給的報酬從五千美元一場到八千美元一場不等。一般來說，馬戲團配備的猛獸越多、大型動物越多、空中器械使用越多，每場演出的報酬也就越高。他決定給我們配備 12 到 14 頭猛獸、10 頭以上的大型動物、全套的空中飛人節目以及必不可少的趣味小丑節目和雜技節目。節目總長度不會少於 1 小時 45 分鐘。

　　馬克西莫夫的要價是每場演出五千美金。據他講，這是他充分考慮了中國市場的實際情況後，給出的最優惠報價。言外之意，沒有什麼討價還價的餘地。

　　誠實地說，五千美元一場確實不貴。而且大致算起來，馬克西莫夫建議的節目清單，要涉及到 80 多位蘇聯演職人員和 140 多頭動物。這個報價

不能說不合理。

可是，我還是立即回絕了馬克西莫夫的這五千美金一場的報價。

「馬克西莫夫同志，五千美金按中國民間外匯市場（外匯黑市）上的匯率，大約相當於四萬五千人民幣左右。如果再把演職員吃飯、住宿、動物的飼養費用、城市間運輸、舞台搭裝、燈光音響、中方專業演出團體的配合、市場推廣、工作人員工資及稅收都算起來，一場演出的成本就要超過15萬元人民幣。而在中國的絕大多數城市，這類演出的平均票價不會超過10元人民幣。」我用在蘇聯電影裡常見的動作，向他聳聳肩，攤開雙手，一臉的無奈。我用這個動作，向他表達我實在無法接受他的報價。

接著我繼續說下去：

「馬克西莫夫同志，您知道這是中華人民共和國建國四十多年來，第一次真正意義上的商業巡演。而您的報價，會使這場探索性的商業巡演以慘敗告終。因為按照您的報價，承辦巡演的單位，必定會出現巨大虧損。」

馬克西莫夫瞪大了眼睛看著我，好像半天才聽懂我的意思。他沉下臉來說：「請您注意：在蘇聯文化部對外演出總公司的歷史上，我還是第一次遇到有人來和我討價還價。」他那顯示著不滿的嘴角裡，藏著對於我的不屑與嘲諷。

「準確地說，我給您的報價合理而且公道。我們對外演出總公司，永遠不會從這些報酬裡賺任何一個盧布。這些報酬都是付給我們那些偉大的藝術家，和他們所在的演出團體的。因此，這幾乎沒有任何降價空間。」他先徹底封死了繼續進行價格談判的餘地。

接著，他說：「各位中國同志，我們兩國已經三十多年沒有任何文化交流活動了。因此，你們大概不大了解和我們對外演出總公司討論外出演出活動的原則和慣例。」接著，他把那雙肉嘟嘟的厚手伸到我的眼前，說：「杜先生，我給你報出價格，然後你同意或者不同意，事情就結束了。」說完，刷地一下，他把伸出的手臂收回來，然後雙手攤開，也給了我一個大家都

熟悉的表情。

馬克西莫夫表達態度的方式，非常「蘇聯」，非常「俄羅斯」。

我們代表團所有人都面面相覷。他們看著我，不知我會怎樣回答。

「對不起，馬克西莫夫同志。看來我們雙方相互的了解還太少。因此，我覺得需要給您一些說明。」我面不改色心不跳，侃侃而談。

「我同意每場演出，給您的大馬戲團一萬人民幣的報酬。」還沒等馬克西莫夫從驚愕中緩過神來，我又接著說下去：「不過需要說明兩點：一是這一萬人民幣報酬在中國的實際購買力，要遠遠高於五千到八千美金在美國的實際購買力。無論家用電器、紡織品、服裝、鞋類、日用品、食品和任何產自中國的工業品，在中國市場上都比美國市場上的同樣商品，要便宜得多。因此，對於蘇聯的藝術家們來說，在中國演出每場收入一萬人民幣，比去美國演出要划算得多。因此，這絕對是個公平的報酬。」

沒等他插話，我又接著說：「另一點需要說明的是，每一場演出後，我們都會根據不同演員的現場演出效果，給予他們不同的演出獎金。這些獎勵，是用來刺激演員們每一場都去盡全力演出。這也是您的赴美演出團體不會得到的。而這些可觀的獎勵，不計在那一萬人民幣的報酬之內。況且，我們全程給蘇聯的藝術家們，提供五星級酒店的住宿條件，這大約也是我們的美國同行不會提供的。」

「我們是在充分考慮了中國商業巡演可能的票房收入以後，經過精打細算，給出的這個報價。這是我們可能給出的最高價格。這場中國商業巡演結束以後，除中國觀眾和這些蘇聯藝術家得益以外，您的對外演出總公司也是受益的一方。一旦開闢出中國這個巨大的市場，對於貴公司今後的長遠運作，肯定增加了很大的回旋餘地。……如果我的話能夠得到您的理解和支持，我將萬分感激！」

聽完我的一番講話，馬克西莫夫半天說不出話來。他只是不斷地搖頭。

「這是不可能的。」他抬起頭來，給了我一個堅定的回答。

「馬克西莫夫同志，我們明天將按照計劃去你們偉大的列寧格勒參觀，然後從列寧格勒去伏爾加格勒，五天後我們將回到莫斯科。希望再次見到您時，能夠聽到您改變主意的消息。當然，如果那樣，對於誰來說，都是有益的。」客觀地說，繼續爭論下去是不會有結果的。此時，我們誰也說服不了誰，我們都需要一些時間來消化和理解對方的立場。

說完，我使個眼色，告訴大家，我們該撤了。

馬克西莫夫一臉沮喪，呆呆地坐在他的椅子上，一聲不吭。

馬克西莫夫並沒有按照外交慣例，派車送我們到機場。我們搭上酒店的破麵包車到了機場，飛赴列寧格勒。

去列寧格勒和伏爾加格勒沒有具體任務，就是參觀、遊覽。涅瓦河上的阿芙樂爾巡洋艦、金碧輝煌的冬宮、涅瓦河右岸的彼得堡羅要塞、涅瓦河南岸十二月黨人廣場上的彼得大帝青銅騎士像，彼得大帝的夏宮……大家在列寧格勒遊覽得十分開心。伏爾加格勒儘管沒有什麼名勝古跡，但由

與蘇聯文化部對外演出公司的談判陷入僵局。中國文化部代表團訪問列寧格勒。
左起：代表團團長袁學、我、中國租賃總公司總經理李西元、中國對外演出公司周總。

於二戰期間，這座城市經歷過著名的「斯大林格勒保衛戰」，而令我們所有
文化部代表團的人，都對這座城市崇敬不已。

　　我是代表團中唯一憂心忡忡的人。我陷於兩難的境地：同意五千美金
一場，意味著肯定賠錢。而堅持一萬人民幣，又可能被馬克西莫夫徹底拒
絕。我在思考著對付馬克西莫夫的談判策略。對於列寧格勒和伏爾加格勒
的參觀遊覽，我一點也興奮不起來。

　　五天以後，我們又按照預先定好的日程安排，回到莫斯科，再次拜訪
了馬克西莫夫。

　　再次見馬克西莫夫，「球」已經在他那邊了。顯然馬克西莫夫需要對「一
萬人民幣」的報價作出回應。但奇怪的是，馬克西莫夫完全不理睬這個演
出報酬問題。問了半天我們參觀列寧格勒、伏爾加格勒的感受。看來他心
情不錯，雲山霧罩，東拉西扯。

　　這傢伙果然是談判場上的老手，我看出他是希望我先開口討論「演出
報酬」問題。搞過商業談判的人都知道，天字第一號的談判法則就是：絕
不要率先開口向對方報價。

　　我們倆都不提未能達成一致的演出報酬問題，使我們代表團團長坐不
住了，袁學處長捅了捅我：「該談談演出報酬問題了吧？否則沒有任何談判
成果，明天啟程回國，怎麼向家裡交代呢？」

　　我對他悄悄地說：「一萬塊錢一場不可更改。馬克西莫夫在等待我改變
立場，而我們也要耐心地等他改變立場。此時，我們什麼也不能說，要讓他
知道，對這一萬人民幣一場的報價，我們是認真的，堅定的。這就是我們的
『底線』。在這種場合，誰先開口，就意味著誰心裡發虛，誰就有可能被迫
作出讓步。現在比得就是誰更堅定，誰更不在乎談不成，誰更沉得住氣。」

　　袁處長不說話了。儘管他是團長，但他清楚我才是巡迴演出真正的出
錢者，因此他不能逼我幹我不想幹的事。

　　我們稀裡嘩啦地講著中文，馬克西莫夫一句也聽不懂。但他大概能夠

猜出，我們在爭論什麼。他足夠老辣，還是堅持不提演出報酬的事。

談判陷入僵局。

回到酒店以後，團長來到我的房間，動員我在演出報酬上主動妥協，以便雙方能夠達成協議。他說如果就這樣回國了，他真的沒辦法向文化部領導交代。我有些不大高興，告訴他：如果是文化部出錢來搞這場商業巡演，我馬上就去妥協。但如果仍然是由我來承辦這場商業巡演，那麼，要由我來決定在什麼價格條件下，能夠接受這場商業巡演。因此，我不會主動妥協。

不過，我還是安慰了一下他：您放心，今晚他們必來酒店和我們談演出報酬問題，不信您等著瞧。

晚上九點鐘已經過去了，酒店外面黑乎乎一片。莫斯科電力嚴重短缺，路上沒有幾盞燈是亮的，紅場上也黑黑的，死氣沉沉。

馬克西莫夫一晚上也沒來，我心裡非常失望，這次我失算了。

飛機起飛時間是第二天下午 4 點，時間還很充裕。全團的人由於合同沒談成，情緒都不高。第二天早晨 8 點了，居然都還在睡大覺。

我 8 點半到了餐廳去吃早餐，赫然發現，馬克西莫夫已經坐在餐廳靠窗的一個桌子旁，正在一邊喝咖啡，一邊等著我的到來。

我又驚又喜。

馬克西莫夫顯得一身輕鬆：「杜先生：為了能夠達成合作，我們決定，把每場演出的報酬降到 3500 美金。這應該是世界上任何一個國家，邀請蘇聯國家大馬戲團都未曾拿到過的價格，我想您應該滿意了。」說完，他舉起他的咖啡杯，做了一個準備和我碰杯的樣子，同時送給我一個滿臉的微笑。

我腦中急速地做了如何應對馬克西莫夫的思考。同意他？不同意他？還是繼續給他施壓？

我裝作受寵若驚：「尊敬的馬克西莫夫總經理，我真不知該怎麼表達對您和您的公司的感激之情。這麼早，您就來酒店給我這麼好的消息，我鄭

重地代表中國文化部代表團，對您的提議表示感謝！」

馬克西莫夫滿臉堆笑，擺了擺手，對我的感謝心滿意足。

「不過，」我話鋒一轉，重新提起了一萬元人民幣的事，「每場一萬元人民幣的演出報酬，是我們來莫斯科之前，和我們文化部領導、黨的組織都商量過的報價。從蘇聯藝術家的實際收入考慮，這也遠遠高於您的蘇聯國家大馬戲團在美國的實際收入。因此，我十分遺憾，不能接受您今天提出的 3500 美金一場的報價。但我仍然對您為達成此事，所作出的巨大努力，表示我個人的特別敬意。」

馬克西莫夫把我笑眯眯說的話全部聽懂以後，整個人一下呆住了，臉上一副完全不能理解的表情。

「其實在所有蘇聯大馬戲團訪華演出的細節上，我們都達成了一致。這個演出報酬問題，實在是沒有讓步的餘地。從這一點上說，我必須向您表示道歉。在返回中國後的一週內，我仍然保留著按我們商定的細節，和您簽署正式合同的法律準備。只要您能夠給中國和中國人民一個機會，我們還是願意接待蘇聯國家大馬戲團的訪問，並安排出色的全國巡演。」

我態度溫柔，談吐優雅，但內容強硬。

馬克西莫夫艱難地說了一句：「杜先生，那我代表蘇聯對外演出總公司，祝您和您的代表團一路平安。」說完，他拿起放在餐桌上的皮帽，用手撣了撣，點點頭後，離開了酒店餐廳。

幾天來在蘇聯所看到的一切，給了我深刻的印象：蘇聯人已經貧困到了極點，我甚至懷疑他們能不能每餐填飽自己的肚子。他們每個人都需要收入，哪怕這收入低微一些。蘇聯文化部樓梯上，那些焦急地等待馬克西莫夫給他們出訪任務的百十號人，臉上顯現出來的飢渴和乞求，清晰地告訴我，他們渴望出國演出，渴望這個難得的機會。我相信，如果擠在馬克西莫夫門外的那些馬戲團的代表們，知道是他「趕走」了中國文化部代表團，使他們丟掉了去中國進行巡演的機會，他們會恨死這個「死胖子」。最

後，我相信此時此刻，即使是不給報酬，只要管吃管喝管住，這些馬戲團
的絕大部分演員，也願意到中國去經歷這有趣的三個月。

因此，我敢斷定，馬克西莫夫一定會再來向我妥協，也許就在今天下
午，我們登上飛機之前的那一剎那。

然而，馬克西莫夫並沒有出現在莫斯科機場上。

在飛機的轟鳴聲中，我們離開了蘇聯和它的偉大首都莫斯科。這個曾
經無比輝煌的蘇維埃共和國，在很長一段時間裡，都是我們心中的一片聖
土。在我們童年的記憶裡，它是神聖、輝煌和令人嚮往的。然而今天，我
們親眼看到的竟然是令人驚訝的貧窮、衰敗、死氣沉沉和了無生機。我們
無不為此扼腕歎息。

代表團的每一個成員，都在俯瞰著舷窗外逐漸遠去的莫斯科。越是這
樣，他們越是為這次出訪沒有達成最終成果而感到遺憾。他們沒人說話，
情緒明顯有些低落。

我卻和他們心境完全不同。雖然在莫斯科和馬克西莫夫沒能達成協
議，我也有些遺憾，但我卻達到了最基本的目標。除了馬克西莫夫建議的
節目陣容和質量令我滿意之外，他最終同意在中國巡演 90 天，也是我的一
大勝利。這遠遠突破了蘇聯馬戲團出國巡演，一般不超過 30 天的慣例。我
心裡其實對這些非常高興。

另外，馬克西莫夫 3500 美金一場的報價，其實已經到了我可以接受的
談判預設空間之內，這是我最高興的地方。言外之意，這個質量、這個時
間長度、這個演出報酬，已經達到了我可以獲得盈利的基礎條件。不過，
所有這些想法，只是藏在我的心裡。不要說馬克西莫夫，就是代表團裡的
其他中國人，我也不露半點風聲。每個人都會覺得，這個價格是我無法接
受的，在這樣的條件下，我絕對不會簽約。

因為我們還處在重大的談判過程之中，不要說走漏風聲，就是代表團
成員臉上的一點點表情和情緒，都會讓經驗豐富的馬克西莫夫抓住，進而

探得我的真實想法。

我不得不讓我們代表團的所有成員，都做一次「蔣幹」。儘管他們沒有「盜書」，不過他們每個人臉上的沮喪表情，已經讓精明的馬克西莫夫清楚地知道，我是絕對不會在 5000 美金或 3500 美金一場的合同上簽字的。

我的談判戰術很清晰：用只有一萬人民幣一場才能簽約、3500 美金一場決不能答應的堅決態度，逼迫馬克西莫夫做最後一次讓步。為此，我寧可帶團返回中國，這是給馬克西莫夫一個無比強烈的信號。

我給他預留了一週時間。我的策略是，如果這一週之內，馬克西莫夫讓步，則我的戰術得逞。如果最終他放棄簽約，那樣我才真正摸到了他的底線。一週後，我會立即飛回莫斯科，再和他按 3500 美金一場簽約不遲。

這種重大談判的「底牌」，不能事先亮給任何人，無論是蘇方人員還是中方人員。

飛機上，只有我一個人知道，談判還在繼續，大門並沒有關死。只不過我需要耐心等待，繼續煎熬七天而已。

我心裡暗暗唸叨：馬克西莫夫同志，我再等您一週，看您老人家還繃不繃得住。

在沒有達成最終協議時，就斷然離開莫斯科，絕對是一招「險棋」。

其實，馬克西莫夫和我，都想把這筆生意做成。但我們都不是省油的燈。莫斯科的激烈談判，真實反映了我們都在全力為自己爭取著最大的利益，不戰鬥到最後一刻，我們誰也不肯罷休。不過，事情的另一面是，我們又都怕過分強硬的談判，把兩人之間那根「合作之弦」拉斷。如果把這筆生意「談黃了」，對於我們倆，都是不可接受的結果。

馬克西莫夫身上有著巨大壓力。他樓道裡那些「嗷嗷待哺」的馬戲團代表，天天都在尋找出國巡演的機會。一旦把這次的中國巡演任務拿下，不僅實現了他對那些演出團體的一份責任，對中蘇兩國間重新啟動的文化交流來說，也是作出了具有開創性的重大貢獻。我相信，在這一點上，蘇

聯文化部給馬克西莫夫施加的壓力，要比我身上的官方壓力大得多。

而我的壓力，都來源於肩上那 1400 萬港幣的沉重外債。好不容易獲得文化部的批准，准許我進行這次難得的商業巡演，這可是賺回錢來還掉欠債的唯一機會。如果這樁好事被過於無理的談判搞砸了，得罪了文化部還是小事，幾個月後我的銀行債務到期時，我乾乾淨淨地還清外債，就徹底成了泡影。

用「麻杆打狼，兩頭害怕」來形容此時的我和馬克西莫夫，非常恰當。不過，我自始至終保持著談成最好，談不成也無所謂的態度。我認為，我在談判中的這一表演是成功的。商業直覺告訴我，只要繼續堅持下去不動搖，馬克西莫夫一定會妥協。

回到北京以後，我天天往文化部跑，希望看到馬克西莫夫從蘇聯文化部打來的電報或電傳。我期待著我這個「甩手就走」的談判策略，能夠換來馬克西莫夫最終的妥協。可是，一週即將過去，文化部電傳室，一直沒有收到任何來自蘇聯對外演出總公司的電傳文件。

說我此時心焦似火，一點也不過分。

儘管我已經打算，如果一週之內收不到馬克西莫夫「同意合同條款」的電傳，便立即飛回莫斯科去，但那不僅證明「甩手就走」的談判策略徹底失敗，還意味著整個商業巡演要多支付好幾百萬的演出費用。這樣一來，到期把欠款全部還上的目標，將無法實現。

週六下午，我死守在文化部外聯局電傳室，期待著最後一天能夠迎來奇跡。

文化部 5 點下班，電傳室裡靜悄悄，電傳機沒有任何動靜。我給馬克西莫夫那一週的寬限期到了，看來馬克西莫夫是「王八吃秤砣」鐵了心，拒絕接受我每場一萬元人民幣的報價了。因此我必須準備再次返回莫斯科，向那個蘇聯胖子「投降」去。

從文化部回來後我沮喪至極，沒有心思吃晚飯，一句話也不想說。一

進我們住的旅店，我便倒在床上蒙頭大睡。

我哪裡睡得踏實，8 點多鐘便被餓醒了。起來後，呆呆地坐在床上，望著窗外。喧鬧的北京華燈初上，整個城市籠罩在初春的暮色裡。我走出旅店，一陣涼風襲來，我打了一個寒戰。

我猛地想起，莫斯科和北京有 5 個小時時差，北京下午 5 點下班時，莫斯科才中午 12 點。這意味著現在北京晚 8 點多，莫斯科才是下午 3 點多，離我給馬克西莫夫的「一週期限」還有最後一個多小時呢！

事情還沒有結束！

也許莫斯科的馬克西莫夫也是想等到最後一刻，再給我發出妥協的信息。

我立即乘車返回了文化部，直接去了文化部電傳值班室。

電傳室 24 小時都有人值班。我一進屋，牆上的時鐘指在 9 點 20 分。這就是說，莫斯科距離下班，還有最後 40 分鐘的時間。

在焦急的等待中，時間一分一秒地過去。

北京時間週六晚上 9 點 45 分，莫斯科時間下午 4 點 45 分，奇跡終於發生！我收到了馬克西莫夫代表蘇聯對外演出總公司給中國文化部外聯局的確認電傳文件：

中華人民共和國文化部：

經研究，同意貴國文化部所提出的邀請「蘇聯國家大馬戲團」訪華巡演的邀請。「蘇聯國家大馬戲團」由 83 位卓有成就的功勳演員組成。4 月中旬，「蘇聯國家大馬戲團」將從莫斯科集中出發，從滿洲里口岸進入中國。敬請收到此電傳後，立即與蘇聯駐中國大使館文化處聯繫，商辦我方人員入境簽證、動物檢疫、演出時間、運輸、及各項具體事宜。

蘇維埃社會主義共和國聯盟文化部對外演出總公司

1990 年 3 月 × 日

收到這份電傳我欣喜若狂，激動得有些控制不住。

和馬克西莫夫這場激烈的商業較量，直到最後一刻才分出勝負。整個過程驚險、刺激、有趣。這是我此後近三十年的創業生涯中，最具戲劇性的一次商業談判。

請「蘇聯國家大馬戲團」訪華並做全國性商業巡演，完全出自我的「奇思妙想」。現在居然夢想成真，不能不讓我感謝頭頂上那個幸運之神對我的眷顧。克服了這麼多難以想像的困難，現在終於如願以償。接下來就看我有沒有本事，把這次商業巡演，辦得既能引起全國轟動，又能賺得「盆滿缽滿」了。

我躊躇滿志、信心爆棚！

創造奇跡

雖然有李寧告別體壇活動的成功經驗，但比起蘇聯大馬戲團全國巡演這部「巨著」，那只能算一篇「散文」而已。

一個國際大型馬戲團在中國不同城市巡演，需要處理的難題多得難以想像：

83 位蘇聯演員，來自於不同的加盟共和國，包括在蘇聯境內的集中、上萬公里的火車運輸，進入中國時他們已經疲憊不堪。到巡演完成的時候，他們離家已達 4 個月之久。如何使他們不想家，如何使他們克服「畏演」情緒，自始至終精神飽滿，鬥志高昂，是讓人十分傷腦筋的事。

中國雜技團幾十個人的隨隊配合，也不簡單。每個不同場館的演出，都要由他們協助完成組裝舞台、拆卸舞台及裝車、監運。任何一塊舞台地板、邊緣護板、緊固件都不能丟失和損壞，否則便無法繼續演出。而空中飛人節目的各種器械、猛獸表演的安全護網，任何一個零件都不能丟失和損壞，這都直接關係著演員和觀眾的性命。道具、燈光、音響、服裝，一

切都要安排得絲絲入扣，毫無差錯。幾場演出容易，三個月之久、轉戰7個城市、行程上萬公里、上百場演出，要想哪裡都不出現差錯，就比登天還難。

整個中國巡演，從滿洲里開始，我們始終要拉著一群老虎、獅子、駱駝、大象，在不同城市之間轉運。運輸總里程達到15000公里以上。任何兩個城市之間，都要走幾天的路。這些猛獸每天要吃新鮮的牛肉，駱駝、馬、大象要吃大量的新鮮青草和水果，汽車裡沒有冷藏設施，路上怎麼解決？這可是天大的難題。

在這樣的挑戰面前，我的人馬卻要被分散成七個工作組，事先入駐要巡迴演出的城市。市場預熱、廣告安排、售票準備、動物檢疫、公安配合、酒店住宿、吃飯、夜宵、防暑，購物，以及看病、送醫院，都要安排得妥妥當當……。

一般情況下，即使運作一場這樣的大型國際演出，也會使組織者焦頭爛額，更何況是持續不斷的上百場演出，想一想也讓人頭疼。

這是一系列既千頭萬緒，又必須絲毫不差的組織工作。我從來沒有幹過，也沒有任何人可以請教。只能硬著頭皮把這一大堆挑戰，都扛在自己肩上。

我把自己關在屋裡一整天，要從千頭萬緒的事情和困難中，清晰地梳理出頭緒：

既想讓蘇聯大馬戲團的訪華巡演獲得轟動，又能夠取得良好經濟收益，那麼必須在以下五個方面，都獲得完滿成功：

1、必須強有力地控制演出成本，包括場地租金成本、人員接待成本、城市間運輸成本等三項核心成本。只有盡可能地降低這些關鍵成本，巡迴演出才能獲得最好收益；

2、要最大限度地提高總的演出場次，只有多演，才能造成轟動並更多地賺錢。不僅要多演，還必須做到場場爆滿。這意味著巡演的城市數量

要恰到好處，在票房銷售下滑的拐點出現之前，便撤離這個城市，開赴下一個城市；

3、想要取得以上成功，必須大面積、多種類、重複不斷地在各演出城市的媒體上，做大規模宣傳工作，甚至要達到狂轟濫炸的程度，以創造火爆的市場氛圍。

4、有效地掌控這三個月的時間，是巡演成敗最關鍵的元素。每個城市設計演多少天？各個城市提前多少天進行市場預熱？提前幾天賣票能夠獲得觀眾的熱切追捧？城市與城市之間，動物車隊要走幾天？哪天可以恰好趕到而不耽誤早已公佈的開演日期？這些都需要精準的時間「掌控」。

5、當然，一切一切的根本是「票房」。只有取得良好的票房收益，才是獲得盈利的根本保障。這就意味著演出票價，既維持在較高水準，還不能讓市場反感，並能夠賣得一片火爆才行。這就要求我們在所有即將巡演的城市中，為蘇聯國家大馬戲團巡演創造空前熱烈的市場氣氛，造成轟動，引爆市場，形成瘋狂的演出票搶購狂潮。

以上五點關係全域成敗。尤其是第一點和第五點，我必須親自掌控，才能保證萬無一失。

事後的實踐證明，我所想到的這一切，我們都做到了，而且做得非常漂亮，堪稱完美！

我們創造了上個世紀中國文化市場上，絕無僅有的一場商業奇跡。

下面，和讀者們分享當時一些有趣的故事。

1、引爆市場：

在決定成功與失敗的五個關鍵因素中，最最重要的，無疑是馬戲團的門票能否賣得火爆。我在仔細分析後認定，要想把七個城市「蘇聯國家大馬戲團」的門票賣得火爆，只有一條路：必須在市場上營造一票難求的「稀缺」局面。

用經濟學的術語來說，必須人為地創造出緊俏的「賣方市場」！

在我之前的幾乎所有大型演出，承辦者一般會採取以下一些做法：

① 延長演出天數，加多演出場次；

② 儘量提前售票，延長售票期長度；

③ 給政府各機關大量「贈票」，期望擴大影響，搞好關係；

④ 給團體購票大幅優惠；

在我看來，這些做法都是錯誤的。這等於告訴市場：門票賣不出去。這樣的做法不是在市場上製造「門票稀缺」，而是人為地在市場上製造「門票過剩」。

我們制定了完全相反的門票銷售策略：

① 隱蔽真實計劃，把演出場次儘量往少說。

在任何一個城市開始進入市場宣傳期時，我們對該城市的演出計劃，實行嚴格保密，不允許公佈實際演出天數。如果預計演出 8 天，我們會在宣傳文件中僅對外公佈演出 3 天。待票被搶光並開演之後，再在報紙上公佈「應觀眾要求加演數場」云云。

② 堵住閘門，堅決不提前售票。我們的七個演出城市，提前售票時間，不允許超過 48 小時。

全面宣傳工作一般在馬戲團到達前 15 天就已開始，但絕不會同步售票。我們會緊緊地「憋住」市場，讓希望得到馬戲團門票的人，無論如何也買不到票，急得火燒火燎。我們越是不賣，市場就越慌亂，大家交頭接耳，相互打聽，發現不管有多大本事，也買不到蘇聯大馬戲團門票。「一票難求」的稀缺氣氛必然產生。

③ 消滅「免費贈票」的市場毒瘤。

由於「憋住」了市場，不提前售票，原本習慣於早早就有人贈送門票的各個政府機關，現在根本就得不到任何免費贈票。當演出一天天臨近，他們再也等不急了，決定由機關工會掏腰包，自己花錢買票。

④ 團體票沒有任何優惠

為製造「票源緊張」的氣氛，我們完全不給「團體票」任何優惠。無論買多少張，一概好壞座位均衡搭配，價格一分不降。個別好時間的演出場次，我們還要推出「限購」措施：每個排隊購票的人，最多限購 5 張。以利於形成市場對「門票稀缺」的印象。

2、馬戲團「入城式」：

蘇聯國家大馬戲團 1957 年在北京的訪問演出，曾經引起全中國的巨大轟動。一個重要原因，是毛澤東主席親自到現場觀看了蘇聯馬戲團的表演。演出以後，毛澤東還親自上台，對蘇聯馬戲藝術家的精彩表演表示感謝並合影留念。第二天，所有中國報紙的頭條位置，都登載了毛澤東和蘇聯馬戲團演員們的大幅合影照片，這引起全國人民對蘇聯大馬戲團的好奇、喜愛和憧憬。

1957 年蘇聯大馬戲團訪問北京，引起轟動。毛澤東、鄧小平接見了這個馬戲團。

　　我決定藉著幾十年前深深紮根在中國老百姓心中的這種情結，在每個巡演的城市，都搞一場精彩紛呈的馬戲團「入城儀式」。用這種具有轟動效果的特殊形式，重新喚醒老人們對於蘇聯國家大馬戲團的熱情，燃燒起年輕觀眾想去「一睹為快」的強烈慾望，實現全面的「市場預熱」。

　　車隊到達每一個城市之前，我們都會選擇一處郊外的寬闊地區，停下集結。28 輛大型半掛車全部到齊以後，再重新列隊編排，緩慢進城。

　　整個「入城儀式」，我要求所有的 83 位蘇聯演員，都要化舞台妝，換上演出服，站在車頭表演。健碩的男演員，一律裸露上身，展示強大的肌肉和體魄；嬌媚的女演員，一律著「三點式」演出服，青春豔麗的胴體展露無餘，她們個個性感且不失妖豔。所有獅、虎籠的遮籠布全部打開，露出萬獸之王的兇猛與彪悍。大象、駱駝則站立車上，展現它們驚人的體魄。

　　我們事先在各大報紙的顯著位置，通知第二天「蘇聯國家大馬戲團入城儀式」的行進路線及通過時間。於是，市民們扶老攜幼、爭先恐後地等在馬路兩旁。他們期待觀看蘇聯的馬戲演員和各種兇猛動物，像是期待國慶節彩車遊行一樣。

　　我們的車輛，配備了擴音設備和高音喇叭，隨著馬戲團車隊的緩緩推進，不間斷地播放中國人耳熟能詳的蘇聯歌曲。整個城市便陷入在「蘇聯馬戲團」帶來的喜悅、歡快和狂熱之中。

　　不得不說，除了老虎、獅子、駱駝、大象引起少年兒童的極大興趣之外，身著「三點式」的蘇聯美女，是攪動無數年輕市民好奇心的主要看點。那時的中國，還處在相當保守的時代，電影、戲劇、雜誌都不允許出現這樣的鏡頭。這樣的穿著，還被認為是「資產階級腐朽文化」。我堅持讓蘇聯馬戲女演員以「三點式」戲裝參加「入城式」表演，就是想在這種保守的意識形態環境下，喚起年輕人對「性感」的追求和好奇心。

　　這樣，「入城儀式」對老人、兒童、青年、女人都有了興奮點。馬戲團到了瀋陽、天津、北京時，上街觀看「入城式」的老百姓已經達到了幾十萬

人之眾！

武漢、深圳、廣州、上海、瀋陽、天津、北京七座城市無一例外，我們都在當地政府和公安局的配合下，完成了七次史無前例的「入城儀式」。所有這些城市，馬戲團的「入城式」都取得了非凡成功。

3、「加場」：

在所有巡演城市，我們都在「入城式」完成以後才開始售票。此時，市場的廣告預熱已經有了兩個星期以上。由於任何人都買不到票，市場已經憋得嗷嗷叫喚。再加上「入城式」火上澆油，市場熱度已經達到沸點以上。我們此時開始正式售票，便輕而易舉地引爆市場。

我們只在體育館一個地方售票。故意僅在一個地方售票，是為了創造「擁擠」、「搶票」、「人滿為患」的景象，以圖把「火爆」的消息傳遍整個城市。售票時，我們會同時開十個以上的售票窗口，派出幾十人維持買票秩序。儘管這都是我的策劃，但親眼看到十幾條「排隊長龍」搶票的瘋狂場面，我還是驚訝不已。

已公佈演出場次的所有門票，一般會在幾個小時內全部搶光。

至兩天以後，我們會在當地主要報紙的顯要位置，登載給全體市民的「道歉信」。聲稱由於考慮不周，場次安排太少，以至於大批如飢似渴的觀眾沒有機會得到觀看演出的機會。經與蘇聯大馬戲團方面協商，決定再「加演」兩場。有時說是加演兩場，其實是兩天，實際加演四場。當然，這些票也都會一搶而空。

所有七個巡演城市，我們都會用同樣的銷售策略，分別「加演」兩次。廣州最為瘋狂，6月4日到18日我們在廣州演出了15天，最多一天居然演出了4場。獅子、老虎都演暈了，估計它們一輩子也沒有嘗試過一天裡演出這麼多場。

蘇聯大馬戲團連來帶去，在中國一共90天。扣除路途中及到了新場館裝台要騰出的一天，實際演出時間只有51天。我們利用這51天，一共成

功演出了 108 場，平均每天兩場以上，並且場場爆滿。這次 1990 年蘇聯國家大馬戲團的訪華演出，創造了外來演出團體在中國巡演的場次紀錄，這 108 場的演出紀錄至今無法超越。

4、士氣激勵：

能夠在短短 51 天裡演出 108 場，沒有蘇聯馬戲團全體演職人員高昂的工作熱情和旺盛精力，是不可能完成的。

開始他們並沒有這樣的精力與熱情。

正如我事先估計到的，「蘇聯國家大馬戲團」全體人馬到了第一站武漢以後，拒絕按計劃僅休息一天就馬上演出。他們的理由很簡單，從家裡出來到莫斯科集中，用了 6 天時間。從莫斯科到滿洲里的鐵路運輸一共走了 9 天。滿洲里入關後，到武漢又走了 5 天。而在這半個多月的時間裡，所有動物沒有進行過任何訓練。加上人困馬乏，他們團長認為，馬戲團至少需要有三天的時間來訓練和休整，才能確保演出質量。

我們事先並沒有任何這方面的經驗和知識，首場演出的門票，已經全部售罄。不演是不可能的，沒有辦法對買票觀眾和社會交代。

難題擺在我面前。絕不能首場演出就以失敗告終，這樣的後果難以想像。必須讓蘇聯演員們演出，並且要讓他們興高采烈地演好第一場。

幸好這場交涉是在他們剛到的那個上午。我立即給我們深圳公司打去電話，告訴他們，以最快速度購買八十五套當時最為流行的「雙卡收錄音機」。要個頭最大的，外觀最新潮的，質量最棒的。無論如何要用卡車連夜送到武漢來。

第二天早餐時，我宣佈 9 點全體到會議室開會。

當所有蘇聯演員全部到齊以後，我開始講話。

我首先感謝他們一路辛苦到了武漢，也代表中國觀眾，感謝他們為中國觀眾帶來了蘇聯偉大馬戲藝術。之後，我便轉入正題：

「各位蘇聯藝術家朋友：我知道明天就讓你們在如此勞累和缺乏訓練

的情況下演出，是不公平的。但因為我們沒有這方面的經驗，門票已經全部售出。中國觀眾觀看你們表演的熱情已經無比高漲。因此，明天的首場演出必須如期開演。

但是，為表達我的歉意，也表達我的感謝，我決定給自願參與明天演出的蘇聯演員們，一人贈送一台最先進的『雙卡收錄音機』。當然，這僅僅是我個人的禮物。實在不能參加明天演出的，我也不會勉強。請各位抓緊今天一天和明天白天的時間訓練動物，恢復體力。我期待著你們為中國觀眾帶來一場精彩的『首場演出』。」

説完以後，我掀開了紫紅色天鵝絨罩單，85 台「雙卡收錄音機」像山一樣堆在一起，讓人震撼。我深知蘇聯演員的收入狀況，莫斯科所見到的一切告訴我，這是他們每個人都夢寐以求的東西。

我打開一個包裝，拿出一台嶄新的收錄音機，那雙卡收錄機足有半米長，威風凜凜。我把一盒事先準備好的「卡帶」放了進去，音量開得很大。美妙的旋律瞬間響徹整個會議室，沁人心扉。

所有的蘇聯演員沒有一個人説話。接著，第一個演員走過來抱起一台碩大的收錄音機，緊接著其他蘇聯演員也一個一個地，陸續走到我面前，低頭鞠躬，對我表示感謝。然後抱走了那台屬於他或她的收錄音機。

85 台收錄音機，居然一台不剩。

第二天的演出獲得圓滿成功。從此，我成了他們每個人的好朋友，就像兄弟一樣。

5、轟動全國：

全國巡演的最後一站是首都北京。此時，全國累計共有 134 家報紙報道了馬戲團在全中國成功巡演的消息。蘇聯國家大馬戲團已然在全國引起了巨大轟動。

1990 年 8 月 1 日，我們車隊到京後的第二天，中華人民共和國文化部，在我們下榻的北京國際飯店舉行正式宴會，歡迎蘇聯國家大馬戲團訪

華演出。時任全國人大副委員長的習仲勳同志，代表國家領導人參加宴會，表達對蘇聯藝術家的感謝和歡迎。

8 月 2 日開始在北京首演後不久，我便接到中共中央辦公廳的電話，告訴我中共中央主要領導和國家最高領導，要來觀看蘇聯國家大馬戲團的演出，要我配合並做好準備。

8 月 7 日是個星期二，那天第一場演出是 7 點半開始，北京工人體育館內外戒備森嚴。

觀眾入場不久，在京的中共中央政治局全體常委：中共中央主席、國家主席江澤民，中共中央政治局常委、國務院總理李鵬，中共中央政治局常委、全國政協主席李瑞環，中共中央政治局常委、中央組織部部長宋平等四人，來到主席台就座，觀看蘇聯國家大馬戲團的表演。除了全國人大委員長喬石出差在外地，沒來一同觀看以外，其餘所有中共中央政治局常委全部到齊。

在京中共中央政治局常委全部出席觀看一場商業演出，這大概是史無前例的。而他們前來觀看的，完全是由我提議，由我組織，由我花錢承辦的一場涉外商業演出。

我在主席台上陪四大常委，觀看了整場演出。

歷時 90 天的蘇聯國家大馬戲團的中國巡演，在 8 月中旬結束。扣除所有成本和費用，我一共淨賺了 1500 萬元人民幣以上。8 月底回到深圳，在到期之前，我還上了對銀行的全部欠款。

我給所有參與馬戲團巡演的工作人員，都發了優厚的獎金。還上所有欠款及發完獎金以後，我賬上還剩下幾十萬元人民幣。經歷了商海的生死沉浮之後，我又重新回到了「零」的原點。

我和蘇聯大馬戲團演員都成了好朋友，他們信任我，喜歡我。

蘇聯大馬戲團最小的演員阿廖沙，幾乎成了我兒子。

蘇聯演員表演空中雜技。80 年代末，這樣性感的演出服裝，國內根本
見不到，這引起了許多青年人的興趣。

蘇聯大馬戲團訪華巡演第 100 場演出現場，我和中國雜技團團長林建在一起。

第 108 場演出結束後，我與蘇聯大馬戲團全體合影。

第五章
5th Chapter
九〇年代：商海狂濤

十五　回到天津：重新起步

投身房地產

　　馬戲團巡演歷經千辛萬苦，幾乎窮盡了我身上所有的動力、智慧和想像力。將近半年的過程中，我的精神也一直緊繃著，有時甚至到達了崩潰前的極點。一旦這場巡演結束，把欠銀行的債務全部還清以後，肩頭的千鈞重擔瞬間卸下，我竟然像剛剛跑完馬拉松，從精神到體力，一下都垮了下來。

　　其實，還上所有欠債，理應是「無債一身輕」的感覺，但奇怪的是，我卻絲毫輕鬆不起來。

　　回顧我這一生，已經吞嚥了許多常人很難嘗到的酸甜苦辣。但像 1989 年到 1990 年這樣，先有經營外匯的苦苦掙扎和慘烈失敗，後有承辦蘇聯馬戲團巡演的殫精竭慮，心血耗盡，這些磨難，都是空前的。儘管馬戲團取得了成功，但這所謂成功，也只不過是使自己從債務的泥淖裡，艱難地爬出來而已。代價卻是，我身上能夠調動的所有激情，已經全部燃燒殆盡。我已經到了身心俱疲的程度。

　　最不能忍受的是，兩年多沒日沒夜的苦苦掙扎，竟然讓我又重新回到了兩手空空的原點，一切都要從頭再來。這太讓人失望。這兩年商海沉浮，對我精神上的打擊不僅兇狠，而且殘酷。

　　說實話，「再次起航」，對於一個剛剛被航行折磨得遍體鱗傷，並且一

度瀕臨絕境的水手來說，絕不是一件簡單的事。此時，重燃激情只能是個幻想。這幻想，正在被失望的情緒死死糾纏，無法擺脫。

也許，我該找個地方醫治創傷，平復心境，儲蓄能量。只有好好地反思過去這兩年，那些令人死去活來的經驗教訓，才可能理智地面對未來。也只有如此，當再次投入那狂濤洶湧的商海時，我才能進退有度，胸有成竹。

我回到深圳休息了將近半年。

1989 年以後，中國的外商投資形勢惡化，不僅新的外商投資幾乎完全停止，已經投資中國的許多西方國家企業，也都爭相撤離中國。由此引起全中國的地產價格狂跌，大批與國際市場關係密切的企業，陷入經營困境。

1991 年 10 月底，深圳石化總公司一塊寶安的住宅地皮急於出讓。而我在南京大學讀研究生時的一位老師，現在在這家企業作總經理助理。他打電話給我，說他們正在尋找買家，問我願意不願意接手。知道他們打算出售的價格以後，我下意識地感覺，這好像給了我重新起步的機會。

這時我已經休養生息了將近一年，又開始蠢蠢欲動了。

這塊土地位於深圳寶安。幾年前，深圳石化總公司用了五千多萬，才拿下這塊土地。隨著 89 年外商大幅撤資，正常國際貿易也陷於停頓，深石化的經營陷入困境，資金鏈面臨斷裂。他們急於低價變現這塊土地，歸還到期貸款，以解資金鏈危機。

1989 年後的形勢，使得深圳的土地都成了「燙手山芋」，沒人敢接。但我覺得這是個大便宜。得到沈老師給我的消息後，我立即返回深圳，從深圳石化總公司手裡，用極低的價格，買下了寶安這塊 10 萬平方米的住宅開發用地，交易總價僅為 2000 萬元。

1992 年 1 月，鄧小平到廣東、深圳「南巡」，他對著全世界親自宣佈了中國繼續改革開放的國策，深圳地價立即復蘇並發瘋似地狂漲。幾個月以後，我從深石化購買的這塊地的價格，就恢復到了 89 年前的水平。之後更

似脫韁野馬，繼續狂漲。到 92 年底，這塊地的價格，已經瘋漲到 1 億 8 千萬人民幣。短短不到 1 年時間，地價從深圳石化當初購買時的 5000 萬，暴漲了兩倍半，著實令人難以想像。

遺憾的是，直到此時，這塊土地的土地證還沒有辦下來。

深圳石化總公司悔得腸子都青了。他們陳總約我吃飯，席間支支吾吾，欲言又止。

從老陳的眼神裡看得出來，他們想反悔這單生意。他們想趁土地證還沒下來，把現在價值連城的這塊土地，再搶奪回去。

作為商人，若不能迅速地判定自己的處境，進而果斷地作出現實可行的決策，絕對不能算是個好商人。如果一味地不顧可能性，僵死地堅持紙面契約，尤其是在這些大型國營企業面前，很可能會遭遇慘痛的失敗。

現在，由於土地證還沒有辦下來，如果我貪婪於 1 億 8 千萬的市場價格預期和巨額利潤，一旦深圳石化總公司準備毀約，並打算強制收回土地時，他們必定會下狠手，全力推翻合同，殊死搶奪土地。在這樣的可能性面前，不採取審時度勢的態度來應對對方的毀約企圖，繼續強硬地堅持既得利益，就可能「雞飛蛋打」，一無所獲。由於還沒有土地證，我便沒有任何可以阻止他們的法律手段。如果我天真地去和他們打官司，深圳法院怎麼能「胳膊肘朝外拐」呢？也許只需一個電話，我就會滿盤皆輸，甚至連本錢都拿不回來。

與其讓他們蠻橫地搶回土地，不如「見好就收」，「退而求其次」。我決定搶在老陳開口之前，定下妥協的基調：

「陳總，真感謝您當初把寶安這麼好的地塊賣給了我。現在土地價格飛漲，據說，按照市場價，那塊地已經達到了每平米 1800 元，真讓人難以想像。」我還沒觸及主題，就把陳總臉上的汗給說下來了。他尷尬地向我直點頭，我卻沒給他開口的機會。

「陳總，我知道您請我吃飯的意思。當初您賣給我這塊土地夠意思，現

在形勢發生了這麼重大的變化，我也不能不仗義。您看這樣好不好，雖然我已經買下了這塊土地，但我想和石化總公司共同分享這塊土地的潛在利益。您拿大頭，我只要個小頭。您看如何？」

老陳臉皮也夠厚，他完全沒有推辭：

「怎麼個『大頭』、『小頭』？」陳總眼睛瞪得溜圓，等著我把話說完。

「那塊地的市場價值已經漲到了 1 億 8 千萬，而且想賣隨時可以找到買主。但關鍵是土地證還沒有辦下來，沒有你們的全力配合，這個土地證是很難辦下來的，這一點我非常清楚。」我先下手為強，把我在這筆交易裡的弱點主動挑明，下面的話就好說了。

「我只想拿這塊地市場價值的一個零頭，把其餘的大頭全部還給石化總公司。您給我 7000 萬元現金，我立即和您辦理土地回購手續，您看如何？」說完，我衝著陳總會心一笑。

老陳有點不好意思。其實他知道我和李灝、朱悅寧都有著不錯的關係，而他又是歸朱悅寧直管，他態度極好。

「7000 萬不是一個小數目，你讓我回去商量一下，看看能不能做得到。」他故作為難狀。

石化總公司的這位陳總精明、幹練，是深圳著名的勞動模範。在深圳，他是有名有號的十大企業家之一，當然不是一盞省油的燈。他這番話，明顯是在和我討價還價。我必須堵死他，讓他現在就從我給他的這個「台階」走下來，不然後果難料。

「我明天就去見老朱（副市長朱悅寧），他昨天給我打了電話，說如果我樂意，一家央企找了他，要 1 億 2 千萬拿走這塊土地，土地證他們自己辦。不過，我急著用錢，再加上念您當初那麼便宜把這塊地賣給我，我還是要先問一下您的意見。」我編了個朱悅寧的「故事」，說給他聽，意在給他施加壓力，逼他現在就和我成交。

老陳一定會相信我的話。因為如果我說的是假話，他只需給朱悅寧撥

一個電話，就會立即「露餡」，因此他對我編的朱悅寧「1 億 2 千萬賣地」的故事，深信不疑。

精明的談判技巧在於，你要把一個非要他相信不可的「假話」，放到對手絕對不會產生懷疑的環境中去，然後使對方自願進入你為他預先設計好的談判通道。

「不過，即使老朱出面以 1 億 2 和那個央企成交，他們能夠給我多少現金，我也不知道。這是先找您的第二個原因。」

陳總態度馬上發生了變化：

「那怎麼好意思。本來就是想和您商量一下，儘快幫助您把土地證辦下來，您這樣的提議，我們怎麼也不敢想呀！」老陳說得極客氣，聽起來，你會覺得他好真誠。不過，我知道他到底想的是什麼，我一點也不抱任何幻想。如果能夠迅速得到連本帶利的 7000 萬，我絕對心滿意足。

細算起來，扣除 2000 萬的成本，我淨賺 5000 萬利潤。深圳石化總公司則收回了這塊價值連城的土地。不僅回收了當初出售這塊土地時虧損的 3000 萬，還淨賺了 6000 萬。這等於在這一年多的土地增值中，我只拿了 5000 萬利潤，而老陳和他的深圳石化總公司，卻拿走了 9000 萬的土地增值。不過，我對這個結果已經非常滿意。

我早已算好，斷定他不會不幹。

一碰杯，我們達成了協議。一個星期之內，我們簽署了「土地回購合同」，7000 萬人民幣一分不差，打到了我的賬上。

不到一年時間，還掉因購買這塊土地而新背上的借款和銀行貸款後，我淨賺了 5000 萬！

這筆錢，成為我日後創業的基礎。

1992 年底，我攜帶此次土地交易賺到的 5000 萬元，把公司總部搬回了天津。

我把公司從經濟最為活躍，改革與開放程度遠遠走在全國前列的深

圳，搬回到幾乎還處在計劃經濟環境下的天津，所有朋友都不能理解。天津儘管是個直轄市，但比起深圳來，思想觀念落後，辦事效率低下，肯定不是一個創業的優選之地。

對此，我有一番自己的特殊理論，國內學術界的朋友，戲稱其為杜廈的「豬腿理論」。

深圳是鄧小平親自圈定的經濟特區，緊鄰香港。無論是稅收、進出口權、土地開發、證券市場、引進外資等方面，中央政府都給予了特殊的優惠政策。那裡經濟活躍，人才聚集。因此，所有人都把深圳，看作投資創業的理想地點而趨之若鶩。

經過仔細觀察我發現，深圳就像一條肥碩的豬大腿，肉既多且肥。一群身強力壯的豪強雲集深圳，爭搶資源。他們各個背景可畏，強橫無比。這包括：中央各個部委、各個省市自治區、中央軍委各個總部及各軍兵種、香港著名的大牌企業家。所有這些極有來頭的勢力，無一例外，都在深圳設有「辦事處」，也都有駐深圳的經營性「總公司」。他們各個財雄勢大，深圳市當局都不敢得罪。因此，最好的土地、最好的政策、所有需要政府特殊批准的經營類別、稀缺的進出口配額等等，都被這些「豪強」瓜分殆盡。再加上廣東省和深圳市本身的直屬企業，早已佔儘先機。所有這些大傢伙，搶盡各種資源。深圳市政府還要對他們百般迎合，拍盡馬屁。而可憐的民營企業，連湯都很難喝到。

這就像在「動物世界」裡看到的畫面：一群獅子撲倒了一頭角馬，各個拚上去撕扯搶奪，大快朵頤。而像我這樣的民營企業，最多就是一隻瘦弱的小狐狸，遠遠地躲在旁邊，只有垂涎三尺的份，是萬萬搶不到任何一點肉渣的。

天津卻不同。天津這樣的尚未全面開放的地區，像是一隻沒有什麼肉的「豬蹄子」，只有可憐巴巴的一點瘦皮和骨頭縫隙裡的一點筋頭。這對於各路豪強來說，沒有任何吸引力。可對於我來說，這點可憐巴巴的瘦皮和

筋頭巴腦，只要沒人和我搶，那就肯定能夠吃得飽。不至於像獅群撕搶角馬時，旁邊那隻落寞的小狐狸，什麼都吃不上。

況且我相信，深圳今天所有的政策，幾年以後必會普及到天津。那時，在深圳曾經放映過的「電影」，也都會在天津重新放映，只不過要晚幾年而已。但等到了天津也全面改革開放的時候，我在天津就已經不再是隻小狐狸了，說不定已經發育成一頭足夠強壯的雄獅了。到那時，我也該有自己的特殊「領地」和專有地盤了。

這就是我的「豬腿理論」以及我把公司搬回天津的理由。

短短一年多的時間，我開發了天津開發區的標誌性建築 —— 國際發展大廈；開發了天津最早的別墅區 —— 南開學府花園；收購了太原柳巷的十層百貨大樓；購買了天津東麗區 40 萬平方米的工業、商業、住宅綜合用地；還創辦了中國北方第一個城市商業俱樂部：陽光企業家俱樂部。

我在天津的重新創業，一時間風生水起。「豬蹄子」對於我這樣體量和背景的創業者來說，遠好過冒險去深圳爭奪「豬大腿」。

我在天津迅速完成了資本的原始積累，回天津的戰略轉移完全成功。僅僅不到兩年，我已經成為天津市最為矚目的企業家，真的成了天津商場上的一頭雄獅。

發現家得寶

回到天津以後，憑藉這幾年在深圳學到的經驗，我迅速成為天津最大的房地產開發商之一。不僅開發規模較大，而且開發門類齊全。辦公樓、公寓、別墅、工業廠房我們都幹過。當時，我們應該算是天津房地產業最早的開拓者，既成績顯著，也利潤頗豐。

不過，我心裡的擔憂也與日俱增。

最大的擔憂是政府官員無處不在的「尋租」行為。

　　開發任何一個房地產項目，不僅土地轉讓價格、地面物補償價格要由政府決定（那時還沒有招、拍、掛等土地批租的市場化運作），一系列政府控制的指標，例如：土地可開發面積、土地的使用性質等，也都要由政府各個權力部門的關鍵人物說了算。

　　在房地產開發項目的規劃審批方面，有「容積率」、「覆蓋率」、「綠化率」、「層高」、「退線距離」等關鍵規劃指標。這些指標的最終確定，也基本沒有法定的依據。這些指標同樣決定著項目能否成功，以及最終能賺多少錢。

　　即使開發商從政府以合理價格拿到了土地，並獲得了政府給予的各項規劃指標，開發過程中的許多事情，還是繼續受到政府許多部門的控制。例如：「規劃許可證」、「開工許可證」、「防火驗收合格證」、「房產銷售許可證」、「房產證」等一系列「證」、「照」，都是要由政府各個權力部門頒發。但在這些「證」、「照」的申領過程，發放條件和時間上的不確定性，會把項目開發商搞得焦頭爛額。

　　既然所有這些政府的審批決定，都沒有明確具體的法規、法條可以依據，政府各級審批官員手上的自由裁量權，就大得難以想像。他們隨便在土地價格、容積率等重要指標上，給予一點彈性，可能就會使某一個房地產項目，多賺幾個億，或少賺幾個億。再加上各個政府部門頒發證照的不確定性，說政府這些部門的官員決定著房地產企業的生死存亡，一點也不過分。

　　於是，政府審批部門的部分官員，就開始利用這些權力，從開發商那裡尋租。到後來，這種尋租已經到了寡廉鮮恥和駭人聽聞的程度。可以說，中國任何一個房地產開發項目，都離不開政府部門這樣的尋租行為和權力介入。

　　在這樣的現實面前，開發商也不得不進行無數次的公關行動。其結果，便是大大小小賄賂的無限繁殖，伴隨在房地產開發項目越來越多，政府審

批官員與地產開發商沆瀣一氣，共同分贓的事情，就成了中國幾十年經濟飛速發展過程中，無法醫治的痼疾。

說實話，由於 80 年代我在天津的某些特殊性，審批部門的官員對我的公司，尤其對我本人，還是相當尊敬和客氣的。所以，凡是我們的項目，在天津有關審批部門是受到一定程度的「優待」的。即使是這樣，任何一個項目在開發過程中，也還是要不斷地請國土局、規劃局、消防局、房管局和項目所在地政府的有關處、室、科，吃上上百次飯。贈送給政府官員各種金額的儲值卡，也是逢年過節的必要「工作」。個別時候，在晚飯後還要去一些卡拉 OK 等場所，找些漂亮的小姐陪同，做一些不齒的事情。

全天津的官員們都知道，杜廈很少出席和政府部門的「業務溝通」宴會。我的藉口是我不會喝酒，也不會唱歌。即使在極特殊的情況下，我必須出席這樣的宴請，我往往也是寒暄一下，吃碗麵條就走。大家都知道，等老杜吃完一碗麵走了，他們正常的「公關晚宴」才算正式開始。不過，我們公司那些倒霉的副總們，也經常被迫陪同那些官員，喝得酩酊大醉。

儘管我知道，政府官員的這種尋租行為和民間的盜竊、搶劫屬同一類性質，但我還是願意把這種行為產生的原因，歸結為體制原因而不是個人道德原因。

骨子裡的自尊和知識分子的特殊道德標準，使我不會在這樣骯髒的交易環境中隨波逐流。我不打算為多掙一點錢，而向這些醜陋的尋租行為屈服。

於是我下定決心，離開房地產業，去尋找「我不求政府，而讓政府來求我」的行業。

我靜下心來思考了很長時間，給我要尋找的新生意，設想了三個必須具備的特徵：

1、不用去求政府的各個權力部門，也不需要看政府的臉色，最好是政府要千方百計地求你才好；

2、要有穩定的現金流，不能「飢一頓、飽一頓」，絕不能再玩「十個缸、七個蓋」的遊戲；

3、要找到在中國市場上，有長久需求的新生意。可以實現規模的不斷擴張，從而把生意越做越大。

1993 年，我在美國發現了符合這三個條件的好生意，這就是當時美國正如日中天的現代連鎖零售業。

1993 年下半年，為裝修我在洛杉磯新買的房子，前後將近一個月時間，我幾乎天天徜徉在家得寶（Home Depot）、宜家（Ikea）、百思買（Best Buy）、好市多（Costco）、沃爾瑪（Walmart）等大型連鎖超市裡。這些現代化大型連鎖超市裡的一切，都給我帶來巨大的震撼。

這種比一個足球場還大的商店，像一個巨大無比的倉庫，裡面整齊排放著看不到頭的鋼鐵貨架。這種集商店和倉庫於一身的新型商店，當時全中國還沒有一家，甚至看也沒有人看見過。

商店裡居然沒有櫃台，商品可以自行挑選，隨便拿、隨便放。整個萬米商店沒有售貨員，這在中國人眼裡，不僅無法想像，也覺得不可思議。

以家得寶為典型的這種大型超市，居然承諾自己所有賣出的所有商品都是市場最低價。客人如果在同一城市裡，買到任何比家得寶更便宜的同樣商品，家得寶不僅退還差價，還給予獎勵。這更令我這樣的中國人不能理解。

所有購得的商品，消費者有任何不滿意，均可以在任何時候退貨。即使買的是油漆，壁紙，消費者用了一半感覺不滿意，也可以拿著剩餘的商品，退回全部價格，甚至連發票都不用。

所有這一切，把我這個中國的土老帽驚得目瞪口呆。顯然，這樣的連鎖商店，正在全美國急速擴張。這種新型商業模式，已經完全顛覆了幾百年來傳統的商業模式。任何稍有經濟學頭腦的人都可以判斷出來，這種全新的零售商業模式，即將徹底替代和消滅那些傳統的商店。不用多久，這

些新式商店將席捲全美國，乃至全世界。

我更感興趣的是，這些大型連鎖超市都建在城市郊區，有無窮大的停車場。若干個賣不同類別商品的大型連鎖超市扎堆在一起，共享停車場以及餐館、銀行等服務設施和便捷的交通系統，使得這些大型綜合購物中心（Shopping Mall）更具有吸引力。

此時還是 1993 年，全中國一個這樣的大型連鎖超市也沒有，一個這樣的大型綜合購物中心也沒有。

這使我熱血沸騰。我決心把這樣的大型連鎖超市和現代化的大型綜合購物中心引進中國。

首先，在中心城市的郊區建設這樣的現代化大型綜合購物中心，會繁榮城市郊區，促進周邊土地升值，擴大城市郊區的就業，增加城市稅收來源，以及提升城市的現代化水平。因此，這是任何一個中國城市政府都渴望得到的項目。

其次，這些大型零售業，由於商品琳瑯滿目，價格低廉，一定有良好的現金流，不會發生「十個缸、七個蓋」的情況。這肯定是有穩定現金流的商業模式。

再次，由於這種現代化的大型連鎖商業的核心是連鎖，因此，迅速擴張是這種商業模式的根本屬性。而且，一旦完善供應鏈以後，「複製」就變得非常簡單。

最後，把一片巨大的農業土地或工業土地，通過建立大型綜合購物中心變成商業土地，土地本身的增值巨大。因此，這種現代連鎖零售業也是潛在的地產增值項目。

正所謂「踏破鐵鞋無覓處、得來全不費工夫」！

在我接觸和考察過的所有這些大型連鎖零售業中，家得寶是我最喜歡的零售經營業型態。

家得寶在美國的創業故事，也使我激動不已。

家得寶的創始人和 CEO 伯尼・馬科斯（Bernard Marcus），原是聖地亞哥一間建築材料商店的採購經理，由於經常提出與老闆想法不同的全新經營理念，而被老闆開除。伯尼不服氣，下決心要建一間自己的建材商店，去實踐他全新的經營理念。他找到了在同一間建材商店裡任副店長的阿瑟・布蘭卡（Arthur Blank），鼓動阿瑟辭職和他一起去創辦屬於自己的全新「建材超市」。於是阿瑟果斷辭職，兩個野心勃勃的猶太人，共同決定創辦屬於自己的新型建材超市。

伯尼・馬科斯和阿瑟・布蘭卡 1978 年從加州的聖地亞哥來到佐治亞州的亞特蘭大。他們租了一間倉庫，創辦了世界上第一間專門經營建築、裝修材料和家庭裝飾用品的家得寶商店（Home Depot，直譯應為「家庭貨棧」）。

一開始，這間經營建築裝修材料的倉庫式商店，完全不為人們注意。伯尼和阿瑟每天站在商店門口，手裡握著厚厚一疊美元現鈔，給肯於進店參觀的人，每人獎勵 2 美元。直到這間非比尋常的建材超市，在亞特蘭大所有居民中瘋傳而人滿為患為止。這不啻是個偉大的創業故事，我喜歡伯尼的這個故事。

1981 年他們開始上市發行股票，一名叫肯・蘭崗（Ken Langone）的華爾街金融家看上了伯尼・馬科斯的先進理念，大舉投資家得寶。經過 1984 年在紐約股票交易市場上市，再到 1993 年底的短短 12 年間，家得寶股票已經漲了 220 倍。那一年，家得寶的大型建材超市已經超過 264 家，當年銷售額已經達到 92.3 億美元，稅後純利已達 4.57 億美金。這是在世界商業歷史上一個偉大的創業故事。

到 2006 年，家得寶已經是全球第三、美國第二的世界最大零售商。其商店遍佈美國、加拿大、墨西哥等地區。連鎖商店總數已經達到 2234 家。此時，家得寶在美國財富 500 強中，已經排名第 17 位，在全球財富 500 強中名列第 43 位，同年被美國《財富》雜誌評為「最受仰慕的專業零售商」第

1 位及「最受仰慕的公司」第 13 位。

1993 年末的那一個月中，我先後去了許多家家得寶商店，總計不下 20 多次。我甚至買了一個紅外線測距儀，把附近四家家得寶商店建築的長、寬、高，貨架之間的距離，通道的寬度，收銀台的位置，停車場的佈局等等，全部暗暗測量下來，畫出詳細的草圖。我下決心要把這種商店複製到中國去。

1993 年的最後一個月，我終於在美國找到了自己心儀的生意。此時，我心裡已經十分清晰和堅定：我認定了家得寶，不管有多麼大的困難，我也要把這個連鎖店帶進中國。

感動伯尼・馬科斯

想把如日中天的家得寶帶進中國，談何容易。

首先，我本人沒有任何零售業背景，對現代連鎖零售商業更是一竅不通。不會有任何一個世界著名的連鎖零售企業，會考慮我這樣一個沒有任何零售業經驗的人，來做他們在中國的合作夥伴。

其次，我基本上沒有錢。賺到的所有資金，也都投在已經購買的土地和物業上了，手頭的現金少得可憐。和家得寶這樣的世界巨頭合作，不要說建設大量的連鎖店，就連合資企業的註冊資金我都拿不出來。

第三，像家得寶這樣對全球市場充滿野心的世界級企業，對於像中國這樣充滿無限前景的市場，他們一般會選擇「獨資進入」，很少有哪個富可敵國的全球性企業，會考慮和一個毫無經驗的個體戶，去分享這個充滿想像力的巨大市場。

因此我這個想法完全是個天方夜譚。就好像在今天，一個既沒有行業經驗又沒有錢，而且名不見經傳的個體戶，卻異想天開地想和蘋果、谷歌、微軟等世界級巨無霸企業，在中國建立合資企業的想法一樣，的確像是癡

人說夢。

和許多美國的華人朋友說起我這一設想時，他們都覺得我異想天開，甚至有些可笑。畢竟我確實是一個沒有任何零售業背景和國際合作經驗的小個體戶。妄想和如日中天的家得寶在中國建立合資企業，不是癡人說夢又是什麼呢？況且人家家得寶，根本還沒有任何進入中國的計劃和意願。

不過，我不在乎這些。在上中學的時候，我媽媽曾經告訴過我一句話，這就是：「任何事情，你只要去試，就有兩種可能：成或者不成；但如果你不去試，那就只有一種可能：不成。」媽媽的這句話，我一輩子牢記不忘。許多時候，她給我的這句箴言，使我更加珍重自己的幻想，珍重我腦子裡的那些異想天開。不但珍重，我還會努力去實現自己的這些幻想。

我決定去試，即使不成功，我也沒有任何損失。更何況，我也有一些別人不具備的優勢，那就是我身上敢於幻想，鍥而不捨，不達目的決不罷休的氣質，以及我腳踏實地的做事風格。這不僅使我有別於一般中國人的保守與謹慎，也和那些光說不幹的中國人不同。一般情況下，一旦我想好了，不管可能性有多麼小，我都會義無反顧地投入，百分之百地努力去幹，直到取得成功或者徹底失敗。從這個意義上講，大概只有我會產生「把家得寶帶進中國」的狂妄夢想，並義無反顧地努力使它實現。

在我人生幾十年的漫長歲月裡，哪一件事不是從幻想中起步？哪一件事不是從一絲不苟地堅持裡獲得的成功？又有什麼人像我一樣，有過這麼多次的絕處逢生，這麼多次的百折不撓，這麼多次不達目的決不罷休的經歷？

儘管有這樣的自信，但這一次還是不同以往。

這次我的夢想，已經升級到一個世界級、跨國界的夢想了！

我能夠實現這個夢想嗎？

1994 年春節前，我給家得寶的創始人伯尼·馬科斯寫了一封熱情洋溢的信。我把這封信貼上郵票，放進了洛杉磯的郵筒裡。如預料的一樣，我

沒有得到任何回音。可以理解，一個小老百姓，這麼離譜的一封信，肯定早已被伯尼的秘書扔進廢紙簍裡去了。

看來，要想引起家得寶和伯尼‧馬科斯的注意，必須借用中國政府尤其是中國中央政府的力量。我相信，如果有中國中央政府的相關部門出面，一定會使伯尼‧馬科斯相信，迅速佔領中國市場對家得寶有多麼重要。

帶著這個設想，春節後我從洛杉磯回到北京。

通過老朋友，時任國家統計局副局長的翟立功，我約到了他在中央黨校培訓時的同班同學楊志遠。楊志遠當時是國家建材總局的常務副局長，統管全國建材工業，可謂大權在握。

儘管翟立功面子很大，我這個小個體戶還是讓這位楊局長不以為然。他坐在碩大辦公桌後面的轉椅裡，低著頭，一邊剪著指甲，一邊在聽我的彙報。他好像一直沒有抬頭正眼看過我。我知道，我被他接見，完全是因為他駁不開翟立功的面子。至於我要和他談的內容是什麼，他根本就沒掛在心上。我倒不生氣、不失望，甚至完全不在乎這些。

要想讓楊志遠支持我「引進家得寶」的想法，必須使他興奮起來。

一通神侃，我向楊志遠局長描述了家得寶是一個怎樣的連鎖商店，描述了家得寶先進的經營理念。還堅定不移地斷定，一旦這樣的業態引進中國，會對中國建材行業的健康發展，有著怎樣的推動作用。接著，我提出了我的建議：請楊志遠局長帶隊，組建中國建材工業考察團訪問美國。考察期間，分別去洛杉磯、拉斯維加斯、亞特蘭大、紐約，考察家得寶的眾多商店。最後在亞特蘭大時，楊局長帶隊拜訪家得寶總部，洽談家得寶和中國建材工業的合作機會。

最重要的一點是，這次中國建材工業赴美考察團的一切費用由我來承擔。

聽到這個建議，楊志遠一下興奮起來。

楊局長立即指示國家建材總局外事司，按我的提議起草報告，上報給

總局黨委和外交部。兩個月以後，在楊局長的親自推動下，我的建議獲得國家建材總局和外交部的批准。我也成為中國建材工業赴美考察團正式成員之一。

家得寶在意外接到中國駐美國大使館商務代表處的洽商函後，同意接待以國家建材總局常務副局長楊志遠任團長的中國建材工業考察團一行。

家得寶的合作大門，終於被我撬開了一條小縫，能不能最終被我打開，還要看我接下來的努力。但接近家得寶的努力，總算獲得了第一步的成功。

中國建材工業赴美考察團於 1994 年 9 月初才得以出發。

1994 年 9 月中旬，我們終於來到了家得寶在亞特蘭大的總部。

亞特蘭大是美國東南部最重要的城市。這座城市剛剛贏得 1996 年亞特蘭大奧運會的主辦權，而 1996 年奧運會是奧林匹克運動會的百年紀念運動會。能夠贏得這樣一屆特別奧運會的主辦權，使得整個亞特蘭大處在無比的驕傲和瘋狂之中。這座城市有三家世界著名的企業：可口可樂、CNN 和家得寶。由於家得寶擊敗無數世界級企業，成為 1996 年亞特蘭大奧運會的主贊助商。一時間，家得寶從三家亞特蘭大著名公司中脫穎而出，在整個亞特蘭大風頭強勁，成為城市寵兒。

家得寶剛剛建好的總部，坐落在亞特蘭大西北部的山丘上。這裡是整個城市的制高點。總部建築群由七座褐色的花崗岩大廈組成，總部建築群巍峨、莊重，俯瞰整個亞特蘭大，大氣非凡。

我們按時來到了家得寶總部專門接待國際訪客的會議室。令人吃驚的是，不僅伯尼‧馬科斯和阿瑟‧布蘭卡沒有出面，家得寶的高級官員沒有任何人出現在會議室裡。接待我們的，只是家得寶國際部負責接待外國客人的秘書湯姆‧羅傑斯。這使我們大失所望。而且我們 11 個人的龐大代表團，浩浩蕩蕩地坐在湯姆‧羅傑斯一個人的對面，顯得既尷尬，又可笑。

看到這種場面，楊局長臉色非常難看。他手下的兩位司長，也滿臉慍色，很不高興。

　　湯姆察覺到這個場面太過尷尬，他開始向楊局長表示歉意。説負責國際事務的執行副總裁吉姆‧英格利斯目前不在亞特蘭大。他是受吉姆‧英格利斯委託，來專門接待中國建材工業考察團的。不過，他還是很清晰地向我們説明，家得寶正處在在美國本土蓬勃發展的時期，暫時沒有時間和精力，去考慮開拓北美以外的市場。因此，暫時沒有任何進入中國的計劃。如果希望雙方討論在中國的合作問題，那就沒有必要了。不過，如果中國建材工業考察團希望參觀家得寶的商店，他會派出人員，安排明天的參觀和考察行程，並樂於解答考察團感興趣的任何問題。

　　湯姆‧羅傑斯不卑不亢，清晰、明瞭地表明了家得寶的態度：他們沒有興趣去中國，也沒有興趣合作。顯然大門已經堵上，我們的熱臉貼上一個冷屁股。

　　楊局長和整個考察團都認為此行已經結束，是該回家的時候了。我卻不死心，我告訴隨行的王月，留在亞特蘭大哪裡也不要去，直等到吉姆‧英格利斯回到亞特蘭大為止。王月是我公司的二把手，也曾經是我在南開大學教書時的學生。他能言善辯，執行力極強。同時，我請求楊局長把同來的國家建材總局國際合作司魏司長也一起留在亞特蘭大。由我親自陪同楊局長一行到紐約，完成剩下的行程。而王月和魏司長的任務，是必須親自見到吉姆‧英格利斯。

　　我告訴王月，你只有一個任務，就是見到吉姆‧英格利斯後，要求他安排我和家得寶一把手伯尼‧馬科斯見面。只要我有機會和伯尼‧馬科斯見面，就有可能達成合作目標。我告訴王月，完成不了這個任務，決不要離開亞特蘭大。

　　第二天，我陪同楊局長一行到了紐約。之後，我親自送楊局長上了飛回北京的飛機。

　　一週以後，亞特蘭大傳來消息，王月和魏司長如期見到了高級執行副總裁吉姆‧英格利斯。他是家得寶僅有的四名執行董事之一，是家得寶的

三把手。他以前負責採購，現在負責國際發展事務。雙方進行了很好的交流。經吉姆請示伯尼・馬科斯，伯尼決定 12 月 24 日下午，在他的辦公室親自接見我。那是 1994 年聖誕節的前一天。

直覺告訴我，如果伯尼・馬科斯本人對中國沒有興趣，他是不可能答應和我見面的。可以肯定地說，和家得寶合作的大門，此時已經被我打開了一半。

1994 年 12 月 24 日下午，在家得寶主辦公樓伯尼的辦公室，我和家得寶的傳奇創辦人伯尼・馬科斯見了面。原計劃見面時間是半個小時，我們竟然聊了近兩個小時。考慮到當天晚上是一年一度的平安夜，這真是個了不起的「第一次握手」。

伯尼第一句話就是：「聽說你建議家得寶到中國去開店，我從沒有去過中國，對中國基本上一無所知。因此，為搞清這些，我大約有一千個問題打算問你。」伯尼不失詼諧，笑眯眯地和我打開話匣子。

「伯尼，看起來我大概比你小不止十歲，在今後的人生中，我有足夠多的時間，用來回答你無窮多的問題。你現在的上千個問題，這幾天我就基本可以給你回答完畢。」我也拿伯尼的年歲開起了玩笑，不過，我這句玩笑話，給他明明白白地傳遞了兩個信息：1、只要你同意，我會一輩子和你在一起，去迎接開拓中國市場的一切挑戰；2、我對於中國市場，有著清晰、客觀的理解，家得寶需要我這樣真正理解中國市場的人。

我給他介紹了中國的改革開放進程，給他介紹了中國的經濟騰飛的內在原因，還花了很多時間，給他介紹了我從零開始的創業生涯。

伯尼聽得津津有味，尤其是我從零開始的創業故事，令他感動。

猶太人打心眼裡尊重那些能夠從零開始創業的企業家。他們會認為，和這樣的企業家合作，符合他們內心深處的創業哲學和價值觀。

很顯然，第一次談話，我就在伯尼心中獲得了非同一般的好感。

伯尼也侃侃而談，談了他創辦家得寶的諸多理念和哲學。

我們洋洋灑灑地聊了將近 2 個小時，居然意猶未盡。我問他「伯尼，你那一千個問題，現在還剩下多少個呢？」

「大概還剩下不到 5 個了！」伯尼還是那麼詼諧，他伸出了右手，五指張開，衝著我揮了揮。他會心地笑了。

「Mr.DU，剩下的問題，大約應該由吉姆·英格利斯來和你解決了。如果不出意外，我希望我們倆的這次談話，是開啟家得寶進入中國市場的一部分。」

伯尼站起來，緊緊握著我的手，說：「祝你一切順利！」

那天是平安夜，我很驚訝他沒有說「祝你聖誕快樂」，事後我問了美國朋友才知道，猶太人是不過聖誕節的，當然伯尼也不會說「祝你聖誕快樂」。

此時的他同我一樣，心中已經被一個偉大的中國夢想所充填。

我知道，我把家得寶引進中國的偉大夢想，有可能實現了。

談判桌上的生死

吉姆·英格利斯五十多歲，滿頭銀髮，高大、英俊、風度翩翩。吉姆是個典型的美國西部白人，他原是聖地亞哥一所大學的市場學教授，後來下海做生意，在一個木材批發公司負責市場營銷。伯尼·馬科斯創辦家得寶初期，三顧茅廬請出吉姆·英格利斯加盟。

吉姆·英格利斯剛到家得寶時，分工負責家得寶美國西海岸的業務，由於做得十分出色，被伯尼·馬科斯提升為主持家得寶全球採購事務的高級執行副總裁。他是家得寶最為重要的核心人物之一，家得寶「天天最低價」的經營理念，就是吉姆的創造。今天，「天天最低價」已經是全球現代零售業經營的核心理念。可以說，在家得寶創辦初期，吉姆·英格利斯是公司採購和市場營銷的大腦和靈魂。

1993 年，吉姆·英格利斯離開家得寶全球採購總監的位置，轉而負責

負責家得寶的全球戰略發展的靈魂
人物吉姆・英格利斯。

家得寶的全球戰略發展。據說這種「明升暗降」的安排，是因為家得寶總裁
阿瑟・布蘭卡和吉姆・英格利斯始終尿不到一個壺裡，兩個人一直有矛盾。
伯尼・馬科斯成為在這兩個家得寶商業強人（二把手和三把手）之間「和稀
泥」的人物。

　　我來到家得寶的時候，吉姆・英格利斯正憋著一口氣，要在「全球戰
略發展」上大展拳腳。我和伯尼的有效溝通，以及伯尼接受我的建議，準
備進入中國市場，讓吉姆・英格利斯興奮不已。

　　知道我也和他一樣，曾經是一所中國大學的經濟學教授時，吉姆・英
格利斯對我有了一種天然的好感。因為在大學當學者的類似經歷，使我們
在很多方面具有相當多的共同語言。

　　他是個徹頭徹尾的中國「粉絲」。他認為中國未來一定會發展成為僅次
於美國的世界第二大市場。因此，他同意我關於家得寶應該儘早進入中國，
以塑造自己在中國的品牌地位，打造好市場基礎的觀點。這樣，一旦中國
建材裝修市場蓬勃發展起來，家得寶全面佔領建材裝修零售市場的戰略企
圖，就水到渠成了。於是，我和吉姆・英格利斯就在許多問題上迅速達成

了一致意見。

吉姆動作很快，1995 年元旦一過，他就帶著一位叫瑞克‧契威的家得寶戰略設計師來到中國。

我帶著他和瑞克來到天津東麗區。當他站在我已經建成完工的「中國家得寶」的商店建築面前時，他完全驚呆了。

他親眼看到，在中國的土地上，一座和美國家得寶一模一樣的大型商店建築，矗立在他面前。這座商店建築的高度和美國家得寶完全一樣。長短、進深也和美國家得寶一樣。甚至門的大小和位置，門與門之間的距離，辦公區的設置，收貨區的卸貨平台的高度和坡道長度，都和家得寶的一模一樣。

他的驚訝在於，我和家得寶的老闆伯尼‧馬科斯見面並獲得一致意見，僅僅是兩個月以前的事呀！

在他的眼裡，這簡直太誇張，完全像個神話。他根本不能理解，為什麼這麼快就把一座標準的家得寶商店，放在了他的眼前。

他告訴我，在這個世界上，他想像不到會有第二個人這麼幹。

其實，1994 年春節後，當國家建材總局楊局長同意我的建議，決定派國家建材工業考察團訪美時，我就感覺把家得寶引進中國的事「有門兒」了。於是，按照我從家得寶偷偷測量出來的數據，在天津東麗區那塊巨大的商業用地上，模仿家得寶，我建設了一個一模一樣的商店。停車場的大小，也完全按照家得寶店前停車場的大小建造完成。這座建築外牆塗裝的顏色、構圖，也和家得寶完全一樣。甚至收貨區、倉庫區、顧客衛生間、辦公區域都和家得寶美國商店的設計佈局分毫不差。

吉姆‧英格利斯來天津訪問之前，這個建築物和停車場才剛剛完工落成。

這確實有點超乎尋常。不過我這樣做的理由卻很簡單：我已經下定決心，要把家得寶這種業態引進中國。這就意味著，家得寶同意和我合作，

我要幹這件事；家得寶不同意和我合作，我也要幹這件事。反正這件事我是幹定了。於是我自己的「家得寶商店」建設，就提前展開了。

我事先就想好，要用這種「破釜沉舟」的方式，最大程度地感染吉姆·英格利斯和伯尼·馬科斯：中國的「家得寶」，已經箭在弦上，發也得發，不發也得發。而且，這裡面潛含著一種警告：如果家得寶最終不和我合作，我也具有了和英國百安居（B&Q）、德國歐倍德（OBI）談合作的基本條件。而這些與家得寶類似的企業，是他們在世界範圍內的主要競爭對手。無論如何，家得寶是不會容忍他們的這些「死敵」，比他們更早進入中國的。

退一萬步講，甚至我自己先幹起來，再「待價而沽」，也可能是一種不錯的選擇。總之，不管怎麼說，我的這種做法，清晰地告訴了家得寶和伯尼·馬科斯，中國的「家得寶」即將橫空出世。不和我合作，他們一定會失去一個重大機會。

我由此展現出來的決心和做事風格，讓吉姆·英格利斯驚歎不已。

吉姆和瑞克，在天津一共住了三天。他們考察了天津和北京的城市，參觀了這兩個城市眾多的新建居民小區，了解了中國建材裝飾材料市場的現狀。我們邊參觀邊聊天，整整三天的溝通相當順利。

我們決定，1995 年春節一過，在雙方律師團隊的參與下，於亞特蘭大開始關於建立合資企業的商業細節談判。

從 1994 年 9 月第一次訪問家得寶開始，不到半年，我已經把家得寶牢牢地綁在了我的戰車上。

吉姆·英格利斯一走，我馬不停蹄，馬上籌建了自己的談判團隊。我立即飛往紐約，去紐約大學找了我在南京大學經濟系時的同門師弟連成平，動員他加入我的談判團隊。他博士課程已經修完，博士候選資格已經拿到，正在等待博士論文答辯。接著我去了加拿大多倫多，找了在皇家銀行工作的田浩，他是王月的學長，也算是我的學生，他在麥克·馬斯特大學拿到了工商管理碩士學位。這兩個有著北美學歷的成員，強化了我的談

判陣容。

王月也有南開大學國際經濟系的碩士學位，他經商上的理解力和執行力，一直被我欣賞，他自然成為這個談判團隊的重要成員。

這幾個人組成的談判小組，最低學歷是經濟學碩士，這在當時的中國，確實是個挺唬人的談判團隊。

接著，我在紐約聘請了世界最大律師事務所之一的「布朗＆伍德」，作為我此次談判的法律顧問。

談判開始之前，我把我所有的團隊成員，全部集中到多倫多和紐約。針對家得寶以往在墨西哥和加拿大的兼併和合資案例，我們仔細研究了家得寶的談判思路和習慣。他們特別在意的一些「關鍵點」，我們也一一掌握。同時，我們學習了從華爾街搞到的全球各類大型零售企業的兼併、重組案例，這大大彌補了我們在這方面的知識空白。我們認真學習了國際兼併重組的各類實施方案、股權關係、董事會構成、資金投入節奏、合同成立前提、美國及中國的法律差異及影響等等。

我對談判團隊和我自己的培訓，整整持續了兩個星期。對於我和我的團隊來說，這兩個星期的「惡補」意義重大，正所謂「臨陣磨槍，不亮也光」。我們看起來，已經像是一個具有「豐富經驗」的談判團隊了。當出現在家得寶的談判桌上時，我心裡已經有底多了。

但意想不到的是，談判一開始，我們便陷入了巨大的困境之中。

家得寶從香港某著名律師事務所，僱來了兩位律師。兩位都是女律師，一位大律師姓張，是律師事務所的高級合夥人。另一位叫溫蒂（Wendy）的年輕小律師，是張律師的助手。她們是作為家得寶的亞洲法律顧問，來參加談判的。

溫蒂比她的老闆張大律師早到了一天。在餐廳和連成平邂逅，兩人一見如故，頗聊得來。他們迅速成為了好朋友。當然，除了連成平紐約大學（NYU）的博士學歷讓這位香港小律師仰慕以外，連成平這個百裡挑一的絕

對美男子，也使這位尚未談婚論嫁的香港乖乖女，陷入了想入非非的境地。

大約是為了拉近和連成平的關係，溫蒂竟然把家得寶談判主將瑞克·契威給她的談判提綱，送給了連成平一份拷貝。她說：「你們事先準備準備，也許對你們談判成功有好處。」連成平自然不會拒絕，收下了溫蒂的這份特殊禮物。

然而溫蒂的那位老闆張大律師，卻和溫蒂完全不一樣。這位資深的香港大律師，從談判一開始，就不停地打斷談判進程，提出一系列既離譜又無法解答的尖酸刻薄問題。擺出一副不把這場談判攪黃，她絕不善罷甘休的態度。

張大律師提出的這些既無知又不靠譜的問題包括：

「合資公司盈利如何安全匯出？中國的外匯管制極為嚴格，外資企業盈利匯出十分困難，你們怎麼解決？」

「據我們了解，中國的場地租賃合同只有 20 年的最長有效期。請問，如果家得寶在中國用眾多租賃的場地建設商店，20 年以後如何繼續經營？這類風險你們如何防範？」

「中國商業土地的出讓期只有短短 40 年，那些自建商店的土地，40 年以後怎麼辦？商店怎麼辦？你們如何解決合資企業的 40 年以後的永續經營問題？」

「據我們了解，你們是個註冊金額只有幾百萬人民幣（幾十萬美元）的公司，你們如何能夠保證長期、持續地跟進家得寶在中國的快速擴張步伐？你們所需要的巨大資金從何而來？」

「許多中國民營公司，簽下一個與跨國公司合作的大合同以後，經常出現的情況是，用這份合同去從銀行套取資金，然後悄然離去。你們如何保證你們不會這麼做？」

「你們現在的賬戶上到底有多少錢？如何使我們相信，你們和家得寶的合作，是有雄厚的資金背景的？」

......

張大律師的這些問題，有些是故意刁難，有些是明顯無知，有些甚至帶有侮辱的成分。我們完全沒有應付這類問題的經驗，弄得我們經常語塞，無法回答。

我們完全不知道這位香港張大律師為什麼會這樣？難道她覺得自己真的是家得寶的「保護神」？沒有她把關，家得寶就會被我們騙得體無完膚？或許她覺得把我們拷問得張口結舌，才能體現出她對家得寶的重要性，以至於讓家得寶這個大客戶，聘請她作在亞洲的永久律師？

我甚至認為，這位張大律師一定是看好這單生意，想把我們擠走，然後把家得寶去中國投資的機會，轉讓給她在中國的生意夥伴。

否則，她一定要用這些實在沒有道理的詰問，置我們於死地幹什麼呢？這真的讓人無法理解。

要命的是，張大律師的這些問題由於太不靠譜，我們又無法作有效的回答，這就造成在一旁「旁聽」的吉姆‧英格利斯和瑞克‧契威的迷惑不解。他們迅速墜入五里霧中，漸漸對我們，對中國，對我們的合作前景，都產生了懷疑。

張大律師這些無解的問題，把談判引向了一個非常不好的境地。談判形勢急轉直下。

總之，不管張大律師的動機是什麼，她即將殺死這場談判。

我意識到，要想獲得談判成功，必須把這個無知、蠻橫且禍害我們雙方合作進程的張大律師，趕出這間談判室，否則談判將無法繼續進行。

我想到了溫蒂給連成平的那份談判提綱的拷貝。

我只能來狠的了。

我向吉姆提出短暫休會的建議。此時距離談判開始，還不到一個小時。吉姆同意了我的建議。然後，我悄悄讓連成平告訴吉姆，請他和我以及連成平，到另外一個會議室裡去開個小會。我說：你告訴吉姆，我有重要的

信息要緊急告訴他。

吉姆、我和連成平到了另外一個小房間。

我讓連成平從他的文件箱裡，拿出了那份標明「絕密」字樣的家得寶「談判提綱」。

「吉姆，不知為什麼，你的香港律師在談判之前的一天，已經把你們公司『絕密』的談判提綱，交到了我們的手上。不管對我們是否有利，我都覺得這不是一個律師應該有的道德操守。我覺得你的律師已經喪失了她們的忠誠性和專業性。」說完，我把那份談判提綱遞到了他的手裡。

吉姆‧英格利斯看到自己那份談判提綱的「絕密」字樣以後，頓時暴怒，臉一下變得煞白。

他想也沒想，立即轉身回到談判會議室。我和連成平也跟著他回到了會議室的談判桌前。

戲劇性的一幕如期發生。

吉姆‧英格利斯怒不可遏，吼叫著叫來他的秘書：「請你立即訂好這兩位香港律師從亞特蘭大飛回香港的機票，讓她們一刻也不要再在這裡停留，馬上飛回香港去。她們被解僱了。」

張大律師和那位可憐的溫蒂，剎那間驚得目瞪口呆。

不出所料，吉姆‧英格利斯趕走了這位香港張大律師。之後，我們之間的談判立刻變得一帆風順。

說句心裡話，我經商三十年，還從未聽到過在任何一次重大的國際談判中，一方的談判者，為了清除談判障礙，把對手一方的談判律師，從談判桌前驅趕出去。而 1995 年在家得寶總部的這次談判，我迫不得已，把家得寶僱傭的談判律師，從談判之中驅趕了出去。這個事件的離奇性質，大概找遍全世界，也很難找到第二樁。這次談判中的這個戲劇性插曲，不知是否會列入某些大學的談判教材之中？

趕走了香港的張大律師，我們雙方幾乎沒有了任何障礙。我和吉姆迅

速就在中國建立我們的合資企業，達成了一致意見。

我們的共識主要有以下各點：

1、儘快建立家得寶中國有限公司，美國家得寶佔 60% 股份，我佔 40% 股份；

2、這是一個具有排他性質的合資合同，即：我是美國家得寶在全中國範圍內唯一合作夥伴，美國家得寶也是我在全世界唯一的合作夥伴；

3、首期雙方共投入 1 億美金資金。我方投入 4000 萬美金，美方投入 6000 萬美金；

4、家得寶中國的第一家商店，用天津市東麗區已經建成的商店建築，該商店建築物將作價計入我方應該投入的 4000 萬美金之中；

5、雙方將盡全力推進合資企業合同的儘快簽署。雙方計劃：1995 年 4 月底，在亞特蘭大簽署《合資意向書》；1995 年 6 月底，在亞特蘭大正式簽署家得寶中國的《合資合同》。

雙方《合資意向書》條款的細節談判和討論，又持續了 3 天。在確定所有細節以後，2 月 17 日，歷時 4 天的談判終於結束。

談判剛剛開始，兩位律師就被家得寶驅趕回香港。對於這兩個香港律師來說，這一後果是災難性的。張大律師必須為把客戶的絕密談判文件洩露給談判對手，負起全部責任。由於這個案子涉及到家得寶這樣的世界著名企業，張大律師今後在香港的職業生涯，將會變得非常困難。今後還有誰會僱傭她這樣既無法保證忠誠於客戶，又不懂裝懂，滿口胡說八道的律師呢？也許在談判桌上，她再也沒有問那些不靠譜問題的機會了。

當然，最倒霉的無疑是那位叫溫蒂的香港小律師。在她和張大律師一起被吉姆驅逐的那天晚上，她痛哭流涕地找到連成平，要求在臨走之前，能再見我一面，希望我可以給她一個解釋和一份澄清的說明。

我見了她。

我告訴她，雖然我很同情你，但是，第一，你無論如何不能夠把你客

戶的絕密文件，洩露給你的談判對手。不管你的初始動機是什麼，這樣做都是重大錯誤，無可原諒。第二，你的老闆無知、蠻橫、試圖破壞我們雙方談判結果的惡劣行徑，才是這場悲劇真正的罪魁禍首。要恨，你只能恨她。第三，我不會給你道歉，也不會給你解釋。犯了過錯的是你們，不是我們。世界上總會有一些教訓是要汲取的，有這次的教訓，對你將來的職業生涯，未必是壞事。

不過說實話，我痛下殺手，激怒吉姆・英格利斯，使其驅趕香港律師，也是迫不得已而為之。直到今天，我也還是覺得那個小姑娘很可憐。不過，香港張大律師的所作所為，是這場有點冷酷的悲喜劇的起因，小姑娘要怪，也只能怪她了。

商場本來就是戰場，不是你死，就是我活。你可以可憐別人，但一旦到了生死存亡的關頭，又有誰會可憐你呢？

煮熟的鴨子真的飛了！

不到兩個月的時間裡，吉姆和我的團隊緊鑼密鼓，夜以繼日，為完成《合資意向書》的簽署，大家幾乎都玩了命。雙方僱用的律師樓，也都是華爾街著名的超級律師樓。我們這方是「布朗＆伍德」，家得寶那方是「鮑崴斯」。雙方的律師樓在許多中國項目上都有過合作，因此律師們的效率也非常之高。

家得寶中國《合資意向書》的起草工作進展順利，最終的《合資企業合同》也在草擬之中。

事情進展得越順利，我心裡就越發虛。我的公司需要備齊首期投資的4000 萬美金，我還沒有一點兒著落。

不過我心裡明白，拿到與家得寶的合作意向，相當於握著一張頂級王牌，尋找投資人就不會是件太難的事。畢竟像家得寶這樣一間譽滿全球的

公司，加上中國這麼巨大的潛在市場，這就構成了一幅美輪美奐的未來畫卷。在投資人眼裡，這絕對是個充滿想像空間的好故事，全世界哪個投資人會不感興趣呢？

「找錢」的出路肯定在華爾街。我決定親自去闖一闖華爾街幾家大投資銀行。

我依次找了華爾街幾家排名靠前的大型投資銀行。對「家得寶中國」項目最感興趣的是一家叫 DLJ 的投資銀行。該投行專門熱衷於投資零售業和賭博業，他們的公司規模，在華爾街所有投資銀行中名列第七。他們對「家得寶中國」項目表現得格外熱心。

DLJ 是華爾街最有野心的一家老牌投資銀行。上個世紀六十年代，DLJ 以給股票投資人提供高質量的分析報告起家。1970 年，DLJ 是所有華爾街投資銀行中，第一個成為上市公司的投資銀行。從此，DLJ 在華爾街各大投資銀行中始終是個標新立異、敢於創新的投資銀行。DLJ 有著傳奇般的成長經歷，近 50 年的發展歷程中，逐漸從一個毫不起眼的小型股票行情分析公司，發展成為華爾街舉足輕重的角色。而他的主要創始人唐納森（Donaldson，DLJ 的「D」），最後也成為了紐約證券交易所（NYSE）的主席。

DLJ 對「家得寶中國」感興趣的重要原因，是因為除家得寶外，美國各大零售業巨頭，幾乎都是他們的客戶。唯獨家得寶的投資銀行業務，被第一波士頓搶走，不在 DLJ 手上。於是 DLJ 對全美零售業「一統天下」的局面未能實現，這讓 DLJ 頗為不爽。DLJ 曾千方百計地想從第一波士頓手中，搶走家得寶的投資銀行業務，但屢屢受挫。這次意外發現了家得寶在中國有這麼一個發展計劃，他們如獲至寶。DLJ 希望通過投資「家得寶中國」而暗度陳倉，擠進家得寶的投資銀行業務，最終實現把全美所有各大零售企業的投資銀行業務，全部攬入懷中的夢想。

由於 DLJ 飢飢渴渴地想進入「家得寶中國」項目，我們之間關於項目

估值的談判，一下變得容易了很多。

　　儘管幾經周折，三月底，我還是和 DLJ 在紐約簽署了《投資入股協議》。DLJ 承諾，投資給我 4000 萬美元，佔我 25% 的股份。這 4000 萬美元，在我和家得寶正式簽署《家得寶中國合資合同》後的一週之內，即匯到我的賬戶上。這意味著，在即將成立的「家得寶中國」裡，家得寶佔 60% 的股份；我佔 30% 的股份；而 DLJ 通過投資 4000 萬美元，間接佔有了「家得寶中國」10% 的股份。

　　這麼算來，DLJ 給整個項目的估值是 4 億美元，這應該算是相當高的估值了。能夠獲得這麼高的估值，完全因為過去 11 年中，家得寶在紐約股票市場上令人驚訝的非凡增長。人們特別容易把一個成功的故事，搬移到另外一個不同的場景裡去想像，期待著這個奇跡會在另一個地方重新發生一遍。

　　「家得寶中國」對於 DLJ 的誘惑力，給我帶來了始料未及的巨大經濟利益。

　　這就是說，和家得寶正式簽署了《合資合同》後，我將從 DLJ 拿到 4000 萬美金，把這筆款投給合資企業後，我實際佔有了「家得寶中國」30% 的股份。

　　我獲得的「家得寶中國」這 30% 的股份，相當於 1.2 億美元的市值。以當時的匯率計算，和 DLJ 的交易給我帶來了 14 億元人民幣的賬面收益。這在 90 年代中期，絕對是一個震撼級的天文數字。當時，柳傳志的「聯想」剛剛在香港上市，上市時的市值只有 9 億港幣。而另外一家聲名赫赫的青島海爾，當時總資產不過 8.1 億人民幣，全部股東權益才 6.65 億人民幣。而中國最大的房地產公司，王石的「萬科」，全部股東權益也不過 10.89 億人民幣。這意味著，僅從資產規模上看，我一個「家得寶中國」的股權價值，就比當時的聯想、海爾、萬科的淨資產規模或市值都大。這不能不算是個商業奇跡。

這一切讓我興奮莫名。

從 DLJ 總部大樓出來，原來昏暗、骯髒且雜亂無章的曼哈頓街頭，在我眼裡頓時明亮了許多。紐約的一切剎那間都變得十分親切，我的心情也跟著一下豁然開朗起來。

拿著 DLJ 的《入股協議》，我立即返回了亞特蘭大。

和吉姆‧英格利斯簽署「家得寶中國」《合資意向書》的談判進展迅速，1995 年 4 月上旬，我和家得寶的創始人兼 CEO 伯尼‧馬科斯，在亞特蘭大家得寶總部，鄭重簽署了在全中國投資建設「家得寶中國」的《合資意向書》。

簽約完成以後，伯尼拉著我的手，把我帶進了他的辦公室。

伯尼私人辦公室的會客桌前，有一個真人大小的美國西部牛仔立體人像，這個惟妙惟肖的牛仔手裡，端著一支雙筒獵槍，虎視眈眈地在注視著

家得寶總部，和伯尼‧馬科斯會談後合影。左起：吉姆‧英格利斯、伯尼‧馬科斯、我、連成平。

會客桌上客人常坐的那把椅子。

我驚奇地問伯尼，他在辦公室裡，放這個端著槍的西部牛仔幹什麼？伯尼笑了，他回答我：「我這個牛仔手裡的槍，是對準家得寶在市場上的敵人的。我們會毫不猶豫地和任何競爭對手開戰，無論他是誰，我們都會追殺到底，直至把他們殺死或驅趕出我們的地盤為止。」

親耳聽到這位零售界的世界級領袖，這樣地描繪他眼前的市場競爭，真讓我大開眼界。

這個話題使伯尼·馬科斯格外興奮。他把我引到他辦公室的窗前。

他推開窗戶，一片翠綠的小草坪，映入我的眼簾。那草坪很小，大約只有幾十平方米。儘管這片草坪不大，但在整個褐色花崗岩的樓群裡頗為顯眼。

顯然，這塊草坪不是家得寶總部樓群原始設計方案的一部分，這是伯尼·馬科斯專屬的一塊特殊草坪。

伯尼指著立在草坪端頭的十幾塊白色木牌對我說：

「杜先生，你知道那十幾塊白色木牌是什麼嗎？」

我一頭霧水，全然不知道那些寫著英文字母的木牌，到底是幹什麼用的。

「那全都是被家得寶打垮的競爭對手的墓碑。你看到的那些英文字，全是他們破產前的企業名稱。」說到這裡，伯尼臉上露出笑容，那笑容裡有自豪，有驕傲，更多地是他在一場場殊死戰鬥之後，取勝者特有的那種成就感。

「每當我們淘汰一個競爭對手，我就會為這個曾經的對手立上一塊墓碑。這樣做，既紀念了這些在競爭中死去的對手，也給我們提供了無窮無盡的動力，還給我們提出了新的任務。因為無論家得寶到了世界上的任何一個地方，都會有競爭對手存在。這就鼓勵著我們繼續去戰鬥，直至把所有的競爭對手都徹底消滅為止。」

伯尼臉上充滿戰士特有的自信與驕傲。

伯尼一邊說，一邊給我指看草坪邊緣整齊堆放著的另外幾塊還沒有豎立起來的「白色墓碑」。那些躺在地上的墓碑，已經被刻上了家得寶正在與之競爭的公司名字。這就是說，伯尼和家得寶打敗競爭對手的決心，是如此地堅定：不消滅他們，家得寶絕不會善罷甘休。

伯尼這番話，雖然僅僅幾分鐘，但使我一生不會忘懷。他對我關於「競爭意識」的培訓，顯然是成功的。日後，每當我在市場上遇到殊死戰鬥的競爭環境，都會使我想起伯尼·馬科斯那持槍的西部牛仔，以及他辦公室窗外那片競爭對手的墓地。我職業生涯中的許多競爭和奮鬥故事，追根溯源，都和伯尼的這次談話有著非常大的關聯。

伯尼建議我去紐約，見一見家得寶的創始投資人，也是最大股東的肯·蘭崗（Ken Langone），肯是華爾街著名的投資大亨，而他全部職業生涯中，最為出色的一次投資，正是扶持伯尼和阿瑟，建立了家得寶。

伯尼說，贏得肯·蘭崗對於中國項目的支持，非常重要。

1995 年 4 月 18 日，那天紐約大雨，整個曼哈頓籠罩在陰沉沉的雨霧裡。由於天色太暗，下午四點左右，曼哈頓的街道已經像是傍晚時分，街上的路燈都亮了。我在伯尼的好朋友，家得寶發展戰略顧問約翰·哈羅德（John Howard）的陪同下，到曼哈頓中城肯的辦公室，拜訪了這位傳奇的肯·蘭崗先生。

這位華爾街著名的金融家，聽我和約翰分別介紹中國市場和家得寶的中國項目，一共也就 25 分鐘。他幾乎沒有問什麼和家得寶中國項目有關的問題，好像只是嘟嘟囔囔地嘮叨了幾句，關於中美貿易戰的事情，就匆匆結束了我們之間的對話。很明顯，肯·蘭崗不僅對中國一無所知，還對中國市場毫無興趣。

不過，令人印象深刻的是，自始至終，肯·蘭崗半躺在他巨大的真皮轉椅裡，把自己的雙腿，交叉地伸到他的辦公桌桌面上。那雙黑色皮鞋的

灰褐色鞋底，在辦公桌上不停地左右搖晃。一個人，躺在皮座椅裡，用他的鞋底對著我的臉，臉朝著天花板和我談話，在我近 30 年的經商生涯中，這是唯一一次。

明顯看得出來，肯‧蘭崗不僅對於家得寶的中國項目毫無興趣，而且，他用自己明確的肢體語言告訴我：你們這個中國項目，在家得寶面前無足輕重。

我從未見過這麼無理和傲慢的華爾街商人。

肯‧蘭崗絕對是個華爾街暴發戶。他出生於紐約貧窮的羅斯林高地（Roslyn Heights），父母是意大利血統的藍領工人。父親是個水管工，母親是個食堂工人。肯‧蘭崗上大學期間，做過高爾夫球童，做過屠夫助理，還做過挖溝工人。他主要的金融理論教育，是在紐約大學 Stern 商學院的夜校裡完成的。他一生所獲的絕大部分財富，來源於他對家得寶的這次精彩投資。

在這樣的談話氣氛下，我大概對肯‧蘭崗也不會表現得非常友善。也許被他的無理舉動激起的自尊與強悍，使我看上去也不是那麼太友好，這完全可能。因此，此次會面，我肯定也沒給肯‧蘭崗留下什麼太好的印象。用「不歡而散」來形容我們這次見面，十分恰當。

和肯‧蘭崗不愉快的見面，並沒有影響我和伯尼、吉姆以及家得寶的合作進程。伯尼和吉姆向我建議，雙方在 1995 年 6 月 30 日，於亞特蘭大，正式簽署家得寶中國的《合資合同》。

5、6 兩個月，雙方的律師團隊和相關人員進入了最後的鏖戰，幾乎夜以繼日，一份厚達 80 多頁的《合資合同》及 7 個附件，在 6 月中旬如期完成。

伯尼決定，我們 6 月 30 日《合資合同》的簽署儀式，在亞特蘭大一個有特殊意義的餐館舉行。

伯尼告訴我，1864 年美國南北戰爭期間，主張解放黑奴，廢除奴隸制

的北軍，在綽號「瘋狂的屠夫」的謝爾曼將軍的率領下，於 9 月 1 日徹底打
敗了堅持主張維持奴隸制的南軍。那天以後，謝爾曼為教訓南方人，讓他
們永遠不再敢有獨立的念頭，也為在兩個月以前，自己在肯納索山的一場
敗仗出口惡氣，他下令士兵們放火燒毀了亞特蘭大全城。

這間建在亞特蘭大郊區山頂上的別致房屋，成為亞特蘭大焚城之後，
唯一存世的一棟房屋。家得寶中國《合資合同》的正式簽約儀式，將在這個
有特殊歷史意義的別墅裡舉行。

簽約儀式定在傍晚 6 點。我和我的團隊成員，早早就到了那棟美麗的
莊園別墅。「布朗 & 伍德」的律師也提前到了現場。DLJ 的代表也來了。
不過，怕引起家得寶的反感，他們留在酒店裡等著順利簽約的消息。

吉姆‧英格利斯和家得寶 CFO 讓（位居吉姆之後的家得寶第四號人物）
比我們到得更早。我們一邊舉著香檳酒杯，一邊海闊天空地攀談著。

伯尼‧馬科斯和阿瑟‧布蘭卡也到了。伯尼罕見地穿了一套正兒八經
的西裝，還紮了領帶。這是我第一次，也是唯一一次見伯尼穿得這麼正式。

大家滿面笑容，氣氛熱烈。王月、連成平、田浩都喜形於色，他們都
感到這個使中國零售業界震驚的消息，將在今晚誕生。近半年的辛苦，總
算有了最後的結果。

伯尼親自帶著我和所有我的團隊成員，參觀這棟著名別墅。每到一個
房間，他都會講一些有趣的故事。看得出來，伯尼也為我們能夠順利簽約
而感到興奮異常。

回到一層的雞尾酒會現場，伯尼接到一個電話，就去到另外一個房間，
吉姆接著和我們繼續聊天。

一會兒，伯尼把吉姆叫了出去。很快，阿瑟、讓也被伯尼叫到了隔壁
那個小房間。

氣氛突然變得有些詭異，我心頭一緊，是不是發生了什麼意想不到的
事情？這時，吉姆推門進來，在我耳邊耳語了幾句，說伯尼請我到隔壁房

間說點兒重要的事。

伯尼·馬科斯、阿瑟·布蘭卡、吉姆·英格利斯和讓都在。伯尼坐在我的對面：

「尊敬的杜先生，我剛剛接到家得寶最大股東肯·蘭崗先生的電話，他在最後一刻改變主意，反對我們在中國的合資項目。他說，作為家得寶的創始投資人和最大股東，他正式通知我，取消中國合資項目，要求我們優先去南美洲發展。」

我目瞪口呆，臉色煞白，人完全凍結在那裡。

伯尼接著說：

「對於這樣一個特殊的時刻，給您這樣一個消息，我和今天在場的同事們，都對您和您的團隊的每一個人，表示萬分的歉意和內疚。」

伯尼雙手垂下，向我微微點了一下頭。他面色凝重，肌肉僵硬地維持著一絲苦笑。吉姆·英格利斯則滿臉的憤怒，扭過臉去，看著窗外。

失望還是絕望？我剎那間不知所措。我不知自己當時是一種什麼心情。就像百米賽跑，即將以冠軍的姿態衝過終點時，我卻突然失足跌進萬丈深淵一樣。

我已經47歲，這樣慘烈的功敗垂成我還是第一次遇到。

我保持了足夠的紳士風度，儘量裝得面不改色。我把內心裡的痛苦和五味雜陳，都藏在了我鎮定的語調背後：

「伯尼，家得寶的朋友們，儘管我對於這個突如其來的消息毫無準備，我也幾乎崩潰在這個消息面前，但我相信你們的內心，是希望和我們簽署這份《合資合同》的。因此，我理解你們的處境，也理解你們此時所處的無奈的位置。」

我確實被這個令人無比沮喪的消息震驚了，但我還是能夠清醒地處理這種局面：

「我建議大家把今晚這頓晚宴友好地吃完，暫時不把這突如其來的消息

告訴我的團隊。我們只需說，合同還需要再做一些修改，簽約日期再定。我只希望，無論如何，保持我們之間已經建立起來的合作關係。因為，即使肯·蘭崗先生否決了家得寶的中國項目，但我還是會堅定不移地把家得寶這樣的業態帶進中國。即使是我自己單獨幹，我也義無反顧。因此，我希望你們能夠給予我最大限度的支持，我需要你們的支持。」

「杜先生放心，儘管我們沒有簽署最後的《合資合同》，但我們之間已經簽署了《合資意向書》，《合資意向書》上所有我們應該做的事情，我們都會繼續把它做完。對於你們在這件事情上所受到的打擊，以及遭受的損失，家得寶將會以盡全力地幫助你們，直到您把您在中國的偉大理想實現的那天為止。」

伯尼從椅子上站起來，和我握手，從他的眼神裡，我看到了內疚和歉意。

相信從此時開始，他和吉姆·英格利斯，一生都會是我的好朋友和生意夥伴。如果我需要，他一定會傾盡全力去幫助我的，我絕對相信。

我們重新回到了簽約晚宴的大廳。

那頓飯上，我努力不露聲色，依舊神采飛揚，侃侃而談。居然我們的人沒有任何人察覺發生了什麼。可酸楚、懊惱、憤怒充斥了我的內心。我壓抑著這種情緒，一絲都不想流露出來。因為我知道，我的任何情緒，都會對伯尼和吉姆造成重大傷害，他們確實在這件事情上也和我一樣，是一個無辜的受害者。

那晚回到酒店，我才把真相告訴我的夥伴們。大家都面面相覷，一聲不吭。痛苦和極度失望，籠罩著每一個人的心頭。大家都覺得這是他們一生遇到過的最大和最殘酷的打擊之一，他們根本無法接受。

我告訴大家，沒什麼了不起。無非是和 1978 年的伯尼·馬科斯和阿瑟·布蘭卡一樣，從在倉庫前給人發放美金開始，我們也去創辦屬於自己的中國「家得寶」！只要像他們那樣努力，像他們那樣懷揣夢想，我們也會

得到屬於我們自己的成功。

事後吉姆告訴我，促使肯‧蘭崗簽約之前突然變卦的最重要原因，是1995年春天那場震驚世界的中美貿易戰。

1994年底中美雙方知識產權關鍵性談判，經過七輪的磋商未果，談判終於破裂。美國代表在談判中指責中國的知識產權保護，只是一紙空文，説：「中國使用的計算機軟件100％為盜版」，要求中國修改《民事訴訟法》，要求中國在1996年1月1日前，修改知識產權法律，並定期向美國彙報查抄侵權的情況，直到美國滿意為止。

美國方面的這些要求，被看做是干涉中國主權，中國堅決不讓步。

1995年2月4日，美國貿易代表坎特公佈了美國的嚴厲的貿易報復計劃，2月26日生效。中方隨後也公佈了同樣嚴厲的貿易報復清單，甚至暫停批准美國公司及其子公司在中國設立控股公司，及不允許美國生產商在中國開設辦事處。

中美貿易報復戰一觸即發，全世界為之瞠目結舌。

儘管中美在貿易戰開戰之前的最後一個晚上，雙方達成了和解協議，但肯‧蘭崗等對中國完全不信任的華爾街商人，還是始終對於去中國投資心存疑慮。這成了肯‧蘭崗否決家得寶中國投資項目的主要原因。

中國的相聲藝人真是聰明，他們居然能夠創造出「煮熟的鴨子飛了」這樣一句充滿哲理的典故。通過家得寶這件事，我也相信了，「煮熟的鴨子」確實能夠飛走，而讓「鴨子」飛走的原因，竟然是這麼不著邊際。

「煮熟的鴨子」確實飛走了，我卻不能沮喪，不能哭天搶地。因為我心中的那個「夢」並沒有飛走，我要用十二萬分的努力，去實現我心中那個美麗的「夢」！

十六　家世界：打造中國零售「巨無霸」

下決心進軍零售業

家得寶項目的功敗垂成，給整個團隊的打擊是巨大的。

連成平垂頭喪氣地回到了紐約大學，繼續準備他的博士論文答辯，原準備回國大幹一場的萬丈雄心，瞬間化為灰燼。

田浩第二天就跑回了多倫多，一連好幾天看著天花板發愣，整個人像丟了魂一樣。他完全陷入不能自拔的無比沮喪之中，對家得寶項目的滿腔激情，一刻間蕩然無存。

只有王月相信沒有家得寶的參與，我們也能把這樣的現代零售業引進中國，可是，如何開始，他也是一片茫然。

更嚴重的是，在和家得寶艱苦談判的將近一年裡，公司其他生意都已經停止，所有員工都在為正在進行的談判，以及即將上馬的項目，做著浩繁的準備工作。公司已經一年多沒有任何進項，一直在坐吃山空狀態中。公司每天都有著不菲的開支。巨大的國際旅差費用、龐大的國際律師費，也都在吞噬著公司的生存能力。

更令人擔心的是，得知家得寶最後一刻取消了《合資合同》的簽署，全公司上下士氣低沉，對公司的前景憂心忡忡。

儘管前幾年賺的錢，暫時還夠支持公司繼續維持一段時間，但擺在我面前最困難的選擇是：是繼續像家得寶這樣，沿著一條現代化零售業的創

業之路走下去？還是承認失敗，趕緊回頭，重新回到房地產業，或其他中國民營企業熟悉的傳統產業上去？

　　無論從哪個方面講，拋棄房地產等中國民營企業熟悉的賺錢道路，獨自冒險去開拓家得寶這種全新的商業形態，都是一條艱難得多，風險也大得多的選擇。一旦新的創業失敗，公司將萬劫不復。

　　但是，我打心眼裡厭惡房地產行業的賺錢方式，也不肯為了賺錢，去行賄和阿諛奉承那些掌握著各種權力的官員。我肯放棄名牌大學教授的職業和社會地位，絕不僅僅是為了賺一點錢。我更不可能為了賺點錢，去作一個猥瑣的、毫無人格的下三濫商人。即使下海去經商賺錢，我也還是有自己的理想、情操和價值觀。把家得寶這種現代化零售業的模式引進中國，無疑是對中國經濟發展的一個貢獻，這對於中國零售業的迅速現代化，應該有很大的意義。這才是我真正想做的事情，為了這個理想，我寧可選擇一條更為艱難的道路。

　　我已經下定決心：繼續往前走，絕不回頭。去嘗試這件前無古人的事情！

　　想在中國重複家得寶的奇跡，有浩如煙海的事情要做，尤其對於一個沒有任何零售業經驗的人來說，就更是如此。不下決心扒掉幾層皮，是無法辦到的。而我現在的身體狀態和精神狀態，卻不足以應付這麼巨大的挑戰。從 1988 年做生意開始，特別是在香港外匯交易失敗、蘇聯大馬戲團訪華、以及這次和家得寶歷經一年的艱苦談判，每一次都消耗了我的全部能量。這連續不斷的搏命式拚殺，使我從身體到心智，長時間處在持續緊張的狀態中。一次又一次無休止地殫精竭慮，也使我的精神動力消耗殆盡。這幾年我一直生活在巨大的精神壓力之下，過度地透支了我的身體和精神健康。

　　從亞特蘭大回到中國後，我就住進了醫院。此時我的體重已經暴增到200 多斤。我患了嚴重的高血脂病，血液中的三酸甘油酯，竟達到了合格

指標上限的 11 倍以上。心臟也有了問題，室性早搏和房性早搏頻繁出現，心臟早搏的總次數，居然達到每 24 小時 10000 次以上。胃也全亂套了，十二指腸球部潰瘍、幽門糜爛出血、淺表性胃炎一齊出現而且很嚴重。食道和直腸也都出現被稱作癌前病變的「粘膜白斑」。牙也出來搗亂，嚴重的牙周病，時不時整得我晝夜疼痛難眠。由於過胖並毫無鍛煉，體力也變得極差，步行上半層樓，都要在拐彎處停下來，喘半天粗氣……。

我清醒地認識到，為了完成心中的偉大目標，必須下決心短暫地停下來，對身體各個方面做一次徹底的大修。在精神層面上也要作一次有效果的保養。只有找回原來那個身體健碩、精力充沛、激情澎湃、鬥志昂揚的杜廈，這件前無古人的事業，才有贏的希望。那年我已經 47 歲。

吉姆‧英格利斯已經成為我的私人朋友。得知我住進了醫院，他更加為家得寶 6 月 30 日簽約前的變卦，感到羞愧、自責和內疚。他建議我到洛杉磯的希望之城，去作一次全面檢查。吉姆告訴我，伯尼‧馬科斯本人非常支持他提出的這個建議。伯尼說，杜先生是家得寶最為尊敬的中國朋友，相信他終究會成為家得寶在中國的親密合作夥伴。因此，家得寶會像對待自己的高層領導人一樣，要千方百計地保證杜先生的身體健康。

希望之城是全世界最大的專門治療癌症的醫院，家得寶每年會捐助這家醫院 800 萬美金。吉姆告訴我，醫院會為我作全面和深入的身體檢查，並針對所有存在的病症，提出他們的治療方案。

我接受了吉姆‧英格利斯和家得寶的建議，去洛杉磯的希望之城作了一番嚴格、全面地身體檢查。希望之城的專家們，排除了我食道與大腸的粘膜白斑發生癌變的可能。接著我又去其他醫院，對胃作了一次徹底檢查，根治了螺旋桿菌，治癒了胃部的多種疾患。對血液的三酸甘油酯超高問題，我也去作了徹底檢查，醫生判定我有遺傳性的脂肪代謝問題，給我制定了一系列的治療方案和減肥計劃。最後，為了根治我嚴重的牙周病，洛杉磯最好的牙科醫生，給我的牙床做了個大手術，分四次把牙床全部切開，從

牙骨開始，對嚴重的牙周病進行了徹底根治。

兩個月以後，我覺得自己已經煥然一新。

全部檢查和治療結束以後，我又遵循醫囑，開始了精神保養和減肥治療。我和女朋友一起，去法國巴黎住了一段時間（這段故事本書後面會講到）。這段時間，我們幾乎走遍了巴黎所有的博物館。我們去巴黎任何一個博物館參觀，既不叫出租，也不乘地鐵，都是步行前往。每天都累得我人仰馬翻。而且在巴黎的這段期間，我嚴格控制飲食，不僅不去吃法國大餐，快餐店也不進。每天飲食只有沙拉、酸奶和瓶裝水。

巴黎苛刻的減肥和健身計劃，完成得非常圓滿。不到兩個月，我的體重從 200 斤降到了 160 斤，達到了醫生的要求。由於暫時脫離了喧囂的生意場，精神也獲得了全新的清理和保養，加上璀璨的法蘭西歷史和文化氛圍的薰陶，我的精神面貌發生巨變，從家得寶項目功敗垂成的頹喪裡，徹底恢復了過來。

巴黎以後，我又重新躊躇滿志起來。那艘等待起航的中國家得寶之船，已經大修完畢，油箱也已經灌滿，只需一聲鳴笛，這艘巨輪就會起航，乘風破浪地駛向大海遠方。

1995 年初秋，我回到天津，鄭重向全公司宣佈，中國家得寶項目正式啟動。新的公司和商店，命名為「家居」（英文名稱是 Home Way）。我們要百分之百地在中國複製家得寶的商店：從外部形態、商品構成、平面佈局、商品陳列、供應鏈，直到所有的經營理念，完全照搬家得寶在美國的模式。一句話，我們要把家得寶的商店，一點不變樣地搬到中國來。

從戰略上講，我這個思路，既吸收了家得寶在美國成功的經驗，自己可以完成創業和拓展，又為將來一旦家得寶進入中國，把這些已經開發出來的連鎖店賣給他們，鋪平了道路。

這是一條可進可退的發展道路。

年底，我們選送了 30 多位雙語人才到美國，接受家得寶的培訓，這可

是伯尼給我的一個超級大禮包。

其實，4 月份簽署的《合資意向書》裡明確載明，只有在雙方簽署正式的《合資合同》以後，作為合資項目的一部分，家得寶的培訓項目才能被實施。但此時，我們的合資項目已經被肯‧蘭崗槍斃。而我準備建立的中國項目，又和美國家得寶沒有任何法律關聯。家得寶沒有合同義務，去實施這項培訓計劃。即使在這樣的前提下，伯尼‧馬科斯仍然遵守他個人對我的承諾，下決心幫助我免費培訓專業人員，這在世界級大公司的歷史上，恐怕很難遇到第二例。

伯尼‧馬科斯絕對夠仗義。

不僅是培訓我的人員，伯尼和吉姆還給我的受訓人員，提供了令人難以想像的便利。他們讓我受訓隊伍中的核心人員，持有最高級別的「門禁卡」。這意味著，我的人員可以接觸到家得寶總部任何級別的經營數據和機密。

三個月培訓結束時，伯尼讓家得寶給我的受訓團隊提供了厚達一米的標準操作手冊（SOP）。這套標準操作手冊，囊括了家得寶各個部門、各個工種、各個經營環節的全部運作程序和標準。説這套標準操作手冊是家得寶的經營靈魂，一點也不過分。這是一部全球零售業的無價之寶！

1995 年底，伯尼以家得寶的名義，替我在亞特蘭大召開了家得寶全球供應商大會。伯尼本人親自主持了這個大會。對於我來説，這個全球供應商大會意義非凡。

這次特別的全球供應商大會，在亞特蘭大最豪華的凱悦酒店舉行。聽説是伯尼‧馬科斯親自邀請，全球五百個家得寶的重要供應商，都派出自己的 CEO 或者總裁前來參加會議。那天大會濟濟一堂，全球最重要的建材裝飾領域的生產商，幾乎全部到齊。

伯尼上身穿了一件圓領白色黑花的毛衣，下身是一條褪了色的牛仔褲。舉目望去，在全部是西服革履的會議大廳裡，伯尼的裝束顯得極為特

別。這套花毛衣和牛仔褲，加上他 1 米 90 的高大身軀和滿頭銀髮，絕對成為全場的焦點。伯尼‧馬科斯的這身裝束和他的氣派，凸顯了家得寶在全球建築和裝修材料的生產廠商心目中的王者地位。伯尼本人無可爭辯的控制力，剎那間充斥全場，我們都看得清清楚楚。

台下的五百多位供應廠商的 CEO 們，不僅西服革履，而且一律正襟危坐，恭恭敬敬，等著伯尼向他們發表講話。

伯尼的開場白詼諧、霸氣：「各位供應商朋友，今天是家得寶歷史上，極為特殊的一次供應商大會，我代表家得寶感謝你們的到來。

我身旁的這位杜先生，來自中國，是一位令人尊敬的企業家，也是未來家得寶在中國唯一可能選擇的合作夥伴。我們之間已經於今年 4 月份簽署了一份《合資意向書》。我們雙方商定，家得寶在中國的發展，由杜先生的公司，按照家得寶的模式先做起來，為此，在我和吉姆‧英格利斯的親自指導下，30 多位杜先生的高級員工，剛剛在家得寶完成了 3 個月的專業培訓。我們相信，杜先生的家居（Home Way），將像家得寶一樣，會在中國掀起一場建材零售業的革命。不久，在合適的時機，家得寶會馬上跟進，全面融入杜先生的家居，完成進入中國市場的目標。

今天請大家來，就是希望大家全力以赴地支持杜先生的家居，融入杜先生在中國的業務，幫助他把第一家家居商店建立起來。

我希望，在各位供應商的大力幫助下，能夠使杜先生的家居商店，在中國迅速取得成功。

當然，去不去中國，和不和杜先生合作，是你們的權利。不過，我的要求很簡單，如果哪家供應商，不想給杜先生支持，不打算到中國和杜先生一起去開拓家居業務，現在就請站起來離開這個會場。」

伯尼講完這番霸氣而且坦誠的發言以後，環視了一下整個會場。全場鴉雀無聲，五百多位西裝革履的大老闆，都老老實實地坐在座位上，沒有一個人敢站起來離開會場。

我從來沒有見過這麼開會的，也從來沒見識過這麼霸氣的老闆。

接著，我即席發表了 50 分鐘關於中國市場的演講，當然也把家居和家得寶未來可能的合作關係著重講了一番。

終究是十幾億人的巨大市場，全中國住宅私有化，又給房屋裝修行業帶來了巨大商機，供應商們都理解，中國的機會來了。

與會者聽說家居的 30 多位核心骨幹，已經在家得寶完成了培訓，天津東麗區家居商店的建築物，也已經完工。所有這一切，都讓絕大多數到會的供應商們興奮不已。

最後，吉姆‧英格利斯上台，宣佈正式的供貨談判和合同簽署大會，將於 1996 年 2 月 5 日在香港九龍尖沙咀喜來登大酒店舉行。所有到場的供應商們，都明白了家得寶的鮮明態度，表示一定出席香港大會，並給予中國家居全力以赴的支持。

有了伯尼和吉姆‧英格利斯的鼎力支持，增加了家居成功的可能性，但這也還是沒有把握保證我的商店必然成功。要想成功，新商店必須很快獲得盈利，否則公司就會在虧損中很快死去。因此，我必須保證我們要建的新型商店，在第一年就取得盈利。

可能嗎？我心中清楚，這不僅難度極大，而且危機四伏。

這是殊死一搏。我知道，我現在的公司實力是經不起重大失敗的。思前想後，「雞蛋不能都放到一個籃子裡」。索性在開辦家居商店的同時，把我心目中的美國式超級購物中心（Shopping Mall），也同時搬到中國去，索性一不做，二不休。

這就是說，我要把沃爾瑪（Walmart）、宜家（Ikea）、玩具反斗城（Toy"R"Us）等相互依託的各類不同大型連鎖超市，一股腦都拷貝過來，放到東麗那個巨大的停車場四周去，組成一個相對完整的美國式超級購物中心。這將是中國零售歷史上，第一個美國式的超級購物中心。在這個超級購物中心裡，有建築材料、裝修材料、家具及室內用品；有食品、生鮮、

煙酒、副食調料；也有服裝、箱包、鞋類、文化用品和家用電器；以及兒童玩具等若干大的零售類別。

這樣齊全的商品類別，良好的購物環境，自選的購物方式，巨大的停車場，以及低廉的價格，都一齊展現在中國消費者面前。這絕對會在他們心目中，產生巨大的震撼和新鮮感，這會比單一的家居，有大得多的吸引力。

美國式超級購物中心如果能夠建成，不僅可以吸引更多的人流，還可以東方不亮西方亮。在幾個不同類別大型超市的經營實踐中，我可以逐漸尋找，真正行得通並能迅速產生盈利的業態，然後再把重心再轉移到這個業態上去。總之，必須找到最能給我們帶來成功的零售形態，以此再去規劃公司未來的發展。

説穿了，反正各類大型連鎖超市的基本經營理念是類似的，我們已經有30多人在家得寶進行了深入培訓，對家得寶的經營理念有了深刻的理解，況且家得寶的標準操作手冊也在我手裡，沒有任何一家中國企業，能夠比我們更了解美國現代連鎖零售業態。我相信觸類旁通，即使照貓畫虎，我們也能把這四個不同門類的大型零售超市，同時引進並建立起來。此時，我身上一生任何時候都不曾缺乏的自信心，幫助我做出了這個宏大、冒險且有些不知天高地厚的最後決定：

我們將同時建立四種不同類別的現代化大型超市！

我相信，在一個以巨大停車場為中心的美國式購物中心裡，同時擁有中國人從未見過的，四間不同品類的大型超市，會在中國全社會和老百姓中，引起巨大的轟動，這就不愁它不「火」。

不幹則已，幹就幹一件在全中國前無古人的大事情！

一個從來沒有任何零售業經驗的中國人，居然要把世界最大，經營商品完全不同的四類零售連鎖店，一股腦全部引進中國，確實是一件十分瘋狂的事情。

我堅信我能夠成功！

我把經過家得寶培訓的 30 多人，分成了四個團隊，分別籌備以家得寶為模板的建材超市家居、以沃爾瑪為模板的食品和百貨超市家樂、以宜家為模板的大型家具超市家園、以玩具反斗城為模板的大型玩具超市玩具王國。

在接下來的幾個月裡，我親自帶著各個不同的團隊，到美國去沃爾瑪、宜家、玩具反斗城去日復一日的偷藝。這些商家和我們沒有任何合作關係，因此不能像去家得寶培訓和實習一樣，深入到經營管理的後台。我們只能以顧客的身份去悄悄繪製商店的平面佈局圖、摸索商品陳列的規律、熟悉服務的特殊性、搞清商品定價規律和原理等等。

一個多月下來，我們每天討論、揣摩、研究和剖析，逐漸把這幾個不同品類的大型超市，也像對家得寶一樣了解個底兒掉。國內的建設工作和人才招聘、市場調研、運作流程設計，企業文化建設等一系列的籌備工作，也全面地開展起來。

1996 年元月開始，除已經建好的家居以外，家樂、家園、玩具王國等三大商店建築群和巨大的停車場也都進入熱火朝天的建設之中。中國第一個真正意義上的美國式超級購物中心，在天津東麗區初見雛形。

「家世界」橫空出世

1996 年 9 月 28 日，中國第一間，也是全亞洲第一間家得寶標準的建築裝修材料大型超市 —— 家居，在天津東麗區津塘公路旁開業。

萬事開頭難，如何讓家居開業能夠在全中國引起轟動，頗費心思。1988 年深圳李寧告別體壇活動時，我與體操王子李寧、中央電視台文藝部導演袁德旺，都建立了深厚的友誼。參加那場活動的演藝界和體育界的明星們，也都感佩我對李寧的路見不平拔刀相助，他們都為我的仗義喝彩。

於是，我請李寧和袁德旺導演幫忙，再次請出這些朋友，前來天津為我的家居開業助陣。李寧和袁導真夠意思，他倆親自打電話，幾天就組成了一個堪比中央電視台春節聯歡晚會的明星陣容。這些明星朋友們竟無一人拒絕，都同意前來天津為這間商店的開業站腳助威，這使我大感意外。今天提起這些明星的名字，仍然讓人感到振聾發聵，激動不已。

他們是：趙忠祥、倪萍、宋世雄、李谷一、趙本山、黃宏、陳佩斯、朱時茂、侯耀文、石富寬、殷秀梅、韋唯、杭天琪、解曉東等當時中國最為耀眼的演藝界明星。

李寧、李小雙、李春陽、王義夫、楊凌等中國體育界炙手可熱的奧運會冠軍們，也都來到現場祝賀。

這些一線大明星和體育界奧運冠軍們到場祝賀，是極為特別的。他們每個人都穿上我特意發給他們的家居服務員的工作圍裙。那件橘紅色的圍裙上，印著家居醒目的標誌。這些讓全國老百姓極為敬仰的明星們，每一個人都和我們商店的普通服務人員一樣，為那天光顧家居商店的客人們，服務兩個小時。這造成了全天津老百姓的空前轟動。老百姓驚訝地看到，在家居商店裡，趙忠祥、倪萍、李谷一、陳佩斯、趙本山、黃宏、李寧，這些過去都只是在電視機的屏幕上才能看到超級偶像，今天卻穿著工作服，就站在他們面前。而且這些大明星們，一個個笑容可掬地為他們取商品、搬東西並幫助他們推車結賬。那一天到家居來購物或參觀的天津老百姓，都激動得快要瘋掉了！需要說明的是，這些明星們來天津給我助陣，是不求任何報酬的，這在今天簡直無法想像。

家居琳琅滿目的商品，寬大舒適的購物空間，毫無約束的自選方式，現代快捷的收款流程，巨大無比的停車場，都給了前來參觀和購物的中國消費者以巨大震撼，使他們讚歎不已。

天津老百姓第一次體驗了沒有櫃台的購物環境，他們以前從沒有想過，會有這樣任意自選的大型商店。他們這才明白，所謂美國最現代化的

大型零售自選超市，到底有多麼方便。

我們特意買了 20 輛二手的公交汽車，全部漆成家居鮮豔的橘紅色，畫上醒目的家居標記。我還把家居第一任店長，美國人梅森・勞德魯的巨大個人頭像，印在車體兩側。我用這些中國人感到十分新穎的形式，輪番把天津市內的消費者和看熱鬧的老百姓，免費拉到東麗家居來參觀。

從 9 月 28 日開始將近一個月，我們專設的市內免費停車站點，永遠從早到晚擠滿人，排著隊乘坐我們的免費大巴，去家居參觀購物。

家居商品的價格和琳琅滿目的程度也令人讚歎。

在吉姆・英格利斯親自主持下，500 個世界最大供應商的香港採購大會非常成功。美國菲利普斯，是世界最大的小型電器和照明燈具的生產廠商。他們給家居首批兩個大型集裝箱的舖底貨，雙方定好的付款條件，竟然是 50 年後付款！（是不是難以置信？）全世界所有最大的建築材料和裝修材料生產廠商，幾乎都秉承著扶持家居的態度，和我們達成了對我們最為有利的供貨價格和付款條件。這一點，我一直對吉姆・英格利斯感激不盡。

家居貨架上的兩萬餘種裝修商品，50% 以上是中國市場從未見過的西方進口商品。這給整個中國建材裝修市場造成了另一個巨大震撼。

由於世界上幾乎所有最知名的裝修材料生產廠家，都成了家居的供貨商，國內的生產廠家也都生怕被擠掉，紛紛給家居提供了最優惠的價格和供貨條件。

由於價格好，貨物種類齊全，品質又絕對有保障，家居開業伊始就生意火爆，顧客盈門。

1996 年時，中國還沒有加入 WTO，中國對於國外發達國家的優質建材、裝修材料等進口產品的關稅，還維持在很高的水平上。1992 年，中國平均的關稅水平還在 47.2% 以上，個別進口裝修產品的關稅甚至達到 100%。這就為建材、裝修類進口商品的走私，帶來了巨大動力。家居

必須和走私進口商品進行面對面的價格競爭，這成為家居開業初期的巨大難題。

還有，市場上狂飆般湧現的各類假冒偽劣產品，充斥著全國建材裝修市場。一般消費者受判別能力的限制，很難分清哪些是優質產品，哪些是假冒偽劣產品。有時，這些冒牌商品和偽劣商品的價格，往往還不到優質商品價格的一半，不具備專業鑒別能力的普通消費者，往往因貪圖便宜，把價格低作為選擇的主要出發點。

以上這些，都成了家居開業初期，必須在市場上浴血奮戰的原因。

為在這樣惡劣的市場環境中生存下去，進而戰勝那些走私商品和假冒偽劣商品，家居只有另闢蹊徑。家得寶得以在美國成功的經營理念，啟發了我。我們在天津乃至全中國的報紙上，毅然決然地公佈了家居商店對消費者的五大保證。

這五大保證是：

1、市場最低價保證：任何人在市場上如果發現比家居銷售的同樣產品價格更低，家居商店立即負責退賠差價，並給予提供此價格信息的消費者一定比例的獎勵。

2、無條件退換貨保證：任何家居的顧客，在家居購買的任何商品，均可以在 10 天內無條件退貨、換貨，不需要任何理由，也不需要發票，也沒有任何其他條件。

3、優質、真貨保證：家居出售的任何商品，商店負責保證絕無假貨、冒牌貨、劣質貨。一旦發現，家居負責退貨並給予十倍賠償。

4、無走私商品保證：家居向全國消費者保證：家居銷售的任何進口商品，都已經足額繳納了進口關稅，絕無任何走私貨和水貨。

5、無返傭及回扣保證：家居向所有的消費者保證，家居絕對不會以任何方式給予購買者任何形式的返傭或回扣，這有力排斥了採購人員為私利給業主採購不當商品。

這擲地有聲的五大保證，對於 1996 年的中國消費者來説，不啻是個重磅炸彈。全中國任何消費者，也從未聽説過商家有過這樣的保證。這五大保證，也在中國裝修材料市場上颳起了一陣清新的颶風。由於中國零售市場上從沒有人做過這樣的保證，這使家居的市場信譽度異軍突起，摧枯拉朽般地衝擊了中國混亂無序的建材、裝修材料市場。家居開業以後不到一個月，以美國駐華大使館為首的幾乎所有西方國家駐華使館，大型跨國公司駐京辦事處、代表處，都在自己的採購手冊中明確規定，本單位所使用的建材裝修商品，必須到天津家居採購，否則不予報銷。北京各大中央機關，天津市政府各個部、委、辦、局，也都要求自己的後勤部門，指定要去家居購買相關產品。許多大型房地產開發企業，為了提升自己住宅產品的市場信任度，也紛紛公佈自己和家居簽署了專屬供貨協議，保證自己銷售的商品房的油漆、牆紙、膠合板、門窗、燈具、潔具等建材、裝修產品，全部採購自「家居」。

家居牢牢抓住了當時中國建材、裝修材料市場的軟肋和痛點，取得了道義和經營上的雙重勝利。我們用自己對於消費者的一片誠心，贏得了這場生死大戰。

家居在天津火了，在全中國也火了起來！銷售額也隨之迅速飛漲。很短時間，家居便贏得了全國老百姓的信任，成為眾多的國家機關、各類外國駐華機構和專業裝修商的寵兒。

一天，一位家住天津河西區的老大娘來到家居，投訴她買的瓷磚貼到牆上以後，發現顏色不大一致，提出要商店給予解決。當時家居店長梅森‧勞德魯不在，副店長蔣新康接待了這位委屈的老大娘。

「大娘，您是想退錢還是想換貨呢？」蔣新康問。

「當然想換貨呀，不過我的瓷磚都已經貼到牆上去了，想換也沒法換了吧？」大娘有些遺憾。

「不要緊，大娘。如果您的真想換貨，我們馬上給您再發一次貨，不需

要您再付任何一分錢。您可以重新選擇瓷磚，全店的所有瓷磚品種，您隨便挑。您喜歡哪一款，就給您換哪一款，無論價格貴多少，有多少差價，都算我們補償您的。您原來已經貼到牆上的瓷磚，全部砸掉，算是我們的損失。您花過的工錢和現在再砸瓷磚用的工錢，我們今天都一併賠償給您。這樣處理您能夠滿意嗎？」蔣新康和藹可親。

「你們不用到我家看看，查一下我買的瓷磚是否真的都貼上牆了嗎？」大娘有些疑惑。

「不需要，大娘，我們信任您。您說，您是我們的上帝，哪有去查上帝的呢？」蔣新康風趣、幽默。

大娘驚得說不出話來，不敢相信眼前的事實。

大娘處理完，剛要離開商店，蔣新康又追了出來，「大娘，剛才忘了問您，您貼那些瓷磚用了多少袋水泥呢？」

大娘想了想，「大概三袋水泥吧。」

蔣新康又把三袋水泥錢和來回乘出租車的錢交到大娘手上。大娘激動得直哆嗦，抓住蔣新康的手，久久不放。

第二天，大娘又急匆匆來到家居，指明要見蔣新康。

蔣新康嚇了一跳，急忙跑出來。

「蔣店長，我回去一看，昨天算錯了。我上次貼瓷磚，其實只用了兩袋水泥，家裡還剩著一袋。我今天專程跑回來，是把你昨天多賠我的一袋水泥錢，退還給你們。」

老太太也讓我們商店的人感動不已。

之後，這位大娘逢人就講家居如何如何好，她的親戚、朋友、鄰居、同事都被感動，紛紛成為家居的鐵杆粉絲。

家居迅速在中國的零售界豎立起了一面決然不同的鮮豔旗幟。可以斷定，家居成功了！

三個月以後，同年 12 月 28 日，刻意模仿沃爾瑪而建的，專門經營百

貨、服裝、食品的大型倉儲式超市家樂，緊挨著家居，在天津東麗那個巨大的停車場旁開業。

由於受過家得寶三個月的深入培訓，又用了兩個月的時間到美國沃爾瑪商店偷藝，再加上我們有了家居開業的經驗，家樂的籌建團隊壓力就小了很多。

這支經過家得寶精心培訓過的幹部隊伍，在當時中國的零售業裡，是獨一無二的，這是我手裡最牛逼的資源。因此，我們各級骨幹人員，對於現代化倉儲超市概念的理解，對於零售業的計算機應用，對於商品選擇、價格制定等經營技術，都遠遠超過當時中國任何一家零售企業。於是，家樂無論在商店的平面佈局、計算機系統的掌握和運用、商品擺放的專業技巧、倉庫收貨和上貨的管理制度、不同類別商品的定價邏輯，都幹得令我們的美國顧問團極為滿意。

以上這些我並不擔心，擔心的只有一件事：家樂售出的核心商品，能否做到市場最低價？

所謂核心商品，是指那些銷售量大，價格極為敏感，消費者需求剛性很強的商品。老百姓判斷一個商店銷售的商品便宜不便宜，是以這些核心商品的價格水平作為依據的。

我給家樂的商品採購和經營團隊提出了一條最為苛刻的要求：家樂賣出的核心商品，只要是和老百姓生活息息相關的，都不准比天津農貿市場上的同樣商品價格高。這包括大米、白麵、肉類、油鹽醬醋、蔬菜、可樂、方便麵、白糖、煙酒以及各類老百姓每天都離不開的生活和文化用品，即所謂剛性需求商品。不但不高，還要明顯低於農貿市場同樣商品的售價。

要做到這一條太難了。農貿市場除了人工費用外，幾乎沒有任何其他成本，甚至稅收都是定稅制。而家樂是大型超市，有巨大的人工費用、場地維護費用、空調（暖氣）和照明費用、貨物存儲費用、內外部盜竊丟失導致的費用、嚴苛的稅收負擔、商品損耗、以及財務成本和總部成本。要

想讓家樂這樣的現代化零售業，在價格上和農貿市場的小販們競爭，沒有人相信我們能夠取得勝利。

我卻不這麼看。

我告訴家樂的所有幹部，如果我們不能打敗農貿市場，在老百姓眼裡，我們就不是他們應該來的商店。如果我們不能為最廣大的老百姓服務，我們就沒有生存下去的可能。因此，做得到要做到，做不到想盡辦法也要做到。如果可以打敗農貿市場，我們便是天下第一。如果我們給市場的印象是「高檔商店、高檔價格」，我們將死無葬身之地！

我一遍一遍地給整個團隊分析我們可以戰勝農貿市場的理由：

我們大批量採購，可以得到比農貿市場小販們低得多的進貨價格；我們交易量巨大，靠巨大的交易額去平抑那些成本，符合大批量銷售的邏輯。況且農貿市場價格不透明，小販們的標價要遠遠高於他們心中願意出售的價格，也大大高於實際一對一的成交價，這就給了我們機會。我們會按照一個低於農貿市場的標價的價格銷售商品。在消費者眼裡，就會得出我們比農貿市場價格更低的結論。

因此，我強制性地規定，我們必須以農貿市場的小販價格，為我們的價格標杆，給市場一個最便宜的長久口碑。

我囑咐家樂的經營團隊，即使是進出價格「倒掛」，賠著錢賣給客人，也在所不惜。無論如何，也絕不准許我們家樂的任何核心商品的價格，高於天津農貿市場同類商品的價格。

我心裡清楚，只有比農貿市場的價格還要低，才是真正的市場最低價，才能讓家樂征服天津消費者的心。

這才是沃爾瑪一切經營邏輯的核心。

在這樣的思想指導下，家樂一開業便火爆全天津。1997 年春節是 2 月 7 日。1996 年 12 月 28 日我們家樂開業時，距離春節還有不到 40 天。開業之後僅僅幾天，家樂商品比農貿市場還便宜的消息，就爆炸性地傳遍

津門，迅速發酵。我們又緊急租了 20 輛公交汽車，免費拉著幾乎全天津市的老頭老太太們，到家樂、家居來參觀購物。那些日子，全天津老百姓見面已經不再問候「吃了嗎？」，而是改問「去家樂了嗎？」，這讓我開心不已。

家樂是全天津第一個現代化大型倉儲式超市，此時，沃爾瑪、家樂福都還沒有進入天津。

1997 年 2 月 4 日是中國農曆大年二十八，瘋狂採購春節年貨的時間，已經到了最後階段。那天家樂裡發生的事情令我終生難忘。

那天早上，家樂的開門時間還沒有到，停車廣場上已經人山人海，商店大門口已經被擠得水洩不通。

八點開門以後，整個商店裡到處都是人。四十台收銀機前等待結賬的人越排越多。到了中午 12 點左右，40 台收銀機前等待交錢的人流，已經浩浩蕩蕩地排到了商店最後面的牆下。四十條橫貫南北的長龍，加上人人推著裝得滿滿的購物推車，已經使商店內的交通完全癱瘓。商店外面堆滿了人，裡面也已經是人擠人、貨擠貨，人們根本無法繼續選購商品。

最困難的是，商店裡等待交錢的消費者排隊時間太長，人們無法順利結賬，許多人就開始抱怨，甚至有些人開始罵街並憤怒地摔砸商品。

人們對不能及時結賬感到憤怒和抱怨，但又不願意放棄掉自己已經搶得的商品，更不可能什麼也不買就離開。於是，全商店四處是罵聲，場面已經無法控制。

所有人都沒有料到，商店裡會出現這種局面，我們家樂的管理人員個個目瞪口呆，無計可施！

家樂店長實在沒轍，靈機一動，去隔壁請來了家居店長，美國人梅森‧勞德魯。

梅森‧勞德魯是吉姆‧英格利斯給我介紹的，零售經驗豐富，既是家居的第一任店長，又是我的經營顧問。

　　梅森緊忙跑到家樂，讓人找來一個大個的木頭包裝箱，放到家樂商店的正中央。他拉著他的女翻譯跳了上去。

　　店內憤怒的顧客們，很多是乘我們免費公交車來的，他們都在車身上看見過梅森的大幅頭像，認識他。大家一看是家居那個白人老頭兒，全場立即一片笑聲，有人還為這個藍眼睛、胖胖的禿頭老外鼓掌。

　　梅森一上去，先是環繞四周，鞠了四個躬。接著發表了他的簡短演講：

　　「顧客朋友們，真是對不起！我們最初設計商店的時候犯了個錯誤，我們不應該只放 40 台收銀機，而應該放 400 台收銀機，儘管全世界所有商店，還從來沒有聽說過，有放置這麼多台收銀機的。」這顯然是個笑話，梅森一下改變了商店裡的憤怒氣氛。

　　他接著說：

　　「這個錯誤賴我，因為我在美國幹了一輩子零售，也沒見過這麼多人，同一天來商店裡買這麼多東西！因此，我必須為我的錯誤道歉。不過，你們這麼多人，我怎麼向你們一一道歉呢？怎麼能夠使你們的憤怒平復呢？怎麼能夠讓我的顧客高興起來呢？想了半天，我決定，一會兒我躺在旁邊這塊地板上，由你們每個人過來踢我一腳。只要讓大家出了這口氣，能夠變得開心，我就是躺在這裡一個下午，也沒有問題。」

　　梅森的話引得滿堂大笑，顧客們的怒氣頓時煙消雲散。

　　最後，老梅森又趁機做起了廣告：「只要大家今天和以後，繼續來我們家樂買東西，您踢我多少腳，我都不會生氣，我還會高高興興地謝謝您！」說完，梅森又拚命地四處抱拳、作揖。他的中國文化學得真不錯。

　　我深深地為梅森的商業智慧折服，也為他無所畏懼的職業精神感動。

　　如我最初所願，我們迅速把天津老百姓從農貿市場拉到了家樂，從 1996 年底開始，家樂成為天津最為火爆的零售商店，即使以後，所有的世界大型零售企業均陸續進入天津，家樂仍然在天津的大型倉儲超市裡，持續保持著第一品牌的地位。

家世界超級購物廣場停滿車的巨大停車場。

某家世界超級購物廣場開業儀式
上，我在發表開業祝詞。

家世界超市人潮湧動。

禍從天降

1997年春節期間，家居、家樂成為天津街頭巷尾議論的中心話題。人們津津樂道的，不僅是從未體驗過的推車自選的購物方式，琳琅滿目的商品，巨大無比的停車場，還有那比農貿市場還低的價格，這一點太讓人驚訝。天津市的老百姓們，無論老少，都爭先恐後地搭乘我們的免費班車，到東麗的家世界購物廣場來看個究竟。他們不僅想體驗一下「想拿啥就拿啥」的感受，也想看看家樂的商品到底便宜到什麼程度。

因此，即便春節過後，家樂購物人流仍然源源不斷。

梅森·勞德魯的巨幅頭像，貼在我們幾十輛免費巴士上招搖過市，已經成為天津街頭的一大風景。許多市民都以為，家居、家樂是這個外國老頭兒開的，對他充滿好奇和尊敬。天津的交警們幾乎都認識了梅森，有時梅森開車違章，處理違章的交警，往往會樂哈哈地先給梅森敬個禮，然後慷慨地給他放行。短短半年時間，家居、家樂已經贏得了天津老百姓的心。

家居、家樂火爆津門，給我帶來進一步擴張的雄心。我開始尋找新的地點，籌劃開設第二家、第三家家居和家樂店。

誰也沒有想到，1997年正月還沒有過完，一場橫禍從天而降。天津市人民政府2月底發佈了一條市政府令，這條本來和家居、家樂毫無關係的市政府令，卻把剛剛火起來的家居和家樂，無意間打入了冰冷徹骨的深淵。

1996年，天津港壓船、壓港已經到了非常嚴重的程度。常年在港區等待卸貨的萬噸級遠洋巨輪，每天都保持在100艘以上。最嚴重的時候，曾經有190艘遠洋巨輪，同時滯留在港區的海面上，無法進港卸貨。天津港外，等待進港卸貨的巨輪鱗次櫛比，把天津港外的海面，弄得像盛夏的游泳池一樣。這種情況持續了好幾年，使天津港成為全世界壓船、壓港最嚴重的港口之一。這不僅使國家遭受重大經濟損失，也嚴重影響了正在快速騰飛的中國經濟。這種情況震驚了中央和天津市政府。從天津港到內地的

疏港公路，必須大幅拓寬，以便緩解天津港嚴重的壓港情況，這已經成了一項國家大事。

中央和天津市政府痛定思痛，下決心徹底解決天津港的壓港、壓船問題，這就是 2 月底天津市下達市政府令的緣由。市政府在這條政府令中宣佈，為了徹底完善疏港公路，從 1997 年 3 月 10 日起到 1998 年 1 月 10 日止，津塘公路全線封閉，實施拓寬和重建工程。

而家居、家樂所在的家世界購物廣場，恰恰就在這條津塘公路的旁邊，這條路是天津市居民前來購物的唯一通道，說它是家居、家樂的生命線，一點也不過分。政府決定全線封閉津塘公路，就等於關上了家居和家樂正常經營的大門，把這兩家剛剛開業的大型超市徹底判了死刑。

我有時運氣極好，卻也有一些時候，運氣壞到了極點。對於運氣這種東西，你真的不能不信。而且，即使你信它，它也絲毫不會照顧你，這讓你一點辦法也沒有。

3 月 10 日是個星期一，本來零售業星期一就是個銷售最淡的日子，那天家居、家樂門前的巨大停車場上，一部客人的車輛也沒有。早上開門兩個小時以後，家樂才迎來了第一個客人。全天家居銷售額僅為 3400 元，家樂銷售額剛剛過了 1 萬。

從 1996 年 9 月開業，家居平均每天的銷售額在 50 萬元左右，家樂平均每天的銷售額在 100 萬以上。也就是說，津塘公路全線封路以後，家居、家樂的銷售額均下降了 95% 以上。

一週下來，家居、家樂加起來，每天銷售額平均不到 2 萬塊錢，這點兒錢，連商店裡的照明和暖氣費都不夠。商店每開一天，就要賠上不止 10 萬塊錢。家居、家樂紅紅火火的局面，瞬間變成了垂死掙扎的慘狀。

艱難的選擇擺在我面前：是果斷關門，待津塘公路完全修好以後，再重新開門？還是堅持繼續開門營業，寧可冒著巨額虧損的風險，想辦法進行自救？

　　從一般經商的邏輯上講，臨時關門是正確的選擇。這樣可以把虧損控制在最低水平，員工也有理由大面積辭退，商店的照明、空調、保安、清潔、免費交通車、商品庫存損耗等經營成本，都可以減到最小。

　　但是，如果臨時關門，一個剛剛火爆起來的市場，就會被一棒子打回原形。天津消費者的好奇心，也會在這 10 個月中消失殆盡。已經被家居、家樂培養起來的新購物感受和習慣還未定型，很快就會被丟掉。最要命的是，家樂福、沃爾瑪都在籌備他們在天津的第一間店，我們如果停業，他們將搶走客人，搶走市場先機，甚至搶走我們一大批已經培養起來的骨幹員工。

　　思考再三，我決定走自救的道路。這樣做，公司的虧損額肯定會比臨時關門要大許多，但可以持續培養市場，培養忠實的消費者，維繫供貨商關係，留住員工的骨幹力量，從而為我們進一步的發展，夯實各項基礎。

　　我覺得這樣做不僅正確，而且能夠抓住機會積蓄力量，為明年更大的爆發做好準備。

　　這是一個超乎常理的大膽舉動，我想拚一拚。所謂哀兵必勝，說的大概就是我現在這種情況。

　　在留足應付正常營業所必須的流動資金和預計虧損的資金以後，我拿出了 280 萬元，在東麗家世界購物廣場南側的農田裡，花錢租借農民土地，開出了一條 3.5 公里長的臨時道路，從天津的外環線，直通東麗家世界購物廣場。儘管是土渣路，但我聘用當地農民，夜以繼日地灑水維護，保證了這條臨時道路平整，無塵，易於通行。

　　築路的時候，我親自監工。十幾台挖掘機同時作業，碾壓路面時，十幾個作業面同時施工。一共只用了 9 天時間，晝夜不停，一條寬闊的簡易土路便順利通車。

　　臨時道路修通以後，我們給城市公交公司預付了相當誘人的大筆資金，商定由市公交公司新開闢 4 條臨時公交線路，從天津市的四個主要行

政區，開通直達東麗家世界購物廣場的公交汽車。我們自己的 20 輛免費中巴，也從全市幾十個站點，把老百姓免費拉到東麗家世界購物廣場。這些中巴靈活地穿街走巷，車體上寫上醒目的「隨叫隨停」，盡最大可能，把人拉到東麗的家居、家樂來。

我們還和天津麥當勞合作，給予去東麗家世界購物廣場的消費者，每人贈送一套麥當勞漢堡包的購物券，一時間天津的老百姓趨之若鶩，家樂、家居人流滾滾而來。

這些自救措施實施以後，我們重新挽回了家居、家樂的客流。雖然付出了一些成本，但還收穫了巨大的廣告效應，本質上講，這些錢絕對沒有白花。

家居由於商品的特殊性，居然銷售額沒有發生大的回落，基本保持了1996 年下半年的平均水平；家樂則持續火爆。所有的大爺大娘本來就在家裡沒事，樂不得坐上免費公交車，跑到東麗家樂裡溜一趟，還白撈一套麥當勞漢堡包。有趣的是，一旦這些大爺大娘進了家樂，反而覺得這麼遠來一次不容易，不買足了不上算，倒是比平時多買了許多東西。

一個月的過渡期後，臨時道路已經被天津市民認可，家居、家樂在扣除免費交通的開支、臨時道路的攤銷之後，很快實現了收支平衡，個別時候甚至可以錄得小幅盈利。

我慶幸自己做出了正確的決定。

從市內到東麗來，有的消費者要乘將近兩個小時的公交車，可他們大多樂此不疲，這極大地增強了我的信心。這樣，我迅速擴張家樂和家居的慾望就更加強烈。更何況家樂福於 1997 年進入天津，緊鑼密鼓地籌備他們天津的第一間大賣場。我的緊迫感變得愈加強烈。

度過這場飛來橫禍以後，我看到了家居、家樂等大型超市在中國的生命力，我便一鼓作氣，從 1997 到 1998 年，在東麗的這個家世界購物廣場上，又陸續開出了玩具王國、家園以及為整個購物中心配套的巨型海鮮餐

廳家和。

玩具王國是為了吸引孩子們的注意力，從而讓家長們每個星期天都到我們的購物中心來而創立的。玩具王國也是全中國第一個倉儲式大型玩具超市，大約有 4000 平米的面積，商品門類和商店佈局，也不折不扣地模仿世界最大的玩具連鎖超市玩具反斗城設計的。

家園大約有一萬五千平米的營業面積，完全模仿了世界最大的家具倉儲超市宜家。商店平面佈局、商品類別之間的陳列順序、顧客瀏覽商品的單向動線、體驗式的家具陳列方式、收款和取貨方式，甚至商店外簷的藍和黃的標誌性顏色，都是模仿瑞典的宜家。

而巨型海鮮餐廳家和，是我的獨創。家和共有營業面積一萬二千平米，大約是當時中國最大的單一餐館。所有服務員都腳穿旱冰鞋，在餐廳內飛速穿梭送菜、送湯和收拾碗碟，全部都由電瓶車完成，所有海鮮魚類都是在客人面前宰殺，一樓的等座區，週末往往會有 500 人以上客人等待座位。

至此，家居、家樂、家園、家和、玩具王國五位一體，相互依託，中國第一個真正意義上的美國超級購物中心在天津東麗創建完成。我把這個購物廣場命名為家世界購物廣場。1995 年，我在亞特蘭大給自己設立的目標，最終在 1998 年完成。

當家居、家樂、家園、家和、玩具王國五種完全不同的現代零售業態，在天津東麗家世界超級購物廣場陸續建成以後，全國零售業為之轟動。前來天津參觀的人絡繹不絕，東麗家世界購物廣場頓時熱鬧非凡。一下子家世界在中國零售業聲名鵲起。

不過，熱鬧歸熱鬧，我可沒有得意忘形。我清楚不能按照這樣的佈局長期發展下去。如果五種業態齊頭並進，不僅效率高的會被效率低的拖死，而且所需的建設投資巨大，必定使我們總體發展緩慢。我要在這五種業態之中，選擇出最有生命力，最適合我們長期倚重的主營業態，來規劃我們進軍全國的戰略發展方向。

到底哪個業態更適合在中國發展？哪個業態更能夠給家世界集團帶來更加長久的盈利前景？不試一試是不知道的。已經有了一年的市場檢驗，到了果斷作出決定的時候了。

一年多的實踐證明，相比較玩具王國和家園而言，家樂成為家世界的主營業態是毫無爭論的。從大年二十八梅森跳上木箱，讓因排隊交不上錢而憤怒的顧客，每人踹他一腳的那一刻起，我們心裡就都明白了：家樂勢必是家世界的五種業態中，最受中國市場歡迎、最能賺錢、也最容易發展和擴張的業態。

家居和家和將成為家樂的輔助業態。

家居的價值在於，它不僅能夠盈利，而且能夠持續不斷地為家世界購物廣場帶來富庶客戶和機關團體的購物人群。不僅如此，家居還具有潛在交易價值。一旦家得寶進入中國，他們必定會花大價錢把家居買過去，這一點我堅信不疑。我把家居做得越大，家得寶購買的慾望就愈加強烈，我肯定會在他們身上賺得一筆大錢。

另一個輔助業態家和（天津老百姓稱家和為海鮮巨無霸，既親切，又形象），是個奇葩的餐飲業態，在全中國都聲名顯赫。家和每天人滿為患，能夠一年四季為家世界購物廣場帶來大量客流，因此也成為家世界購物廣場另一個有價值的輔助業態。

隨著 1996 年家居、家樂陸續開業並取得成功，尤其是家世界購物廣場的五種業態全部開業以後，家世界創造了中國零售業一個火爆的傳奇故事。家居、家樂掀起的熱潮，迅速引起了全中國各個省市的矚目。在那以後，政治局委員、天津市委書記張立昌前來家世界參觀，並鼓勵我們在天津迅速擴張。時任北京市常務副市長的張百發，也親自來天津東麗的家世界購物廣場和我見面，建議我能夠把這些新型零售業態，開到他們北京去。陝西省委書記李建國，也託人給我帶話，希望我儘快把家居、家樂開到西安去。許多北方省會城市的市領導，也都紛紛來天津與我見面，給出非常

優惠的條件，希望我能夠把家世界購物廣場開到他們的城市裡去。

　　儘管外面紅紅火火，可我知道，家世界還僅僅是剛剛起步，許多東西我們只是照貓畫虎，沒有真正搞明白。全公司不僅經驗不足，人才匱乏，發展資金也是捉襟見肘。面對這些突如其來的發展誘惑，我仍然決定放低身段，立足於天津，三年內不去其他城市發展。我給公司制定了十字方針：先積攢實力，再謀求發展。

騰飛

　　從 1996 年家居、家樂在天津誕生開始，到 1998 年東麗家世界購物廣場全部建成，我們在天津零售市場上，可謂風光無限。但同一時期，整個中國的零售市場，卻已是「山雨欲來風滿樓」。幾乎與家居、家樂在天津開業同時，美國沃爾瑪的第一家大型超市於 1996 年 8 月在深圳開業；法國家樂福則更早一些，1995 年就已進入上海；德國麥德龍則是 1996 年進入了北京；韓國易買得、泰國易初蓮花、台灣大潤發，也都在 1997 年相繼進入了中國。這些世界著名的大型連鎖零售巨無霸，對中國這個世界最具有發展潛力的零售市場，覬覦已久。

　　儘管家世界與沃爾瑪、家樂福等世界零售巨頭，幾乎是同時出現在中國的零售市場上，但在他們這些力拔山兮氣蓋世的巨無霸面前，我們卻像是剛剛出生的嬰兒。和他們進行正面競爭，就像叫一個幼童，去和泰森進行拳擊比賽，他們一拳，就能把我們打飛到太平洋裡去。他們早已經是世界上最強大的跨國零售企業了，而我的家居和家樂，才各自僅有一個店。

　　我沒有被東麗家世界的火爆弄暈。

　　當時許多國人沒有把沃爾瑪、家樂福放在眼裡，他們認為這些美國佬和法國佬「不懂中國國情」、「不熟悉中國消費者」。他們斷定這些外國零售企業，在中國會水土不服。我卻沒有像他們一樣瞧不起這些老外，我已經

在伯尼‧馬科斯的辦公室裡，見過他那個端著槍的西部牛仔，也領教過他窗外的競爭者墓地。我深深地知道這些世界最偉大的零售企業，手裡有多麼強勁的競爭武器，也知道他們骨子裡的競爭意識，有多麼讓人不寒而慄。

我不能再等待，更不能在家世界的成功裡沾沾自喜。只有迅速在天津及周邊城市，開出多個家樂和家居，才能在那些巨無霸到來之前，取得數量優勢和佈局優勢，保住天津這塊基地。

1998 年春節一過，中國第二個家世界購物廣場在天津北辰區西青道開始動工，唐山的第一個家樂店也在同時開始建設。西青道這個家世界購物廣場，只設計了家樂和家居店，而唐山建設的也僅是家樂單店。此時實踐已經告訴我，大規模開設家樂，放緩家居的擴張步伐是最正確的發展戰略。家樂已經成為我們要發展的主力商店。

中國人常說：計劃趕不上變化，確實如此。

西青道家世界購物廣場和唐山家樂店，正在熱火朝天地建設的時候，天津河西區商委主任張秉素來找我，說她們打算拆掉長期虧損的南樓百貨商場，把土地出讓給家世界，讓我們建設一座天津市中心的家樂店。

這真像是天上掉下個大餡餅，一下砸在我腦袋上。

但張主任說，河西區政府也有兩個要求：1、新家樂必須僱傭原南樓百貨商場的員工；2、南樓家樂必須在 1998 年之內開業。她說，如果我答應她這兩個條件，價格問題好談。

我當然答應，一絲猶豫也沒有。

1998 年 5 月初，我們簽署了合作協議。

簽完合同，回到公司仔細一盤算時間，我才發現，從簽約到年底，還有不足 8 個月的時間，南樓家樂年底開業，絕對是個不可能完成的任務。

南樓居於市中心一個五岔路口，地塊狹小，只有建設兩層或兩層以上的建築物，才能容納下家樂巨大的賣場面積。一般情況下，建成這個總面積一萬五千平米的兩層商業大樓，最短的建設週期也要一年以上。由於施

工地點在市中心，為了避免擾民，每天的施工時間被嚴格限制在 12 個小時以內。基礎打樁，渣土清運，運入大型鋼結構，都要受到嚴格的時間限制，正常工期很難保證。況且在建築完工以後，怎麼也要有至少 3 個月的開店籌備期。而前期的規劃報批、地質勘探、建築設計等，也需要幾個月的時間。算來算去，從規劃報批開始，總共需要兩年時間，南樓家樂才能開業。

但「年底開業」已經成為河西區政府的明令要求，我自己當然也希望，不錯過元旦和春節的銷售旺季。我希望北辰西青道、唐山店和河西南樓店，三家店年底一齊開業。一方面給我們自己一個巨大振奮，又給所有的供貨商一個強烈信號：我們發展迅速，很快會成為你們最重要的合作夥伴，以此，奠定今後和所有供貨商的合作基調。

一天都沒敢耽擱，我的設計師和鋼結構供應商巴特勒，立即組成設計團隊，夜以繼日，很快拿出設計圖紙。我直接找到天津市規劃局趙友華局長，請他設法幫忙「特批」，結果，友華那裡一天也沒耽誤，很快就批准了規劃設計。

儘管如此，從破土動工開始，到建完一個 1 萬 5 千平米的商業大樓，我們一共只剩下 112 天的時間。在這 112 天裡，不僅拆除原有建築，挖出基坑，打好基礎，最後完成 15000 平米的鋼結構主體安裝。還要在建築工程以外，交叉安裝中央空調系統、電梯系統、照明系統、電話廣播系統、電子防盜系統、防火噴淋系統和計算機系統。從工程施工慣例上講，這好像一點可能性都沒有。

況且，還要留給商店衛生清理、安裝貨架、安裝和調試幾十個收銀台、收貨、計算機錄入、貨物上架、核實價籤的充分時間。而這些浩如煙海的巨大工作，一般需要 3 個月，而我們僅剩下 26 天，這看起來也沒有任何可能性。

我不信邪，7 月底拿到了規劃局的動工批准證書後，我在全公司幹部大會上宣佈：河西南樓家樂店，8 月 8 日破土動工，12 月 28 日，南樓家

樂店正式開業。

家世界歷史上最激動人心並值得懷念的「南樓會戰」，由此打響。

我給家樂南樓籌備組，開了一次特別的動員會。一開場，我給大家先講了兩則寓言故事，這是吉姆‧英格利斯曾經給我講過的。這兩段頗富哲理的寓言，讓我一輩子也不會忘記。

吉姆說，在東非塞倫蓋蒂的廣袤草原上，一頭獅子清晨醒來，它知道，它必須跑得飛快，起碼要比跑得最慢的蹬羚要快，否則它就要餓死；同樣，一隻蹬羚清晨醒來，它也知道，它必須跑得飛快，起碼要比跑得最快的那頭獅子還要快，否則，它就要被獅子吃掉。

這就是商業競爭的根本邏輯。

吉姆還告訴我，在草原上四蹄飛揚，頂風狂奔的馬群裡，跑在最前面的那匹馬，呼吸到的永遠是草原上的新鮮空氣，那空氣芬芳清甜。而跑在它後面的所有那幾百匹馬，呼吸到的卻永遠是前面馬蹄騰起的遮天灰塵，那灰塵苦澀而骯髒。

吉姆的意思是，家世界就要像塞倫蓋蒂草原上那隻美麗的蹬羚，它必須比跑得最快的獅子還要快，只有如此，它才可以自由自在地在草原上生存下去。同樣，家世界也必須成為跑在最前面的那匹駿馬，只有如此，它才可以每天呼吸到沁人肺腑的芬芳空氣，而不要跟在別人的後面，每天吸進去遮天蔽日的苦澀灰塵。

我要求家樂南樓籌備組，拿出敢於創造歷史的勇氣來，在天津的零售市場上，去作那匹跑在最前面的駿馬，把遮天的苦澀灰塵，留給別人。

1998 年 10 月 5 日左右，全部鋼結構才運到現場。工期又被擠短了將近一週。到 12 月 1 日，該是家樂籌備組進場安裝貨架的時候了，可商店建築物還遠沒有竣工。儘管主體工程已經完工，但門窗、暖氣系統、照明系統都還沒有到位。電梯井還是幾個黑黑的大洞，電梯也還沒有安裝（南樓面積太小，使用超大型直梯），窗口都毫無遮掩，北風瘋狂地往建築物裡

灌。十冬臘月，空殼建築物裡比外面零下十來度的氣溫還要冷。

所有的家樂負責人，都來向我申請延後開業，他們說得有道理：這樣的數九寒天，既沒有暖氣，又沒有電梯，幾十噸貨架如何運到二樓？手都伸不出來，貨架如何安裝？剛剛完工的水泥地面，滴水成冰，如何清理？時間只剩下二十幾天，怎麼能夠開業？

他們的申訴是有道理的，但還是被我嚴詞拒絕。

我告訴他們：南樓家樂店 12 月 28 日開業的消息，我們已經發佈了將近 6 個月，周圍所有消費者和老百姓都翹首以盼。我們也曾向河西區政府做出過承諾。如果連開業這麼大的事情，我們都不能信守承諾，老百姓會怎麼看我們？政府會怎麼看我們？他們該如何評價家世界？今後我們做的任何承諾還會有人相信嗎？

因此，12 月 28 日必須開業，天上下刀子也必須準時開業！只有如此，我們才能鍛煉出一支鐵軍，才能培養出不畏艱難困苦，藐視一切困難的強大企業文化。

一個企業的文化，全看這個企業的一把手。我如此地堅決，上上下下就跟著堅決起來。

12 月 2 日，南樓家樂的 80 餘名員工，冒著零下十幾度的嚴寒，進場籌備開店。

由於沒有電梯，幾十噸重的貨架，全部都是在數九寒冬的天氣裡，用人工從室外的外掛樓梯，用肩膀扛上二樓。由於戴手套安裝貨架不方便，幾乎所有的員工都扔掉手套，冒著零下十幾度的嚴寒，徒手安裝貨架，幾乎所有人都因為生了凍瘡而雙手潰爛。

由於照明系統還沒有安裝完畢，夜裡員工們都是拉上臨時照明線路，挑燈夜戰。店內所有籌備工作均晝夜不停。

自從進店以後，幾乎就沒有人再回家了。各個部門的分工和完成時間表一經下達，所有員工都是餓了吃一口，渴了喝口水，困了裹著軍大衣，

在草墊子上瞇一覺。一旦被凍醒，又馬上再投入到工作中去。

　　近二十天時間，他們絕大多數不僅沒有洗過澡，甚至連洗臉、刷牙全都「免了」。百十來人吃在店裡，睡在店裡，完全是拚了命了。而他們這樣做，只有一個目的：按期開店，實現對老百姓的承諾！這一幕，不能不是中國零售史上聞所未聞的奇跡。

　　副店長王松，帶領隊伍進店的第三天，父親便因癌症住院。過了幾天父親進行手術，王松請自己最好的朋友陪同老婆去醫院看護，而他自己卻整整 17 天，一步也沒有離開過南樓店。在那段時間裡，他老婆早晨送孩子上幼兒園，白天正常上班，下班後做晚飯，去醫院送晚飯，夜裡還要頂替婆婆看護癌症手術後的老公公。

　　54 部部門經理孫曉軍是在店裡住的時間最長的，他從 12 月 2 日進店開始，直到 12 月 28 日開店那天的凌晨 6 點，才和王松他們一起回家。此時，他的雙手、雙腳已經全部潰爛。

　　12 月 28 日凌晨 5 點，全部商店籌備工作完成。商品全部上架；窗明几淨；氣溫 26 度；電梯快速、安全；水泥地面被拖洗了將近 90 遍，已經微微泛出亮光。

　　凌晨 6 點，王松帶著和他一起奮戰了 26 天的戰友們，看著幾個小時後便要正式開業的南樓店，回家洗澡、睡覺去了。

　　這是南樓家樂，催人淚下的開業故事。

　　北辰西青道、南樓、唐山新開的家樂，都取得了很大的成功。接下來的幾年裡，我們陸續開出天津南開區紅旗路家世界購物廣場，天津河東區十一經路家世界購物廣場，天津河西區友誼路家世界購物廣場，西安蓮湖路家世界購物廣場，及青島、鄭州、瀋陽、蘭州等多個大型購物廣場。家樂、家居的商店，逐漸擴展到整個中國北方。

　　經過幾年的發展，我清晰地理出了家世界的總體發展戰略。

　　根據我們和沃爾瑪、家樂福等國際巨無霸的實力對比，我給家世界今

後十年的發展，制定了五大發展戰略：

1、「讓開大路、佔領兩廂」

即我們不去和沃爾瑪爭奪深圳；不去和家樂福爭奪上海；即使必須進入的北京市場，我們也是僅保持「存在感」就行。我們要躲開這些世界「巨無霸」，把自己的發展重點放到他們暫時不感興趣的「二線地帶」—— 中國北方的二線城市去。

2、「集束式發展」

為了能夠形成局部的競爭優勢，一旦進入一個地區，必須在供應鏈的有效半徑之內，發展多個店面。這樣人力、物力、運輸、物流、人員培訓、廣告費用都可以大量地節約。我們必須避免像沃爾瑪、家樂福一樣，為搶佔地盤，在某一個地區建立「孤島」式的單一店舖。

3、「群狼戰術」

在天津、西安、青島、鄭州、蘭州、瀋陽、長春等「家世界」已經進入的二線城市，要迅速開設出比沃爾瑪、家樂福多幾倍的店舖。對他們形成局部包圍。這不僅搶先取得該城市不多的優質地點，也會在一定程度上平抑這些大型國際跨國公司的形象優勢、採購優勢和經營技術優勢。

4、超前建立強大的「物流配送中心」

在加入 WTO 之前，中國政府對於外國零售企業進入中國是嚴格限制的。任何一家外國零售企業，在大型中心城市開設的店舖都不可以超過三家。這樣，由於他們局部規模不足，現代化物流配送技術便無法開展。但家世界的發展是秉承了「集束式發展」原則，因此我們具備可以建成現代化「物流配送中心」的局部經濟規模，從而形成了家世界相對於這些大型跨國公司的競爭優勢。

5、「商業地產聯動」戰略

由於家世界是由家居、家樂、家和三種零售業態合一的超級購物廣場，因此，我們具備了外國單一業態的零售跨國公司不具備的特殊優勢：我們

可以自己開發商業地產。從土地開發開始，直到建設購物廣場、店舖出租一併做起。在我們自己開發的購物中心裡開店，由於自己擁有物業，大大提升了我們商店抵禦經營風險的能力，還可以使我們公司享受商業地產開發帶來的土地和物業增值的巨大利益。

在 1996 年以後的近十年時間裡，家世界在這五點戰略的指引下，迅速在中國北方建立起自己的先發優勢。我們集中在華北、西北、東北等二線城市，陸續開設 60 多家家世界連鎖商店。家居建材連鎖店也增加到了14 家。

2001 年，家世界集團以全年年銷售額 32.67 億元人民幣，位居全國商業連鎖企業（含大型百貨業企業）第 12 名，成為當時中國北方最大的商業零售企業。2002 年，家世界集團繼續飛速發展，年銷售額達到 44.039 億元人民幣，位居全國商業連鎖企業第 13 名。2003 年，家世界集團年銷售額突破 50 億元，達到 52.7204 億元人民幣。2004 年，家世界集團全年零

1999 年，西安第一個家世界超級購物廣場開業盛況。

售額達到 72.25 億元。2005 年，家世界集團百尺竿頭更進一步，營業額突破了 100 億人民幣大關，成為全國本土大型連鎖超市的「龍頭老大」。

不僅家世界的家居、家樂的銷售額獲得驚人的成長，家世界各個商店的購物環境、商品豐富程度、員工服務水平，價格的市場號召力，已經和國際大型零售商的經營質量相差無幾。

2003 年，中國銷售額前 10 名的超市連鎖系統的平均毛利潤率只有 12.8%，而家世界超市的平均毛利潤率卻達到了 19.27%。另一項重要的經營指標：單平米年銷售額，家世界超市比中國本土零售企業的平均水平高了 71.4%。即使和中國的外資零售業相比，家世界也高出他們 16.5%。家世界業態新，效益好。說家世界代表了中國本土新型零售企業的未來，不算自吹自擂。

家世界實現了騰飛，前途一片光明。

兒子杜宇村

2000 年秋天，兒子杜宇村以優異成績從美國名校加州大學柏克萊分校畢業。參加完他的畢業典禮，拉著行李，我們從灣區奧克蘭出發，驅車 600 公里，跟他一起返回洛杉磯。路上，他鄭重其事地徵求我對他畢業後去向的看法。

從小，杜宇村對我既敬重，又畏懼。隨著年齡越來越大，敬重的成分便越來越多，畏懼的成分也就漸漸少了。在他考上柏克萊以後，我們之間的關係，甚至出現了某種意義的「相互敬重」。我覺得他高中一年級才從中國移民到美國，英語一句不會，居然三年後就考上了全美大學中最難考的柏克萊，令我刮目相看。說心裡話，這使我挺佩服他，心裡也非常驕傲。因此，在他成為一名柏克萊大學生以後，我們越來越像一對無話不談的朋友了。

杜宇村和與他同齡的孩子相比，似乎更加成熟，更加獨立。

例如，他從 16 歲就開始談戀愛，直到 24 歲結婚，從來沒有徵求過我對他女朋友的意見和看法。這在一般中國家長看來，是不可思議的。但這樣處理自己事情的方式，符合我對他的教育和期待。

大學二年級時，互聯網創業火熱，杜宇村竟然決定休學，和幾個外校同學一同下海經商。這麼「離經叛道」的事，他也只是通知了我一下，根本沒有徵求我的意見。

杜宇村這麼有主見，這麼自立，我是暗自欣賞的。因此，在他的成長過程中，我極少告訴他「應該怎麼做」或「必須怎麼做」。許多時候，他主動徵求我的意見，我才會按照他的要求，告訴他我認為怎樣做更好。但說完我的意見以後，我都會加上一句：最後還是你自己拿主意。

這次也不例外，我告訴他：

「我覺得你面前一共有四條道路可以選擇：

1、繼續沿著你的大學專業，作一名電機工程師。這樣，你一輩子會過得比較輕鬆。有休假，有閒暇，沒有太多煩惱的事。你會成為一個令很多人羨慕和尊重的白領中產階級。

2、去考個工商管理碩士，然後到一個大公司去作一個職業經理人。這樣，會比單純作一個工程師辛苦，但你能有機會實現你的能力和聰明才智。也可以在一定程度上通過自己掌管的「權力」，達到你和公司的發展目標，從而體現出你的價值。如果做得好，說不定將來會成為一個大公司的CEO。

3、如果你喜歡，我可以給你一些投資，去嘗試自己創業。這將走上一條非常艱辛的道路。你會天天和困難、挫折作鬥爭。這條道路決定，你要一輩子『爬坡』，一輩子奮鬥，永無寧日。不過，這也許是人一生可以碰到的，最具挑戰性的生活方式，其實樂趣無窮。

4、最後一條道路，是你回國和我一起幹。這條路既有第二條路的挑

戰，也有第三條路的精彩。因此，這是所有四個選擇中，內容最豐富，挑戰性最強，也擁有最大發展空間的道路。

　　該怎麼選擇是你自己的事。無論你選擇了哪條道路，我都會支持你。」

　　兩天以後，在我即將離開洛杉磯返回中國的時候，杜宇村告訴我，他決定回國加入我的公司，認真學習現代零售業的經營，跟著我一起去經歷中國零售業的這場革命。他相信，他的前途和事業都在中國，絕不會在美國。

　　2002 年 4 月末，杜宇村帶著他的女朋友從洛杉磯返回中國。在等他的女朋友大學畢業一起返國的這段時間裡，他又在吉姆‧英格利斯的建議下，去佐治亞理工讀了一年的「物流管理」。

　　小夥子眼睛發亮，躊躇滿志，野心勃勃。

　　我派他去了正在籌建的，天津友誼路家世界購物廣場的家樂店。職務是糧油副食部經理。這是店裡最累的一個部門。他當時是騎自行車上班，每月工資 1800 元。

　　別看只是一個部門經理，涉及到的知識和技術十分龐雜。這包括：自己部門的平面佈局設計、堆頭設計、貨品陳列與擺放、供貨商關係、倉庫面積利用、補貨和發放訂單、部門銷售計劃制定、員工獎懲……，所有這些，對於一個剛剛從美國歸來的年輕人來說，充滿挑戰。

　　友誼路家樂定於 2002 年 12 月 18 日開業。而糧油副食部是任何一個大型超市開業時，實施「開業促銷」的核心部門。

　　據杜宇村自己講，12 月 18 日友誼路家樂開業後的那一個星期，是他這一生中所經歷的最難以想像的一個星期。

　　為開業成功，家世界總部決定，友誼路家樂開業時糧油副食部分配兩項主促銷品。一個促銷品是 5 公斤裝的天津小站稻米，另一個促銷品是某品牌的 5 升裝的色拉油。

　　12 月 18 日是個星期三，直至該週週日的 5 天裡，杜宇村的糧油副食

部，每天的銷售額都在 30 萬元以上，佔到全店銷售額的四分之一左右。而他們部門不像白酒、洗化用品、小家電、黑白電那些部門，商品價值高，轉運量小。糧油副食部賣的東西，都是價值低，分量重、體積大，上貨最累的商品。促銷的小站稻米，由於比原價格低了 20%，幾乎每個進店的顧客都要拿上一兩袋。每天僅賣出的大米、白麵，應該在 60—70 噸之間。這意味著杜宇村的員工們，平均每人每天要把 10 噸左右的商品，從一樓倉庫運到二樓的銷售區。並且要一袋一袋重新碼放到貨架上。對那些小青年來說，這是難以想像的工作量。

開店週剛剛一過，馬上又迎來了元旦週，接著到來的就是一年一度銷售最火爆的春節。

杜宇村終於被這「三連擊」差一點打垮。

據杜宇村講，在這全年最繁忙的幾週裡，每天晚 10 點關店時，人都已經精疲力竭，但工作還遠遠沒有完成。他們還要咬著牙把第二天銷售的商品補足。這又要從倉庫向店內搬運十幾噸貨物，大約要到凌晨 1 點，才能補完貨回家。第二天一早，杜宇村及他的弟兄們又要在 8 點以前趕到店裡，準備當日的「晨會」。

在這個過程中，杜宇村始終身先士卒。他自稱，他大概是整個友誼路家樂裡最累的一個人。

據他講，那一段時間他才知道，原來人被累垮時的狀態不是「倒頭便睡」，而是忽睡忽醒，根本睡不踏實。經常深夜 1 點多睡下以後，3 點鐘即會驚醒，以為到了天亮該去開晨會的時候了。

開業的那一個星期，七天裡杜宇村一共掉了 10 斤體重。他堅持說，那是他這一輩子所經歷的最累、最艱苦的七天，他說有時覺得自己已經瀕臨崩潰。

由於工作十分出色，2003 年春節一過，杜宇村就被提拔為友誼路家樂店的店長。

杜宇村所在的家世界友誼路超級購物廣場鳥瞰。

此時，杜宇村從美國返回中國僅一年時間。從友誼路店的建店過程，和他日後的表現看，他聽從我的建議，回國和我一起創業，是一個完全正確的選擇。

記得在他很小的時候，我就開始了對他的性格進行諸多訓練。

他剛剛開始蹣跚走路時，我就嚴格禁止家裡任何人在他摔倒時去扶他。無論是媽媽還是奶奶，誰也不可以跑上去幫助杜宇村從地上爬起來。我一定要他自己爬起來。我告訴他的奶奶和媽媽，要讓他從小知道，摔倒是自己摔倒的，想爬起來就應該自己爬起來。

有時不小心磕破了眼角、額頭或其他任何地方，我也絕對不准許奶奶像一般中國老人一樣，用手打打那個磕破他的桌角或窗台，以替孩子出氣。我告訴她老人家，磕破眼角是杜宇村自己的責任，和那個桌子角一點關係也沒有。要讓他從小知道，磕破完全是自己的責任，怨不得任何人。

因此，杜宇村從小遇到這樣的事情，從來不哭。因為他知道，全家沒有任何人會在這樣的事情上表現出「同情」。從小他就清楚地知道，自己的

責任需要自己擔當。

1982 年春節，我從南京大學放寒假回佳木斯度假。我決定鍛煉一下杜宇村的膽量和意志力。那時他還只有三歲多。

我們家住在佳木斯西郊的豬板屯，王致華在佳木斯中醫院上班。每天杜宇村都坐在媽媽自行車的一個小座位裡，跟著媽媽一起去中醫院幼兒園。

那天我問他：「元元，你認識媽媽的醫院嗎？」

「認識」，杜宇村木訥地回答。

「如果你自己走著去媽媽醫院，你能找到嗎？」

「能。」他回答得乾脆，很有自信。

「那好，今天爸爸給你穿好衣服，你自己去找媽媽好嗎？」

他點頭答應了我。

那是十冬臘月，佳木斯的室外氣溫肯定在零下 20 度以下。正是滴水成冰的季節。我給他穿戴好皮衣、皮褲、皮帽子和皮手套，全身上下都穿戴得嚴嚴實實，讓他一個人出門去中醫院找他媽媽去了。

北風呼嘯，寒風刺骨。路上還不時會有汽車捲起的雪花形成的煙塵。不到四歲的杜宇村，一步一步地在路邊挪行。我偷偷地緊跟在後面，大約 5 米左右。

小孩兒根本不懂得回頭看，他一直不知道我其實就在他後面幾步遠的地方。

往常，王致華騎自行車走這條路，一般要 40 分鐘左右。三歲多的杜宇村，歇歇、走走，一共走了將近三個小時。

走到佳木斯中醫院見到他媽媽以後，王致華完全不知道他會自己走到醫院來，驚訝得說不出話來。杜宇村臉上居然沒有任何表情。他沒有覺得自己做了一件多麼了不起的事情。這就是我希望他應該建立起來的性格。我希望在他心裡，覺得這很正常，只要他認識路，那麼不管多遠，他都應該可以走到那裡。

　　1982 年夏天，我即將在南京大學研究生畢業，我帶著前來南京遊玩的王致華和杜宇村，三人一起遊黃山。黃山三大高峰蓮花峰、天都峰、光明頂我們都準備爬上去，省得留下遺憾。年僅四歲半的杜宇村成了問題，不要說這麼高的山，就是土丘也還沒有爬過，畢竟他才剛剛四歲半。

　　上山之前，我給杜宇村僱一個背伕，我想讓背伕背著他，跟我們一起上這三座山峰。這小傢伙堅決拒絕背伕背他上山，他自始至終步行，跟著我們依次爬上了黃山所有最著名的山峰：蓮花峰、天都峰、光明頂、玉屏峰、始信峰。

　　四歲半的杜宇村，還真能咬得住牙，一路也沒叫累。

　　我希望杜宇村有這樣的性格特點，為了達到目標，不懼怕任何困難，這就是我想從兒子身上看到的。

　　1983 年，我們全家搬到天津，住在南開大學校園裡。南開大學對面，是天津市游泳館，天津市的游泳專業隊就駐紮在這裡。我和他媽媽一起，帶著他投考了天津青少年游泳訓練隊。他那時只有 5 歲。

　　一見面，考試的教練問他：

　　「會不會游泳？」

　　「不會。」他回答。

　　「怕不怕？」教練又問他。

　　「不怕。」他抬著頭，眼睛直直地看著教練。

　　誰也不知道教練的考試是什麼。猛地一下，教練拎起杜宇村的雙手，就把他扔到游泳池裡去了，我們大驚失色！

　　突然被扔進水裡的杜宇村，拚命掙扎。一邊撲騰，一邊喝水，一邊拚命想抬頭。但他根本踩不著游泳池底，不知他是不是覺得自己就要被淹死了。

　　教練跳下去，把他舉起來，笑眯眯地對我說：「這孩子我們收了。」

　　教練說，他錄取杜宇村的原因是：他始終沒哭。

杜宇村在要求極為嚴格的專業游泳隊裡，訓練了整整五年，直到我們舉家搬去深圳為止。

開始是我和他媽媽，每天必有一個人送他去，並一直等到訓練課結束，再接他回家。半年以後，我們給了他一輛自行車，他就「掏襠」騎車，自己獨自出校園、過馬路，去游泳隊訓練了，此時他才 6 歲。

我不允許他因為任何理由缺席游泳訓練課。每週七天，每月 30 天，每年 360 天，從不間斷。

五年時間下來，杜宇村懂得了什麼叫堅持，懂得了什麼叫紀律，懂得了什麼叫競爭，也懂得了什麼叫責任。

杜宇村性格的培養和塑造，給了他一生的裨益。在許多方面，他繼承了我性格中的優點。

也許他的故事，對中國的許多「富二代」有些啟發。不過，杜宇村不承認自己是「富二代」，他說他是「富 1.5 代」。

2002 年底，我把家樂的名字直接改為「家世界」。家世界的友誼路家樂店，改名叫家世界超級大賣場，杜宇村是這個店的店長。這個店的銷售額和經營質量，在全國所有的家世界超級大賣場中，始終名列前茅。

2003 年 4 月，我在多倫多處理北美業務。一天我正在高爾夫球場打球，突然接到一個陌生人從中國打來的長途電話。給我打電話的人，自稱是中共中央辦公廳官員。他先問我，是不是家世界集團的創始人和董事長杜廈，我說是。他告訴我，中央首長在五一假期期間，要去天津參觀你們家世界的超市和購物中心，叫我務必緊急回國，準備接待前來參觀的這位中央領導。

聽這人的口氣，他是在告訴我這不僅多麼多麼重要，而且是家世界和我本人的一個重大機會和榮耀。儘管我知道電話裡的人，暗指是總書記胡錦濤本人要來參觀家世界大賣場。我還是告訴他，我兒子杜宇村是那間家世界超市的店長，他完全可以很好地代表我，接待這位中央領導。我在多

2003 年 5 月 1 日，胡錦濤造訪家世界天津大型超市。店長杜宇村迎接他的到來。（與胡錦濤握手者為我大兒子杜宇村）

胡錦濤、吳儀在家世界大型超市店內參觀，杜宇村負責講解並全程陪同。

倫多還有事要辦，中央領導來店參觀的事，我想我就不必回去了。有我兒子陪同這位中央領導，我相信他一定能夠完成接待任務。

2003 年 5 月 1 日，中共中央總書記、中華人民共和國主席胡錦濤先生，在國務院副總理、政治局委員吳儀和天津市委書記、政治局委員張立昌陪同下，參觀了我在天津河西區友誼路的家世界購物廣場。作為店長，杜宇村全程陪同。他當面回答了胡錦濤感興趣的許多問題，贏得了胡錦濤、吳儀的稱讚。

第二天，胡錦濤總書記在五一期間到超市與過節的人民群眾在一起的新聞，在中央電視台《新聞聯播》節目頭條播出。自從那天以後，將近半年時間的《新聞聯播》，音樂響起後的第一個畫面，都是胡錦濤、吳儀參觀家世界超級大賣場，與廣大人民群眾聊天的鏡頭。中央是希望胡錦濤在超市和老百姓在一起的鏡頭，讓對「非典」驚恐不安的全國人民，能夠去除自己心裡的恐懼情緒。同時這樣一個溫馨的鏡頭，也凸顯了中央領導在「非典」的重大危機面前，對全國廣大人民群眾的關心和體貼。

誠實地説，我還是感激胡錦濤把這次重要的造訪，放在了家世界的一間超市裡，為此，他還和副總理吳儀鞍馬勞頓專程來了天津一趟。這既説明了家世界超市的經營水平和口碑，也在客觀上肯定了家世界在中國零售品牌裡無可替代的江湖地位。

另外，我不得不説，只有 25 歲的杜宇村，圓滿地代我完成了這個非同一般的任務，他也為自己的表現感到自豪。

我的創業理想

我始終認為，自己有著濃厚的理想主義情結。即使從一個高級知識分子變成了一個「個體戶」，我的價值觀和思想體系，也沒有什麼變化。因此，在創業邏輯和思想觀念裡，對於什麼叫成功，我有著自己的特殊定義。在

這份定義裡，必然深深鑴刻著屬於我的那份理想主義烙印。

故事講到這裡，該談一談我的創業理想了。

從三十年前剛剛創業開始，就有無數媒體人和朋友們，問過我創業理想是什麼，我一直迴避回答。之所以迴避，一是不想讓人覺得我在說大話，吹牛皮；二是自己創業才剛剛開始，完全不知道最後結果會是怎樣，說那麼多，不小心會把自己套進去。因此，我一直三緘其口，從不談創業理想四個字。

現在創業基本結束，也算是功成名就。而且人也快走到了生命的盡頭。此時說一說自己的創業理想，便丟掉了以前的所有顧忌。起碼，這些發自肺腑的真心話，會給後輩和年輕人，帶來一些啟發。

毋庸諱言，創業首先是為了賺錢致富。

從孩童時期開始，我們這代人就一直被教導：富人和有錢人基本都是壞人，他們大多像周扒皮、黃世仁一樣，欺壓窮人，無惡不作。我們所受到的共產主義教育，認定窮人是光榮的，富人是可恥的。這些教育，和統治中國思想界達幾千年的儒家文化，如出一轍。

孟子《孟子・滕文公上》中「為富不仁矣、為仁不富矣」，作為儒家的信條，影響了中華民族的財富觀達 2300 年之久。共產主義和階級鬥爭理論中，有關「窮」、「富」的價值評判，和幾千年前的封建文化信條，奇怪地混搭在一起，使我們這代人，從小都鄙夷「賺錢」，仇視「致富」。在我們那時形成的世界觀裡，擁有個人財富不是什麼光榮的事，而一無所有的無產者，才是社會最先進的領導階級。

但在我心裡，創業的首要目標，一定是使自己迅速擺脫貧困，創業致富，這完全不必遮遮掩掩，不想賺錢，還創業幹什麼？

其實在骨子裡，我並不太在乎錢，但我不能容忍自己貧窮。因為沒有錢而喪失尊嚴，會使我非常難受。我經常說，我 40 歲才開始做生意，在財富的積累上，一輩子也不可能超越李嘉誠了。既然超不過李嘉誠，就不可

能取代他成為新的華人首富。既然是這樣，再去拚命追求幾十個億、幾百個億，又有什麼意義呢？在金錢的問題上，我從來都這麼想，只要我足夠富有，想買什麼就能夠買什麼，想去哪兒就可以去哪兒，一輩子都不會發愁自己沒有錢用，就已經達到了我對於金錢追求的極限目標。超越這個極限目標，再多出來的金錢，其實都是多餘的，它們只是一堆數字而已，對於我的生活沒有任何實際意義。

敢於把「賺錢致富」說成是創業的理想，一定有許多中國老派知識分子以及我的同齡人，對此充滿鄙夷，我根本不在乎這些看法。我反倒認為，那些吝嗇摳門，在生活上斤斤計較、一有機會便佔他人便宜，還信口雌黃地貶損賺錢致富的人，才是該被社會鄙夷的人。

2004 年《福布斯》雜誌的中國富豪排行榜上，我被排在當年百名富豪的第八位。其實，到底應該是第幾位，一點兒都不重要。重要的是，我含辛茹苦了十五年，終於實現了我的第一個創業理想：我如願成為了一個富人。

在中國，幾千年來，儒家們一直崇尚「萬般皆下品，惟有讀書高」。而讀書以後呢？儒家們宣稱「學而優則仕」。也就是說，「讀書」、「當官」才是儒家文化推崇的人生目標。於是三千年的中華文化史，寫滿了帝王將相、才子佳人，沒有任何一個商人、創業者。中華幾千年文明史中，記錄的所有「英雄」，沒有一個是商人（胡雪巖不算，他是「紅頂」）。深深地根植於中國人價值觀裡的「為富不仁」、「無商不奸」的觀念，像兩把鋼刀，始終戳在中國創業者、企業家和富人們的後脊樑上，讓這些富起來的創業者們心虛氣短。

直到今天，還有許多媒體對「民營企業家」，對「私人創業者」，對「富有人士」，抱有偏見。在這樣輿論環境的渲染和教育下，許多老百姓認為，中國的民營企業家沒有什麼好東西。他們或者是因為「官商勾結」致富，或者是因為「偷稅漏稅」發財，或者是由於「侵吞國有資產」變成富人，或者

是利用「走私販私」成為企業家。

有些媒體斷言，中國沒有任何一個「乾淨」的民營企業家，他們的致富過程，都有著各式各樣的「原罪」。

2004 年，《福布斯》雜誌中國版負責人范魯賢（Russell Flannery）給我打電話，請我在當年《福布斯》雜誌中國「百富榜」的發佈會上演講。

我問他，為什麼請我演講呢？他回答我：

「杜總，《福布斯》公佈的百富榜，幾年來已經漸漸成了殺豬榜。先後出了牟其中、仰融、周正慶、黃光裕、唐萬新等人的經濟犯罪，百富榜上的人物，許多先後被抓了起來，中國富人們都人人自危。我們有義務把民營企業家的光明面，告訴我們的讀者和廣大老百姓。可在這個時候，所有上『榜』的企業家，已經沒有人敢面對全球 200 多家新聞媒體，講出些有正面意義的話了。」

范魯賢頗為無奈：「杜總，我們知道您是大學教授出身，有著鮮明的價值觀和道德標準，這件事只能請您幫忙了。」

我感到一種責任壓在我的肩頭，那分量沉甸甸的。思考再三，我答應了范魯賢。

那天《福布斯》中國百富榜新聞發佈會的會議大廳燈火通明。對著中國和世界 200 多家媒體，我慷慨激昂地發表了一篇關於「財富與光明」的演講。

我告訴他們：「請通過你們和你們的媒體，告訴全中國、全世界，中國絕大多數拚搏創業的企業家，都是我們中華民族的英雄！正是他們，用自己的心血、淚水和堅韌不拔的努力，創造了中國經濟騰飛的偉大奇跡。這些創業者，為我們這個貧窮落後的國家，帶來了全新的希望。他們中的絕大多數，都是在背負著媒體和輿論強加在他們身上的巨大枷鎖，艱難地含淚爬行在創業的道路上。他們脊背上的這個沉重枷鎖，就是幾千年的中國文化，強行釘在他們脊背上的血淚標籤：『為富不仁』和『無商不奸』。我們

這個改革開放的新時代，是該把這兩副混帳『標籤』，從中國創業者的身上徹底拔下來，把它們扔進歷史垃圾堆裡去的時候了。我們該把『英雄』的桂冠，戴在這些創業者的頭上。

很多人以為，每一個在改革開放中致富的人，都是伴隨著偷稅逃稅、走私販私，以及官商勾結、巧取豪奪而暴發致富的。今天，我敢面對你們這 200 多家媒體宣佈：我的家世界掙得每一分錢，都是在陽光下。我們不僅沒有走私、逃稅、造假，甚至我做生意的近 20 年中，我們沒有賄賂過任何政府官員一分錢！

中國企業家的絕大多數，也都和我一樣，是堂堂正正的創業者，他們應該贏得全社會的尊重。」

我創業的另一個推動力，是想從某一個側面，給中國帶來一些改變。

整個八十年代，我曾經和許多經濟學界的精英人士一起，希望用我們擁有的知識、學識，給中國的改革開放提供一些力所能及的幫助。我們確實也曾嘔心瀝血，近十年如一日，在國家改革和開放中，參與了經濟體制改革的政策研究和政策諮詢。八十年代即將結束時的一場特殊變故，導致這一進程的終止，我才尋找了新的創業生涯。

應該說，八十年代從事改革開放的政策研究，既有著無窮魅力，又給我們每個人巨大的成就感。雖然對於我們這些人來說，繼續參與和影響中國的改革開放進程，已經沒有可能，但我們這些人心底深處，參與改革的激情，並未泯滅。

正因為如此，對於我來說，僅僅為了賺錢而去做任何人都可以做的事情，刺激不起我身上的激情。我總覺得，即使是做生意，也應該做一些別人沒有做過，或別人無法做到的事情，才更有意思。説得直白一些，即使去做生意賺錢，我也是希望自己能夠做一些對這個國家的進步有些意義的事情。只有做這樣的事情，我才興趣盎然，激情無限。

引進家居建材超市，建立家世界超級大賣場，創辦中國第一個美國式

的超級購物廣場，都是由這樣的理想驅動的。應該説，1996 至 1997 年，一舉創辦家居、家樂、家園、家和和玩具王國，從做生意的角度看，既是一個瘋狂的冒險，又沒有成功的案例可以借鑒。但我還是這麼幹了，不能不説，這個創業過程裡，充斥著我的理想主義情結。

既然是為了某種創業理想，成功和失敗就都不是最重要。關鍵是要在賺錢的同時，去做一些對於社會進步有意義的事情。

由理想主義驅動的這些創業動機裡，是否有很大成分是我的「英雄主義」情結呢？當然，不必掩飾，任何理想主義情結裡，都有著英雄主義的成分。既然是理想，一旦能夠實現，當然首先是給自己的精神追求以滿足，包括對自己成為一個英雄的期冀。希望把自己的名字，像個英雄一樣，寫在中華民族的復興史上，哪怕名字很小，哪怕寫在一個角落裡，我都會全力以赴！

我不相信一個偉大的正在復興的民族，只需要雷鋒推崇的「螺絲釘」，而不需要用實際行動，把自己的名字寫進歷史的大英雄。

中國這個國家，已經自卑了幾百年。真真切切地需要自己的英雄，尤其是頂天立地的大英雄，去努力改變我們民族的這種精神狀態。如果中華民族所有有識之士，都去努力爭取把自己的名字，寫在這個民族的復興史上，那麼中國的復興指日可待。就像美國，有無數偉大的美國人把自己的名字寫在了他們短短兩百多年的輝煌歷史上。正是這些試圖親自書寫美國歷史的英雄人物，創造了那個無與倫比的偉大國家，並成為那個國家的脊樑。

除以上兩點之外，生性喜歡挑戰，也是我在創業的道路上永不止歇的原因。我喜歡向別人挑戰，也樂於接受別人對我的挑戰。在激烈的挑戰面前，我才能覺得自己的人生綻放了精彩。

由此出發，我還喜歡冒險，喜歡走在懸崖邊上的感覺。喜歡面對狂捲的颶風，背後是萬丈深淵時的那種刺激。我總覺得，只有這樣的活著，才

能每天都能感受到自己的蓬勃心跳，感受到自己的沉重呼吸，感受到生命有節奏地律動。在這樣的環境裡，我會覺得每一分鐘都生活得有價值，這才不會辜負我的父親母親把我帶到這個世界上來的那份機緣。

因此，每到危機來臨時，我從不會沮喪，反而興奮莫名。我樂於享受跳躍溝壑時的愉悅，即使摔個鼻青臉腫，我也覺得無比刺激。一旦克服了巨大的，一般人難以逾越的危機，那種成就感是常人享受不到的。每到此時，我總覺得通過自己的努力，改變自己的命運，是一件美妙非凡的事。此時，我往往會暗暗欽佩自己做了一件偉大的事情。

這是自戀嗎？也許有那麼一點點。但更多的是，我希望自己可以享受更加豐富多彩的的人生，如果能夠這樣地度過自己短暫的一生，那真是上帝對我的眷顧。

和創業夥伴分享，也是我創業的理想之一。

不知是從小過集體生活的原因，還是其他什麼原因。在我創業的過程中，我始終覺得，能夠與自己的創業夥伴們共同分享經營成果，是一件十分快樂的事情。

1999 年，在家居、家樂、家和等初步成功以後，我把我公司 30% 的股份，無償贈送給在公司服務達到 8 年的所有員工。得到這份價值不菲股份的員工，一共多達 300 人。上至公司總裁，下至汽車司機，人人有份。

這完全是我心中的「理想主義」情結推動的結果。據説，這是中國改革開放以來，截至 1999 年為止的一個創舉。是中國的私人創業者，用自己擁有的公司股份，贈送給員工的開篇之作。不僅如此，這也是有案可查的，1999 年以前，價值最大的一次企業家贈與，也是受益人數最多的一次贈與。當每個跟了我 8 年以上的員工，簽署了無償贈送協議，並拿到天津市工商局頒發給他們的股權證書的時候，許多人熱淚盈眶。

1996 年底，家居、家樂成功開業，我希望和我一起奮鬥了兩年多的所有公司骨幹們，都能從這次創業成功中分享到收穫。我決定買下 12 套新的

商品房，給公司高管層，每人贈送一套。每套房子有 126 平方米，在當時天津最好的小區——華苑小區。轉年的 1997 年，每個高管都高高興興地搬進了新居。這件事在天津的各個私人企業裡，引起了轟動。我公司的這些高管，全部成為天津最讓人羨慕的一批職業經理人。而此時，我自己卻仍然住在天津四平西道，一套沒有電梯，沒有暖氣，沒有煤氣，僅有 41 平方米的居民樓裡。那個住所門外，堆滿了大白菜和蜂窩煤，終日不見陽光，簡陋無比。

同樣，直到 2000 年，我還開著一輛從深圳帶來的馬自達汽車，而我的十幾位高管，早已經由公司，給他們每人配備一台本田汽車了。

2004 年以前，我還和所有的普通員工一樣，出差從來沒有坐過商務艙，更不用說頭等艙了。直到我 58 歲的 2006 年，我才第一次乘坐了商務艙。我高興這樣做，這是我創業理想的一部分。

說出這些，不是想表白什麼。我只是想說，支持我奮鬥一生的最大動力，是我內心裡深處的這些創業理想。

我為我一生始終沒有泯滅自己這些創業理想，而感到驕傲。

十七　她和她：我的兩段感情經歷

我的情感世界

自從 1972 年，在烏珠穆沁草原上和王致華相戀開始，直到 1988 年舉家搬去深圳，我們已經在互敬互愛中，相互依存了 16 年。

這 16 年中，從一個下鄉知識青年到一位著名學者，我始終在不停地奮鬥之中。而她，一直是我背後那個穩定的支持力量。我們之間，雖然沒有舉案齊眉那麼誇張，但我們一直在相互理解，相互尊重，相互恩愛中，度過每一天。十六年裡，我們從未因任何事情紅過臉、吵過架，這在一般家庭中並不多見。

我們之間的關係，讓所有認識我們的朋友，欽羨不已。

1988 年搬去深圳以後，我們之間開始出現了一些微妙變化。

舉家搬去深圳是我的決定，這完全是從我的事業前途考慮的。在作出這一決定之前，我並沒有和王致華做過認真的討論和意見交換。當然，在我的思想裡，我的前途就是這個家的前途，也就是王致華的前途。

像以往我作出每一個重要決定時一樣，王致華對於舉家搬去深圳，也沒有明確地表示反對。但在她的內心裡，她並不希望看到我們的家庭生活，發生這麼劇烈的變化。

到深圳後的第一天，我們就把所有行李丟得乾乾淨淨。接著，用全部積蓄買的三輛自行車，又在一個星期之內，被人全部偷光。這給王致華的

心頭罩上了巨大的陰影，她疑慮重重：為什麼要放棄南開大學令人尊敬的社會地位，來到這裡一切從頭開始？為什麼要放棄天津舒適的生活環境，來到這樣一個連語言都不通的地方？為什麼要放棄天津眾多的朋友與親人，到這裡變得舉目無親？

還有，在天津時，不僅我已經是一位被人尊敬的學者，她也是南開大學校醫院裡最好的中醫大夫。她有很多自己的忠實病人，她被他們尊敬和信任。每天在中醫科的門診室裡，她都可以遇到喜愛她的病人、同事和朋友。這些構成了她獨有的社交環境。她從醫已經 19 年，她熱愛醫生這個職業，也熱愛她的病人。到了深圳以後，這一切都沒有了，她成了一個地地道道的家庭婦女。她從來沒有想到過，自己會成為一名家庭婦女。家庭婦女這個稱謂，在中國知識女性眼中，是最卑微的一個稱謂。在王致華心中，她寧願回去作個知識青年或者牧民，也不願意被人介紹說，她是一個家庭婦女。她此時的失落和彷徨，是可以想像的。

王致華想不通。她不是一個想到什麼就直接吐露的人。她不想讓我為難，更不想由於她的想不通，而改變和阻止我的奮鬥方向。因此，她選擇了隱忍，她把這一切都埋藏在心底深處。

由於這些原因，到深圳以後，王致華沒有任何的愉悅和快樂。她整天情緒低落，鬱鬱寡歡，還常常半夜哭醒，有時把我嚇一大跳。

儘管嘴裡不說，她心裡的那些苦楚和疑慮，我看得清清楚楚。但我認為，只有在深圳這樣的環境裡，我才能得到改革開放的洗禮，最終不僅在學術上獲得成就，還可以闖一番事業，創辦自己的企業，成為一個再也不受貧窮羞辱的人。

不久，我們就有了自己的房子，再不久我們又有了自己的汽車。空手套白狼買房、李寧告別體壇活動、成功引進麥當勞三件事做完以後，我們在深圳不僅出了名，還確實成了成功者和有錢人。

我們的生存環境和經濟狀況，有了巨大改善，這使我更加覺得舉家搬

來深圳，是個正確的決定。短短一年多的時間，我們在深圳得到的物質財富，在天津 20 年也無法得到。

然而物質財富和金錢，始終不是王致華在意的東西。她精神上的失落感，仍然存在。我看不到在天津時，經常洋溢在她臉上的那些快樂與微笑。

我真不是一個好丈夫。對於她的這種精神狀態，和由此流露出來的情緒，我不僅不能溫柔體貼，循循善誘，反而心煩氣燥，頗多不滿。

我不滿有我的理由：我何嘗不是放棄了如日中天的學術地位，和令人尊敬的職業，來到深圳的？我不僅有著比王致華更大的犧牲，我還含辛茹苦，頂著巨大壓力，盡全力改善著這個家的生活質量和物質環境。我無愧於這個家，無愧於王致華對我的期待，也無愧於舉家搬來深圳的決定。

從這個意義上說，我覺得自己沒有任何過錯。

外匯生意的慘烈失敗，把我的烏托邦理想擊得粉碎。這更加重了王致華對我們舉家搬來深圳的疑惑。嘴上雖然不想給我的痛苦雪上加霜，但她心底的那份抵觸，卻越來越強烈。

在我憑藉蘇聯大馬戲團全國巡演，跳出負債的火坑之後，她還是勸我離開深圳，重回南開大學教書。此時她最大的願望，是想使我們的生活，重回過去的軌道，離開深圳這個令她痛苦和不快的地方。畢竟我們相知相敬了 16 年，她心裡的想法，即使不說，我也明明白白。

馬戲團剛剛結束時，儘管還上了欠債，我還在「重新回到原點」的失落裡沒有走出來。我曾一度同意王致華的想法，也曾和馬戲團期間的好夥伴，中國雜技團團長林建商量，把我在深圳的公司，贈送給他，然後金盆洗手，回南開大學重執教鞭。

不過，我最終沒有真的這樣做。一想到灰溜溜地從深圳返回南開大學，我心裡就是一片難忍的恥辱感和挫敗感。這使我憤怒，不是對其他人憤怒，而是對我自己憤怒。

我的性格，我血液裡的基因，我的自尊和驕傲，都不允許我走回頭路。

況且，我一輩子也沒有在這樣的處境下，走過回頭路。

我本來脾氣就不好，這次巨大失敗帶來的恥辱感和精神壓力，使我那段時間的脾氣極為暴躁。王致華持久的不快樂，加重了我的壞脾氣，改變著我的性情，使我變得經常對她發火。

人就是這樣：如果兩口子之間經常用寬容和理解去處理矛盾，不向對方發火，兩人之間就可以建立起一種習慣，雙方都很難再發火。而反之，一旦一方開始用發火來宣洩情緒，那麼發火就會迅速地漫延起來，成為雙方處理分歧和矛盾的主要方式。

客觀地說，到深圳後我經常莫名其妙地發火，有我的責任，也有王致華的責任。

一個溫馨的家庭，除了夫婦之間的相互尊敬，相互理解之外，對相互責任有一致的認同，是保證一個家庭和睦、穩定的基石。

我從來都認為，男人是承擔家庭主要責任的一方。不僅男人對社會的貢獻應該比女人更多，對家庭的貢獻也應該比女人更大。當一個家庭遇到苦難與煎熬的時候，男人理所當然地要承擔更重的擔子，要用自己堅實的肩膀，把一切扛起來，讓女人和孩子在自己的呵護之下，免受這些磨難。

從這樣的理念出發，我一定要為我的家庭，爭取到令人羨慕的生存環境，我絕不願意放棄努力，回歸平庸。

由此，我有了自己一套關於男人和女人的理論。

我認為，作為男人，在家裡有三個不可推卸的責任：

第一，男人必須能夠獨自承擔起養家的重任。不但要養家，還有責任使自己家庭的生活條件，在社會的平均水平以上。否則，就沒有盡到一個男人的責任；

第二，男人有責任使自己的家庭，獲得朋友、鄰居、同事和整個社會的尊重。這種尊重，源於這個男人在道德、正義、社會公德、社會責任上的良好表現。這會為家庭每個成員帶來相應的社會尊重。這樣的男人才可

以算作一個好男人。

第三，「子不教，父之過」。孩子能否成為一個正直的人，一個有社會公德的人，一個有愛心的人，最終，成為一個社會公認的好人，基本源於父親的言傳身教。這是父親必須承擔的責任。

做到以上三條，才可以稱作一個好男人，一個好丈夫。

而作為家庭裡的女人，我認為也有三個不可推卸的責任：

第一，不管男人掙得多或少，好女人都可以把家侍弄成一個溫馨的港灣。在女人的打理下，一家人吃飽穿暖，和和美美。男人在外面拚搏，期待著回家能夠有人安慰，得以撫平傷痛，煥發鬥志。明天可以精神飽滿地重新出發，這就是「港灣」的意義。

第二，女人一個重大責任是撫育孩子。孩子是整個家庭的精神寄託和未來希望，孩子能否健康成長，不病不災，遠離危險，是母親必須擔起的責任。

第三，既然男人是家庭奮鬥的主要力量，那麼，女人就必須要扮演好男人背後的那個角色。這包括，當男人遭遇失敗時給予積極地鼓勵；當男人因為成功而膨脹時，適時潑潑冷水；當男人在外面受到委屈和誤解時，旗幟鮮明地予以支持；最難的，是當男人有了痛苦而無處宣洩時，能夠承受男人由此而產生的情緒宣洩。因為，男人內心積累的委屈、怨恨、挫折與壓力，在社會上是沒有地方可以宣洩的，只有在自己這個家，才是男人可以袒露真情的地方。

能夠做到以上這三點的女人，一定是個偉大的女人。

我的這些理論，是否有強烈的大男子主義氣息？我自己無從判斷。但我對家庭，對夫妻，始終抱有著這種看法，至今沒有改變。

雖然王致華話語很少，但她的耿直和倔強是出名的。骨子裡，王致華對我的大男子主義並不買賬，對於我的發火，感到委屈和不服氣。從來都是這樣，只要她覺得自己有理，她是不會在我面前屈服的，即使是妥協，

她也不容易做到。於是，我們常常處在冷戰之中。

應該說，從 1988 年去深圳創業開始，到外匯交易市場的慘烈失敗，再到 1990 年馬戲團巡演結束，我又重新回到一無所有，整整三年，我在精神上真是死去活來。這是我人生中遭受最大挫折的一段時期。在這段時期，感情上最需要親人特別的慰藉、理解和體貼，而我得到的這些並不多。

王致華也一樣。從 77 年我考上大學以後，一路高歌猛進，我的每一個成功與進步，都給她的人生增添了許多光彩。她滿意自己的選擇，滿意自己的命運。然而從 1988 年搬來深圳開始，平靜的生活沒有了，受人尊敬的地位沒有了，連自己熱愛的工作也沒有了。她同樣需要親人的理解、安慰與體貼，而她得到的這些也不多。

我們都在殷切地期待著對方，能夠給予自己這些東西，可我們卻誰也沒有得到。

越是這樣，我發火次數就越多，王致華也就越倔強。

一面是海水，一面是火焰。

一個直接的結果是，我開始不願意回家，王致華也越來越不希望看到我回家。在全家移民到洛杉磯以後，這種狀況不但沒有改善，反而愈演愈烈。

在這樣的背景下，我生命中的第二個女人出現了。

1990 年 7 月初到 8 月中旬，蘇聯國家大馬戲團到天津和北京巡演。此時，各個大專院校都已經放暑假，我們所有的輔助工作人員，都是從南開大學暑假留校的大學生裡招募來的。

她當時正在經濟系讀研究生。從天津的巡演開始，她就參加了我的巡演隊伍，我正式與她相識卻是在北京。

她身材高挑、瘦弱。一雙很大的眼睛，眼神總是有些抑鬱而略帶感傷，這可能是因為她眼睛的近視很嚴重。聽說，她曾給自己撞到的電線杆道過對不起，不過她始終不承認有過這樣的事情。總的說，她身體很差，患有

嚴重的哮喘病。由於長期休息不好，她眼睛的四周，有著很明顯的黑眼圈。嚴重的近視，再加上由於長期哮喘留下的這對黑眼圈，使她那雙很大的眼睛，總像是在訴說著痛苦而不是歡樂。

重度近視和哮喘病，極大地傷害了她的美麗和健康。初看上去，你絕對不會說這個疾病纏身的姑娘，是個漂亮姑娘。只有當你仔細觀察時，你才會發覺，她其實是個頗有氣質的美麗姑娘。

她命運多舛，四歲時就失去了母親。母親是在所謂三年困難時期的大饑荒中因病死去的。儘管她的童年缺乏母愛而遠談不上幸福，可她卻是個非常努力的女孩兒。1977 年恢復高考時，文化大革命時只讀過三年小學的她，竟然考上了南開大學經濟系，成為著名的「77 級」大學生的一員。

大學畢業在天津市委政策研究室工作若干年後，她又以優異成績考取了著名經濟學家朱光華的研究生，重新回到南開大學攻讀碩士學位。

她姓虞，叫虞曉璇。

我和她真正相識並相知，是因為我被迫捲入了一場與她緊密相關的感情糾葛之中。

她丈夫陳堃是她大學同班同學。陳堃高大、帥氣，江浙人的相貌，北方人的身材。再加上脾氣溫和，對人體貼，微笑永遠掛在臉上，是一位極有女人緣的美男子。

陳堃時任南開大學黨委辦公室的秘書，也在我的馬戲團巡演裡幫忙。

在我剛剛決定去深圳時，陳堃就來找過我，希望我能夠帶他去深圳一起創業，我拒絕了。那時我和他並不熟悉，也不知他是否有這方面的才幹。這次馬戲團巡演開始之前，他又來找我申請加入巡演團隊。經不起他軟磨硬泡，我同意了他的請求。

陳堃幹得不錯，為降低運輸成本，他談成了購買塘沽汽車運輸公司 28 輛東風半掛車的生意，這給馬戲團在全國的巡演成功，做出了很大貢獻。這件事辦成之後，陳堃仍然仔細地完成了我交給他的所有任務，結果都讓

我滿意。漸漸地，他成了馬戲團巡演中舉足輕重的人物。

我們之間的關係也迅速變得親密起來。陳堃謙和，有禮貌。無論遇到什麼事都不會著急，這點我很喜歡。很快，我們之間就變得無話不談。

然而不到兩個月，陳堃就出事了。

一天，他怒氣沖沖地找到我，向我告狀：

「杜總：賀萍雁是我帶到馬戲團來的，之前她一直是我的女朋友，可以說是我的女人。我來北京籌備巡演以後，上海小組的魏興鳴把她偷偷地搶走了，這既不夠意思，也太讓我憋氣。」他說的這句話，我完全沒有聽懂，半天反應不過來。

「杜總，您要主持個公道。魏興鳴是您的學生，您把他弄走吧。馬戲團裡有他沒我，有我沒他。」陳堃一臉憤怒，嘟嘟囔囔，好像受了一肚子委屈，弄得我目瞪口呆。

我非常奇怪，陳堃的老婆不是那個大眼睛，得了哮喘病的虞曉璇嗎？怎麼這個賀萍雁又成了他的女人了呢？而且陳堃告訴我這些話的時候，好像他真的是個受害者，否則他怎麼這麼理直氣壯呢？他把我徹底弄糊塗了，我只是傻傻地望著他，不知該怎樣回答。

我怒了。

「你這是什麼王八蛋狗屁話！我看你他媽就是個混蛋！魏興鳴也他媽是個混蛋！賀萍雁更他媽是個混蛋！」終於弄明白怎麼回事了，我有些語無倫次，瞪起了眼睛，頭上血脈賁張，臉色發青，一副要動手揍他的樣子。

「虞曉璇不是你老婆嗎？他媽的賀萍雁是誰？你他媽的良心讓狗吃了？背著你老婆，搞得這麼亂七八糟，還他媽有臉來和我說？你、魏興鳴、賀萍雁，你們都他媽給我滾蛋，我再也不想見到你們任何一個人！」

陳堃或許以為我會護著他，或許以為我和他一樣流氓。他自以為現在是我的「紅人」，是我最倚重的幹部，作為老大，我是會替他撐腰出這口氣的。

　　一看我這麼生氣，陳堃嚇壞了。趕忙把話頭往回拉：「您別生氣，是我錯了。我躲開賀萍雁，再也不和她交往了。您放心，這種事不會再給您添麻煩，我自己解決。」說完，就灰溜溜地走了。

　　賀萍雁我不認識。但魏興鳴是我在南開大學「開發班」的學生，也是我招進馬戲團的。我也不想讓他一個四十多歲的大男人丟臉，況且我還認識他老婆。我只是覺得這件事太噁心，一點也不想再過問這件事。

　　沒過兩天，這件事就在我們的巡演團隊裡，沸沸揚揚地傳開了。自然，也傳到了虞曉璇的耳朵裡。

　　過了幾天，虞曉璇終於來找我了。

　　其實虞曉璇在市委研究室時，早就聽說過我的名字。那時在她的心目中，杜廈很出名，但離她很遠。她把我視為學術界的老師和前輩，儘管我只比她大九歲，她也是像對待導師朱光華一樣，對我保持著心裡的尊重。

　　這回參加馬戲團的工作，她親眼看到了我所做的一切，以前的尊重，現在變成了油然而生的敬仰和崇拜。

　　她已經聽說了在賀萍雁的問題上，我對於陳堃的態度，她對我心存感激。向我道謝並把她和陳堃的事講給我聽，是她來找我的主要原因。

　　我們是在北京國際飯店的早餐廳裡見面的。經她的提議，我們在一個餐桌上一起用了早餐。那天，她穿了一件天藍色底有白色斑點的布料連衣裙，顯得端莊、淡雅，有著濃濃的書卷氣，渾身散發著柔弱和憂鬱的氣質。

　　令我驚訝的是，虞曉璇很平靜。在表達完了對我感謝之後，說起了她和陳堃之間的故事。

　　虞曉璇告訴我，賀萍雁的事，已經不是陳堃第一次「出軌」了。

　　1982 年，在她和陳堃熱戀時，陳堃就是「腳踩兩隻船」的人。最為誇張的是，陳堃曾在同一天，和虞曉璇熱情約會之後，再馬上奔赴水上公園，和他一位朋友的妹妹親密幽會。而他和朋友妹妹幽會時，划船和吃飯用的所有錢，都是虞曉璇剛剛從自己非常拮据的生活費裡，擠出來給陳堃的錢。

　　虞曉璇的父親看不上陳堃，堅決反對虞曉璇嫁給陳堃。但從小沒有母愛的虞曉璇，珍惜陳堃給她的溫柔、體貼和愛。也希望用自己一生的愛，去俘獲這顆不安分的心。她忤逆了父親的勸阻，在父親的反對聲中，毅然和陳堃結了婚。

　　婚後，陳堃卻舊習不改。他先後與兩位叫張華的已婚女人，保持著情人關係。就在馬戲團巡演前幾個月，陳堃醜陋的婚外情，在一個叫李大明的朋友手上全面爆發。

　　一天，李大明來找虞曉璇，讓她聽了一盤錄音帶。

　　錄音帶上竟然是陳堃和李大明妻子，在床上做愛的全部過程。當然也包括做愛前後，兩人所有不堪入耳的情話。

　　我難以想像，這樣一盤錄音帶，會給可憐的虞曉璇，造成多麼大的精神傷害。她聽到這盤錄音帶時，是不是如雷轟頂？可如雷轟頂又怎麼可能形容虞曉璇當時的心境呢？在這盤錄音帶裡，聽到自己丈夫和另外一個女人在床上調情；聽到自己丈夫和另外一個女人做愛；聽到自己丈夫在整個過程中，那些猥瑣的污言穢語……剎那間，虞曉璇感覺世界上最恥辱的人竟是她自己，最沒有尊嚴的人也是她自己。她想像著自己丈夫的無恥與齷齪，恨不得找一個地縫鑽進去。這盤錄音帶施於虞曉璇的傷害，太過殘酷，給她精神上的毀滅和震撼，一定比如雷轟頂，還要大上一千倍、一萬倍。

　　經歷過錄音帶的事情以後，虞曉璇對於自己的感情生活已經徹底絕望。因此我們才能看到，在賀萍雁事情發生後，虞曉璇臉上已經沒有了任何反應。而我們知道，只有當一個女人受到的感情傷害達到極致，內心已經完全崩潰以後，才會對自己丈夫的出軌行為，麻木不仁。因為，此時她在感情問題上，已經心如死灰。

　　她承認自己婚姻的徹底失敗。她後悔當初沒有聽爸爸的話。可這杯自己釀的苦酒，還是要自己嚥下。她下定決心離開陳堃。現在她心裡最痛苦的，已經完全和陳堃無關。她是為今後不能再給兒子一個完整的家，而憂

心忡忡。

聽完這些難以想像的故事，我茫然無措。我根本不知道該怎樣去安慰這個苦命的女人。她的愛情生活失敗得太慘烈，太瘋狂。陳塾幾乎奪走了虞曉璇作為女人的全部幸福與期望。他可能毀掉了這個柔弱女人的一生。

從那一刻開始，虞曉璇成為我在這個世界上最為同情的女人。

馬戲團結束不久，我讓陳塾離開了公司。我成為虞曉璇唯一的保護人。我呵護著她，給她溫暖，給她安慰。每次我來天津出差，都要去看望她，希望能看到她高興，看到她快樂。

虞曉璇天天盼著我來天津。和我在一起聊天成了她唯一快樂的事情。似乎只有我，才能在她自我封閉的孤獨世界裡，打開一扇小窗。和煦的陽光會從這扇小窗照進來，給她冰冷淒苦的感情生活，帶來一點點溫暖。

她拿我當做她的大哥哥，我已經成為她在這個世界上，唯一可以傾訴的人了。

同情確實可以成為一種偉大的力量，但它卻難以控制。有時，在男女之間產生的感情，誰也不知是同情？友情？還是戀情？總之，半年以後，我們相愛了。

煎熬

真沒想到，外表沉靜，還帶著一絲憂鬱氣質的虞曉璇，一旦打開這扇地下戀情的閘門，她那噴薄燃起的情感烈火，竟是如此熾熱。這火焰灼烤著我，使我也同樣享受在瘋狂的熱浪裡。激動、顫慄、讓人脫胎換骨，無法自持。

對於虞曉璇來說，她對我產生的愛慕與依戀，是她一生對於其他任何男人從未有過的。從這個意義上講，這麼瘋狂地愛一個男人，在她的生命裡，竟然是第一次。

陳堃多次拈花惹草，惡習不改，虞曉璇心裡那脆弱的情感寶塔，早已崩塌殆盡。再加上令人髮指的「錄音帶」事件和賀萍雁事件，虞曉璇的感情世界已經千瘡百孔，一片荒蕪。她一直認為，和爸爸賭氣與陳堃結婚，是她一生所犯的最大錯誤之一。

必須承認，在開始進入並享受這份婚外情的時候，我也有過無數次的內心掙扎。傳統意識的道德約束，已經多次警告我：這是嚴重的感情背叛。這樣做，不僅對不起和我一起經歷過無數風雨的王致華，也對不起見證和祝福過我們婚姻生活的朋友們，更對不起我們親愛的兒子和深愛著這個兒媳的老母親。

甚至我也知道，深陷這場婚外戀情，在道德上講也對不起虞曉璇本人。她已經遭受了那麼多的磨難，這場沒有結果的地下戀情，難道不是給她充滿悲劇的情感世界，雪上加霜嗎？更何況最初，我是以一個「道德衛士」的身份，出現在虞曉璇身邊的。不管什麼起因，也不管是誰的主動，終究是我佔有了虞曉璇的感情世界。這難道不該被唾棄，被譴責，被鄙夷嗎？

可當真掉進這樣的情感漩渦之後，我自己竟然沒有能力，從那個瘋狂的漩渦裡逃離出來，因為它太刺激，太讓人依戀。反之，這情感的巨大吸引力，使我越陷越深，我完全無法控制自己。我第一次感到，世上也確有一些事情，是我的意志力所無法控制的。

我必須給自己找出許多理由，去解脫自己對自己的激烈譴責。

我覺得完全有可能不讓王致華知道發生過這件事。天津和深圳相隔那麼遙遠，況且，這不過是一次感情偶遇而已。我相信事情很快就會過去。一旦過去，由於王致華根本不知道，實際上並沒有使她受到過真正的傷害。

另外，我並沒有覺得我想離開王致華，也沒有打算和虞曉璇最終有個什麼結果。因此，這段時間，我和虞曉璇的狀態，還只是品嘗與享受地下戀情所帶來的特殊刺激而已。儘管這對於我們兩人來說，都屬偷嘗禁果，但享受這種刺激的慾望卻是與生俱來的。當然，作為一個男人，對和不同

女性產生情愛的好奇心，婚外情帶來的神秘感，也可能會隨著時間逐漸淡去。我相信我依然可以變回原來那個一塵不染的杜廈，那個忠實於王致華的杜廈。

最後，我對虞曉璇也完全理解。我理解她所受到的情感傷害，理解她的孤獨處境。我打心眼裡心疼她，希望她重拾快樂。因此，我也在她身上，給自己找到了開脫的理由。

於是，我一邊享受著虞曉璇給與的性愛歡愉，一邊在自責的道德泥潭裡掙扎與煎熬。

虞曉璇和王致華是完全不同的兩類女人。

在王致華的眼裡，對就是對，錯就是錯，不管你是誰。她永遠是非分明，眼睛揉不得沙子。一旦發現是我的錯，她也會毫不留情面，鮮明地表達立場。即使是直言我的痛處，她也毫不在乎。

虞曉璇卻打心眼裡認為，我永遠是對的。這裡，一點「拍馬屁」的成分也沒有。即使是她自己的觀點和我不同，在聽我說出我的道理以後，她大多會心悅誠服地改變自己的看法。在她那裡，凡是反對我的說法，她永遠認定，那絕對是一派胡言。

王致華正直、倔強。未被我說服之前，她永遠不會改變態度。無論我們之間發生了什麼衝突和矛盾，如果王致華覺得是我的錯，她會沉著臉幾天不理我。在這樣的短期冷戰或中期冷戰之後，大多是以我首先承認錯誤而告終。

虞曉璇處理矛盾的方式卻完全不一樣。在我們發生爭執以後，最先認錯的永遠是她。她看不得我生氣。只要我真的生氣了，不管誰對誰錯，她第一時間想到的，是如何不讓我生氣。為此，她會花言巧語地哄我高興，有時她甚至會痛哭流涕地向我道歉，以平息我的怒火。當然，第二天我醒過味來以後，我往往會再向她道歉。這時，你會驚訝地發現，她已經把昨天的事情忘得一乾二淨。

　　王致華膽大、強悍，對於一切事情都有她的獨立思考。她不懼怕任何挑戰，在政治上和我完全站在一起。即使有一天我成為反革命，或被判處死刑，她也會毫不猶疑地支持我到底。

　　虞曉璇卻對政治從來毫無興趣。我在政治與社會問題上的許多看法，她完全不關心。對於這類問題，她大多時候是充耳不聞。她關心的是電影、電視連續劇。對於演藝明星和八卦新聞，她也興趣多多。中央政治局的幾個常委，除了鄧小平，還有誰？誰是誰？她完全不知道，也根本不想知道。

　　王致華生活簡樸，沒有任何物質要求。即使日後非常有錢的時候，她也是粗茶淡飯，簡單無華。即使今天，她已經六十五歲以上，又足夠富裕，她還是捨不得坐頭等艙和商務艙，飛躍太平洋的十幾個小時，她仍然乘坐經濟艙。

　　虞曉璇卻不同，她信奉的哲學是「有錢就花，沒錢拉倒」。她喜歡去巴黎、米蘭、羅馬和紐約第五大道。她享受奢侈品，享受名牌。她覺得生活就是生活，生活不是道德觀念和政治觀念的附屬品。因此，她充分地享受生活，從不為此感到有任何不好意思。

　　王致華在生活上不拘小節，家裡經常雜亂無章。吃完飯，碗經常會堆在水池裡，不知什麼時候再去洗。晚上洗澡水也常常沒有及時放掉，上面還漂著孩子的玩具。家裡所有的東西，都經常隨手放到找不到的地方，而讓我大傷腦筋。

　　虞曉璇完全在另一個極端。她把家裡的一切整理得井井有條。我所有的出差，從來不用我自己打理行李。即使長途國際旅行，一個大信封裡，她會把每一張機票、酒店入住單、租車憑據、商業會議的名片，按照前後順序，安排得絲毫不差。連所有外衣、內衣、襯褲、襪子都熨帖整齊、疊好，安排得妥妥當當。從配色到數量，全部絲絲入扣。

　　因此，王致華一定是我最好的戰友，哪怕在戰場上的最後時刻，我們也絕不會背叛對方，直至最後一起壯烈地死去；而虞曉璇卻是那個溫柔

港灣的伴侶，會在我最需要的時候給我撫慰，給我溫柔，給我甜蜜的生活享受。

兩個完全不同的女人，我都捨不得離開。我的靈魂也和情感一樣，被撕裂成兩半。一半長在王致華的心裡，一半留在了虞曉璇的身上。

1992年秋天，王致華又懷孕了。儘管國內嚴格禁止生「第二胎」，我們還是決定生下這第二個孩子。我特意在泰國曼谷成立了一家貿易公司，作為公司的工作人員，我把王致華送到了曼谷。

在曼谷將近一年，王致華開始變得高興起來。1993年4月20日，我們的第二個兒子在曼谷出生。我到中國駐泰國大使館，給這個兒子辦理了中國護照。

半年以後，我的美國移民申請獲得批准。我帶著王致華和全家，移民到了美國。

幾乎與此同時，受聯合國教科文組織資助，虞曉璇於1993年7月去了英國著名的倫敦印刷與編輯學院（Printing & Distributive Trades）留學。

把她們全都安頓好以後，我返回天津。此時，我公司的大本營，已經從深圳搬回到了天津。王致華和虞曉璇，都遠在天邊。折磨了我兩年多的情感困惑，暫時獲得了緩解。

留學英國的虞曉璇，依然把我看做她在這個世界上唯一的傾訴對象。她每月幾百英鎊的生活費用，都用來給我打長途電話。那時英國到中國的長途電話，每分鐘要3個英鎊，她一個月的生活費，打不了幾天，就被她宿舍裡的公用電話全部吃掉。接著，虞曉璇就去倫敦唐人街的中餐館打工。而她打工掙的所有的錢，都用來給我打昂貴的長途電話。

1993年11月，我專程去倫敦看她，在倫敦只待了3天，我就帶她到了美國，去紐約、芝加哥、洛杉磯玩了10天。為此，倫敦印刷與編輯學院還專門發文給中國國家教委留學生司，點名抗議了虞曉璇的逃學行為。

雖然我們分別在中、英兩地，感情卻如爆發的洪水，不可阻擋。

　　王致華卻是另外一個故事。

　　移民美國之後，在一個完全不同的政治環境和社會氛圍下，王致華非常適應。她重新變得充滿朝氣，除照顧好兩個兒子以外，她學英語，做義工，教漢語，學習中國畫⋯⋯生活安排得豐滿而有趣。她每次見到我都說：現在我懂了。你儘管在生意場上全力拚搏，這個家裡有我，你完全不用擔心。

　　看到王致華這種精神面貌，在為她高興之餘，我幾乎不敢直視她的眼睛。她越是這樣，我越覺得心裡發虛。我沒辦法告訴她我感情上的變化。我覺得自己如此地齷齪和猥瑣，和她相比，我完全不像是個男子漢。

　　不得不承認，1992 年讓王致華到泰國待一年去生孩子，之後又在 1993 年安排她和全家移民美國，都有為了我和虞曉璇持久地延續地下戀情而創造安全環境的因素，儘管不全是如此。我要的這些心眼，和王致華的坦蕩胸襟相比，我覺得自己簡直無地自容。

　　正因為如此，我一輩子都覺得欠了王致華一大筆債，到今天也沒有還清。這債，不僅是移情別戀的債，還包括我欺騙她的這筆債。

　　1994 年，虞曉璇英國留學結束回國。此時的中國，除我之外，已經沒有任何能夠讓她留戀的地方。當年夏天，虞曉璇隻身去了加拿大多倫多。當然，我一直無法給她一個婚姻。是她離開中國的重要原因之一。

　　從這以後，我經常在天津、洛杉磯和多倫多之間飛來飛去，充當著兩份情感的當事人，以及這兩個不同家庭的男主人和「準男主人」。

　　紙終究包不住火。

　　1998 年秋天，趁虞曉璇回國看她父親的機會，我們一起去了趟蘇州。在蘇州的酒店裡，我接到了王致華越洋打過來的電話。在電話裡王致華只說了 6 個字：「你真是個混蛋！」說完，電話就被她撂了。

　　我的一個好朋友，向王致華出賣了我婚外情的秘密。我和虞曉璇長達 7 年的地下戀情，終於徹底暴露在王致華面前。

　　儘管我知道，這段地下情遲早會有暴露的一天。但當王致華把電話摔下，聽筒裡傳來「哐噹」一響的時候，我還真的像聽到了一聲巨雷，震得我肝膽俱裂。我頓時像傻了一樣，腦袋裡一片空白。

　　此時心裡一團亂麻，既不知該如何回覆王致華，也不知該對虞曉璇說些什麼。我自認為是個久經沙場的人，什麼樣的場面我沒有經歷過呢？但王致華電話裡這區區六個字，卻把我弄得狼狽不堪、手足無措。

　　幾天以後，虞曉璇要回加拿大了，走之前，她要求和我正式談一次話。七年多了，虞曉璇主動要和我正式談話，這還是頭一次。

　　「老杜，」她一直這樣稱呼我，「我說的話，你聽了如果不同意，也不要生氣，好嗎？」她還是一如既往地不想讓我生氣，這一點使我非常感激。

　　「我慎重地考慮了幾天了。我覺得，你還是應該回去。」她語氣平和，態度真誠，沒有任何賭氣的成分。

　　「你和致華相敬相愛已經快 28 年了，你們之間的感情基礎比我和你要深厚得多。杜宇村剛剛上大學，又正在談戀愛，家庭的巨大變動，對於他來說，根本無法接受。杜亦村（Kevin，我的小兒子）也才 5 歲多，正是需要你們共同給他家庭溫暖的時候，這個時候的任何家庭變動，對他來說都是最不好的。」

　　「我建議你把致華和 Kevin 接回到天津來，我徹底離開。」說到這，虞曉璇原本平靜的臉，微微泛紅，顯得有些緊張。淚水已經在她的眼圈裡打轉，她強忍著，不想讓這些淚水奪眶而出。

　　我看得出來，虞曉璇這番話儘管完全背離她內心的熾熱情感，但絕對是一番真誠的肺腑之言。她在這樣關鍵時刻所展現的善良、理性和仗義，讓我渾身戰慄，冷得發抖，我的心都碎了。

　　「那你怎麼辦？」我望著她那雙美麗的大眼睛，心裡懷著不安、內疚與自責，怯怯地問她。

　　「我正好該坐移民監了，無論如何也要三至五年，長期待在加拿大，不

能離開。也許三至五年以後，你能夠和致華完全復合，我和你之間也就隨著時間的消磨，漸漸過去。那樣，我也可能有一個新的開始。」說到這裡，她揚起頭，看著天花板，不讓眼淚掉落下來。

我能說什麼呢？從理性上講，這是讓王致華夢寐以求的一個結局，也是對我的整個家庭最為完美的結局。

但對她呢？1998 年，虞曉璇已經 41 歲，青春早已逝去。三、五年以後，對於在異國他鄉的虞曉璇來說，意味著什麼，我們倆都一目了然。

如果真是這樣，我又變成欠虞曉璇一生的感情債了。在過去的七年多裡，我不僅佔有了她的青春以及全部情感，還讓她背上「第三者」的社會罵名。更不可以原諒的是，我還曾經使她三次打胎，一次人工流產。虞曉璇一直想再要個孩子，但我考慮，這幾乎一定會引起杜宇村和 Kevin 的某些感情問題，就拒絕了虞曉璇的想法，逼著她做了這四次手術。這是多麼大的罪孽呀，即使用我整個下半生去償還這筆欠債，也還是無法還清的，更何況現在，我要把她拋到萬里之外，我怎能做得到呢？

虞曉璇斬釘截鐵。她最後告訴我：「我不會反悔，這次回到多倫多以後，我就不會再回中國。真誠地希望你把致華接回來，不僅你們可以重新開始，也許我也可能有一個重新開始的機會。」她的眼淚終於沒能忍住，從那美麗的大眼睛裡滾落而下，直落在我的胸前。她抱緊我失聲痛哭，很久很久。

虞曉璇的主動退出，給我和王致華都帶來了一個未曾想到的機會。

當王致華稍許平靜了之後，我回到了洛杉磯。我們冷靜商量了很長時間，都覺得我們婚姻的基礎似乎還在。她和我都想試一試，看看我們能不能恢復到以前的狀態，還有沒有可能繼續生活在一起。說到底，即使為了孩子，我們也不願意讓持續了 22 年的婚姻，就此解體。能夠繼續保持一個完整的家，對於家裡的每一個成員，都是最好的結果。

四個月以後，王致華賣掉了在洛杉磯的房子，帶著小兒子回到了天津。

我們又努力地重新生活在一起，這時已是上個世紀的最後一年。

1999 年到 2000 年，我和王致華帶著小兒子在天津又共同生活了一年。在這一年中，虞曉璇遵守承諾，甚至連一個電話都沒有打來過。即便如此，我和王致華的嘗試並不成功。

我們都在努力地讓對方感到自己的誠意，這包括陪著孩子一起出去遊玩，一起去學校接送孩子，共同參加一些朋友的晚宴邀請等等。但每當這樣的時候，我們都會感到尷尬和無奈，因為我們內心都知道，我們臉上的笑容都是裝出來的。我們之間幾乎沒有任何有實質內容的情感交流，甚至長達一年的時間裡，我們話都很少，更甭說像一般夫婦一樣的爭執與吵架了。我們相互都能感到對方離自己很遠，有時竟覺得像是和一個外人生活在一起。

這一年中，我、王致華還有遠在加拿大的虞曉璇，三個人都生活在各自的情感監獄裡，都在自我煎熬的過程中度過每一天。我們的情感，被傳統的道德觀念禁錮著、強姦著、踐躪著。不得不承認我們的努力以失敗告終。

整整一年，我們每個人都處在無法忍受的痛苦之中。

愛，需要決絕和勇氣

重新在一起生活的這一整年，儘管我們雙方都在拚命努力，嘗試尋求「復合」的可能性。但這種嘗試，實際上是一種煎熬。對於我們兩人來說，整個過程都是殘酷的，難以忍受的。

每天我們似乎都是在演戲，都想裝出來讓對方相信，我們還愛著對方，還有重新生活在一起的可能性。而實際上，我們倆的內心都沉重無比。

每天下班我都儘量晚回家。即便如此，即將進入家門的那一刻，心裡還是有著很沉重的負擔。偶爾的做愛，也變成了某種與刑罰類似的過程。

因為，我們之間已經不可能產生那種熱烈的性衝動了。每到此時，我必須把燈全部關上，讓屋裡漆黑一片。在黑暗中，我腦子裡想的竟然全都是遠在天邊的虞曉璇。王致華就比我還要痛苦，她明知道我心裡想的是虞曉璇，愛的是虞曉璇，卻還必須完成自己此時的角色，甚至還要裝出幸福和享受的樣子。她心裡的痛苦，比我尤甚一百倍。我們不過都是在艱難地履行責任和義務，只有無盡的苦楚，沒有任何愉悅而言。這個過程的殘酷性，怎麼形容也不過分。

幾次以後，這無比的痛苦，讓我們都無法繼續忍受下去，以後的 11 個月，我們雖然住在一起，但沒有任何一次性生活。

暑假一來，王致華就帶著小兒子返回了洛杉磯。儘管失望，我們倆人卻都如釋重負，一下輕鬆了許多。

直到現在，我一直都在反思，明明知道那已經是一件不可能的事情了，我們為什麼非要用長達一年的時間，去嘗試這次痛苦的「復合」呢？

在中國傳統的道德觀念中，一個成功男人的「移情別戀」，是被激烈譴責的。無論是誰，只要這樣做，就是拋妻棄子的壞蛋，就是忘恩負義的陳世美，就是不仁不義的卑鄙小人。一般情況下，社會輿論是不給這樣的感情變化以正當的存在空間的。從事情的本質上講，社會的傳統觀念和道德標準的壓力，是我進行這次失敗嘗試的原始動力。

在男女情愛的觀念上，「朋友之妻不可欺」是一條比「陳世美」更容易受到社會譴責的戒條。在江湖上，但凡愛上朋友的妻子，是個最齷齪和無恥的罪名。我當然也攤上了這個罪名。虞曉璇的前夫陳堃曾經是我的部下，也是我的朋友。自然，愛上自己朋友和部下的妻子，在朋友圈子裡一定是個令人不齒的名聲。再加上我在天津算是個名人，又曾經是位有些名氣的學者，我所受到的精神與輿論壓力之大，是可以想像的。

當然，杜宇村和杜亦村兄弟倆，也是一個客觀存在的重大壓力。中國的父母們，彷彿都不是為自己活著，而是為子女活著。因此，考慮到他們

兄弟的內心感受，顧慮到能否給他們維持一個完整的家，也是我們必須嘗試復合的重要原因之一。

王致華是善良的。我相信她肯於嘗試這次復合，首先是為了這個家，為了我。她珍惜這個來之不易的家，這個家曾經給過她太多的幸福和滿足，她無限地愛著這個家。我們的兩個孩子可愛、懂事、聰明，他們各自繼承了爸爸媽媽身上許多優秀的性格特徵。每想到這兩個可愛的孩子，將要失去自己完整的家，她就心如刀絞。她值得為了他們，再次犧牲自己，嘗試保持這個家庭的完整。

王致華自從決定嫁給我，就從來沒有想到過我會出軌。從南開大學開始，所有看到我在學術界迅速竄起的同事，都會告誡她要「看緊點」，她從不以為然，只是說：「老杜？我一百個放心，無論誰會這樣做，老杜也絕不會，永遠不會。我一輩子相信他。」

我幾十年的人生之中，為了人格的平等與尊嚴，寧可一死也絕不低頭的氣概；為了事業的成功，幾十年如一日的奮鬥與拚搏；都使得王致華無論如何不想放棄這樣一個有血性，有才氣，又堅韌無比的伴侶，她真的捨不得我離她而去，她還是深深地愛著我。

所有這一切，都構成了她整整一年，盡全力爭取我們關係復合的根本動力。不過，我真的對不起她，讓她徹底失望。

每想到這些，不用別人說，我也覺得自己對於王致華來說，就是一個混蛋，一攤臭狗屎，我真不值得她的這份愛。

不過，經過這次完全失敗的嘗試，我也認識到，社會輿論也好，朋友譴責也好，同事異樣的眼光也好，其實都不必在乎。這些傳統的眼光和觀念，從來沒有考慮過當事人是否真的能夠獲得幸福。他們一切冠冕堂皇的譴責和議論，只是出於人們對傳統觀念的理解和認知。至於這些傳統觀念，到底給當事人帶來什麼，他們卻完全沒有考慮。

此時我已經 52 歲，不僅早已過了不惑的年齡，甚至已經年過半百。這

就是說，我早已「知天命」了。我在想，這些社會輿論，到底和我有什麼關係呢？他們是誰？我為什麼要聽從他們的議論和評判呢？我心裡真正應該在乎的，只有王致華、虞曉璇和兩個孩子。

虞曉璇心中的淒苦，比王致華一點也不少。

中國人大概是世界上最喜歡打聽別人私生活的民族了，尤其是名人的私生活，必將成為人們茶餘飯後議論的話題。我在天津原來就有些小名氣，「家世界」成為天津最大和最成功的私人企業以後，我就更成為這座城市的傳奇人物。於是，我和虞曉璇的婚外戀情，理所當然會成為一個不大不小的新聞。

不過，改革開放已經很多年，人們對於戀愛和婚姻的觀念迅速發生著變化，對於名人感情生活的變化，社會上已經寬容多了。再加上王致華和虞曉璇，都是受過良好教育的高級知識分子，又都有一定的社會地位，這樣的故事，已經能夠被絕大多數人所理解和接受。

在朋友圈裡，由於我的好鬥和強悍，同事和朋友們，從來沒有人在我面前聊起和虞曉璇的這段事。其實本來這事也和他們沒有屁毛關係，何必因為在這件事上多嘴，而讓老杜狠狠地罵上一頓呢？他們都不想惹事。

虞曉璇在南大人緣極好，她不僅脾氣好，從不和任何人產生矛盾，也對於身邊的任何事情，不聞不問。因此，在老杜、王致華、虞曉璇的關係問題上，南大幾乎悄無聲息。認識我們的老師和同事們，私下聊起來，也是理解的居多，沒有任何指責和批評，這倒使我常常感覺奇怪。

不過，在中國總的社會環境和道德觀念下，我和虞曉璇敢於走在一起，是做好了讓人們臭罵的思想準備的。無論獲得什麼罵名，都是應該的，不管人們罵得有多麼難聽。事實上只要我們倆人在一起，既徹底傷害了王致華的生活，又毀了一個曾經十分幸福的家庭。從這個意義上講，我們倆都是有罪的。我從不打算在這一點上有任何的申辯。

自從我和虞曉璇相戀之後，我們從來沒有提起過婚姻問題，那問題太

敏感，好像我們誰也不敢觸碰。我總覺得，和王致華離婚是一件難以想像的事情。我一直在心裡覺得，這件事既對不起無辜的王致華，也對不起兩個可愛的孩子。另外，我還不知道，我和虞曉璇的感情會持續多長時間。我不想因為我的一個匆忙決定，最後傷害了所有這四位親人。我誠懇地告訴虞曉璇，我暫時還不想和王致華離婚，我只想在婚姻之外，保留我和她之間的感情交往。如果她不喜歡，我們隨時可以結束。

虞曉璇就像孤寂地生長在感情沙漠裡的一棵小草，只有我是她感情的唯一寄託和依靠，而我卻又沒有給她任何希望和承諾。這樣的狀況已經 9 年了，虞曉璇，她難道不淒苦嗎？

儘管這是我的真實想法，但這話說得既冷血又自私。虞曉璇卻默默地點頭表示理解，她又能說什麼呢？說實話，此時的我，對於虞曉璇來說，也和對於王致華來說一樣，就是一個混蛋和一攤臭狗屎。

她真的愛我，愛得真切，愛得死去活來。我相信，為了我，她肯於犧牲自己的一切。如果需要，她會毫不猶豫地用自己的生命和鮮血，去澆灌心中這朵豔麗的愛情之花。

這簡直成了一場罪孽。三個當事人都承擔著巨大的痛苦，這一切當然是我造成的，我理所當然應該承擔所有責任。

可是，我究竟做錯了什麼呢？

確實，王致華曾經是我的摯愛，我們相濡以沫地一起生活了大半輩子，我們之間的感情已經從愛情演化成了親情。如果要問這個世界上最使我信任的人是誰，我的答案仍然是王致華，她永遠在我的精神世界裡，佔據著第一的位置。

不過，愛情是人類一種奇特的感情，她儘管美好，但卻在不斷地改變。以前我曾經摯愛過的人，如果有一天發現，我已經不愛她了，我為什麼不敢承認呢？此時我才懂得，敢於面對感情變化，敢於面對離婚，也是一種勇敢，也是一種誠實，甚至可以說，是對對方的一種尊重。坦誠自己感情

已經發生了變化，絕不是一項罪過。

一旦感情已經發生了變化，還在所有的朋友和親人面前，若無其事，聲稱自己還像以前一樣愛著自己的愛人，這難道不是世界上最為虛偽的事情嗎？這才是真的不道德。

一個生命，擁有什麼樣的情感與愛，完全是自己的事，任何人都無權干涉。從這個意義上講，我過去愛王致華，沒有人可以干涉，今天不愛了，仍然沒有人可以干涉。進一步講，愛上了虞曉璇，只是我自己的事，和其他任何人無關。作為一個人，我擁有這份權利。

說得更極端一些，即使在婚姻裡，我們每個人仍然繼續擁有著愛與被愛的權利，這種權利與生俱來，任何法律和契約都無法剝奪。從這樣一個觀念出發，我和虞曉璇，又什麼都沒有做錯。

我內心深處，還是存在著對王致華沉重的負罪感和內疚，但這是我和王致華兩人之間的事，既和這個世界上的任何其他人無關，也和道德觀念無關，更和誰對誰錯，沒有任何一絲關聯。

愛就是愛，所有的愛都是偉大和崇高的，沒有區別。因此，當初我對於王致華的愛是真誠的，高尚的，值得尊敬的；今天，對於虞曉璇的愛，仍然是真誠的，高尚的，值得尊敬的。只有那些虛假的「愛」，那些為了某種目的而撮合的「愛」，或純粹為了讓別人滿意，而被迫裝出來的「愛」，才是齷齪的和不道德的。

經過了這刻骨銘心的一年，我才徹底明白，我應該如何面對我的真實情感。我也明白了我和王致華，已經不可能再回到從前那種關係裡去了，一切都已經完全改變。現在我愛的是虞曉璇，我們倆已經誰也離不開誰，我們將要一起生活，這完全不必迴避和隱瞞。我必須勇敢地承認這種改變，並迎接這種改變。

幾年以後，我和王致華都決心直面現實，我們決定和平分手。我們正式辦理了離婚手續。我立即放棄了美國綠卡，移民加拿大，來到了虞曉璇

身邊。

2001 年，王致華回到洛杉磯。我去了多倫多以後，改變以前的態度，正式承諾虞曉璇：在辦完三件事之後，我一定娶她。這三件事是：和王致華正式離婚、等待杜宇村結婚、把生意賣掉。不過，我告訴虞曉璇，所有這三件事，都會在 2008 年，我 60 歲生日之前完成。無論如何，我會在 60 周歲之前，給她一個盛大、隆重的婚禮。

2008 年 11 月 18 日，在釣魚台國賓館十號樓，我和虞曉璇舉行了一場隆重的婚禮。那一天是我 60 周歲生日的前一天，我遵守了自己 7 年以前對虞曉璇的承諾。

從 1991 年我們在一起算起，我們走過了 17 年的苦戀歷程。這 17 年中，虞曉璇成為我在商海的跌宕起伏中，身後那個永遠支持我的力量。是她給了我一個溫馨、平和、愜意的港灣，每每回到她的身邊，我就可以沉靜地休息，安穩地養傷，平復自己心裡的苦楚和委屈，梳理好自己的情緒，繼續投入到驚心動魄的戰鬥中去。

沒有虞曉璇，就沒有我家世界那光彩的 10 年。

100 多位中外賓客前來北京見證和祝賀我們的婚禮。

吉姆·英格利斯夫婦，萬里之遙，從美國佛羅里達來北京參加我們的婚禮；肖爾頓·葛若斯夫婦從多倫多飛來北京，向我和虞曉璇祝賀；夏威夷、孟菲斯、多倫多、紐約、新澤西、洛杉磯、舊金山、東京、香港等世界各地，我和虞曉璇的親密朋友們，期待這一天已經很多年了，他們都不遠萬里過來祝賀我們走進婚姻的殿堂。

天津兩任主管對外經貿的副市長張昭若和王述祖，都攜夫人來參加我們的婚禮。幾十位我人生各個時期的好友也都前來，參加了我和虞曉璇這一婚禮慶典。

那天婚禮典雅而莊重。我從雲南買了幾乎足以裝滿一架飛機的玫瑰花，裝飾了婚禮現場的每個角落。天津市前副市長、我的忘年交張昭若和

虞曉璇的導師、著名經濟學家朱光華，作為主婚人和證婚人，給了我們鼓勵和祝賀。每一個參加這場婚禮的朋友，無不被我和虞曉璇 17 年的苦戀歷程所感動。

　　到今天，我和虞曉璇在一起已經 27 年，我們依然相敬如賓，恩愛有加。上帝把虞曉璇送到我身邊，是我一生最大的幸運，我永遠珍愛她，感激她。

虞曉璇最喜歡的一張照片，攝於 2009 年。
已經 52 歲，她仍然充滿活力，無比快樂。

熱那亞的小街道上。

我們都嚮往著人生最美好的前景，也許，苦難已經過去，前面已是一片海闊天空！

永遠呵護她，是我一生的責任。

第六章
6th Chapter
新世紀：折戟「上市夢」

十八　一波三折的上市之路

中國零售業「國家隊」

2001 年 11 月 10 日，世界貿易組織（WTO）審議通過了中國入世決定。依據中國加入 WTO 的承諾，經過 3 年過渡期，中國零售市場將於 2004 年 12 月 11 日對外資全面開放。外資在中國境內開店將不再受任何數量和地域的限制。因此美國麥肯錫公司的研究報告斷言，中國「入世」後，最大的衝擊將發生在商業零售領域。

中國加入 WTO，終於使沃爾瑪、家樂福等大型外資零售企業看到了雄霸中國市場的可能。這以後，他們可以憑藉雄厚的資金實力，龐大的銷售網絡，科學高效的管理，便捷、準確、及時的信息系統，現代化的營銷手段和優良的服務，大踏步進入中國市場了。2005 年美國《財富》雜誌公佈，沃爾瑪以 2879.89 億美元的銷售規模，連續第 4 年登上世界 500 強榜首，成為世界規模最大的公司。家樂福該年的全球銷售額，也逼近了 1000 億美元，在世界 500 強中排在第 22 位。以後，他們會瘋狂地搶佔各大城市的最佳位置，擠壓剛剛萌芽的中國連鎖零售企業，企圖徹底消滅這些本土企業和他們一決高下的可能。

加入 WTO 之前，中國本土零售業和國際跨國公司的經營差距已經十分明顯，據中國連鎖經營協會和中國商業聯合會 2003 年的統計數據顯示，中國外資零售企業平均每平方米年銷售額為 2.06 萬元人民幣，而本土零售

連鎖企業平均每平方米年銷售額僅為 1.40 萬元人民幣。在盈利能力上中外企業之間的差距更大，銷售額前十名的本土超市和中國連鎖百強的平均毛利率分別為 12.8%、11.95%，而外資企業平均是 20.56%。

大家都清楚地看到，如果中國零售市場對外資全面開放，在沃爾瑪、家樂福等世界零售巨無霸面前，本土品牌的連鎖零售企業，想要在他們挑起的血腥競爭下繼續生存，是非常困難的。

家世界可能是個例外。作為本土最成功的大型連鎖零售企業，經過 8 年的積累和發展，家世界已經脫穎而出。2003 年，家世界超級大賣場每平米的銷售額，達到 2.34 萬元人民幣，平均毛利率為 19.27%，淨利率已超過 3%。此時的家世界，已是經營水平最接近外資企業的本土零售企業了。雖然經營水平和上海的家樂福，還有一些差距，但在天津、西安、鄭州、青島等地，家世界的經營業績，已經超過了當地的沃爾瑪。它是唯一一家，在各項經營數據上與沃爾瑪、家樂福不相上下的本土零售企業。當然，這得益於家世界韜光養晦的「五大發展戰略」。此時的家世界，在經營上已經具備了和沃爾瑪、家樂福競爭的能力。

也就是説，只要發展戰略得當，掌握了現代零售業的運營理念和經營技術，中國加入 WTO 以後，本土的零售企業還是有可能存在並發展壯大的。

這種局面引起了國家最高領導層的重視。2004 年 2 月 20 日，吳儀副總理在中南海親自召開了「流通企業改革與發展座談會」。中國頂尖商業零售前 15 大企業的掌門人，應邀參加了這次會議。會上，吳儀講話承諾，中央計劃重點扶持 15 至 20 家具有國際競爭力的本土大型流通企業。為此，中央不僅要在上市融資、銀行貸款、技術進步等多方面給予本土零售企業扶持，還打算拿出 500 億元人民幣，設立專項基金，由國家開發銀行運作，支持這 15 到 20 家零售、商業、物資企業的發展。

我是被邀請參加這次會議的 15 位代表之一。會上我還就外資零售企

業實際存在的超國民待遇，及本土零售企業上市困境等兩個問題，直接向吳儀副總理進言。

這次會議後不久，所謂中國商業流通領域國家隊正式出爐。進入國家隊的 20 家企業，均為本土零售和物資類企業中的大哥級企業，他們是：上海百聯集團、浙江物產集團、大連大商集團、廣東物資集團、國美電器、武漢中百集團、天津家世界集團、北京華聯集團、山東三聯集團、上海農工商超市、安徽徽商集團、北京王府井、蘇果超市、深圳華潤萬家、北京物美投資集團、蘇寧電器、天津物資集團、重慶商社、深圳新一佳超市、武漢武商集團。

家世界集團在這個國家隊名單上，排在第七位。

2·20 會議上，國家準備給予這 20 家企業特殊支持，使得這些在中國舉足輕重的零售業者興奮不已。其實所有新興國家，在成為 WTO 的成員之前的相當長一段時間內，都會出台各種各樣的政策，以保護本國受加入 WTO 衝擊最大的行業。中國的連鎖零售行業剛剛起步，還處於極為弱小的階段，正是急需國家重點扶持的行業。說實話，如果國家再提早幾年召開這個會議，那效果要比現在好不知多少倍。不過，亡羊補牢未為晚也。那天散會以後，我真的為吳儀副總理和國務院的國家隊計劃，感動了好長時間。

商業流通領域的國家隊出爐，國家即將出台針對國家隊的特殊扶持政策，對家世界是一件大好事。我斷定，有了吳儀和國務院全方位的扶持政策，家世界集團終於有可能和那些跨國公司掰掰手腕了。

在和沃爾瑪、家樂福的競爭關係上，我心裡一直不是太服氣。

無論是沃爾瑪還是家樂福，他們的發展資金，都來自於股市融資，既沒有任何利息成本，又不存在還款這件事。他們在上海、深圳、北京大搖大擺地跑馬佔地，無非是因為他們有無窮無盡的後續資金供應。他們敢於肆無忌憚地打價格戰，也是因為他們在資金上有本土企業無法比擬的優勢。

　　而我們這些白手起家的民營企業，資金上都存在嚴重的先天不足。本土的民營企業，必須嚴格根據自己的實際盈利能力和資金儲備，量入為出地考慮自己的發展計劃。即使能夠從銀行得到少量的商業貸款，不僅利息極高，而且大多都是短期貸款，還款期最長不過一年。如果企業動用這些短期貸款，挪用在建新店等長期發展項目上，到了還款日，一旦企業流動資金不足，就會發生資金鏈斷裂。因此，跨國公司和本土企業，尤其是和本土民營企業的競爭，完全不在一個公平的平台上。

　　在我的內心深處，當然希望在中國這塊土地上，有朝一日能夠打敗沃爾瑪和家樂福，然後一統天下。這幾年的實踐已經證明，在和這些巨無霸的一對一較量中，家世界並不落下風。隨著家世界經營水平一步一步地逼近沃爾瑪和家樂福，這一野心在悄悄長大。可我仍然無法真正擺脫發展資金不足的殘酷現實。這塊短板，就像一塊巨石，死死地壓在我這個企業掌門人的心上。從這個意義上講，8年前制定的五大發展戰略，正反映了我們本土的私人零售企業，在發展和擴張上的無奈。

　　有了2‧20中南海會議，有了那500億基金和優先上市承諾，我覺得，家世界這樣的民營企業的春天好像真的來了。原先韜光養晦的五大發展戰略，似乎已經到了可以調整的時候了。

　　如果想在外商全面進入中國零售市場的形勢下，仍能在中國的零售業版圖上佔有一席之地，總往二、三線城市跑一定是不行的。我下決心調整家世界執行了將近8年的發展規劃。我們一定要搶在沃爾瑪、家樂福之前，迅速強化和鞏固我們在北方的優勢。還要把原定2008年「渡過長江」的計劃，大幅度提前到2006年施行，進而儘快擠進商家必爭的中心城市。總之，加入WTO，中國零售市場將全面對外資開放的形勢刺激了我，在心底蟄伏了將近8年的競爭慾望，被2‧20會議徹底點燃。

　　想和沃爾瑪、家樂福一較高下，上市成為解決長期融資渠道的唯一辦法。只有上市融資，才能迅速擴大經營規模，提高經營效益。而反過來講，

如果沒有足夠的規模和經營效益，也根本進不了證監會等國家審批機構的法眼。

我一改低調、謹慎、量力而行的發展原則，心裡開始揣摩出一條和過去 8 年的謹慎發展完全不同的發展路徑，這就是：

想盡一切辦法，迅速全面佔領華北、西北、東北的二、三線城市，努力為上市積累業績和素材。同時，全面提升公司的管理水平，在經營效率和運營質量上，和沃爾瑪、家樂福一較高下。在這樣的基礎上，積極爭取上市。上市成功以後，再加大家世界大型超市在中國北方的覆蓋密度，2006 年正式打過長江，挑戰家樂福、沃爾瑪佔據優勢的中心城市。

2·20 會議一散，我立即開始實施新的擴張計劃，開始在唐山、石家莊、保定、洛陽、丹東、吉林、呼和浩特、包頭，甚至甘肅的白銀，陝西的咸陽、寶雞跑馬佔地，拚命建設家世界購物廣場。

從 2004 年開始，家世界進入了快速擴張的時期。

全力為上市創造條件

在迅速擴張的同時，家世界必須大幅度提升自己的經營水平和盈利能力。此時，從企業內在的運營質量和經營效果上看，家世界和家樂福相比，還有相當的差距。他們的經營效益和盈利能力遠在我們之上。家樂福是擋在家世界面前的一座大山，一座我們必須攀越的大山。

創辦於 1959 年的家樂福，是超級大賣場業態的開山鼻祖。1963 年，家樂福就在法國開設了世界上第一間超級大賣場。儘管在全球範圍內，家樂福的經營規模始終在沃爾瑪之下，但他們在超級大賣場業態上的經營能力，卻遠遠超過沃爾瑪及世界上任何其他的超級大賣場公司。

早在 2002 年，我們就看到了家世界和家樂福在經營水平和盈利能力上的差距。那時，家世界超級大賣場的平均毛利率已經達到了 19.27%，這不

僅遠遠超過了國內前十名連鎖超市，也超越了沃爾瑪中國「超級大賣場」的平均盈利水平。不過，家樂福的平均毛利率水平卻在 22% 到 23% 之間。由此推算，家樂福的純利潤率，應該比家世界高近 2.5 個百分點，這使我們既羨慕，又嫉妒。

不要小看家樂福和我們這 2.5% 的毛利差距。這等於說，家樂福一個店的獲利能力和我們兩個店差不多。如果家樂福想擊垮我們，只需把他們的商品平均售價降 3%，不僅可以輕易地擠掉我們那 3% 的純利潤，使我們的純利潤為零，還可以搶走我們的傳統客人。而他們仍然保持全國最高的盈利水平。這相當可怕。

一旦這樣的競爭形勢出現，我們便進入兩難選擇：如果在價格上跟家樂福硬拚，頃刻之間，我們就變成虧損企業。如果不理他們，繼續維持我們的盈利水平，那我們的客人將被他們搶走，最終，我們還是會失敗。

針對我們和家樂福在盈利能力上的差距，從 2002 年到 2004 年間，我集中家世界助理店長以上的幹部，以超越家樂福為目標，召開各專業類別的研討會，共達 67 次。幾乎每兩週就要召開一次研討會，一共歷時三年。我發動了家世界所有幹部，包括店長、店長助理、採購、客服人員、財務人員、公司高管，全部開動腦筋，查找我們和家樂福的經營差距，提出改進辦法。

每次研討會，大家都用圖片、錄像、訪談、市場調查等各種手段，剖析我們和家樂福之間在各方面的差距。67 次研討會期間，許多次是我親自進入天津家樂福店，在助手的掩護下，偷偷錄像或拍照，然後做成 PPT 文件，在研討會上分析、講解。我會一一對比家樂福和家世界在商品陳列上的差距，分析我們貨品選擇上的不足，查找我們定價政策上的失誤，以及顧客服務上的不到位之處。找出這些毛病，以激起公司幹部們的研討熱情，集思廣益，尋找追趕家樂福的辦法。

2003 年夏天，我索性派出一支 300 多人的龐大隊伍，乘坐 8 輛大巴

車，浩浩蕩蕩地從天津出發，到上海虹橋家樂福店，現場剖析和學習家樂福。這300多人，包括家世界各個超級大賣場的助理店長以上的所有幹部。我讓他們在上海整整住了一週。這些考察人員，白天在虹橋家樂福認認真真地「上班」，晚上回到旅店再開會研討。大家情緒高漲，經常討論到深夜一兩點鐘。

那一週的上海虹橋家樂福店，被我們折騰得天翻地覆。

每天家樂福虹橋店一開門，最先湧入商店的都是天津家世界的員工。他們一進店，馬上各就各位。收銀組的人，記錄家樂福的人流、客單結賬時間，不同時間段的收銀員調配數量。商品擺放組的人，一個部類一個部類地去抄錄商品擺放和陳列方式。商品價格組的人，搜集各種不同商品的價格及分佈曲線。收貨流程組的人，事先和與我們兩家都有供貨關係的供貨商商量好，偽裝成該供貨商的送貨人員，混入虹橋店的收貨區，記錄家樂福的收貨流程、時間消耗、訂單發放等。人力資源小組的人，則每小時一次，記錄虹橋店上崗員工的數量，考察在顧客高峰／低谷時的不同人員配置。總之，我們的300多人都有事先安排好的調查和學習任務，他們要一個部門一個部門地尋找差距，分析彼此的不同，汲取先進經驗。

整整一週，我們300人搞得家樂福虹橋店惶惶不可終日。他們覺得，天津家世界來家樂福這麼公開地考察和研究，是明目張膽地偷竊他們的經營技術。家樂福對家世界的這種做法氣憤已極：這不僅匪夷所思，還有點不要臉。不過他們有什麼辦法呢？反正他們也不能把我們的人趕走。從法律上講，我們這300多人，也是他們商店的顧客，他們拿我們這300多位膽大妄為的技術偷竊人員，一點轍也沒有。

這次前無古人的「敵意學習」，完全是為了最後打敗家樂福，連家樂福的法國總部，聽說這事後都嚇了一跳。這件事後來被廣泛流傳，在當時的中國零售業界，一時傳為佳話。

這三年，我們確實調動了全公司每個人的能力和熱情，刻苦學習，不

斷改進。三年下來，我們從上到下含辛茹苦，家世界運營系統的各個方面，確實有了大幅度的進步。但在公司的盈利能力上，效果卻讓人失望。追趕家樂福的目標不但沒有實現，在某些方面，我們之間的差距還被再次拉大。到了 2004 年底，我們的銷售毛利率，從 2002 年的 19.27%，退步到了 18.39%，而家樂福仍然保持在 22% 以上。

看到這個結果，我痛苦、失望、無奈，也有些百思不得其解。

若干年以後，當我完全冷靜下來，重新回過頭去再仔細看時，不得不承認，和家樂福在盈利能力上的差距，是我們根本無法追趕的。

其一，早在 2002 年，家樂福就把自己的全球採購總部，設在了上海。他們還在北京、天津、大連、廣州、深圳等十個城市，設立了採購分中心。此時，他們已經與 1425 家中國的供應商，建立起了強大而穩固的採購關係。2003 年時，家樂福在中國的全球採購金額，已經達到了 178 億人民幣。加上中國家樂福店的本地採購，他們的總採購額已經達到 280 億人民幣以上。他們強大的採購和砍價能力，是我們根本不能比擬的。由於強大的公司實力和巨大的採購金額，家樂福在中國採購的貨品價格，往往要比家世界同樣商品的採購價格低 3 至 8 個百分點，有些商品的進貨價差甚至超過 10%。在這方面，任何本土零售企業也無法和家樂福抗衡。這是家樂福比我們經營毛利率高 3% 左右的根本原因所在。

其二，從 60 年代開始，家樂福就開始開發他們的自有品牌。四十年來，他們一共開發出了四大門類，2000 多個單品的自有品牌。這包括：生鮮自有品牌、雜貨自有品牌、家電自有品牌、百貨自有品牌。這些家樂福的自有品牌商品，都有著科學的價值設計、嚴格的質量標準和極低的生產成本，因此非常受消費者歡迎。這些自有品牌商品，價格極低的原因是：

①他們省掉了一般性品牌商品裡的廣告和市場開發費用；

②由於是來料加工，定牌生產，廠商利潤被嚴格限制在生產環節。設計、採購、庫存、市場推廣上的費用和利潤都被家樂福擠乾；

③這些自有品牌商品，事先都經家樂福進行過價值設計，去除了許多無用功能，因此大幅度降低了商品的製造成本；

④由於是全球採購，屬有保障的長期超級大訂單，眾多生產廠商為爭奪訂單而大幅降低加工利潤。

由於以上四點原因，家樂福的自有品牌商品，價格比一般商品低得多，而銷售利潤率卻比一般品牌商品高很多。

自有品牌是家樂福利潤高企的殺手鐧，這形成了他們的絕對優勢。

由於我們的銷售規模僅為家樂福的 1%，因此，我們的自有品牌策略，沒有辦法像家樂福那樣有效地施行。

這些認識，在 2004 年時我還沒有完全弄懂，總覺得我們全公司上下這麼努力，為什麼三年時間還是趕不上家樂福？這使我極度沮喪和憤怒。

我一生憎恨失敗，尤其憎恨自己全力拚搏了以後的那種失敗。幾十年來，我經歷過各種各樣的挑戰，還沒有像這次花了三年時間，全力追趕家樂福，不僅一點沒有追上，還讓人家越甩越遠。

我的自信心受到很大傷害。我開始懷疑自己的能力，進而也開始懷疑我們整個團隊的能力。

這樣的狀況如果得不到根本性的扭轉，我們如何說服投資人？如何說服證監會？如何能夠在最短的時間內完成上市目標？

為了能夠追上家樂福，為了能夠儘快上市，我決定徹底更換我們的管理團隊。也像家樂福一樣，我要從裡到外組建一個國際化的專業團隊，接手家世界超級大賣場的運營和管理。

需要首先動手的自然是家世界的董事會。

1992 年我就建立了公司董事會。不過由於我擁有公司 100% 的股權，這個董事會其實更像是一個總經理聯席會議。算上我這個董事長，董事會一共九個人，都是我各個公司的總經理或副總經理。他們八個人中，五個董事是我過去的學生或學生的學生。其餘三名董事，一個是我兒子的舅舅，

還有一個是我南開大學經研所所長的兒子，嚴格來講，他應該算是我的侄子。看得出來，在這個董事會裡，一定是我的一言堂。毫無疑問，他們每個人都會對我言聽計從，不會有任何不同意見。

這樣的董事會有兩大風險：1、沒有人會對我的決策提出反對意見，即使有意見，一般也會看我的臉色行事。這樣，公司董事會根本不可能最大限度地防範決策風險，也對我可能犯各類錯誤，沒有有力的制約機制；2、由於沒有人真正地懂得零售業，董事會對於公司的長遠發展，經營技術，成本控制，市場推廣，競爭策略，都毫無經驗。這樣的董事會，不可能成為帶領家世界打敗家樂福和沃爾瑪的火車頭和發動機。

從專業上講，在跟著我幹之前，他們每個人都沒有做過生意。他們對公司管理，也都是我手把手教出來的。現在經營超級大賣場，也都算是我的學生。他們每一個人，都是我一步一步培訓起來並拉到這個業態裡來的。

當然，只要我一聲令下，這些人都會不遺餘力，捨生忘死地拚命幹。不過，僅僅如此，他們能夠在公司董事會這個層級上，真正地發揮作用嗎？

此時的家世界，銷售額已經接近 10 億美金（2004 年家世界銷售額已經達到 72.25 億元人民幣），儘管在沃爾瑪和家樂福面前不值一提，但這樣的銷售規模，已經是一個不折不扣的「世界級」零售企業了。面對規模如此巨大的新興本土企業，這些跟我一起創業的草莽英雄們，已經顯得無所適從。當然，我本人也包括在內。

我開始懷疑這個董事會的專業能力，甚至懷疑這是否算是一個合格的董事會？這個董事會，在中國加入 WTO 的新競爭形勢下，還能不能繼續帶領企業，走上一個新的高峰？能不能帶領 3 萬名員工，超越沃爾瑪、家樂福？我的結論相當悲觀。三年時間，67 次研討會，全公司上下拚死追趕，卻沒有趕上家樂福，就是一個令人失望的反面例證。

未來，家世界必須上市。只有上市，我們才有和沃爾瑪、家樂福全面競爭的本錢。

　　而中國股市的審批制，使得企業得到擴股融資的批准時間，處在永久性的不確定之中。這就根本無法適應發展極為迅速的零售市場的擴張需求。因此，家世界只有捨棄國內，去香港上市。在香港股票市場上，只要有投資人買，任何上市公司的擴股融資，一週就可以拿到錢。只有香港的現代化資本市場，才能適應連鎖零售企業的迅速發展的需求。

　　不過，香港是一個嚴格的資本主義市場經濟環境，誠信、合法、透明，是香港上市企業必須具備的條件。從這個意義上說，家世界現在的董事會，也有許多讓香港資本市場和世界各地投資人不能放心的地方。

　　於是，我們現在這個董事會，不僅會在專業能力上被資本市場和投資人懷疑，能否嚴格遵循國際準則運作，是否具備國際資本市場要求的道德操守和誠信，也會受到嚴格的挑戰。這也是我最擔心的地方。

　　我下定決心，必須建立一個符合上市公司要求的國際化董事會。

　　我首先想到的人選，自然是吉姆·英格利斯。他不僅是我的朋友，合作夥伴，還應該算是我在零售業上的導師。他肯定會不遺餘力地幫助我，成為我的新董事會的核心人物。

　　通過吉姆·英格利斯引薦，我還請了歐洲最大非食品零售企業，英國「翠豐集團」的前CEO傑夫·馬爾卡西爵士。他曾擔任翠豐集團的董事長兼CEO。由於他是世界零售業的著名領袖之一，請他和吉姆·英格利斯一起加入我的新董事會，這個董事會一定會成為一個有世界級威望的董事會。

　　第三位被我請入董事會的是英國特易購（Tesco）公司原亞洲區CEO麥克·雷克萊夫特（Mike Raycraft）。特易購是緊排在沃爾瑪和家樂福之後的世界第三大連鎖超市公司。麥克·雷克萊夫特是特易購在整個亞洲的CEO。我親自到新加坡去拜訪他，請他出任家世界集團的董事，他接受了我的邀請。

　　第四位被我請進新董事會的老外是保羅·赫伯（Paul Hueber）。保羅·赫伯曾是凱馬特（Kmart）國際部的CEO，有著幾十年大型超市的運營經驗。

　　除了以上四位鼎鼎大名的世界零售業權威以外，我還請了我的好朋友，北京大學光華管理學院的著名經濟學家張維迎教授擔任了我的獨立董事。張維迎教授從來不給任何公司擔任獨立董事。但我的盛情邀請，他還是接受了。他的直言和正直，將在一定程度上保證我們公司永遠健康和合法的經營家世界。

　　原先的家世界的董事于鯤、谷群、張偉明三人繼續留任，這樣我為家世界組建了一個世界級的董事會。無論專業能力還是道德操守，這個新董事會都會變成家世界一張耀眼的「名片」。這個董事會將會極大提升我們在香港成功上市的可能性。

家世界集團新董事會全體成員。前排左起：于鯤、我、傑夫·馬爾卡西爵士、麥克·雷克萊夫特；後排左起：吉姆·英格利斯、保羅·赫伯、張偉明、谷群。（著名經濟學家張維迎為獨立董事）

家世界董事會官方合影。

家世界集團全體中方高管合影。

　　經我的提議，由新董事會通過，我們委任美國人保羅‧赫伯擔任了家世界大型連鎖超市集團的首席執行官（CEO）。又聘請了原凱馬特國際部運營總監，美國人伊恩‧斯科特（Ian Scott）擔任了首席運營官。還請了美國德勤會計師事務所出身的埃里克‧哈斯凱爾（Erick Haskell）擔任了首席財務官。我還從英國的特易購聘請了著名的物流配送專家科林（Colin），負責倉儲物流業務。

　　從 2004 年開始，我花費巨大心血，搭建了一個世界級的董事會和一個世界級的零售業管理團隊。在此同時，我還僱傭了世界四大會計師事務所之一的德勤會計師事務所，作我們的專門審計機構。每年花好幾百萬人民幣，請一個世界級的會計師事務所給一個純私人公司作審計，這在全中國也沒有先例。

　　德勤把我們所有的賬目都翻了個底朝天。在他們的幫助下，由埃里克‧哈斯凱爾主持，我們重新建立起了完全符合國際會計師準則的公司財務體系。這是另一項重大改變。

　　家世界公司的董事會成為了一個由老外主導的董事會，公司管理層也進行了翻天覆地的人事調整，原來和我一起打天下的創業老臣，都退居了二線。一線的管理權，全部交給了美國人保羅‧赫伯領導的國際化專業團隊，這在全中國零售業引起很大震動。

　　家世界請德勤來自己審計自己，也是業界從未聽說過的事情，這也引起了很多人的好奇心。

　　許多人問我：家世界集團在全中國的連鎖零售業中，已經處在領先地位，盈利能力也是所有本土企業中最強的。為什麼會用一個完全國際化的團隊，換下原有的本土創業團隊呢？又為什麼每年花好幾百萬，去請一個國際會計師事務所給自己作審計呢？

　　我的回答很簡單：這一切都是為了迅速提升家世界的經營管理水平和風險防範能力。同時，也為家世界儘快赴香港上市，奠定基礎。當然，最

終的目標，還是實現超越沃爾瑪，超越家樂福，把家世界建成中國最好的現代零售集團。

香港「紅籌上市」失利

更換董事會的大部分成員，公司的高級管理層都可以理解。終究吉姆·英格利斯和傑夫·馬爾卡西爵士，不僅是世界零售界的領袖人物，還都在世界最大的零售公司當過董事甚至董事長。沒有人會懷疑他們對現代零售業的理解力和戰略思考能力。麥克·雷克萊夫特和保羅·赫伯，也都曾經是世界最大連鎖超市公司的著名「高管」，他們的資歷和經驗，也絕非只有幾年零售業經驗的草莽們可以比擬的。張維迎教授則是中國經濟學界最有威望的經濟學家之一，他幾十年在學術研究領域所展現出來的凜凜傲骨，為許多有正義感的知識分子所推崇。有他作我們的獨立董事，會極大增加公眾對於家世界集團的信任感。

說實話，作為一家中國的私人企業，能夠組建這樣一個世界級的董事會，絕對不是一件容易的事。這些功成名就的世界商界領袖人物，如果不是對我本人的行為操守、職業精神、合作態度有高度認同的話，絕不會冒著毀掉自己職業聲望的危險，去參加一個中國私人公司的董事會。當然，中國巨大的發展前景和家世界集團所表現出的進取精神，也是吸引他們來擔任家世界董事的原因。他們希望能夠有一個平台，可以把他們積累了一輩子的零售知識和經驗，奉獻給這個正在崛起的東方大國。

對組建這樣一個全新的董事會，公司上上下下還是贊同和支持的。即使由此而退出董事會的 5 個人，雖然內心裡不會太高興，但也沒有什麼怨言。

不過，我讓保羅·赫伯帶領一個外國管理團隊，突然空降到家世界超級大賣場，全面接管所有管理責任的決定，還是在家世界所有高層管理人

員中間，掀起了一場軒然大波。

家世界的這些高管們，從跟隨我創業的第一天起，就把自己的命運拴在了這個企業上。幾年來的傾心投入、含辛茹苦，換來了家世界今天的成就。他們和我一起，把美國最先進的幾個零售業態，先後帶進了中國，還讓家居、家樂取得了舉世矚目的成功。現在，家世界集團已經是銷售額近百億人民幣的巨型公司，成為中國零售國家隊的一員。在中國的零售業裡，家世界已經穩居在一個讓人羨慕的位置。這一切都在客觀上證明，他們的工作是卓有成效的。也正因為如此，他們聽到了太多的讚揚，一直生活在充滿成就感的輿論環境裡。他們有時把家世界看成自己的孩子，又有時把家世界看成自己的家。

現在，他們一下覺得，自己的孩子讓幾個毫不相干的老外給搶走了。自己這個家，也被這幾個老外徹底霸佔了。他們怎麼也想不通。

我的感覺卻與他們不同。三年追趕家樂福，我投入了巨大的心血和努力，但最後還是以失敗告終，這使我既痛苦，又失望。痛苦在於，我已經傾盡全力，卻完全沒有達到目地。失望在於，我的高層管理團隊，竟然大多數對這個失敗，似乎無動於衷。

此時的家世界高層，對於已經取得的成就好像相當滿足。他們認為，即使追不上家樂福也沒有什麼了不起。而在我心裡，説輕了是我們沒有本事，説重了是我們根本就沒有這樣的鬥志和企圖心。

我痛恨我們高層中彌漫著的這種不思進取的滿足感。也痛恨我們個別高管，天天熱衷於酒宴佳餚，每晚酩酊大醉。不能容忍我們高層中有些人，已經在利用權力，和自己的女下屬不乾不淨。我尤其不能容忍的是，高管層中的少數人，已經開始偷偷地收受供貨商賄賂。

我敢肯定，家世界創業初期的那個充滿朝氣，所向披靡的高管團隊，現在已經發生了巨大變化。隨著不斷到來的成功，那些曾經令人生畏的精神力量，漸漸開始消退。奇怪的是，這些高管層的每個人，都看不到自己

身上的這些變化，他們沉醉在自己曾經做出的貢獻裡不可自拔。他們每個人都覺得，自己永遠是家世界不可或缺的領導者之一。

我突然決定，讓外國人空降去接管他們的權力，使他們每個人都感到吃驚、失望、不滿，繼而怨聲載道。

冰凍三尺非一日之寒，追趕家樂福的三年，就是我對自己的管理團隊逐漸失去信心的三年。

此時我已經管不了這麼多了。為了迅速改善正在下滑的家世界超級大賣場的經營業績，為了建設一個為投資人信服的公司法人治理結構，最終為了在香港順利完成紅籌上市，我必須在董事會和管理層兩個方面，同時進行這兩項重大手術。

所謂紅籌上市，是指為了避開在國內上市嚴苛、複雜、冗長、毫無保障的審批過程，企業以個人名義，在開曼、百慕大或英屬維爾京群島等地設立一間空殼公司。再把中國境內股權或資產以增資擴股的方式，注入空殼公司。之後再以境外公司名義，申請在美國、香港、新加坡等地海外上市，這就是俗稱的紅籌上市。

與大型國有企業的香港 H 股上市相比，證監會對於紅籌上市的規定較為寬鬆，上市費用也更低。另外，上市後再次融資的能力也更強— 企業上市半年後，便可發行新股再融資。

2003 年 3 月 25 日，證監會取消了所謂「無異議函」。這就意味著，私營企業海外紅籌上市的最大障礙已經解除。對於我們來說，這是個天大的喜訊。證監會從此不再對國內民營企業境外上市進行審核及管轄。於是從 2003 年 4 月份起，國內私人企業紅籌上市風起雲湧，家世界恰好趕上了這個千載難逢的好時候。

我緊鑼密鼓，拚命加快海外紅籌上市的步伐。

中南海 2‧20「流通企業改革與發展座談會」之後，我立即向天津市長戴相龍彙報了家世界集團打算赴港紅籌上市的想法，他表示天津市會給予

全力支持。

有了天津市政府的支持，我立即去香港尋找負責舉薦的投資銀行和主要投資人。

家世界紅籌上市的項目很快獲得香港資本市場的關注。美國中國零售基金的總裁劉輝、貝恩資本大中華區 CEO 竺稼、花旗集團所羅門美邦主席梁伯韜，都親自來天津和我見面。新加坡主權基金 GIC、世界銀行所屬的 IFC、德意志銀行、法國巴黎銀行（BNP）也都派人到天津來找我，希望成為家世界集團赴港紅籌上市的舉薦人或投資人。凡到天津來的這些投資銀行和私募基金，都表示出和家世界合作的願望。

美國中國零售基金和所羅門美邦，在所有潛在投資人中的投資意願最為強烈。

梁伯韜是香港最有影響力的投資銀行家，他所創辦的百富勤，在上個世紀九十年代，幾乎包攬了所有中資央企和國企在港上市的業務。因此，梁伯韜有香港紅籌之父的稱號。

梁伯韜表示，所羅門美邦願意作家世界集團香港紅籌上市的舉薦人，同時美金包銷家世界 IPO 時的兩億美金新股。之後，我又在香港和梁伯韜見過兩次面，基本確認所羅門美邦作我們赴港上市的投資銀行和舉薦人，梁伯韜也再次表達了包銷家世界兩億美金新股的意願。

2004 年 9 月中旬，我先後兩次，分別通過天津市對外經貿委和天津市商委，向中國商務部提出了家世界集團赴香港紅籌上市的申請。我認為，有了國務院優先上市的承諾，有了零售國家隊的名號，家世界赴港紅籌上市的事，應該會痛痛快快地拿到商務部的批准。

此時萬事俱備，只欠東風。

10 月下旬的一個週五，天津對外經貿委的一位副主任請我到他的辦公室。他告訴我，已經收到外經貿部的回覆。外經貿部經過研究，不同意家世界集團去香港紅籌上市，我的申請被駁回。外經貿部不批准的理由是：

家世界既是國務院審定的中國零售國家隊成員，又是中國零售行業重要的民族品牌。一旦赴港紅籌上市，家世界勢必變為一間外國公司，外經貿部不希望我們的民族品牌流失。

聽到外經貿部這個意見，我驚得待在那裡半天說不出話來。這是個什麼邏輯呢？你幹得好，就被強行拉進了所謂國家隊；然後，你就成了國家欽定的民族品牌了。由此，你就失去了紅籌上市的資格，也就丟掉了一個便捷、有效的融資渠道。於是，你和沃爾瑪、家樂福長期持續競爭的希望便徹底破滅。而所有這一切，竟然被外經貿部掛上了「保護民族品牌」的名義。

在這樣的事實面前，如果你還想上市，只能被迫煎熬在國內嚴苛、複雜、冗長、毫無保障的審批過程中。尤其痛苦的是，如果想「再融資」，你還要繼續重複這樣一個可以把人折騰死的過程，進而喪失企業迅速擴張的可能性。而產生這樣一個悲劇的全部原因，竟然因為你有個國務院欽定的國家隊名號。而被扣上這個名號，純粹是因為你是幹得最好的零售企業。

這裡面都是什麼邏輯呢？既讓人無法理解，又讓人哭笑不得。

再說，公司在開曼、百慕大、維爾京群島註冊，就被定義成了「外國公司」，這個看法也實在太過荒唐。世界最大的飲料公司可口可樂，是在開曼群島註冊的，難道可口可樂就不是美國公司和美國品牌了嗎？世界最大的洗化用品公司寶潔，也是在開曼群島註冊的，難道寶潔也不是美國的公司和美國的品牌了嗎？本書多次提到的家得寶，是全世界最大的家裝建材零售企業，他們的註冊地是印度洋上的毛里求斯，但全世界沒有任何一個人會說，家得寶是一個毛里求斯公司，而不是一間美國公司。

外經貿部駁回家世界赴港紅籌上市的申請，不僅荒唐，而且可笑。我只能說，在這些大官兒們的眼裡，企業的生死與前途，他們根本不在乎。他們只在乎他們領導的旨意，而那些旨意，很多都是一文不值的東西。

過了幾天，我又去找了戴相龍市長。我告訴他，如果政府想維護和發

展家世界，就必須支持我們到香港去紅籌上市。只有在香港上市，才能藉助香港資本市場的快捷、方便，保持家世界的擴張速度和競爭能力，這才具備和沃爾瑪、家樂福展開長期競爭的融資條件。國內上市，既不可能知道何時可以獲得批准，也不可能獲得香港股市一樣的便捷融資渠道。

我希望藉助他本人的力量，說服外經貿部，批准家世界去香港紅籌上市。

戴市長真夠意思。10月底，他帶著我又專程去了一趟北京，分別拜會了外經貿部主管副部長馬秀紅和主管國內零售業的部長助理黃海。

一看戴市長親自出面，馬秀紅副部長和黃海部長助理都相當客氣。但一談到家世界赴港紅籌上市的事，他們都説已經無能為力。原來，某位主管副總理已經親自交待，中國零售國家隊的成員，除了個別早已完成紅籌上市的以外，都要保持他們的民族品牌地位，不能改變。

我始終覺得這位副總理的觀點，一點道理也沒有，我的努力沒有停止。

但福無雙至，禍不單行！

兩個半月以後的 2005 年 1 月 24 日，國家外匯管理局突然頒佈了 11 號文，其中第二條規定：境內居民換取境外公司股權的交易，必須取外匯管理部門的核准。

緊接著，2005 年 4 月 8 日，國家外管局又補充頒佈了 29 號文，規定境內居民換取境外公司股權的交易及日後一切變更，都應到外匯管理局辦理境外投資外匯登記手續。

一個文件是「應取得外匯管理部門的核准」；另一個文件「應到企業所在地外匯局辦理境外投資外匯登記」；國家外匯管理局這兩個文件的頒佈，給私人企業海外紅籌上市，設置了無法逾越的障礙。實際上徹底封死了民營企業海外紅籌上市的通道。

從 11 號文和 29 號文頒佈開始的三年內，再也沒有任何一家國內民營企業，實現海外紅籌上市。

回過頭去看，家世界可以順利實現香港紅籌上市的機會，僅僅出現在4個半月的短暫時間段內。從 2004 年 9 月公司向外經貿部提出紅籌上市的申請開始，到 2005 年 1 月 24 日國家外管局頒佈 11 號文時為止。在這珍貴的 4 個半月之中，家世界已經完成了海外紅籌上市的所有前期工作。但是某位副總理和外經貿部有關保護民族品牌的決定，毀了家世界香港紅籌上市的所有努力。

在我漫長而艱難的經商歲月中，這是第二次讓人刻骨銘心的「功敗垂成」。十年前的那一次，是一個叫肯·蘭崗的美國人，一個電話毀滅了「家得寶中國」的合資項目。儘管肯·蘭崗是一個資本巨人，但在我眼裡，他就是華爾街一個醜陋的劊子手，對他的決定，我沒有力量做出任何反制和回應。這次是一位主管國家對外經貿事務的副總理，一個有關「民族品牌」的美好想法，毀滅了 3 萬多家世界人，用近十年艱辛付出換來的海外上市機會。我同樣沒有能力對這個錯誤判斷，做出任何反制和回應。

儘管前後相差了十年，我痛苦地感到自己仍然是如此地無能為力。十年了，這一點居然沒有任何改變，什麼時候我們才能夠真正地主宰自己的命運呢？

十九　忠誠與背叛

他們決心「拆台」

一年半過去了，我們在中南海「流通企業改革與發展座談會」上得到的承諾，一樣也沒有兌現。500 億專項基金，只不過說說罷了。那天參加會議的 15 位零售巨頭，誰也沒有見過這 500 億中的哪怕一分錢。所謂優先上市的扶持政策，也像 500 億零售專項基金一樣，不過是會議組織者一時興奮，給我們吹的一個大泡泡而已。我們不但沒有得到任何優先上市的照顧，還因為「零售國家隊」的耀眼身份，被以保護民族品牌的名義，剝奪了海外紅籌上市的權利。

最讓人啼笑皆非的是，政府剝奪我們海外上市權利並由此摧毀我們競爭基礎的原因，竟是因為我們是全中國幹得最出色的連鎖零售企業。他們喜歡我們，重視我們，甚至想扶持和幫助我們。但最終，他們的美好想法沒有給企業幫上任何一點忙，還毀滅了企業進一步發展的基礎。這似乎完全不符合一般人的思維邏輯，但它卻像一齣滑稽戲一樣，在我們眼前實實在在地出現了。

外匯管理局的 11 號文和 29 號文在 2005 年 1 月和 4 月陸續發佈以後，家世界海外紅籌上市的通路被徹底堵死。

危機隨即來臨。

在此之前，為符合上市條件和國際投資人的胃口，我們已經花了大把

金錢，把董事會更新為一個世界級的全新董事會。家世界超級大賣場的管理團隊，也已經由保羅・赫伯率領的美國新管理團隊所取代。德勤已經被聘為家世界的財務審計師並工作了將近三年，花費不菲。在短短兩年多的時間之內，家世界大規模的擴張行動已經全面展開，北方二、三線城市的二十幾家新店，已經陸續開業。

之所以採取這麼激進的作法，原本是相信國務院那 500 億零售基金的相應份額，馬上可以到手。而且按照當時的相關政策，香港紅籌上市也沒有任何障礙。我把希望寄託在紅籌上市後，所羅門美邦所包銷的那 2 億美金上。那 2 億美金的到來，足以使家世界迅速成為全中國超級大賣場行業的霸主。

為了海外上市採取這種類似「搏殺」的做法，直接結果是經營成本的大幅度上升。其次，因為新店比例過高，總體經營利潤便大幅下滑。但為了儘快上市，我認為這些都是暫時的。只要資金一到位，一切都不在話下。

現在，家世界為上市採取的所有行動，大規模擴張所投入的巨額資金，只能佔用家世界日常運營的流動資金來解決了。不足部分，就拚命爭取各家銀行的流動資金貸款，然後再「短貸長用」，投入到新店建設中去。再不夠的部分，就被迫佔用供貨商的應付貨款了。

2006 年初，家世界要求供貨商給予的付款「賬期」（供貨商貨物到店後，商家延後付款的時間，稱作「賬期」），已經從幾年前的 60 天，漸漸延長到了 240 天，這已經是全國所有大型零售企業中最長的「賬期」了。供貨商怨聲載道，有的供貨商開始尋找各種理由，拒絕給家世界繼續供貨。

家世界在各個銀行的流動資金貸款總額，已經超過了 20 個億，每年需要還給銀行的利息總額，就接近 2 億元人民幣。

最要命的是，這 20 億流動資金貸款，大多是 1 年期的短期貸款。這樣，家世界所在的各個城市，每個月都有不同銀行的數筆貸款到期。我每天都要為這些到期貸款，千方百計地籌措新的資金，以便還上到期貸款，

再尋求借出新的貸款。

各種情況顯示，家世界兩年多的大規模擴張，使自己的現金流出現了從來沒有過的緊張狀況。加上新店的經營情況普遍不好，使家世界原本良性的運營狀況迅速惡化。這就凸顯了家世界資金鏈的潛在危機。

自從 1996 年第一間家居和家樂開業以來，家世界的經營一路順風順水，無往不利。2004 年到 2006 年間，儘管家世界超級大賣場的商店數量大幅增加，但經營狀況卻每況愈下，這是我從來沒有遇到過的情況。其實此時，我心裡還真有些發虛。唯一的出路，大概只有繼續努力，再去爭取香港上市，拿到所羅門美邦那誘人的 2 億美金。只有如此，家世界的資金鏈危機才可能徹底解決。

2006 年夏天，我再次來到香港會見我們的上市律師。我是希望通過深入研究，找到可以繞開政府「紅籌禁令」的其他上市渠道。

我們討論了各種可能性。當香港律師知道我已經成為一名加拿大公民時，他們高興得幾乎從椅子上蹦起來。我們終於找到了一條在香港上市的全新通道。

家世界赴港紅籌上市，確實還存在一條隱秘的救命「通道」。

從 1997 年到 2006 年，中國行政當局涉及海外「紅籌上市」的權威文件，一共有五份政令：1997 年國務院 21 號文，2005 年外管局 11 號文、29 號文、75 號文，以及 2006 年 8 月商務部等六部委的 10 號令。

這些陸續發佈的政令，總的趨勢是政府對海外上市的監管越來越嚴。到了六部委的 10 號令時，一個國內公司去香港紅籌上市，要經過商務部、外管局、證監會、工商局四個部委，共 8 道手續的嚴格審批，使中國境內企業海外紅籌上市，變得幾乎不可能實現。而有趣的是，所有這些政令，都是針對境內居民、中國公民和境內公司的。外國居民以境外公司名義，併購其在中國境內企業的股權，然後再赴香港紅籌上市，卻不在這些政令的管轄範圍之內。換言之，只要國內公司的實際控制人，是位外國公民，

去香港紅籌上市，就不需要任何政府機構的批准手續。

頗為神奇的是，2006 年 1 月 9 日，我剛剛拿到加拿大公民身份。這就是說，我們恰好具備條件，可以安全避開 2006 年中央六部委 10 號令的管轄，也用不著到商務部、外管局、證監會、工商局去過那 8 道艱難的審批程序。我們可以不受管控地來香港紅籌上市。

真是山重水複疑無路，柳暗花明又一村。

當然，我們還是有一點點麻煩，家世界的 300 多位國內居民的小股東，是不可以直接成為香港上市公司股東的。

香港律師建議，家世界所有中國居民的股東（一共有 300 多人，由 68 人代持。這些股份都是我於 1999 年無償贈送給大家的），把自己的股份重新委託給我「代持」。完成這一「代持」手續後，利用我們在開曼設立的殼公司，併購家世界的全部股份，然後由這家開曼公司直接在香港上市。而這 300 多位具有國內居民身份的小股東，通過香港律師樓出具的「代持」合同，仍然享有未來香港上市公司的所有股東權益。因此，香港律師認為，完成這些「代持」手續後，家世界赴港紅籌上市，基本沒有任何障礙了。

我真是慶幸我在恰當的時候，變更了自己的國籍。其實，在申請變更為加拿大國籍的時候，我心裡還挺不是滋味：我一個堂堂的中國人，怎麼就變成加拿大人了呢？不過，加拿大平和的社會文化氛圍，健全的法制環境，優厚的福利待遇，以及 172 個國家免簽證的巨大便利，還是給了我難以拒絕的誘惑。這一切使我下決心，變更了自己的國籍。不過萬萬沒有想到，這個加拿大國籍在中國的體制下，居然還有這麼巨大的商業價值：沒有這份加拿大的外籍身份，香港上市融資的 2 億美金，一分也無法得到。從這個意義上講，這個加拿大國籍竟然價值 2 億美金，真是匪夷所思！

這件事，從事情本身的邏輯上想，好像有點說不通。許多中國人無法辦到的事，一旦你變成了外國人，就瞬間變得暢通無阻。這讓人有點無法理解，也多多少少有點荒唐。

從香港回到天津以後，我立即安排保羅‧赫伯和伊恩‧斯科特準備香港上市的商業計劃書；安排埃里克‧哈斯凱爾和香港德勤會計師事務所準備盡責調查的數據庫；安排杜宇村和美國「布朗＆伍德」的香港律師事務所，準備有關小股東「代持」的所有法律文件。

這次的赴港上市，應該不會再有任何問題了。

儘管赴港上市的工作已經安排妥當，我還是要每天面對家世界瀕臨崩潰的資金緊張狀況，心裡不勝其煩。我把天津農行、天津中行這兩個最大的貸款銀行的還貸事宜安排好了之後，就決定出去散散心。

2006 年 9 月初，我背上全套攝影設備，讓司機小邢開車，隻身一人奔赴四川、雲南、西藏去攝影採風。我要放鬆放鬆心情，徹底緩解這一段時間的緊張情緒。

攝影是我一輩子的愛好。從初中三年級開始，我就喜歡上了攝影。經商以後，每當我進入難以解脫的困境，遇到很難爬過去的「坎兒」的時候，我常會背上相機和一大堆攝影器材，只帶一個司機，到杳無人煙的西藏、新疆，到沙漠荒原的深處，風餐露宿，把自己融入那令人震撼的大自然之中。這時，在那些攝人魂魄的大山大川面前，在那些存在了幾億年的博大與浩瀚面前，我覺得自己和自己的那些煩惱，太過渺小，真不值一提。坎兒過去了又怎麼樣？坎兒過不去又怎麼樣？

此時的我，彷彿進入了另一個世界，從早到晚，都是單獨一人在和上天對話。於是，世間的一切困苦，都被我暫時忘掉。我也常用這樣的辦法，去消除心靈上的傷痛和精神上的創傷，以休養生息，等待光明的重新到來。等我再次從雄渾壯美的西部大山裡走出來的時候，我往往會覺得，自己從頭到腳已經煥然一新，渾身上下充滿了新的能量。

從北京飛到成都以後，司機小邢的車早就到了。上了越野車，停也沒停，直接走 318 國道翻二郎山、折多山到達了新都橋。這是我第六次來新都橋了。新都橋在川藏公路 318 國道上，是個令人神往的「攝影天堂」，一

片如詩如畫的世外桃源。永遠碧藍的天空，在白雲的烘托下顯得清碧如洗。綿延無垠的草原上，恬靜的小河泛著漣漪，歡快地流淌。連綿起伏的山巒，點綴著金黃的柏楊，給整個新都橋增添了獨有的和諧與華麗。牛群、羊群和藏寨，慵懶地散落在山腳下，在夕陽的照耀中，給人和煦的暖意。新都橋是個光與影的世界，是個神仙待的地方。在這裡，我真的可以忘卻世間的一切煩惱。

9月中旬，拍攝計劃已經完成了大半，我和小邢已經從稻城、亞丁又回到了新都橋。我接到了杜宇村從天津打來的緊急電話。

「爸，于鯤、谷群和我舅舅，都拒絕在『代持協議』上簽字。」杜宇村的口氣裡，有委屈，有驚恐，有憤怒，也有不理解。

「他們好像開過會，統一過思想。現在所有的原高層管理人員，都沒有簽字。」杜宇村這句話，把我也驚呆了。

「他們的理由呢？」我不解地問。

「他們說，你給他們的股份，是他們人生中最重要的一份財產。現在我們想做的海外紅籌上市，等於是把家世界所有資產都轉移到了海外。他們覺得自己這份財產，一下變成了自己在海外的虛擬資產。再加上是由你一人代持，他們覺得自己好像完全沒有了處置權。他們說，無論多少，他們只想擁有一份看得見、摸得著、自己可以隨意處置的資產。」

杜宇村接著說：

「我給他們所有人開了會，解釋了紅籌上市的政策規定和香港律師承諾代持協議的法律效力，但他們仍然堅持不簽字。」

杜宇村有些無奈：「其實在你重用老外，重組董事會和管理班子以後，他們每個人都有被徹底甩開的感覺。他們有強烈的危機感。看來只有你親自回來和他們解釋，才有可能解決問題。」

對香港紅籌上市所必須安排的股份「代持」，居然有這麼激烈的反應，完全出乎我的預料。而于鯤、谷群、王致強這三個人能夠統一行動，更是

我萬萬沒有想到的。這凸顯了事態的嚴重性，因為這三個人都和我有著特殊關係，而且都在家世界有舉足輕重的地位。

于鯤是我的學生。1984 年他曾以第一名的成績考上「天津對外開放管理幹部培訓班」，成為我那個「黃埔一期」裡成績最好的學生之一。畢業分配時，我親自舉薦他，把他分配到天津外經貿委研究室，作了我手下的一名研究人員。當時我是這個研究室的第一副主任，主持天津對外經貿的研究工作。

1991 年我把公司從深圳搬到天津以後，我鼓動已經當上研究室主任的于鯤，棄政從商，和我一起闖一番事業。因此，從南開「黃埔一期」開始到 2006 年，于鯤已經在我手下學習和工作了將近 22 年。在這期間，我曾經做過于鯤的老師，又當過他的頂頭上司，現在則是他的老闆。從這個意義上講，我對于鯤，既有教育之情，又有舉薦之義，更有提攜之恩。因此，于鯤與我有著長達 22 年的緊密關係。

于鯤初來公司的幾年裡，對經商一竅不通。我讓他負責公司的貿易部，從事內貿和外貿。他除了出了幾次大的紕漏，給公司造成許多麻煩以外，沒有給公司掙過一分錢，也沒有任何建樹。他為此內疚、痛苦、自責、甚至準備打退堂鼓。但我一直不放棄，繼續鼓勵他，培養他，信任他，手把手地教他。直到 1996 年，讓他領銜創辦家樂和家世界超級大賣場時，于鯤才終於顯露出了他的管理才華，把家樂和超級大賣場開得紅紅火火。

正因為于鯤在創辦家樂上的重大貢獻，1999 年在我贈送股份給三百位骨幹員工時，我特別贈送給他全公司最高的 600 萬股。

谷群則是另外一個完全不同的故事。

1991 年我把公司搬回天津以後，南開大學經濟研究所的谷書堂教授把我叫到他的家裡。谷教授曾經是我們南開經研所的所長，在經研所工作時，谷書堂教授對我很欣賞，也為我在 80 年代從事的許多研究工作，給予過很大的支持。我尊敬他，喜歡他，感激他。

　　谷老師開宗明義，要求我把他的大兒子谷群帶走。

　　谷教授說：「谷群學的是計算機專業，大學畢業後在一個機關的計算機室裡管理計算機。現在每天無所事事。我怕長期這樣下去，就把他給待廢了。他也想換個環境去闖蕩闖蕩。不如你把他帶到你的公司裡去，讓他幹什麼都行，經經風雨，見見世面。」

　　谷老師的要求是沒有辦法拒絕的。

　　谷老師儘管沒有教過我，我們純粹是同事關係，但我一直把他看做對我有知遇之恩的前輩和師長，他的懇求我不能不答應。從第二天開始，谷群就來我的公司上班了。

　　谷群也和于鯤一樣，從來沒有在任何公司裡幹過，也沒有任何經商的經驗。也是我手把手地教他，從公司建築工地的一名現場員幹起，逐步成長為公司的管理骨幹。

　　在谷群不斷成長的過程中，我幾乎每週都要找他談話，或表揚，或批評，有時甚至罵得狗血噴頭。說心裡話，谷書堂教授的委託一直像是一副重擔，使得我對谷群的成長格外精心。很多時候，我會覺得谷群就像是我的一個兄弟或晚輩一樣。看著他的每一個進步，我都喜不自禁。

　　甚至谷群兒子谷川考大學時遇到難題，他也是來找我幫忙。谷川最心儀的是南京大學，可按照谷川的成績，根本不可能考進南京大學。我親自出面和南京大學商量，通過一定的運作，讓谷川成功進入了南京大學經濟系。誠實地說，沒有我的苦心策劃和幫助，谷川無論如何是不可能考進南京大學經濟系的。

　　1998 年，谷群已經被提拔為整個家世界集團發展總公司的總經理。1999 年贈送股份時，他也獲得了全公司最高的 600 萬贈股。

　　我贈送的全部股份中，只有于鯤和谷群兩個人獲得了最高的 600 萬股。

　　王致強是我前妻王致華的親弟弟。

　　1982 年南開大學經濟系畢業後，王致強在天津城建學院教書。天津城

建學院最多算個二流大學，加上他不是學習建築和規劃的，因此在學校裡一直處於邊緣狀態。他只能在學校裡教教《政治經濟學》等基礎課程。在這樣的學校裡，既工資微薄，又了無興趣。

王致強通過他姐姐，向我轉達了想來公司發展的渴望，這觸碰了我的底線。在開始經商之初，我就給自己立下了兩條規矩：

1、永遠不和朋友做生意。

我認為，「朋友道」和「生意道」是兩種完全不兼容的關係。

朋友之間講的只是友情，絕對不該講利益。某些時候，朋友之間甚至可以不計代價，兩肋插刀，肝膽相照，以命相許。

生意夥伴之間卻完全是另外一回事。本質上商業合作是一種利益關係。或者合作起來共同獲利，或者在生意交往當中，相互獲利。總之，生意夥伴之間講的是贏利，卻不是友誼。

如果不加區分地把這兩種關係混在一起，不是生意毀掉了朋友關係，就是朋友關係弄砸了生意。

因此，我一生從不和朋友做生意。

2、除兒子外，我不會讓任何親屬進入我的公司。

親屬有一種超出一般人際關係的特殊屬性。在中國人的觀念和文化傳統裡，親屬之間一定是要互相關照的，因此在親屬之間很難講究原則和規矩。而公司是一個以盈利為目的的嚴格組織，所有僱員必須遵守公司的規矩，任何僱員也沒有無視原則的特權。除此之外，公司僱員必須達成公司的業務要求，沒有任何人可以例外。捨此，公司就不會僱傭這個僱員。

如果公司裡出現了親屬僱員，這些人往往會成為公司裡的特殊人物。親屬之間的特殊關照，往往會消弱或毀掉公司嚴格的管理制度。這些特殊照顧，還會破壞公司薪酬體系的公平性。總之，親屬僱員天然得到的某種關照，會腐蝕公司的管理機制。

因此，不用親屬是我在聘用人員上的一個底線。

但王致強是另外一個問題。從 1971 年我和他姐姐談戀愛時算起，我們已經相識了 35 年。我認識他的時候，他還是個 17 歲多一點的孩子。說我看著他長大的，一點兒也不過分。在我們相識的這 35 年中，我一直把他當做我的親弟弟，我們沒有過任何隔閡和矛盾。1987 年搬去深圳時，我還把在南開大學的住房，無償贈送給了他。在當時，那是一個重得不能再重的禮物。因此，我還徹底得罪了我在天津的一個親姨姨，導致我這個姨娘和我們一家斷交。

1991 年我回到天津做生意。應他的要求，打破慣例，在公司裡給了他一個重要的職位，並悉心幫助他，培養他，使他從一介書生成長為公司的重要管理人員。

1999 年贈送股份時，王致強得到了 500 萬贈股。

我怎麼也無法想像，這三個人會聯合起來，拒絕我的要求，不在那份「代持協議」上簽字。

他們從背後，狠狠捅了我一刀

不僅不在「代持協議」上簽字，他們三人還趁我不在公司，私下召集了若干次小範圍的會議。在這些會議上，于鯤、谷群、王致強三人聯手，影響所有原家世界的高管們，讓大家一起拒絕在杜宇村交給他們的代持協議上簽字。

他們不簽署這份「股份代持協議」，從根本上毀掉了赴港紅籌上市的唯一路徑。

難道他們不知道，家世界不能赴港紅籌上市，意味著家世界資金鏈將斷裂，繼而公司也就無法逃脫最終破產的命運。不簽字，絕對關係到家世界公司未來的生死存亡，這是一個決定公司生死的決定！

家世界的生命和未來，完全在於他們是否簽這個字！

　　簽了「代持協議」，公司將不受政府控制，可以沒有阻礙地完成在香港的上市融資。由於在 2001 到 2005 年，家世界都錄得了很好的盈利記錄，加上家世界在中國北方零售市場上的巨大體量和控制力，因此香港資本市場的投資人，一定會看好家世界的股票。梁伯韜的 2 億美金報銷，必會如期到賬。即使家世界 2006 年當年經營出現很多問題，家世界上市仍會受到資本市場的熱捧。

　　確實，2006 年經營業績不佳，會給估值帶來負面影響，但無論最終估值多少，我都可以接受的。因為，上市融資成功，將是家世界擺脫資金鏈斷裂的唯一可能。

　　不僅如此，只有赴港紅籌上市，他們這些小股東的股票，才真正具有市場價值，不僅公司價值會翻上幾倍、十幾倍，他們個人的財富也會翻上很多倍！

　　不，這些他們應該懂。即使別人不懂，作為曾經的天津外經貿委研究室主任，于鯤對於紅籌上市的所有政策規定，是清清楚楚的。很明顯，于鯤知道我要這樣做的全部邏輯。不過，他並沒有解釋給其他所有人聽而已。

　　或許他打心眼裡，不願意做這樣的說明和解釋。

　　也可能他們認為，我已經不再信任他們，不僅不會重新重用他們，也不會把他們繼續看做創業夥伴。在這樣的判斷下，他們不再信任我會繼續考慮他們的個人利益。他們拒不在代持協議上簽字，正是所有這些情緒的集中表達。

　　實事求是地說，2005 年更換董事會和管理團隊，嚴重打擊了于鯤、谷群、王致強及許多原家世界高層在公司裡的地位和影響力。他們心裡不服，卻又沒有辦法和我申訴。他們知道，為了打開上市融資的通道，我對於這些改變，非常堅決且不容挑戰。他們委屈、心痛，又覺得萬分無奈。

　　作為曾經的創業骨幹，他們普遍感覺自己被拋棄了。

　　他們越發感到委屈和失望，進而產生嚴重的抱怨情緒。

他們覺得自己不會再被我重新重用。如果家世界能夠成功在香港上市，他們更覺得，這些並不能讓他們信服的老外，會取代他們，成為公司的新主人。他們似乎再也沒有被公司重新需要的理由了。

不過，在我的心裡，于鯤和谷群，仍然是家世界集團新董事會的董事，王致強調任集團人力資源總監，他們雖不再「權重」，但仍然「位高」。儘管于鯤、谷群、王致強已經從管理第一線退到後面，但我從來沒有改變他們在我心中那個最重要的位置：他們是我的創業戰友和夥伴，我會和他們榮辱與共，有福同享，有難同當。

老外管理團隊不可能永遠在中國幹下去。一旦上市成功，老外團隊的專業技能，被我們學習和掌握以後，我們當然還會重新啟用中國人。儘管可能是更年輕，更有朝氣，更有競爭企圖心的一代年輕人。但于鯤、谷群、王致強他們，仍然是公司的創業者和領袖，他們在家世界的領導地位，永遠不會改變。

他們應該知道，在現在的形勢下，拒不簽字將意味著大家集體自殺。而且他們這一行動，是發生在家世界最為困難的時刻，這無異於突然在我背後，狠狠地捅了一刀。我想他們完全明白，這樣做對於家世界可能帶來的後果。如果不是鬼迷心竅或大腦進水，那他們一定是下定決心，要和我徹底攤牌並準備決裂。

令我最傷心的是，他們這一行動已經公開表明，他們不相信我紅籌上市是為了公司的長久發展。他們在懷疑我借機收回他們的股份，而讓他們重新變得一無所有。而他們都曾經是我創業的夥伴和戰友，十幾年來，我一直待他們如兄弟一樣。因此，他們的這種判斷，是在侮辱我的人格。一生中凡遇到有人侮辱我的人格，我都會殊死戰鬥的。不過，這一次，受到這種侮辱，我的心就如同刀絞一樣疼痛。

顯然，他們做出拒絕簽字決定的根本原因，是我們之間的相互信任出現了重大危機，或者，我們之間已經完全沒有了信任。

想到這裡，我也驚出一身冷汗。他們這是要不惜一切代價，保護他們能夠看得見、摸得著的最後利益，哪怕置公司於死地，置我於死地，他們也在所不惜。

我一直認為，包括于鯤、谷群、王致強在內，家世界高管層的每一個人，在十幾年的創業生涯中，都和我結下了深厚友誼。我們之間的關係就像親兄弟一樣。他們一直崇拜我，信任我，依靠我。我也關照他們，體貼他們，幫助他們。在現在這個決定公司生死存亡的關鍵時刻，我們所有人必須團結在一起，不管有多少怨氣，有多少不滿，都應該暫時放在一邊。怎麼能夠抱著魚死網破的態度，為了一點小小的私利，甘願毀掉紅籌上市，進而徹底毀掉公司呢？

一輩子經歷的所有事情之中，自己最親近的人的背叛，是最使人難以忍受的。何況這次集體背叛，又造成了如此巨大的創傷和慘烈的惡果。

新都橋時而颳起的秋風，浸滿涼意，吹得我不時地打起寒戰。滿眼美輪美奐的景色，迅速地模糊起來，離我漸行漸遠，漸漸地從我的視野裡消失。

�撂下杜宇村的電話，我心裡的傷心、失望，和不時燃起的憤怒，交織在一起，使我幾乎不能自持。

我拿起筆，顫抖著，強壓著就要火山爆發般噴出的怒火，給于鯤、谷群和所有的高管團隊，寫了如下這封信：

各位股東：

知悉部分擁有百萬以上股份的股東，拒絕在「代持協議」上簽字，我驚訝萬分。

在過去的近三年中，家世界由於擴張過於迅速，新店運營狀態又不能令人滿意，經營效益持續惡化。與此同時，公司的資金鏈也出現了斷裂的危險，公司經營遇到了前所未有的嚴重困難。

之所以產生這樣的局面，是因為從 2004 年開始，為了追求迅速上市，而在公司的發展和經營上採取的各項戰略調整造成的。當然，我應該承擔造成這種局面的主要責任。

不過，令我們尷尬的是，「迅速上市」的想法給我們帶來了當前的困難局面，而解除當前困難局面的唯一出路，竟然還是「迅速上市」。這似乎有些不可思議，但這正是我們面臨的現實。

按照當前的政策，只有所有國內居民股東，把自己的股份交給擁有外籍身份的我來「代持」，我們才有可能突破國家政策的層層堵截，在香港完成「紅籌上市」。

儘管杜宇村受我的委託，已經把所有的「紅籌上市」的相關政策、「代持」的道理和重要性、各位股東權益如何保障，都和大家說得清清楚楚了，還是有一些股東不肯在「代持協議」上簽字。我就把這看做是對我本人的不信任。

在合作夥伴之間，信任就是一切。

既然不信任，怎麼還能繼續在一起合作？在這樣困難和關鍵的時刻，設置障礙，置公司的生死存亡於不顧，客觀上就成為了公司的敵人和破壞者，我們之間不僅不可能再繼續合作下去，還會成為不共戴天的仇人。

如果不肯簽署這份「代持協議」，那我會認為，這些人是要和我徹底決裂。

希望在下週一以前，所有希望繼續合作的股東，簽署那份「股份代持協議」。

我在祖國西部的大山之中，謝謝大家。

杜廈　於 2006 年 9 月 16 日

這封措辭強硬的信發出 6 天之後，我回到了天津。除杜宇村之外，誰也不知道我已經回到了天津。

　　和杜宇村見面以後我才知道，事情遠比我想像的嚴重。

　　在杜宇村要求大家簽署股份代持協議以後，于鯤、谷群已經秘密召集了好幾次會議。會議由十幾位家世界高層管理幹部參加。在他們三人的主導下，參加會議的每一個人都被告知：杜總打算把所有的家世界資產都轉移到海外去。一旦簽署這份代持協議，如果家世界的海外殼公司變得資不抵債或宣佈破產，我們每一個人的財富，都將立即化為烏有。如果大家不簽署這份代持協議，不管發生什麼事，家世界還是在國內，是我們看得見、摸得著的資產。因此，會議的主持者奉勸大家，無論如何也不能簽署這份代持協議。

　　收到我從新都橋發出的那封態度強硬的信函以後，于鯤、谷群又緊急召開了好幾次秘密會議。據說，這一階段會議的主題，已經不再是是否簽署代持協議了。現在已經開始討論「一旦決裂，杜總如何贖回已經贈送給我們的股份？」、「如何向杜總爭取最大利益？」，與會者還在討論，「現在的家世界到底能值多少錢？」、「我們究竟可以分到多少？」、「如何與杜總談判？」、「誰來出面最合適？」等等。

　　集團財務總監倪澤，擁有 300 萬贈股，他也被于鯤請到會議現場。倪澤向所有參加會議的人證實：家世界集團的財務狀況已經到了破產的邊緣，從資產負債表上看，家世界早已經「資不抵債」！

　　倪澤的旁證似乎證明，于鯤早前所有的判斷和猜測，都是正確的。這樣的家世界，怎麼可能去香港上市呢？如果把股份給杜總代持，海外殼公司一旦破產，所有小股東最終都將兩手空空。

　　家世界所有原高管們，每參加一次這樣的秘密會議，思想就被統一一次，大家似乎都看到了家世界即將破產的前景。那時，杜總將攜杜宇村出走海外，家世界的剩餘資產，全部進入了杜總擁有的開曼公司。這些辛辛苦苦了十幾年的創業者們，一無所獲，只剩得兩手空空。在會議召集者的推動下，大家逐漸態度一致：不管多少，我們要求杜總現在就贖回股份。

我們既不想等到家世界的破產，也不會眼饞家世界的再次輝煌。那都是杜總自己的事了。

聽到這些，我的失望已經變成絕望。我怎麼也沒有想到，在家世界面臨重大危機的關頭，他們沒有一個人想站出來，和我討論如何扭轉危機，讓家世界重回正軌。也沒有人想認真探討海外上市的可能性，及幫助我尋找徹底擺脫困境的辦法。更沒有人試圖說服我，改變經營方針，尋找使公司重新盈利的道路。他們十幾次秘密會議的主題，其實只有一個：怎麼能夠從處在危機中的家世界，分到應該屬於他們的那筆錢！

1999 年我主動贈送給大家股份，是想讓這些跟我奮鬥了很多年的夥伴們，共同分享創業成功的成果。我當時真的沒有想過，如果有朝一日公司陷入危機，這些曾經一起創業的夥伴們，會是怎樣的表現。現在，我真的看到了在危機到來時，創業夥伴們的真實演出。我萬萬沒有想到，1999 年我贈送給他們的巨額股份，竟然演變出這樣一個結果。

我驚歎「個人私利」，真是一個無堅不摧，令人恐懼的魔鬼，它能使這些和我一起經歷過無數艱難困苦，相互扶持，相互信任，相互團結，如兄弟一樣的創業夥伴，在爭奪個人利益的最後關頭，完全不顧情義，完全不懂感恩，寧可恩斷情絕，也要把自己的一點私利，放在所有選擇的第一位。想到這裡，讓我不寒而慄。

但無論如何，我必須做最後一次扭轉局面的嘗試。

到了天津的第二天晚上，在一個隱秘的咖啡館，我分別秘密約見了何秀國和王致強。他倆都是公司原董事，也都擁有我贈送的 500 萬家世界股份。在苦口婆心地解釋和溝通以後，他們兩人分別承諾，在第二天下午我要召開的最高層會議上，他們會率先舉手同意簽署「股份代持協議」。

似乎有了轉機和突破。

但第二天在我召開的會議上，不僅何秀國和王致強背棄諾言，沒有舉手同意簽署「股份代持協議」，其他所有的與會者，也沒有一個站起來舉

手，同意簽署這份股份「代持協議」。

此時我不僅失望，還很憤怒。之所以憤怒，是因為我覺得他們這麼做，實在是好愚蠢。不僅是毀了公司，更重要的是毀了他們自己。之後的十幾年，事實一直在證明著，他們這樣做確實是愚蠢至極。

會議上，我面對面地激烈痛斥于鯤是在發動「政變」，聲稱從未見過這麼忘恩負義和自私自利的人。作為我曾經的學生、下屬和僱員，他得到過我諸多的信任和提攜。但令人不可思議的是，在公司陷入危機的時刻，他不是從公司的利益出發，主動來和我商討如何度過危機，而是為了個人的私利，背地裡組織多次的秘密會議，破壞公司紅籌上市的機會，爭奪公司的最後財產。

接著，當著會議上的所有人，我又批評了谷群的「忘恩負義」。我告訴他，所謂「忘恩」者，不用解釋，有目共睹。所謂「負義」者，是說谷群無數次地在各種場合說過：「杜總，您說打到哪裡，我們絕無二話，馬上打到哪裡。即使有槍林彈雨，我也會挺起胸膛，為杜總擋住射過來的子彈！」現在幸虧還沒有子彈，只不過是要去香港紅籌上市，「指到哪裡就打到哪裡」的諾言到哪裡去了呢？這一切不是「忘恩負義」，又是什麼？

至於王致強，僅僅在昨天夜裡，還承諾我「明天我先舉手」，今天立即背棄諾言。一個已經 53 歲的男人，不能做到「言必信，行必果」，還叫什麼大男人！

此時，我記起小時候，姥爺家客廳裡有一扇屏風，上面鎏金刻著這樣一段典故：

大宋，江西餘姚縣沈家兄弟二人在朝為官。兄乃翰林院大學士沈仲仁，弟為户部督使沈仲義，均為二品大員。先人過世，留下萬貫家業，為爭家產，兄弟二人反目成仇，爭訟於知府衙門，歷六年之久，經三任知事，未果。無奈，現任知事求教於餘姚縣已離任賦閒的知事余宗憲，余沉思有頃，

遂提筆疾書，一氣呵成一文，讓知事貼於知府衙門前影壁之上，書云：

　　鵓鴣呼雛，烏鴉反哺——仁也；

　　鹿得草而鳴其群，蜂見花而集其眾——義也；

　　羔羊跪乳、馬不欺母——禮也；

　　蜘蛛結網以求食，螻蟻塞穴而避水——智也；

　　雞非曉而不鳴，雁非社而不移——信也。

　　禽獸而有五常，人為萬物之靈，豈無一得？兄通萬卷，全無教弟之才；弟掌六科，豈有傷兄之理？沈仲仁，仁而不仁！沈仲義，義而不義！

　　弟兄二人閱之，慚愧萬分，抱頭相哭，結伴而回，不復爭矣。

　　我真不知道，這幫曾經的弟兄們，在一點點私利面前，「忠、義」二字到底在何處？

　　我真心覺得，他們違背了中國人自古以來的古訓：知恩圖報、結草啣環。一個男人做任何事都不能不「仗義」，都不能違背良心。他們今天的做法，實在太不仗義。

　　此時的他們，大概只關心自己到底能夠分到多少錢，我和他們就此分道揚鑣，也就沒有什麼可惜的了。

狂飆中的獨舞

　　開完那場雙方宣佈「決裂」的會議以後，憤怒夾雜著傷心，折磨了我好幾天。還沒有平靜下來，于鯤就通知我，他已經獲得授權，代表所有的小股東，要開始和我談判股票回購的價格了。

　　這次見面，只有我們兩個人在場，場面極為尷尬。準確地說，我沒有什麼尷尬，只是臉上還殘留著沒有消化乾淨的憤怒和傷心而已。但于鯤卻不然，直接面對我的眼睛時，他還是躲躲閃閃。怎麼能不感到羞愧？怎麼

能不尷尬呢？作為學生，對著我這個曾經對他有知遇之恩的老師、上司和老闆，用我贈送給他的股票，來和我討價還價，而且是在我最困難的時刻。

我對于鯤只說了一句話：「說吧，無論你們想要多少錢，只要我能做到，我都會答應。」

顯然他們已經算過很多次了。于鯤告訴我，大家（他是用「大家」這個詞）打算以人民幣 3 元一股的價格，把他們擁有的股份，全部賣回給我。我很驚訝他使用了「賣」這個字。我「送」給他們的股份，現在他說要「賣」回給我！

我點點頭，既沒有和他算公司的賬，也沒有跟他還價。此時我的心裡真是五味雜陳，一句話也不想說，也實在是沒有什麼話好說。

我們大約一共只用了 2 分鐘，就結束了這場談判。他提議，用 3 元一股的價格，把我贈出的所有股份，「賣」回給我。如果我能夠在一年之內把所有的錢全部付完，價格可以酌減一毛錢，按 2.9 元一股結算。我沒有任何猶豫，和于鯤達成了這份不可思議的股票回購協議。

奇怪的是，他們不是已經確確鑿鑿地認定，公司已經「資不抵債」了嗎？那麼這 3 元一股是怎麼算出來的呢？既然鬧事的原因，就是判斷公司「即將破產」，那還要用 3 元一股的價格，把股票賣回給我，到底是什麼依據呢？

其實當初贈送給他們這些股份時，是按照每股 1 元人民幣的票面價格贈與他們的。現在于鯤回過頭來向我索要 3 倍的價錢，而且是在明明知道家世界面臨「資金鏈」斷裂危機的背景下。

我最傷心的地方在於，此時沒有任何一個人問過：「我們按 3 元一股拿走這麼多錢，杜總怎麼辦？那 22 億的銀行負債怎麼辦？供貨商的 16 億欠款怎麼辦？如果家世界真的『資不抵債』而宣佈破產，杜總和他的家人今後怎麼活下去？杜總會不會背上法律責任而被投入監獄？我們所有人拿著錢安全上岸，甩下杜總一個人收拾這個爛攤子，杜總的命運會怎樣？」

這特別像硝煙彌漫的戰場上，一場殊死決戰即將打響之前，于鯤、谷群、王致強鼓動著所有戰友一齊逃跑。還把最後一點彈藥也帶走，甚至我的棉衣棉褲也被他們強行剝下帶走了。

我只剩下了一副赤裸裸的身體和一顆不死的倔強的心。

結束這場價格談判之後，我不想再對他說任何一句多餘的話。

和于鯤、谷群、王致強等人的徹底決裂，不僅使家世界赴港紅籌上市變得絕無可能，對家世界的重新振興，也是個毀滅性的打擊。這場始料不及的變故發生以後，由世界級專家組成的董事會和高級管理團隊，就沒有繼續存在的必要了。沒過幾天，我就解散了那個苦心建立起來的超豪華董事會，同時辭掉了以保羅‧赫伯為首的美國管理團隊。作為補償和感謝，我贈送給吉姆‧英格利斯和保羅‧赫伯各 100 萬股家世界的股份，其餘董事也都贈送了相應的股份。

家世界內部的分裂，加大了社會上對家世界經營前景的憂慮和擔心。有關家世界的各種謠傳，在眾多供應商之間迅速漫延。各個銀行，也都收緊了對家世界貸款支持的力度。在普通老百姓中，有關家世界已經「資不抵債」的流言蜚語，也一下灌滿天津的大街小巷。這些流言包括：家世界已經資不抵債，即將破產；家世界資產已經被杜廈轉移海外；杜廈已經被邊防控制禁止出境；巨額銀行貸款的大部分已經被杜廈個人侵吞；杜廈已經攜全家捲款外逃……；等等。

此時，危機確實每天都在加重，我必須建立緊急的危機管控機制。

辭掉老外管理團隊以後，我緊急任命杜宇村出任家世界集團的 CEO。任命王松擔任家世界超級大賣場的總裁。由這兩個年輕人擔綱，重新煥發家世界管理團隊的經營熱情，恢復供貨商和消費者對家世界的信心。我在極為困難的情況下，給王松緊急撥款 1.8 億元人民幣，用來充實貨品，調降價格，想辦法恢復家世界經營的火爆局面。接著，我又換掉倪澤，任命李堅出任了集團新的財務總監，以配合我處理家世界面臨的融資問題。我

則騰出精力，親自處理和外部環境有關的社會輿論危機。我深深地了解，澄清社會誤解，主動阻止流言蜚語的漫延，是管控危機最重要的優先事項。

我拜訪了天津市市長戴相龍。

當時家世界是天津最大的民營企業，連供貨商駐店代表在內，在家世界上班的員工，一共接近 8 萬人。牽一髮而動全身，家世界的任何異常動盪，都會對整個天津社會造成重大影響。一旦不測的事情發生，不僅我害怕，戴相龍也會害怕。

我主動要求戴相龍市長派出政府稽查組，進駐家世界，對家世界的財務狀況、資金流向、存量資產情況、稅收繳納、正在進行的資產交易，做一次全面的政府聯合稽查。這一提議確實前無古人。從來沒有聽說過一個民營企業，主動要求政府對自己進行稽查，更不用說是市政府多個部門的「聯合稽查」。

戴市長聽到我這個建議也覺得新鮮。他也正想徹底弄清家世界的情況，以便在家世界一旦發生某種意外時，政府能夠對可能出現的社會性危機，做出有效應對。因此，建議市政府對家世界實施聯合稽查的方案，我們倆一拍即合。

我心裡有底。我聘用世界「四大」之一的德勤會計師事務所，給家世界做財務審計，已經進行了 3 年。政府再稽查，也查不過德勤那些專業的審計師。最重要的是，只有政府的全面稽查，才能說明家世界是否已經「資不抵債」？家世界資產是否已經被杜廈轉移海外？家世界是否有偷逃稅款行為？家世界所有銀行貸款，是否有被挪作他用？等等。

另外，即使我不主動請戴相龍來查，有朝一日，政府也會來查個明明白白，只不過是時間早晚而已。與其如此，不如主動出擊，這樣反而顯得我胸有成竹，光明磊落。對於迅速平復社會上日益發酵的流言蜚語，這也有百利而無一害。

由政府相關部門參加，審計局、國稅局、地稅局領銜的龐大聯合稽查

組迅速進駐了家世界。

聯合稽查一共進行了將近一個月。稽查結束以後，政府聯合稽查組，給天津市政府和戴相龍市長，提交了稽查報告。大致內容是：

1、沒有發現家世界集團有任何偷稅、漏稅、欠稅行為；

2、家世界對各家銀行的貸款總額為 22 億人民幣，無欠息和到期不還的記錄；

3、家世界擁有的所有固定資產和在建項目的市場價值，遠遠大於家世界的貸款總額；

4、從 1992 年至 2006 年的 14 年間，未發現杜廈本人有任何將外匯匯出國外的記錄；

5、家世界獲得的所有銀行貸款，均用於了家世界購物中心建設和商品採購，未見異常使用；

6、家世界正與美國的家得寶，進行出售家居業務的商業談判，交易協議已經呈報商務部，目前已經到了簽署正式交易合同階段；

7、家世界超級大賣場整體打包出售的計劃，也在實施之中，個別有意向的買家，已經和家世界簽署了框架協議。

市政府聯合稽查組，給天津市政府和戴相龍本人，一個詳盡、真實、客觀的稽查報告。很快，這個報告的內容，由天津市政府流出，天津社會上對家世界的許多流言蜚語，迅速銷聲匿跡。

社會輿論危機雖然暫時平復了，但資金緊張的危機還遠沒有解決，這才是家世界的根本性危機。如果不能迅速解決資金鏈危機，家世界還是面臨著隨時崩盤的危險。

考慮到這麼嚴重的局面，我覺得到了該做出最重大決定的時候了。

思考再三，我打電話給在洛杉磯的王致華，讓她帶著小兒子杜亦村，緊急返回中國。她們回到中國以後，連同已經在中國的杜宇村夫婦，我們五個人立即開了一個正式的家庭會議。

　　我告訴他們，公司內部已經嚴重分裂，而公司的財務狀況又極為危險，雖然政府的聯合稽查暫時緩解了社會輿論，但資金鏈斷裂的危險，卻越來越大。我覺得，只有儘快把家世界全部賣出，才可能從根本上解決當前的財務危機。至於出售公司會得到什麼樣的結果，我也不知道。召開這樣一個會議，就是想讓家裡的每一個人，都做好最壞的思想準備。

　　儘管我和王致華已經離婚，我們還都把對方看做是最可信賴的親人，我們都相信，在人生最危急的時刻，我們都可以成為對方最後的依靠。

　　王致華和孩子們，都理解公司現在的處境，大家一致同意，儘快把公司賣出，無論最後是什麼結果，大家都會接受。

　　小兒子杜亦村才 13 歲，他在會上認真地問我：「爸，最壞的結果會是什麼呢？」聽兒子這麼問我，我險些哭出來。這完全不像一個 13 歲的孩子該考慮的問題，我驚訝他的成熟和懂事。

　　「放心，政府的稽查剛剛結束，我絕對沒有違犯任何法律，更不會進監獄。最多是把所有的賬全部還清以後，我又重新回到一無所有。不過你不用擔心，即使爸爸身無分文，出去開出租車，也一定是最棒的出租汽車司機。」

　　小兒子說：「那我就放心了。」他的眼神裡都是對我的信賴和鼓勵。看到這樣的眼神，我的心都快碎了。

　　僅僅一個月以後，我和山西「美特好」正式簽訂轉讓協議，將「家世界」在青島、煙台、太原、包頭和呼和浩特等地的 8 家超級大賣場門店，以 2 億人民幣的價格，打包轉讓給了「美特好」。這些店，大多都是經營不善的「賠錢店」，把這些店剝離出去，既有利於改善總體經營狀況，又甩掉了一大筆供貨商欠款，還為將來家世界超級大賣場的整體出售，提高了「資產包」的交易價值。

　　其實從 2004 年底開始，我已經和家得寶開始了秘密談判。那一年聖誕節前，家得寶的 CEO 鮑勃・納達利初次到中國，專門請我到上海和他見

面。我們倆在他的總統套房裡，一起吃了一頓早餐。鮑勃‧納達利表達了他想全資收購家居的意願，我也向他表達了樂觀其成的態度。

2005 年初開始，我們雙方花了一年半的時間，進行了一場馬拉松式的艱苦談判，直到 2006 年 5 月中旬，雙方才就所有收購細節達成一致意見。最終，我同意以 1 億美金的價格，把家居 12 家店的經營權賣給家得寶。

股權交易協議送去商務部以後，遲遲沒有得到批准。我知道，還是那個「民族品牌」的問題，還在阻撓著這個協議的順利批准。

我太需要和家得寶儘快成交。天津市也希望由此儘快解決家世界的財務危機，因此他們也在不斷地幫我催促，希望商務部儘快給予批准。不過，商務部仍然沒有任何積極回應，急得我火燒眉毛。

好人還是會有好報。

當年 8 月份，胡錦濤應約同美國總統布什通電話。兩人商定，開啟兩國在經濟領域的戰略對話，使兩國經貿關係繼續保持強勁發展勢頭。於是，9 月 20 日，中美雙方鄭重發表了《中美關於啟動兩國戰略經濟對話機制的共同聲明》。中美同時宣佈，兩國首次戰略經濟對話，將於 2006 年 12 月 14 日在北京進行。

首次中美戰略經濟對話期間，美國要選擇幾個有戰略意義的項目，在北京現場簽約。美方一共提出了四個項目，他們希望把這四個項目，拿到《中美戰略對話》的北京會議現場，在兩國代表見證下簽約。首個被美國商務部選中的，竟然是家得寶全資收購家居經營權的項目。美國商務部特意選中這個項目，是要象徵性地向全世界宣佈，中國已經對美國，開放了自己的國內市場。

我真的又一次被上帝安排，成了一個「幸運兒」！

在這樣的背景下，家得寶 1 億美金收購家居的項目，在中美戰略經濟對話的強大背景下，得到了商務部的迅速批准。

2006 年 12 月 13 日下午 4：45 分，北京東方君悅大酒店君悅宴會廳，

古铁雷斯提前亮相

签下四笔大单为中美对话铺路

晨报讯（记者 刘映花）全球家装用品零售霸主"家得宝"收购中国同行"家世界"的交易，伴随美国政府高级代表团的到达一锤定音。Oshkosh 卡车公司、Verisign 公司和通用航空也满载而归。

作为中美首次战略经贸对话的"序曲"，昨天，先期抵华的美国商务部长古铁雷斯在华一举收获4笔大单。仅通用航空和上海航空公司签署的采购合同就价值 5.5 亿美元，而家得宝则以"非常满意"

的价格，拿下了中国同行——家世界在 6 个城市的 12 家门店。

"五年前，中国加入世贸组织跨上了经济改革和开放市场之路。今天所签的合同将使美国名牌产品很快在中国风行。古铁雷斯乐观地表示，在开放有效的市场，以及在其中进行的商业合作是中美经贸合作的基石。

古铁雷斯的热情也得到了中国的回应。昨天，同样出席签约仪式的中国商务部副部长易小准表示，中美双边贸易额已是 1979 年

的 80 多倍。"今年前 11 个月，美国对华出口达到了增长 23%，中国是美国出口增长最快的市场，美国则仍是对华最大的外资来源地之一。截止到目前，美国对华投资金额已经超过 1213 亿美元。"

不过，昨天签署的 4 项合作协议并非此次对话的成果，而是上个月古铁雷斯率领 25 家美国公司来华"推销"的硕果，双方选择在此时公布，无疑是要创造更为宽松的环境，为今天艰难的磋商铺路。

昨天，古铁雷斯（左三）成为 4 项协议签署仪式的见证者。　　　　晨报记者 刘映花/摄

中美戰略經濟對話上，中美雙方共同見證了家世界集團和家得寶的交易。圖為揭牌現場，左起：我、家得寶亞洲總裁 Verschuren 女士、美國商務部長古鐵雷斯、中國商務部副部長易小准。

全球最大的家裝用品零售商家得寶宣佈，它已全資收購了家居建材超市有限公司。美國商務部長古鐵雷斯、中國商務部副部長易小准、家得寶亞洲總裁阿妮塔（Annette Verschuren）女士和我本人，出席了發佈儀式和交易揭牌儀式。

收購完成以後，家得寶新任董事會主席兼首席執行官弗蘭克·布雷克在全球記者發佈會上表示：「此次收購為我們提供了一個進入全球最大和增長速度最快市場的切入點。家居是一個著名品牌，已成為中國消費者心目中價格的標杆。我們熱忱歡迎家居的管理層和員工們，加入家得寶的大家庭，並衷心期望能為中國的消費者提供服務。同時，我們也非常感謝中國政府各級官員，對此次收購給予的支持。」

家得寶亞洲總裁阿妮塔女士也表示：「我們對杜廈先生，以及他在家居所建立的企業文化，充滿敬意。他的企業家精神和領導才能，對於我們進一步增進兩家公司的合作關係和拓展中國業務，至關重要。」

至此，家居完成了它的歷史使命。從 1996 年開始，我以 2000 餘萬人民幣的投資開始，九年後賺回了 8.4 億元人民幣。由於家居成功售出，家世界的資金狀況得到了緩解。

2007 年 2 月底，家得寶的第一筆收購款 5 億元人民幣，打到了家世界的賬上。我用了一個星期的時間完成了個人所得稅的繳納。

2007 年 3 月 10 日，是我一生中無法忘懷的一天。那天上午 10 點，家世界 300 多位曾在 1999 年得到過我贈股的老員工，在我辦公室樓下的停車場，排起了長隊。我的秘書李苓，把事先準備好的個人繳稅證明和銀行存摺，一份一份地發到他們手上。那天一共發放了 3.4 億元人民幣。于鯤等十來個高管，均得到了千萬人民幣以上的現金。于鯤、谷群兩人，所得稅前，各得到近 1740 萬人民幣。公司的中高層幹部，有將近 100 人，成為百萬富翁。其餘不到 200 人，也分別得到幾萬到幾十萬不等的現金。

發完這 3.4 億人民幣以後，5 億人民幣家得寶的首批交易款，就所剩無幾了。公司的資金狀況還是處在極端危險之中。此時公司仍然欠著銀行 22 個億的貸款；還有大約 14 個億的供貨商欠款未能償還。資金鏈斷裂的風險，不僅沒有減小，反而正在加快步伐，向我逼近。

在這麼困難的情況下，我得到的第一筆交易款，竟然先發給了公司的小股東，于鯤和谷群怎麼也沒有想到。

2006 年 10 月開完家庭會議以後，我立即給沃爾瑪、家樂福、樂購、大潤發等中國市場上頂尖的超市連鎖集團，發出了「邀約」，告訴他們，天津家世界集團打算出手超級大賣場的全部業務，希望他們迅速派人來天津考察並洽談。

沃爾瑪、家樂福對我這份「邀約」的反應最為積極。他們兩家是中國

零售市場上最大的兩家，也相互認定為最大的競爭對手。無論他們哪一家，收購了我還剩下的近 60 家超級大賣場，都會立即成為全中國大型超市行業的絕對「老大」。在他們眼裡，家世界在天津、西安、蘭州等重要城市的零售市場，佔有著統治性的地位，收購了家世界，也就意味著佔領了中國北方。因此，他們都已經覬覦家世界很長時間了。

從 2006 年 11 月份開始，我就在和沃爾瑪、家樂福玩著「貓捉老鼠」的遊戲。有時刻意讓他們兩家，同時在我的會議室「偶遇」，他們兩家不斷提升著自己的報價，談判過程儘管對外保密，但卻進行得熱熱鬧鬧。

一天，于鯤來找我，他小心翼翼地說：「杜總，華潤的陳朗，也想收購家世界超級大賣場的全部業務，不知您是否願意把生意出售給華潤？」

我非常驚訝于鯤怎麼會再來找我。如果沒有極為特殊的動力和強烈的企圖心，于鯤和他背後的華潤，是不會在剛剛和我談完「3 元一股」的事情以後，還敢冒著被罵個狗血噴頭的風險來找我。我笑著回答于鯤：「哦，陳朗我認識，在吳儀那個中南海會議上，我們碰過頭。你告訴他，既然想賣，買家是誰我都不在乎，『價高者得』是唯一原則。」

陳朗得到我的回答以後，立即飛來天津，我們一起吃了頓飯，迅速以 37 億元人民幣的總價格，達成了收購家世界超級大賣場 100% 股權的交易。

2007 年 3 月 21 日，家世界和香港華潤集團同時宣佈，華潤股份有限公司和家世界集團達成交易，全資收購家世界在華北、西北及東北地區的全部 58 家超級大賣場。這場收購完成以後，不僅彌補了華潤超市在西北、東北地區的市場空白，還加強了華潤在華北地區的營運優勢。「華潤萬家」超市將瞬間變為覆蓋全國的連鎖超市經營商，不管是從門店數量還是銷售額來看，都已躍居全國第一，成為中國最大的超市零售集團。

順便說一句，果然不出我所料，「華潤萬家」收購家世界的交易完成以後，于鯤立即被陳朗任命為這個新設公司的 CEO 兼總裁。所有那些和于鯤開了無數次秘密會議，最終徹底毀掉了家世界的原高管們，雖然拿著錢安

全地回家了，但他們都失去了公司、團隊和奮鬥的平台。他們毫無例外，都成為了孤獨的「居家男人」。但他們萬萬沒想到，于鯤卻把自己的每一步，都已經安排得妥妥當當。他氣定神閒，帶有復仇的微笑，重新回到了他原先的那個崗位上。他們每個人都被于鯤的「老謀深算」驚得目瞪口呆。

從 2006 年 10 月開始，不到半年時間，我接連把「家居」、「超級大賣場」的兩項零售生意，分三次全部賣出，初步完成了這次歷史性的轉身。

賣完家世界所有的零售生意以後，社會輿論一片譁然。畢竟家世界曾經是全國著名的大型零售企業，不僅在業界有一定的影響力，在天津、西安等家世界佔絕對優勢的城市，影響力就更大一些。況且在上海東方電視台的著名節目《波士堂》的現場採訪裡，我曾信誓旦旦地說過，要在競爭中超越沃爾瑪、家樂福，成為中國最偉大的連鎖超市企業。《波士堂》那將近一個小時的電視採訪節目，使全國許多觀眾記憶深刻。現在，這番雄心壯志，因為家居和超級大賣場的售出，而成了負面輿論，甚至使家世界和我本人，成為各種媒體競相嘲笑和譏諷的對象。

「家世界資金鏈斷裂，被迫拋售零售業務」、「家世界商界神話破滅，杜廈黯然退場」、「家世界擴張過快，遭遇滑鐵盧」的話題，被各種雜誌，翻來覆去地炒來炒去，所有的財經類媒體，均樂此不疲。

對於媒體的這些報道，我早有思想準備。「成王敗寇」，這是媒體和輿論判斷一個突發事件的根本邏輯，我沒有下海之前，就已經對中國這種輿論環境，有了深刻的理解。因此，我對現在的媒體反應毫不感到奇怪，甚至是無動於衷。

另外，我也根本無暇顧及這些，因為資金鏈危機還沒有徹底解決。

雖然以總額近 47 個億，把家居和超級大賣場的經營權，全部賣了出去，但到位的現金，卻還是寥寥無幾。美特好的交易和華潤的交易，買方一共承擔了將近 16 億的供貨商的積累欠款，這已經是給我幫了很大的忙了。剩餘的交易款項，美特好和家得寶一共還有 3.5 億左右，華潤大約還

有不到 20 億。加在一起，這 23 億多的人民幣，都是要分期分批才能到達我的賬上。況且華潤、家得寶在付給我這些款項之前，都需按照國家稅收法規，要「代扣代繳」所得稅。僅這兩筆交易，就要繳納數億元的稅款。

因此，我必須繼續努力，把家世界剩下的 18 處購物中心物業，也要儘快脫手。

事情巧得不能再巧。就在我剛剛打算售出所有購物中心物業的時候，新加坡政府的「主權基金」GIC，正想大規模進入中國的商業地產領域。「家世界準備售出全部手中物業」的消息，使 GIC 產生了很大興趣。

GIC 是由新加坡政府，利用自己的外匯儲備，建立起來的全球性投資基金，2006 年資產總規模已經超過 2000 億美元。他們比新加坡政府擁有的另一著名國有企業淡馬錫，規模還要大上一倍。GIC 的投資領域涵蓋股票、房地產等，對於中國的商業地產項目雄心勃勃。

雙方的接觸和試探從 2007 年初開始。在雙方經過一段不長時間的相互了解以後，GIC 即提出了全面收購家世界所有商業地產的邀約。

2007 年春節一過，雙方在簽署了「保密協議」以後，GIC 對所有 18 處物業的盡責調查就開始了。一個月以後，GIC「盡責調查」完成。他們完全沒有想到，家世界提供的所有資料，沒有任何「水分」，清楚、乾淨、合法。這個結果，解決了 GIC 心頭最大的疑慮。

GIC 驚訝地看到，一個中國民營企業，在土地獲得、規劃批准、建設指標、經營操作上，居然全部合法合規。他們認識到，家世界是中國大陸民營企業中，少有的沒有在財務報表和歷史記錄裡，有任何欺瞞和虛假的企業。家世界也不會像一般房地產企業一樣，在容積率、覆蓋率、綠化指標上有任何「耍小聰明」的地方。GIC 非常滿意「盡責調查」的結果。

此時，GIC 剛剛獲得中國證監會批准，成功控股了上市公司陽光股份。GIC 派陽光股份的總裁萬林義，來天津和我談判收購價格，討論接管所有 18 處商業物業的相關細節。

在談判桌前一坐定，萬林義就給出了為價格談判準備好的一大堆數據分析，侃侃而談。我靜靜地坐在對面，仔細聽他講，既不打斷，也不解釋，更不和他爭辯。

他講完了一大堆數據分析和市場資料以後，該輪到我講了。

我要講的內容很簡單，萬林義很難想像我會講這麼一番話：

「萬總，你們買家一定會提供大量的資料、信息和市場範例，來證明你們想給出的價格，是個合理價格；而我們呢，也會提供同樣大量的一堆資料、信息和市場範例，來證明我向你們要的價格，是個合理價格。不過，我一定會覺得你們給出的價格太低，希望價格越高越好。而你們也一定會覺得我要的價格太高，希望越低越好。結果呢，我們雙方會各有依據，爭論得無盡無休，最後很難達成一致。」我講得坦白、實際，但萬林義不知道我要表達什麼。

「總之，超越你們心中合理的收購價位，你們是不會同意成交的。反之，低於我心裡合理的出售價位，我也是不會和你們成交的。」

我說這些都是大實話，在場的每個人都會同意。

「不如這樣，」我撕下兩張記錄紙，把一張遞到萬林義手裡，「現在，你把你滿意的收購價位，寫在這張紙上，疊起來交給我。我把我滿意的售出價位，也寫在我這張紙上，疊起來交給你。然後我們各自打開，看看我們雙方的差距是否在『可談』的範圍之內？如果你和我都覺得，我們還有談判的空間，就換到旁邊那個小談判室裡，僅有咱倆，去進行面對面磋商，看看我們能不能成交。如果兩張紙上數字的差距太大，我們都覺得沒有繼續談下去的必要，我們就馬上站起來，去一起吃個飯，喝點酒，就算我們彼此交了個朋友。你看如何？」

我告訴萬林義：「萬總，這叫『一翻一瞪眼』，既簡單明了，又節約時間和精力。」

萬林義大笑。他從來沒有聽說過像我這樣談判的，畢竟涉及 8 個城市

的 18 項重大的物業交易，怎麼也要幾十個億的價格談判呀，居然用「一翻一瞪眼」的方式解決，他覺得太不可思議。不過，他還是接受了我的提議。

我們倆分別小心翼翼地打開對方遞過來的那張疊好的記錄紙，看到對方寫在上面那個大大的數字以後，抬起頭，目光碰到一起。我們同時都笑了，我們知道，GIC 和家世界大約可以成交了。

萬林義那張紙上，寫的是「35 億」，我那張紙上，寫的是「40 億」。

隨後我們進入一間小談判室，我們把 5 個億的差價一拆兩半，「二一添作五」以 37.5 億成交。

2007 年 6 月，新加坡政府主權投資基金 GIC 和家世界集團，在天津達成了《股權轉讓框架協議》，家世界把在天津、北京、瀋陽、鄭州、青島、西安、蘭州等 8 個城市擁有的 18 家物業及土地使用權，全部轉讓給 GIC，交易價格最終定為人民幣 37 億元。

和 GIC 這筆巨大的交易，由於牽扯的 18 個實實在在的物業，比和家得寶、華潤進行的商店「經營權」交易，要困難出很多倍。

整個交易的艱苦程度難以描述。還好，畢竟我已經久經沙場，禍又是我惹的，這個難我不扛誰扛？但年僅 29 歲的杜宇村，在這場交易中，一直待在第一線，他所受到的壓力和折磨，完全超出了他這個年齡所能承受的極限。不過，他勇敢地替我挑起了那副重擔，他的表現，令我驕傲。

直到 2008 年下半年，我們才拿到了 GIC 的大部分交易款。至此，美特好、家得寶、華潤、GIC 的四筆交易，全部完成。合同交易的總價值，達到 84.4 億。其間我又售出了呼和浩特的在建項目和長春的在建項目，到 2008 年底之前，家世界一共賣出了將近 87 億元的資產，還上了全部 22 個億的銀行貸款，還清了全部 16 個億的供貨商欠款，繳納了將近 5 個億的股權交易所得稅。

這是我經商歷史上，最驚心動魄的兩年。而這兩年，我一面承受著背後捅來的狠狠一刀，一面要在資金鏈瀕臨斷裂的颶風中，左右騰挪。真像

是在懸崖絕壁的颶風中，完成了一場精彩絕倫的獨舞表演。我特別感謝兒子杜宇村，在這場近乎絕望的災難中，始終和我堅定地站在一起，幫助我逃離險境。

危機結束了，颶風中的精彩獨舞，也隨之結束。

從 1988 年開始，到 2008 年結束，整整 20 年的商海沉浮，也一同結束了。

此時我才發現，我馬上就要到 60 周歲，即將進入花甲之年。

20 年殊死拚搏的結果是什麼？到底是成功了還是失敗了？每一個人都試圖評判杜廈。但對於我來說，這一點兒也不重要。重要的是，在這 20 年裡，我每時每刻都在幹著我喜歡幹的事情，這其實是最重要的。

在這 20 年的風雨歷程中，我經歷了太多的挑戰。這些接受挑戰的過程，太過瘋狂，太過刺激，太過驚心動魄！這 20 年，七千兩百多個日日夜夜，興奮與痛苦交織，期冀和絕望相伴。既讓人熱血沸騰，又使人肝腸寸斷。可我，一直在享受著這一切。經歷這些，給我人生帶來了豐富的內容和無限的精彩。雖然在這 20 年的漫長過程中，痛苦遠遠多於快樂，但我還是在這些波瀾壯闊裡，充分體驗了人生的價值。

我沉醉於我這 20 年的非凡經歷，我鍾愛著這 20 年中的每一天。

二十　尾聲

友誼、快樂、感恩

現在，我已經把所有欠款，都還得乾乾淨淨。不僅不欠任何人的哪怕一分錢，手裡還攥著一大把自己用心血和汗水賺來的錢。這是近 20 年從沒有過的。我感到無比的輕鬆，甚至有一絲成功以後的喜悅。

喜悅歸喜悅，我內心深處還是有許多惴惴不安。

回想這 20 年的跌宕起伏，給過我幫助的人太多太多。可一直沒有一個恰當的機會，對所有這些人說一聲謝謝。

再往前想，從 1948 年我來到這個世界上開始，馬上就要整整一個甲子了。在這六十年的人生中，給過我快樂，給過我友誼，給過我幫助的人，更是數不勝數。我也還從沒有機會，對他們鄭重地表達過我的感激之情。現在，我的創業生涯已經結束，人生已經步入花甲之年，該對所有給過我恩惠和友誼的人，真誠地道一聲感謝了。

2008 年 11 月 19 日，是我 60 歲生日。兒子杜宇村要在北京釣魚台國賓館，給我過個隆重的 60 歲生日慶祝活動，我答應了。我想藉這個生日聚會的機會，把這一生中曾經給過我友誼和幫助的所有朋友，都請到現場。面對面地向他們說一聲謝謝，發自內心地對他們表達我的感激。

粗算了一下，大約有 400 位該請的客人。

這 400 人包括：

小學、中學時期，那些和我兩小無猜的同窗好友；

內蒙古草原上，和我一起騎馬、放羊、住蒙古包，共同經歷苦難的插隊戰友；

大學、研究生期間，與我有著一樣上山下鄉經歷，和共同奮鬥理想的同學；

八十年代和我一起站在改革開放前沿，共商國家發展大計的學術界朋友；

九十年代以後，和我一起勇闖商海的公司同事和生意夥伴；

還有在各行各業，曾經幫助過我的朋友們；

以及，無論在任何時候，都堅定地站在我身邊的家人和子女們。

當然，在這個世界上，我最應該去感謝的人，首先是我的母親。

母親一生所遭受的精神蹂躪和人生磨難，沉重、深刻而痛入心扉。儘管在她們那一代人中，痛苦、煎熬是人生的一個普遍存在，但母親一生所遭受的折磨尤其慘烈。好在 1978 年文化大革命結束以後，母親的生活展開了全新的一頁。

她看到了自己的兒子上大學，上研究生，成為知名學者。兒子的每一項成就，都讓母親感到榮光和喜悅。她也看到了兒子棄筆從商，給全家人帶來的巨大生活改變。儘管兒子的創業生涯也歷經坎坷，但她每天都能體會到兒子身上煥發出的創業激情，這讓她滿足與欣賞。她甜美地享受著兒子給她的晚年帶來的快樂與幸福，房子、汽車、優越的城市環境，這一切都是她從來沒有想像到的，既讓她驚喜，又讓她覺得兒子給了她「苦盡甘來」。儘管她 1991 年就因病離開了這個世界，但即使死去，我相信她的內心也是含著微笑的。從這個意義上講，在這位苦命的母親面前，我盡到了一個作兒子的責任，沒有讓她失望！

父親趙懷麟 80 歲時，離開了這個世界。這個世界折磨了他整整六十年，他一定是懷著滿腔的痛苦、委屈和憤怒離開這個世界的。他不僅自己

一生經歷了人所能夠經歷的一切苦難，而且還使得自己先後的三位妻子，都和他一起經歷了同樣悲慘的煉獄般人生。無論如何，他沒有任何一次，做過一個合格的丈夫。尤其可悲的是，他不僅沒能夠在危險到來的時候，呵護自己的妻子、孩子，甚至也沒有打算和自己的妻子孩子一起去「共赴苦難」。這是我永遠都不會原諒他的地方。最讓父親遺憾和痛苦的是，他在三次婚姻中的一共九個孩子，沒有任何一個，真正享受過他給予的任何一絲父愛，這既是他人生最大的痛苦，最大的失落，也是他人生最大的失敗。

儘管父親的政治背景，給我帶來了一生的沉重精神災難，但在這一點上，我並沒有怪罪他。在他的晚年，我盡了最大可能去照顧他，給他提供了最好的醫療條件，直到他的人生終了。

我感激他把我帶到這個世界上來，也感謝他在我的血管裡，留下了堅韌和不屈不撓的個性。我相信，我身上那些永遠旺盛的激情和不懼任何困難的精神力量，有一部分，是來源於父親給予我的遺傳。

儘管我不曾愛過他，甚至恨過他，但我仍然感激他。

父母都不在了，六十歲生日的時候，我把唯一仍然生活在世界上的長輩老叔趙懷鵬夫婦，從加拿大多倫多邀請到了北京。也許他作為我父母親都曾寵愛過的小弟弟，可以代表他們，來接受我的這份感激吧。

一生中與我休戚與共的張農生、段偉鋼、武山根、馮群、艾援、陳剛連同他們的夫人，都被我邀請到了我的六十歲生日聚會上。馮群、艾援夫婦都是從美國專程趕來。這六十年中，我們有將近五十年生活和奮鬥在一起。他們已經成為我生命裡的一部分。

他們每個人都是我此生最可信賴的朋友，以命相換的知己。我感謝他們五十年來對我矢志不移的信任和愛護，我從內心感激他們！

內蒙草原上，和我們肝膽相照的朋友劉浩穎、孫志昌、莊珠扎布、魏金城、張熹岡、李國強，無論在七連還是十連，他們始終和我們站在一起，給了我很大的精神支持。我把他們也都請到了我六十歲生日聚會的現

場。和他們一起來的，還有給了我許多理解和支持的天津知青們，他們都是我的好朋友和插隊夥伴。

草原上的牧民兄弟派出代表，專程來北京參加了我的生日聚會。撒格拉夫婦、元登夫婦、特木勒夫婦帶著草原牧民朋友的祝福，來到釣魚台。在七年的草原生活中，這些牧民兄弟給了我們太多太多。我終生感激，無以回報。生日聚會之後，我捐款 300 萬元，帶領 600 名高力罕知青與兵團戰友們，給牧民們打了 132 眼機井，永久性地解決了草原牧民們的乾旱和用水問題，算是我對草原牧民朋友的一點回報。

許多我的大學同學，被邀請到了聚會現場。他們是李柏翠、于虹、朱荊林、王志明……在那段充滿陽光的日子裡，這些和我心心相印的同學，給了我太多的友誼和關愛。和他們在一起，永遠在歡聲笑語之中。我們有說不完的話，聊不完的故事。共同的政治觀點和社會感受，把我們的心聯結在一起。這批同學之間的友誼，有著特殊的魅力，大約是我一生中最為珍貴的友誼之一。

我在南京大學讀研究生時的同學洪銀興、沈晗耀、連成平等也都到了現場。他們見證了我一生中最大的一次命運轉折。我終生感激我的母校南京大學。60 歲生日聚會之前，我為南京大學仙林新校區，捐贈了 5 萬多平米的圖書館，算是我給母校一點點的回報。

以莫干山會議為代表，八十年代一起為偉大的改革開放從事研究工作的學術界朋友，也被我邀請到了現場。他們是：李羅力、金岩石、郝一生、常修澤、黃江南、朱嘉明（因某種原因未能回國，他夫人柳紅代他出席）、李湘魯、郭凡生、張維迎、周其仁、陳琪偉……我們共同經歷了那個讓人熱血沸騰的燦爛年代，我們之間的友誼刻著最深的時代印記。

吉姆·英格利斯夫婦、梅森·勞德魯夫婦和許許多多曾經給過我幫助的外國朋友，也來到了我的生日聚會現場。是他們給了我經商和零售業的知識，也是他們給了我勇氣。我無以回報。這次這四十幾位外國朋友的到

2009 年，我主持南京大學杜廈圖書館落成典禮。

南京大學杜廈圖書館

來，給了我們一個共同的機會，使我有機會當面向他們表達一個中國人，一個中國企業家，對他們無私幫助的感激之情。

天津市兩位曾經的副市長，張昭若和王述祖先生，也都攜夫人來到聚會現場。這兩位曾經的政府高級領導，幾十年來和我結下了深厚的友誼。每到一個關鍵時刻，他們都會伸出援手，給予我的企業和我本人以支持、幫助和鼓勵。他們謙謙君子，兩袖清風。從年齡上講，他們理應算作我的長輩，可我們真的像知己的朋友，一直相處到今天。

公司裡陪我奮戰了幾十年的老同事們，許多人也應邀來到現場，他們是：王月、徐雄飛、張偉明、何秀國、劉皓、張強、倪澤、李堅、賈辰、王松、趙榮……，甚至我的秘書李苓，我的司機邢世華。

我想一位一位地，當面向他們表達我對他們的感激，也感謝他們給予我的信任與支持，一起奮鬥了那麼長時間，他們給予我的幫助和忠誠，是我一生最珍貴的財富。

邀請函發出以後，還有一些令我糾結的名字，在腦中久久不能離去。這些人中包括，我在四十七中時的同班同學梁新政、王魯寧、王南昌、陳曉利等。這些同學都曾經是我最好的朋友。從 1962 年開始，整整四年，我們終日廝守，相互照顧，兩小無猜。我們曾經吃喝拉撒睡都在一起，結下了深厚的友誼。

雖然文化大革命中，他們都是「紅紅紅」的人，我們之間曾經有過激烈的對抗。在學校的歷次武鬥和敵對行動中，我們之間也常有摩擦。在那段時間裡，我們也曾相互視作敵人。不僅我們同學之間的珍貴友誼喪失殆盡，甚至都想致對方於死地。

現在，已經到了 21 世紀，文化大革命已經過去了整整 40 年，難道還要讓文化大革命在我們心中留下的陰影和怨恨，再繼續埋藏幾十年嗎？

這不禁讓我想起納爾遜‧曼德拉。

年輕時的曼德拉，滿懷仇恨，不惜犧牲一切乃至生命，也要跟白人種

族主義者抗爭到底，他一直是個以死相爭的鬥士。二十七年漫長的牢獄生涯，給他的身心帶來嚴重的傷害，卻給他的精神世界帶來了深刻的改變，他獲得了心靈的真正解放。

他立志絕不向過去的仇敵和曾經虐待他的人報復。在曼德拉的政治生涯中，他一次又一次地選擇寬恕和仁愛，而拒絕報復與仇恨。

他說：「當我走出囚室、邁過通往自由的監獄大門時，我已經清楚，自己若不能把悲痛與怨恨留在身後，那麼我其實仍然身陷牢獄。」從監獄出來的曼德拉，充滿尊嚴、克制與和解精神。他呼籲黑人克制復仇的慾望，「把長矛扔進大海」。他對曾經的敵人所給予的寬容和恩典，令人景仰。

儘管和曼德拉比起來，我是個小得不能再小的人物，但我不能像曼德拉學習一些什麼嗎？

我沒有再猶豫，拿起筆，寫下了這些請束：梁新政、王魯寧、王南昌、曾澤民、杜春吉、陳曉利、孫元峰、李新國……這些同學們曾經給予過我的友誼，值得我在心中珍藏一輩子。我感激他們。現在，我們又成為了親密無間的朋友，經常聚會，無拘無束，無話不談。

是否藉這個機會，也邀請于鯤、谷群、王致強一起來參加生日聚會，以表達我對於他們的誠摯謝意呢？這也使我特別糾結。

儘管兩年前，因為紅籌上市的事，我們之間已經決裂，但家世界從無到有，從小到大的整個過程，每一步都傾注了他們十幾年的心血。正是他們的忘我、拚搏、合作，和十幾年含辛茹苦的努力，才使我們共同創造了家世界的輝煌，難道我不應該特別感激他們嗎？

冷靜客觀地站在他們的立場上考慮問題，他們堅決維護自己的利益，是有他們的道理的。當初我拿出一部分股份贈與高管和核心骨幹，換得了他們十幾年如一日，把公司當成自己的家，在外面的高薪誘惑下，他們仍能一直留在家世界，與我同甘共苦。從這個角度看，這些股份是他們應得的，絕不是我的施捨。理清楚這個道理，我心裡就少了許多怨恨和委屈。

　　另外，對於這場「決裂」，我也應該負有不可推卸的責任。

　　最重要的是，我必須承認，他們都是我的創業戰友和合作夥伴，不是我予取予求的「小兄弟」。他們應該從我這裡得到創業夥伴應有的地位和尊重。可是我並沒有給予他們，或者給予的不夠充分，讓他們心裡難受。

　　花了兩年時間，我才想通這些道理，怨恨就大幅地減少了。對于鯤、谷群、王致強等人的感激之情，也就又重新回到了我的心頭。

　　我愉快地寫下了給于鯤、谷群、王致強的請柬，自己心裡也放下了一個大的包袱。

　　于鯤、王致強應邀參加了芳菲苑的生日聚會，谷群沒有出現。我理解他心裡也傷痕纍纍，平復可能還是需要一些時間。

　　還有一個人該不該請？是否也應該對他道一聲感謝呢？我內心糾結，掙扎，矛盾。

　　這個人就是著名作家老鬼。

　　老鬼就是本書多次提到的馬青波。《血色黃昏》出版時，他用了兵團天津知青給他的蔑稱「老鬼」，做了該書的筆名，以後，人人都稱呼他「老鬼」了。

　　1975 年我們先後離開內蒙兵團。此時，我們在文革血腥年代，結下的深厚友誼，已經情斷義絕。內蒙兵團時期，掌權者對我們的迫害和離間，使我們彼此都視對方為出賣自己的告密者。我有一百個理由憎恨他，蔑視他，瞧不起他。他也有一百個理由憎恨我，蔑視我，瞧不起我。那時，我們已經反目為仇。

　　1977 年，我們同時都成為恢復高考後的第一屆大學生。1982 年他在北京大學畢業，先是去文化藝術出版社作了一名編輯，後又調入法制日報社當了一名記者。而 1982 年我在南京大學畢業，去了天津南開大學經濟研究所，當了一名大學教師和研究人員。

　　我們之間的恩怨情仇，在漫長的時間長河裡，似乎都已經被全新的生

活消融的乾乾淨淨。甚至已經忘記了這個人，曾在我的青春歲月裡，佔據過一個重要的位置。

1987 年，老鬼的《血色黃昏》出版並引起轟動，於是，我們兩人之間的恩怨再次掀起巨大波瀾。

老鬼在《血色黃昏》裡，塑造了「雷廈」這個人物。每個認識我們的人都看得出來，老鬼筆下的這個「雷廈」，是以我為原型塑造起來的。很容易聯想，「雷廈」，就是雷同杜廈的意思。

在《血色黃昏》裡，老鬼儘管賦予了雷廈性格剛毅、聰慧過人、行俠仗義的正面性格，又把雷廈描寫成在兵團的政治壓力下，出賣朋友，仰人鼻息，無惡不作的壞蛋。書中的雷廈，藉助軍人的力量，施狠手，置主人公林鵠於死地。雷廈成為萬千《血色黃昏》讀者唾棄的卑鄙小人和惡貫滿盈的大反派。

老鬼不僅想通過這本書洩憤和復仇，他還期望這本書，能夠醜化杜廈在所有朋友們心中的形象，進而徹底毀掉杜廈。

《血色黃昏》引起轟動以後，每一個認識我們倆的四十七中同學，所有不了解實情的兵團戰友，都認為老鬼寫的全部是在兵團真實發生的事情。幾乎每一個人，都認為雷廈就是那個把林鵠推下火坑的劊子手。雷廈遭到了全中國上百萬讀者的憎恨與唾棄，這個名字，已經被《血色黃昏》牢牢地釘在了恥辱柱上。

在這一點上，老鬼顯然是成功的。他用這樣一種方式，向我們額仁淖爾所有的北京知青，尤其是我，狠狠地報了他心中的那份私仇。

看了書以後，我渾身上下被憤怒的烈火點燃。我憎恨老鬼卑鄙地用這樣一種方式，把書中那個帶著我名字的雷廈，描寫得十惡不赦，骯髒下作。但這完全是憑空捏造和肆意醜化。不過，我沒有任何可以反擊的手段，也沒有任何辦法向所有的朋友澄清真相。這種無奈，更使憤憤不平。我怒火中燒，憤恨不已。

　　我知道《血色黃昏》不過是一部文學作品，作者有權虛構書中的任何人物。無論作者把他筆下的人物寫成怎樣，任何人也不能自我對號。不過，如果老鬼沒有用這個「廈」字，這本書中的任何人物，就和我沒有任何關係。即使有些事情，以某些書中人物的身份，被作者所影射，我也不會往自己身上攬。但是，用了這個「廈」字，事情就發生了根本性的變化。在所有認識我們兩人的人群中，老鬼筆下的「雷廈」，就是生活中的「杜廈」。他用在《血色黃昏》書中給「雷廈」編造的惡行，事實上詆毀了杜廈的名譽。他完全達到了這樣的效果，但我卻不能上法院起訴，又不能當面對質說理。這種無奈的狀況讓我抓狂。

　　許多知道事實真相的朋友，以及一起插隊的知青們，都小心翼翼地勸慰我，《血色黃昏》不過是一部文學作品，不必太介意，但我心裡卻放不下。因為在所有的媒體面前，老鬼都在標榜《血色黃昏》的「真實性」，甚至許多評論家認為，這本書是老鬼用生命和鮮血寫出來的「真實歷史」。

　　這就使我和老鬼再度結下深仇大恨。我下定決心，不報此仇，絕不罷休。我有時真想立即找到老鬼，一刀捅了這個兔崽子，方解我心頭之恨。

　　1989 年 5 月 15 日，老鬼頭纏白色頭箍，在震驚世界的「首都知識分子大遊行」中，走在遊行隊伍的最前面，我在香港的電視直播裡看到了他。那天是蘇聯元首戈爾巴喬夫訪問北京的日子，在這樣特殊的一天，敢於走在遊行隊伍的最前列，是需要有一定的道德勇氣的。又過些日子，聽北京的同學說，胡耀邦剛剛去世的時候，老鬼也曾在人民英雄紀念碑上，灑了自己的一碗鮮血，以祭奠胡耀邦的英靈。他做的這一切，讓我震驚，也讓我感動。

　　「六‧四」以後，老鬼逃亡到美國，在布朗大學作訪問學者。大約在 1991 年前後，他託《血色黃昏》裡他心中的女神衛立秋的姐姐衛凌秋，給我轉來了一封長信。衛凌秋是親自跑到天津我的辦公室，把這封信交給我的。

老鬼在這封長信裡，對於他在《血色黃昏》裡藉著塑造「雷廈」這個人物，把他在兵團七連當反革命時所受到的一切傷害，都嫁禍到雷廈頭上，從而引起社會上和讀者間，對於雷廈原型的誤解，他表示十二萬分的歉意。他說，這樣報復一個曾經的朋友，這樣污名化自己曾經最尊敬的人，真是他一生所做過的最錯的事情之一。他表示要在第二版時，把所有嫁禍給雷廈的不實之詞，全部還原到歷史的真實裡去。

總之，他請求我對他的原諒，並希望和我恢復朋友關係。

在那之後，又過去了 17 年，我們之間仍然沒有任何來往。前前後後，我們分開已經將近 37 年。37 年前我們在一起的一幕一幕，又重新回到我的眼前，居然就像昨天發生的事，清晰無比，歷歷在目。

有多大的仇恨，要保留 37 年？我們都已經年屆花甲，到了抹去心中這些仇恨的時候了。

我一定要請老鬼到我生日聚會的現場。

2008 年 11 月 19 日，400 餘位中外賓客，到達釣魚台芳菲苑，共同參與了這個以「感恩」為主題的生日聚會。老鬼「馬青波」的名字，赫然在我賓客名單的顯要位置。

據老鬼夫人張麗娜講，接到我的請柬以後，老鬼激動得難以自持，一連好幾天處在興奮與激動之中。那場著名晚宴的一個重要內容，是我把老鬼請上舞台中央，當著 400 餘位我所有最好的中外朋友和夥伴的面，我們兩人在舞台上相擁在一起。

這是 1970 年我們成為死敵而天各一方以後，時隔 38 年的第一次見面。我們終於以這樣的方式，實現了那句著名的話：

相逢一笑泯恩仇！

所有現場的朋友們，都起立鼓掌，為我們的這一擁抱祝賀。

我和老鬼之間所有的恩恩怨怨都過去了，像一縷煙塵，不會在歷史上留下任何痕跡。但是我們兩人的故事，我們之間的悲喜劇，反映了我們這

個特殊時代的很多本質特徵。我敢保證，我們這一代人一定是受過共產主
義理想灌輸和教育的最後一代人，也一定是接受「階級和階級鬥爭」烙印的
最後一代人。我相信，我們曾經經歷的悲劇，絕對不會在我們後代身上重
演。肯定會是這樣的，也必須是這樣的。如果這一切不在我們這一代身上
結束，我將死不瞑目。

　　無論如何，邀請這些特別的朋友，對我自己的心靈是一次激蕩、洗禮
和昇華。在 60 歲到來的那一天，我終於可以說：我已經蕩滌了心裡所有的
怨恨，只給自己留下了快樂、感恩和愛！

跌宕起伏一甲子，波瀾壯闊六十年

　　2008 年 11 月 19 日，我的 60 歲生日聚會，在釣魚台國賓館芳菲苑如
期舉行。

　　芳菲苑被讚為釣魚台的「園中之園」，是國家領導人和許多重要國家首
腦會談的專用場所，也是著名的朝鮮半島無核化「六方會談」的指定會場。
在這裡舉行這個生日聚會，既是想給世界各地前來的外國朋友一個驚喜，
也是想讓我那些社會底層的窮朋友們有一個特殊體驗。他們能有機會來到
這樣的地方，看一看神秘的釣魚台，體驗一下那些外國國家領導人住的地
方，到底是個什麼樣子。

　　兒子杜宇村是晚會的開場主持人，他在表達了對所有到場的嘉賓的感
謝以後，他作了一個開場演講。

　　在這個開場演講中，他訴說了他想給爸爸過這個隆重生日晚會的初
衷。他從 2002 年回國加入我的公司，經歷了家世從鼎盛到出售的全部過
程。他從一個商店的糧油副食部經理做起，一直幹到公司的 CEO。從第一
線的採購、經營作業，到八十多億資產的出售和兼併，他都參與到了第一
線。作為第二代，一個僅二十多歲的年輕人，他感激我給他的信任，也感

激我給了他這麼好的機會。他親歷的這驚心動魄的一切，將是他一生的寶貴財富。

杜宇村演講結束以後，晚會開始。我的孫女、孫子，兩個孩子一起抱著幾乎和他們一樣高的「壽桃」，上台來給我祝壽。我趕緊跑上台，接過蛋糕，親吻他們，激動得説不出話來。

香港鳳凰衛視的主持人周瑛琦、中央電視台的主持人李嘉明主持整場晚會，應他們的邀請，我走上主席台，開始了我的六十歲生日演講。

我含著淚，哽咽著，感謝了所有到場的 400 位朋友。我先請大家和我一起，來觀看一部專門為這場晚會而製作的電視記錄片。

燈光漸暗下來，屏幕上開始放映這部電視記錄片，片名叫《跌宕起伏一甲子，波瀾壯闊六十年》。我是這部電視紀錄片的總策劃、總導演和撰稿人。

這部 18 分鐘的紀錄片，忠實地記錄了我和我們這一代人，所走過的六十年歷程，記錄了我們的成長經歷，記錄了我們的喜怒哀樂，記錄了我們的青春歲月，也記錄了我們的抱負和理想。當然，這部記錄片，也用很大的篇幅，記錄了我們人生的心酸與坎坷。

這部片子令人激動，全場觀眾鴉雀無聲。所有觀看這部片子的客人，幾乎都和我同齡，他們和我一樣，思緒跟隨著這部影片的一幕一幕，回到了那既讓人激情滿懷，又讓人唏噓不已的六十年中去。

這回憶裡既有甜蜜，又有苦澀；既有激情，又有憤懣；讓我們所有人感慨萬千。

《跌宕起伏一甲子，波瀾壯闊六十年》隨著燈光重新亮起而結束，全場響起熱烈的掌聲，我的演講隨即開始。

我回顧了我這六十年的坎坷經歷。

我覺得我的人生就像一副色彩斑斕的油畫。在這幅畫卷上，有狂野的黑紫，有劇烈的鮮紅，有豔麗的金黃，也有冷酷的鐵灰。幾十年過去，畫

布已經佈滿了各種各樣的油彩，劃下了紛紜複雜的線條。現在，根本無法看清各層顏色之間，到底是誰覆蓋誰？也無法辨別，各種線條相互之間，到底是誰扭曲了誰？

此時，我好像覺得，這幅人生六十年的畫卷，正著看是一幅畫，倒著看也是一幅畫。甚至從油畫的背面看，也斑斑點點看到一幅人生的奇特畫卷。我已經很難分辨，這幅畫上，到底曾經畫上過什麼顏色？這幅油畫想要表達的主題，到底是什麼呢？好像我們都無法給出答案。

之所以如此，不是我的原因，這幅畫的真正作者，是我們經歷的這個時代。這個時代是個特殊的時代，我們親歷其中，悲愴而蒼涼。但同樣也是這個時代，又使人激情滿懷，回味無窮。

不過，現在我已經六十歲了，我已經有一定能力，去使用我人生的這支畫筆。今後人生的每一天，我到底要留給歷史什麼，我有了一點點自主權。

不管你以前在這幅人生的畫布上，畫上過什麼顏色的油彩，但你最後給這幅油畫畫上去的色彩，將會覆蓋以前畫布上曾經出現過的所有顏色。這些最後的色彩，才是這幅油畫，永遠留給世界的顏色，也是我們人生最後的主題。而這最後幾筆，應該由我們自己來畫，不該再交給他人。

六十年了，我想給自己人生的這幅畫布，最後畫上一些什麼顏色呢？我心裡選中了這樣的三種顏色，我想在我這幅人生油畫上，最後只保留這樣三種色彩。它們是：

友誼、快樂、感恩

我們這一代人的一生，有過許多的痛苦、掙扎和不幸；也經受了許多失望、挫折和委屈；六十年中所經歷所有這些情感，我都希望用最後的這支畫筆，畫上友誼、畫上快樂、畫上感恩。我真情地希望，這三種顏色，能夠把我們六十年中經歷的所有不幸和痛苦，完美覆蓋。

這就是我在完成一個甲子輪迴時，想和所有朋友們分享的。

用過晚餐之後，大會的文藝節目開始。文藝晚會由中央電視台著名導演我的朋友陳雨露擔任總導演，她曾經作過中央電視台春節聯歡晚會的總導演。於是，這台晚會，邀請到了蔣大為等許多大藝術家，他們中許多人，都和我們同齡，經歷過和我們一樣的人生。

這些文藝節目，讓前來參加聚會的，我那些插隊知青朋友，下崗工人朋友，草原蒙古牧民朋友，第一次有機會，這麼近距離地觀看這些大明星的表演。他們從來沒有想過，會有機會，在國家領導人的座位上，欣賞一台國家級的文藝晚會。

這場生日聚會，無論是我一生中的親密朋友，還是在人生的不同階段和我有過嫌隙，有過誤解，甚至有過仇恨的朋友，我們都在「友誼、快樂、感恩」的大會標題下，重新聚在一起，共同體驗我們在這個全新時代的全新友誼。這一場面，將被我永久銘記。

我在釣魚台 60 歲生日聚會上，對所有給過我友誼
和幫助的朋友們表示感謝。

舉杯共慶我們和共和國同齡的一代人走過了整整一
個甲子。

吉姆‧英格利斯是我的良師益友。他教會了我如何去正確開創現代化零售業生意。

吉姆和他的夫人蘇姍‧英格利斯，從遙遠的美國佐治亞州，專程來北京參加我的生日聚會。

家居的第一位店長梅森．勞德魯夫婦，從美國專程趕過來參加我的 60 歲生日聚會。

于鯤應我的邀請，來釣魚台國賓館參加我的 60 歲生日聚會。

小孫女杜伊迪祝我 60 歲生日快樂。

武山根是全場和我一輩子在一起的朋友，我們的友誼始於 1959 年。

來自高力罕草原的牧民朋友,到釣魚台參加我的 60 歲生日聚會。

我正按草原的禮節,接受蒙古牧民兄弟的生日祝福。

我和我最好的牧民朋友薩格拉在釣魚台生日聚會的主席台上。

我的外國朋友和我的草原牧民朋友要在一起合個影，他們互相極為珍惜和對方相識相聚的機會。

在 60 歲生日的宴會上，我把馬青波請上主席台。這是我們成為仇敵 38 年以後，我們的第一次見面。

在我的 60 歲生日聚會上，我和老鬼（馬青波）「相逢一笑泯恩仇」。

1968 年後，我們七個人和馬青波已經形同陌路。四十年後，我們七個人終於在 2008 年 11 月 19 日原諒了馬青波，我們重歸於好。左起：馮群、艾援、武山根、段偉鋼、我、張農生、馬青波、陳剛。

南京大學經濟系第一屆研究生在釣魚台我的 60 歲生日聚會上重聚，這次重聚，離 1982 年南京大學 80 年校慶時的那張合影，已經過去了 36 年。左起：郭師勤、沈晗耀、我、洪銀興。

原天津市副市長張昭若夫婦在聚會現場。

八十年代天津經濟學界最重要的幾位青年經濟學家，在我的 60 歲生日聚會上，回憶我
們在那輝煌的改革開放年代的動人故事。左起：郝一生、李羅力、金岩石、常修澤。

跋

寫這本書的願望由來已久。2008 年釣魚台芳菲苑，60 歲生日的聚會上，我就當著 400 位朋友的面宣佈，接下來日子裡最重要的事情，就是要把我這 60 年的人生寫下來。

但寫這樣的一本書，實在是件太難的事了。

開始我想寫一本自傳體小說。耗時兩年，寫了 10 萬多字我才發現，60 年的故事太多，而且個個精彩，哪個也不想丟掉。對一本小說來說，這是個根本不可能容納的體量。更何況，其中涉及到的人物，多達上百個，離開哪個人，故事都無法成立。我根本沒辦法去控制小說中不斷湧現出來的越來越多的各色人物。

我又不是列夫·托爾斯泰，怎麼可能在一部小說裡，容下這麼多的故事和這麼多的人物呢？

小說的中途擱筆，對我打擊很大。我一度懷疑，我是否有能力完成這項任務。

2015 年 11 月 18 日晚 11 點，我乘中國國際航空的航班，從洛杉磯飛往北京。那天在太平洋上空，我過了自己的 67 歲生日。

那個生日很奇怪，在洛杉磯登上飛機時，還是 11 月 18 日深夜，到北京將是 11 月 20 日的凌晨。也就是說，我 67 歲生日那天，「時差」偷走了我 67 歲生日裡的 16 個小時。

這使我很興奮，猛然間想到，時間對我來說太珍貴了。現在已經67 歲了，如果再不動筆，到了我 70 歲生日，朋友們再次聚會的時候，

60 歲生日曾經承諾過的事情，竟然還沒有兌現，那豈不是太過丟人？怎麼交代呢？

於是，整個航程我再也沒睡，打開電腦，下定決心，寫完了本書的開頭兩章。

一旦開了頭，記憶的閘門就瞬間打開，積攢了幾十年的故事，就洶湧澎湃地噴湧出來，推動著我不斷地寫下去。

一年零九個月以後，2017 年 8 月 28 日晚 11 點，在倫敦一間叫 Meridien 酒店的 303 號房間，我終於完成了本書的初稿。一共 55 萬字，85 個章節。

之後的兩個半月中，遵照出版社的意見，刪除了一些敏感章節，又對結構、表述、句式、文字作了諸多修改。在 69 歲生日到來之前，我完成了最終稿並交付了出版社。此時，全書共 45 萬字，80 個章節。

交付出版社的那天，距離我七十歲的生日，還有整整一年零 4 天。

在我一生中做過的所有事情之中，這本書大概是最重要的一件事情。我為自己能夠完成這項歷史性的任務，感到特別自豪。

我要特別感謝撥冗為這本書分別寫了序言的王志明先生和張維迎教授，他們不僅認真地閱讀了本書的每一個章節，還就許多想法和我進行了認真的討論。這兩篇文采飛揚的《序》，為本書增色不少。

在近兩年的寫作過程中，兵團插隊戰友段偉鋼、張熹岡給了我最多的幫助。每寫完幾章，我就會發給他們，徵求他們的意見。他們不厭其煩，每次都仔細地閱讀，提出他們的看法和意見。他們的意見，對於本書意義重大。

朱嘉明、張維平仔仔細細地看過全書，他們甚至逐字逐句地標註他們的修改意見，一個標點符號也不放過，他們對於本書的認真態度，使我感動。

甚至本書應該取什麼名字，我的大學同學們都曾經在微信群裡，

展開過熱烈的討論。在我提供的九個備選書名裡，最後少數服從多數，大家集體決定用《一個人和他的時代》的書名。對於所有這些好同學、好朋友的熱情支持和關注，我始終心懷感激。

作家老鬼是我書中最重要的人物之一。有關他的所有內容，我都徵求過他的意見。我們之間平等、冷靜地討論所有相關故事，他的坦蕩，他的真誠，他的胸懷，讓我對他心生敬意。對於全書，他也發表了許多真知灼見。

張農生、老鬼、陳剛、劉浩穎、李苓、姐姐杜立、大哥趙克強都為本書提供了諸多的照片，這些歷史照片極其珍貴，為本書增色不少。在這裡，我也一併致謝。

不管有多麼難，我還是用右手的食指，一個鍵一個鍵地把這本書敲完了（我是「一指禪」，除了漢語拼音，我不會任何輸入法），總算在70歲生日的時候，可以對朋友們有個交代了。

由於某些大家都知曉的原因，本書只能在香港出版。國內讀者要想買到此書，會有一些困難。我在這裡向這些讀者致歉。

最後，我要特別感謝香港中和出版有限公司對本書稿價值的深切體認和重視，並快速提出審稿意見及落實出版安排。感謝責任編輯對書稿的精專編輯加工。沒有中和出版團隊的高度敬業和專業，這本自傳不可能以這樣高的水準與全球華語讀者見面。

杜廈

2017 年 11 月 23 日　北京家中

責任編輯	楊克惠	
封面設計	林　溪	
版式設計	彭若東	
責任校對	江蓉甬	
排　版	丁　意	
印　務	馮政光	

書　　名	一個人和他的時代：杜廈自傳
叢書名	20 世紀中國
作　者	杜　廈
出　版	香港中和出版有限公司 Hong Kong Open Page Publishing Co., Ltd. 香港北角英皇道 499 號北角工業大廈 18 樓 http://www.hkopenpage.com http://www.facebook.com/hkopenpage http://weibo.com/hkopenpage Email: info@hkopenpage.com
香港發行	香港聯合書刊物流有限公司 香港新界荃灣德士古道 220－248 號荃灣工業中心 16 樓
印　刷	美雅印刷製本有限公司 香港九龍官塘榮業街 6 號海濱工業大廈 4 字樓
版　次	2018 年 4 月香港第 1 版第 1 次印刷 2023 年 3 月香港第 3 次印刷
規　格	16 開 (168mm×240mm) 704 面
國際書號	ISBN 978-988-8812-38-7

© 2018 Hong Kong Open Page Publishing Co., Ltd.
Published in Hong Kong